PUBLICATIONS
DE L'ÉCOLE DES LANGUES ORIENTALES VIVANTES

大南國音字彙合解大法國音

DICTIONNAIRE
ANNAMITE-FRANÇAIS
(LANGUE OFFICIELLE ET LANGUE VULGAIRE)

PAR

JEAN BONET

PROFESSEUR À L'ÉCOLE SPÉCIALE DES LANGUES ORIENTALES VIVANTES
ET À L'ÉCOLE COLONIALE

TOME SECOND
N-X

PARIS
IMPRIMERIE NATIONALE

ERNEST LEROUX, ÉDITEUR, RUE BONAPARTE, 28

MDCCCC

PUBLICATIONS

DE

L'ÉCOLE DES LANGUES ORIENTALES VIVANTES

DICTIONNAIRE
ANNAMITE-FRANÇAIS

(LANGUE OFFICIELLE ET LANGUE VULGAIRE)

大南國音字彙合解大法國音

DICTIONNAIRE
ANNAMITE-FRANÇAIS

(LANGUE OFFICIELLE ET LANGUE VULGAIRE)

PAR

JEAN BONET

PROFESSEUR A L'ÉCOLE SPÉCIALE DES LANGUES ORIENTALES VIVANTES
ET À L'ÉCOLE COLONIALE

TOME SECOND
N-X

PARIS
IMPRIMERIE NATIONALE

ERNEST LEROUX, ÉDITEUR, RUE BONAPARTE, 28

MDCCCC

DICTIONNAIRE
ANNAMITE-FRANÇAIS

(LANGUE OFFICIELLE ET LANGUE VULGAIRE)

N

Na 那*. Indiquer, désigner; nombreux, beaucoup; tranquille, paisible; particule exclamative et interrogative.

Thiên na 天 ○, ô ciel! — *Na niên* ○ 年, en quelle année? — *Nét na* 涅 ○, paisible, modeste. — *Đòn bà nét na* 彈 妃 涅 ○, personne modeste, femme qui se tient bien. — *Quả na* 菓 ○, le fruit du nerprun. — *Cà na* 榴 ○, espèce de mélongène.

Na 按 et 挪*. Pétrir avec les doigts, rouler dans les mains, frotter, tourner.

Na đi ○ 拕, porter dans ses mains (maladroitement). — *Na nảo* ○ 拿, jouer avec un enfant.

Na 哪*. Cris pour chasser les diables (pratiques de sorcellerie).

Ná 那*. Grand, nombreux, beaucoup, énormément.

Công áng ná 功蔭 ○, le grand mérite des parents, les peines nombreuses qu'ils se donnent pour élever leurs enfants.

Ná 梛 [1]. Arc, arbalète, baliste. Voir *cung* et *giảng*. (Formé des S. A. *mộc* 木, arbre, et *na* 那, indiquer.)

Giương ná 張 ○, tendre l'arbalète, bander l'arc. — *Kéo ná* 撟 ○, id. — *Bắn ná* 弾 ○, tirer de l'arc, lancer des flèches. — *Xuống ná* 甀 ○, détendre l'arc. — *Dây ná* 練 ○, corde de l'arc.

Nà 那*. Grand, beaucoup; paisible. A. V. Vallée, coteau; particule finale marquant l'étonnement.

Nà tốt cây trái ○ 卒 核 鞭, vallée

---

[1] Se transcrit aussi par le car. 弩.

fertile et bien exposée. — *Ruộng nà* 矓 ○, rizière de vallée. — *Đâu nà* 兜 ○, où cela? où est-il? faites voir? — *Quở nà* 喋 ○, tancer d'importance, réprimander vertement. — *Làm nà* 濫 ○, faire brutalement.

Nà 拿 et 挐 *. Saisir avec la main, prendre, s'emparer; explétive interrogative.

Tróc nà 捉 ○, arrêter quelqu'un (terme de police). — *Nà giải điền thế* ○ 解填替, ordre d'avoir à conduire un remplaçant. — *Nà lai* ○ 來, amener, apporter. — *Ai nà* 埃 ○, qui donc?

Nà 娜 *. Tendre, délicat, fin, joli.

Nạc 膩. Maigre, dépourvu, dépouillé. (Formé des S. A. *nhục* 肉, chair, et *nặc* 匿, se cacher.)

Thịt nạc 䏧 ○, chair maigre. — *Mặt nạc* 䑌 ○, visage placide, sans expression; air hébété; stupide, inepte.

Nặc 匿 *. Cacher, dissimuler; pallier; clandestin, anonyme.

Ẩn nặc 隱 ○, se tenir à l'abri, disparaître. — *Nặc danh* ○ 名, cacher son nom. — *Nặc danh đầu không* ○ 名投控, plainte ou dénonciation anonyme. — *Thúi nặc* 退 ○, puanteur, infection. — *Nặc nồng* ○ 濃, odeur forte.

Nắc 匿. Remuer, agiter, secouer. (Pour le car. en S. A., voir ci-dessus.)

Nắc gạo ○ 糙, nettoyer le riz. —

Chim nắc nước 鴿 ○ 渚, nom d'oiseau.

Nấc 噎. Voix entrecoupée; soupir, sanglot; degré, échelon. Voir *nực*. (Formé des S. A. *khẩu* 口, bouche, et *nặc* 匿, se cacher.)

Nấc não ○ 惱, pousser de longs soupirs. — *Tiếng nấc nở* 嚃 ○ 芽, bruit de pleurs et de sanglots. — *Nấc cụt* ○ 橛, hoquet.

Nách 腋 *. Aisselle. Voir *dịch*. A. V. Ramener jusque sous les aisselles (comme font les femmes du peuple pour cacher leurs seins avec le haut du pantalon).

Nách hạ ○ 下, sous les bras. — *Cắp nách* 扱 ○, emporter sous les bras. — *Bồng nách* 撺 ○, porter sous l'aisselle, porter un enfant à cheval sur la saillie de la hanche, selon la coutume du pays. — *Nách con* ○ 昆, id. — *Thước nách* 托 ○, équerre. — *Lưng nách* 腰 ○, tournure dégagée.

Nai 狔. Cerf; lier, attacher; mettre en sac. (Formé des S. A. *khuyển* 犬, chien, et *ni* 尼, s'approcher, suivre.)

Hươu nai 狖 ○, cerfs et daims. Voir *bê*. — *Nai cái* ○ 吗, biche. — *Gạc nai* 骼 ○, cornes de cerf (les cornes tendres des jeunes cerfs sont employées en médecine). — *Sừng nai* 骏 ○, cornes de cerf. — *Giò nai* 䠙 ○, jambes de cerf. — *Nai gạo* ○ 糙, mettre du riz en sacs. — *Nai lưng* ○ 腰, ceindre les reins; se renverser en arrière en se tenant les côtes. — *Đồng nai* 仝 ○, plaine des cerfs; nom donné à un grand fleuve de

Cochinchine et à la contrée qu'il arrose.

Nại 鼐 *. Grande potiche, vase monumental, sorte de brûle-parfums.

Nại 耐 et 耐 *. Supporter des peines, endurer des fatigues; peiner, souffrir; prendre patience.

    Vô nại hà 無 ○ 何, irrémédiablement. — *Chẳng nại* 庄 ○, ne pas s'inquiéter de. — *Bất nại* 不 ○, qui ne compte pas. — *Sóng nại hà* 瀧 ○ 何, le fleuve des peines (mythologie), une sorte de purgatoire des bouddhistes. — *Nại muối* ○ 梅, mine de sel, saline.

Nại 奈 *. Prunier sauvage; peiner, endurer; aller au-devant de, se rencontrer avec quelqu'un.

Nái 犽 (1). Femelle ayant eu des petits. (Formé des S. A. *khuyển* 犬, rad. d'animaux, et *nải* 乃, alors.)

    Heo nái 獵 ○, truie.

Nái 奶. Insecte, chenille (espèce). (Formé des S. A. *trùng* 虫, ver, et *nải* 乃, alors.)

    Sâu nái 蠖 ○, espèce de ver. — *Con nái* 昆 ○, passement, passepoil, cordonnet, bordure.

Nài 奈 *. Arriver, se présenter; demander, solliciter; comment? de quelle manière? (Se prend pour *nại* 柰 et réciproquement.)

    Xin nài 唄 ○, supplier, solliciter. — *Chẳng nài* 庄 ○, ne rien demander, ne rien espérer. — *Nài thêm* ○ 添, réclamer un supplément, demander davantage. — *Nài chi* ○ 之, à quoi bon demander? il est inutile de compter sur. — *Cầu nài* 求 ○, prière sur prière, obséder, importuner. — *Thẳng nài* 倚 ○, cornac d'éléphant.

Nải 乃 *. Alors, ensuite; se produire, se manifester; être la conséquence de; particule exprimant le doute; simple explétive.

    Nải nhĩ ○ 爾, en suivant, de cette manière. — *Nải chuối* ○ 桎, partie d'un régime de bananes. — *Cặp nải* 扱 ○, informer, enseigner. — *Cặp nải nhau* 扱 ○ 饒, se rendre mutuellement service. — *Nải đi* ○ 挮, être dégoûté, en avoir assez. — *Trễ nải* 禠 ○, paresser, traînasser, être lent à faire quelque chose; retardataire. — *Thẳng trễ nải* 倚 禠 ○, négligent, paresseux, traînard, lambin.

Nay 艃. Maintenant, actuellement. (Formé des S. A. *kim* 今, maintenant, et *ni* 尼, suivre.)

    Xwa nay 初 ○, depuis les temps passés jusqu'à présent. — *Lâu nay* 冀 ○, de tout temps, depuis longtemps. — *Bữa nay* 餚 ○, aujourd'hui. — *Năm nay* 辭 ○, cette année. — *Đời nay* 代 ○, cette génération, ce siècle. — *Hôm nay* 欽 ○, dans le présent, aujourd'hui. — *Nay mai* ○ 埋, aujourd'hui ou demain, qui ne saurait tarder. — *Nay lạy* ○ 禠, maintenant je me prosterne (formule

---

(1) Se transcrit aussi par le car. 奶.

finale de lettre). — *Nay kính* ○ 敬, maintenant je salue avec respect (id.). — *Nay thơ* ○ 書, maintenant voilà la lettre.

Nạy 奈. Peser lourdement sur, faire de grands efforts pour, endurer. (Du S. A. *nại*, même car., peiner, souffrir.)

Cây nạy 核 ○, levier. — *Xeo nạy* 標 ○, élever au moyen d'un levier.

Náy 乃. Qui se produit, qui se manifeste. (Du S. A. *nải*, même car., même signification.)

Áy náy 愛 ○, mouvement de l'âme; indécis, inquiet, effrayé.

Này 奈. Se présenter, demander instamment, importuner. (Du S. A. *nài*, même car., même signification.)

Này nỉ ○ 呢, demander en exhalant des plaintes. — *Xin này* 嚊 ○, solliciter, supplier. — *Này lại* ○ 吏, reprendre, racheter.

Nãy 乃. Qui s'est produit, qui a eu lieu. (Du S. A. *nải*, même car., se manifester.)

Hồi nãy 回 ○, tout récemment, il y a un instant. — *Nãy giờ lâu* ○ 晾 眛, depuis longtemps, il y a déjà un bon moment.

Nảy 乃. Croître, pousser, germer, produire des rejetons, se manifester. (Du S. A. *nải*, même car., se manifester.)

Nảy ra ○ 囉, sortir, surgir, se montrer. — *Nảy lên* ○ 遷, pousser, monter, bondir, rebondir. — *Nảy chồi* ○ 棶, commencer à montrer ses bourgeons. — *Nảy lộc* ○ 祿, se couvrir de feuilles nouvelles. — *Nảy con* ○ 昆, rejeton, pousse.

Nải 奶. Syllabe complémentaire. (Formé des S. A. *hỏa* 火, feu, et *nải* 乃, se produire.)

Nóng nải 燶 ○, chaud, ardent. — *Người nóng nải* 得 燶 ○, homme vif, violent, emporté.

Nải 腝. La partie grasse placée aux deux côtés du ventre du cochon. (Du S. A. *nhị*, même car., gras.)

Nấy 乃. Remettre, conférer; rejeter sur; ceci, celui-ci; corrélatif de *ấy*. (En S. A., se produire; se pron. *nải*.)

Nấy lại ○ 吏, confier à. — *Nấy cho* ○ 朱, rejeter sur. — *Nấy chức* ○ 職, conférer un grade. — *Nấy trao* ○ 挬, confier à, charger de. — *Nấy việc* ○ 役, assigner un travail, confier une affaire. — *Ai nấy* 埃 ○, quiconque, chacun, tous.

Nầy 尼. Pronom démonstratif pour les personnes et les choses présentes ou très proches, ce, cette. Voir *ấy*. (Du S. A. *ni*, même car., être près de.)

Cái nhà nầy 丐 茹 ○, cette maison. — *Con ngựa nầy* 昆 馭 ○, ce cheval. — *Người nầy* 得 ○, cet homme, cette personne. — *Làng nầy* 廊 ○, ce village. — *Việc nầy* 役 ○, ce travail. — *Sự nầy* 事 ○, cette affaire. — *Lần nầy* 吝 ○, cette fois-ci. — *Cái nầy* 丐 ○, cette chose, cet objet, ceci. — *Cái nầy là cái gì* 丐 ○ 羅 丐 之, qu'est-ce que ceci? — *Cái* nầy là của tôi 吗 ○ 羅 貼 碎, ceci est à moi. — Nầy là ○ 羅, ceci est...

Nầy 乃. Avancer, bomber, faire ressortir; saillant, très en dehors. (En S. A., se manifester; se pron. nải.)

Nầy ngực ○ 虐, bomber la poitrine, prendre une attitude fière. — Nầy ngửa ra ○ 語 囉, se renverser en arrière.

Nầy 氻. Terrain fangeux, sol marécageux; sale, malpropre, boueux. (Formé des S. A. thủy 水, eau, et nải 乃, se manifester.)

Xứ nầy 處 ○, contrée marécageuse. — Bùn nầy 埊 ○, boueux, fangeux. — Lỗ nầy 魯 ○, un bourbier, un fond vaseux.

Nam 南*. Sud, midi; une certaine manière de chanter; exclamation bouddhiste.

Phía nam 費 ○, le midi, au midi. — Phương nam 方 ○, région du sud, contrée du midi. — Hướng nam 向 ○, direction du Sud, qui regarde le sud, position au midi. — Thuộc về phía nam 屬 衛 費 ○, méridional. — Nam cực ○ 極, pôle antarctique. — Nam hải ○ 海, mers du Sud. — Gió nam 逾 ○, vents du Sud. — Chỉ nam châm 指 針 ○, aiguille de boussole. — Đá nam châm 砅 針, aimant ou pierre magnétique. — Đông nam 東 ○, sud-ouest. — Nam giao ○ 交, nom préhistorique de l'Annam. — Nam việt ○ 越, autre nom ancien de l'Annam. — An nam 安 ○, le nom moderne (paix du sud). — An nam quốc 安 ○ 國,

l'empire d'Annam (expression officielle). — Nước an nam 渃 安 ○, id. (expression usuelle). — Nam kì ○ 圻, la Cochinchine proprement dite. — Nam vang ○ 榮, nom annamite de la capitale du Cambodge. — Người an nam 㝵 安 ○, les Annamites. — Quảng nam 廣 ○, région du sud; le nom d'une province de l'Annam moyen (Tourane). — Nam định ○ 定, affermissement du sud; le nom d'une province du Tonkin. — Hà nam 河 ○, sud des fleuves; autre province du Tonkin. — Lộc nam 陸 ○, sud des terres élevées; autre province du Tonkin. — Vân nam 雲 ○, la province chinoise de Yun nan. — Hát nam 喝 ○, chanter d'une voix douce et harmonieuse. — Nam vô phật ○ 無 佛, invocation au Bouddha dans la prière des bonzes. — Kì nam 琦 ○, bois d'aigle, bois de santal. Voir đàn.

Nam 男*. Le mâle dans l'espèce humaine, homme par opposition à femme (qui est nữ 女), fils, garçon; le nom d'une dignité que l'on fait correspondre au titre de baron.

Nam nữ ○ 女, l'homme et la femme, les deux sexes, le masculin et le féminin. — Nam nhơn ○ 人, un homme, un époux. — Nam tử ○ 子, un fils, un garçon. — Trưởng nam 長 ○, l'aîné des garçons d'une même famille, celui qui a la charge du culte des ancêtres. — Tước nam 爵 ○, la dignité de baron.

Nam 楠*. Espèce de bois très dur.

Già nam 伽 ○, le nom d'un bois précieux et odorant.

Nạm 捻. Prendre en pinçant avec les doigts, prendre à pleine main. (Du S. A. *niệm*, même car., même signification.)

 Một nạm 沒○, une pincée, une poignée. — *Nạm dao* ○ 刀, poignée de sabre.

Nám 焓. Brûlé, grillé, hâlé, bruni. (Formé des S. A. *hỏa* 火, feu, et *niệm* 念, penser.)

 Nám đen ○ 眞, brûlé, hâlé, noirci. — *Nám da* ○ 膠, brûlure à la peau; teint brûlé. — *Nám mặt* ○ 麵, visage hâlé, teint basané. — *Cơm nám* 餇○, riz brûlé.

Nãm 腩*. Viande salée et séchée.

Năm 觧. Année. (Formé des S. A. *niên* 年, année, et *nam* 南, sud.)

 Năm trước ○ 畧, années précédentes, années passées. — *Năm ngoái* ○ 外, l'année dernière, l'an passé. — *Sang năm* 刪○, l'année prochaine. — *Năm tới* 細, l'année qui vient, l'année prochaine. — *Năm kia* ○ 箕, l'autre année (il y a deux ans). — *Năm kià* ○ 箕, l'autre année (il y a trois ans). — *Năm mới* 買, la nouvelle année. — *Cả năm* 哥○, toute l'année. — *Hằng năm* 恆○, chaque année, tous les ans. — *Năm nhuận* ○ 閏, année de treize mois.

Năm 瓺. Le nombre cinq (après la première dizaine se pron. *lăm*). (Formé des S. A. *ngũ* 五, cinq, et *nam* 南, sud.)

 Mồng năm 夢○, le cinquième jour (du mois). — *Thứ năm* 次○, le cinquième jour (de la semaine), le jeudi; cinquièmement. — *Năm năm* ○ 觧, cinq ans. — *Năm tuổi* ○ 歲, cinq années (d'âge). — *Năm mươi lăm* ○ 迯叒, cinquante-cinq. — *Năm trăm* ○ 橐, cinq cents. — *Năm ngàn* ○ 斦, cinq mille. — *Số năm* 數○, le numéro cinq, le chiffre 5. — *Mồng năm tháng năm* 夢○ 脼○, le 5ᵉ jour du 5ᵉ mois (jour de grande fête). — *Năm hằng* ○ 恆, les cinq vertus essentielles ou cardinales.

Năm 捻. Prendre avec la main, saisir en serrant avec les doigts; poignée. Voir *núm*. (Du S. A. *niệm*, même car., même signification.)

 Năm tay ○ 捭, prendre la main, serrer la main. — *Năm lấy* ○ 祂, empoigner. — *Năm giữ* ○ 怑, veiller, surveiller. — *Năm óc* ○ 腥, prendre la tête, saisir les cheveux. — *Một năm* 沒○, une poignée. — *Đánh năm* 打○, enlever par poignées. — *Tay năm lại* 捭○ 吏, main fermée, poing. — *Năm mình răn nết* ○ 命 嘶 涅, se retenir, se faire violence.

Năm 馶. Se coucher, s'étendre, s'allonger. (Formé des S. A. *ngọa* 臥, s'étendre, se coucher, et *nam* 南, sud.)

 Năm xuống ○ 軅, se coucher. — *Năm trong giường* ○ 冲 牀, se mettre au lit. — *Năm ngủ* ○ 盰, dormir, se reposer. — *Buồng năm* 房○, chambre à coucher. — *Năm dài ra* ○ 毘 囉, couché tout de son long. — *Năm ngửa* ○ 語, couché sur le dos. — *Năm nghiêng* ○ 迎, couché sur le côté. — *Năm sấp* ○ 脟, couché sur le ventre. — *Năm chèo queo* ○ 踉 跳,

être couché tout ramassé, recroquevillé, tordu. — *Nằm bếp* ○ 烂, faire ses couches (à cause du fourneau qu'il est d'usage de placer sous le lit d'une femme en couches). — *Nằm vạ* ○ 禍, se coucher en manière de protestation ou pour réclamer contre une injustice et signifiant : me voilà, je suis couché, qu'on fasse de moi ce qu'on voudra.

Nằm 喃*. Causer longtemps, bavarder, babiller. Voir *nôm*.

    Nỉ nằm 呢 ○, gazouillement d'enfant, ramage des oiseaux.

Nấm 蔘. Champignon (terme générique). (Formé des S. A. *thảo* 艸, plantes, et *niệm* 念, penser.)

    Nấm mối ○ 蛑, une espèce. — *Nấm tràm* ○ 檻, id. — *Nấm mèo* ○ 猫, id. — *Nấm lửa* ○ 焰, id. — *Nấm cứt voi* ○ 結獵, variété dite « excrément d'éléphant ». — *Nấm độc* ○ 毒, champignon vénéneux. — *Nấm mả* ○ 瑪, tumulus.

Nấm 楠. Instrument en fer pour creuser la terre, pour fouiller le sol. (En S. A., bois dur; se pron. *nam*.)

    Cây nấm 核 ○, excavateur. — *Lưỡi cày nấm* 杝棋, soc de charrue.

Nẫm 稔. Plein, mûr (céréales). (Du S. A. *nhẫm*, même car., moisson.)

    Nẫm thấp ○ 濕, de taille moyenne.

Nan 難*. Difficile, pénible, fatigant. A. V. Matières à tisser, liens pour tresser.

    Gian nan 艱 ○, pénible, douloureux. — *Nan than* ○ 嘆, se plaindre, gémir. — *Nan lạt* ○ 辣, lien, attache, brin.

Nạn 難*. Fléau, calamité, malheur, infortune; ardu, pénible, difficile.

    Khốn nạn 困 ○, peine, misère, infortune, adversité. — *Tai nạn* 災 ○, désastre, calamité. — *Hoạn nạn* 患 ○, catastrophe. — *Mắc nạn* 縛 ○, être pris par le malheur, tomber dans l'adversité. — *Là kẻ khốn nạn* 羅几困 ○, c'est un malheureux.

Nàn 難*. Même sens que ci-dessus.

    Phàn nàn 樊 ○, regrets, remords. — *Nàn trách* ○ 責, déplorer, se repentir. — *Nồng nàn* 濃 ○, odeur forte; peine difficile à supporter.

Nǎn 赧 et 醶*. Rouge de honte.

Nǎn 難. Syllabe complémentaire. (Du S. A. *nạn*, même car., pénible.)

    Ăn năn 咹 ○, se repentir, faire pénitence. — *Sự ăn năn* 事 咹 ○, repentance. — *Ăn năn tội* 咹 ○ 罪, regretter une faute, faire pénitence. — *Năn nỉ* 呢, geindre, se plaindre, se lamenter.

Nặn 攤*. Disposer, étaler, étendre; frotter, presser, comprimer.

    Nặn sữa ○ 使, tirer le lait. — *Nặn mủ* 漠, presser (un clou) pour faire sortir le pus. — *Nặn chanh* ○ 柾, exprimer le jus d'un citron. — *Vọt nặn* 捽 ○, pressurer, extorquer, gruger. — *Nặn vọt* ○ 捽, id.

Nắn 攤*. Même sens que ci-dessus.
> *Nắn khuôn* ○ 坤, modeler, mouler.
> — *Trau nắn* 捽 ○, orner, polir.

Nắn 難肉*. Broyer de la viande avec les os pour une préparation culinaire; couper, hacher.
> *Nắn nhúc* ○ 肉, couper des tranches de viande. — *Nắn nāo* ○ 腦, dépecer, équarrir.

Nặn 攤. Vase en terre à large ouverture; un tour de corde, d'attache. (Formé des S. A. *thổ* 土, terre, et *nạn* 難, calamité.)
> *Ghè nặn* 撰 ○, vases et pots en général. — *Cột nhiều nặn* 槲饒 ○, faire plusieurs tours de liens.

Nắn 捼. Manier, palper, comprimer. (En S. A., rouge de honte; se pron. *nắn*.)
> *Nắn sửa* ○ 溲, tirer du lait, traire. — *Nắn ná* ○ 那, être surpris; hésiter, tergiverser, montrer de la mauvaise volonté. — *Nắn lại* ○ 吏, venir après les autres.

Nạn 難. Tubercule réputé vénéneux; syllabe complémentaire. (Formé des S. A. *thảo* 艸, plantes, et *nạn* 難, calamité.)
> *Nợ nạn* 女 ○, les dettes en général.

Nang 囊*. Sac, poche, bourse, vésicule, besace; mot euphonique.
> *Nang thác* ○ 槖, valise, sac de voyage. — *Hạ nang* 下 ○, varicocèle. — *Mực nang* 墨 ○, encre de sèche ou sépia. — *Nín nang* 呃 ○, se taire, faire silence.

Nạng 攘. Fourche; pousser, chasser. (Formé des S. A. *mộc* 木, arbre, et *nang* 囊, sac.)
> *Nạng ra* ○ 囉, pousser dehors, mettre à la porte.

Náng 臘. Dedans de la main, du pied; palme, empan. (Formé des S. A. *nhục* 肉, chair, et *nang* 囊, sac.)
> *Náng tay* ○ 抳, la paume de la main. — *Náng chon* ○ 蹎, la plante des pieds. — *Náng nểnh* ○ 佞, attitude fière.

Nàng 娘*. Jeune personne, jeune femme; appellatif aimable, terme poétique. Voir *nương*.
> *Nàng tử* ○ 子, une jeune fille. — *Vương nàng* 王 ○, la reine. — *Đại nàng* 大 ○, très grande dame. — *Bạn nàng* 伴 ○, une demoiselle de compagnie. — *Nàng dâu* ○ 妯, bru, belle-fille. — *Cỏ nàng hai* 苦 ○ 佮, ortie. — *Cá nàng hai* 魥 ○ 佮, nom de poisson. — *Voi nàng* 獁 ○, se dit de l'éléphant femelle.

Năng 攬*. Pousser en avant, faire arriver; élever, surélever, soulever.

Năng 能*. Capable, habile, adroit, compétent; pouvoir. A. V. Souvent, fréquemment.
> *Năng nhơn* ○ 人, une personne entendue. — *Năng sự* ○ 事, capable en affaires. — *Bất tương năng* 不相 ○, ne pas se joindre, ne pas être d'accord. — *Vô năng* 無 ○, incapable, inhabile, maladroit, incompétent. — *Hà năng* 可 ○, qui peut, qui est possible. — *Siêng năng* 生 ○,

diligent, empressé, plein de zèle. — *Toàn năng* 全 ○, qui peut beaucoup. — *Năng nói năng lỗi* ○ 吶 ○ 磊, qui souvent parle souvent se trompe. — *Năng tới* ○ 細, venir fréquemment. — *Năng đi* ○ 移, aller souvent. *Năng làm* ○ 濫, faire souvent. *Năng quá* ○ 過, trop souvent.

Năng 曩 *(1). Auparavant, autrefois, anciennement, jadis. A. V. Lourd, pesant, grave, pénible.

   Năng nhựt ○ 日, les jours passés; précédemment. — *Té nặng* 細 ○, tomber lourdement. — *Sự nặng* 事 ○, pesanteur. — *Cách nặng nề* 格 ○ 泥, pesamment, lourdement. — *Nặng cân* ○ 斤, peser. — *Nặng quá* ○ 過, trop lourd, trop pénible. — *Gánh nặng* 梗 ○, porter un lourd fardeau. — *Nặng tay* ○ 挶, avoir la main lourde. — *Nặng tai* ○ 聡, dur d'oreille. — *Nặng lời* ○ 吻, paroles sévères. — *Nặng đầu* ○ 頭, tête lourde. — *Làm tội nặng* 濫罪 ○, commettre une grande faute. — *Nặng mặt* ○ 枘, visage sérieux, figure sévère, air fâché. — *Nặng lòng* ○ 悉, peser sur les sentiments de quelqu'un, offenser. — *Đau nặng* 疛 ○, être dangereusement malade.

Năng 曬 (2). Éclat du soleil; chaleur provenant directement des rayons solaires, chaleur que dégage le soleil lorsqu'il brille. (Formé des S. A. *nhựt* 日, soleil, et *nặng* 曩, avant.)

   Năng nói ○ 揬, soleil ardent, grande chaleur. — *Trời năng* 丕 ○, le soleil brille, le soleil darde ses rayons. — *Trời năng quá chừng* 丕 ○ 過 澄, il fait excessivement chaud. — *Năng lửa* ○ 焐, chaleur de feu. — *Năng hanh* ○ 亨, chaleur brûlante. *Đừng đi năng* 停 移 ○, gardez-vous d'aller au soleil. — *Giải năng* 解 ○, mettre au soleil, essorer. — *Phơi năng* 胚 ○, faire sécher au soleil.

Năng 能. Marque la répétition, la réitération; toujours, sans cesse (ne s'emploie qu'en composition). (En S. A., capable; se pron. *năng*.)

   Nói năng 吶 ○, revenir toujours sur le même sujet, rabâcher. — *Giận năng* 悷 ○, constamment en colère, facilement irritable.

Năng 能. Soulever tout doucement, maintenir en l'air. Voir *đỡ* et *nưng*. (Pour le car. en S. A., voir ci-dessus.)

   Năng đỡ ○ 拖, alléger, soulager. — *Năng lên* ○ 蓮, élever, soulever.

Năng 能. Caresser, cajoler, amuser. (Pour le car. en S. A., voir ci-dessus.)

   Nặng nịu ○ 啼, caresser, cajoler. — *Nặng con* ○ 昆, amuser un petit enfant.

Năng 能. Se gonfler, se dresser, se durcir (v. *nưng*); mot euphonique. (Pour le car. en S. A., voir ci-dessus.)

   Nuôi năng 餒 ○, nourrir, élever.

Nanh 獰 et 獰*. Chien méchant, animal velu; dents pointues, défenses; aspect sauvage, terrible, repoussant. Voir *ninh*.

---

(1) Se transcrit aussi par le car. 礡. — (2) Se transcrit aussi par le car. 曬.

Nanh heo ○ 獦, dents extérieures du cochon, défenses de sanglier. — *Nanh vút* ○ 獕, griffes et dents; air féroce, aspect terrible. — *Nanh sấu* ○ 鰠, dents de crocodile. — *Có nanh có vút* 固 ○ 固獕, avoir bec et ongles, cornes et griffes; être d'aspect terrible, bien armé pour la défense.

Nạnh 佞*. Fin, subtil, rusé, artificieux, retors; habile à discourir. Voir *nịnh*.

    Nạnh nhau ○ 饒, s'accuser mutuellement, se faire une guerre sourde. — *Sanh nạnh* 生 ○, susciter des ennuis, chercher querelle. — *Chống nạnh* 撢 ○, se camper crânement, mettre les poings sur les hanches. — *Nạnh phụ* ○ 婦, femme rusée, envieuse; épouse jalouse, méchante.

Nành 汀. Une espèce de haricot. (En S. A., isolé, retiré; se pron. *đỉnh*.)

    Bột đậu nành 粹豆 ○, la fécule de ce haricot.

Nao 芇. Courbé, voûté; trouble, émotion, inquiétude. (Formé des S. A. *thảo* 艹, plantes, et *cân* 巾, linge.)

    Nao lòng ○ 悲, découragé, désespéré. — *Chẳng phải nao* 庄沛 ○, sain et sauf. — *Không nao* 空 ○, ne rien craindre; persévérer, persister. — *No nao* 飽 ○, plût à dieu que..., quand donc...

Nao 呶*. Bruit de voix, cris tumultueux, vacarme, tapage. Voir *nổ*.

Nạo 鈕. Racler, gratter, creuser. (En S. A., boule; se pron. *nựu*.)

    Nạo dừa ○ 梂, racler une noix de coco. — *Bàn nạo* 槃 ○, racloire. — *Dừa nạo* 梂 ○, coco encore tendre.

Náo 鬧 et 閙*. Cris, clameurs; bruit, tapage, tumulte, désordre.

Nào 芇. Qui? quel? comment? par exemple! corrélatif de *ấy* et de *nầy*. (Formé des S. A. *thảo* 艹, plantes, et *cân* 巾, linge.)

    Người nào 侼 ○, quel homme? quelle personne? — *Ngày nào* 時 ○, quel jour? — *Anh ở nhà nào* 嬰於茹 ○, dans quelle maison demeurez-vous? — *Nó sanh năm nào* 奴生醉 ○, en quelle année est-il né? — *Chừng nào ăn cơm* 澄 ○ 唆餄, quand mange-t-on? — *Thể nào* 體 ○, de quelle manière? — *Dường nào* 蓁 ○, comment! à ce point! autant que? — *Khi nào* 欺 ○, quand (passé). — *Chừng nào* 澄 ○, quand (futur). — *Nào ai* ○ 埃, qui est-ce qui? — *Nào có* ○ 固, peut-il y avoir? — *Nào hay* ○ 哈, comment savoir? — *Người nào ý nầy* 侼 ○ 意乃, chaque homme a son idée; à chacun son sentiment.

Nào 峕 et 巎*. Mont, montagne, colline. Voir *nổng*.

Não 惱*. Éprouver du chagrin; peine, tourment; colère, irritation, aversion; vexer, molester.

    Não gan ○ 肝, grande irritation; peine de cœur, tourment d'esprit. — *Não ruột* ○ 胖, tiraillements d'entrailles; profond ressentiment. — *Não khí* ○ 氣, violente colère. — *Phiền não* 煩 ○, pénible, fatigant;

vexé, ennuyé. — *Nác não* 嚙 ○, pousser des soupirs, sangloter. — *Sâu não* 愁 ○, triste, affligé. — *Não nục* ○ 嚙, irrité de ne pouvoir assouvir une passion.

Não 腦 *. Crâne, cerveau, substance molle et grasse; friable, doux, lustré, veiné (comme la cervelle).

Não tử ○ 子, cervelle, moelle. — *Long não* 龍 ○, camphre. — *Đầu não* 頭 ○, la tête. — *Nân não* 難 ○, triturer de la viande.

Não 瑙 *. Nom générique de certaines pierres précieuses veinées.

Mã não 瑪 ○, onyx, jaspe, agate.

Nạp 納 *. Fils ou brins qui se contractent; livrer, payer; présenter, insérer dans; contenir, renfermer. Voir *nớp*.

Nạp nhựt ○ 日, le jour d'un payement, une échéance. — *Nạp thuế* ○ 稅, payer l'impôt. — *Lễ nạp thể* 禮 ○ 采, cadeaux de noces (rite). — *Nạp ăn cướp* ○ 唫 刦, livrer des pirates (à l'autorité). — *Nạp kẻ loạn* ○ 几 亂, livrer des rebelles. — *Nạp khí giái* ○ 器 械, livrer des armes de guerre. — *Nạp súng* ○ 銃, charger un fusil, un canon. — *Nước nạp* 渃 ○, premier choc.

Náp 納. Lance, pique, hallebarde. (Pour le car. en S. A., voir ci-dessus.)

Náp 蒳 *. Le nom d'une plante.

Náp tử ○ 子, un fruit qui ressemble à la noix d'arec.

Náp 蒳. Couvercle; tenu avec soin. (Pour le car. en S. A., voir ci-dessus.)

Nắp hộp ○ 匣, couvercle de boîte. — *Đậy nắp* 待 ○, mettre le couvercle, couvrir. — *Dở nắp* 㪇 ○, ôter le couvercle, découvrir. — *Nắp nồi* ○ 垳, couvercle de marmite. — *Nắp hòm* ○ 函, couvercle de caisse, de cercueil. — *Cái nhà nầy có ngăn có nắp* 丐 妸 尼 固 垠 固 ○, cette maison est bien en ordre, bien tenue.

Nạt 喝 *. Crier, tempêter; inspirer de la crainte, en imposer aux gens.

Nạt nộ ○ 怒, terroriser, effrayer. — *Nạt đàng* ○ 唐, crier pour faire garer les gens (passage d'un mandarin). — *Nạt dậy* ○ 䠄, obliger les gens à se tenir debout. — *Nạt bái* 扒, frapper, déchirer, reprendre, partager.

Nát 涅 et 湟. Brisé, broyé, détruit, dispersé, réduit en poussière. (En S. A., eau sale; se pron. *niết*.)

Tan nát 散 ○, dispersé, pulvérisé, réduit à rien. — *Hư nát* 虛 ○, cassé, brisé, détruit, vicié. — *Làm hại nát* 濫 害 ○, causer un préjudice, un dommage. — *Lo nát gan* 慮 ○ 肝, être inquiet. — *Hay nát* 哈 ○, très friable, fragile. — *Chưởi nát* 吐, accabler d'imprécations, agoniser de sottises. — *Tao đánh nát lưng* 蚤 打 ○ 腰, je vais te casser les reins. — *Tan xương nát thịt* 散 昌 ○ 䏧, mettre quelqu'un en miettes (menace). — *Dốt nát* 訥 ○, qui ne sait ni lire ni écrire, complètement illettré, tout à fait ignorant.

Nau 耨. Mouvement, évolution;

contraction, crise (se dit surtout des douleurs de l'enfantement). (En S. A., arracher l'herbe; se pron. *nậu*.)

Làm nạn 濫 ○, le travail de la délivrance. — *Nau rặn* ○ 勸, effort, poussée. — *Nau nỗi* ○ 挼, cause, motif.

Náu 耨. Se mettre à l'abri, se terrer. (Du S. A. *nạu*, même car., fouir.)

Náu ẩn ○ 隱, se cacher. — *Náu cánh* ○ 更羽, se cacher sous des ailes protectrices. — *Náu lại* ○ 吏, s'arrêter un instant, faire une halte en un lieu sûr.

Nâu 哨. Couleur bleu-violet; nom d'arbre. (Formé du S. A. *khẩu* 口, bouche, et de l'A. V. *nào* 苟, quel.)

Áo lụa nâu 襖縷 ○, habit de soie de cette couleur. — *Cây bông nâu* 核 藟 ○, arbre à fruits gluants. — *Củ nâu* 矩 ○, variété de tubercule. — *Cá nâu* 魺 ○, un poisson de mer.

Nậu 耨 *. Houe, sarcloir; arracher les herbes, sarcler; mettre un champ en état; fouir; troupe, bande, foule.

Nậu thảo ○ 草, enlever les mauvaises herbes, défricher. — *Bút canh thiệt nậu* 筆耕舌 ○, labourer avec un pinceau, sarcler avec la langue; au fig., signifie répandre l'enseignement par la plume et la parole. — *Kẻ đầu nậu* 几頭 ○, le chef d'une troupe.

Náu 糖 (1). Cuire, faire cuire; au fig., s'adonner à. (Formé des S. A. *hỏa* 火, feu, et *nậu* 耨, sarcler.)

Náu ăn ○ 咹, faire la cuisine. — *Náu cơm* ○ 餂, cuire le riz. — *Náu canh* ○ 羹, préparer la soupe; faire une sauce, un ragoût. — *Náu nướng* ○ 爌, cuire, rôtir, griller. — *Người náu ăn* 碍 ○ 咹, un cuisinier, le cuisinier. — *Xôi kinh náu sử* 秋經 ○ 史, faire bouillir les classiques et cuire les annales, c.-à-d. s'adonner à l'étude avec la plus grande ardeur.

Nẫu 耨. Se gâter, se pourrir (fruits). (En S. A., houe; se pron. *nậu*.)

Trái nẫu 棵 ○, fruit trop mûr, gâté. — *Nẫu ruột* ○ 腖, id.

Ne 泥. Penché, de côté, de travers. (En S. A., vase, boue; se pron. *nẻ*.)

Đi ne ne 移 ○ ○, aller de travers.

Né 伱. Pencher vers; éviter, dévier. (En S. A., tu, toi; se pron. *nể*.)

Né mình ○ 命, esquiver, éviter. — *Né đàng* ○ 唐, se détourner du chemin. — *Kẻ né* 寄 ○, se dit des gens qui se tiennent à l'écart.

Nẻ 儞 (2). Fente, fissure, crevasse. (Formé des S. A. *nhơn* 人, homme, et *nhĩ* 爾, tu, vous.)

Nẻ ra ○ 囉, se fendre, se fendiller. — *Đàng nẻ* 唐 ○, fente, fissure, crevasse, chemin creux. — *Đất nẻ* 坦 ○, terre qui se fend par l'action de la chaleur. — *Lỗ nẻ* 魯 ○, fente de la terre, crevasse du sol.

---

(1) Se transcrit aussi par le car. 爊. — (2) Se transcrit aussi par le car. 你.

Nê 泥*. Marais, fange, vase, boue; gluant, visqueux, qui colle, qui adhère; obstinément attaché à.

    Nê thở ○ 土, sol boueux, terrain marécageux. — *Nê duyệt* ○ 說, paroles boueuses; s'embarrasser dans un discours, patauger en parlant. — *Nê nhơn* ○ 人, un homme obstiné, entêté, qui ne veut rien entendre. — *Cháp nê* 執 ○, retenir obstinément.

Nệ 泥. Avoir égard à, faire cas de, tenir compte d'une chose, d'un avis. (En S. A., marais, fange; se pron. *nê*.)

    Chẳng nệ 庄 ○, peu importe, n'ayez crainte. — *Chi nệ* 之 ○, cela n'a aucune importance. — *Nào nệ* 苟 ○, à quoi bon faire cas de. — *Chớ nệ* 渚 ○, ne vous inquiétez donc pas, ne craignez rien. — *Đừng nệ* 停 ○, gardez-vous d'attacher la moindre importance à.

Nê 泥. Étai, cale; rouleau pour transporter les fardeaux; particule finale pour appuyer sur certains mots. (En S. A., marais; se pron. *nê*.)

    Đặt nê 達 ○, soutenir avec des étais. — *Để nê* 底 ○, laisser libre, laisser intact. — *Nặng nê* 曩 ○, grave, lourd, pesant. — *Đây nê* 低 ○, ici, ici donc.

Nể 你 et 你*. Tu, toi, vous.

Nể 你. Tenir compte de, avoir des égards pour, aimer, respecter. (Pour le car. en S. A., voir ci-dessus.)

    Kính nể 敬 ○, témoigner du respect. — *Sợ nể mặt* 事 ○ 靦, crainte, respect humain. — *Nể làm* ○ 廩,

être très timide, avoir grand peur du qu'en dira-t-on. — *Chẳng nể người nào* 庄 ○ 得 苟, ne faire cas de l'opinion de personne. — *Ở nể* 於 ○, être libre, disponible, sans place, demeurer oisif. — *Ở không ở nể* 於 空 於 ○, n'avoir aucune occupation, ne rien faire du tout.

Nể 祢 et 禰*. Tablettes des aïeux, autel pour le culte des ancêtres.

Nem 腩. Viande crue pilée ou hachée menu, qui se mange enveloppée dans des feuilles tendres. (Du S. A., *năm*, même car., viande salée.)

    Gói nem 繪 ○, petit paquet de hachis. — *Nem lợn* ○ 倫, id. — *Giò nem* 跬 ○, autre préparation. — *Ăn nem* 唆 ○, manger de ces préparations culinaires.

Ném 捻. Jeter, lancer. Voir *quăng*. (Du S. A. *niểm*, même car., prendre en serrant avec les doigts.)

    Ném đá ○ 砑, jeter une pierre. — *Ném mình* ○ 命, se jeter. — *Ném vòng cầu* ○ 綏 球, faire décrire une courbe à un objet lancé en l'air. — *Ném qua bên kia* 戈 邊 箕, lancer de l'autre côté. — *Ném về* ○ 衛, donner sur, tourné vers, relatif à.

Ném 喃. Assaisonnement, condiment, ingrédient; apprêter un mets. (En S. A., bavarder; se pron. *nắm*.)

    Ném canh ○ 羹, ingrédient pour les sauces. — *Mắm ném* 鮟 ○, espèce de saumure pour assaisonner.

Ném 楠. Coin à fendre, à serrer;

tourmenter avec cet instrument. (En S. A., bois dur; se pron. *nam*.)

Đóng cây nêm 揀核 ○, enfoncer un coin; comprimer les chevilles (en appliquant la question). — *Chặt nhw nêm* 攢如 ○, serré comme avec un coin.

Nệm 祮. Matelas. (Formé des S. A. *y* 衣, vêtement, et *niệm* 念, penser.)

Nệm gấm ○ 錦, matelas de soie. — *Nệm hoa* ○ 花, matelas à ramages. — *Trải nệm* 𥙩 ○, étendre le matelas. — *Nệm chiếu* ○ 詔, matelas et nattes en général. — *Nệm rom* ○ 薕, paillasse.

Ném 唸. Discerner par le goût. (En S. A., soupirer; se pron. *điên*.)

Ném thử ○ 試, goûter (pour se rendre compte). — *Ăn ném* 唆 ○, goûter (en mangeant). — *Uống ném* 旺 ○, id. (en buvant).

Nén 鑲. Lingot, barre (or ou argent); se dit d'objets et de tiges de plantes ayant la forme d'un lingot. (Formé des S. A. *kim* 金, métal, et *nặng* 曩, avant, jadis.)

Nén vàng ○ 鑽, lingot d'or. — *Nén bạc* ○ 薄, barre d'argent. — *Bạc nén* 薄 ○, argent en barre. — *Củ nén* 矩 ○, échalotte.

Nên 年. Devenir, parvenir, réussir; être digne de, pouvoir faire; il est permis, il est convenable; c'est pourquoi, par conséquent, donc. (En S. A., année; se pron. *niên*.)

Hóa nên 化 ○, se produire, naître. — *Nên người tốt* ○ 得卒, devenir un excellent homme. — *Đã nên quan lớn* 㐌 ○ 官客, être déjà parvenu à un haut grade. — *Dụng nên* 孕 ○, élever, ériger, créer. — *Có nên không* 固 ○ 空, est-il permis? est-il convenable de? — *Không có nên* 空固 ○, pas permis, pas convenable. — *Nên ăn* ○ 咹, on peut manger. — *Nên nói* ○ 吶, on peut parler. — *Chẳng nên nói lớn* 庒 ○ 吶客, il n'est pas convenable de parler haut. — *Làm nên* 濫 ○, faire ce qu'il faut faire, bien agir. — *Nên danh* ○ 名, se faire un nom, devenir illustre. — *Nên công* ○ 功, acquérir du mérite. — *Cho nên* 朱 ○, c'est pourquoi. — *Nên bỏng* ○ 嵐, avoir la petite vérole. — *Nên trái* ○ 糲, id. — *Nên làm chức lớn* ○ 濫職客, qui est digne d'occuper une situation élevée.

Nện 捭 [1]. Frapper à plusieurs reprises, battre à coups redoublés; fouler. (Formé des S. A. *thủ* 手, main, et *niên* 年, année.)

Nện đòn ○ 柂, donner des coups de verges. — *Dùi nện* 槌 ○, fouloir. — *Nện đất* ○ 坦, battre le sol. — *Cối đệ mà nện* 檜底麻 ○, moulin à foulon. — *Cây nện vải* 核 ○ 絟, maillet de foulon.

Nền 坤. Fondement, fondation, base; remblayer, établir. (Formé des S. A. *thổ* 土, terre, et *niên* 年, année.)

Làm nền 濫 ○, fonder, créer. — *Nền chắc* ○ 卓, fondement solide, établissement durable. — *Nền nhà* ○

---

[1] Se transcrit aussi par le car. 攝.

茹, les fondations d'une maison. — *Lập nền* 立 ○, établir un remblai; poser les bases de. — *Nền nhơn* ○ 仁, fonder une œuvre de piété.

Nểnh 佞. Syllabe complémentaire. (En S. A., rusé, subtil; se pron. *nịnh*.)

Dựa nểnh 預 ○, s'appuyer sur, se faire fort de. — *Nểnh náng* ○ 朧, démarche fière et arrogante. — *Cây nểnh* 核 ○, nom d'arbre.

Neo 榪 [1]. Ancre de marine; ancrer. (Formé du S. A. *mộc* 木, arbre, et de l'A. V. *nào* 苗, quel.)

Bỏ neo 補 ○, jeter l'ancre, mouiller l'ancre. — *Gieo neo* 招 ○, id. — *Xuống neo* 齓 ○, id. — *Kéo neo* 擒 ○, lever l'ancre. — *Lấy neo* 祉 ○, id. — *Nhổ neo* 抈 ○, id. — *Neo cày* ○ 棋, l'ancre chasse, laboure. — *Neo không ăn* ○ 空 唆, l'ancre ne mord pas. — *Neo lại* ○ 吏, ancrer; être au mouillage. — *Chỗ neo* 挂 ○, poste de mouillage, ancrage. — *Mỏ neo* 喋 ○, bec d'ancre, oreille d'ancre. — *Dây neo* 綀 ○, chaîne ou amarre de l'ancre. — *Neo thần* ○ 神, ancre maîtresse, ancre de salut.

Néo 纏. Serrer une amarre, tordre ou enrouler une corde. (Formé des S. A. *mịch* 糸, lien, et *nều* 裊, sangle.)

Đánh néo 打 ○, serrer solidement, sangler; tenir ferme. — *Buộc néo* 縛 ○, lier, nouer, amarrer.

Nẻo 裊. Chemin, sentier; détour. moyen; urgent, pressé, nécessaire. (Du S. A. *niểu*, même car., sangle.)

Đàng nẻo 唐 ○, un chemin, un sentier. — *Nhiều nẻo* 饒 ○, beaucoup de sentiers; plusieurs moyens. — *Nẻo trái đàng chăng* ○ 債 唐 庄, chemin tortueux; mauvaise voie.

Nẹp 枘. Brins de bambou ou de rotin enroulés. (Formé des S. A. *mộc* 木, arbre, et *nạp* 納, fils tordus.)

Nẹp thúng ○ 箵, bordure supérieure des paniers, extrémité des stores. — *Đặt cặp nẹp* 達 笈 ○, border, lier, faufiler, entrelacer. — *May kẹp nẹp* 理 扱 ○, coudre un surjet.

Nép 納. Se tenir à distance, se cacher, se fourrer dans, se blottir. Voir *núp*. (Du S. A. *nạp*, fils qui se contractent.)

Đứng nép lại 等 ○ 吏, se tenir debout et à distance (par respect ou modestie). — *Nép ẩn* ○ 隱, vivre à l'écart. — *Khép nép* 怯 ○, montrer une grande réserve, être très timide, très modeste.

Nếp 糯. Gluant, visqueux (surtout parlant des riz). (Formé des S. A. *mể* 米, grain, et *nạp* 納, fils tordus.)

Gạo nếp 粘 ○, espèce de riz gluant servant à la fabrication des alcools. — *Rượu nếp* 醩 ○, vin fait avec ce riz. — *Dưa nếp* 茶 ○, pastèque.

Nẹt 捏. Étendre, étirer; faire re-

---

[1] Peut se transcrire aussi par le car. 錨, qui a la même signification en sino-annamite.

bondir, faire claquer, fouetter. (En S. A., pétrir, mouler; se pron. *niêt*.)

Nẹt một roi ○ 沒檔, donner un coup de verge. — *Roi nẹt* 檔 ○, fouet qui claque bien.

Nét 湟. Trait de plume, marque de ponctuation; moyen, manière. (Du S.A. *niết*, même car., noirci, sali.)

Nét viết ○ 曰, coup de pinceau. — *Nét phết* ○ 發, virgule. — *Nét ngang* ○ 昂, trait horizontal, coup de pinceau en travers. — *Chữ mấy nét* 字買 ○, caractère de combien de traits? — *Chữ mắt nét* 字䫉 ○, mot compliqué, caractère difficile.

Nét 湟. Eau stagnante, boue noire, terre sale; noircir, salir, souiller; mœurs publiques. (Du S. A. *niết*, même car., même signification.)

Nét bàn ○ 盤, plat de terre sale symbolisant la souillure et la corruption du monde (bouddhisme). — *Nét nhi bất tri* ○ 而不緇, quoique plongé dans la corruption (du monde), je ne suis pas souillé (paroles de Confucius). — *Nét na* 那, modestie, humilité. — *Làm nét* 灆 ○, se rabaisser, faire le modeste, être hypocrite. — *Sửa nét* 使 ○, changer ses mœurs, s'améliorer, s'amender. — *Có nét* 固 ○, être humble, modeste, c.-à-d. avoir le sentiment du peu que nous sommes. — *Mất nét* 柣 ○, perdre la modestie; désordonné, dissolu. — *Nét ăn thói ở* ○ 哎退於, manière de vivre, ligne de conduite. — *Nét khiêm nhượng* ○ 謙讓, humble, modeste, respectueux.

Nêu 標*. Le sommet d'un arbre; perche, pavillon, signal. Voir *bêu*.

Cây nêu 核 ○, perche ou mât que les Annamites plantent le jour de l'an devant leur porte, en signe de fête, et aussi pour rappeler un combat dans lequel l'esprit du mal fut vaincu par l'esprit du bien. — *Lên cây nêu* 遷核 ○, planter cette perche.

Nếu 裊. Si, en cas que, pourvu que. (En S. A, sangle; se pron. *niễu*.)

Nếu mà ○ 麻, s'il arrivait que. — *Nếu vậy* ○ 丕, s'il en est ainsi. — *Nếu có* ○ 固, s'il y en a, si oui. — *Nếu không* ○ 空, s'il n'y en a pas, si non. — *Nếu anh muốn* ○ 嬰悶, si vous voulez. — *Nếu nó tới thì* ○ 奴細時, s'il arrive, alors.

Nga 硪 et 峨*. Haute montagne de pierre.

Nga 鵝*. Oiseaux aquatiques de la grosse espèce; oie domestique. Voir *ngỗng*.

Đàng nga 塘 ○, pélican. — *Thiên nga* 天 ○, cygne, grue; litt., oiseau céleste.

Nga 哦 et 誐*. Chantonner, fredonner, réciter en chantant; bourdonnements, murmures.

Nga 俄*. Moment rapide, petit espace de temps; soudain; penché, incliné.

Nga nhiên ○ 然, soudainement, tout à coup. — *Cột nga* 樧 ○, mât de beaupré. — *Song nga* 雙 ○, paire.

— *Nga la tư quốc* ○ 羅斯國, la Russie.

Nga 娥*. Bon, beau, joli, élégant, distingué (en parlant de femmes).

Nguyệt nga 月○, un personnage féminin mythologique; nom d'une jeune fille qui figure dans le célèbre poème *Lục Vân Tiên* 陸雲僊. — *Cung nga* 宮○, femmes du harem.

Nga 莪*. Plantes odoriférantes; une plante comme l'armoise dont les tiges tendres sont bonnes à manger.

Lá nga 蘿○, les feuilles d'une de ces plantes. — *Nga truật* 朮○, iris sauvage; espèce de médecine.

Nga 臥*. S'étendre pour dormir, se coucher, se reposer.

Nga 餓*. Faim et soif. Voir *ngã*.

Ngà 牙. Ivoire; couleur d'ivoire. (Formé des S. A. *ngọc* 玉, pierre précieuse, et *nha* 牙, ivoire.)

Ngà voi ○獈○, défenses d'éléphant, ivoire. — *Bằng ngà* 朋○, en ivoire. — *Đũa ngà* 筯○, bâtonnets en ivoire. — *Bài ngà* 牌○, tablette d'ivoire (insigne). — *Nước ngà ngà* 渃○○, eau un peu trouble. — *Ngày ngà* 瘝○, bruit de dispute; se chamailler.

Ngã 我. Faire une chute, s'abattre; tomber, se renverser, se décourager. (En S. A., je, moi; se pron. *ngá*.)

Ngã xuống ○𤓆, tomber. — *Ngã nước* ○渃, tomber dans l'eau. — *Ngã cây* ○核, abattre un arbre, renverser un poteau. — *Ngã ngửa* ○語, tomber à la renverse. — *Ngã lẽ* ○理, persuadé, convaincu; à bout d'arguments. — *Ngã lòng* ○悉, perdre tout espoir, lâcher pied, abandonner tout.

Ngã 餓*. Avoir grande envie de manger, souffrir de la faim et de la soif. Voir *nga*.

Ngã thổ ○肚, ventre affamé. — *Ngã tử* ○死, mourir de faim.

Ngã 我*. Je, moi, soi-même; à moi, à nous; sans distinction, confondu. A. V. Voie, chemin; côté, direction.

Ngã đẳng ○等, nous tous, tous ensemble. — *Vô ngã* 無○, dépourvu d'amour-propre. — *Ngã quốc* ○國, mon pays, notre pays. — *Ngã ba* ○叵, point de jonction de trois voies (routes ou fleuves). — *Ngã tư* ○罟, point de jonction de quatre voies, carrefour. — *Ngã sông* ○瀧, affluent. — *Nhiều ngã* 饒○, plusieurs voies, plusieurs directions.

Ngạc 咢*. Battre du tambour, faire du bruit, effrayer les gens.

Ngạc 鰐 et 鱷*. Nom de poisson; crocodile; au fig., homme avare.

Cá ngạc 魚○, espèce de grand poisson de mer.

Ngạc 蝁*. Synonyme du précédent.

Ngạc 隅*. Digue, barrage, limite; dune, butte, tertre, monticule.

Ngạc 噩. Obstacle, embarras, gêne. (Formé des S. A. *khẩu* 口, bouche, et *ngạc* 咢, effrayer.)

    Ngạc cổ ○ 古, avoir la gorge prise. — *Ngạc lòng* ○ 慫, être embarrassé. — *Ngạc ý* ○ 意, hésiter, tergiverser.

Ngặc 噩. Syllabe complémentaire. (Pour la décomp. du car., voir ci-dessus.)

    Ngặc nghẻo ○ 僥, faire des grimaces, avoir des façons ridicules.

Ngạch 詻*. Porter des accusations, faire des remontrances sur un ton sévère.

Ngạch 頟 et 額*. Haut du visage, front; ensemble d'une chose; nombre déterminé; cadre, seuil.

    Ngạch đầu ○ 頭, le front, le haut du visage. — *Ngạch cửa* ○ 闑, le seuil d'une porte. — *Đào ngạch* 陶 ○, creuser sous le seuil d'une porte (pour voler). — *Số ngạch* 數 ○, chiffre fixé, nombre déterminé. — *Ngoại ngạch* 外 ○, hors cadre (expression administrative).

Ngách 額. Se diviser en plusieurs branches, se partager en plusieurs sentiers (se dit surtout des petites voies ou galeries souterraines creusées par les lapins, les rats, etc.). (Pour le car. en S. A., voir ci-dessus.)

    Ngách chuột ○ 狄, trou de rat. — *Chận ngách* 振 ○, boucher un trou, obstruer un terrier.

Ngai 凱. Trône royal. Voir *ngôi*. (En S. A., vaincre, triompher; se pron. *khải*.)

    Ngai vàng ○ 鑽, un trône en or. — *Ngai rồng* ○ 蜂, le trône du dragon (trône impérial). — *Ngai ngự* ○ 御, le trône de sa majesté. — *Lên ngai* 遷 ○, monter sur le trône.

Ngai 呆*. Intact, hors d'atteinte; garder, défendre, conserver.

Ngại 礙 et 碍*. Empêchement, embarras, obstacle; se mettre en travers, intercepter; tergiverser, hésiter.

    Vô sự vô ngại 無事無 ○, sans aucun empêchement, sans aucune complication. — *Bất ngại* 不 ○, n'être arrêté par aucun obstacle. — *Ngại chi* ○ 之, quel empêchement? qui s'y oppose? — *Ngại lòng* ○ 慫, indécis, embarrassé, hésitant, soucieux; se gêner. — *Nghi ngại* 疑 ○, douter, se douter, se méfier. — *Đừng có ngại* 停 固 ○, ne craignez rien, ne soyez pas soucieux, n'ayez aucune inquiétude. — *Ái ngại* 縊 ○, inquiet, troublé, anxieux, perplexe.

Ngái 餲*. Aliments gâtés, nourriture peu agréable; mauvais goût.

Ngái 礙*. Obstacle, empêchement. A. V. Lointain (ne s'emploie qu'en composition); nom d'arbre.

    Xa ngái 賖 ○, très loin. — *Cây ngái* 核 ○, ficus maculata.

Ngài 尋 et 碍*. Modérer, retenir, limiter, atténuer, calmer.

Ngài 得. Vous; lui, il; pron. pour désigner (comme *ông* 翁) les fonctionnaires qui n'ont pas droit au titre de *quan lớn* 官 各, excellence. (Formé des S. A. *nhơn* 人, homme, et *ngài* 尋, modérer.)

Bẩm ngài 稟 ○, je m'adresse respectueusement à vous. — *Ngài dạy anh về* ○ 吶 嬰 衛, monsieur (le fonctionnaire) vous invite à vous en retourner.

Ngãi 義*. Droit, justice, devoir; sentiments élevés, haute morale; amour, amitié, fidélité, patriotisme; explication, signification. Voir *nghĩa*.

Ngãi lý ○ 理, le bon sens, la raison, la justice immanente des choses. — *Đức ngãi* 德 ○, vertu et droiture. — *Nhơn ngãi* 仁 ○, humanité et justice, bonté et droiture. — *Có ngãi* 固 ○, être droit, juste, fidèle, loyal. — *Vô ngãi* 無 ○, injuste, infidèle, ingrat. — *Bất ngãi* 不 ○, sans morale, sans justice, dépourvu d'affection. — *Biết ngãi* 別 ○, savoir ce que c'est quela reconnaissance. — *Lễ ngãi* 禮 ○, civilité, urbanité, politesse. — *Ngãi binh* ○ 兵, soldats dévoués, armée patriote, fidèle. — *Ngãi phu* ○ 夫, bon mari, digne époux. — *Làm ngãi* 濫 ○, témoigner du dévouement, faire preuve d'amitié. — *Ngãi cũ* ○ 舊, vieille amitié. — *Ngãi thầy tớ* ○ 柴 四, amitié entre maître et disciples, entre professeur et élèves. — *Ngãi anh em* ○ 嬰 俺, affection entre frères. — *Ngãi vợ chồng* 媌 重, condescendance entre époux. — *Ngãi vua tôi* ○ 希 碎, fidélité entre roi et sujets. — *Cắt ngãi* 割 ○, détailler un sens, expliquer, traduire. — *Giải ngãi* 解

○, expliquer. — *Chữ ngãi* 字 ○, les lettres. — *Đạo ngãi* 道 ○, droite voie, religion de bonté. — *Quảng ngãi* 廣 ○, extension de la fidélité; le nom d'une province de l'Annam. — *Kinh ngãi* 經 ○, le nom d'un livre classique.

Ngải 艾*. Plante à goût piquant et à propriétés stimulantes; incantations, philtres, charmes amoureux; se calmer, s'apaiser, vieillir.

Ngải cứu ○ 炙, armoise, absinthe. — *Ngải phạt* ○ 伐, iris sauvage. — *Ngải phù* ○ 符, charme de l'armoise, sorte d'amulette que l'on suspend aux portes des maisons le 5ᵉ jour du 5ᵉ mois pour chasser les esprits malfaisants. — *Lão ngải* 老 ○, un homme qui a plus de cinquante ans. — *Ngải nhơn* ○ 人, id. — *Ngậm ngải* 吟 ○, marmotter des formules pour sortilèges. — *Thuốc ngải* 葉 ○, poudre pour les charmes ou pour les sorts; philtre qui fait aimer. — *Bỏ ngải* 補 ○, jeter de la poudre d'amour sur quelqu'un, jeter un sort, ensorceler. — *Phải ngải* 沛 ○, beau, gracieux, charmant.

Ngay 証. Droit, correct; régulier; sincérité rectitude, correction. (Formé des S. A. *nghi* 宜, convenable, et *chánh* 正, droit, correct.)

Ngay thẳng ○ 倘, direct, tout droit, devant, en face. — *Ngay giọt* ○ 溪, droit (comme la goutte d'eau qui tombe). — *Ngay do* ○ 多, redresser, rectifier. — *Ngay lưng* 腠, avoir les côtes raides, vivre en paresseux. — *Làm cho cứng ngay* 濫 朱 亘 ○, raidir. — *Ngay cẳng* ○

互, raidir les pattes; mourir (grossier). — *Nằm ngay* 颭 ○, s'étendre tout de son long. — *Có lòng ngay thật* 固悉 ○ 實, avoir un cœur droit, sincère, loyal. — *Người ngay* 得 ○, homme juste et droit. — *Nói ngay* 呐 ○, aller droit au but en parlant, parler sans détours. — *Chạy ngay* 趁 ○, courir tout droit, fuir sans se retourner. — *Xưng ngay* 稱 ○, déposer avec sincérité et droiture. — *Đi đàng ngay thẳng* 赱唐 ○ 倘, suivre le droit chemin. — *Lời ngay trái tai* 夠 ○ 債聰, la vérité offense l'oreille (des méchants).

Ngáy 䍩. Ronfler fort; onomatopée. (En S. A., embarras; se pron. *ngại*.)

Ngáy pho pho ○ 哺哺, faire beaucoup de bruit en ronflant.

Ngày 暍. Jour, journée. (Formé des S. A. *nhựt* 日, jour, et *ngài* 导, modérer.)

Một ngày một đêm 沒 ○ 沒店, un jour et une nuit. — *Cả ngày* 哿 ○, toute la journée. — *Nửa ngày* 姅 ○, une demi-journée. — *Mỗi ngày* 每 ○, journellement, chaque jour. — *Ngày giờ* ○ 除, les jours et les heures, le temps qui s'écoule. — *Ngày mai* ○ 埋, demain. — *Ngày kia* ○ 筊, l'autre jour, un certain jour. — *Ngày sau* 䕯, jour postérieur, jour à venir, plus tard. — *Ngày trước* ○ 畧, jour antérieur, jour passé, avant. — *Ngày xưa* ○ 初, jadis, autrefois, dans les temps anciens. — *Ban ngày* 班 ○, pendant le jour, au cours de la journée. — *Lâu ngày* 蕢 ○, depuis de longs jours, depuis longtemps.

— *Hằng ngày* 恆 ○, quotidiennement. — *Ngày thường* ○ 常, jour ordinaire. — *Ngày lễ* ○ 禮, jour de fête, jour rituel. — *Ngày tết* ○ 節, jour de l'an annamite. — *Đã được mấy ngày* 㐌特買 ○, depuis combien de jours? — *Ngày nào* ○ 筲, quel jour? — *Ngày rằm* ○ 森, jour de pleine lune, 15e jour du mois lunaire. — *Sáng ngày* 創 ○, le matin, au point du jour. — *Tối ngày* 最 ○, dans la soirée, à la nuit. — *Công làm ngày* 功濫 ○, journée de travail. — *Kẻ làm mướn ngày* 几濫嗼 ○, journalier, travailleur à la journée.

Ngây 癡 *. Faible d'esprit, malade moralement, inconscient, peu intelligent. Voir *si*.

Ngây dại ○ 曳, sot, stupide, idiot, insensé. — *Ngây ngất* ○ 吃, étourdi, inintelligent. — *Ngây muội* ○ 眛, sot, inepte. — *Thơ ngây* 疎 ○, petit enfant encore inconscient. — *Ngây ngủ* ○ 眰, tomber de sommeil.

Ngây 癡. Crier, brailler, vociférer; assourdissant, ennuyeux à l'excès. (Pour le car. en S. A., voir ci-dessus.)

Ngây ngà ○ 玡, bruit de dispute; se chamailler, se quereller. — *Ngây tai* ○ 聰, assourdissant, ennuyeux, fatigant. — *Ngây đầu* ○ 頭, qui donne mal à la tête.

Ngàm 嚴 (1). Entaille, coupure, incision; serrer pour faire entrer. (En S. A., grave, sévère; se pron. *nghiêm*.)

Cắt ngàm 割 ○, faire une greffe. — *Ngàm khớp* ○ 級, tenir en res-

---

(1) Se transcrit aussi par le car. 合.

pect. — *Tra ngầm* 查 ○, bien ajuster; conduire rondement une instruction judiciaire.

Ngầm 吟. Paraître en colère, avoir l'air furieux; tirant sur le noir. (En S. A., gémir, soupirer; se pron. *ngâm*.)

Cọp ngầm 狺 ○, le tigre rugit. — *Nước da ngầm ngầm* 渃胪 ○ ○, peau brune, teint hâlé. — *Ngầm nghe* ○ 瞫, gronder, menacer, chercher à effrayer.

Ngầm 吟. Sentir, éprouver, reconnaître, comprendre, apprécier. (Pour le car. en S. A., voir ci-dessus.)

Ngầm ý ○ 意, éprouver une sensation, comprendre le sens. — *Ngầm lại* ○ 吏, réfléchir — *Ngầm xem* ○ 怗, méditer, considérer. — *Ngầm vị* ○ 味, goûter, savourer.

Ngầm 沈. Intérieur, interne, secret. (En S. A., submergé; se pron. *trầm*.)

Đau ngầm ngầm 疛 ○ ○, douleur cachée, maladie interne.

Ngầm 吟*. Lire en récitatif, prononcer en observant bien le rythme et les tons; soupirs, gémissements. A. V. Macérer, détremper, imbiber.

Ngầm thi ○ 試, scander des vers. — *Ngầm thơ* ○ 書, id. — *Ngầm nga* ○ 哦, chanter doucement, fredonner, psalmodier. — *Ve ngầm nga* 蜹 ○ 哦, la cigale chante. — *Ngầm phong lộng nguyệt* ○ 風弄月, chanter au vent, s'amuser à la lune. — *Ngầm ngợi* ○ 曦, louer, complimenter, féliciter. — *Ngầm nước* ○ 渃, imbi-

ber d'eau; mucilage. — *Ngầm dầm* ○ 浸, tremper, macérer. — *Ngầm gạo* ○ 秸, faire macérer du riz.

Ngậm 噤*. Fermer, clore; congelé, engourdi; mâcher, mâchonner; murmurer, marmotter.

Ngậm miệng ○ 咡, fermer la bouche, se taire. — *Ngậm trầu* ○ 樓, mastiquer du bétel. — *Ngậm ngải* ○ 艾, marmotter des formules pour sortilèges.

Ngấm 噤*. Fermé, clos; intérieur, secret; garder en dedans, tourner et retourner en son for intérieur.

Làm ngấm 濫 ○, agir secrètement. — *Hiểu ngấm* 曉 ○, comprendre à demi mot. — *Để ngấm* 底 ○, garder pour soi. — *Giận ngấm* 悻 ○, garder rancune; haine secrète. — *Hờn ngấm* 恨 ○, ruminer une vengeance. — *Lội ngấm* 濔 ○, nager sous l'eau. — *Câu ngấm* 鉤 ○, ligne de fond, ligne dormante.

Ngạn 岸*. Rivage élevé, falaise; se découvrir le front; haut, superbe, magnifique, imposant, pyramidal.

Ngạn 彥*. Haute vertu, grande distinction; bon, excellent, beau, gracieux, éminent, distingué.

Mĩ ngạn 美 ○, une belle personne. — *Thành đức chi ngạn* 成德之 ○, entouré d'hommes vertueux.

Ngạn 諺*. Proverbe, maxime, sentence; discours en langage rustique, paroles grossières.

Ngạn ngữ ○ 語, dicton populaire. — *Ngạn viết* ○ 曰, le proverbe dit.

Ngạn 修*. Faux, trompeur; contrefaire, falsifier, faire un faux.

Ngán 嗿*. Paroles de consolation, mots de condoléances; fastidieux, ennuyeux, embarrassant; grossier.

Ngán miệng ○ 咀, être rassasié, avoir du dégoût. — *Ngao ngán* 遨 ○, errer çà et là, promener son ennui de tous côtés.

Ngàn 舒. Mille; beaucoup, énormément. Voir *nghìn*. (Formé des S. A. *thiên* 千, mille, et *ngạn* 彥, bon, doux.)

Một ngàn quan tiền 沒 ○ 貫 錢, mille ligatures. — *Hai ngàn binh* 仩 ○ 兵, deux mille soldats. — *Ba ngàn đồng bạc* 巴 ○ 銅 薄, trois mille piastres. — *Ngàn dặm* ○ 琰, des milliers de stades; très loin très loin. — *Ngàn năm* ○ 醉, des milliers d'années, depuis un temps immémorial. — *Cả ngàn* 舒 ○, considérablement.

Ngàn 岭*. Montagne, colline; contrée sauvage, lieu escarpé.

Thượng ngàn 上 ○, gravir la colline, monter sur la rive. — *Băng ngàn* 冰 ○, montagne de glace, amas de neige.

Ngăn 垠. Frontière, limite, obstacle, digue, barrière, séparation, cloison; empêcher. (Du S. A. *ngân*, même car., même signification.)

Ngăn đón ○ 頓, barrer, se mettre en travers. — *Ngăn ngang qua* ○ 昂

戈, barricader. — *Ngăn lại* ○ 吏, opposer une barrière, replacer l'obstacle. — *Sự ngăn trở* 事 ○ 阻, empêchement. — *Ngăn nước lụt* ○ 渚 淮, contenir l'effort des eaux d'une inondation. — *Ngăn cấm* ○ 禁, empêcher, défendre, prohiber. — *Ngăn lấp* ○ 垃, obstruer, combler. — *Ngăn ngừa* ○ 禦, aller au-devant pour s'opposer. — *Ngăn can* ○ 干, résister, s'opposer. — *Ngăn giặc* ○ 賊, tenir tête à l'ennemi. — *Ngăn chắn* ○ 振, séparation, cloison, clôture. — *Dải ngăn sách* 帶 ○ 冊, cordon pour séparer les pages d'un livre, signet.

Ngắn 艮. Court, net, bref, borné. (Du S. A. *cấn*, même car., même signification.)

Ngắn xỉn ○ 春, borné, insuffisant, limité, court, bref. — *Ngắn quá* ○ 過, trop court.

Ngằn 垠. Terme, limite, borne; partie, quantité. (Du S. A. *ngân*, même car., même signification.)

Từ ngằn 自 ○, à quel point. — *Làm ngằn* 濫 ○, établir une séparation, délimiter. — *Ngằn ấy* ○ 意, à telle limite. — *Không ngằn* 空 ○, sans terme, sans cesse, illimité.

Ngân 垠*. Digue, barrage, limite.

Ngân 銀*. Argent; piastre, dollar.

Kim ngân 金 ○, l'or et l'argent. — *Ngân tượng cuộc trưởng* ○ 匠 局 長, le chef des argentiers (chargé du contrôle des monnaies). — *Thủy ngân* 水 ○, mercure, vif-argent. — *Toái ngân* 淬 ○, monnaie divisionnaire en argent. — *Tiền ngân* 錢 ○, argent et sapèques, argent en général. — *Điểu ngân* 鳥 ○, la piastre mexicaine. — *Ngân hà* ○ 河, voie lactée; litt., fleuve d'argent. — *Ngân bài* ○ 牌, médaille d'argent, tablette d'argent. — *Ngân tượng* ○ 匠, bijoutier. — *Cá ngân* 鮣 ○, nom de poisson. — *Ngân châu* ○ 珠, vermillon, cinabre.

Ngán 听*. Bouche fendue jusqu'aux oreilles; rire très fort.

Ngân 銀. Syllabe complémentaire. (En S. A., argent; se pron. *ngân*.)

Đứng chân ngân 等 眞 ○, se tenir debout immobile, étonné, troublé. — *Trong ngân* 冲 ○, limpide, clair, transparent.

Ngấn 艮. Les plis ou les bourrelets de la peau (chez les enfants gras). (En S. A., ferme; se pron. *cấn*.)

Có ngấn 固 ○, être potelé.

Ngẩn 痕*. Trace de blessure, cicatrice; brisure, fente, marque, trace, ride; se taillader.

Đè ngẩn 蹄 ○, traces de larmes.

Ngẩn 謹. Être stupéfait, s'étonner, se troubler, s'évanouir.

Ngơ ngẩn 瘝 ○, idiot, imbécile. — *Ngẩn ngơ* ○ 瘝, id.

Ngang 昂*. Soleil paraissant à l'horizon; grand, élevé; porter beau;

transversal, horizontal; correspondre, face à face; de travers, inconsidérément.

Cao ngang 高 ○, haut, imposant, majestueux. — *Làm ngang* 濫 ○, faire de travers. — *Bề ngang* 皮 ○, la largeur. — *Ngang ngược* ○ 虐, mettre des entraves, apporter des obstacles; faire de l'opposition; insubordonné, récalcitrant. — *Ngang tàng* ○ 藏, faire selon son bon plaisir. — *Nằm ngang ngửa* 覦 ○ 語, se coucher dans une position anormale, comme sur le ventre. — *Ngồi ngang* 坐 ○, s'asseoir tout de travers, sans gêne, sans façon. — *Nói ngang* 吶 ○, parler à tort et à travers, contredire de parti pris. — *Nguýt ngang* 月 ○, lancer un regard de côté. — *Ngang ngửa* ○ 語, étourdi. — *Ngang đây* ○ 低, en face d'ici. — *Đi ngang qua* 移 戈, passer, traverser. — *Đường đi tắt ngang* 唐 移 燧 ○, chemin de traverse. — *Cây ngang* 核 ○, poutre, barre transversale.

Ngáng 昂 ⁽¹⁾. Barre, bâton, traverse (pour porter ou pour soulever). (Pour le car. en S. A., voir ci-dessus.)

Ngáng võng ○ 綱, traverses pour porter en hamac, en palanquin.

Ngàng 卯*. Se tourner vers, faire effort pour distinguer clairement.

Ngó ngàng 眸 ○, avoir les yeux sur; faire preuve de perspicacité. — *Chẳng ngó ngàng* 庄 眸 ○, ne pas s'inquiéter de.

Ngảng 昂. Syllabe complémentaire.

⁽¹⁾ Se transcrit aussi par le car. 嘡.

(Du S. A. *ngang*, même car., transversal, de travers.)

Nói ngảng ra 吶 ○ 囉, contredire. — *Nghểnh ngảng* 迎 ○, ne prêter aucune attention à celui qui parle.

Ngẳng 仰*. Regarder en haut, considérer avec respect ou admiration. Voir *ngưỡng*.

Ngẳng thiên ○ 天, lever les yeux au ciel. — *Ngẳng đầu* ○ 頭, porter la tête très droite. — *Ngẳng đầu ngẳng cổ* ○ 頭 ○ 古, tête et cou raides; au fig., résister, ne pas obéir.

Ngạnh 梗*. Branche d'arbre, rameau, arbrisseau armé de piquants; pointe, dard; instrument crochu ou pointu; contrariant, désagréable.

Ngạnh tánh tử ○ 性子, d'un caractère facilement irritable. — *Giáo ngạnh* 教 ○, pique ou lance avec crochet, hallebarde. — *Có ngạnh* 固 ○, pointu, épineux. — *Ngạnh câu* ○ 鉤, le dard de l'hameçon. — *Nghề ngạnh* 藝 ○, ne pas s'entendre. — *Cá ngạnh* 魩 ○, nom de poisson. — *Cây lành ngạnh trắng* 核荅 ○ 韭, mille pertuis (hypéricum).

Ngành 梗. Branche, rameau, ramure; descendance. Voir *nhánh*. (Pour le car. en S. A., voir ci-dessus.)

Ngành vàng ○ 鑽, rameau fleuri. — *Ngành hoa* ○ 花, id. — *Ngọn ngành* 阮 ○, extrémité de branche. — *Ngành cây* ○ 核, branche d'arbre, ramure. — *Treo ngành* 撩 ○, suspendre ou accrocher aux branches.

Ngành 迎*. Aller à la rencontre de, recevoir, faire un bon accueil. Voir *nghinh* et *nghênh*.

Ngành 景. Contrarier, contredire; penser autrement; détourner la tête. (En S. A., clair; se pron. *cảnh*.)

Ngành mặt ○ 柚, détourner le visage. — *Ngành cổ* ○ 古, pencher le cou. — *Ngành ý* ○ 意, ne pas être du même avis.

Ngao 遨*. Marcher pour son plaisir, se promener à sa guise, aller çà et là, errer à l'aventure.

Tứ hải ngao ngao 四海 ○ ○, parcourir les mers. — *Ngao du* ○ 遊, flâner, se délasser en se promenant. — *Ngao ngán* ○ 喭, rôder, errer, aller sans but défini.

Ngao 螯*. Le nom d'un gros coquillage bivalve; les grosses pinces du crabe, du homard.

Ngao thuốc dán ○ 藥演, coquille dans laquelle on a mis de l'onguent.

Ngao 璈*. Espèce de mandoline.

Ngao 獒 et 獒*. Un chien de la grande espèce.

Chó ngao 狂 ○, molosse, mâtin.

Ngao 警 et 諍*. Paroles futiles, langage inconsidéré, discours blessants.

Ngao 嗷*. Plaintes, soupirs, gémissements, pleurs. A. V. Cri ou miaulement du chat.

Tào ngao 嘈 ○, bruit incessant de lamentations. — *Mèo ngao* 猫 ○, le chat miaule. — *Gia khẩu ngao* 家口 ○, une maison où l'on crie la faim. — *Nghêu ngao* 嘵 ○, chanter sur un ton plaintif.

Ngạo 傲*. Arrogant, hautain, brutal, plein de morgue.

Ngạo mạn ○ 慢, méprisant, dédaigneux. — *Kiêu ngạo* 驕 ○, orgueilleux, présomptueux, superbe. — *Ngạo ngược* ○ 虐, déraisonnable.

Ngạo 敖*. Rôder, errer, flâner d'un air content et satisfait; de haute taille.

Cao ngạo 高 ○, très grand.

Ngáo 獒*. Personnage grossier, sans esprit, sans raison, espèce de brute.

Ngơ ngáo 獹 ○, répondre grossièrement. — *Thằng ngáo* 倘 ○, un lourdaud, un rustre.

Ngào 敖. Réduire par la cuisson, faire consommer en chauffant. (En S. A., errer; se pron. *ngạo*.)

Ngào đàng ○ 糖, faire du sirop de sucre. — *Ngọt ngào* 吪 ○, doux, sucré, exquis, suave. — *Ngào mật* ○ 蜜, miel épais. — *Ngạt ngào* 歹 ○, avoir l'haleine courte, perdre la respiration.

Ngáp 哈. Bailler. (Du S. A. *hạp*, même car., ouvrir la bouche toute grande.)

Kẻ hay ngáp 几 哈 ○, qui baille souvent. — *Tôi cũng ngáp theo* 碎拱 ○ 曉, et moi aussi je baillai.

Ngập 岌*. Haute montagne, pic élevé; peu sûr, peu solide, périlleux, dangereux. Voir *ngợp*.

Ngập 汲*. Faire venir de l'eau, inonder, immerger; s'imprégner. Voir *cấp*.

Ngập bờ ○ 坡, l'eau recouvre les berges. — *Chìm ngập* 沈 ○, sous l'eau, immergé, noyé. — *Ngập ngừng* ○ 凝, hésiter; tituber. — *Ngập nước* ○ 渚, recouvert d'eau, inondé. — *Lụt ngập hết* 潾 ○ 歇, l'inondation recouvre tout.

Ngạt 歹. Axe; clou, vis de jointure. (En S. A., mauvais; se pron. *ác*.)

Ngạt kéo ○ 撟, vis de ciseaux. — *Ngạt dao* ○ 刀, vis de couteau. — *Ngạt ngào* ○ 敖, perdre la respiration, être suffoqué.

Ngát 哕. Syllabe complémentaire. (Formé des S. A. *khẩu* 口, bouche, et *ác* 歹, mauvais.)

Thơm ngát 蓁 ○, très odorant. — *Ngớt ngát* 汲 ○, cesser l'action. — *Cá ngát* 魣 ○, un poisson d'eau douce.

Ngặt 歹. Ce qui n'est ni bon ni bien, ce qui est malheureux et regrettable; inconvénient, douleur, peine. (En S. A., mauvais; se pron. *ác*.)

Ngặt có một điều ○ 固沒調, il y a ceci de malheureux que. — *Khi ngặt* 欺 ○, temps pénibles, époque désastreuse. — *Ngặt nghèo* ○ 饒饒, périlleux, dangereux, pénible. — *Nghèo ngặt* 饒饒 ○, être très pauvre, très malheureux. — *Ngặt mình* ○ 命, réduit à la dernière extrémité; près de la fin, près de la mort.

Ngắt 扐 (1). Prendre avec les doigts, cueillir, arracher, pincer, piquer. (Formé des S. A. *thủ* 手, main, et *ác* 歹, mauvais.)

   Ngắt bông ○ 蘤, cueillir des fleurs. — *Ngắt trái* ○ 輥, cueillir des fruits. — *Ngắt rau* ○ 蔞, cueillir des légumes. — *Véo ngắt* 唪, pincer avec les ongles. — *Ngắt da mặt* ○ 胯末面, pincer les joues. — *Dấu ngắt* 阧 ○, pinçon. — *Lạnh đã ngắt* 泠包 ○, le froid commence à piquer.

Ngật 訖 *. Finir, parvenir, aboutir, conduire à terme, jusqu'au bout.

Ngật 汔 *. Rivière sans eau, lac desséché; traces d'inondation.

Ngật 疙 *. Petite tumeur sur la peau; bouton, pustule, abcès.

Ngật 忔 *. Gai, content, joyeux; s'amuser de tout cœur.

Ngật 吃 *. Mal articuler les mots, s'exprimer avec difficulté, balbutier; manger gloutonnement.

Ngật 屹. Syllabe complémentaire. (Pour la décomp. du car., voir ci-dessous.)

   Ngật ngơ ○ 癢, chanceler, tituber. — *Cao ngật nghèo* 高 ○ 僥, long et mince. — *Ngày ngật* 癡 ○, avoir une défaillance, un étourdissement.

Ngất 吃. Étonné, interdit, ahuri; immobile de saisissement, muet de surprise. (Formé des S. A. *lập* 立, fonder, et *khất* 乞, demander.)

   Chết ngất 折 ○, perdre connaissance. — *Làm cho ngất* 濫朱 ○, stupéfier. — *Ngất sáng* ○ 創, qui s'obscurcit (temps). — *Ngất ngơ* 癢, étourdi, accablé, stupéfait, ahuri, interdit. — *Ngất trí khôn* ○ 智坤, qui dépasse l'intelligence, au-dessus de ce que l'on peut imaginer. — *Cao chất ngất* 高質 ○, très élevé, vertigineux. — *Cười ngất* 唭 ○, étouffer de rire.

Ngâu 菩. Aglaia odorata. (Formé des S. A. *thảo* 艸, plante, et *ngô* 吾, moi.)

   Hoa ngâu 花 ○, la fleur de cette plante.

Ngẫu 偶 *. Assemblage de choses pareilles; en double, par paire; égal, ami, compagnon; statue.

Nghe 䁁. Entendre, écouter, percevoir, sentir. (Formé des S. A. *nhĩ* 耳, oreille, et *nghi* 宜, convenable.)

   Nghe nói ○ 吶, entendre dire. — *Nghe qua* ○ 戈, entendre vaguement. — *Nghe tin* ○ 信, apprendre une nouvelle. — *Nghe tiếng súng* ○ 嗜銃, percevoir le bruit du canon, entendre des coups de fusil. — *Nghe lời* ○ 唎, obéir, se conformer à. — *Nghe phong vân* ○ 風雲, apprendre

---

(1) Se transcrit aussi par le car. 扢.

par le vent et les nuages, c.-à-d. par la rumeur publique. — *Nghe thoảng thoảng* 濕倚, entendre en passant, sans écouter. — *Nghe vẳng vẳng* 咏咏, entendre dans le lointain. — *Nghe mùi* ○ 味, sentir, percevoir. — *Biết nghe* 別 ○, qui comprend à demi mot. — *Đừng có nghe theo* 停固 ○ 曉, n'écoutez pas, n'obéissez pas, ne vous laissez pas entraîner. — *Lén núp mà nghe* 練納麻 ○, être aux écoutes. — *Nghe hiểu* ○ 曉, entendre, comprendre, s'expliquer que, se rendre bien compte de. — *Tôi nghe họ nói* 碎 ○ 戸吶, j'ai entendu dire que. — *Mầy có nghe không* 眉固 ○ 空, entends-tu? — *Nó không có nghe* 奴空固 ○, il n'entend pas. — *Nghe mà không hiểu* ○ 麻空曉, entendre et ne pas comprendre. — *Nghé thúi* ○ 退, sentir une mauvaise odeur.

Nghé 犠. Le cri d'un jeune buffle; buffletin, veau; interj. fam. accompagnant une recommandation. (Formé des S. A. *ngưu* 牛, buffle, et *ngãi* 義, fidélité.)

Con nghé 昆 ○, jeune buffle. — *Nghé ngọ* ○ 午, cri du veau, du jeune buffle. — *Mầy làm nghé* 眉濫 ○, tu le feras, n'est-ce pas? — *Tôi đi về nghé* 碎拯衛 ○, je m'en vais, hein?

Nghè 儀. Égaliser, aplanir, faciliter; appellatif de gradués; sorte de temple dédié aux génies locaux. (En S. A., principe; se pron. *nghi*.)

Nghè đất ○ 坦, aplanir le sol, égaliser un terrain. — *Ông nghè* 翁 ○, lecteur du roi. — *Thầy nghè* 柴 ○, lecteur du roi. — *Nghè miếu* ○ 廟, petite pagode.

Nghê 倪*. Petit, jeune, faible, tendre; extrémité, bout, bord.

Nghê 猊*. Animal fabuleux (plus fort que le tigre et ayant une crinière comme le lion).

Nghệ 艾*. Plante à goût piquant. Voir *ngải*. A. V. Curcuma, safran.

Màu nghệ 牟 ○, couleur jaune safran. — *Giới nghệ* 拺 ○, se barbouiller de safran (comme font les femmes annamites après leurs couches). — *Con ong nghệ* 昆蜂 ○, bourdon.

Nghệ 藝*. Art, métier, industrie.

Lục nghệ 六 ○, les six arts libéraux (qui sont: *lễ* 禮, la connaissance des rites; *nhạc* 樂, la musique; *cung* 躬, le tir à l'arc; *ngư* 御, la conduite des chariots; *thơ* 書, les lettres; *số* 數, le calcul). — *Bá nghệ* 百 ○, les cent métiers, toutes les professions. — *Thủ nghệ* 手 ○, art mécanique. — *Võ nghệ* 武 ○, art militaire, tactique. — *Tài nghệ* 才 ○, habileté, talent, savoir-faire. — *Đồ khí nghệ* 圖器 ○, instrument de travail, outil, ustensile. — *Kỉ nghệ* 奇 ○, industrie. — *Thiện nghệ* 善 ○, beaux-arts.

Nghề 藝*. Art, métier, profession, capacité, aptitude. Voir *nghệ*.

Nghề nghiệp ○ 業, profession, métier, art. — *Nghề võ* ○ 武, le métier des armes. — *Nghề làm thuốc* ○ 濫藥, la médecine. — *Nghề vẽ* ○ 啟, la peinture. — *Nghề làm ăn*

○ 濫咹, moyens d'existence. — *Học nghề* 學○, étudier un art. — *Tập nghề* 習○, apprendre un métier (manuel). — *Xếp nghề* 挿○, cesser un métier, plier bagage. — *Sinh nghề tử nghiệp* 生○死業, vivre d'un métier, mourir dans ce métier (sentence). — *Anh làm nghề gì* 嬰濫○之, quel métier faites-vous? — *Trường dạy nghề nghiệp* 塲吀○業, école professionnelle. — *Người nhà nghề* 俾茹○, un artisan. — *Ra nghề* 囉○, montrer ses aptitudes (après l'apprentissage).

Nghể 眇*. Coup d'œil de colère.

Nghệch 額. Syllabe complémentaire. (En S. A., haut du front; se pron. *ngạch*.)

Nghệch ý ○意, hébété, interdit. — *Nghệch đầu* ○頭, sot, imbécile.

Nghếch 逆. Syllabe complémentaire. (Du S. A. *nghịch*, même car., contraire.)

Nghếch ngạc ○咢, inepte, inhabile; sens opposé.

Nghẹn 嗳. Avoir la gorge prise. (Du S. A. *ngán*, même car., embarras.)

Nghẹn cổ ○古, difficulté d'avaler. — *Nghẹn đi* ○垓, embarras du gosier. — *Túc nghẹn* 息○, suffoquer.

Nghén 膔. Être enceinte. Voir *chửa* et *thai*. (Formé des S. A. *nhục* 肉, chair, et *ngạn* 彥, éminent.)

Nghênh 迎*. Aller à la rencontre de, traiter, recevoir, faire accueil. Voir *ngảng* et *nghinh*.

Nghênh ngang ○昂, en désordre, tout de travers. — *Nghênh mặt* ○衇, regarder en dessous. — *Ngó nghênh* 眸○, regarder obliquement, viser, mettre en joue.

Nghểnh 迎. Être distrait, ne prêter aucune attention à ce que l'on dit. (Pour le car. en S. A., voir ci-dessus.)

Nghểnh ngảng ○昂, inattentif, distrait.

Ngheo 堯. Le miaulement du chat. (En S. A., éminent; se pron. *nghiêu*.)

Nghéo 鱙. Nom de poisson et de plante. (Formé des S. A. *ngư* 魚, poisson, et *nghiêu* 堯, haut.)

Nghèo 嶢. Pauvre, misérable, malheureux; dangereux, périlleux. (Formé des S. A. *nguy* 危, dangereux, et *nghiêu* 堯, haut, élevé.)

Nghèo khó ○苦, très pauvre, très misérable. — *Nghèo cực* ○極, réduit à la dernière extrémité. — *Hiểm nghèo* 險○, dangereux, périlleux, scabreux. — *Sự hiểm nghèo* 事險○, le danger. — *Cách hiểm nghèo* 格險○, dangereusement. — *Những kẻ nghèo* 仍几○, les pauvres, les misérables. — *Nhà nghèo* 茹○, pauvre maison. — *Cơ nghèo* 饑○, affamé, misérable. — *Tôi nghèo lắm* 碎○廩, je suis très pauvre. — *Thì nghèo* 時○, temps de misère. — *Bệnh nghèo* 病○, maladie dangereuse. — *Nghèo cháy túi* ○烓最, sans sou ni maille.

Nghèo 僥. S'incliner avec des façons aimables; manières gracieuses. (En S. A., tribu de nains; se pron. *kiêu*.)

Nghéo cổ ○ 古, pencher le cou, faire des grâces. — *Ngắc nghéo* 嗯 ○, mignarder.

Nghẹt 孼. Bouché, obstrué; gêné, embarrassé; resserrer, intercepter. (Du S. A. *nghiệt*, même car., gênant.)

Nghẹt cổ ○ 古, avoir la gorge embarrassée. — *Nghẹt mũi* ○ 齂, avoir le nez bouché, être enrhumé du cerveau. — *Nghẹt đàng nwóc* ○ 唐渚, boucher une voie d'eau. — *Đắng nghẹt* 蘁 ○, très amer, très piquant, qui donne des nausées.

Nghêu 嘵. Syllabe complémentaire. (Du S. A. *nghiêu*, même car., pleurer, se lamenter.)

Hát nghêu ngao 喝 ○ 遨, chanter sur un ton plaintif ou mélancolique.

Nghêu 蟯. Un coquillage bivalve. (En S. A., ver intestinal; se pron. *nghiêu*.)

Nghi 疑*. Douter, appréhender; être dans l'indécision, se trouver embarrassé.

Hồ nghi 胡 ○, suspecter, soupçonner. — *Đa nghi* 多 ○, être scrupuleux. — *Nghi ngại* ○ 碍, hésiter, tergiverser. — *Sanh nghi* 生 ○, faire naître des soupçons. — *Vô nghi* 無 ○, assurément, sans aucun doute. — *Đừng có nghi* 停固 ○, n'ayez crainte, ne vous mettez pas martel en tête. — *Dụng nhơn mạc nghi* 用人莫 ○, ne suspectez pas l'homme que vous employez. — *Nghi làm chi?* ○ 濫之, à quoi bon se faire du mauvais sang?

Nghi 儀*. Loi, règle; juste, bon; droit, correct, convenable; figure, maintien; décorum, étiquette.

Lưỡng nghi 兩 ○, les deux grands principes : *thiên địa* 天地, ciel et terre; *nhựt ngoạt* 日月, soleil et lune. — *Tam nghi* 三 ○, les trois grandes forces de la nature : *thiên* 天, ciel; *địa* 地, terre; *nhơn* 人, homme. — *Lễ nghi* 禮 ○, rites, cérémonies, observances. — *Ngũ nghi* 五 ○, les cinq titres de noblesse : *nam* 男, baron; *tử* 子, vicomte; *bá* 伯, comte; *hầu* 侯, marquis; *công* 公, duc. — *Oai nghi* 威 ○, grave, majestueux, imposant. — *Dong nghi* 容 ○, air digne, maintien sévère.

Nghi 宜*. Juste, convenable, raisonnable, conforme, approprié, en rapport.

Tiện nghi 便 ○, commode, agréable, utile, avantageux. — *Bất tương nghi* 不相 ○, qui ne s'accorde pas, qui ne s'harmonise pas. — *Hiệp nghi* 合 ○, approprié à, qui s'adapte bien. — *Nghi nhơn* ○ 人, convenable personne; le 5ᵉ degré des dames titrées de la cour. — *Nghi hồ xã* ○ 乎社, sacrifier à la terre.

Nghị 誼*. Droiture, correction; juste, convenable; rapports intimes, relations loyales, amicales (se prend parfois pour *nghĩa* 義).

Giao nghị 交 ○, liaison d'amitié. — *Tình nghị* 情 ○, affection, inclination. — *Hữu nghị* 友 ○, amis, camarades, connaissances.

Nghị 議*. Traiter une question, étudier une affaire, se consulter les uns les autres, délibérer, réfléchir.

Công nghị 公 ○, conférence, délibération, consultation. — *Nghị luận* ○ 論, délibérer, discourir, examiner, rechercher en commun. — *Nghị lượng* ○ 量, peser, considérer. — *Nghị định* ○ 定, décider, arrêter, décréter (formule administrative). — *Lời nghị* 做 ○, décision, arrêté. — *Hội nghị* 會 ○, assemblée délibérante. — *Hội nghị tư* 會 ○ 私, conseil privé (Cochinchine).

Nghị 蟻*. Fourmi; nom de couleur.

Lăng tử nghị sắc 綾 紫 ○ 色, une étoffe brochée de couleur rougeâtre.

Nghĩ 擬*. Penser, réfléchir, peser, considérer, examiner, statuer, décider.

Nghĩ lại ○ 吏, penser sérieusement, réfléchir mûrement. — *Nghĩ đi nghĩ lại* ○ 移 ○ 吏, délibérer en soi, réfléchir longuement. — *Ngẫm nghĩ* 吟 ○, méditer (on dit aussi *gẫm nghĩ*). — *Suy nghĩ* 推 ○, peser, considérer. — *Tội khinh bất nghĩ* 罪 輕 不 ○, la faute étant légère, il ne sera pas statué. — *Ông nghĩ làm sao* 翁 ○ 濫 牢, qu'en pensez-vous, monsieur? — *Phỏng nghĩ điều lệ* 訪 ○ 俊 例, projet de règlement.

Nghĩ 擬. Vivre dans la quiétude, prendre du repos, se retirer de l'action, ne rien faire; lui, elle. (Pour le car. en S. A., voir ci-dessus.)

Nghĩ ngơi ○ 宜, se reposer, dormir. — *Nghĩ một chút* ○ 沒 陣, prendre un peu de repos. — *Phép nghĩ* 法 ○, le droit de prendre du repos; un congé. — *Về nhà nghĩ* 衞 茹 ○, rentrer dans sa famille pour se reposer. — *Đồ nghĩ học* 渡 ○ 學, vacances scolaires. — *Đi nghĩ* 移 ○, aller se reposer. — *Sự nghĩ* 事 ○, repos, tranquillité. — *Tôi đi nghĩ* 碎 移 ○, je vais me reposer. — *Chú nghĩ* 注 ○, lui, cet homme, cet individu.

Nghĩa 義*. Droit, justice, haute morale; amour, amitié, fidélité; explication, acception, signification, traduction. Voir *ngãi*.

Cắt nghĩa 割 ○, traduire, expliquer; litt., découper un sens. — *Chữ nghĩa* 字 ○, les lettres; le sens des caractères. — *Nghĩa là* ○ 羅, c'est-à-dire, cela signifie. — *Một chữ có nhiều nghĩa* 沒 字 固 饒 ○, un mot a plusieurs acceptions. — *Có hai nghĩa* 固 台 ○, double sens, ambigu.

Nghịch 逆*. Contraire, opposé; aller à l'encontre de, contrarier; désobéir, se révolter; rebelle, ennemi, antagoniste.

Nghịch nhau ○ 饒, qui s'opposent, qui se contredisent; être ennemis, s'en vouloir. — *Nghịch lẽ* ○ 理, contraire à la raison. — *Nghịch ý* ○ 意, opposé à la lettre, contraire à l'esprit. — *Nghịch lý* ○ 理, déraisonnable. — *Nghịch đảng* ○ 党, rebelle, révolté, séditieux. — *Kẻ nghịch* 几 ○, ennemi, adversaire, opposant. — *Làm nghịch* 濫 ○, se conduire en ennemi, faire de l'opposition. — *Ngỗ nghịch* 忤 ○, insolent, effronté, révolté, indiscipliné. — *Sự nói nghịch* 事 吶 ○, contradiction. — *Nó hay nghịch* 奴 哈 ○, il aime à contrarier. — *Ách nghịch* 呃 ○, le hoquet.

Nghiêm 儼 et 嚴*. Avoir conscience de son devoir; imposer la règle; grave, sérieux, réfléchi, prévoyant, sévère, majestueux, imposant.

Nghiêm phụ từ mẫu ○ 父慈母, le père est sévère, la mère est indulgente. — *Phép nghiêm* 法○, pouvoir ferme, lois sévères. — *Nghiêm trang* ○ 莊, digne, imposant. — *Oai nghiêm* 威○, auguste, majestueux, d'aspect sévère. — *Nghiêm cấm* ○ 禁, sévèrement défendu, interdit, prohibé. — *Lễ phép nghiêm nghị* 禮法○議, cérémonie imposante. — *Thầy nghiêm nhặt* 柴○日, maître sévère, inflexible. — *Người nghiêm* 侢○, homme austère. — *Giáo bất nghiêm sư chi đọa* 敎不○師之惰, un maître est coupable s'il enseigne sans sévérité (phrase du *Tam tự kinh*). — *Cách nghiêm* 格○, de manière imposante; sévèrement. — *Tính nghiêm* 性○, caractère sérieux et réfléchi, naturel grave et sévère.

Nghiệm 騐 et 驗*. Examiner attentivement, scruter à fond, se rendre compte d'une chose, éclaircir un fait; témoigner, prouver; preuves, raisons.

Nghiệm quả ○ 果, découvrir la vérité. — *Khán nghiệm* 看○, se livrer à un examen approfondi. — *Chứng nghiệm* 証○, témoin qui a vu ou entendu; témoignage certain, déposition irrécusable. — *Sự khán nghiệm* 事看○, autopsie. — *Nghiệm xác* ○ 殼, rechercher les traces de violence sur un cadavre. — *Nguyên chủ lai nghiệm* 原主來○, le propriétaire viendra se rendre compte.

Nghiêm 嚴. Disposer, préparer; se munir, se procurer le nécessaire. (DuS. A. *nghiêm*, même car., prévoyant.)

Đồ nghiêm 圖○, approvisionnements, préparatifs; munitions, bagages, provisions. — *Nghiêm quân* ○ 軍, fournitures militaires.

Nghiên 妍*. Beau, gracieux, élégant, distingué. Voir *ngon*.

Nghiên 硯*. Godet en pierre pour l'encre (la pierre un peu creuse sur laquelle on délaye les bâtons d'encre de Chine); frotter, délayer.

Nghiên mực ○ 墨, encrier, écritoire. — *Ao nghiên* 池○, godet pour délayer l'encre en bâton. — *Nghiên hữu* ○ 友, un camarade d'encrier, un compagnon d'étude.

Nghiện 蜆*. Nom d'un petit insecte; coquillages bivalves.

Nghiện 唁*. Pleurer, se lamenter.

Nghiến 嗲*. Être agacé d'une chose, éprouver une sensation désagréable.

Nghiến răng ○ 齼, grincer des dents; agacement des dents.

Nghiền 研*. Frotter, délayer; piler, écraser, broyer, moudre.

Nghiền thuốc ○ 葯, piler des drogues, délayer des médicaments. — *Nghiền xương* ○ 昌, broyer des os. — *Nghiền cho nát* ○ 朱涅, broyer très fin, réduire en poudre.

Nghiêng 迎. Incliné, penché, courbé; de travers, de côté, anormal. (Du S. A. *nghinh*, même car., s'incliner.)

Nghiêng vai ○ 鬴, pencher les épaules (pour recevoir un fardeau). — *Nằm nghiêng* 䩙 ○, se coucher sur le côté. — *Nghiêng lệch* ○ 歷, penché, couché de travers. — *Nghiêng lòng* ○ 悉, pencher le cœur vers, avoir une tendance à. — *Ngó nghiêng* 眸 ○, regarder de travers. — *Nghiêng tai* ○ 聰, prêter l'oreille, se pencher pour écouter. — *Nghiêng mình phục dạ* ○ 命伏也, s'incliner devant quelqu'un en signe de soumission.

Nghiệng 刊 *. Gratter, racler, frotter, raturer, effacer.

Nghiệp 業 *. Ce qui est acquis par le travail; moyens d'existence; art, métier; emploi, fonction, office, charge.

Gia nghiệp 家 ○, patrimoine, biens fonds, biens domestiques. — *Nghề nghiệp* 藝 ○, art, métier, emploi. — *Sanh nghiệp* 生 ○, créer un métier, fonder une industrie. — *Bổn nghiệp* 本 ○, métier d'origine, principal moyen d'existence. — *Sự nghiệp* 事 ○, affaire importante, action d'éclat. — *Công nghiệp* 功 ○, ce qui est acquis par le travail. — *Cơ nghiệp* 基 ○, héritage. — *Tội nghiệp* 罪 ○, exclamation: comme c'est regrettable! quel malheur! je vous plains beaucoup!

Nghiệt 孽 *. Enfant naturel; conséquences d'une faute; ce qui est gênant, vexant, importun.

Nghiệt tử ○ 子, fils de concubine. — *Loài yêu nghiệt* 類妖 ○, monstre.

— *Oan nghiệt* 寃 ○, injuste, vexatoire. — *Làm nghiệt* 濫 ○, opprimer, vexer, pressurer, brutaliser. — *Nghiệt quá* ○ 過, c'est très vexant!

Nghiêu 堯 *. Terre élevée; au fig., haut, éminent; nom d'un célèbre empereur chinois connu par les Annamites sous le nom de *Vua nghiêu*.

Nghiêu 嘵 *. Crier, pleurer, gémir, se lamenter, se désoler.

Nghiêu 蟯 *. Ver intestinal.

Nghìn 釺. Le nombre mille. Voir *ngàn*. (Formé des S. A. *thiên* 千, mille, et *ngan* 彥, bon, doux.)

Nghìn dặm ○ 袮, mille stades.

Nghinh 迎 *. Aller à la rencontre de, recevoir, traiter, faire accueil; se présenter, s'incliner, saluer. Voir *ngảng* et *nghểnh*.

Nghinh tống ○ 送, recevoir avec honneur. — *Nghinh tiếp* ○ 攝, sortir pour aller au-devant de, faire bon accueil. — *Nghinh lễ* ○ 禮, se présenter avec des cadeaux. — *Lễ thân nghinh* 禮親 ○, aller soi-même au-devant (cérémonie du mariage). — *Nghinh thần* ○ 神, recevoir les esprits (cérémonie du culte des ancêtres).

Nghỉnh 迎. Distrait, inattentif; qui ne se soucie de rien. Voir *nghểnh*. (Pour le car. en S. A., voir ci-dessus.)

Nghỉnh ngảng ○ 昂, insouciant. — *Ngừng nghỉnh* 喁 ○, ne pas s'inquiéter de.

Ngọ 吾*. Syllabe complémentaire. (En S. A., je, moi; se pron. *ngô*.)

Ngo ngoe ○ 危, bouger les pattes (crabe). — *Ghe ngọ* 籛 ○, pirogue faite d'un seul tronc d'arbre creusé.

Ngọ 午*. Caractère horaire et septième lettre du cycle duodénaire (cheval); se mettre en travers, résister, faire effort.

Giờ ngọ 除 ○, de onze heures à une heure du jour. — *Chánh ngọ* 正 ○, le milieu de la journée. — *Năm ngọ* 靯 ○, toute année du cycle qui se combine avec *ngọ*. — *Thượng ngọ* 上 ○, le commencement de la 7ᵉ heure. — *Hạ ngọ* 下 ○, la fin de la 7ᵉ heure.

Ngó 眝. Regarder attentivement (avec effort pour bien distinguer). Voir coi. (Formé des S. A. *mục* 目, œil, et *ngọ* 午, faire effort.)

Ngó thấy ○ 筧, voir (en regardant attentivement), apercevoir. — *Ngó nghênh* ○ 迎, regarder de côté en penchant la tête, viser. — *Ngó liếc* ○ 䀹, regarder obliquement, regarder de travers. — *Ngó lén* ○ 練, regarder furtivement, à la dérobée. — *Ngó lui* ○ 蹋, regarder en arrière. — *Ngó chừng* ○ 澄, regarder pour se rendre compte, observer. — *Ngó mà không thấy* ○ 麻空筧, regarder et ne pas voir. — *Ngó siếng* ○ 爽, regarder niaisement, bayer.

Ngó 芉. Racine du nénufar. (Formé des S. A. *thảo* 艸, plante, et *ngọ* 午, faire effort.)

Củ ngó 矩 ○, tubercule formé par cette racine.

Ngò 菩. Coriandre. (Formé des S. A. *thảo* 艸, plante, et *ngô* 吾, je, moi.)

Rau ngò 蔞 ○, id. (on donne parfois ce nom au céleri).

Ngỏ 呼. Pour que, afin de; clair, net, distinct. (Formé des S. A. *khẩu* 口, bouche, et *ngọ* 午, faire effort.)

Ngỏ cho ○ 朱, afin que, de manière à. — *Ngỏ khôn* ○ 圳, sage, prudent, de compréhension vive. — *Ngỏ ngàng* ○ 昂, perspicace. — *Ngỏ thấy* ○ 筧, pour voir, afin de se rendre compte. — *Chẳng ngỏ đến* 庄 ○ 典, ne pas viser à, ne pas s'inquiéter de. — *Nghe không ngỏ* 瞋空 ○, ne pas entendre clairement, ne pas distinguer les paroles.

Ngỏ 午. Libre, ouvert, à découvert. (En S. A., car. cyclique; se pron. *ngọ*.)

Cửa ngỏ 閣 ○, porte principale de l'enceinte extérieure d'une maison. — *Để cửa ngỏ* 底閣 ○, laisser l'entrée libre. — *Ngoại ngỏ* 外 ○, en dehors de la porte d'entrée. — *Dàng ngỏ* 唐 ○, voie libre.

Ngô 吳*. Parler haut et avec arrogance; se vanter, exagérer; l'un des trois royaumes de l'ancienne Chine; nom par lequel les Annamites désignent quelquefois les Chinois; nom générique, nom de famille.

Ngô khách ○ 客, les Chinois (bonne part). — *Thằng ngô* 倘 ○,

un Chinois (mauvaise part). — *Ngô lào* ○ 牢, étranger.

Ngô 莫. Nom d'arbre et de plante. (Formé des S. A. *thảo* 艹, plante, et *ngô* 吳, grand, exagéré.)

Bí ngô 費 ○, citrouille de grosse espèce. — *Đu ngô* 梻 ○, balançoire.

Ngô 吾*. Je, moi, nous; s'opposer, obstruer, barrer, empêcher.

Ngô 梧*. Arbre dont le bois sert à faire des instruments de musique.

Ngô đồng ○ 桐, arbre au bois léger et résistant; arbre de bon augure. — *Hải ngô* 海 ○, autre espèce. — *Chi ngô* 支 ○, étai, appui, support.

Ngô 忤*. Désobéissant, opiniâtre, entêté, insubordonné, récalcitrant, insoumis, insolent. Voir *ngỗ*.

Ngô ý ○ 意, opiniâtre, entier dans ses opinions. — *Ngô nghịch* ○ 逆, rebelle, révolté; désobéissant (envers les parents).

Ngô 誤 et 悞*. Faux, trompeur, négligent. A. V. Stupide, sot, niais, imbécile.

Thằng ngô 倘 ○, un sot, un drôle. — *Đừng giả ngô* 停假 ○, ne faites donc pas l'imbécile!

Ngô 悟*. Qui comprend facilement; intelligent, perspicace, vif, éveillé; joli, mignon, charmant.

Dĩnh ngô 穎 ○, très fin, qui discerne admirablement. — *Ngô đạo* ○ 道, s'expliquer la valeur d'un enseignement, bien comprendre une doctrine. — *Thằng nhỏ nầy ngô* 倘 趿 尼 ○, cet enfant est charmant. — *Ngô nghỉnh* ○ 迎, merveilleux, extraordinaire; exclamation : comme c'est drôle!

Ngô 遇*. Rencontrer tout à coup, se présenter à l'improviste.

Ngô gặp ○ 及, rencontrer par hasard. — *Hội ngô* 會 ○, heureuse rencontre; arriver à point, avoir la chance d'être bien reçu. — *Thoản ngô thiên thời* 倘 ○ 天 時, par suite de calamités.

Ngỗ 忤*. Entêté, obstiné, rebelle, révolté, récalcitrant. Voir *ngô*.

Ngỗ nghịch ○ 逆, se révolter. — *Ngỗ quá* ○ 過, c'est trop fort!

Ngỗ 悟*. Heurter des cornes comme le buffle; sauvage, méchant.

Ngơ 瘝. Oisif, distrait, insouciant, négligent; sans mémoire, sans aptitude (ne s'emploie qu'en composition). (Formé des S. A. *nịch* 疒, maladie, et *ngư* 魚, poisson.)

Làm ngơ 濫 ○, faire l'idiot, dissimuler. — *Ngơ tay* ○ 栖, ne plus vouloir travailler. — *Ngơ ngẩn* ○ 謹, inepte, stupide; se troubler, s'évanouir. — *Ngơ ngơ* 眝 ○, regarder d'un air hébété. — *Ngất ngơ* 仡 ○, étourdi, insouciant, inattentif. — *Chơ ngơ* 諸 ○, abandonné, délaissé. — *Bơ ngơ* 巴 ○, étonné, ahuri.

Ngờ 疑. Penser, douter, s'imaginer, soupçonner. (Du S. A. *nghi*, même car., même signification.)

Chẳng ngờ 庄 ○, on n'aurait pas pensé que. — *Ai ngờ* 埃 ○, qui s'en serait douté? qui l'eût cru?

Ngỡ 語. Penser, estimer; converser, discuter, discourir. (Du S. A. *ngữ*, même car., même signification.)

Ngỡ là ○ 羅, on dirait de, il semble que. — *Ngỡ ngàng* ○ 昂, se dire en soi-même. — *Ngỡ miệng* ○ 呫, parole embarrassée. — *Ngỡ lời* ○ 刕, parler avec prudence. — *Ngỡ tay* ○ 捂, agir avec circonspection. — *Bỡ ngỡ* 把 ○, dépaysé, dérouté, ahuri, stupéfait.

Ngoa 訛 *. Parole trompeuse, discours mensonger, argument fallacieux; superfluité, redondance.

Lời ngoa 刕 ○, parole emphatique, verbiage. — *Nói ngoa* 吶 ○, exagérer, amplifier, bavarder, mentir. — *Ngoa miệng* ○ 呫, superfluité de paroles, redondances inutiles. — *Kẻ hay nói ngoa* 几 哈 吶 ○, bavard, hâbleur, vantard.

Ngoa 吾. Je, moi, nous (peu usité). (Du S. A. *ngô*, même car., même signification.)

Ngoa 臥 *. Être couché, dormir, se reposer; cesser de faire, d'agir.

Ngõa 瓦 *. Vases d'argile, poteries, terres cuites. Car. radical.

Ngoại 巍 *. Lier, entourer, enrouler, enlacer, faire plusieurs tours. (En S. A., haut, élevé; se pron. *nguy*.)

Ngoại lại ○ 吏, serrer, tordre, amarrer solidement. — *Người ngoại* 鬼 ○, s'apaiser, se calmer. — *Nhiều ngoại* 饒 ○, plusieurs tours de corde.

Ngoại 外 *. Dehors, extérieur; au delà des frontières, à l'étranger.

Nội ngoại 內 ○, intérieur et extérieur; indigènes et étrangers. — *Ngoại quốc* ○ 國, les pays étrangers. — *Ngoại nhơn* ○ 人, gens d'une autre nation, homme étranger au pays. — *Ngoại đạo* ○ 道, qui n'est pas de la religion, païen. — *Dân ngoại* 民 ○, les hommes non inscrits (sur les cahiers d'impôts). — *Sách ngoại kỉ* 冉 ○ 紀, les annales. — *Họ ngoại* 戶 ○, la parenté extérieure, c.-à-d. la parenté du côté maternel. — *Ngũ niên chi ngoại* 五年之 ○, au delà de cinq ans. — *Ông ngoại* 翁 ○, grand-père maternel. — *Bà ngoại* 妣 ○, grand'mère maternelle. — *Đàng ngoại* 唐 ○, partie extérieure; Tonkin. — *Ngoại tình* ○ 情, adultère. — *Ngoại ngạch* ○ 額, hors cadre (expression administrative).

Ngoái 外. Passé, écoulé; rétrograder. (Du S. A. *ngoại*, même car., dehors.)

Năm ngoái 薛 ○, l'année dernière, l'année passée. — *Ngoái đầu* ○ 頭, tourner la tête en arrière, se retourner. — *Ngó ngoái* 眸 ○, regarder derrière soi. — *Ngoái lại* ○ 吏, revenir en arrière.

Ngoài 外. En dehors, à l'extérieur. (Du S. A. *ngoại*, même car., même signification.)

Ra ngoài nhà 囉 ○ 茹, sortir de la maison. — *Ngoài thành* ○ 城, hors la ville. — *Nó ở ngoài cửa* 奴於 ○

3.

閗, il est en dehors de la porte, il est à la porte. — *Bề ngoài* 皮 ○, l'extérieur, extérieurement. — *Đàng ngoài* 唐 ○, la partie extérieure; le Tonkin. — *Phía ngoài* 費 ○, la partie extérieure, le côté du dehors, au dehors. — *Đi ra ngoài đi* 挅囉○挅, sortez! allez-vous-en!

Ngoài 外. Syllabe complémentaire. (Pour le car. en S. A., voir ci-dessus.)

Ngóc ngoài 杲 ○, reprendre des forces (après une grave maladie).

Ngoáy 捌. Fouler, piler; récurer. (Formé des S. A. *thủ* 手, main, et *ngoại* 外, dehors.)

Ống ngoáy 甕 ○, tube servant à préparer la chique de bétel. — *Ngoáy tai* ○ 聰, se curer les oreilles.

Ngoan 頑*. Simple, naïf, bénévole, naturel; inerte, revêche, obstiné.

Khôn ngoan 抈 ○, prudent, avisé, rusé. — *Ngoan nguy* ○ 巍, affable, complaisant, courtois. — *Ngoan nhơn* ○ 人, personne simple; homme rude, grossier. — *Ngoan dân* ○ 民, le peuple grossier, incivil, malhonnête. — *Ngoan đạo* ○ 道, fervent, croyant, fanatique. — *Ngoan nhiên như thạch* ○ 然 如 石, stupide comme un caillou.

Ngoạn 玩*. Joyaux pour se parer; pierres précieuses; regarder longtemps des choses agréables; jouer, s'amuser, folâtrer, se divertir.

Ngoạn vật ○ 物, objet de grande valeur. — *Ngoạn nguyệt* ○ 月, se promener à la clarté de la lune (amusement vicieux). — *Ngoạn cảnh* ○ 景, contempler un site agréable.

Ngoao 嗷. Miaulement des chats. (En S. A., plainte; se pron. *ngao*.)

Ngoạt 月*. La lune; mois lunaire. Voir *nguyệt*. Car. radical.

Đại ngoạt 大 ○, mois complet (30 jours). — *Tiểu ngoạt* 小 ○, mois incomplet (29 jours). — *Chánh ngoạt* 正 ○, le premier mois de l'année. — *Niên ngoạt* 年 ○, année et mois (date). — *Ngoạt kinh* ○ 經, le flux mensuel des femmes.

Ngoắt 捐*. Faire signe avec la main, appeler par gestes; remuer, secouer, agiter.

Chó ngoắt đuôi 狃 ○ 䮘, le chien remue sa queue. — *Ngoắt đi ngoắt lại* ○ 挅 ○ 吏, agiter en tous sens. — *Cười nguếch ngoắt* 喋 ○, rire franchement.

Ngọc 玉 et 王*. Pierre précieuse; au fig., bon, beau, noble, distingué. Car. radical.

Châu ngọc 珠 ○, perle. — *Ngọc kim cang* ○ 金 剛, diamant. — *Ngọc thạch* ○ 石, jade. — *Thủy ngọc* 水 ○, cristal de quartz. — *Ngọc nhẫn đồ* ○ 挒 圖, pierreries en général. — *Ngọc điệp* ○ 蝶, coquille qui brille dans l'eau. — *Giọt ngọc* 潒 ○, larme. — *Ngọc dạ minh châu* ○ 夜 明 珠, rubis. — *Ấn ngọc* 印 ○, le sceau impérial. — *Ngọc hữu* ○ 友, précieux amis. — *Kim khẩu ngọc ngôn* 金 口 ○ 言, bouche d'or, parole de diamant (langage élevé). — *Ngọc bất trát bất thành khí* ○ 不 琢 不 成 器,

une pierre précieuse non travaillée n'est d'aucun usage. — *Kim mã ngọc đường* 金馬堂, cheval d'or, demeure de diamant (se dit de la maison d'un gradué de haut rang)

Ngóc 呆. Avancer, élever; dépasser, dominer; tordu, renversé en arrière. (En S. A., préserver; se pron. *ngại*.)

Ngóc ngoài ○外, nouvellement remis d'une maladie, entrer en convalescence. — *Ngóc đầu* ○頭, la tête renversée en arrière.

Ngóc 呆. Stupide, hébété, grossier. (Pour le car. en S. A., voir ci-dessus.)

Thằng ngốc 倘○, sot, idiot, crétin. — *Ngốc óc* ○沃, terme d'injure.

Ngoe 危. Brindille, broutille; patte, pince (cancre); un certain jeu. (En S. A., dangereux; se pron. *nguy*.)

Ngoe cua ○瓠, pince de crabe. — *Ba ngoe* 㕜○, le jeu des trois bâtonnets. — *Đánh ba ngoe* 打㕜○, jouer à ce jeu.

Ngoẻn 阮. Syllabe complémentaire. (En S. A., nom de famille; se pron. *nguyễn*.)

Chẻn ngoẻn 禩○, ahuri, ébahi. — *Cười chẻn ngoẻn* 哄禩○, rire tout seul, comme un idiot.

Ngoeo 嚂. Le miaulement du chat. (Du S. A. *nghiêu*, même car., se plaindre.)

Ngoeo ngoa ○嗷, miauler.

Ngoẹo 邵. Contourné, courbé, tordu. (En S. A., éminent; se pron. *thiệu*.)

Ngoéo 撓. Croc, crochet, grappin. (En S. A., tirailler; se pron. *nhiễu*.)

Ngoi 漼. Syllabe complémentaire. (Formé des S. A. *thủy* 水, eau, et *ngòi* 嵬, haut, élevé.)

Ướt loi ngoi 汔潘○, tout trempé, complètement mouillé.

Ngói 坯. Tuile. (Formé des S. A. *thổ* 土, terre, et *ngỏa* 瓦, argile.)

Nhà ngói 茹○, maison couverte en tuiles. — *Ngói bình* ○平, tuile plate. — *Ngói ống* 甕, tuile creuse. — *Mái ngói* 厦○, toiture en tuiles. — *Lò ngói* 爐○, tuilerie.

Ngòi 洲. Petit cours d'eau, ruisseau, canal, rigole. (Formé des S. A. *thủy* 水, eau, et *ngoại* 外, extérieur.)

Ngòi rãnh ○泠, canal d'irrigation. — *Ngòi rạch* ○灑, arroyo.

Ngòi 爉. Trou à feu, lumière du canon; bout, extrémité. (Formé des S. A. *hỏa* 火, feu, et *ngòi* 嵬, sommet.)

Chấm ngòi 針○, faire feu au moyen d'une pierre ou d'une mèche. — *Thuốc ngòi* 萊○, poudre du trou à feu d'un canon. — *Ngòi viết* ○曰, plume à écrire. — *Ngòi viết sắt* ○曰鉄, plume métallique.

Ngòi 桅*. Nom d'arbre; mât de navire.

Ngòi 嵬*. Montagne élevée, sommet escarpé; au fig., haut, éminent, remarquable; le trône du souverain; la personne royale.

Lên ngôi 遷 ○, s'élever au sommet, monter sur le trône. — *Từ ngôi* 辭 ○, abdiquer, céder la couronne. — *Ngôi vua* ○ 喬, la personne du roi. — *Chúa ba ngôi* 主巨 ○, Dieu en trois personnes. — *Ngôi sao* ○ 暈, étoile; croix de la Légion d'honneur. — *Phân ngôi phân thứ* 分 ○ 分 次, par degrés, rangé en ordre.

Ngồi 坒. S'asseoir, être assis; siéger, être en place. (Formé des S. A. *tọa* 坐, s'asseoir, et *ngoại* 外, extérieur.)

Ngồi chồm hổm ○ 跕 陷, être assis sur les talons. — *Ngồi xếp bàng* ○ 挿 傍, être assis les jambes repliées. — *Ngồi chế bề* 支 皮, assis les jambes du même côté. — *Ngồi nhầu* ○ 擾, assis n'importe comment et n'importe où. — *Ngồi trên ghế* 連 几, assis sur une chaise. — *Ngồi mỏi* ○ 痲, fatigué d'être assis. — *Ngồi trên qui khách* 連 貴 客, occuper la place d'honneur dans une réunion. — *Ngồi khách* ○ 客, tenir audience, recevoir des visiteurs. — *Chỗ ngồi* 挂 ○, endroit où l'on s'assoit. — *Ngồi nhóm* ○ 坫, assister à une réunion. — *Ngồi tòa* ○ 座, assis sur un trône; siéger sur une estrade, à un tribunal, à un bureau. — *Ngồi làm quan* ○ 濫 官, remplir des fonctions officielles. — *Mời ông ngồi* 嚦 翁 ○, veuillez vous asseoir, monsieur. — *Cứ ngồi* 據 ○, rester assis, continuer à demeurer assis.

Ngơi 宜. Syllabe complémentaire. (En S. A., convenable; se pron. *nghi*.)

Nghỉ ngơi 擬 ○, se reposer, dormir (se dit des supérieurs). — *Làm lơi ngơi* 濫 來 ○, faire avec indolence, agir mollement. — *Ngơi đầu* ○ 頭, aller la tête découverte.

Ngợi 義. Syllabe complémentaire. (Du S. A. *ngãi*, même car., bon, juste.)

Khen ngợi 吤 ○, décerner des louanges; flatter. — *Ngợi khen* ○ 吤, id. — *Ngâm ngợi* 吟 ○, congratuler. — *Ca ngợi* 歌 ○, chanter des louanges. — *Ngợi ra* ○ 囉, se calmer, être soulagé.

Ngời 焊. Lumineux, phosphorescent; miroiter, briller. (Formé des S. A. *hỏa* 火, feu, et *ngai* 㝵, modérer.)

Sáng ngời 創 ○, resplendissant, luisant. — *Nước ngời* 渚 ○, eaux phosphorescentes.

Ngỡi 義*. Bon, doux, sage, juste. Voir *ngãi*.

Ngồm 吭. Syllabe complémentaire. (Formé des S. A. *khẩu* 口, bouche, et *nguyễn* 阮, nom générique.)

Nhai ngồm ngoàm 哇 ○ 嗒, mâcher drôlement et avec bruit, comme les vieillards qui n'ont plus de dents.

Ngon 唁. Bon, savoureux, succulent (surtout avec le sens de fort, de piquant); satisfaisant, agréable. (En S. A., se lamenter; se pron. *nghiện*.)

Rượu ngon 醋 ○, bon vin, liqueur forte. — *Thuốc ngon* 菜 ○, bon tabac. — *Đồ ăn ngon* 圖 陵 ○, bon mets, nourriture succulente. — *Ăn đồ ngon* 陵 圖 ○, manger de bonnes choses. — *Lấy làm ngon* 祕 濫 ○,

trouver que c'est bon, savourer. — *Ngon miệng* ○ 咀, agréable au goût. — *Không ngon* 空 ○, ce n'est pas bon; cela ne va pas. — *Ngủ ngon lắm* 眧 ○ 廩, que c'est donc bon de dormir!

Ngọn 㧖. Cime, sommet, hauteur, extrémité; ce qui flotte en l'air. (Formé des S. A. *thảo* 艸, plante, et *nguyên* 阮, nom générique.)

Ngọn cây ○ 核, sommet d'arbre. — *Ngọn lửa* ○ 焒, flamme. — *Ngọn lửa đời đời* ○ 焒代代, les flammes éternelles. — *Ngọn đèn* ○ 畑, flamme de lampe, de bougie. — *Ngọn cỏ* ○ 韄, tige de plante, sommet des herbes. — *Ngọn cờ* ○ 旗, drapeau, étendard, pavillon (flottant au vent). — *Ngọn gió* ○ 逌, bouffée de vent, rafale, bourrasque. — *Ngọn nước* ○ 渃, hautes vagues, colonne d'eau. — *Bằng gốc bằng ngọn* 朋格朋 ○, d'égale grosseur aux deux bouts. — *Ngọn nguồn* ○ 源, source, fontaine; cause, origine, point de départ.

Ngón 𢪀 [1]. Doigt. (Formé du S. A. *thủ* 手, main, et de l'A. V. *ngọn* 㧖, sommet.)

Ngón tay ○ 拪, doigt de la main. — *Ngón chơn* ○ 蹟, doigt du pied. *Ngón tay cái* ○ 拪吗, pouce. — *Ngón út* ○ 丞, petit doigt, auriculaire.

Ngôn 言 *. Parole, discours; parler, causer, discourir. Car. radical.

Ngôn từ ○ 詞, conversation. — *Ngôn ngữ* ○ 語, proverbe, maxime; langage rural. — *Ngoa ngôn* 訛 ○, amplifier, exagérer; faconde, loquacité. — *Hoa ngôn* 花 ○, langage fleuri, imagé; vantardise, hâblerie. — *Kim ngôn* 金 ○, parole d'or (discours royal). — *Lời lộng ngôn* 悷 ○, blasphème. — *Nói lộng ngôn* 吶悷 ○, blasphémer. — *Ngôn ngoại chi ý* ○ 外之意, s'exprimer par sentences. — *Thông ngôn* 通 ○, interprète.

Ngốn 嚶. Brouter avidement, manger avec voracité. (Formé des S. A. *khẩu* 口, bouche, et *cổn* 袞, longue robe.)

Ngổn 滾. Syllabe complémentaire. (En S. A., torrent; se pron. *cổn*.)

Ngổn ngang ○ 昂, contredire, contrecarrer; récalcitrant, entêté.

Ngon 姸. Syllabe complémentaire. (En S. A., gracieux; se pron. *nghiên*.)

Lờn ngơn 蘭 ○, trop familier; irrévérencieux, impoli.

Ngong 禺 *. Espace, temps, époque.

Ngong 顒 *. Tête imposante et digne, tenue correcte, air grave; attitude expectante.

Ngong chèo ○ 橺, tenir les avirons en l'air, être prêt à ramer. — *Ngong viết* ○ 曰, tenir le pinceau ou la plume, être prêt à écrire.

Ngọng 嚨. Parler du gosier, mal prononcer. (Formé des S. A. *khẩu* 口, bouche, et *ngong* 顒, air grave.)

Nói ngọng 吶 ○, parler gras, mal articuler. — *Ngọng miệng* ○ 咀,

---

[1] Se transcrit aussi par le car. 阮.

retenir ses paroles, parler par saccades. — *Ngọng lịu* ○ 叮, faire un *lapsus linguæ*.

Ngóng 顒. Regarder en l'air, lever la tête pour voir; attendre, espérer. (Du S. A. *ngong*, même car., même signification.)

Ngóng trông ○ 籠, attendre avec impatience, espérer vivement. — *Ngóng cổ* ○ 古, attendre le cou tendu et les yeux levés. — *Ngóng xem* ○ 帖, regarder attentivement et avec anxiété. — *Nguyện ngóng* 願 ○, regarder fixement, être en extase.

Ngồng 顃. Touffe, panache, plumet. (Formé des S. A. *thảo* 艸, plante, et *ngong* 顒, tête imposante.)

Cao ngồng 高 ○, haut, élevé.

Ngỗng 鵝. Oie domestique. Voir *nga* 鵝. (Formé des S. A. *điểu* 鳥, oiseau, et *ngong* 昌, espace.)

Ngỗng trông ○ 俸, jars. — *Ngỗng mái* ○ 厓, oie. — *Ngỗng trời* ○ 委, cygne; litt., oie céleste. — *Ngỗng đực* ○ 特, sot, imbécile[1]. — *Cái ngỗng* 丐 ○, une jarre à long col.

Ngọp 岌*. Haute montagne, lieu élevé; dangereux, qui donne le vertige; avoir le vertige. Voir *ngạp*.

Ngọt 呎. Doux, sucré. Voir *ngót*. (Formé des S. A. *khẩu* 口, bouche, et *ngọt* 兀, haut, solide.)

Ngọt ngào ○ 敖, doux, sucré, exquis, suave. — *Ngọt miệng* ○ 咃, être tout miel et tout sucre en parlant. — *Lời ngọt* 㕹 ○, paroles mielleuses, propos douceureux. — *Nói ngọt* 吶 ○, dire des choses tendres. — *Dỗ ngọt* 誘 ○, persuader par la douceur, câliner, séduire, tenter. — *Nước ngọt* 渚 ○, eau sucrée. — *Rượu ngọt* 醑 ○, liqueur douce, sirop. — *Đồ ngọt* 圖 ○, bonbons, sucreries, confiseries.

Ngót 呎. Doux, sucré. Voir *ngọt*. Se déprimer, se désenfler. (Pour la décomposition du car., voir ci-dessus.)

Mát ngót 洙 ○, frais, suave, délicieux. — *Chuốt ngót* 捽 ○, polir, lustrer; flatter, dire des paroles douces. — *Nước ngót* 渚 ○, jus de viande. — *Điệu ngót* 條 ○, couleur rosée. — *Ngót bớt* ○ 扴, diminuer, amoindrir. — *Ngót xuống* ○ 瓶, désenfler.

Ngột 兀*. Haut, grand, solide, ferme, inébranlable, obstiné.

Ngột 扤*. Arbre secoué par le vent; au fig., un pays troublé par les factions.

Ngột 仉 et 扤*. Agiter, ballotter; instable, inquiet; situation pénible, respirer difficilement.

Sự ngột hơi 事 ○ 晞, suffocation, oppression. — *Làm cho ngột* 濫 失 ○, suffocant, asphyxiant. — *Nắng*

---

[1] *Đực*, est la marque masculine chez les quadrupèdes; accolé à *ngỗng*, qui est un nom d'oiseau, ce mot sert à former une expression anormale, absurde, servant elle-même à désigner la sottise, l'absurdité, l'absence complète de sens commun.

ngột 曖 ○, chaleur suffocante. — *Ngột giận* ○ 悻, étouffer de colère. — *Ngột nước* ○ 渚, périr dans l'eau. — *Chết ngột* 折 ○, mourir étouffé.

Ngột 軏*. Le timon d'un voiture.

Ngớt 汐. Diminuer, se calmer, s'apaiser. (Formé des S. A. *thủy* 水, eau, et *ác* 歹, mauvais.)

    Ngớt ngát ○ 吃, finir, cesser. — *Ngớt mưa* ○ 霄, la pluie diminue. — *Ngớt gió* ○ 逾, le vent se calme. — *Ngớt giận* ○ 悻, la colère s'apaise. — *Ngớt bệnh* ○ 病, la maladie est en décroissance, la douleur se calme.

Ngu 禺*. Vaste espace, grand carré; temps de la journée.

Ngu 愚*. Ignorant, peu éclairé, grossier, sot, stupide.

    Ngu muội ○ 昧, sans instruction, sans connaissances. — *Ngu dân* ○ 民, le peuple grossier, la plèbe ignorante. — *Ngu ngơ* ○ 癡, inepte, stupide. — *Hạ ngu* 下 ○, d'une ignorance crasse, d'une bêtise immense. — *Dân ngu* 民 ○, un paysan, un rustre, Jacques Bonhomme. — *Hương ngu* 鄉 ○, la campagne reculée, les villages rustiques. — *Tam ngu thành hiền* 三 ○ 成 賢, trois ignorants valent un homme éclairé. — *Phá ngu* 破 ○, chasser l'ignorance, se civiliser, se policer.

Ngu 虞*. Un animal fabuleux de la race féline qui, d'après la légende, ne fait aucun mal aux hommes; aider, secourir, veiller à; nom de famille célèbre en Chine.

    Vô ngu 無 ○, rien à craindre, pas de danger. — *Sơ ngu* 初 ○, première offrande après l'enterrement. — *Tái ngu* 再 ○, deuxième offrande.

Ngụ 寓*. Habiter, loger, demeurer (pendant peu de temps); résidence provisoire; dépendre de.

    Ngụ an ○ 安, vivre en paix. — *Ngụ cư* ○ 居, loger à titre d'étranger, domicilié. — *Ở ngụ* 於 ○, demeurer provisoirement. — *Dân ngụ* 民 ○, hôte de passage, étranger.

Ngũ 忤. Intraitable. (Des S. A. *ngỗ* et *ngỗ*, mêmes car., entêté, obstiné.)

    Ngũ nghịch ○ 逆, ennemi, rebelle.

Ngũ 午*. Lettre cyclique. Voir *ngọ*.

Ngũ 五*. Le nombre cinq.

    Ngũ ngoạt ○ 月, le cinquième mois de l'année. — *Thập ngũ niên* 十 ○ 年, la quinzième année. — *Ngũ kinh* ○ 經, les cinq livres canoniques. Voir *kinh* pour le détail. — *Ngũ quan* ○ 官, les cinq sens. — *Ngũ luân* ○ 倫, les trois conditions humaines ou rapports sociaux. Voir *luân* pour le détail. — *Ngũ hạnh* ○ 行, les cinq éléments. Voir *hành* pour le détail. — *Tam tư ngũ quan* 三 司 ○ 官, les cinq facultés de l'âme et les cinq sens. — *Ngũ phước* ○ 福, les cinq félicités. Voir *phước* pour le détail. — *Ngũ tước* ○ 爵, les cinq titres de noblesse, savoir: *công* 公, duc; *hầu* 侯, marquis; *bá* 伯, comte; *tử* 子, vicomte; *nam* 男, baron.

Ngũ 伍*. Rangée de cinq hommes; rang, ordre; une certaine mesure de longueur.

Hàng ngũ 行 ○. rang, file (expression militaire). — *Đội ngũ* 隊 ○, section, compagnie. — *Ngũ binh* ○ 兵, escouade. — *Bài hàng ngũ* 擺行 ○, faire manœuvrer des soldats, déployer des troupes. — *Bài hàng ngũ* 罷行 ○, rompre des formations, rompre les rangs.

Ngủ 眤. Dormir, sommeiller; mort. (Formé des S. A. *mục* 目, yeux, et *ngọ* 午, car. horaire.)

Ngủ gục ○ 局, s'endormir, se laisser aller au sommeil (alors qu'il faudrait veiller). — *Nằm ngủ* 舰 ○, se coucher pour dormir. — *Buồn ngủ* 盆 ○, avoir envie de dormir. — *Mê ngủ* 迷 ○, être dormeur. — *Ngủ trưa* 瞷 ○, faire la sieste. — *Ngủ nướng* ○ 爌, faire la grasse matinée. — *Ngủ cho đến sáng* ○ 朱典創, dormir jusqu'au jour. — *Giác ngủ* 耿 ○, un somme. — *Ngủ được* ○ 特, qui dort bien. — *Được ngủ* 特 ○, pouvoir dormir, avoir le droit ou la permission de se livrer au sommeil. — *Buồng ngủ* 房 ○, chambre à coucher. — *Ngủ ngon* ○ 啀, c'est bon de dormir! — *Mầy đi ngủ* 眉 抄 ○, va te coucher. — *Nó ngủ rồi* 奴 ○ 耒, c'est fini, il est mort.

Ngư 魚*. Poisson. Car. radical.

Ngư hà ○ 蝦, tout ce qui vit sous l'eau, tous les poissons. — *Ngư tử* ○ 子, œufs de poissons, frai. — *Kim ngư* 金 ○, dorade. — *Đại ngư thực tiểu* 大 ○ 食 小, les grands poissons mangent les petits (proverbe). —

Mộc ngư 木 ○, morceau de bois creux en forme de poisson sur lequel les bonzes frappent au cours de leurs invocations.

Ngư 漁*. Prendre du poisson, pêcher; saisir, s'emparer, usurper.

Ngư nghệ thuế tiền ○ 藝稅錢, l'impôt des pêcheries.

Ngự 御*. Qui s'étend à tout et partout; caractéristique des actions ou des choses royales, ce qui concerne le souverain; il, lui, en parlant du roi.

Tòa ngự 座 ○, le trône. — *Vua ngự* 希 ○, le roi agit (s'assoit, sort, mange, boit, etc.). — *Ngự phán* ○ 判, le roi parle, sa majesté dit que. — *Ngự y* ○ 醫, titre porté par le médecin du roi. — *Ngự sử* ○ 史, conseiller royal. — *Ngự thơ* ○ 書, autographe royal. — *Ngự chế* ○ 制, visa ou approbation du souverain.

Ngự 禦*. Faire cesser une chose, aller au-devant de, prévenir; s'opposer, résister, défendre. Voir *ngữ*.

Ngự khấu ○ 寇, s'opposer aux bandits, résister aux rebelles. — *Thủ ngự* 守 ○, garder, défendre. — *Ngự giặc* ○ 賊, tenir tête à l'ennemi, résister aux rebelles. — *Ngự đông* ○ 冬, résister au froid de l'hiver. — *Ngự trị* ○ 治, régir, gouverner vigoureusement. — *Phòng ngự* 防 ○, opposer une forte résistance sur un point donné; titre de mandarin militaire.

Ngừ 魚. Grogner (chien); nom de

poisson; syllabe complémentaire. (En S. A., poisson; se pron. *ngư*.)

Ngăn ngừ 根 ○, douteux, chancelant. — *Cá ngừ* 魰 ○, un poisson de mer (dont on fait des conserves).

Ngữ 語*. Parler, dire, converser, discourir; mot, parole, discours. A. V. Qui a rapport à, au sujet de.

Tục ngữ 俗 ○, proverbe, maxime, dicton. — *Ngôn ngữ* 言 ○, faconde; sentences, proverbes. — *Chữ quốc ngữ* 字國 ○, écriture du pays; se dit de l'écriture annamite en caractères latins par opposition aux *chữ nhu* 字儒, caractères chinois ou littéraires. — *Học chữ quốc ngữ* 學字國 ○, apprendre cette écriture. — *Trường chữ quốc ngữ* 塲字國 ○, école dans laquelle on enseigne au moyen des caractères latins. — *Về ngữ nợ* 衛 ○ 女, pour ce qui est de la dette. — *Ngữ việc kiện cáo* ○ 役件告, relativement à la plainte.

Ngữ 禦*. Aller au-devant de, prévenir, annoncer; défendre, résister, garder, surveiller, bloquer. Voir *ngư*.

Quan thủ ngữ 官守 ○, chef de poste militaire, capitaine de port. — *Ngữ cửa biển* ○ 閽灣, bloquer un port de mer.

Ngữ 馭*. Dresser un cheval, conduire un char; diriger, gouverner.

Ngựa 馭. Cheval; chevalet; mante. (Pour le car. en S. A., voir ci-dessus.)

Con ngựa đực 昆 ○ 特, le cheval. — *Con ngựa cái* 昆 ○ 丐, la jument. — *Con ngựa con* 昆 ○ 昆, un poulain, une pouliche. — *Ngựa để lấy giống* ○ 底祀種, étalon. — *Sắc ngựa* 色 ○, la robe du cheval. — *Ngựa bạch* ○ 白, cheval blanc. — *Ngựa kim* ○ 金, cheval gris pommelé. — *Ngựa ô* ○ 烏, cheval noir. — *Ngựa hồng* ○ 紅, cheval alezan. — *Ngựa tía* ○ 紫, cheval bai. — *Ngựa chở* ○ 𫗧, cheval de charge. — *Ngựa kéo xe* ○ 撟車, cheval de trait ou de voiture. — *Ngựa cỡi* ○ 騎, cheval de selle. — *Ngựa hiền* ○ 賢, cheval sage, doux, facile au montoir. — *Ngựa chứng* ○ 疒, cheval rétif, vicieux. — *Ngựa nhát* ○ 憂, cheval peureux, ombrageux. — *Ngựa hay đá* ○ 哈踩, cheval qui rue habituellement. — *Cỡi ngựa* 騎 ○, monter à cheval, aller à cheval. — *Té ngựa* 細 ○, tomber de cheval. — *Xuống ngựa* 𫗧 ○, descendre de cheval. — *Khớp ngựa* 級 ○, brider un cheval. — *Thắng ngựa* 勝 ○, seller un cheval. — *Đóng móng ngựa* 揀朦 ○, ferrer un cheval. — *Nước ngựa* 着 ○, allure du cheval. — *Ngựa tốt* ○ 卒, beau cheval, joli cheval. — *Ngựa hay* ○ 哈, bon cheval (bon quant au fond). — *Đua ngựa* 都 ○, concourir à cheval. — *Cuộc đua ngựa* 局都 ○, courses de chevaux, les courses. — *Gấu ngựa* 獝 ○, espèce d'ours du pays. — *Cá ngựa* 魰 ○, cheval de mer. — *Ngựa bướm trán* ○ 蛱頭, cheval étoilé au front; litt., qui a un papillon au front. — *Con ngựa trời* 昆 ○ 忝, mante, prie-dieu. — *Con ngựa rừng* 昆 ○ 棱, cheval sauvage, zèbre. — *Bến ngựa* 灣 ○, abreuvoir pour chevaux (par une descente au bord d'un cours d'eau).

Ngứa 癢. Picotements à la peau, démangeaisons; au fig., avoir une grande envie de. (Formé des S. A. *nịch* 疒, maladie, et *ngữ* 語, parler.)

Ngứa miệng ○ 咽, avoir une furieuse envie de parler. — *Ngứa con mắt* ○ 昆耴, avoir des démangeaisons dans l'œil, c.-à-d. être envieux, avoir envie de regarder. — *Ngứa tai* ○ 聰, avoir des démangeaisons dans l'oreille, c.-à-d. désirer vivement entendre. — *Ngứa gan* ○ 肝, avoir des démangeaisons au foie, c.-à-d. être très en colère, avoir envie de frapper. — *Ngứa đit* ○ 膳, avoir des démangeaisons au derrière, c.-à-d. vouloir se faire battre, vouloir recevoir du rotin (menace). — *Ngứa đầu gãi đó* ○ 兜 抧 妳, gratter où il y a démangeaison (proverbe).

Ngừa 禦. Aller au-devant de; faire cesser, défendre. (Des S. A. *ngự* et *ngữ*, mêmes car., mêmes significations.)

Ngừa đón ○ 頓, obvier, devancer. — *Nói ngừa* 吶 ○, prévenir, avertir. — *Ngăn ngừa sự rủi* 垠 ○ 事 磊, prévenir un malheur. — *Ngừa giữ* ○ 侍, protéger, défendre, secourir.

Ngửa 語. Relevé, retroussé, renversé; penché en avant, prosterné. (En S. A., parler, dire; se pron. *ngữ*.)

Té ngửa ra 細 ○ 囉, tomber à la renverse. — *Nằm ngửa* 馘 ○, couché sur le ventre et regarder en l'air. — *Ngửa mặt* ○ 未面, relever la face vers le ciel (comme pour une prière). — *Ngửa trông* ○ 籠, espérer ardemment. — *Ngửa tâu* ○ 奏, parler au roi. — *Ngang ngửa* 昂 ○, confus, embrouillé.

Nguầm 啗. Mot complémentaire. (Formé des S. A. *khẩu* 口, bouche, et *hãm* 陷, écraser.)

Nhai ngồm nguầm 哇 唲 ○, mastiquer avec bruit, comme les gens qui n'ont plus de dents.

Ngục 獄*. Prison, geôle, cachot; ce qui termine les procès, les contestations et les querelles, la fin de tout.

Địa ngục 地 ○, l'enfer. — *Chủ ngục* 主 ○, gardien de prison, geôlier, guichetier. — *Hình ngục* 刑 ○, incarcérer, emprisonner. — *Cầm ngục* 擒 ○, retenir en prison. — *Hạ ngục* 下 ○, cachot.

Ngúc 局. Syllabe complémentaire. (Du S. A. *cuộc*, même car., contracté.)

Ngúc đầu ○ 頭, courber la tête (pour saluer). — *Ngúc ngắc* ○ 咢, remuer la tête (en signe de dénégation).

Ngực 膲. Poitrine. (Formé des S. A. *nhục* 肉, chair, et *ngược* 虐, contraire.)

Bệnh đau ngực 病 疖 ○, maladie de poitrine. — *Thuộc về ngực* 屬 衛 ○, pectoral. — *Tức ngực* 息 ○, éprouver une oppression. — *Đấm ngực* 扰 ○, se frapper la poitrine.

Ngui 嵬. Syllabe complémentaire. (En S. A., éminent; se pron. *ngôi*.)

Ngui ngút ○ 兀, fumée qui s'élève en tourbillonnant.

Ngùi 嵬. Ému, troublé, attendri. (Pour le car. en S. A., voir ci-dessus.)

Nhớ ngùi ngùi 汝○○, se rappeler avec attendrissement, se souvenir avec affection; avoir la nostalgie.

Nguịch 鬧*. Se disputer, se quereller; démêlés, contestations.

Nguích 虢*. Frayeur, saisissement. A. V. Syllabe euphonique.

Nói nguích ngoát 吶○捌, parler avec volubilité, avec effusion.

Nguít 月. Lancer un mauvais regard; se détourner pour ne pas voir. (En S. A., mois, lune; se pron. *ngoạt*.)

Nguít ngang ○昂, regarder de travers; coup d'œil de haine.

Nguy 危*. Haut, escarpé, dangereux; chancelant, mal assuré, irrégulier.

Nguy nan ○難, périlleux, dangereux. — *Nguy cấp* ○急, péril imminent. — *Nguy ngôn* ○言, paroles dangereuses à prononcer.

Nguy 巍 et 巍*. Haute montagne; escarpé, à pic; éminent, sublime; nom de royaume.

Nguy nga ○峨, grand comme une montagne. — *Nguy thục ngô* ○蜀吳, les royaumes de *Nguy*, de *Thục* et de *Ngô*.

Nguy 偽*. Rebelle, séditieux; faux, trompeur, mensonger.

Làm nguy 濫○, se révolter contre l'autorité établie. — *Nguy đảng* ○党, rebelles organisés. — *Sinh nguy* 生○, fomenter des troubles, causer une rébellion. — *Nguy kế* ○計, fraudeur, trompeur, fourbe. — *Nguy trá* ○詐, mentir, falsifier. — *Phản nguy* 反○, insurgé.

Nguy 巍*. Nom de plante; reverdir.

A nguy 阿○, assa fœtida. — *Ngoan nguy* 頑○, sage, simple, naïf.

Ngửi 義. Sentir, flairer, renifler. (En S. A., droit, juste; se pron. *ngãi*.)

Ngửi hoa ○花, sentir des fleurs. — *Ngửi mũi thơm* ○味養, sentir une bonne odeur.

Nguyên 元*. Principe, origine, début, commencement. Voir *nguơn*.

Nguyên niên ○年, la première année d'un règne. — *Trạng nguyên* 狀○, premier grade littéraire des examens supérieurs. — *Nguyên khí* ○氣, constitution, complexion; principe originel. — *Quan nguyên soái* 官○師, officier général commandant en chef. — *Thượng nguyên* 上○, le 15ᵉ jour du 1ᵉʳ mois. — *Trung nguyên* 中○, le 15ᵉ jour du 7ᵉ mois. — *Hạ nguyên* 下○, le 15ᵉ jour du 10ᵉ mois (jours principalement consacrés à honorer les défunts auxquels la famille doit son origine).

Nguyên 原*. Terrain spacieux et uni; origine, début, commencement, comme avant; intégral, entier, intact; examiner; remettre, pardonner.

Nguyên cựu ○舊, anciennement, jadis. — *Nguyên bổn* ○本, en principe, originairement. — *Nguyên bổn cái tờ* ○本丐詞, l'original d'un acte. — *Nguyên bôi* ○罷, originaire de, provenant de. — *Nguyên chủ* ○ 主, le propriétaire. — *Nguyên trót* ○ 律, en entier, intégralement. — *Còn nguyên* 群 ○, tout entier, encore intact. — *Để nguyên* 底 ○, laisser entier. — *Trung nguyên* 中 ○, la Chine. — *Thái nguyên* 太 ○, haute origine; nom d'une province du Tonkin.

Nguyên 源 *. Source, ruisseau, fontaine; cause, origine, principe. Voir *nguồn*.

  Bá nguyên 百 ○, les cent sources. — *Hà nguyên* 河 ○, origine d'un cours d'eau. — *Nguyên đầu* ○ 頭, id. — *Thủy hữu nguyên* 水 有 ○, toute rivière a une source.

Nguyên 愿 *. Aller jusqu'à l'origine des choses, pousser une enquête à fond, se renseigner complètement.

Nguyên 願 *. Tourner la tête vers, attendre avec anxiété, souhaiter vivement, demander, supplier, invoquer.

  Nguyên ý ○ 意, souhaiter ardemment. — *Thành nguyên* 誠 ○, former des vœux en toute sincérité. — *Cầu nguyên* 求 ○, prier, supplier. — *Nguyên xin* ○ 唄, demander en suppliant. — *Nguyên kinh* ○ 經, réciter des prières. — *Nguyên gẫm* ○ 吟, se tenir en contemplation. — *Nguyên cho* ○ 朱, prier pour. — *Lời nguyên* 浰 ○, un vœu, un souhait, un engagement, une promesse. — *Lính tình nguyên* 另 情 ○, soldat qui sert volontairement.

Nguyên 愿 *. Cœur naturellement et sincèrement bon; sage, vertueux, reconnaissant.

  Nguyên ý ○ 意, pensées honnêtes, intentions pures. — *Vẹn nguyên* 援 ○, tenir une promesse. — *Thề nguyên* 誓 ○, s'engager par serment, jurer. — *Phải nguyên* 沛 ○, vœu réalisé, qui concorde avec une promesse. — *Lỗi nguyên* 磊 ○, manquer à une promesse, violer un engagement. — *Hương nguyên* 鄉 ○, sincérité affectée, hypocrisie. — *Tật nguyên* 疾 ○, maladie, infirmité.

Nguyễn 阮 *. Nom de famille (le nom de la dynastie actuellement régnante et le plus répandu chez les Annamites).

  Họ nguyễn 戶 ○, nom générique de *Nguyễn*, la parenté de ce nom. — *Nguyễn phước chiêu* ○ 福昭, nom privé du roi actuel, dont le nom de règne est *Thành thái* 成太, «croître et prospérer».

Nguyệt 月 *. Lune, mois lunaire. Voir *ngoạt*. Car. radical.

  Mặt nguyệt 靣 ○, la face de la lune, la lune. — *Nguyệt thực* ○ 蝕, éclipse de lune. — *Nguyệt bạch* ○ 白, espèce de soie; nom d'arbre; remède. — *Nguyệt đao* ○ 刀, sabre recourbé. — *Phong nguyệt* 風 ○, charme, agrément. — *Nguyệt hoa* ○ 花, licencieux, déréglé. — *Kinh nguyệt* 經 ○, menstrues. — *Đờn nguyệt* 彈 ○, le nom d'un instrument de musique à cordes. — *Nguyệt nga* ○ 娥, expression mythologique; nom d'un personnage féminin du poème populaire annamite *Lục Vân Tiên* 陵雲僊.

Nguyệt 刖*. Trancher net, séparer en deux sections; couper les pieds (châtiment).

Nguyệt 捐*. Couper, casser, briser.

Ngŭm 喁. Syllabe complémentaire. (En S. A., bouche ouverte; se pron. *ngung*.)

    Chết ngŭm 折 ○, mourir tout à coup, décéder subitement.

Ngún 焆. Caché, secret, couvert (en parlant du feu). (Formé des S. A. *hỏa* 火, feu, et *ngôn* 言, parole.)

    Lửa ngún 焆 ○, feu couvert, caché.

Ngủn 言. Syllabe complémentaire. (En S. A., discourir; se pron. *ngôn*.)

    Cụt ngủn 骨 ○, très court. — *Ngủn ngoản* ○ 玩, en contemplation; se dit, par exemple, d'un chien qui regarde fixement son maître en remuant la queue.

Ngung 喁*. Bouche de poisson hors de l'eau; gueule grande ouverte.

Ngung 隅*. Angle, coin, renfoncement; se prend pour le suivant.

Ngung 崛*. Anfractuosité, pente raide; crique, anse, petite baie.

Ngủng 喁. Syllabe complémentaire. (En S. A., bouche ouverte; se pron. *ngung*.)

    Ngủng nghỉnh ○ 迎, opposer la force d'inertie; sans honte ni pudeur.

Ngưng 凝*. Finir, achever, accomplir; épaissi, engourdi, raide.

    Ngưng trệ ○ 滯, coagulé, figé. — *Máu ngưng* 洫 ○, sang figé, caillot de sang.

Ngừng 凝*. Terminer; déterminer, fixer; arrêter, cesser de.

    Đứng ngừng lại 等 ○ 吏, s'arrêter net; demeurer debout. — *Ngừng chơn* ○ 蹎, arrêter ses pas. — *Ngừng lại* ○ 吏, halte! — *Ngừng ghe lại* ○ 艍 吏, arrêter le bateau. — *Sự ngừng việc* 事 ○ 役, arrêt des affaires.

Ngững 凝. Syllabe complémentaire. (Pour le car. en S. A., voir ci-dessus.)

    Ngáp ngững 汲 ○, hésiter, tergiverser. — *Nói ngáp ngững* 吶 汲 ○, chercher ses mots, balbutier.

Ngược 虐*. Se montrer inhumain, cruel, féroce; contraire au bien; opposé, envers; retourner.

    Ngược dân ○ 民, maltraiter le peuple. — *Đại ngược* 大 ○, grand malheur, calamité. — *Ngược ngạo* ○ 傲, contraire, retourné à l'envers. — *Nói ngược* 吶 ○, contredire, parler contrairement à la raison ou au bon sens. — *Trở ngược* 阻 ○, mettre des bâtons dans les roues. — *Ngang ngược* 昂 ○, barrer, empêcher, mettre obstacle à. — *Gian ngược* 奸 ○, pervers, mauvais, trompeur, voleur. — *Gió ngược* 逾 ○, vent défavorable. — *Nước ngược* 渚 ○, marée contraire. — *Đi nước ngược* 迻 渚 ○, aller à contre-courant. — *Sự ngược* 事 ○, tyrannie, contrariété, ennui, obstacle, empêchement. — *Ngược chánh* ○ 政, mauvais gouvernement.

Ngược 瘧*. Fièvre intermittente (se dit de certaines fièvres légères).

Ngước 虐. Redresser la tête, lever les yeux, attendre le regard fixé. (Du S. A. *ngược*, même car., retourné.)

Ngước cổ ○ 古, allonger le cou.

Nguôi 嵬. Calmer, apaiser, adoucir. (En S. A., éminent; se pron. *ngồi*.)

Nguôi ngoai ○ 巍, se calmer, se dissiper. — *Nguôi giận* ○ 悙, calmer sa colère. — *Nguôi lòng* ○ 悉, calmer le cœur, rasséréner.

Nguội 洯. Froid, refroidi; tiède, indifférent. (Formé des S. A. *thủy* 水, eau, et *ngoại* 外, extérieur.)

Cơm nguội 餂 ○, riz froid. — *Thịt nguội* 腊 ○, viande froide. — *Làm cho ra nguội* 濫朱囉 ○, refroidir. — *Ưa ăn nguội* 於咹 ○, aimer à manger froid. — *Đã nguội rồi* 㐌 ○ 耒, c'est déjà froid; on n'y pense plus, c'est fini. — *Nguội lạnh* ○ 冷, tiède. — *Nguội lòng* ○ 悉, qui n'a plus d'ardeur.

Nguoi 眻. Pupille de l'œil; vous. (Formé des S. A. *bạch* 白, blanc, clair, et *ở* 𠲖, voir, parler.)

Con nguoi 昆 ○, pupille, prunelle. — *Nhà nguoi* 茹 ○, vous (employé par le roi en parlant à ses sujets). — *Nguoi tớ* ○ 四, vous et moi (moi, votre serviteur, par modestie exagérée ou ironiquement). — *Dễ* *nguoi* 易 ○, mépriser, dédaigner, ne faire aucun cas de. — *Hổ nguoi* 處 ○, avoir honte, être confus, rougir par pudeur.

Người 得. Personne (homme ou femme); il, elle. (Formé des S. A. *nhơn* 人, homme, et *ngài* 导, retenir.)

Người đờn ông ○ 彈翁, homme; litt., personne du sexe des messieurs. — *Người đờn bà* ○ 彈妃, femme; litt., personne du sexe des dames. — *Người con trai* ○ 昆䟆, garçon, jeune homme. — *Người con gái* 昆妈, jeune fille. — *Người nào* ○ 荋, qui? quelle personne? — *Người nầy* ○ 尼, celui-ci, celle-ci. — *Những người ấy* 仍 ○ 意, ces gens-là. — *Người ta* ○ 些, les hommes, les gens, on. — *Người ta nói* ○ 些吶, on dit. — *Người lớn* ○ 咨, homme grand, grand homme. — *Người rất lành* ○ 慄荅, homme (ou femme) d'une très grande bonté. — *Người tốt nết* ○ 卒涅, honnête homme, personne de bien. — *Người nhơn đức* ○ 仁德, homme vertueux. — *Người an nam* ○ 安南, un Annamite, les Annamites.

Nguồn 源*. Source; fontaine; origine, cause, motif. Voir *nguyên*.

Nguồn cơn ○ 杆, cause première ou déterminante. — *Ngọn nguồn* 阮 ○, source, fontaine. — *Cửa nguồn* 閽 ○, id.

Nguơn 元*. Premier, commencement, début, origine, principe. Voir *nguyên*.

Ngưỡng 仰*. Regarder en haut,

se tourner vers, faire effort pour; attendre, désirer. Voir *ngắng*.

Ngút 霓. Ondulations (nuage, fumée). (Formé des S. A. *vũ* 雨, pluie, nuages, et *ngột* 兀, haut.)

    Ngút mây ○ 逕, mouvement ondulatoire des nuages. — *Ngui ngút* 嵬 ○, tourbillon de fumée. — *Ngút khói* ○ 煨, id. — *Quén mây rẽ ngút* 捲 逕 祂 ○, fendre les nues; au fig., surmonter des obstacles, venir à bout d'une difficulté.

Nguu 牛*. Buffle, bœuf (terme collectif). Voir *trâu*. Car. radical.

    Mẫu nguu 牡 ○, buffle mâle. — *Tân nguu* 牝 ○, buffle femelle. — *Canh nguu* 耕 ○, buffle de labour. — *Hỏa nguu* 火 ○, bœuf; litt., buffle de feu. — *Thủy nguu* 水 ○, buffle; litt., buffle d'eau. — *Tá nguu từ* 借 ○ 詞, contrat de location de buffles. — *Nguu dương* ○ 羊, bœufs et buffles, moutons et chèvres.

Nha 牙*. Dent d'animal; défense; ivoire. Car. radical.

    Tượng nha 象 ○, défenses d'éléphant; bâtonnets en ivoire. — *Nha công* ○ 工, bibelot en ivoire, statuette par exemple. — *Trảo nha* 爪 ○, griffes et dents; au fig., se disputer, se défendre. — *Nha phiên* ○ 片, opium. — *Nha tạo* ○ 皂, acacia. — *Nha đam* ○ 耽, aloès.

Nha 芽*. Pousse nouvelle, germe, bouton; germer, bourgeonner.

    Mạch nha 麥 ○, orge, froment. —

Rượu mạch nha 醪麥 ○, bière. Voir *rượu bọt*.

Nha 街*. Lieu où se croisent deux chemins, deux rues. Voir *nhai*.

Nha 衙*. Demeure d'un personnage officiel, hôtel d'un fonctionnaire; prétoire, tribunal, bureau.

    Nha môn ○ 門, le tribunal. — *Phủ nha* 府 ○, bureaux ou tribunal du préfet. — *Huyện nha* 縣 ○, bureaux ou tribunal du sous-préfet. — *Nha trang* ○ 莊, ancien nom d'une province de l'Annam moyen.

Nhá 呀*. Large bouche, grande gueule ouverte et menaçante; broyer entre les dents.

    Hùm nhá mầy 狺 ○ 眉, que le tigre te dévore!

Nhá 喏 et 呀*. S'incliner profondément et à plusieurs reprises pour saluer avec respect.

Nhà 茹. Maison, demeure; famille, dynastie. (En S. A., racines entrelacées, ensemble de choses qui se prêtent un mutuel appui; se pron. *nhu*.)

    Cái nhà 丐 ○, la maison. — *Cái nhà của tôi* 丐 ○ 貽 碎, ma maison. — *Nhà lá* ○ 蘿, maison couverte en paille, paillotte. — *Nhà ngói* ○ 瓦, maison couverte en tuiles. — *Nóc nhà* 驛 ○, le faîte d'une maison. — *Nhà quê* ○ 圭, rustique, campagnard; la campagne. — *Người nhà quê* 侍 ○ 圭, un homme de la campagne; rustre, paysan. — *Nhà giàu* ○ 朝, maison riche. — *Nhà nghèo* ○ 饒,

demeure pauvre. — *Nhà phwóc* ○ 福, établissement de bienfaisance. — *Nhà thương* ○ 傷, hôpital. — *Nhà lầu* ○ 樓, maison à étages. — *Nhà khách* ○ 客, abri pour les étrangers, maison pour loger les hôtes de passage. — *Nhà bếp* ○ 炷, cuisine. — *Nhà xe* ○ 車, remise à voitures. — *Nhà tiểu* ○ 消, latrines. — *Nhà chung* ○ 終, maison commune. — *Nhà riêng* ○ 貞, maison particulière. — *Nhà mới* ○ 買, maison neuve. — *Nhà học hành* ○ 學行, une famille de lettrés. — *Nhà cũ* ○ 舊, maison ancienne. — *Nhà hàng* ○ 行, maison de commerce, magasin, boutique. — *Nhà cửa* ○ 閭, maison avec dépendances et biens. — *Nhà thờ* ○ 祚, maison du culte, église. — *Nhà quán* ○ 舘, auberge, hôtel. — *Nhà tù* ○ 囚, maison d'arrêt, prison, geôle. — *Nhà vườn* ○ 園, maison de campagne. — *Nhà nước* ○ 渚, le pays, le gouvernement. — *Nhà người* ○ 舫, vous, tu. — *Chủ nhà* 主 ○, le maître de la maison. — *Nhà vua* ○ 希, le roi. — *Nhà nguyên* ○ 元, la dynastie de ce nom.

Nhã 雅*. Le nom d'un oiseau à belles plumes; beau, élégant; juste, droit, convenable.

Hòa nhã 和 ○, harmonie, concorde, union, entente. — *Văn nhã* 文 ○, savant, distingué, classique. — *Khoan nhã* 寬 ○, clément, doux, affable, complaisant. — *Nhuần nhã* 潤 ○, capable, expérimenté. — *Nhã trí* 致, joli, gracieux, délicat. — *Nhồi nhã* 揉 ○, macérer, brasser, pétrir.

Nhả 雅. Rejeter après avoir mâché. (Pour le car. en S. A., voir ci-dessus.)

Nhả ra ○ 囉, rejeter de la bouche. — *Nhả con mắt* ○ 昆相, chassie, chassieux. — *Nhả keo* ○ 膠, qui se décolle.

Nhạc 岳*. Montagne élevée; grand, éminent; ancêtres, vieux parents (du côté de la femme).

Nhạc phụ ○ 父, beau-père (père de l'épouse). — *Ông nhạc* 翁 ○, id. — *Nhạc mẫu* ○ 母, belle-mère (mère de l'épouse). — *Bà nhạc* 妣 ○, id.

Nhạc 樂*. Amusement; musique; chanter, s'amuser. Voir *lạc*.

Ca nhạc 歌 ○, chant et musique; chanter en chœur. — *Lễ nhạc* 禮 ○, rite, liturgie. — *Đánh nhạc* 打 ○, faire de la musique. — *Đi nghe nhạc* 移瞳 ○, aller entendre la musique. — *Đồ nhạc* 圖 ○, l'ensemble des instruments de musique. — *Hòa thinh nhạc trưởng* 和聲 ○ 長, chef de musique (à la cour).

Nhác 樂 (1). Indolence, oisiveté, paresse; fainéant, traînard, lambin. (Pour le car. en S. A., voir ci-dessus.)

Nhác nhớn ○ 檽, négligent, lambin. — *Làm biếng làm nhác* 濫丙 濫 ○, être très paresseux, ne faire que traînasser.

Nhắc 搭. Faire souvenir, rappeler à la mémoire; apporter, déplacer. (Formé des S. A. *thủ* 手, main, et *nhược* 若, si, comme.)

---

(1) Se transcrit aussi par le car. 憂.

Nhắc lại ○ 吏, rappeler au souvenir, rafraîchir la mémoire. — *Nhắc đến* ○ 典, faire allusion à. — *Nhắc lên* ○ 遷, déplacer pour élever. — *Nhắc xuống* ○ 黜, déplacer pour mettre plus bas. — *Nhắc ghế cho ông* ○ 几朱翁, avancez un siège à monsieur. — *Nhắc cân* ○ 斤, peser. — *Nhắc cò* ○ 孤鳥, aller à cloche-pied; litt., imiter les échassiers (qui se tiennent souvent sur une seule jambe).

Nhách 昔. Syllabe complémentaire. (En S. A., jadis, autrefois; se pron. *tích*.)

Dai nhách 夷 ○, sans cesse; filandreux. — *Nói dai nhách* 吶 夷 ○, parler trop longtemps, rabâcher sans cesse les mêmes paroles.

Nhai 捱*. Résister, s'opposer; vivre dans l'indifférence, ne pas se soucier; supporter, souffrir. Voir *nhay*.

Nhai 涯*. Rivage, rive, bord, berge.

Nhai 厓 et 崖*. Roches escarpées, rive élevée, berge, falaise.

Thượng nhai 上 ○, monter sur la falaise, gravir des rochers escarpés. — *Sơn nhai* 山 ○, précipice, escarpement.

Nhai 啀*. Se battre, mordre; mâcher, mastiquer, ruminer; rire, grimacer. Voir *nhơi*.

Trâu nhai 犛 ○, le buffle rumine. — *Nhai cơm* ○ 飪, mâcher du riz (pour gaver les petits enfants). — *Nhai ngồm nguàm* ○ 阮 喀, mâcher comme les vieillards qui n'ont plus de dents. — *Tay làm hàm nhai* 捫 濫 合 ○, vivre de son travail; litt., la main agit, les mâchoires mâchent.

Nhai 街*. Rue, chemin; endroit où deux routes se croisent. Voir *nha*.

Nhại 睚*. Regard oblique et fixe, coup d'œil de haine ou de colère, fixer insolemment.

Nhái 蚧. Une grenouille de la petite espèce. (Du S. A. *đái*, même car., même signification.)

Nhái 喊. Imiter, contrefaire, singer, se moquer. (Formé des S. A. *khẩu* 口, bouche, et *giái* 戒, garder.)

Nhay 捱*. Vivre dans l'indifférence, être insensible, supporter, souffrir. Voir *nhai*.

Nhay đầu xuống ○ 頭 黜, supporter tout et courber la tête. — *Nhay vào* ○ 伛, faire entrer (en pressant).

Nhạy 咏. Agile, vif, leste, prompt. (Du S. A. *nhẽ*, même car., s'empresser.)

Nhạy tay ○ 捫, avoir la main leste, le geste prompt. — *Nhạy lửa* ○ 焙, qui s'enflamme facilement. — *Nhạy miệng nói* ○ 呬 吶, toujours pressé de parler.

Nháy 瞞 ⁽¹⁾. Scintillant, étincelant, resplendissant. (Formé des S. A. *mục* 目, yeux, et *nhĩ* 爾, tu, vous.)

Nháy mắt ○ 耤, cligner des yeux. — *Sự nháy con mắt* 事 ○ 昆 耤, cli-

---

⁽¹⁾ Se transcrit aussi par le car. 昿.

4.

gnement. — *Nháy một cái* 吗 ○ 沒, un coup d'œil. — *Sao nháy* 晕 ○, l'étoile scintille.

Nhảy 跡. Bondir, sauter, franchir; passer, omettre; saillir, s'accoupler. (En S. A., poursuivre, chasser; se pron. *diên*.)

Nhảy nhót ○ 腏, s'élancer. — *Giợm nhảy* 濫 ○, s'apprêter à franchir un obstacle. — *Nhảy lên nhảy xuống* ○ 遷 ○ 乩, sautiller, gambader. — *Nhảy qua mương* ○ 戈 茫, franchir un fossé. — *Nhảy một cái* ○ 沒 吗, faire un bond. — *Nhảy một cái tới* ○ 沒 吗 細, arriver d'un bond, atteindre d'un saut. — *Nhảy vồng* ○ 壜, jaillir. — *Nhảy đại* ○ 大, faire un grand bond. — *Nhảy mũi* ○ 齉, éternuer. — *Nhảy múa* ○ 摸, danser. — *Nhảy qua hàng rào* ○ 戈 行 楞, bondir par-dessus une haie, franchir une palissade. — *Đọc nhảy câu* 讀 ○ 句, omettre une phrase, sauter un passage en lisant. — *Viết nhảy hàng* 曰 ○ 行, passer une ligne en écrivant.

Nhảy 跡. Monter, s'élever (le flux de la mer); réplétion d'aliments. (Pour le car. en S. A., voir ci-dessus.)

Nước nhảy sông 渃 ○ 瀧, marée pleine; eau dépassant les bords d'un fleuve. — *Ăn nhảy cổ* 咹 ○ 古, surcharge de nourriture.

Nham 岩*. Montagnes de pierre, rochers escarpés; replis, détours.

Lam nham 婪 ○, barbouillage, gribouillis. — *Viết nham* 曰 ○, faire des gribouillages (pour essayer le pinceau avant de tracer des caractères). — *Nham nhuốc* ○ 辱, écriture défectueuse, caractères mal formés. — *Nham gỏi* ○ 膾, le nom d'une préparation culinaire. Voir *gỏi*.

Nhâm 壬. L'art de prédire l'avenir. (Du S. A. *nhâm*, même car., artifice.)

Có nhâm 固 ○, posséder l'art du devin. — *Thầy nham* 柴 ○, maître devin, sorcier. — *Coi nhâm* 䚈 ○, consulter les sorts.

Nhám 巖*. Escarpements, précipices; âpre, rude, rugueux.

Nhám nhuốc ○ 辱, âpre, raboteux. — *Da nhám* 朧 ○, peau rude. — *Tay nhám* 㧓 ○, main rugueuse. — *Cá nhám* 魸 ○, requin. — *Sự nhám 事* ○, aspérités.

Nhàm 囐*. Sévère, rigide, rigoureux, inflexible; blasé sur la vie, dégoûté de tout.

Nhàm miệng ○ 吅, qui donne du dégoût, qui cause de la répugnance. — *Nhàm tai* ○ 耷, en avoir les oreilles fatiguées. — *Đã nhàm* 庖 ○, en avoir assez, à satiété. — *Nhàm rồi* ○ 耒, id. — *Nhàm đời* ○ 代, las de la vie.

Nhăm 袠 et 袵*. Pans d'habit, basques de vêtement, revers de robe; prompt, alerte, vif.

Áo nhăm 襖 ○, habit de religieux, cilice. — *Nhăm lẹ* ○ 厲, promptement, vivement.

Nhặm 痊. Mal, maladie (se dit des maux d'yeux). (Formé des S. A. *nịch* 疒, maladie, et *nhậm* 任, soutenir.)

Nhăm mắt ○ 相, avoir mal aux yeux. — *Con mắt nhăm* 昆相○, id.

Nhắm 抳*. Prendre avec la main, saisir en serrant avec les doigts; presser, fermer, serrer; quantité que la main fermée peut contenir. Voir *nắm* 捻.

Nhắm tay ○ 抳, serrer la main. — *Một nhắm* 沒○, une poignée. — *Nhắm gạo* ○ 糕, une poignée de riz.

Nhăm 眭. Fermer à demi les yeux; cligner, viser; regarder avec admiration. (Formé des S. A. *mục* 目, yeux, et *nhậm* 任, exaucer.)

Nhăm mắt ○ 相, baisser les paupières, fermer les yeux; mourir. — *Nhăm hình* ○ 形, se regarder (dans une glace), s'admirer. — *Nhăm thế* ○ 勢, envisager les conditions, tenir compte des qualités. — *Nhăm dẹo* ○ 妙; considérer la conduite, observer le manège. — *Nhăm chừng* ○ 澄, se rendre compte à vue d'œil. — *Nhăm hay* ○ 哈, bien viser. — *Nhăm bia* ○ 碑, viser une cible. — *Nhăm bắn trúng bia* ○ 𮣻中碑, viser, tirer et toucher le but.

Nhăm 任. Atteindre le but visé, tomber justement sur, toucher. (Du S. A *nhậm*, même car., exaucer.)

Nhăm bia ○ 碑, toucher la cible. — *Đọc nhăm* 讀○, bien lire, être bien dans le ton en lisant. — *Nhăm phải* ○ 沛, bien rencontrer, tomber juste. — *Định chừng nhăm* 定澄○, avoir bien deviné. — *Nhăm ý* ○ 意, selon le désir. — *Đánh nhăm* 打○, frapper juste, atteindre. — *Nói nhăm* 吶○, dire juste. — *Bắn nhăm* 𮣻○, tirer juste, toucher, atteindre.

Nhăm 洼. Détrempé par la pluie. (Formé des S. A. *thủy* 水, eau, et *nhậm* 任, exaucer.)

Làm nhăm 淋○, boueux, détrempé, sali. — *Nhăm bùn* ○ 坋, patauger dans la boue, barboter dans la vase. — *Mưa nhăm đất* 霜○坦, la pluie a détrempé le sol.

Nhăm 壬*. Grand; nombreux; disert, éloquent; flatteur, médisant; artifice, magie; caractère horaire et neuvième lettre du cycle dénaire (terre inculte).

Lục nhăm 六○, titre d'un livre de sorcellerie. — *Nhăm độn* ○ 遯, sortilège, magie. — *Chim bay nhăm trời* 鳩懸○乑, les oiseaux obscurcissent le ciel. — *Đông nhăm đất* 東○坦, multitude innombrable.

Nhăm 稔*. Saison, moisson, récolte.

Nhậm 任*. Digne de confiance; dévoué, loyal, fidèle; soutenir, aider, porter, charger; servir de caution; exaucer, accorder; gérer, gouverner, diriger.

Nhậm ý ○ 意, selon la volonté; souhaits qui s'accomplissent. — *Nhậm sự* ○ 事, gérer une affaire. — *Bảo nhậm* 保○, se porter garant, servir de caution, protéger. — *Nhậm dụng* ○ 用, employer, se servir de. — *Lưu nhậm* 留○, rester en fonctions, conserver une charge. — *Nhậm lấy* ○ 祗, accepter, prendre sous sa protection. — *Nhậm lễ* ○ 禮, recevoir des présents; se conformer aux rites. — *Nhậm lời* ○ 俐, exaucer les vœux de quelqu'un. — *Nhậm dân* ○ 民, administrer les populations.

Nhậm 恁 et 恁*. Rappeler un souvenir, penser avec attendrissement à quelqu'un ou à quelque chose.

Nhậm 吖. Déguster du bout des lèvres. (Formé des S. A. *khẩu* 口, bouche, et *nhậm* 壬, disert.)

    Nhậm rượu ○ 醋, déguster du vin. — *Ố nhậm* 惡 ○, couleur lie de vin; maculé, taché, souillé.

Nhậm 任. Détenir en secret le bien d'autrui; syllabe complémentaire. (En S. A., soutenir; se pron. *nhậm*.)

    Âm nhậm 瘖 ○, prudent, réservé.

Nhan 顏*. Front élevé et beau, visage imposant, figure gracieuse.

    Nhan tử ○ 子, disciple de Confucius. — *Long nhan* 龍 ○, la face auguste du souverain; litt., la figure du Dragon. — *Thiên nhan* 天 ○, sa majesté; litt., le céleste visage. — *Dong nhan* 容 ○, belle physionomie, gracieuse figure. — *Nhan sắc* ○ 色, joli visage; la beauté. — *Hồng nhan* 紅 ○, fraîcheur du teint.

Nhan 嚥*. Querelle, altercation, contestation; se disputer.

Nhạn 鴈*. Oiseau messager; espèce de grue ou d'oie sauvage, symbole de fidélité conjugale; rang, rangée, en ligne, en ordre (comme les oies en voyage peut-être).

Chẩm nhạn 沈 ○, oiseau de marais. — *Gia nhạn* 家 ○, oie domestique. — *Lễ điện nhạn* 禮奠 ○, couple d'oies que le gendre offre aux parents de l'épouse (rites du mariage). — *Nhạn hàng* ○ 行, alignés, par rangs. — *Binh ra nhạn* 兵 囉 ○, troupes se présentent en ordre de bataille.

Nhàn 閒*. Libre, inoccupé, vacant; repos, loisir; passer le temps.

    Hoang nhàn chi địa 荒 ○ 之 地, territoire non occupé. — *Đất hoang nhàn* 坦荒 ○, terrain en friche, terres vacantes, inoccupées. — *Nhàn thủ* ○ 手, désœuvré, qui ne fait rien de ses dix doigts. — *Thanh nhàn* 清 ○, paisible, tranquille, qui vit heureux et dans l'insouciance. — *Nhàn sự* 事, affaires qui ne donnent aucune peine. — *Ngày nhàn* 睭 ○, jour de repos. — *Nhàn nhơn* ○ 人, homme inoccupé, personne libre. — *Nhàn hạ* ○ 下, oisif. — *Nhàn lại* ○ 吏, s'arrêter, se reposer.

Nhàn 閑*. Barre transversale, fermeture de porte, barrière, obstacle.

    Phòng nhàn 防 ○, barrer, fermer, empêcher, mettre obstacle à.

Nhàn 蘭*. Nom de plante odoriférante (employée en parfumerie et en médecine); l'orchis de Chine.

    Cát nhàn 葛 ○, thapsia.

Nhãn 眼*. Œil; titre, en-tête, adresse, index; trou, orifice, ouverture; nom d'arbre fruitier.

    Bản nhãn 榜 ○, celui qui a été reçu le deuxième aux examens de la cour, et qui prend, ainsi que le premier et le troisième, le titre de docteur du premier degré. — *Nhãn hoa* 花, yeux flétris, battus, ternes, malades. — *Bạch nhãn* 白 ○, le blanc de l'œil. — *Nhãn châu tử* ○ 珠子, prunelle de l'œil. — *Nhãn tiền* ○ 前, eu présence de, devant les yeux. — *Nhãn thơ* ○ 書, adresse de lettre. — *Nhãn đề* ○ 題, titre, en-tête, préface, adresse. — *Thanh nhãn* 青 ○, découvrir. — *Biệt nhãn* 別 ○, ne pas regarder à la dépense (en recevant quelqu'un). — *Âm nhãn* 暗 ○, avoir la vue faible. — *Long nhãn* 龍 ○, œil de dragon (fruit).

Nhãn 欖 *. Nephelium. Voir *nhỡn*.
Trái nhãn 欒 ○, fruit de cet arbre.

Nhăn 皺. Raccourci, racorni, contracté; rude, rugueux; tordu, ridé; grimace, froncement, contraction. (En S. A., se disputer; se pron. *nhan*.)

Nhăn da ○ 膚, peau ridée. — *Nhăn mặt* ○ 面, figure renfrognée, aspect maussade. — *Mặt nhăn lại* 面 ○ 吏, figure contractée, traits tirés. — *Nhăn mày* ○ 眉, froncer les sourcils. — *Nhăn trán* 顛, plisser le front. — *Nhăn nhó* ○ 浽, donner les signes du plus grand embarras; air très ennuyé. — *Hay nhăn nhó* 哈 ○ 浽, grimacier. — *Sự nhăn nhó sự* ○ 浽, contraction des traits. — *Nhăn nhíu* 繞, rugosités, rides; ridé, grimaçant. — *Nhăn răng* ○ 齦, montrer les dents en grimaçant (comme les singes, par exemple). — *Làm nhăn* 濫 ○, faire quelque sottise.

Nhắn 怒 et 唸*. Crier, faire effort pour se faire entendre, annoncer. A. V. Faire dire, faire avertir.

Nhắn lại ○ 吏, prévenir, rappeler. — *Nhắn bảo* ○ 保, transmettre un fait. — *Nhắn lời* ○ 呐, faire dire quelque chose. — *Nhắn tin* ○ 信, faire annoncer une nouvelle. — *Nhắn với* ○ 貝, recommander à. — *Nói nhắn* 呐 ○, charger quelqu'un de dire quelque chose à un autre. — *Nhắn cùng* ○ 共, id. — *Nhắn thơ* ○ 書, envoyer une lettre. — *Không nhắn gì hết* 空 ○ 之 歇, n'avoir été chargé de rien, d'aucune commission.

Nhằn 喟 *. Bruit de disputes, cris confus de gens qui se querellent.

Lần nhằn 蜷 ○, ne pas venir à bout de; qui n'est pas très clair.

Nhận 認 *. Connaître, savoir; établir ou reconnaître un fait, certifier le caractère d'une chose; agréer, recevoir, confesser, avouer.

Nhận thức ○ 識, être versé dans les affaires; distinguer clairement. — *Nhận thơ* ○ 書, prendre charge d'un document. — *Nhận lấy* ○ 祂, reconnaître pour sienne une chose qui ne l'est pas. — *Nhận mạo* ○ 昌, réclamer une chose qui n'est pas due, revendiquer injustement. — *Nhận ấn* ○ 印, appliquer le sceau (de l'État). — *Nhận con dấu* ○ 昆 鈄, apposer le cachet, sceller. — *Nhận lãnh* ○ 領, recevoir, accepter (comme un dépôt, par exemple). — *Nhận thiệt* ○ 實, certifier conforme à la vérité, confirmer un acte. — *Biên nhận* 編 ○, certifier par écrit, donner quittance. — *Giấy biên nhận* 紙編

o, reçu, récépissé, quittance. — *Tờ kiét nhận* 詞吉 o, visa, permis. — *Chiếu nhận* 詔 o, id.

Nhận 捺 et 揤*. Prendre, saisir; pousser, presser, faire pénétrer, faire entrer dans, insérer.

Nhận xuống o 馹, faire descendre, abaisser, enfoncer. — *Nhận vào* o 伋, pousser dans. — *Nhận nước* o 渚, plonger dans l'eau.

Nhấn 刃. Toucher légèrement sans appuyer (plume, pinceau); appliquer doucement (sceau, cachet). (Pour le car. en S. A., voir ci-dessous.)

Nhấn lại o 更, avec parcimonie.

Nhẫn 刃*. Le tranchant d'un sabre ou d'un couteau; arme blanche, glaive, dague, stylet, poignard. A. V. Bague, anneau.

Bính nhẫn 兵 o, armes de guerre. — *Khoen vòng nhẫn* 圈綏 o, bague, anneau. — *Nhẫn ngọc* o 玉, anneau avec brillants. — *Nhẫn vàng* o 鐄, bague en or. — *Đeo nhẫn* 刀 o, porter une bague. — *Cởi nhẫn ra* 檜 o 囉, retirer sa bague.

Nhẫn 忍*. Supporter patiemment, endurer avec courage, subir avec résignation, se retenir. Voir *nhịn*.

Nhẫn khí o 氣, retenir sa colère. — *Nhẫn tánh* o 性, dompter le naturel, contenir son caractère. — *Nhục nhẫn* 辱 o, supporter avec patience et résignation.

Nhẫn 衽*. Le revers d'un habit (que l'on boutonne sous le bras droit); bordure, lisière.

Tả nhẫn 左 o, qui boutonne à gauche; révolté, insoumis, rebelle[1].

Nhang 香. Parfum, encens; odorant, parfumé. (Du S. A. *hương*, même car., même signification.)

Nhang đèn o 畑, baguette d'encens (pour les cérémonies). — *Thấp nhang* 燃 o, allumer les baguettes odoriférantes. — *Nhang hỏa* o 火, brûler de l'encens. — *Lư nhang* 爐 o, cassolette, brûle-parfums. — *Nhang mộc* o 木, bois odoriférant.

Nháng 熁[2]. Rayon lumineux; scintiller, briller, étinceler, éblouir. (Formé des S. A. *hỏa* 火, feu, et *giáng* 降, venir d'en haut.)

Chớp nháng 霏 o, l'éclair brille, éblouit. — *Lửa nháng ra* 焰 o 囉, flammèche, étincelle.

Nhảng 簡. Remettre, différer, se retirer, calmer, relâcher. (Du S. A. *giản*, même car., même signification.)

Nhảng ra o 囉, adoucir. — *Nhảng việc ra* o 役 囉, suspendre momentanément un travail ou une affaire.

---

[1] Le fait de boutonner l'habit à gauche est considéré comme un signe de révolte contre l'autorité légitime. Aux époques de troubles politiques, ce fut un signe de reconnaissance entre conjurés. Aussi applique-t-on ce qualificatif de *Tả nhẫn* 左 衽 (qui boutonne à gauche) aux gens sans aveu, aux rebelles et même aux enfants révoltés contre l'autorité paternelle.

[2] Se transcrit aussi par le car. 爃.

Nhăng 江. Inconsidérément, en dépit du bon sens; emmêlé, brouillé; trouble, confusion, complication. (En S. A., fleuve; se pron. *giang*.)

Lăng nhăng 凌 ○, embarrassé, retenu. — *Làm nhăng* 濫 ○, agir en dépit du bon sens, mal faire, embrouiller. — *Nói nhăng* 吶 ○, parler inconsidérément. — *Ngăng nhíu* 繞 ○, embrouillé, embarrassé.

Nhẳng 讓. Syllabe complémentaire. (Du S. A. *nhượng*, même car., céder.)

Nhung nhẳng 茂 ○, entravé, entortillé, embarrassé. — *Nhộn nhẳng* 閙 ○, faire du tapage.

Nhánh 梗. Branche, rameau, pousse; lignée, descendance. Voir *ngành*. (Du S. A. *ngạnh*, même car., même signification.)

Nhánh cây ○ 核, branche d'arbre. — *Nhánh nhỏ* ○ 馳, menue branche. — *Có nhiều nhánh* 固 饒 ○, branchu, touffu. — *Nhánh lá* ○ 蘿, ramée, ramure. — *Đỗ trên nhánh* 杜 連 ○, se tenir perché sur une branche. — *Hội đồng nhánh* 會 同 ○, commission (réunion de membres choisis par une assemblée).

Nhành 梗. Branche, rameau, souche, pousse, lignée, postérité. (Pour le car. en S. A., voir ci-dessus.)

Nhành vàng lá bạc ○ 鑀 蘿 薄, branche d'or, feuilles d'argent (souche royale).

Nhảnh 頴. Syllabe complémentaire. (En S. A., gros, plein; se pron. *dĩnh*.)

Nhổng nhảnh 冗 ○, contrarier; rechigner, murmurer, bougonner.

Nhao 泑. Syllabe complémentaire. (En S. A., source, mare; se pron. *ao*.)

Lao nhao 勞 ○, vacarme, tapage.

Nhạo 嚛. Rire, se moquer, tourner en ridicule. (Formé des S. A. *khẩu* 口, bouche, et *nhạc* 樂, musique.)

Nhạo cười ○ 唭, faire des gorges chaudes. — *Nhạo chế* ○ 吱, mépriser. — *Ve nhạo* 磋 ○, carafon à liqueur.

Nhào 襁. Faire la culbute, piquer une tête, tomber le corps en avant. (En S. A., tordre, lier; se pron. *giào*.)

Làm nhào 濫 ○, faire un plongeon. — *Té nhào xuống* 細 ○ 甑, tomber à la renverse. — *Nhào lăn* ○ 鄰, faire le saut périlleux. — *Nhào lộn* ○ 輪, roulé, culbuté.

Nhão 溠. Mouillé, humecté; pâteux, glutineux, mou, flasque, visqueux. (Du S. A. *kiều*, même car., humide.)

Nhão nhểu ○ 繞, pâteux, détrempé, macéré, en bouillie. — *Thịt nhão* 胋 ○, viande molle, chair flasque. — *Cơm nhão* 餂 ○, riz pâteux, glutineux, en bouillie.

Nhạp 入. Tache, tare, vice, défaut, faute, honte, opprobre, déshonneur. (En S. A., entrer, joindre; se pron. *nhập*.)

Phải nhạp 沛 ○, recevoir un affront. — *Bị nhạp* 被 ○, subir une humiliation. — *Chịu nhạp* 召 ○, être repris, réprimandé; subir les conséquences d'une ignominie. — *Mắc nhạp* 縸 ○, retenu par la honte.

Nháp 甲. Écriture courante à mettre au net, brouillon, minute. (En S. A., armure, cuirasse; se pron. *giáp*.)

   Viết nháp 曰 ○, préparer un brouillon, rédiger une minute. — *Cái nháp thơ* 丐 ○ 書, le brouillon d'une lettre.

Nhấp 肷. Dormir, sommeiller; agiter la ligne, remuer l'appât (pour attirer le poisson). (Formé des S. A. *mục* 目, œil, et *nhập* 入, joindre.)

   Giác nhấp 職 ○, faire un somme. — *Nhấp mắt* ○ 耒, s'endormir. — *Nhấp câu* ○ 鉤, agiter la ligne. — *Nhấp được* ○ 特, chercher à prendre du poisson en faisant monter et descendre l'appât.

Nhập 入 *. Entrer dans, pénétrer à l'intérieur; joindre, unir, réunir, rassembler; usurper, abuser, empiéter. Car. radical.

   Xuất nhập 出 ○, entrer et sortir; recettes et dépenses, doit et avoir. — *Nhập sổ* ○ 數, faire entrer en compte, inscrire dans ses livres. — *Nhập bầy* ○ 悲, rassembler un troupeau. — *Nhập tâm* ○ 心, insérer dans son esprit, faire entrer dans son cœur. — *Nhập lại* ○ 吏, réunir, rassembler, totaliser. — *Nhập kỉ* ○ 己, usurper, empiéter, s'arroger des droits, abuser du pouvoir. — *Vị nhập lưu hạng* 未 ○ 流項, la classe des employés auxiliaires d'administration; litt., la classe de ceux qui ne sont pas encore entrés dans le courant.

Nhấp 肷. Légèrement, à peine visible (ne s'emploie qu'en composition). (Formé des S. A. *mục* 目, œil, et *nhập* 入, joindre, unir.)

   Nhấp nháy ○ 瞯, cligner de l'œil. — *Cắn nhấp* 限 ○, mordre légèrement (comme pour s'amuser). — *Nhấp nháng* ○ 烽, briller, scintiller.

Nhát 夏. Craintif, timide, timoré; effrayer, intimider, faire peur. (Du S. A. *giát*, même car., mesquin.)

   Nhút nhát 葵 ○, poltron, peureux. — *Nhát gan* ○ 肝, id. — *Hay nát* 哈 ○, sujet à la crainte. — *Ngựa nầy nhát lắm* 馭 尼 ○ 廩, ce cheval est très peureux, très ombrageux. — *Nhát roi* ○ 櫺, craindre la cravache (se dit d'un cheval fougueux). — *Nhát như thỏ* ○ 如 兔, peureux comme un lièvre. — *Chim mỏ nhát* 鳩 喋 ○, bécassine. — *Nhột nhát* 腠 ○, sensible au toucher, chatouilleux.

Nhặt 日 *. Soleil, jour; le temps qui passe; ce qui très est urgent. Voir *nhật* et *nhựt*.

   Nhiệm nhặt 冉 ○, sévère, exact, serré, austère. — *Nhặt thúc* ○ 促, presser vivement, insister beaucoup. — *Cấm nhặt* 禁 ○, prohiber d'urgence, interdire sévèrement. — *Thầy nhặt nhiệm* 柴 ○ 冉, maître sévère, assidu, exact. — *Sự nhặt* 事 ○, sévérité, austérité, exactitude, urgence.

Nhật 日 *. Soleil, clarté, jour; journalier, quotidien. Voir *nhựt*.

   Nhật nguyệt ○ 月, soleil et lune. — *Nhật quì hoa* ○ 葵花, héliotrope. — *Sanh nhật* 生 ○, jour de naissance. — *Nhật thực* ○ 蝕, éclipse de soleil.

Nhất 壹*. Le nombre un (forme compliquée); le premier, premièrement. Voir *nhứt*.

Nhất danh ○ 名, un homme. — *Nhất nhơn* ○ 人, le premier homme, le plus élevé en situation. — *Nhất hạng* ○ 項, première classe. — *Hạng nhất* 項 ○, id. — *Nhất là* ○ 羅, principalement, d'abord; avant tout c'est. — *Nhất hảo* ○ 好, le meilleur, le plus beau, de belle qualité. — *Cuốn thứ nhất* 卷 次 ○, le premier volume, tome premier.

Nhau 饒. Ensemble, en commun, mutuellement, réciproquement. (Du S. A. *nhiêu*, même car., abondance.)

Ăn với nhau 咹 貝 ○, manger ensemble, prendre la nourriture en commun. — *Đi chơi với nhau* 移 制 貝 ○, aller se promener ensemble. — *Như nhau* 如 ○, pareils, semblables; s'équivaloir. — *Bằng nhau* 朋 ○, égaux. — *In nhau* 印 ○, absolument semblables. — *Ở với nhau* 於 貝 ○, vivre ensemble, demeurer en commun. — *Giúp nhau* 執 ○, s'entr'aider. — *Đua nhau* 都 ○, rivaliser, concourir, jouter, lutter. — *Chia nhau* 分 ○, se partager, se diviser. — *Nghịch nhau* 逆 ○, se faire du tort, s'en vouloir, être mal ensemble, être ennemis. — *Tới lui nhau* 細 躇 ○, se fréquenter, aller l'un chez l'autre. — *Biết nhau* 別 ○, se connaître. — *Chuộng nhau* 重 ○, s'estimer réciproquement.

Nhau 胞. Placenta. (Du S. A. *bào*, même car., même signification.)

Nhau rún ○ 膥, cordon ombilical; des mêmes entrailles, de la même famille. — *Rước nhau* 達 ○, délivrer (femme en couches).

Nháu 遶. Teint pâle, défait; maigre. (En S. A., entourer; se pron. *nhiễu*.)

Nháu nháu mặt ○ ○ 靣, renfrogné. — *Buồn nháu* 盇 ○, triste mine.

Nhàu 繳. Contracté, recourbé; chiffonné, plissé, tordu; nom d'arbre. (Du S. A. *giảo*, même car., enrouler.)

Bàu nhàu 保 ○, qui n'est pas uni, qui a des plis. — *Làm nhàu* 濫 ○, plisser, chiffonner. — *Cây nhàu* 核 ○, morinda citrifolia.

Nhậu 吣 ⁽¹⁾. Boire, ingurgiter, avaler. Voir *uống*. (Formé des S. A. *khẩu* 口, bouche, et *triệu* 召, convoquer.)

Nhậu nước ○ 渃, boire de l'eau. — *Ăn nhậu* 咹 ○, manger et boire.

Nhàu 擾 ⁽²⁾. En désordre, pêle-mêle. (Du S. A. *nhiễu*, même car., troubler.)

Nhàu lại ○ 吏, mélanger, pétrir. — *Nhàu kẹo* ○ 糯, en désordre, pêle-mêle. — *Ngồi nhàu* 坐 ○, s'asseoir n'importe où et n'importe comment.

Nhẹ 珥. Léger, faible, doux, souple, moelleux; peu, petite quantité. (En S. A., boucle d'oreille; se pron. *nhĩ*.)

Nhẹ nhàng ○ 讓, doucement, mollement. — *Nhẹ nhẹ* ○ ○, légèrement, en douceur. — *Nhẹ dạ nhẹ tính* ○ 胣 ○ 性, légèreté de caractère. — *Làm*

⁽¹⁾ Se transcrit aussi par le car. 哈. — ⁽²⁾ Se transcrit aussi par le car. 授.

cho nhẹ 濫朱 ○, faire doucement, légèrement. — *Đánh cho nhẹ* 打朱 ○, frapper légèrement, pas trop fort. — *Đi nhẹ nhẹ* 扐○○, marcher sans bruit. — *Nhẹ chơn* ○躓, pied leste. — *Nhẹ tay* ○扡, main agile. — *Nhẹ giá* ○價, bas prix, bon marché. — *Nhẹ việc* ○役, travail facile. — *Tội nhẹ* 罪○, faute légère, péché véniel. — *Ghe nhẹ chèo* 艍○橍, barque légère (qui donne peu de mal aux rameurs).

Nhè 提 (1). Guider, diriger, viser, ajuster. Voir *nhắm*. (Du S. A. *đề*, même car., même signification.)

Nhè bia ○碑, viser une cible. — *Nói kẻ nhè* 吶扢○, mendier, solliciter, demander instamment.

Nhẻ 咏. Plaisanterie de mauvais goût, allusion blessante, raillerie. (Formé des S. A. *khẩu* 口, bouche, et *nhỉ* 尔, tu, vous.)

Nhẻ nhau ○饒, se moquer les uns des autres, se railler mutuellement. — *Nhẻ miệng* ○呬, prompt à la riposte; gouailler.

Nhẽ 唎. Syllabe complémentaire. (Du S. A. *nhi*, même car., bord des lèvres.)

Nhẽ nhún ○閏, agiter les lèvres, contracter la bouche (pour lancer des invectives).

Nhệ 滯. Syllabe complémentaire. (En S. A., gelé, figé; se pron. *trệ*.)

Khóc nhệ nhệ 哭○○, pleurnicher.

Nhem 巖. Montrer pour donner envie, faire venir l'eau à la bouche. (En S. A., escarpement; se pron. *nhám*.)

Nhem thèm ○噆, donner envie. — *Lem nhem* 臁○, barbouillé, confus. — *Lửa lem nhem* 焗臁○, feu mal allumé.

Nhẹm 冉. Caché, secret, à l'abri. (Du S. A. *nhiệm*, même car., même signification.)

Giấu chẳng nhẹm 丑庄○, mal caché. — *Không nhẹm* 空○, pas secret. — *Cho nhẹm* 朱○, secrètement.

Nhém 拼. Boucher un trou, fermer, intercepter. (Formé des S. A. *thủ* 手, main, et *nhiệm* 冉, secret.)

Đút nhém 揆○, obstruer. — *Nhém vào* ○㰒, introduire de force. — *Nhém đàng* ○唐, boucher une fente, fermer un passage.

Nhen 燃. Allumer, embraser; exciter, aviver. (Du S. A. *nhiên*, même car., même signification.)

Nhen lửa ○焗, aviver le feu, pousser les feux.

Nhèn 然. Syllabe complémentaire. (En S. A., lentement; se pron. *nhiên*.)

Bèn nhèn 卡○, sordide, malpropre, vil. — *Nói bèn nhèn* 吶卡○, mal parler, dire des saletés.

Nhện 蜹. Araignée. Voir *tri* et *thù*. (Formé des S. A. *trùng* 虫, insecte, et *diện* 面, visage.)

---

(1) Se transcrit aussi par le car. 晒.

Váng nhện 絓 ○, toile d'araignée. — *Lưới nhện* 絏 ○, id. — *Nhện hắc* ○ 黑, une araignée noire réputée très venimeuse.

Nheo 饒. Plisser, froncer, contracter (front, paupières); clignement. (En S. A., abondant; se pron. *nhiêu*.)

Nheo con mắt ○ 昆 䁘, cligner des yeux (pour mieux voir), fermer un œil (comme pour viser, pour ajuster). — *Lông nheo* 䎦 ○, cils.

Nhẹo 繞. Syllabe complémentaire. (En S. A., enrouler; se pron. *nhiêu*.)

Dẻo nhẹo 胙 ○, visqueux, gluant.

Nhéo 撓. Presser avec le pouce et l'index (pour enlever ou détacher). (En S. A., contourner; se pron. *nhiêu*.)

Nhéo da ○ 胯, pincer la peau.

Nhèo 饒. Syllabe complémentaire. (En S. A., abondant; se pron. *nhiêu*.)

Nhàu nhèo 緻 ○, plissé, chiffonné.

Nhẻo 繞. Syllabe complémentaire. (En S. A., enrouler; se pron. *nhiêu*.)

Nhỏng nhẻo 冗 ○, mine affectée (pour plaire). — *Nói nhỏng nhẻo* 吶 冗 ○, minauder.

Nhét 折. Fermer, boucher, obstruer. (En S. A., casser, briser; se pron. *chiết*.)

Đút nhét 揲 ○, faire entrer, fourrer dans. — *Nhét vào* ○ 包, introduire. — *Kẻ đun nhét* 几 擻 ○, suborneur.

Nhếu 繞. Syllabe complémentaire. (En S. A., enrouler; se pron. *nhiêu*.)

Nhếu nhão ○ 澆, mou, flasque. — *Nói nhếu nhão* 吶 ○ 澆, parler mollement. — *Khóc nhếu nhão* 哭 ○ 澆, pleurnicher.

Nhểu 繞. Qui coule peu à peu, qui se déroule lentement; filandreux. (Pour le car. en S. A., voir ci-dessus.)

Nhểu dãi ○ 汜, saliver, baver, rendre de la morve. — *Nhểu nhão* ○ 澆, pâteux, en bouillie. — *Thèm nhểu nước miếng* 噆 ○ 渃 呬, faire venir l'eau à la bouche. — *Sáp nhểu xuống* 蠟 ○ 甑, cire qui coule.

Nhi 而*. Mais, cependant; particule conjonctive; mot final signifiant : fini, c'est tout, rien de plus. Car. radical.

Nhi 唎*. Les alentours de la bouche, le bord des lèvres.

Nhi 兒*. Petit enfant, garçonnet; faible, jeune, tendre, enfantin.

Nhi nữ ○ 女, garçons et filles, progéniture. — *Nữ nhi* 女 ○, id. — *Tiểu nhi* 小 ○, un tout petit enfant, un bébé. — *Anh nhi* 嬰 ○, nouveau-né. — *Đồng nhi* 童 ○, id.

Nhi 唲*. Babil d'enfant, bavardage; faire semblant de rire.

Nhị 胒 et 膩*. Gras, onctueux, huileux, brillant, luisant.

Nhị 二*. Le nombre deux (forme simple); paire, couple. Car. radical.

Nhị thập ○ 十, vingt. — *Nhị thứ* ○ 次, deuxième fois. — *Nhị đệ* ○ 弟, frère cadet. — *Nhị nhơn đồng tâm* ○ 人同心, deux personnes complètement d'accord ou n'ayant qu'une seule et même pensée.

Nhị 貳 *. Le nombre deux (forme compliquée); double, paire.

Đệ niên nhị ngoạt 遞年 ○ 月, l'année prochaine au deuxième mois. — *Bội nhị* 倍 ○, doubler. — *Đệ nhị* 第 ○, deuxièmement, le second.

Nhí 致. Syllabe complémentaire. (En S. A., venir, parvenir; se pron. *trí*.)

Nhí nhảnh ○ 頲, se prévaloir, se vanter, faire parade de; enjoué.

Nhì 貳 *. Le nombre deux (autre forme compliquée); second [1].

Vô nhì tâm 無 ○ 心, qui n'a pas deux cœurs; loyal, sincère, fidèle. — *Thứ nhì* 次 ○, second, deuxième, deuxièmement. — *Hạng nhì* 項 ○, seconde classe.

Nhĩ 耳 *. Oreille; écouter, entendre. Car. radical.

Nhĩ 珥 *. Boucles d'oreilles (souvent en forme de clou); au fig., faire entrer, enfoncer dans.

Kim hoa nhĩ 金花 ○, boucles d'oreilles en or.

Nhĩ 爾 *. Toi, vous, votre; aussi, également, certainement; marque restrictive : ne que, seulement.

Nhĩ đẳng ○ 等, vous, vous tous. — *Nãi nhĩ* 乃 ○, en suivant, de cette manière. — *Vân nhĩ* 云 ○, ainsi de suite, en continuant. — *Nhĩ ngã đồng tâm* ○ 我同心, nous avons, vous et moi, la même pensée, la même manière de voir.

Nhĩ 尒 et 尔 *. Tu, vous; particule finale affirmative.

Nhĩ 洏 *. Jaillir, sourdre; couler lentement, se répandre peu à peu.

Nước nhĩ 渚 ○, eau qui jaillit. — *Nhĩ nước mắt* ○ 渚相, répandre des larmes. — *Nhĩ mồ hôi* ○ 戉灰, suer, transpirer. — *Nhĩ hơi* ○ 唏, faible respiration. — *Một nhĩ* 沒 ○, très peu, légèrement.

Nhĩ 邇 *. Près, proche; récemment.

Nhích 滴. Déplacer, bouger, remuer; dominer, l'emporter sur. (En S. A., petite quantité; se pron. *đích*.)

Nhức nhích 辱 ○, bouger continuellement, sans repos, sans trêve. — *Chẳng nhức nhích* 庄 辱 ○, inébranlable, ne pas broncher.

Nhiệc 熱 *. Chaud, ardent, énergique; avoir la fièvre. Voir *nhiệt*.

Nhiếc 呎. Invectiver, insulter, pro-

---

[1] La simplicité des caractères employés comme chiffres pouvant faciliter les faux en écritures, on se sert, dans les pièces de comptabilité, de caractères compliqués rendant beaucoup plus difficiles les ratures et les surcharges.

voquer, agacer, chercher querelle. (Formé des S. A. *khẩu* 口, bouche, et *diệc* 亦, encore. aussi.)

Nhiếc nhóc ○ 嘑, injurier, invectiver. — *Mắng nhiếc* 呺 ○, id.

Nhiệm 冉 *. Secret, caché; avancer lentement, s'approcher avec mystère; flexible, souple.

Nhiệm lạ ○ 邏, étrange, mystérieux. — *Sâu nhiệm* 漊 ○, profond, caché. — *Nhiệm nhặt* ○ 日, sévère, rigoureux. — *Ý nhiệm* 意 ○, intention secrète, sens caché. — *Nhiệm trọng* ○ 重, grave, solennel, cérémonieux. — *Phép nhiệm* 法 ○, pouvoir secret, puissance mystérieuse. — *Nhiệm tử* ○ 子, disciple de Confucius. — *Máy nhiệm* 熳 ○, cause déterminante, ressort secret, mobile, expédient.

Nhiễm 苒 *. Plantes très abondantes, végétation luxuriante.

Nhiễm 染 *. Tremper, mouiller, imprégner; contracter, prendre; se souiller, se salir, se déshonorer. Voir *nhuộm*.

Nhiễm sắc ○ 色, teindre, colorier. — *Nhiễm bệnh* ○ 病, contracter une maladie. — *Nhiễm đậu* ○ 痘, contracter la petite vérole. — *Nhiễm ác* ○ 惡, se plonger dans le vice. — *Nhiễm khí độc* ○ 氣青, imprégné d'air malsain, intoxication paludéenne.

Nhiên 然 *. Brûler lentement, cuire à petit feu; véritable, naturel; doux, sage, bénin; certainement, cela est ainsi.

Tự nhiên 自 ○, de soi, de principe, naturellement. — *Quả nhiên* 果 ○, c'est absolument vrai. — *Điềm nhiên* 恬 ○, quiétude, tranquillité. — *An nhiên* 安 ○, calme, paix.

Nhiệt 熱 *. Chaud, ardent, violent, énergique, fiévreux. Voir *nhiệc*.

Tánh nhiệt 性 ○, tempérament chaud, nature ardente, caractère énergique. — *Phát nhiệt* 發 ○, qui développe une grande chaleur; contracter la fièvre. — *Nhiệt đạo* ○ 道, zone torride.

Nhiêu 饒 *. Abondance de biens, de nourriture, de provisions; excédent, superflu; riche, fertile; bon, généreux, compatissant.

Nhiêu thứ ○ 恕, user d'indulgence. — *Nhiêu dong* ○ 容, concéder, pardonner, exempter. — *Khoan nhiêu* 寬 ○, large, libéral, généreux. — *Nhiêu mạng* ○ 命, faire grâce de la vie. — *Lão nhiêu* 老 ○, classe de vieillards au-dessus de 62 ans, dispensés de l'impôt personnel et des corvées. — *Nhiêu học* ○ 學, bachelier par concession gracieuse. — *Nhiêu ấm* ○ 蔭, titre honorifique accordé par le roi aux fils de mandarins méritants. — *Bao nhiêu* 包 ○, combien? quelle quantité? — *Bấy nhiêu* 閉 ○, tant, autant, pas plus.

Nhiều 饒. Abondamment, grandement, beaucoup, plusieurs, nombreux. (Pour le car. en S. A., voir ci-dessus.)

It nhiều 丞 ○, peu ou beaucoup, peu ou prou. — *Nhiều hơn* ○ 欣, plus que, davantage. — *Nhiều người* ○ 得, plusieurs personnes, beaucoup de monde. — *Nhiều lần* ○ 吝, plusieurs fois, de nombreuses fois. — *Nhiều của* ○ 貽, beaucoup de biens, riche. — *Nhiều lắm* ○ 虞, beaucoup, énormément, excessivement. — *Nhiều quá* ○ 過, trop, excessivement. — *Nói nhiều lời* 吶 ○ 啢, dire beaucoup de paroles (inutiles).

Nhiễu 繞*. Enrouler des fils, faire le tour, tourner en cercle, ceindre; espèce de soie, crépon.

Khăn nhiễu 巾 ○, turban en crépon. — *Nhiễu lộ* ○ 路, route qui serpente, qui fait des lacets.

Nhiễu 撓*. Gratter, tordre, tirailler, tourmenter; médire, calomnier, nuire, faire du tort.

Nhiễu 擾*. Causer du désordre, fomenter des troubles, inquiéter.

Nhiễu loạn ○ 乱, changer un ordre de choses établi, révolutionner. — *Nhiễu hại* ○ 害, commettre des dégâts, causer un préjudice, un dommage, nuire. — *Nhiễu nhương* ○ 攘, trouble, confusion, désordre. — *Nhiễu hại địa phương* ○ 害 地 方, troubler la paix d'une région.

Nhím 猵. Hérisson, porc-épic; un instrument pour nettoyer le grain. (Formé des S. A. *khuyển* 犬, chien, et *nhiệm* 冉, caché.)

Lông nhím 翻 ○, piquants de hérisson, de porc-épic; épingle à cheveux. — *Bao nhím* 包 ○, grande banne pour le riz.

Nhịn 忍. Supporter patiemment, endurer avec courage. (Du S. A. *nhẫn*, même car., même signification.)

Nhịn nhục ○ 辱, supporter, subir, souffrir. — *Nhịn đói nhịn khát* ○ 斷 ○ 渴, endurer avec résignation la faim et la soif. — *Nhịn thèm* ○ 噲, réprimer une envie, repousser un désir. — *Không nhịn được* 空 ○ 特, c'est insupportable, on ne peut se résigner. — *Hay nhịn* 哈 ○, patient, résigné. — *Nhịn thua* ○ 收, avouer sa défaite, se reconnaître vaincu. — *Nhịn lại* ○ 更, céder. — *Nhịn miệng thiết khách* ○ 咀 設 客, faire bonne contenance devant ses hôtes.

Nhín 恁. Parcimonieux, regardant. (En S. A., faire dire; se pron. *nhẳn*.)

Ăn ở nhín 唆 於 ○, vivre chichement. — *Nhín ăn* ○ 唆, id. — *Nhín lại* ○ 更, économiser, mettre de côté.

Nhìn 認[1]. Examiner fixement, attentivement; regarder pour s'assurer ou reconnaître. (Du S. A. *nhận*, même car., même signification.)

Nhìn lại ○ 更, voir si c'est bien cela, revoir. — *Nhìn biết* ○ 別, reconnaître après examen attentif. — *Sự nhìn biết* 事 ○ 別, action de reconnaître quelqu'un ou quelque chose. — *Dễ nhìn* 易 ○, facilement reconnaissable. — *Nhìn lầm* ○ 林, se tromper, faire erreur en croyant

---

[1] Se transcrit aussi par le car. 認.

reconnaître quelqu'un ou quelque chose. — *Nhìn lạm* ○ 濫, revendiquer indûment. — *Nhìn trắng trắng* ○ 懲懲, regarder fixement et avec sévérité. — *Nhìn của* ○ 貼, reconnaître son bien. — *Bò nhìn* 蒲 ○, mannequin, poupée. — *Nhìn lỏ* ○ 臚, souhaiter ce qui n'est pas à soi.

Nhip 喋 et 嗫 *(1). Parler trop, médire, calomnier. A. V. Mesure pour le chant; occasion. Voir *dip*.

   Hát nhịp nhảnh 喝 ○ 讓, moduler un air. — *Nhịp tay* ○ 抵, battre la mesure avec la main. — *Ăn nhịp* 唉 ○, aller en mesure. — *Cướp nhịp* 刦 ○, saisir l'occasion. — *Nói nhịp* 吶 ○, parler du bout des lèvres.

Nhíp 鈊. Petites pinces; ressort; refermer, recoudre, raccommoder. (Formé des S. A. *kim* 金, métal, et *nhập* 入, joindre.)

   Nhíp bắt tim đèn ○ 抔朒畑, mouchettes. — *Nhíp xe* ○ 車, ressort de voiture. — *Nhíp miệng* ○ 呬, se refermer (plaie).

Nhíp 躡 *. Mettre les pieds sur, monter rapidement; vif, alerte; urgent, pressé, nécessaire.

Nhíp 攝 *. Prendre par les oreilles; contenir, rassembler, réunir; recevoir, accepter, diriger. Voir *tiếp*.

   Nhíp lý ○ 理, diriger un service, administrer. — *Quản nhíp* 管 ○, id. — *Nhíp biện* ○ 辦, remplir provisoi-

rement une charge, occuper des fonctions officielles par intérim.

Nhíu 繞. Se retirer, se contracter (muscles); grimaces, contorsions. (Du S. A. *nhiễu*, même car., enrouler des fils.)

   Nhăn nhíu 皺 ○, rides, rugosités. — *Nhăng nhíu* 江 ○, embrouillé, embarrassé. — *Nhíu mặt* ○ 靦, mine renfrognée, faire la grimace. — *Nhíu da* ○ 脝, peau plissée. — *Nhíu miệng* ○ 呬, faire la moue.

Nho 需 *. Pluie qui tombe; doute, hésitation; urgent, pressé.

Nho 蕎. Vigne. (Formé des S. A. *thảo* 艹, plantes, et *nho* 需, pluie qui tombe.)

   Cây nho 核 ○, la vigne. — *Trái nho* 鞭 ○, raisin. — *Buồng nho* 房 ○, grappe de raisin. — *Rượu nho* 醅 ○, vin de raisin. — *Vườn nho* 園 ○, jardin planté en vigne. — *Giàn nho* 櫚 ○, treille. — *Nho rừng* ○ 棱, vigne sauvage. — *Đất trồng nho* 坦欈 ○, vignoble. — *Một gốc dây nho* 沒榕繏 ○, un cep de vigne.

Nho 儒 *. Homme instruit, lettré; les lettres, la littérature. Voir *nhu*. A. V. Mot complémentaire.

   Đạo nho 道 ○, la secte dite «des lettrés». — *Đại nho* 大 ○, savant illustre. — *Nước i pha nho* 渚衣葩 ○, l'Espagne. — *Người i pha nho* 傳衣葩 ○, un Espagnol.

Nhỏ 馳. Petit, menu, exigu, infime;

---

(1) Se transcrit aussi par le car. 蹀.

peu de chose, de peu d'importance [1]. (Formé des S. A. *tiểu* 小, petit, jeune, et *nhũ* 乳, tendre, délicat.)

Nhỏ mọn ○ 閌, tout petit, minuscule, chétif, délicat. — *Nhỏ xíu* ○ 票, extrêmement petit, infime, moins que rien. — *Trẻ nhỏ* 祂 ○, garçonnet, jeune homme. — *Thằng nhỏ* 侗 ○, un petit garçon, un boy. — *Nhỏ tiếng* ○ 嗜, à voix basse. — *Nói nhỏ tiếng* 吶 ○ 嗜, parler à voix basse. — *Nhỏ nghê* ○ 倪, simple, modeste; petitement. — *Nhỏ tuổi* 歲, jeune. — *Nhỏ con* ○ 昆, menus fils, petits plis, tige fine, première pousse. — *Ra nhỏ* 囉 ○, en petit, commencer petitement. — *Lớn nhỏ* 客 ○, grands et petits. — *Tuổi còn nhỏ* 歲群 ○, d'âge encore tendre. — *Nhà nhỏ* 茹 ○, petite maison. — *Ngựa nhỏ* 馭 ○, petit cheval. — *Nhỏ nhỏ* ○ ○, très petit.

Nhỏ 氵乳. Gouttes d'eau qui tombent lentement. (Formé des S. A. *thủy* 水, eau, et *nhũ* 乳, doux, tendre.)

Làm cho nhỏ giọt 瀸 朱 ○ 滨, faire tomber goutte à goutte, distiller. — *Nhỏ nước mắt* ○ 渚 耔, verser des larmes, pleurer. — *Nhăn nhỏ* 啹 ○, faire la grimace.

Nhổ 咜. Cracher, saliver. Voir *giở*. (En S. A., bavarder; se pron. *chú*.)

Nhổ nước miếng ○ 渚 咽, expectorer. — *Nhổ trầu* ○ 摟, cracher du bétel.

Nhổ 扔. Arracher, déraciner, extir-

per. (Formé des S. A. *thủ* 手, main, et *nhũ* 乳, doux, tendre.)

Nhổ cây ○ 核, arracher des arbres. — *Nhổ răng* ○ 酸, extirper des dents. — *Nhổ lông* ○ 翿, plumer. — *Nhổ cỏ* ○ 黏, arracher l'herbe. — *Nhổ rễ* ○ 禮, enlever la racine. — *Nhổ neo* ○ 栯, lever l'ancre. — *Nhổ phụt* 拂, enlever d'un seul coup, arracher net.

Nhơ 洳. Sale, malpropre, sordide, taché, souillé, dégoûtant. Voir *dơ*. (Du S. A. *nhự*, même car., mouillé.)

Nhơ nhớp ○ 汎, très sale. — *Nhơ uế* ○ 濊, immonde, ignoble. — *Bụi nhơ* 培 ○, sale de poussière. — *Bợn nhơ* 浚 ○, saleté, souillure. — *Nhơ danh* ○ 名, ternir la réputation, salir son nom, se déshonorer. — *Mang nhơ* 芒 ○, avoir une tache, une souillure. — *Nhơ danh xấu tiếng* ○ 名 丑 嗜, nom souillé par une mauvaise réputation.

Nhợ 絮 et 綱. Ligne, ficelle, cordonnet; au fig., sans cesse, longtemps. (Du S. A. *nhứ*, même car., fils grossiers.)

Dây nhợ 綟 ○, petite corde, ficelle, ligne, mèche de fouet. — *Nhợ câu* ○ 鉤, ligne à pêche. — *Con nhợ* 昆 ○, pelote de ficelle. — *Xe nhợ* 車 ○, faire de la ficelle.

Nhớ 汝. Penser à, se souvenir de. (En S. A., tu, vous; se pron. *nhữ*.)

Nhớ lại ○ 吏, se rappeler, se sou-

---

[1] Le car. chinois à idées combinées 㝈, composé des mêmes éléments, mais autrement disposés, signifie «allaiter un petit enfant» et «petit enfant à la mamelle».

venir. — *Nhớ thương vợ* ○ 傷 嫡, se souvenir avec amour de sa femme, regretter sa femme. — *Thương nhớ* 傷 ○, regretter vivement, penser tendrement à. — *Nhớ nhà nhớ cửa* ○ 茹 閭, penser avec regret à la maison, à la famille. — *Nhớ quê quán* ○ 圭 貫, regretter sa patrie, avoir le mal du pays. — *Mày có nhớ không* 眉 固 ○ 空, t'en souviens-tu? — *Tôi nhớ lắm* 碎 ○ 廩, je m'en souviens très bien. — *Nhớ đến* ○ 典, se rappeler de. — *Nhớ mường* ○ 芒, se souvenir vaguement.

Nhờ 洳. Compter sur, espérer en. (En S. A., mouillé; se pron. *nhu*.)

Nương nhờ 娘 ○, compter sur un appui. — *Cậy nhờ* 忌 ○, espérer une faveur. — *Nhờ cậy* ○ 忌, s'appuyer sur. — *Nhờ nhau* ○ 饒, compter les uns sur les autres. — *Tôi nhờ ông giúp* 碎 ○ 翁 執, je compte que vous m'aiderez. — *Không nhờ ai hết* 空 ○ 埃 歇, ne compter sur personne. — *Không biết nhờ ai* 空 別 ○ 埃, ne savoir en qui espérer. — *Ăn nhờ* 咹 ○, manger par faveur. — *Đỗ nhờ* 杜 ○, revevoir l'hospitalité. — *Nhờ cùng* ○ 共, se confier à. — *Nhờ ơn quan lớn* ○ 恩 官 畚, grâce à la bienveillance de l'autorité supérieure (formule de supplique).

Nhoái 奀*. Augmenter peu à peu, croître insensiblement; frêle, mince, maigre, fluet, faible.

Nhọc 辱. Fatigué, harassé, abattu. (Du S. A. *nhục*, même car., blâmer.)

Nhọc nhằn 閒, très las, éreinté. — *Nhọc hơi* ○ 唏, à bout de souffle, être haletant. — *Nhọc sức* ○ 飭, à bout de forces. — *Khó nhọc* 苦 ○, pénible, difficile. — *Mỏi nhọc* 瘺 ○, qui n'en peut plus. — *Mệt nhọc* 瘦 ○, extrêmement fatigué. — *Lo lắm nhọc trí* 慮 廩 ○ 智, les inquiétudes fatiguent l'esprit. — *Đi đàng nhọc quá* 移 唐 ○ 過, très fatigué d'avoir marché.

Nhóc 唇. Hausser, relever, montrer. (Formé des S. A. *khẩu* 口, bouche, et *nhục* 辱, honte, affront.)

Nhóc vai ○ 騙, hausser les épaules. — *Nhóc đầu* ○ 頭, montrer la tête. — *Nhiếc nhóc* 咻 ○, injurier, invectiver. — *Nói nhóc* 呐 ○, chuchoter.

Nhoi 堆. Mouvoir, remuer, s'agiter. (En S. A., amas, tas; se pron. *đối*.)

Lôi nhoi 濡 ○, grouiller, fourmiller.

Nhói 對. Syllabe complémentaire. (En S. A., répondre, redire; se pron. *đối*.)

Nói nhẻ nhói 呐 咻 ○, railler, plaisanter, dire des choses blessantes.

Nhồi 揉. Macérer, brasser, pétrir, remuer, ballotter, agiter, secouer. (Formé des S. A. *thủ* 手, main, et *lôi* 耒, charrue.)

Nhồi nhã ○ 雅, agiter dans tous les sens. — *Nhồi mình* ○ 命, brisé, inerte. — *Nhồi bột* ○ 粹, pétrir de la farine, faire du pain. — *Thùng nhồi bột* 桶 ○ 粹, pétrin. — *Sóng nhồi tàu* 淙 ○ 艚, les vagues ballottent le navire. — *Đá nhồi* 砑 ○, espèce de marbre.

5.

Nhoi 喔*. Mordre, mâcher, mastiquer, ruminer. Voir *nhai*.

 Trâu nhoi 犪 ○, le buffle rumine. — *Hay nhoi* 哈 ○, ruminant.

Nhởi 汝. Jouer, s'amuser. Voir *chơi*. (En S. A., tu, vous; se pron. *nhữ*.)

 Đi nhởi 移 ○, aller se promener.

Nhom 巌. Syllabe complémentaire. (En S. A., sinueux; se pron. *nhàm*.)

 Ốm nhom 瘄 ○, maigre, décharné. — *Nhom đầu* ○ 頭, grouiller, fourmiller.

Nhóm 呫. Réunir, rassembler, convoquer; rapprocher, mettre en tas. (En S. A., mâcher, goûter; se pron. *thiếp*.)

 Nhóm lại ○ 吏, se réunir, amasser en un, rassemblement. — *Nhóm nhau* ○ 饒, se réunir, s'assembler. — *Nhóm làng* ○ 廊, convoquer les notables d'une commune. — *Tờ mời nhóm* 詞 甦 ○, lettre de convocation. — *Hội nhóm* 會 ○, réunion, assemblée. — *Nhóm miệng* ○ 皿, se refermer (blessure). — *Nhóm họ* ○ 戶, rassembler les membres d'une société. — *Đi nhóm* 移 ○, se rendre à une réunion.

Nhổm 跕. Se relever, se soulever. (En S. A., sauter; se pron. *thiếp*.)

 Nhổm dậy ○ 跪, se lever d'un bond. — *Nhổm nhóp lên* ○ 仈 遷, rebondir. — *Nhảy nhổm* 跦 ○, faire un soubresaut.

Nhớm 監. Soulever légèrement, élever un peu; se retirer, s'écarter, se pousser. (En S. A., inspecter, diriger; se pron. *giám*.)

 Nhớm dậy ○ 跪, se soulever. — *Nhớm chơn* ○ 蹟, lever le pied. — *Dở nhớm lên* 嘆 ○ 遷, placer plus haut. — *Đi nhớm tới* 移 ○ 細, avancer de quelques pas. — *Nhớm ra* ○ 囉, se pousser un peu.

Nhờm 巌. Horreur, dégoût, aversion, répugnance; ne pas consentir. (En S. A., dangereux; se pron. *nhàm*.)

 Nhờm miệng ○ 皿, profondément dégoûté (à table). — *Nhờm đường* ○ 唐, trembler de peur en chemin. — *Nhờm tay* ○ 掏, ne pas oser avancer la main.

Nhọn 軟. Taillé en pointe, acéré; élastique, flexible. (Du S. A. *nhuyễn*, même car., même signification.)

 Nhọn như đinh ○ 如 釘, terminé en pointe. — *Dao nhọn* 刀 ○, couteau pointu. — *Nhọn nhẹ* ○ 珥, agile, leste, prompt, souple, flexible. — *Mũi nhọn* 艤 ○, bout pointu, pointe acérée. — *Nhọn miệng* ○ 皿, bouche souple, élastique; parleur, bavard. — *Lưỡi nhọn* 攏 ○, langue pointue; avoir la langue bien pendue. — *Góc nhọn* 谷 ○, angle aigu.

Nhón 頓. Raccourcir, écourter, diminuer, abréger; petite quantité. (En S. A., baisser la tête; se pron. *đốn*.)

 Hốt nhón 忽 ○, prendre quelques pincées. — *Đi nhón chơn* 移 ○ 蹟, marcher sur le bout des pieds. — *Nói nhón ba đều* 吶 ○ 㗂 調, dire seulement quelques mots. — *Nói nhón một ít cho quan nghe* 吶 ○ 沒 丕

朱官暄, faire connaître quelque chose en peu de mots à l'autorité.

Nhòn 啤. Peine adoucie, chagrin calmé. (Formé des S. A. *khẩu* 口, bouche, et *tồn* 存, protéger, garantir.)

Nhòn việc ○ 役, moins occupé. — *Nhòn một ít* ○ 沒亟, soulagé.

Nhộn 閧. Confus, troublé; désordre, tumulte, tapage, confusion. (Formé des S. A. *khẩu* 口, bouche, et *nhuận* 閏, intercaler.)

Bộn nhộn 奔 ○, tumultueusement. — *Nhộn nhăng* ○ 讓, avec bruit, en désordre. — *Làm nhộn* 濫 ○, faire beaucoup de tapage.

Nhơn 人*. La créature humaine (homme ou femme). Car. radical.

Loại nhơn 類 ○, le genre humain. — *Nhơn vật* ○ 物, les hommes, les gens. — *Nam nhơn* 男 ○, homme. — *Nữ nhơn* 女 ○, femme. — *Đại nhơn* 大 ○, grand homme, titre d'excellence. Voir *quan lớn* 官客. (Ne se donne qu'aux mandarins des trois premiers degrés.) — *Tiểu nhơn* 小 ○, les enfants, les humbles, les simples; homme de peu, sans rang, sans qualité. — *Nhơn khách* ○ 客, un invité, un visiteur. — *Hạ nhơn* 下 ○, gens de rien, vile populace. — *Nhơn luân* ○ 倫, condition de l'homme. — *Môn nhơn* 門 ○, disciple; litt., homme de la porte. — *Lão nhơn* 老 ○, vieillard. — *Thi nhơn* 詩 ○, un poète. — *Thánh nhơn* 聖 ○, un sage, un saint. — *Sĩ nhơn* 士 ○, un savant. — *Quí nhơn* 貴 ○, précieuses personnes; titre d'une catégorie de concubines royales. — *Tài nhơn* 才 ○, habiles personnes; autre désignatif de concubines royales. — *Cung nhơn* 宮 ○, femmes du harem. — *Phu nhơn* 夫 ○, éminente dame; titre des épouses de mandarins des 1er et 2e degrés. — *Thục nhơn* 淑 ○, vertueuse dame; titre des épouses de mandarins du 3e degré. — *Cung nhơn* 恭 ○, révérendissime dame; titre des épouses de mandarins du 4e degré. — *Nghi nhơn* 宜 ○, convenable dame; titre des épouses de mandarins du 5e degré. — *An nhơn* 安 ○, paisible dame; titre des épouses de mandarins des 6e et 7e degrés. — *Nhu nhơn* 儒 ○, savante dame (ou studieuse dame); titre des épouses de mandarins des 8e et 9e degrés. — *Tiên nhơn* 仙 ○, génie, immortel. — *Gia nhơn* 家 ○, les gens de la maison, le personnel domestique. — *Quả nhơn* 寡 ○, je, moi (le roi parlant de lui). — *Dân nhơn* 民 ○, le peuple, la plèbe, la population. — *Tội nhơn* 罪 ○, les prisonniers, les coupables, les gens flétris. — *Cổ nhơn* 古 ○, les hommes de l'antiquité, les anciens. — *Dã nhơn* 野 ○, homme des bois, orang-outang. — *Số nhơn* 數 ○, le chiffre de la population, le nombre d'hommes inscrits. — *Chữ nhơn* 字 ○, galon indiquant le grade, brisque d'ancienneté (en forme de car. 人).

Nhơn 儿*. Homme; choses élevées. Car. radical.

Nhơn 仁*. Piété, humanité, compassion, charité, bienfaisance; noyau de fruit, amande, pépin.

Nhơn đức ○ 德, la vertu en général. — *Nhơn ngãi* ○ 義, bienveillance, amitié. — *Nhơn tâm* ○ 心,

cœur bon, âme clémente. — *Nhơn ái* ○ 愛, douceur, bonté d'âme, bienfaisance, charité. — *Nhơn thứ* ○ 恕, se montrer clément, pardonner. — *Nhơn hậu* ○ 厚, humain, modéré, bienveillant, obligeant. — *Nhơn tử* ○ 慈, bienfaisant, compatissant, doux, bénin, secourable. — *Nhơn quan* ○ 官, fonctionnaire bienveillant. — *Nhơn lành* ○ 荅, bon, doux, miséricordieux. — *Bất nhơn* 不 ○, inhumain, insensible, cruel, ingrat. — *Bất nhơn bất ngãi* 不 ○ 不 義, sans amitié, sans bienveillance. — — *Khoan nhơn* 寬 ○, pieux. — *Có nhơn* 固 ○, être bienveillant. — *Vô nhơn* 無 ○, sans bonté. — *Gió nhơn* 遙 ○, vent favorable. — *Nhơn tử* ○ 子, grain, graine, semence. — *Đào nhơn* 桃 ○, amande. — *Hạnh nhơn* 杏 ○, id.

Nhơn 因*. Motif, cause, principe, origine; à cause de, parce que; multiplier.

    Vì hà nhơn 為何 ○, pour quelle raison ? — *Nhơn vì* 為, parce que, à cause de. — *Nhơn danh* ○ 名, au nom de. — *Nhơn dịp* ○ 楪, saisir l'occasion, profiter des circonstances. — *Nhơn khi* ○ 欺, pendant le temps. — *Nhơn vì sự ấy* ○ 為事意, à cause de cela. — *Nhơn sợ* ○ 怍, par peur. — *Nhơn sao* ○ 牢, pourquoi, comment. — *Nhơn ra* ○ 囉, mettre de côté, extraire, multiplier par. — *Nhơn lại* ○ 吏, id. — *Phép nhơn* 法 ○, la multiplication.

Nhơn 姻*. Parenté de la femme; fiancée, mariée; mariage, alliance.

    Nhơn ông ○ 翁, le père de la mariée. — *Nhơn doan* ○ 縁, les liens conjugaux. — *Hôn nhơn* 婚 ○, s'unir en mariage, le mariage. — *Nhơn á* ○ 亞, beau-frère, mari de la sœur. — *Nhơn thân* ○ 親, parents par alliance.

Nhợn 喇*. Cris de gens qui se disputent, bruit de querelles. A. V. Nausée, dégoût.

    Nhợn cổ ○ 古, obstruction de la gorge. — *Bợn nhợn* 浚 ○, avoir envie de vomir.

Nhớn 簡. Désirer vivement; troublé, inquiet. (En S. A., bande de bambou; se pron. *giãn*.)

    Làm nhớn 濫 ○, faire des embarras.

Nhờn 蹣. S'arrêter saisi d'horreur. (Formé des S. A. *túc* 足, pied, et *nhàn* 閒, barrière.)

    Nhờn lại ○ 吏, éprouver de la répugnance. — *Lờn nhờn* 吝 ○, qui dégoûte, qui répugne. — *Nhờn đàng* ○ 唐, ne plus oser continuer son chemin.

Nhỡn 簡. Mot complémentaire. (En S. A., bande de bambou; se pron. *giãn*.)

    Đi nhỡn nhơ 趁 ○ 迦, aller lentement, passer et repasser, se pavaner.

Nhỡn 楠*. Nephelium. Voir *nhãn*.

Nhóng 哦. Attendre, espérer; désirer vivement; enlever, soulever. En S. A., souffler, siffler; se pron. *tuất*.)

    Nhóng đợi ○ 待, attendre avec impatience. — *Dở nhóng lên* 噢 ○ 遷, soulever, découvrir.

Nhông 戎. Syllabe complémentaire. (En S. A., arme blanche; se pron. *nhung*.)

Nhông cao ○ 高, long et mince, grand et maigre.

Nhổng 冗. Syllabe complémentaire. (En S. A., ému, troublé; se pron. *nhũng*.)

Nhổng nhảnh ○ 頴, rechigner d'un air câlin. — *Nhổng nhéo* ○ 繞, minauderie. — *Nói nhổng nhéo* 吶 ○ 繞, parler avec affectation.

Nhộng 蛹*. Chrysalide de ver à soie; se transformer. Se prononce aussi *dung*.

Lộn nhộng 輪 ○, se transformer en nymphe. — *Nói lộn nhộng* 吶 輪 ○, s'embrouiller en parlant, se contredire.

Nhông 茙. Tige, touffe, panache; grand, généreux. (Du S. A. *nhung*, même car., même signification.)

Nhông cải ○ 荄, moutarde, radis, navet. — *Cao nhông* 高 ○, grand, haut, imposant.

Nhông 戎鳥 et 鳥戎*. Nom d'oiseau.

Chim nhông 鵅 ○, le merle noir à bec jaune. — *Cá nhông* 魸 ○, espèce de poisson.

Nhóp 叭. Tas; amasser, amonceler (ne s'emploie qu'en composition). (Formé des S. A. *khẩu* 口, bouche, et *nhập* 入, joindre.)

Góp nhóp 給 ○, rassembler, réunir (cotisations, contributions). — *Nhóm*

nhóp lên 跕 ○ 遷, rebondir. — *Nhóp nhíp miệng* ○ 欽 唖, remuer les lèvres. — *Nói nhóp nhíp* 吶 ○ 欽, parler en dedans.

Nhớp 汲 (1). Sale (ne s'emploie que comme affixe). (Formé des S. A. *thủy* 水, eau, et *nhập* 入, joindre.)

Nhơ nhớp 㴇 ○, malpropre, sordide. — *Nhớp kiếp* ○ 刧, malpropre, malotru. — *Nói cho nhớp miệng* 吶 朱 ○ 唖, parler inutilement, parler en vain; litt., parler pour se salir les lèvres. — *Kẻ dơ nhớp* 几 汙 ○, un être dégoûtant, repoussant.

Nhọt 瘵. Abcès, furoncle, apostème. (Formé des S. A. *nịch* 疒, maladie, et *đột* 突, soudain.)

Mụt nhọt 瘰 ○, tumeur sur la peau, clou. — *Làm nhọt làm mủ* 濫 ○ 濫 漠, feindre une infirmité (mendiant); jouer la comédie (hypocrite). — *Nón nhọt* 蕿, chapeau pointu.

Nhót 腍*. Viandes grasses, lard. A. V. Contraction, raccourcissement.

Nhót lại ○ 吏, se retirer, se raccourcir, se contracter (muscles, nerfs). — *Nhót chơn* ○ 蹟, raccourcissement de la jambe; claudication. — *Đi nhót* 趍 ○, aller clopin-clopant, traîner la jambe.

Nhột 腍*. Même sens que ci-dessus. A. V. Chatouillement, agacement, démangeaison, titillation.

Làm cho nhột 濫 朱 ○, chatouiller.

---

(1) Se transcrit aussi par le car. 汫.

— *Chọc léch chỗ nhột* 祝 癋 垈 ○, chatouiller l'endroit sensible, gratter où cela démange; au fig., agir à propos. — *Nhột ý* ○ 意, indisposer, contrarier, agacer. — *Nhột nhát* ○ 憂, sensible au toucher. — *Hay biết nhột* 哈 別 ○, qui craint beaucoup les chatouilles.

Nhốt 訥 (1). Faire entrer par persuasion. (Du S. A. *nột*, même car., parler bas et avec douceur.)

Nhốt vào ○ 𢯰, introduire, incarcérer. — *Nhốt lại* ○ 吏, faire entrer, renfermer, parquer. — *Nhốt vố lồng* ○ 無 檋, mettre en cage.

Nhớt 濃. Visqueux, gluant, collant. (Formé des S. A. *thủy* 水, eau, et *giát* 憂, simple.)

Nhớt nhao ○ 泑, mucus (poisson). — *Nhớt lưng* ○ 腰, avoir les reins collés; fainéant, paresseux. — *Nói nhớt miệng* 吶 ○ 皿, ne plus vouloir parler. — *Sợ làm nhớt tay* 怍 濫 ○ 搤, craindre de se fouler le poignet. — *Nhớt đàng* ○ 唐, la boue des chemins.

Nhu 柔*. Mou, élastique, flexible; au fig., qui plie ou cède facilement.

Nhu nhược ○ 弱, doux, faible, tendre. — *Nhu mĩ* ○ 美, modeste, humble, souple, soumis. — *Nhu mị* ○ 媚, délicat, gracieux, charmant. — *Nhu thuận* ○ 順, accommodant, obligeant, qui cède facilement, qui offre peu de résistance.

Nhu 儒*. Lettré, savant, philosophe; lettres, littérature, philosophie. Voir *nho*.

Danh nhu 名 ○, nom célèbre dans les lettres; docteur. — *Đại nhu* 大 ○, grand littérateur, savant distingué. — *Nhu sĩ* ○ 士, lettré, étudiant. — *Nhu sinh* ○ 生, id. — *Đạo nhu* 道 ○, secte des lettrés, religion de Confucius. — *Nhu giáo* ○ 教, disciple de cette religion. — *Chữ nhu* 字 ○, caractères littéraires, caractères sino-annamites. — *Học chữ nhu* 學 字 ○, étudier ces caractères. — *Viết chữ nhu* 曰 字 ○, écrire ces caractères. — *Người nhà nhu* 侍 茹 ○, hommes de lettres. — *Nhu nhơn* ○ 人, titre honorifique de la femme d'un mandarin du 7e degré.

Nhụ 肉*. Légèreté, promptitude; vestiges, trace de pas. Car. radical.

Nhụ 孺*. Petit enfant qui tette encore sa mère; allaiter un enfant; jeune, tendre, délicat (se prend pour le suivant et réciproquement).

Nhụ tử ○ 子, un nourrisson.

Nhũ 乳*. Tendre, délicat, doux; lait, sein, mamelle; avertir.

Nhũ mẫu ○ 母, nourrice. — *Nhũ tử* ○ 子, nourrisson; allaiter, donner le sein. — *Nhũ đản* ○ 疸, cancer au sein. — *Nhũ bộ* ○ 哺, teter. — *Ngưu nhũ* 牛 ○, lait de vache (ou de bufflesse). — *Nhũ hương* ○ 香, encens, parfum. — *Nhũ bánh* ○ 酿, fromage. — *Thiên nhũ tinh* 天 ○ 星, voie lactée.

---

(1) Se transcrit aussi par le car. 囝.

Nhw 如*. Si, comme, semblable, ainsi, de même manière; pourvu que, dans le cas où.

Nhw thử ○ 此, de cette manière, comme ceci; ainsi de suite. — *Nhw thể* ○ 體, comme si. — *Chí nhw* 至○, quant à, pour ce qui est de. — *Thí nhw* 譬○, par exemple. — *Nhw có* 固○, s'il en est ainsi. — *Nhw không* ○ 空, s'il en était autrement. — *Nhw vậy* ○ 丕, de la sorte, de cette façon. — *Cũng nhw vậy* 拱○ 丕, également, pareillement. — *Bằng chẳng nhw vậy* 朋庄○丕, s'il n'en était pas ainsi. — *Chớ nhw* 渚 ○, pour ce qui est de. — *Nhw ý* ○ 意, selon la volonté, conformément au désir; sceptre, bâton de commandement. — *Nhw phu nhơn* ○ 夫 人, concubine; litt., comme l'épouse principale, comme la maîtresse de maison.

Nhw 洳*. Tremper doucement dans l'eau, humecter peu à peu.

Nhw 茹*. Plantes ou racines entrelacées; ensemble de choses qui se prêtent un mutuel appui; se rendre service, s'entr'aider.

Nhứ 汝*. Le nom d'un cours d'eau. A. V. Syllabe euphonique; appâter, amorcer. Voir *nhử*.

Nhu nhứ 柔○, mou, faible, indécis, irrésolu. — *Làm nhu nhứ* 濫柔○, agir mollement et sans conviction. — *Nhấp nhứ* 趴○, hésiter.

Nhứ 絮*. Grossiers fils de soie, soie de rebut.

Quá nhứ 過○, filandreux, verbeux.

Nhừ 焫. Feu trop vif; brûlant, cuisant; trop fort. (Formé des S. A. *hỏa* 火, feu, et *nhw* 如, comme.)

Chín nhừ 愴○, trop cuit. — *Thịt nhừ* 胜○, viande trop cuite. — *Nhừ tử* ○ 死, frapper avec excès, rouer de coups. — *Bị đánh nhừ tử* 被打○死, recevoir des coups à en mourir, être presque assommé.

Nhữ 汝*. Pron. pers., tu, toi, vous; nom de cours d'eau.

Nhữ tử ○ 子, votre enfant. — *Nhữ gia* ○ 家, ta maison, ta famille.

Nhử 汝. Amorcer, se servir d'un appât (piège, hameçon). Voir *nhứ*. (Pour le car. en S. A., voir ci-dessus.)

Nhử mồi ○ 枚, placer un appât. — *Nhử cá* ○ 魸, amorcer le poisson.

Nhựa 湉. Résine, gomme, gluten, glu, résidu. (Formé des S. A. *thủy* 水, eau, et *nhw* 茹, plante.)

Có nhựa 固○, résineux, gommeux, glutineux, gluant. — *Nhựa cây* ○ 核, gomme d'arbre. — *Nhựa thông* ○ 桶, gomme de sapin, térébenthine, résine siccative. — *Vàng nhựa* 鑽○, gomme-gutte. — *Nhựa thuốc* ○ 葉, résidu d'opium. — *Nhựa điếu* ○ 釣, résidu de la pipe. — *Nhựa nhì* ○ 貳, résidu qui a déjà été fumé deux fois. — *Hút nhựa* 嗯○, fumer du résidu d'opium, — *Nói nhựa* 吶○, avoir la langue épaisse, traîner ses paroles, parler gras.

Nhuẩn 膶. Ingrédient ou assaisonnement placé au milieu d'un gâteau, d'un pâté; au fig., savoureux, agréable. (Formé des S. A. *nhục* 月, viande, et *nhuẩn* 閏, en plus.)

Nhuẩn bánh ○ 䬳, la farce d'un pâté. — *Lời nói không nhuẩn* 唎 吶 空 ○, discours sans agrément.

Nhuận 閏*. En plus, qui dépasse; intercaler; barre transversale.

Năm nhuận 䄵 ○, année de treize mois. — *Tháng nhuận* 朒 ○, mois intercalaire.

Nhuẩn 潤*. Pluie qui pénètre; arroser, fertiliser, rendre gras, enrichir.

Nhuẩn vũ ○ 雨, détrempé par les pluies. — *Nhuẩn bút* ○ 筆, arroser le pinceau, c.-à-d. donner un pourboire à un copiste ou accorder une gratification à l'auteur d'une composition littéraire. — *Đượm nhuẩn* 淡 ○, humecter. — *Nhuẩn nhã* ○ 雅, très versé dans, qui a une grande expérience de. — *Học cho nhuẩn* 學 朱 ○, étudier pour bien se pénétrer (de science). — *Đức nhuẩn mình* 德 命, imprégné, c.-à-d. orné de toutes les vertus. — *Khí nhuẩn* 氣 ○, fraîcheur du temps, air humide.

Nhục 肉 et 月*. Chair, viande; pulpe des fruits; corporel, charnel. Car. radical.

Cốt nhục 骨 ○, les os et la chair; parents, frères du même sang. — *Sinh nhục* 生 ○, gras à point, bien en chair. — *Ngưu nhục* 牛 ○, viande de buffle (ou de bœuf). — *Nhục hảo* ○ 好, gras, dodu, de belle apparence, appétissant. — *Nhục hình* ○ 刑, briser la chair, mutiler le corps (supplice). — *Nhục nhãn* ○ 眼, yeux du corps, yeux charnels. — *Nhục quế* ○ 桂, cannelle. — *Táo nhục* 棗 ○, jujube. — *Cây nhục đậu khẩu* 核 ○ 荳 蔲, muscadier. — *Hột nhục đậu khẩu* 紇 ○ 荳 蔲, noix muscade.

Nhục 蓐*. Pousses, herbe, paille.

Nhục 縟*. Beau, gracieux, élégant.

Nhục 辱*. Blâmer, disgracier, déshonorer; insulter, se moquer; honte, opprobre, outrage, affront, déshonneur.

Sĩ nhục 耻 ○, ridiculiser, narguer, faire affront. — *Nhẫn nhục* 忍 ○, supporter patiemment un outrage. — *Bị nhục* 被 ○, essuyer une avanie, subir un affront.

Nhúc 辱. Syllabe complémentaire. (Pour le car. en S. A., voir ci-dessus.)

Nhúc nhích ○ 滴, bouger, remuer (vers). — *Lúc nhúc* 六 ○, s'agiter en grand nombre. — *Không nhúc nhích* 空 ○ 滴, ne pas broncher, demeurer impassible.

Nhức 癰(1). Douleur aiguë, lancinante; palpitations, élancements. (Formé des S. A. *nịch* 疒, maladie, et *chức* 職, dignité.)

---

(1) Se transcrit aussi par le car. 馘.

Nhức đầu ○ 頭, mal de tête, migraine. — *Nhức óc* ○ 腥, avoir la tête cassée (par le bruit). — *Nhức răng* ○ 酸, souffrir des dents.

Nhuệ 銳*. Arme blanche à tranchant ou à pointe; courage, vaillance, bravoure; perçant, mordant.

Nhuệ sư 師, un vaillant chef d'armée, un maître dans l'art de la guerre. — *Khẩu nhuệ* 口 ○, bouche mordante, mauvaise langue; tranchant, satirique, bavard, médisant. — *Dõng nhuệ* 勇 ○, fort, robuste, courageux. — *Mâu nhuệ* 矛 ○, lance pointue, pique acérée. — *Nhuệ mẫn* ○ 敏, ardent, vif, éveillé, perspicace.

Nhuế 芮*. Pousser, s'étendre (plantes); mousse menue; fin, délicat.

Nhuế 柄*. Profond, retiré, calme, paisible, tranquille.

Nhủi 煉. Qui prend facilement feu (ne s'emploie qu'en composition). (Formé des S. A. *hỏa* 火, feu, et *lôi* 耒, charrue.)

Bùi nhủi 裴 ○, amadou.

Nhủi 箒. Engin de pêche; tomber en avant; repousser, trébucher. (En S. A. bambou (espèce); se pron. *chủy*.)

Nhủi tép ○ 鰂, pêcher des crevettes. — *Té nhủi* 細 ○, tomber la tête en avant. — *Chạy nhủi* 趁 ○, se précipiter tête baissée. — *Đi nhủi lui* 移 ○ 躇, aller en se penchant en avant et en arrière, trébucher, tituber. — *Đâm nhủi đi* 拱 ○ 移, repousser violemment.

Nhuy 痿*. Paralysie, rhumatisme. Voir *oải*.

Nhụy 蕊 et 蕋*. Intérieur des plantes, pistil des fleurs; virginité.

Hoa nhụy đầu 花 ○ 頭, bouton de fleur. — *Khai nhụy* 開 ○, s'entr'ouvrir, s'épanouir. — *Nhụy hoa* ○ 花, vierge, jeune fille. — *Nhụy bánh* ○ 餅, la partie intérieure d'un gâteau, la farce d'un pâté. — *Thạch nhụy* 石 ○, lichen, mousse.

Nhuyễn 撋*. Tordre, entortiller, rouler, froisser, chiffonner, frotter.

Nhuyễn 軟*. Voiture suspendue; mou, tendre, élastique, flexible.

Nhuyễn nhẳng ○ 讓, mou, doux, pétri. — *Nhu nhuyễn* 柔 ○, souple, flexible. — *Nhuyễn nhược* ○ 弱, id. — *Lụa nhuyễn* 縷 ○, satin.

Nhum 枉*. Gouverner despotiquement; forcer, contraindre; tordu, contourné, recourbé.

Óc nhum 沃 ○, espèce de coquillage. — *Cái nhum* 丐 ○, le nom d'une localité de la Cochinchine.

Nhúm 焌. Disposer le bois, arranger le feu. (Formé des S. A. *hỏa* 火, feu, et *nhậm* 任, aider.)

Nhúm củi ○ 檜, rassembler des morceaux de bois à brûler, réunir ou rapprocher des tisons. — *Nhúm lửa* ○ 焰, faire le feu (rassembler le bois et l'allumer). — *Nhúm mà không cháy* ○ 麻 空 烟, le feu est préparé, mais il ne prend pas.

Nhúm 扗. Assembler, entasser. (Du S. A. *dăm*, même car., même signification.)

Nhúm lại ○ 吏, réunir, rassembler. — *Một nhúm* 沒 ○, un tas, une poignée, une pincée. — *Một nhúm muối* 沒 ○ 梅, une pincée de sel.

Nhún 閏. Se dandiner, se balancer; agiter dans tous les sens, remuer. (En S. A., intercaler; se pron. *nhuận*.)

Nhé nhún 呞 ○, contracter la bouche pour vomir des injures. — *Nhún môi* ○ 枚, agiter les lèvres. — *Nhún trè* ○ 遲, faire des contorsions, des grimaces. — *Nhún miệng* ○ 呫, faire la moue, faire la nique. — *Và đi và nhún* 吧 趁 吧 ○, balancer le corps en marchant, se dandiner.

Nhung 戎*. Armes, matériel des armées; troupes, gens de guerre; brave, vaillant, impétueux, cassant, autoritaire, brutal.

Nhung hàng ○ 行, troupes rangées en bataille. — *Nhung binh* ○ 兵, gens de guerre. — *Nhung công* ○ 功, mérite militaire, action d'éclat à la guerre. — *Tổng nhung* 總 ○, un chef d'armée. — *Nguơn nhung* 元 ○, général en chef. — *Ngũ nhung* 五 ○, les cinq espèces d'anciennes armes offensives des Annamites, savoir : *cung* 弓, l'arc; *thù* 殳, *mâu* 矛, *qua* 戈, et *kích* 戟, différentes sortes de lances.

Nhung 伐*. Peuplades nomades, tribus indépendantes.

Nhung dịch ○ 狄, Chinois occidentaux.

Nhung 茙*. Ramure, feuillée; épais, abondant; nom générique des malvacées.

Nhung 茸*. Plantes qui poussent; croître, pousser; se dit des cornes des jeunes cerfs.

Lộc nhung 鹿 ○, cornes tendres et velues des jeunes cerfs. — *Nhung phiến* ○ 片, raclures de ces cornes (employées en médecine).

Nhung 絨*. Espèce de soie très fine; velours, duvet.

Hỏa nhung 火 ○, amadou. — *Coi như nhung* 䰟 如 ○, qui a l'apparence du velours. — *Đại nhung* 大 ○, velours de soie. — *Hương nhung hoa* 香 ○ 花, espèce de centaurée. — *Hoa cẩm nhung* 花 錦 ○, œillet.

Nhúng 泧. Immerger, imprégner, imbiber, plonger dans; au fig., se mêler de, toucher à. (Formé des S. A. *thủy* 水, eau, et *nhung* 戎, armes.)

Nhúng nước ○ 渚, tremper dans l'eau. — *Nhúng tay vào nước* ○ 搊 氾 渚, mettre les mains dans l'eau. — *Nhúng trứng* ○ 蜻, plonger un œuf dans l'eau (pour l'éprouver). — *Nhúng miệng vào* ○ 呫 氾, se mêler d'une querelle, d'une discussion. — *Nhúng tay vào* ○ 搊 氾, toucher à une affaire (qui ne vous regarde pas).

Nhũng * 冗. Errer de côté et d'autre sans se fixer nulle part; troublé, confus, honteux.

Làm nhũng 濫 ○, couvrir de honte, faire affront. — *Không biết nhũng* 空 別 ○, ne pas avoir honte, avoir perdu toute pudeur. — *Bị nhũng* 被 ○, subir un affront, être offensé. — *Những mặt* ○ 未面, baisser pudiquement (ou honteusement) les yeux. — *Những viên* ○ 員, mandarin sans place, officier en disponibilité.

Nhưng 仍*. En suivant, selon, de même que, parce que; faire comme par le passé, continuer; donner du répit, différer, dispenser.

Nhưng mà ○ 麻, cependant, toutefois, mais, néanmoins. — *Nhưng vậy* ○ 丕, mais, pourtant, les choses étant ainsi. — *Nhưng cựu* ○ 舊, comme avant, selon la coutume. — *Nhưng hệ* ○ 係, il en est toujours de même, cela n'a pas changé. — *Nhưng việc* ○ 役, cesser un travail, différer une affaire. — *Nhưng cho* ○ 朱, accorder une exemption. — *Nhưng thuế* ○ 稅, exempter de l'impôt. — *Nhưng hầu* ○ 候, dispenser d'assister un supérieur. — *Nhưng nợ* ○ 女, surseoir au règlement d'une dette. — *Ở không ở nhưng* 於空於 ○, demeurer oisif, ne rien faire du tout. — *Phải nhưng* 沛 ○, c'est fort bien, cela suffit.

Những 仍. Plusieurs, pendant que; marque du pluriel; seulement. (Pour le car. en S. A., voir ci-dessus.)

Những người anh thấy ○ 得嬰筧, les gens que vous voyez. — *Những kẻ đã nói* ○ 几㐌呐, ceux qui ont parlé. — *Những ai* ○ 埃, quiconque, tous ceux qui. — *Chẳng những là* 庒 ○ 囉, non seulement c'est. — *Những còn làm* ○ 群濫, durant l'action. — *Những còn nhỏ* ○ 群𡐧, pendant qu'on est jeune.

Nhưng 仍. Pareillement, sans grand changement, à peu près semblable, à égalité. (Pour le car. en S. A., voir ci-dessus.)

Những nhưng ○ 仍, comme toujours, sans changement notable; tenir peu compte de. — *Nước nhưng lớn* 渃 ○ 吝, marée à peu près étale. — *Bệnh nhưng* 病 ○, maladie qui ne s'aggrave pas (qui reste stationnaire ou qui décroît légèrement). — *Những nhớ* ○ 汝, qui pense sans cesse à quelqu'un, qui ne fait que se souvenir de quelqu'un.

Nhuốc 辱. Honte, confusion, opprobre, ridicule. (Du S. A. *nhục*, même car., même signification.)

Nhuốc hổ ○ 虎, rougir de honte, être plein de confusion. — *Nó làm nhuốc tôi* 奴濫 ○ 碎, il m'a rendu ridicule, il m'a couvert de honte. — *Nhuốc nha* ○ 牙, éprouver de la honte. — *Không biết xấu nhuốc* 空別丑 ○, effronté, impudent. — *Xấu nhuốc* 丑 ○, être ridiculisé. — *Nham nhuốc* 岩 ○, caractères mal formés, écriture défectueuse.

Nhược 若*. Cueillir ou choisir des plantes, des herbes, des fleurs; assortir, accorder; comme, si, mais, cependant, pour ce qui concerne.

Nhược như ○ 如, comme, puisque. — *Nhược bằng* ○ 朋, si. — *Tương nhược* 相 ○, semblables, identiques, qui peuvent s'assortir. — *Như nhược* 如 ○, supposé que ce soit semblable à. — *Thành nhược* 誠 ○, effectivement. — *Nhược viết* ○ 曰, il est écrit que. — *Tự nhược* 自 ○, de prime abord.

Nhược 弱*. Faible, débile, usé, épuisé; dépérissemtnp, altération.

Chí khí nhược 志氣 ○, faible d'esprit. — *Bệnh nhược* 病 ○, infirme, malade. — *Nhuyển nhược* 軟 ○, mou, sans forces. — *Liệt nhược* 劣 ○, épuisé par la maladie. — *Hư nhược* 虛 ○, usé, ruiné, perdu, fini. — *Làm nhược* 濫 ○, causer des ennuis, molester. — *Nhược quá thì thôi* ○ 過時雀, que d'ennuis! en voilà assez!

Nhượi 代. Triste, abattu, découragé; durer longtemps (ne s'emploie guère qu'en composition et peut se prendre pour le suivant). (En S. A., siècle, vie; se pron. *đại*.)

Mưa nhượi nhượi 霄 ○ ○, pluie qui continue, qui dure longtemps.

Nhưới 呐. Se moquer, ridiculiser (ne s'emploie qu'en composition). (Formé des S. A. *khẩu* 口, bouche, et *giái* 戒, garder.)

Nói nhưới 呐 ○, tourner en dérision. — *Ướt nhưới* 汔 ○, mouillé, trempé. — *Khóc nhưới* 哭 ○, verser d'abondantes larmes.

Nhuộm 染. Teindre, colorier, imbiber. (Du S. A. *nhiễm*, même car., même signification.)

Nước nhuộm 潜 ○, teinture. — *Nhuộm đen* ○ 顛, teindre en noir. — *Nhuộm xanh* ○ 檸, teindre en bleu, en vert. — *Thợ nhuộm* 署 ○, teinturier. — *Nghề thợ nhuộm* 藝 署 ○, le métier de teinturier. — *Nhà nhuộm* 茄 ○, teinturerie.

Nhuốm 染. Prendre, contracter. (Du S. A. *nhiễm*, même car., même signification.)

Nhuốm bệnh ○ 病, prendre un mal contagieux. — *Lây nhuốm* 祂 ○, contracter (une maladie). — *Nước mắt nhuốm sồi* 潜 相 ○ 潘, larmes abondantes.

Nhương 攘*. Attirer avec la main, prendre, s'approprier; retenir indûment, maintenir de force; pousser devant soi, chasser.

Nhương dương ○ 羊, voler une chèvre. — *Nhương đoạt* ○ 奪, s'emparer de force, enlever d'autorité. — *Nhiễu nhương* 擾 ○, confusion, désordre, anarchie; brouiller, désorganiser.

Nhương 禳*. Sacrifice propitiatoire; prier pour éloigner les maladies, rompre les mauvais sorts, détourner les calamités.

Nhương tai ○ 災, conjurer des malheurs, éviter une calamité. — *Nhương sao* ○ 星, demander un changement d'étoile (pratiques superstitieuses).

Nhương 壤*. Terre grasse et molle, sol riche et bien cultivé; sol, pays.

Khung nhương 穹 ○, ciel et terre. — *Hoàng nhương* 黃 ○, argile jaune. — *Tam nhương* 三 ○, les trois catégories de terres (impôt foncier).

Nhượng 釀*. Faire fermenter des boissons; distillation.

Nhượng 讓*. Céder ses droits par

respect ou déférence, donner gracieusement sa place à un autre, s'effacer devant quelqu'un.

Khiêm nhượng 謙 ○, humble, modeste. — *Nhượng nhau* ○ 饒, se céder mutuellement. — *Nhượng ngôi* ○ 𩲡, céder le trône. — *Nhượng chỗ* ○ 㘴, donner sa place à quelqu'un. — *Nhượng lời* ○ 例, laisser parler les autres, céder son tour de parole. — *Nhượng cho* 朱, céder à, laisser pour; plier devant quelqu'un. — *Nhượng lại* ○ 吏, laisser, abandonner par respect ou déférence. *Từ nhượng* 辭 ○, affable, avenant; politesse, urbanité. — *Nhượng giao* ○ 交, faire cession volontaire et gracieuse.

Nhưởng 漲 (1). Étendre, tirer, étirer (avec effort); allonger, raccourcir (les membres); élever, soulever. (En S. A., se répandre; se pron. *trương*.)

Nhưởng cổ ○ 古, allonger le cou. — *Nhưởng con mắt ra* ○ 昆相囉, tourner les yeux vers. — *Nhưởng vai lên* ○ 鬲遷, lever les épaules, soulever au moyen des épaules.

Nhường 讓 *. Céder ses droits, faire cession, donner sa place, s'effacer. Voir *nhượng*.

Nhường 壤 *. Sol, terre. V. *nhượng*.

Nhuột 梲. Frêle, tendre, délicat (ne s'emploie qu'en composition). (En S. A., amasser; se pron. *chuyết*.)

Mềm nhuột 饅 ○, mou, flasque,

sans résistance. — *Dịu nhuột* 妙 ○, très tendre, très flexible.

Nhút 葵. Nom de plantes; syllabe euphonique. (Formé des S. A. *thảo* 艸, plante, et *đột* 突, subitement.)

Rau nhút 蔞 ○, neptunia oleraca. — *Làm nhút* 濫 ○, préparer un ragoût. — *Nhút nhát* ○ 憂, peureux, timide, poltron.

Nhựt 日 *. Soleil, clarté; le jour; journalier, quotidien. Car. radical. Voir *nhất*.

Nhựt nguyệt ○ 月, le soleil et la lune. — *Nhựt thực* ○ 蝕, éclipse de soleil. — *Ngày chúa nhựt* 日主 ○, le jour du seigneur, le dimanche. — *Nhựt bổn* ○ 本, soleil intégral, soleil levant, Japon. — *Áo nhựt bình* 襖 ○ 平, espèce d'étole de cérémonie, avec des fleurs brodées, dont se servent les bonzes. — *Nhựt trình* ○ 呈, journal; litt., compte rendu journalier. — *Việc canh nhựt* 役 更 ○, garde, faction (de nuit et de jour). — *Lính nhựt* 另 ○, factionnaire de jour. — *Nhựt cửa* ○ 閣, garder une porte, faire faction à une porte. — *Nhựt quì hoa* ○ 葵花, héliotrope.

Nhứt 一 et 弌 *. Le nombre un (formes simples); un, unique, qui n'est pas divisé. Car. radical.

Nhứt 壹 *. Le nombre un (forme compliquée); le premier, premièrement; pur, parfait. Voir *nhất*.

Ngày thứ nhứt 時次 ○, le premier jour. — *Người thứ nhứt* 得次

---

(1) Se transcrit aussi par le car. 攘.

o, le premier homme. — *Hạng nhứt* 項o, première classe. — *Nhứt tâm* o 心, unanimité de sentiments. — *Nhứt niên* o 年, un an, une année. — *Nhứt là* o 羅, principalement, surtout, avant tout, d'abord.

Nhựt 馹*. Courrier à cheval, estafette; relai de poste.

Ni 尼*. S'approcher, s'accorder; suivre de près; établi, déterminé. A. V. Ce, ceci. Voir *nầy*.

    Trọng ni 仲o, nom d'enfance de Confucius. — *Ni sơn* o 山, une montagne dont le sommet ressemble au crâne de Confucius. — *Mâu ni* 侔o, l'un des petits noms du Bouddha. — *Người ni* 得o, cet homme. — *Con ni* 昆o, cet enfant. — *Đàng ni* 唐o, ce chemin. — *Nhà ni* 茹o, cette maison.

Ni 伲*. Prêtresse de Bouddha, bonzesse; nom d'arbre; mesure.

    Ni cô o 姑, religieuse bouddhiste. — *Ni tăng* o 僧, bonzes et bonzesses.

Ni 怩*. Avoir honte, être confus.

Nì 詻*. Interjection pour appeler, pour attirer l'attention; là, voici.

Nĩ 絸. Drap, laine. (Formé des S. A., *mịch* 糸, filament, et *ni* 尼, s'accorder.)

    Mặc đồ nĩ 默圖o, s'habiller de drap. — *Hàng nĩ* 行o, draperies, étoffes de drap. — *Một cái áo nĩ* 沒丐襖o, un habit en drap.

Nỉ 呢*. Parler bas, chuchoter, murmurer à l'oreille de quelqu'un.

Nầy nỉ 奈o, supplier humblement, solliciter. — *Năn nỉ* 難o, se plaindre, se lamenter, geindre. — *Nó hay năn nỉ* 奴哈難o, il se plaint constamment. — *Nỉ nam* o 喃, gazouillement, ramage, bavardage incessant. — *Nỉ non* o 嫩, ton plaintif, doux murmure.

Nia 筤. Van, tamis, panier plat sur lequel on étale de menues marchandises. Voir *nong* et *rây*. (Formé des S. A. *trước* 竹, bambou, et *ni* 尼, s'accorder.)

Nia 鈮. Fourchette; peigne pour retenir le chignon. (Formé des S. A. *kim* 金, métal, et *ni* 尼, s'accorder.)

    Nia ăn o 咹, fourchette de table. — *Trâm nia* 簪o, épingle à cheveux.

Nich 搦*. Saisir, comprimer, serrer fort, tenir ferme.

Nịch 溺*. Immerger, noyer; enfoncé dans le vice, plongé dans la débauche.

    Nịch thủy o 水, s'enfoncer dans l'eau, se noyer. — *Chết trầm nịch* 折沈o, périr dans l'eau (volontairement). — *Di nịch* 遺o, incontinence d'urine. — *Nịch tửu* o 酒, adonné au vin, livré à la boisson. — *Nịch sắc* o 色, passionné pour les femmes.

Nịch 疒*. Maladie, infirmité, défaut, vice, tare, blessure. Voir *tật*. Car. radical.

Nịch 搦. Avaler gloutonnement;

frapper violemment. (Formé des S. A. *khẩu* 口, bouche, et *nịch* 溺, noyer.)

Ăn nich 咳 ○, manger avec voracité. — *Nich no cành hông* ○ 飯 鯨 胸, se gorger, se gaver, s'empiffrer. — *Nich quách* ○ 郭, avaler d'un seul coup, boire d'un trait. — *Nich đòn* ○ 杭, frapper brutalement.

Niêm 粘 *, Matières gluantes, substances gélatineuses; pâte ou colle pour affiches; afficher, publier; cacheter, fermer.

Niêm mễ ○ 米, riz gluant. — *Niêm phong* ○ 封, cacheter, sceller; apposer les scellés. — *Con niêm* 昆 ○, timbre, cachet (poste). — *Niêm thơ* ○ 書, cacheter une lettre. — *Niêm luật* ○ 律, les règles de la poésie.

Niêm 拈 *. Prendre avec les doigts, tirer au hasard (pour les sorts).

Niệm 念 *. Penser, prévoir, considérer, réfléchir, méditer, invoquer; réciter ou lire tout doucement.

Niệm lằm dằm ○ 林淫, murmurer, marmotter. — *Niệm phật* ○ 佛, invoquer Bouddha, répéter son nom. — *Đầu niệm* 頭 ○, pensée directrice. — *Niệm kinh* ○ 經, psalmodier des prières. — *Niệm châu* ○ 珠, chapelet. — *Chủ niệm* 注 ○, réfléchir attentivement à, tourner son attention vers. — *Niệm tư* ○ 茲, considérer une chose en particulier.

Niệm 念 *. Pensée, réflexion, attention; devoir; office, charge.

Phải niệm 沛 ○, ce qu'il faut penser, ce qu'il faut faire, le devoir. — *Giữ niệm* 佇 ○, ce à quoi on veille; devoir, charge. — *Niệm bằng hữu* ○ 朋友, ce que l'on se doit entre amis. — *Niệm phu thê* ○ 夫妻, rapports conjugaux. — *Niệm tôi chúa* ○ 碎主, devoirs entre roi et sujet. — *Lỗi niệm* 磊 ○, manquer aux devoirs de sa position, de sa charge; forfaire à l'honneur.

Niệm 淰 *. Eau sale, liquide trouble; boueux, fangeux.

Niệm 捻 *. Prendre en serrant avec les doigts; poignée, pincée.

Niên 年 *. Année, âge. Voir *năm* et *tuổi*.

Minh niên 明 ○, l'année prochaine. — *Khứ niên* 去 ○, l'année dernière. — *Tiểu niên* 小 ○, jeune. — *Lão niên* 老 ○, vieux. — *Niên tiểu tài cao* ○ 小才高, jeune mais capable. — *Thiên niên* 千 ○, mille années, éternellement. — *Lục thập niên* 六十 ○, soixante ans. — *Niên canh* ○ 庚, année cyclique, âge des gens.

Niền 絆. Cercle, anneau, cerceau. (Formé des S. A. *mịch* 糸, lien, et *niên* 年, année.)

Niền lại ○ 吏, entourer d'un cercle. — *Đóng niền* 揀 ○, enfoncer un cercle. — *Niền thùng* ○ 桶, cercle de barrique. — *Niền sắt* ○ 鉄, cercle en fer. — *Niền khăn* ○ 巾, rond de serviette.

Niểng 寧. Penché de côté, oblique, un peu incliné. Voir *nghiêng* et *xiên*. (En S. A., paix, repos; se pron. *ninh*.)

Niềng mình ○ 命, se pencher. — *Niềng đầu* ○ 頭, pencher la tête (de côté). — *Ngó niềng* 眸○, regarder obliquement.

Niếp 捻*. Tenir serré dans la main, presser, comprimer. Voir *niềm*.

Niếp 納. Faire entrer, insérer dans. (Du S. A. *nạp*, même car., même signification.)

Niếp vào ○ 包, placer dedans, faire pénétrer. — *Núng niếp* ○, déprimer, déformer (en pressant pour faire entrer).

Niệt 緄. Lien qu'on met au cou des bêtes de somme; licou, collier. (Formé des S. A. *mịch* 糸, lien, et *niệt* 浬, eau trouble.)

Niệt trâu ○ 犗, licou de buffle. — *Niệt quách nó lại* ○ 郭奴吏, attachez-le solidement.

Niết 捏 et 揑*. Presser avec la main; mouler, pétrir; faire adroitement.

Niết 窒*. Combler, obstruer; boucher un trou.

Niết 涅 et 浧*. Eau noire, sale, trouble; dépôt vaseux; noircir, salir; germe, embryon. Voir *nát*.

Niết 臬. Placé haut, bien en évidence; poteau, cible; loi, règle; désignatif de fonction.

Niết đài ○ 臺, titre servant quelquefois à désigner le chef des services administratifs et financiers d'une province (dont le titre officiel est *quan bố* 官布). — *Niết ti* ○ 司, les bureaux de ce haut fonctionnaire.

Niêu 垗. Petite marmite en terre à cuire le riz. (Formé du S. A. *thổ* 土, terre, et de l'A. V. *nào* 垗, quel.)

Niêu một ○ 沒, une toute petite marmite. — *Niêu rưởi* ○ 祂, autre espèce encore plus petite.

Niệu 嫋 et 儴*. Grand, mince, flexible, délicat; taille fine, élancée; onduler, vibrer; se dandiner.

Niêu 褭 et 裊* Sangle. Voir *nịt*.

Niêu 梟*. Un oiseau qui, d'après les croyances populaires, mangeait sa mère; au fig., impie, ingrat.

Nín 唴. Se tenir tranquille; se taire; se dissimuler, s'esquiver. (Formé des S. A *khẩu* 口, bouche, et *nản* 報, rougir, avoir honte.)

Nín lặng ○ 朗, demeurer calme et tranquille. — *Nín hơi* ○ 唏, retenir sa respiration. — *Nín nang* ○ 襄, faire silence. — *Nín đi* ○ 移, silence! qu'on se taise! — *Mầy nín đi* 眉○移, tais-toi! — *Mầy có nín hhông* 眉固○空, te tairas-tu? vas-tu faire silence? — *Nín bặt* ○ 拔, garder le plus profond silence. — *Nín lại* ○ 吏, ne pas parler, se dissimuler, rester à l'écart. — *Khéo nín* 窖○, habile dans l'art de se taire à propos. — *Hay nín* 哈○, silencieux, peu parleur.

Ninh 寧 et 寧*. Paix, quiétude,

calme, tranquillité; aimer mieux, préférer, plutôt que.

An ninh 安 ○, grand repos, calme absolu. — *Khang ninh* 康 ○, quiétude complète, tranquillité; agréable, délicieux. — *Đinh ninh* 丁 ○, donner des instructions, faire des recommandations. — *Tây ninh* 西 ○, ouest pacifié; le nom d'un arrondissement en Cochinchine. — *Ninh bình* ○ 平, paix et tranquillité; le nom d'une province du Tonkin. — *Hải ninh* 海 ○, calme de la mer; le nom d'une province du Tonkin. — *Bắc ninh* 北 ○, tranquillité du nord; le nom d'une province du Tonkin. — *Bất ninh* 不 ○, plutôt que. — *Ninh nguyện* ○ 願, il serait préférable de.

Ninh 嚀 *. Faire de pressantes recommandations, enjoindre.

Ninh 擰 *. Mettre quelque chose en mouvement; jeter le trouble dans; tourner une manivelle.

Ninh 獰 et 獰 *. Animaux velus; air méchant, aspect cruel, féroce. Voir *nanh*.

Ninh 譍 et 佞 *. Flatteur, artificieux, rusé, subtil, retors; avoir du talent, s'exprimer avec éloquence. Voir *nạnh*.

Ninh tà ○ 邪, caresser, câliner. — *Ninh thần* ○ 臣, courtisan mal intentionné, sujet infidèle. — *Làm nịnh* ○, agir avec une complaisance intéressée. — *Ở nịnh* 於 ○, infidèle, déloyal. — *Gian nịnh* 奸 ○, adulateur, faux bonhomme. — *Mặt nịnh*

麵 ○, visage de mensonge, masque d'hypocrisie.

Ninh 頴 *. Éclat du feu; lumière, clarté; rayon, gloire, célébrité.

Ninh 濘 *. Sale, boueux, glissant.

Níp 笈 *. Panier, corbeille à livres.

Nịt 綎. Pagne, langouti, ceinture; attacher, nouer, sangler, ceindre. (Formé des S. A. *mịch* 糸, lien, attache, et *niết* 呈, combler.)

Đóng nịt 揀 ○, mettre un langouti, enrouler un pagne. — *Nịt lưng* ○ 腰, se ceindre les reins, se serrer la ceinture. — *Nịt gươm* ○ 劍, ceindre un glaive.

Nít 涅. Syllabe complémentaire. (En S. A., eau trouble; germe, embryon; se pron. *niết*.)

Con nít 昆 ○, petit enfant. — *Con nít nầy* 昆 ○ 尼, cet enfant.

Nịu 呶. Flatter, caresser, amuser. (Formé du S. A. *khẩu* 口, bouche, et de l'A. V. *nào* 吶, quel.)

Nặng nịu 能 ○, cajoler, caresser, dorloter (petit enfant).

Níu 掞. Attirer à soi, tenir ferme. (Formé du S. A. *thủ* 手, main, et de l'A. V. *nào* 吶, quel.)

Níu lại ○ 吏, tenir ferme, maintenir. — *Níu lấy* ○ 祂, attraper et maintenir fortement. — *Níu xuống* ○ 尰, tirer en bas, faire descendre en tirant. — *Níu đầu* ○ 頭, se prendre

6.

violemment aux cheveux, se crêper le chignon. — *Níu đầu nó đi* ○ 頭奴 拸, attrape-le donc par la tête! — *Níng níu* 農 ○, abuser des bonnes dispositions de quelqu'un. — *Mắc nợ níu tôi* 繢女○碎, je suis tenu par mes créanciers.

No 飰. Repu, rassasié, à satiété. (Formé des S. A. *thực* 食, nourriture, et *nô* 奴, esclave.)

Ăn no 唆○, se repaître, manger à sa faim. — *No đủ* ○ 賭, avoir mangé suffisamment. — *No bụng* ○ 胇, avoir le ventre plein. — *No miệng* ○ 呬, la bouche n'en veut plus. — *No say* ○ 醛, qui a ingurgité trop de boisson, qui n'en peut plus, soûl à crever. — *Đã no con mắt* 㐌○ 昆相, avoir assez vu, être rassasié d'un spectacle. — *No ấm* ○ 蔭, avoir le nécessaire. — *No lòng phỉ chí* ○ 悉 匪志, le cœur débordant de satisfaction. — *No quờn nhàm thế* ○ 權 嚫勢, dégoûté des dignités et des honneurs. — *No mọi nơi* ○ 每尼, avoir pleine satisfaction sur tous les points, avoir assez de tout. — *Ăn no lo được* 唆○ 慮特, le ventre plein dispose à l'action. — *Ngủ no* 眒○, avoir assez dormi. — *Tháng no* 腑 ○, mois complet. — *Năm no* 䄵○, année révolue. — *Ruộng no nước* 㽫 ○ 渃, l'eau surabonde dans les rizières. — *Cái no* 丐○, mesure de longueur. — *No nào* ○ 芇, plût au ciel que...!

Nọ 奴. Ceci, cela, celui-ci, celui-là (vague, général et par opposition à l'autre, cet autre). (Du S. A. *nô*, même car., esclave, homme vil.)

Người nọ 䙃○, lui, cet homme. — *Ngày nọ* 時○, l'autre jour, un certain jour. — *Việc kia việc nọ* 役 筭役○, affaires par ci, affaires par là, un tas d'affaires. — *Sự kia sự nọ* 事筭事○, ceci, cela. — *Cái kia cái nọ* 丐筭丐○, id. — *Nói kia nọ* 吶筭○, parler de choses et d'autres. — *Đàng nọ ăn* 唐○陔, c'est l'autre côté qui a gagné. — *Nọ là* ○羅, c'est lui, c'est là, voilà.

Nó 奴, Lui, il, elle (en parlant des enfants, des domestiques, et des gens d'infime ou basse condition). (Du S. A. *nó*, même car., esclave, serf, homme vil.)

Chúng nó 衆○, eux, ces gens-là. — *Biểu nó ở lại* 表○於吏, dites-lui de rester. — *Nó muốn giống gì* ○ 悶種之, que veut-il? — *Đừng đánh nó* 停打○, ne le frappez pas. — *Nó đi đâu* ○ 拸兜, où est-il allé? — *Nó đi chợ* ○ 拸幣, il est allé au marché. — *Cho nó* 朱○, pour lui, à lui; donnez-le-lui. — *Tại nó* 在○, c'est par sa faute, c'est de son fait. — *Mặc nó* 默○, à sa volonté, qu'il fasse comme il l'entendra.

Nò 筊*. Nasse à poisson, cage d'oiseau, différents ouvrages en bambou pour prendre des animaux.

Nỗ 努*. Faire de grands efforts, développer toute sa vigueur.

Nỗ lực ○ 力, déployer sa force, montrer sa vigueur. — *Đóng nỗ* 摁 ○, enfoncer quelque chose d'un effort vigoureux, comme planter un pieu, par exemple.

Nỏ 呶. Bruit de voix, timbre clair. (Du S. A. *nao*, même car., même signification.)

Nỏ tiếng ○嘈, voix retentissante; vociférations, cris, criailleries. — *Nỏ giọng* ○嚨, timbre haut, voix de tête, voix de fausset.

Nỏ 奴*. Serf, esclave, homme de basse condition; nom que donnent les Chinois aux Tartares et aux Mongols.

Gia nô 家○, serviteur, domestique, esclave. — *Nô bộc* ○僕, id. — *Nô tì* ○婢, une femme esclave. — *Hung nô* 兇○, Tartare, Mongol. — *Niệm nô* 念○, un vil courtisan. — *Làm nô hung* 濫○兇, méchamment, brutalement. — *Cái nô chó* 丐○狂, espèce de sale chien! (injure).

Nỏ 孥*. Enfants d'une même famille, descendants. Voir *nua*.

Nỏ 呶*. Pousser des cris. Voir *nao*.

Nỏ 怒*. Colère, fureur; s'irriter, s'emporter, s'enflammer; pousser des cris pour effrayer les gens.

Phát nộ 發○, se mettre en colère, exhaler sa colère. — *Nộ sắc* ○色, enflammé de colère, rouge de colère. — *Nộ tâm* ○心, cœur irrité, âme en courroux. — *Nộ khí* ○氣, fureur, fougue, énergie. — *Nộ tánh* ○性, caractère irascible, naturel violent. — *Thạnh nộ* 盛○, paroxysme de colère, belle indignation, grande irritation. — *Làm nộ nạt* 濫○喝, tempêter contre, terrifier. — *Ai sợ mà nộ* 埃怍麻○, inutile de vous mettre en colère, qui vous craint? — *Nạt nộ* 喝○, terroriser. — *Lấy nộ* 礼○, feindre la colère (pour en imposer).

Nỏ 絮*. Étoupe, filasse; étouper. A. V. Qui a rapport, qui concerne. Voir *ngữ*. Terme numéral pour les travaux, les affaires, les entreprises.

Nỏ nợ ○女, relativement à la dette. — *Một nỏ* 沒○, une entreprise, une affaire. — *Nhiều nỏ* 饒○, plusieurs travaux.

Nỏ 弩*. Arc, arbalète, arquebuse à flèches. A. V. Bruit d'une chose qui se rompt ou qui éclate, faire explosion, éclater, détoner, crépiter, pétiller.

Thượng nỏ 上○, bander un arc, tendre l'arbalète. — *Nỏ pháo* ○砲, bruit de pétards, éclat de pièces d'artifice. — *Súng nỏ* 銃○, coup de fusil, de canon. — *Tre nỏ* 柳○, bambou qui éclate. — *Tiếng nỏ* ○嘈, détonation, bruit d'explosion. — *Hay nỏ* 哈○, explosible, pétillant. — *Sự nỏ ra* 事○囉, explosion. — *Đạn hay nỏ ra* 彈哈○囉, balle explosible. — *Hột nỏ* 紇○, capsule, amorce. — *Gắn hột nỏ* 哏紇○, amorcer. — *Nỏ lốp bốp* ○拉哱, détonations successives; crépiter, pétiller. — *Nỏ tròng* ○瞳, qui a la pupille de l'œil déchirée.

No 挪. Syllabe complémentaire. (Du S. A. *na*, même car., rouler.)

Đi mu no 逸栩○, marcher d'un pas lourd. — *No bụng* ○膹, gros ventre.

Nợ 女. Dette; devoirs réciproques. (En S. A., femme, féminin; se pron. *nữ*.)

Mắc nợ 縛 ○, être endetté, avoir des dettes. — *Thiếu nợ* 少 ○, id. — *Đòi nợ* 隊 ○, réclamer une dette, exiger le payement d'une dette. — *Trả nợ* 呂 ○, payer une dette. — *Tha nợ* 赦 ○, remettre une dette. — *Doan nợ* 綠 ○, devoirs conjugaux. — *Chối nợ* 唑 ○, nier une dette. — *Lãnh nợ* 領 ○, se porter caution pour une dette, garantir une créance. — *Chịu nợ* 召 ○, reconnaître une dette. — *Mắc nợ tứ phía* 縛 ○ 四 費, devoir de tous côtés, être empêtré dans les dettes. — *Trốn nợ* 遁 ○, fuir une dette, se cacher pour échapper aux créanciers. — *Kiện nợ* 件 ○, faire un procès pour réclamer une dette. — *Đặt nợ* 達 ○, prêter à usure.

Nớ 女. Pronom démonstratif: ce, cette (absent ou éloigné). Voir *ấy*. (Pour le car. en S. A., voir ci-dessus.)

Nỡ 芛. Permettre, laisser faire, laisser aller, tolérer. (Formé des S. A. *thảo* 艹, plante, et *nữ* 女, femme.)

Nỡ lòng nào ○ 悉 艿, comment se permettre de? — *Nỡ nào* ○ 艿, pourrait-on tolérer que? — *Chi nỡ* 之 ○, pourquoi laisser faire? — *Ai nỡ* 埃 ○, qui pourrait se permettre de? — *Há nỡ* 阿 ○, tolérerait-on? permettrait-on? ne laissez donc pas faire! — *Chẳng nỡ* 庄 ○, impatient. — *Chớ nỡ nặng lời* 渚 ○ 曩 夙, ne m'accablez pas de reproches.

Nở 芛. Éclore, s'épanouir, s'ouvrir, se développer, se dilater, s'élargir. (Pour le car. en S. A., voir ci-dessus.)

Nở ra ○ 囉, s'ouvrir. — *Hoa nở ra* 花 ○ 囉, les fleurs s'épanouissent. — *Sự nở ra* 事 ○ 囉, éclosion, épanouissement, dilatation. — *Nở đóa* ○ 朶, s'entr'ouvrir (fleur). — *Gà nở* 鷍 ○, les poussins sortent de l'œuf. — *Nở mặt* ○ 麪, s'épanouir, se glorifier, s'irradier (visage). — *Nở lòng* ○ 悉, ouvrir son cœur à la joie, se réjouir. — *Nở gan* ○ 肝, le foie s'épanouit, se dilate (joie).

Noa 挼 *. Frotter les mains l'une contre l'autre, rouler dans les mains, pétrir.

Noa 孥 *. Enfants d'une même famille; tout ce qui est jeune, faible, délicat. Voir *nô*.

Thê noa 妻 ○, une femme et ses enfants, toute la famille. — *Luy thê noa* 累 妻 ○, impliquer toute la famille dans une faute commise par le père (formule de jurisprudence).

Noãn 卵 *. Œuf, frai; testicules.

Nọc 毒. Venin, poison; dard, aiguillon (abeille, scorpion). (Du S. A. *độc*, même car., même signification.)

Nọc rắn ○ 蛇, venin du serpent. — *Nọc ong* ○ 蜂, dard d'abeille. — *Con ong đút nọc* 昆 蜂 挨 ○, l'abeille darde son aiguillon.

Nọc 樁 [1]. Pieu, piquet, perche,

---

[1] Se transcrit aussi par le car. 樳.

tuteur. (Formé des S. A. *mộc* 木, arbre, et *độc* 毒, cruel.)

 Đóng nọc 揀 ○, planter un pieu. — *Nọc giậu* ○ 樻, pieu de palissade. — *Cặp nài nọc* 笒奈 ○, pieux auxquels on attache le patient pour arracher des aveux par la torture. — *Bắt nọc nó lại* 抔 ○ 奴吏, qu'on l'attache aux pieux! (pour la torture). — *Nọc ghe lại* ○ 篝吏, amarrer une barque (au moyen d'une perche qu'on fiche dans la vase).

Nóc 蓐 [1]. Faîte, sommet; nom de poisson; syllabe complémentaire. (En S. A., paille, plante; se pron. *nhục*.)

 Nóc nhà ○ 茹, le faîte d'une maison. — *Nóc mùng* ○ 幪, les pièces de bois qui maintiennent une moustiquaire, un rideau. — *Cá nóc* 魣 ○, nom de poisson. — *Cá nóc nói* 魣 ○ 呐, autre nom de poisson.

Noi 跂. Qui fait suite, qui se tient, qui se lie. (Formé des S. A. *túc* 足, pied, et *thỏa* 妥, ferme, solide.)

 Noi theo ○ 陵, consécutif; suivre, imiter. — *Noi dấu* ○ 斜, suivre les traces. — *Noi chơn* ○ 蹎, id. — *Noi giữ* ○ 忤, conserver, ne pas se séparer de. — *Vịn noi* 援 ○, s'attacher aux pas de. — *Đòn noi* 柸 ○, passerelle mobile.

Nói 呐. Parler, s'exprimer, dire, raconter. (Du S. A. *nội*, même car., bégayer, bredouiller.)

 Nói chuyện ○ 傳, causer, s'entretenir, raconter des histoires. — *Nói choi* ○ 制, parler pour s'amuser, dire des riens. — *Nói bậy* ○ 呸, dire des bêtises, des absurdités, parler à tort et à travers. — *Nói láo* ○ 咾, mentir, raconter des mensonges. — *Nói dối* ○ 對, déguiser la vérité. — *Nói quấy* ○ 怪, dire des choses qui ne sont point permises, tenir des propos inconvenants; langage osé, indécent. — *Nói múa miệng* ○ 揆皿, jongler avec les mots, faire le beau parleur. — *Nói lẽ* ○ 理, parler raisonnablement. — *Nói thật* ○ 實, parler sincèrement, dire la vérité. — *Nói gượng* ○ 强, parler avec hauteur et suffisance. — *Nói miệng* ○ 皿, dire de vive voix. — *Nói nhỏ* ○ 駞, parler tout bas, dire à l'oreille. — *Nói lớn* ○ 客, s'exprimer à haute voix. — *Nói rõ* 燎, parler clairement, d'une façon compréhensible. — *Nói bóng* ○ 俸, parler par métaphores. — *Nói mạnh* ○ 孟, parler en maître, avec autorité; appuyer sur les mots en parlant. — *Nói cứng* ○ 亘, parler durement. — *Nói tiếng* ○ 嗒, parler une langue. — *Nói về* ○ 衛, parler de, faire allusion à. — *Nói đi* ○ 移, parlez, parlez donc. — *Nói lại* ○ 吏, répéter, redire. — *Nói hành* ○ 行, médire. — *Nói mách* ○ 覓, rapporter. — *Nói ra* ○ 囉, parler, s'exprimer. — *Lời nói* 唎 ○, parole, discours. — *Cách nói* 格 ○, manière de s'exprimer. — *Kẻ hay nói* 几 哈 ○, causeur, parleur, bavard. — *Đừng nói nữa* 停 ○ 女, ne parlez plus! plus un mot! en voilà assez! — *Không thèm nói* 空 嚤 ○, dédaigner de parler. — *Nói thừa* ○ 承, calomnier. — *Nói làm bậm* ○ 啉

---

[1] Se transcrit aussi par le car. 耨.

鑲, grommeler. — *Nói cà lăm* ○ 樮 林, bégayer.

Nòi 內. Race, lignée, genre, espèce. (Du S. A. *nội*, même car., intérieur.)

Nòi nặng ○ 㚂, réunion d'êtres ayant un caractère commun. — *Con nòi* 昆 ○, fils qui n'a pas dégénéré. — *Các thứ nòi gà* 各 次 ○ 鶏, toutes les races de volailles. — *Mát nòi* 秩 ○, genre disparu, race qui n'existe plus. — *Nòi ăn cướp* ○ 㕵 刼, race de pirates. — *Nòi ăn mày* ○ 㕵 眉, lignée de mendiants. — *Chính nòi* 正 ○, pure race, pur sang. — *Thật nòi* 實 ○, vraie race. — *Để làm nòi* 底 濫 ○, réserver pour perpétuer l'espèce, pour conserver la race.

Nới 按. Syllabe complémentaire. (En S. A., assouplir; se pron. *noa*.)

Cam khổ khúc nới 甘 若 曲 ○, beaucoup de misère, nombreuses vicissitudes.

Nôi 接. Corbeille de bambou ou de rotin, berceau d'osier. Voir *lam*. (Formé des S. A. *trước* 竹, bambou, et *noa* 按, assouplir.)

Nôi thơ ấu ○ 疎 幼, berceau d'enfant. — *Còn nằm nôi* 群 觙 ○, être encore au berceau. — *Chiếu nôi* 韶 ○, natte de berceau.

Nói 吶*. Balbutier, bégayer, bredouiller, parler lentement comme en cherchant ses mots.

Nội 內*. Intérieurement, dedans, partie interne; race, lignée, parenté paternelle.

Nội trung ○ 中, appartements particuliers du souverain, harem. — *Tam nội* 三 ○, les trois divisions des appartements intérieurs. — *Nội ngoại* ○ 外, dedans et dehors, intérieur et extérieur. — *Nội hoạn* ○ 宦, eunuque. — *Nội triều* ○ 朝, attaché à la cour. — *Nội viện* ○ 院, serviteurs du roi, ministres. — *Nội gia* ○ 家, intérieur de la maison, toute la famille. — *Họ nội* 戶 ○, la parenté du dedans, c.-à-d. la parenté paternelle. — *Ông nội* 翁 ○, grand-père paternel. — *Bà nội* 妃 ○, grand'mère paternelle. — *Nội huyện* ○ 縣, dans l'arrondissement. — *Nội phủ* ○ 府, dans la préfecture. — *Nội thành phố* ○ 城 舖, par toute la ville.

Nối 芮. Unir, joindre, succéder. (Du S. A. *nhuế*, même car., plantes qui s'étendent et se joignent.)

Nối hai đầu ○ 仁 頭, joindre les deux bouts. — *Nối dây* ○ 練, joindre des liens. — *Nối dòng* ○ 洞, joindre la lignée, propager la race. — *Nối nhau* 饒 ○, se succéder. — *Nối ngôi* ○ 嵬, succéder au trône. — *Sự nối nghiệp* 事 ○ 業, succession. — *Nối truyền ra* 傳 囉 ○, propager, répandre. — *Chắp nối* 執 ○, mettre une rallonge; se remarier.

Nối 枘. Marmite, chaudière. (Du S. A. *nhuế*, même car., profond, retiré.)

Nối đồng ○ 銅, marmite en cuivre. — *Nối đất* ○ 坦, marmite en terre. — *Nối rang* ○ 鄉, poêle à frire. — *Nối một* ○ 沒, marmite pour un. — *Nối nấu nước* ○ 糖 浩, chaudière. — *Nấu một nối cơm* 糖 沒 ○ 紺, faire cuire une marmite de riz.

Nỗi 餒*. Avoir très faim, être affamé; pauvre et dénué de tout.

Nỗi 按. Raison, cause, motif, circonstance, mode, façon, manière.

Nỗi nước ○ 渚, cause, motif. — *Mọi nỗi* 每 ○, de toutes les manières, en tous sens. — *Nỗi gì* ○ 之, pour quelle cause? pourquoi? — *Chẳng đến nỗi ấy* 庄 典 ○ 意, qui n'arrive pas jusque-là.

Nổi 浽*. Surnager, surmonter, monter, s'élever; léger, qui flotte sur l'eau; être capable de.

Nổi trên mặt nước ○ 連 靤 渚, qui flotte à la surface de l'eau. — *Trôi nổi* 漂 ○, flottant (se dit des corps de noyés qui flottent sur l'eau). — *Thùng nổi* 桶 ○, coffre, corps-mort (terme de marine). — *Trái nổi* 粳 ○, bouée, balise. — *Nổi lên* ○ 遷, monter, s'élever, se montrer. — *Nổi mận* ○ 樅, enfler, se soulever. — *Nổi giận* ○ 悴, bouillir de colère. — *Nổi trống* ○ 皷, faire monter le son du tam-tam, battre du tambour. — *Nổi mõ* ○ 楳, battre le bambou creux, la crécelle. — *Nổi dậy* ○ 跩, se soulever, s'insurger. — *Làm nổi* 濫 ○, pouvoir faire, être capable de, être en mesure de surmonter. — *Làm không nổi* 濫 空 ○, ne pas se sentir capable de, ne pas pouvoir surmonter. — *Chịu không nổi* 召 空 ○, c'est plus fort que moi, je n'en peux plus. — *Của nổi* 貼 ○, biens flottants, biens meubles.

Nơi 尼. Lieu, place, endroit, situation; à l'endroit de. Voir *tại*. (Du S. A. *ni*, même car., établi, fixé.)

Mọi nơi 每 ○, en tous lieux, à chaque endroit. — *Khắp nơi* 泣 ○, partout. — *Nơi nào* ○ 茆, où? à quel endroit? — *Nơi kia* ○ 箕, à cet endroit, là-bas. — *Nơi chơn* ○ 眞, au pied. — *Nơi đầu* ○ 頭, à la tête. — *Nơi chợ* ○ 腎, au marché. — *Cảnh nơi* 景 ○, endroit charmant, lieu de délices, séjour enchanteur.

Nới 乃. Lâcher, relâcher, concéder. (En S. A., se produire; se pron. *nải*.)

Nới ra ○ 囉, délier, défaire, relâcher. — *Nới bớt* ○ 抓, diminuer, céder un peu. — *Nới dây một chút* ○ 縬 沒 拙, donner un peu de mou (cordages). — *Nới giá* ○ 價, baisser le prix, diminuer de valeur.

Nom 窞. Regarder, examiner ou observer avec beaucoup d'attention. (En S. A., fosse, trou; se pron. *hăm*.)

Nom xem ○ 祜, regarder fixement. — *Nom theo* ○ 跷, suivre des yeux, poursuivre du regard. — *Nom dõi* 唯, observer attentivement.

Nôm 喃*. Bavarder, babiller, gazouiller. Voir *năm*. A. V. Caractères vulgaires ou nationaux (formés au moyen de clefs et de phonétiques chinoises).

Chữ nôm 字 ○, caractères usuels annamites. — *Viết chữ nôm* 曰 字 ○, écrire au moyen de ces caractères. — *Học chữ nôm* 學 字 ○, apprendre ces caractères.

Nộm 偣. Espèce de mannequin en papier ou en carton; le nom d'un assaisonnement. (Formé des S. A. *nhơn* 人, homme, et *niệm* 念, penser.)

Hình nộm 形 ○, figure grotesque imitant le corps humain (sert parfois à des pratiques superstitieuses). — *Con nộm* 昆 ○, poupée, mannequin.

Nộm 荵. Légumes et herbes à salade. (Formé des S. A. *thảo* 艸, plante, et *niệm* 念, penser.)

Gỏi nộm 膾 ○, compote de fruits.

Nồm 霈. Qui vient du sud (vent, pluie). (Formé des S. A. *vỏ* 雨, pluie, et *nam* 南, sud.)

Nồm nam ○ 南, sud-est. — *Gió nồm nam* 逾 ○ 南, vent du sud-est. — *Mưa nồm nam* 霄 ○ 南, pluie du sud-est.

Nơm 箵. Un engin en bambou pour la pêche. (Formé des S. A. *trước* 竹, bambou, et *nam* 南, sud.)

Đi nơm 移 ○, pêcher à la nasse. — *Đánh nơm* 打 ○, id.

Non 嫩. Montagne; jeune, tendre, délicat; faible, sensible, douillet. (Formé des S. A. *sơn* 山, montagne, et *nồn* 嫩, jeune, tendre.)

Non lòng ○ 悉, peureux, pusillanime; manquer de fermeté. — *Non gan* ○ 肝, manquer de courage. — *Học non* 學 ○, étudier mollement. — *Tuổi còn non* 歲 群 ○, d'âge encore tendre. — *Cân non* 斤 ○, balance fausse. — *Non xanh* ○ 橙, vertes montagnes, riants coteaux. — *Núi non* 崗 ○, montagnes et collines. — *Hòn Côn non* 扎 崑 ○, les îles de Poulo-Condore.

Nón 蔽(1). Chapeau (terme collectif). (Formé des S. A. *thảo* 艸, plante, et *nồn* 嫩, tendre, mou, flexible.)

Nón lá ○ 蘿, chapeau de feuilles. — *Nón rơm* ○ 薕, chapeau de paille. — *Nón ngựa* ○ 馭, grand chapeau de forme conique pour monter à cheval. — *Nón cụ* ○ 具, chapeau de femme. — *Nón gõ* ○ 琪, casque, coiffure militaire. — *Nón chóp* ○ 覉, chapeau à bouton de métal. — *Quai nón* 乖 ○, brides de chapeau, jugulaire. — *Đội nón* 隊 ○, mettre son chapeau. — *Cất nón* 拮 ○, ôter son chapeau. — *Thợ nón* 署 ○, chapelier.

Nồn 嫩*. Beau, jeune, tendre, délicat, subtil, plaisant, charmant.

Nồn mều ○ 茆, très tendre. — *Trắng nồn* 皋 ○, d'un blanc rosé, d'un joli blanc (se dit surtout de la fraîcheur du teint).

Nôn 農. Titillation, tremblement, chatouillement; peureux, craintif. (En S. A., travailler la terre; se pron. *nông*.)

Nôn ruột ○ 胜, se sentir mal à l'aise, appréhender. — *Bắt nôn* 扴 ○, être pris de peur. — *Cười nôn ruột* 唭 ○ 胜, rire à en avoir mal au ventre.

Nông 農. Faire de grands efforts pour, faire entrer, pousser dans. (Pour le car. en S. A., voir ci-dessus.)

Nông nà ○ 拿, ardemment, chaudement. — *Nông vào* ○ 包, introduire de force dans. — *Nông sức* ○

---

(1) Se transcrit aussi par le car. 簎.

飭, s'efforcer de, rivaliser d'ardeur. — *Nong gan* ○ 肝, bouillir de colère. — *Nong giận* ○ 悻, être furieux. — *Nong ghe tới* ○ 簇 細, pousser vigoureusement un bateau pour accoster. — *Nong lời* ○ 㗂, lancer des injures.

Nong 篢. Van, tamis. Voir *nia*. (Formé des S. A. *trước* 竹, bambou, et *nông* 農, cultiver la terre.)

    Cái nong 丐 ○, grand panier plat servant à faire sécher certains fruits.

Nọng 臁. Cou de certains animaux. (Du S. A. *nóng*, même car., escarre, croûte sur la peau.)

    Nọng trâu ○ 犙, le cou du buffle.

Nóng 燶. Chaud, avoir chaud (désigne la chaleur objective, celle de l'atmosphère, celle qui provient de différentes sources de chaleur comme le feu, le frottement, etc.); au fig., ardeur, véhémence, emportement. (Formé des S. A. *hỏa* 火, feu, et *nông* 農, cultiver.)

    Sự nóng nảy 事 ○ 乃, chaleur en général. — *Sự nóng lửa* 事○焓, chaleur du feu. — *Cách nóng nảy* 格 ○ 乃, chaleureusement. — *Làm cho nóng* 濫朱○, chauffer. — *Chụm lò cho nóng* 揕爐朱○, chauffer un four. — *Ưa ăn nóng* 於咹○, aimer à manger chaud. — *Xứ nóng nảy* 處 ○ 乃, contrée chaude. — *Nóng tánh* ○ 性, tempérament chaud, caractère violent. — *Nóng ruột* ○ 胒, être fortement ému, être en colère. — *Đánh nóng* 打 ○, frapper avec emportement. — *Nóng lạnh* ○ 冷, chaud et froid; sorte de fièvre endémique. — *Rét nóng vừa* 洌 ○ 培, fièvre chaude.

Nồng 襛. Broche pour faire rôtir les viandes. (Formé des S. A. *mộc* 木, arbre, et *nông* 農, cultiver.)

    Nồng quay ○ 錘, broche à rôtir. — *Cái nồng* 丐 ○, id.

Nông 農*. L'agriculture; travailler la terre, cultiver, bêcher, labourer.

    Nông phu ○ 夫, agriculteur, laboureur, cultivateur. — *Nông nhơn* ○ 人, id. — *Canh nông* 耕 ○, travail des champs. — *Nghiệp nông* 業 ○, métier d'agriculteur. — *Thần nông* 神 ○, le génie de l'agriculture ou le divin laboureur (titre donné à l'empereur chinois qui plaça l'agriculture au rang des travaux les plus élevés). — *Thao nghề canh nông* 韜藝耕 ○, habile dans l'art de l'agriculture, très entendu en culture.

Nông 膿*. Cajoler, amuser (enfant).

Nông 膿*. Rugosité, durillon, escarre ou croûte sur la peau; pus.

    Nông huyết ○ 血, mauvais sang, humeurs purulentes.

Nông 憹*. Tristesse, mélancolie.

Nông 攮. Faire avancer, élever au moyen d'un support. (Du S. A. *nāng*, même car., pousser en avant.)

    Nông lên ○ 遷, élever, surélever. — *Nông lòng* ○ 悉, élever l'âme, prendre à cœur de. — *Nông trí* ○ 智, faire un effort d'esprit, rivaliser d'intelligence. — *Nông sức* ○ 飭,

lutter de forces. — *Cây nồng* 核 ○, instrument pour soulever un fardeau, cric, support.

Nồng 濃*. Liquide épais, dense; fort, épicé; bon, beau, élégant. Voir *nung*.

Mặn nồng 漫 ○, salé. — *Nồng nàn* ○ 難, très fort, âcre, caustique; odorant (a quelquefois le sens de très joli, très élégant). — *Nặc nồng* 匿 ○, odeur âcre.

Nồng 儂*. Je, moi-même; nous tous; peuplade du haut Laos.

Nồng 峻. Sol montagneux, terrain accidenté; colline. (Du S. A. *nào*, même car., même signification.)

Nộp 篘. Espèce de natte ou de paillasson (en forme de sac et servant de moustiquaire aux pauvres gens). (Formé des S. A. *trước* 竹, bambou, et *nộp* 納, fils contractés.)

Nghèo cháy nộp 饒煙 ○, réduit à une extrême misère.

Nộp 納*. Fils de soie qui se contractent; contenir; enfermer dans; livrer, payer, acquitter. Voir *nạp*.

Nộp mình ○ 命, se rendre, se livrer. — *Nộp ăn cướp* ○ 唉刦, livrer des pirates. — *Nộp thuế* ○ 税, payer le tribut, acquitter les impositions. — *Nộp quê hương* ○ 圭鄉, livrer son pays, trahir sa patrie.

Nộp 納. Déprimé, convulsé, crispé. (Pour le car. en S. A., voir ci-dessus.)

Nộp gan ○ 肝, trembler de peur. — *Nộp ruột* ○ 脬, être agité intérieurement, frémir. — *Nộp sợ* ○ 怍, subitement pris de frayeur.

Nớp 納. Crainte, frayeur, terreur. (Pour le car. en S. A., voir ci-dessus.)

Nớp oai ○ 威, être saisi de crainte respectueuse devant la majesté ou la grandeur.

Nột 訥*. Balbutier, bredouiller; agacer, irriter, blesser, choquer.

Nột khẩu ○ 口, être indiscret. — *Nột trí* ○ 智, troublé jusqu'à l'hébétement.

Nốt 蒳. Continuellement; ordinaire, moyen, commun, usuel, habituel. (Formé des S. A. *thảo* 艸, plante, et *nộp* 納, fils contractés.)

Làm cho nốt 濫朱 ○, faire sans discontinuer. — *Chiếc nốt* 隻 ○, barque moyenne.

Nớu 臖 [1]. Gencive; voûte palatine. (Formé des S. A. *nhục* 肉, chair, et *nào* 喦, montagne.)

Nhăn nớu 嚬 ○, montrer les gencives; édenté; rictus, grimace. — *Cười nhăn nớu* 哄嚬 ○, rire en montrant les gencives, rire bêtement.

Nu 柟. Couleur foncée (brun, marron); nœud, articulation (arbre).

---

[1] Se transcrit aussi par le car. 腦.

(Formé du S. A. mộc 木, arbre, et de l'A. V. nào 芇, quel.)

Áo màu nu 襖 牟 ○, vêtement de couleur brune. — *Nu cây tre* ○ 核 枘, nœud de bambou. — *Đi nu nơ* 挴 ○ 挪, marcher lourdement.

Nụ 鈕. Tendre, nouveau (fruit, fleur); nom de plante médicinale. (Du S. A. *nựu*, même car., bouton.)

Nụ hoa ○ 花, calice de fleur. — *Nụ trái* ○ 䋥, enveloppe de fruit. — *Cây nụ áo* 核 ○ 襖, arbuste dont les fleurs, espèce de boutons d'or, servent à préparer un remède contre la passion de l'opium.

Nư 挪. Accès de colère, fureur, violence, emportement. Voir *giận*. (Du S. A. *na*, même car., crier très fort.)

Nư thở ○ 咀, exhaler sa colère. — *Đã nư* 钜 ○, avoir calmé sa fureur, avoir assouvi une vengeance.

Nữ 女*. La femelle dans l'espèce humaine; femme, par opposition à homme (qui est *nam* 男), sexe féminin; chez les Chinois, quelquefois pronom de la 2ᵉ personne, tu, toi, vous. Car. radical.

Nam nữ 男 ○, hommes et femmes, personnes des deux sexes, masculin et féminin. — *Nữ nhơn* ○ 人, personne du sexe féminin, épouse. — *Nữ tử* ○ 子, jeune fille. — *Nữ nhi* ○ 兒, petite-fille. — *Nữ vương* ○ 王, reine. — *Trinh nữ* 貞 ○, vierge. — *Nữ sắc* ○ 色, jolie fille. — *Phụ nữ* 婦 ○, femme mariée. — *Tiên nữ* 仙 ○, génie femelle, fée, déesse. — *Ngọc nữ* 玉 ○, id. — *Nữ công* ○ 工, travaux féminins. — *Nữ trang* ○ 裝, cadeaux de noces, parures de mariée. — *Vô nam dụng nữ* 無 男 用 ○, à défaut d'homme, c'est la femme qui fonctionne (cérémonies du culte des ancêtres). — *Chức nữ* 職 ○, le nom d'une constellation. — *Cô trinh nữ* 鴣 貞 ○, sensitive. — *Nữ đán* ○ 旦, un acteur qui joue au théâtre les rôles de femme (selon l'usage du pays).

Nua 孥. Syllabe complémentaire. (Du S. A. *nố*, enfants d'une même race.)

Già nua 耄 ○, ancêtres, vieux parents. — *Lão nua* 老 ○, un vieillard.

Nủa 怒. Syllabe complémentaire. (Du S. A. *nộ*, même car., haine, colère.)

Trả nủa 呂 ○, se venger; répondre à de la haine par de la haine.

Nwa 那. Une plante à tubercules (tacca pinnatifida); nom de serpent. (Formé des S. A. *thảo* 艸, plante, et *na* 那, beaucoup.)

Củ nwa 矩 ○, tubercule de cette plante. — *Rắn chọt nwa* 蜈 梓 ○, nom d'un serpent à morsure venimeuse. — *Nwa nửa* ○ 婶, environ la moitié.

Nửa 梛. Espèce de bambou (uni, effilé, lisse et sans épines); éclater. (Formé des S. A. *mộc* 木, arbre, et *na* 那, nombreux.)

Nói như tách nửa 吶 如 清 ○, s'exprimer avec volubilité; litt., parler comme un bambou qui éclate. — *Núi nửa* 崀 ○, le nom d'une haute montagne en Cochinchine.

Nửa 女. Encore, en plus, davantage. (En S. A., femme; se prou. *nữ*.)

Chi nữa 之 ○, quoi de plus? quoi encore? — *Còn hai ngày nữa* 群 佁 昗 ○, dans deux jours, encore deux jours. — *Một lần nữa* 沒 客 ○, encore une fois. — *Một ít nữa* 沒 丞 ○, encore un peu. — *Một chút nữa* 沒 咩 ○, id. — *Đến nữa* 典 ○, à l'avenir, plus tard, une autre fois. — *Nữa là* ○ 羅, encore, davantage. — *Nữa đồng bạc* ○ 銅 薄, une demi-piastre. — *Còn gì nữa* 群 之 ○, qu'en reste-t-il encore? — *Chẳng còn làm nữa* 庄 群 濫 ○, on ne le fera plus. — *At nữa* 乙 ○, certainement, assurément. — *Đừng nói nữa* 停 吶 ○, ne dites plus rien, pas un mot de plus, en voilà assez.

Nửa 姅. Moitié, demi. (Formé des S. A. *bán* 半, moitié, et *nữ* 女, femme.)

Nửa đêm ○ 店, minuit. — *Nửa sống nửa chết* ○ 鮓 ○ 折, moitié vivant, moitié mort. — *Nửa phần lộc* ○ 分 祿, demi-solde. — *Phần nửa* 分 ○, à moitié. — *Tới nửa đàng* 細 ○ 唐, arrivé à moitié chemin. — *Trả phần nửa* 呂 分 ○, payer la la moitié. — *Nửa giờ thì tới* ○ 眵 時 細, en une demi-heure on arrive. — *Quá nửa* 過 ○, plus de la moitié.

Nực 忸*. Être las, s'ennuyer, avoir des habitudes de paresse, mener une vie sédentaire, s'engraisser à ne rien faire.

Nực nịch ○ 溺, gros et gras. — *Đi nực nịch* 挐 ○ 溺, marcher lentement, lourdement (comme un animal trop gras). — *Cá nực* 魸 ○, nom de poisson.

Nục 恧*. Honte, pudeur, confusion; rougir de honte.

Nục 朒 et 衄*. Défaite, déroute, débâcle; hémorragie nasale.

Tiểu nục 小 ○, petite déroute. — *Nục huyết* ○ 血, saigner du nez.

Núc 刞. Boire, avaler, ingurgiter. Voir *nuốt*. (Formé des S. A. *khẩu* 口, bouche, et *nục* 忸, paresseux.)

Uống núc 旺 ○, boire d'un trait.

Núc 𥭸. Trépied, fourneau en terre, brique de foyer. Voir *bếp*. (En S. A., pic, sommet; se pron. *thúc*.)

Hòn núc 扢 ○, ustensile de cuisine à trois pieds (pour recevoir la marmite). — *Bếp núc* 炶 ○, id. — *Trong bếp trong núc* 冲 炶 冲 ○, à la cuisine, dans les dépendances.

Nực 爄. Chaud, avoir chaud (indique la chaleur subjective ressentie par des êtres animés). (Formé des S. A. *hỏa* 火, feu, et *nặc* 匿, cacher.)

Tôi nực quá chừng 碎 ○ 過 澄, je n'en peux plus, je suis tout en nage. — *Nực trời* ○ 歪, chaleur accablante.

Nực 嗌. Soupir, voix entrecoupée. Voir *nấc*. (Formé des S. A. *khẩu* 口, bouche, et *nặc* 匿, dissimuler.)

Nực cười ○ 唭, avoir une grande envie de rire, pouffer de rire.

Nực 揞. Tresser, border (nattes, stores, paniers). (Formé des S. A. *thủ* 手, main, et *nặc* 匿, cacher.)

Nức tháng ○ 箵, border un panier, tresser une corbeille.

Núi 峉. Mont, montagne. Voir *son*. (Formé des S. A. *son* 山, montagne, et *nội* 內, dans.)

Núi non ○ 嶩, monts et montagnes; vertes collines, riants coteaux, frais vallons. — *Rừng núi* 棱 ○, forêts et montagnes; lieux sauvages. — *Tiên núi* 仙 ○, génie sylvestre. — *Núi đá* ○ 磀, montagne de marbre. — *Núi cao* ○ 高, haute montagne. — *Hòn núi* 扢 ○, sommet de la montagne, mont, pic. — *Kẻ ở núi* 凡 於 ○, montagnard. — *Lên trên núi* 遷 連 ○, gravir la montagne.

Nùi 抐. Poignée de paille, tampon de linge (pour boucher ou obstruer). (En S. A., profond, retiré; se pron. *nhuế*.)

Đút nùi 揆 ○, boucher, obstruer. — *Nùi rơm* ○ 蘼, bouchon de paille tortillée. — *Nùi giẻ* ○ 綵, tampon de linge. — *Vò nùi* 扞 ○, brouiller, embrouiller, enrouler.

Núm 捻. Prendre, saisir, soutenir. Voir *nắm*. (Du S. A. *niệm*, même car., même signification.)

Núm quách ○ 郭, empoigner solidement, tenir ferme. — *Núm lấy* ○ 祕, enlever. — *Cúm núm* 噤 ○, timide, peureux. — *Ở núm năm* 於 ○ 捻, loger en passant, demeurer provisoirement.

Nung 濃*. Liquide épais; fort, épicé, savoureux; intense. Voir *nồng*.

Hương nung 香 ○, très odorant.

Nung 燶. Mettre sur le feu, cuire et recuire. (Formé des S. A. *hỏa* 火, feu, et *nóng* 農, cultiver.)

Nung nướng ○ 爤, rôtir, griller, cuire sur la braise. — *Nung tới* ○ 細, approcher du feu.

Núng 農. Déformé, déprimé; creux ou cavité aux joues; ému, touché. (Du S. A. *nóng*, même car., cultiver.)

Núng ra ○ 囉, qui ressort, qui se soulève. — *Chẳng núng* 庄 ○, ne pas changer, ne pas s'émouvoir, demeurer impassible. — *Núng níu* ○ 抐, abuser des bonnes dispositions de quelqu'un, importuner. — *Dễ núng* 易 ○, qui se trouble, qui s'émeut facilement, ou bien, par ironie, qui n'est pas facile à émouvoir. — *Núng nịệp* ○ 納, déprimer, déformer (en pressant pour faire entrer). — *Má núng đồng tiền* 媽 ○ 銅 錢, fossette; litt., cavité aux joues en forme de sapèque.

Nũng 噥. Pourri; se gâter, s'aigrir. (En S. A., caresser, cajoler; se pron. *nồng*.)

Làm nũng 濫 ○, faire le gâté (enfant). — *Trái nũng* 鞕 ○, fruit pourri.

Nưng 能. Soulever un peu, maintenir en l'air, alléger. Voir *nâng*. (En S. A., capable; se pron. *năng*.)

Nưng đỡ ○ 拖, soulager, alléger, aider.

Nưng 攮. Soulever quelque chose avec précaution). (Du S. A. *năng*, même car., même signification.)

Nựng 鄧. Cajoler, caresser, amuser. (En S. A., nom propre; se pron. *đặng*.)

Nựng con ○ 昆, amuser un enfant.

Núng 臁. Se gonfler, se durcir, se redresser (en parlant des chairs). Voir *náng*. (Formé des S. A. *nhục* 肉, chair, et *nang* 囊, sac.)

Nừng 層. Tamis, châssis, corbeille. (En S. A., degré, étage; se pron. *tầng*.)

Nược 縛. Tour de corde, anneau de lien, attache, bande circulaire. (En S. A., beau, gracieux; se pron. *nhực*.)

Nược 鱷. Un poisson du genre des cétacés, comme dauphin, marsouin. (Formé des S. A. *ngư* 魚, poisson, et *nặc* 匿, cacher, dissimuler.)

Nước 渃. Eau; teint, coloris; pays, état, royaume, empire; national. (Formé des S. A. *thủy* 水, eau, et *nhược* 若, comme.)

Nước lã ○ 呂, eau naturelle. — *Nước mưa* ○ 霄, eau de pluie. — *Nước suối* ○ 濉, eau de source, de fontaine. — *Nước giếng* ○ 汫, eau de puits. — *Nước trong* ○ 冲, eau claire, limpide. — *Nước đục* ○ 濁, eau trouble; vase, boue. — *Nước ngọt* ○ 叱, eau douce, eau sucrée. — *Nước mặn* ○ 漫, eau salée, eau saumâtre. — *Nước nóng* ○ 燶, eau chaude. — *Nước sôi* ○ 潘, eau bouillante. — *Nước lạnh* ○ 冷, eau froide. — *Nước đá* ○ 移, eau glacée, eau frappée. — *Đàng nước* 唐 ○, voie d'eau. — *Nước mắm* ○ 鰻, saumure plus ou moins liquide pour l'assaisonnement de la cuisine annamite. — *Nước trà* ○ 茶, thé liquide. — *Nước đái* ○ 帶, urine, purin. — *Nước miếng* ○ 呬, salive. — *Nước mắt* ○ 秣, larmes, pleurs. — *Con nước* 昆 ○, la marée. — *Nước xuối* ○ 吹, marée favorable. — *Nước lớn* ○ 客, marée montante, marée haute. — *Nước ròng* ○ 涌, marée descendante, marée basse. — *Một con nước* 沒昆 ○, une marée. — *Chuối nước* 桎 ○, bananier d'eau. — *Dừa nước* 椰 ○, cocotier d'eau. — *Nhà nước* 茹 ○, pays, nation, gouvernement, administration. — *Nước nhà* ○ 茹, patrie. — *Trị nước* 治 ○, administrer le pays, gouverner la nation, régner. — *Nước thiên đàng* ○ 天堂, patrie céleste, ciel, paradis. — *Lấy nước trên* 祉 ○ 邅, se donner des airs supérieurs, prendre une tournure distinguée.

Nước 着. Espace de temps, durée d'une chose; degré de force; mode, manière, air, allure, démarche. (En S. A, ton, mode; se pron. *trược*.)

Hết nước 歇 ○, épuisé, sans force. — *Đặng nước* 鄧 ○, prouver ses moyens, arriver à ses fins. — *Tài nước* 才 ○, capacités. — *Nước thược* ○ 托, démarche, tournure, attraits. — *Nước đi nước bước* ○ 迻 ○ 跐, allure, démarche. — *Nước ngựa* ○ 馭, allure d'un cheval. — *Nước tế* ○ 細, trot. — *Nước sải* ○ 仕, galop.

Nuôi 餒. Soigner, nourrir, élever. (Du S. A. *nỗi*, même car., avoir faim.)

Nuôi dưỡng ○ 養, élever, entretenir. — *Nuôi nấng* ○ 能, id. — *Nuôi con* ○ 昆, nourrir un enfant. — *Con nuôi* 昆 ○, fils adoptif. — *Cha nuôi* 吒 ○, père nourricier, père d'adoption. — *Mẹ nuôi* 媄 ○, nourrice. — *Vú nuôi* 乳 ○, id. — *Nuôi bón* ○ 粜, engraisser (volailles). — *Nuôi tầm* ○ 蠶, élever des vers à soie. — *Nuôi loài vật* ○ 類 物, élever des animaux.

Nuối 怓. Grands efforts; profonds soupirs. (En S. A., tristesse, affliction; se pron. *bính*.)

Nuối theo ○ 蹺, s'efforcer de suivre. — *Làm nuối* 濫 ○, faire des efforts suprêmes pour. — *Tiếc nuối* 惜 ○, regretter d'être obligé de prendre des mesures extrêmes. — *Nuối hơi* ○ 嚱, à bout de souffle.

Nuốm 埝. Terre amoncelée, petit mamelon; boule, bouton, tetin. (Du S. A. *điểm*, même car., même signification.)

Nuốm vú ○ 乳, bout de sein. — *Nuốm vú bò* ○ 乳 蒲, tetine de vache. — *Nuốm vung* ○ 壜, bouton de couvercle.

Nườm 湳. Trempé, mouillé; prêt, préparé; sans cesse, continuellement. (Formé des S. A. *thầy* 水, eau, et *nam* 南, sud.)

Cá nườm 鮂 ○, poisson d'étang. — *Bàu nườm* 泡 ○, étang, lac, mare. — *Để nườm* 底 ○, conserver longtemps, tenir toujours prêt. — *Ăn nườm* 唵 ○, manger sans cesse.

Nườm 湳. Syllabe complémentaire. (Pour le car. en S. A., voir ci-dessus.)

Đàng nườm nượp 唐 ○ 納, route fréquentée. — *Đi nườm nượp* 迻 ○ 納, aller en grand nombre.

Nương 娘 *. Mère; dame, jeune fille, amante (appellatif), déesse. Voir *nàng*. A. V. S'appuyer sur, compter que, avoir confiance dans.

Hoa nương 花 ○, fille galante. — *Vương nương* 王 ○, reine. — *Đại nương* 大 ○, grande dame. — *Nương dựa ngươi nào* ○ 預 得 苨, s'appuyer sur quelqu'un. — *Nương nhờ* ○ 洳, compter sur, avoir confiance dans. — *Nương theo* ○ 蹺, suivre, imiter. — *Nương ý* ○ 意, suivre l'opinion de. — *Nương cây gậy* ○ 核 梶, s'appuyer sur un bâton. — *Ruộng nương* 疄 ○, champs, rizières.

Nướng 爘. Griller, rôtir, cuire sur la braise. (Formé des S. A. *hỏa* 火, feu, et *nắng* 曩, autrefois.)

Nung nướng 爘 ○, même signification (mot composé). — *Thịt nướng* 胼 ○, viande rôtie, grillade. — *Cá nướng* 鯧 ○, poisson cuit sur la braise. — *Nướng đuông* ○ 蟓, faire griller des vers palmistes sur la braise. — *Rá để nướng* 筥 底 ○, gril. — *Ngủ nướng* 眄 ○, dormir longtemps, faire la grasse matinée.

Nượp 納. Syllabe complémentaire. (En S. A., se contracter; se pron. *nạp*.)

Tới nườm nượp 細 湳 ○, arriver en foule, se présenter en grand nombre.

Nuốt 吶 [1]. Avaler, gober, englou-

---

[1] Se transcrit aussi par le car. 訥.

tir en aspirant, dévorer. Voir *lua*. (En S. A., bredouiller; se pron. *nọi*.)

Nuốt vào ○ 伵, ingurgiter. — *Nuốt xương* ○ 昌, avaler un os. — *Nuốt trọng* ○ 哢, avaler gloutonnement, avaler tout entier, sans mâcher. — *Nuốt nước miếng* ○ 渃 皿, avoir grande envie de; litt., avaler sa salive.

Núp 納. Se blottir, se cacher, se fourrer dans, se tenir coi. Voir *nép*. (Du S. A. *nạp*, même car., se contracter.)

Núp mình ○ 命, se faire petit. — *Núp ẩn* ○ 隱, se cacher, rester à l'écart. — *Núp lén* ○ 練, se fourrer dans un trou, vivre dans une cachette.

Nút 嘆. Sucer, teter, pomper un suc. (Formé des S. A. *khẩu* 口, bouche, et *đột* 突, piquer.)

Sự nút 事 ○, succion. — *Nút mật* ○ 蜜, pomper le miel (abeille). — *Cái để mà nút* 丐 底 麻 ○, suçoir (abeilles, papillons). — *Muỗi cắn nút máu* 蠅 眼 ○ 泖, le moustique suce le sang.

Nút 鍱. Bouton; bouchon; bout de quelque chose. (Formé des S. A. *kim* 金, métal, et *đột* 突, piquer.)

Nút áo ○ 襖, bouton d'habit. — *Nút áo bằng vàng* ○ 襖 朋 鐄, bouton d'habit en or. — *Nút áo bằng thau* ○ 襖 朋 鐐, bouton d'habit en cuivre. — *Gài nút áo lại* 棋 ○ 襖 吏, boutonner son habit. — *Mở nút áo ra* 搗 ○ 襖 囉, se déboutonner. — *Khuy gài nút* 虧 棋 ○, boutonnière, ganse. — *Nút vú* ○ 乳, bout de sein, tétine. — *Nút ruồi* ○ 蛛, signe noir sur le corps, grain de beauté. — *Nút ve* ○ 碢, bouchon de bouteille, de carafe. — *Nút cây nhẹ* ○ 核 珥, bouchon de liège. — *Nút thủy tinh* ○ 水 晶, bouchon de cristal. — *Kéo nút ra* 撟 ○ 囉, déboucher, enlever le bouchon.

Nứt 涅. Se fendre, se fendiller, se déchirer, crever; fente, crevasse. (Du S. A. *niết*, même car., vase, bouc.)

Nứt nở ○ 芛, se fendre. — *Nắng nứt đất ra* 暎 ○ 坦 囉, la sécheresse fend la terre. — *Làm cho nứt ra* 濫 朱 ○ 囉, fendre, crevasser, craqueler, gercer. — *Đàng nứt* 唐 ○, fente, crevasse, déchirure, gerçure, ride. — *Nứt da tay* ○ 胗 拰, avoir des gerçures aux mains.

Nựu 狃*. Chien trop familier; être accoutumé à, avoir l'habitude de; répéter, redire, réitérer; souvent, fréquemment.

Nựu cựu ○ 舊, conserver les anciennes habitudes; manquer de respect, être trop familier. — *Nựu tập* ○ 習, très exercé, bien connaître.

Nựu 妞*. Bon, bien, joli, excellent; qui a de grandes aptitudes.

Nựu 紐*. Faire un nœud, attacher (négligemment); dénouer sans peine, détacher sans difficulté.

Nựu hiệp ○ 合, réunir, joindre.

Nựu 鈕*. Boule surmontant un couvercle, bouton placé sur certains objets pour pouvoir les saisir

O

O 姑. Tante paternelle; appellatif pour jeunes dames et demoiselles. (Du S. A. *cô*, même car., même signification.)

Các o 各 ○, vous, mesdames.

O 烏. La partie du cou du cochon par où se pratique la saignée; goitre, tumeur; espèce de bambou. (En S. A., couleur noire; se pron. *ô*.)

Cái o 丐 ○, trachée-artère. — *Xương o* 昌 ○, os de la poitrine, pectoraux. — *Tre mó o* 栁模 ○, un bambou de la grande espèce.

Ó 鶻. Nom collectif d'oiseaux de proie; crier très fort. (Formé des S. A. *ô* 烏, noir, et *ác* 惡, cruel.)

Chim ó 鴣 ○, milan, épervier. — *Cá đuôi ó* 魷鷔 ○, espèce de raie. — *Ó dậy rừng* ○ 跩棱, pousser des cris; litt., crier à réveiller les forêts.

Ò 塢. Syllabe complémentaire. (En S. A., abri en terre; se pron. *ô*.)

Ò vào ○ 㘴, se précipiter dans.

Ỏ 塢. Syllabe complémentaire. (Pour le car. en S. A., voir ci-dessus.)

Mựa ỏ 馬 ○, mépriser, dédaigner. — *Ỏ bao* ○ 包, ne pas faire cas, n'attacher aucune importance.

Ô 烏*. Corbeau entièrement noir; plainte, soupir, gémissement.

Gà ô 鴰 ○, poule noire. — *Ngựa* *ô* 馭 ○, cheval noir. — *Ô qua* ○ 戈, nom propre (*Lục Vân Tiên*). — *Ô sào* ○ 巢, id. — *Ô căn* ○ 巾, serre-tête noir. — *Tàu ô* 艚 ○, navire de pirates, corsaires. — *Ô hô* ○ 呼, se plaindre, soupirer.

Ô 嗚*. Gémir, soupirer, se lamenter; plainte, gémissement.

Ô 檋*. Nom d'arbre à bois noir.

Ô mộc ○ 木, bois d'ébène. — *Ô mai* ○ 梅, arbre du genre prunier.

Ô 喂*. Donner à manger aux bêtes; cri d'appel, cri pour appeler un cochon, un chien; craindre. Voir *uy*.

Ô 亐 et 于*. Parler, s'exprimer, dire ou faire connaître son avis; à, dans; en ce qui concerne.

Ô 污 et 汙*. Eau sale, eau stagnante; fangeux, boueux; au fig., souillé, corrompu, débauché, déshonoré.

Ô danh ○ 名, perdu de réputation. — *Đạo ô* 道 ○, fausse morale, mauvaise doctrine. — *Ô uế* ○ 濊, sordide, immonde, ignoble. — *Ô đồ* ○ 圖, de mauvaise nature.

Ô 杇*. La truelle d'un maçon; barbouiller, blanchir à la chaux.

Ô nhơn ○ 人, ouvrier maçon.

7.

Ó 圬*. Crépir, enduire, badigeonner; blanchir un mur.

Ó 鎢. Mesure pour le grain; boîte. (Formé des S. A. kim 金, métal et ó 烏, noir.)

> Ó đong gạo ○ 揀糙, mesure de riz. — Ăn ó 唉 ○, acheter à cette mesure. — Ó đồng ○ 銅, mesure en cuivre. — Ó gõ ○ 棋, mesure en bois. — Ó tiển ○ 剪, espèce de jarre.

Ó 剔*. Instrument pour racler; houe; égaliser, niveler, polir.

Ó 惡*. Taché, sali, maculé; vicié, défectueux, mauvais, méchant, pervers. Voir ác.

> Ó màu ○ 牟, changer de couleur. — Ó nhám ○ 旺, taché; décoloré. — Ó hộ ○ 戶, exclamation de surprise.

Ó 塢*. Abri en terre, talus, fortification. Voir ủ. A. V. Nid, repaire; cacher dans la main; nom de pays.

> Ó chim ○ 占鳥, nid d'oiseau. — Ó gà ○ 鴚, nid de poule. — Ó én ○ 燕, nid d'hirondelle (nid comestible). — Ó chuột ○ 犾, nid de souris. — Ó kiến ○ 蜆, fourmilière. — Ó ong ○ 蜂, ruche. — Kêu ờ 叫 ○, caqueter (poule). — Ó bánh ○ 鈉, gâteau rond, pain, miche. — Làm ờ 濫 ○, faire un nid. — Một ờ 沒 ○, une nichée. — Ó cọp ○ 狋, repaire de fauves.

Ồ 隖 et 鄔*. Petite digue, mur de défense entourant un village.

O' 於*. Sur, dans, avec, quant à, pour ce qui est de; mot complémentaire. Voir w.

> Thờ o' 䖝 ○, inopinément. — U o' 幽 ○, petits bruits confus. — Nói u o' 吶幽 ○, commencer à parler (petit enfant). — Âu o' 謳 ○, prendre le ton, fredonner.

O' 坫*. Terrain d'alluvion, dépôt vaseux. A. V. Espèce de casserole en terre. Voir w.

O' 吙*[1]. Éclater de rire. A. V. Le bruit d'un rot [2].

> Hơi o' 㗅 ○, rot, renvoi. — O' ra ○ 囉, roter. — Ấp o' 唈 ○, id. — Nói ấp o' 吶唈 ○, balbutier, bredouiller; parler en termes ambigus.

Ớ 吙*. Rire aux éclats. A. V. Vocatif, cri d'appel prolongé : hé! ohé! interjection d'admiration, de surprise : eh! Voir bớ.

> Ớ anh ○ 嬰, mon frère! — Ớ thằng kia ○ 倘笑, hé! toi, là-bas!

Ờ 於. Particule affirmative, marque d'assentiment (de supérieur à inférieur seulement). (En S. A., assentiment; dans, être dans; se pron. w.)

> Ờ phải ○ 沛, c'est bien cela.

O' 於. Dans; être, demeurer, sé-

---

[1] Ce car. ne se trouve pas dans les répertoires sino-annamites; il a été jusqu'ici considéré comme vulgaire, mais il est bien chinois. Voir le dict. du P. Couvreur.

[2] Non seulement l'éructation est admise, mais elle est du meilleur ton dans la bonne société.

journer, habiter, résider, rester. (Du S. A. *w*, même car., être dans, à.)

Ở lại ○ 吏, continuer à demeurer, rester encore. — *Ở đây* ○ 低, demeurer ici. — *Ở đó* ○ 妬, demeurer là. — *Ở một lớp* ○ 沒衽, être de la même classe (à l'école). — *Ở bên kia sông* ○ 邊箕瀧, demeurer (ou se trouver) de l'autre côté du fleuve. — *Chỗ ở* 挂○, demeure, résidence, domicile. — *Chỗ ở thường* 挂○常, résidence habituelle. — *Nó ở trên núi* 奴○連尚, il habite sur la montagne. — *Tôi ở Hà nội* 碎○河內, je demeure à Hà nội. — *Đổi chỗ ở* 對挂○, changer de domicile. — *Mầy ở đâu* 眉○兜, où habites-tu? — *Tôi ở nhà nầy* 碎○茹尼, je demeure dans cette maison. — *Ăn ở* 咹○, manière d'être, de vivre; mode d'existence, conduite. — *Ăn ở làm sao* 咹○濫牢, comment vit-on? comment se conduit-on? — *Nó ăn ở xấu* 奴咹○丑, il vit mal, il se conduit mal. — *Ở lính* ○另, être soldat, faire son service militaire. — *Ở hiền lành* ○賢荅, être bon, doux, bienveillant. — *Ở yên* ○安, vivre en paix, se tenir tranquille. — *Ở nhưng* ○仍, vivre dans l'oisiveté et la paresse. — *Ở mướn* ○嗼, servir chez les autres, être domestique. — *Ở đợ* ○助, demeurer momentanément, travailler chez quelqu'un pour se libérer d'une dette. — *Ở với nhau* ○貝饒, vivre ensemble, demeurer en commun. — *Khó ở* 苦○, difficile à vivre; indisposé, malade. — *Chỗ ở vui vẻ* 挂○盃威, résidence agréable, séjour enchanteur. — *Có ở đâu* 固○兜, cela n'est pas, cela n'existe pas (tournure ironique).

Oa 咼 et 喎*. Bouche de travers, lèvres contractées, rictus.

Oa 鍋*. Vase, marmite, bassine, chaudron, chaudière. Voir *qua*.

Quảng oa tử 廣○子, grande chaudière. — *Đồng oa* 銅○, récipient en cuivre, bassine.

Oa 剮*. Couper, dépecer, disséquer, écorcher, taillader les chairs (d'un criminel).

Oa 窩*. Grotte, caverne, repaire; trou, nid; cacher, dissimuler, recéler, donner asile à de mauvaises gens.

Oa gia ○家, maison de recel; repaire de bandits. — *Oa trữ* ○貯, id. — *Oa nhơn* ○人, recéleur.

Oạ 禍. Malheur, calamité. (Du S. A. *họa*, même car., même signification.)

Oà 呱*. Pleurer, sangloter (comme font les petits enfants). Voir *cô*.

Khóc oà oà 哭○○, pleurer à chaudes larmes, pleurer indéfiniment. — *Nước oà vào* 渃○伆, eau qui pénètre avec force, torrent qui se précipite dans un creux.

Oạc 活. Casser, briser; se déchirer. (En S. A., courant, rapide; se pron. *hoạt*.)

Chạc oạc 啅○, onomatopée, bruit de choses cassées.

Oác 藿. Nom de plantes odorantes. (Du S. A. *hoác*, même car., même signification.)

Oai 威*. Maintien grave, attitude imposante, tenue digne; grave, majestueux, solennel, hautain.

Oai nghi ○ 儀, auguste, imposant. — *Oai nghiêm* ○ 嚴, majestueux et sévère, qui inspire la crainte et le respect. — *Oai phong* ○ 風, majesté, grâce, grandeur. — *Oai búc* ○ 逼, despotique, tyrannique, autoritaire. — *Oai quyền* ○ 權, pouvoir absolu. — *Lấy oai* 祂 ○, prendre un air hautain, se faire craindre. — *Làm oai* 濫 ○, en imposer, se donner de l'importance. — *Cách oai nghi* 格 ○ 儀, majestueusement, avec dignité et grandeur. — *Lễ phép oai nghi* 禮 法 ○ 儀, cérémonie imposante. — *Oai linh* ○ 靈, majesté divine.

Oải 矮*. Très petit, très court; contrefait, rabougri, d'apparence chétive.

Oải nhơn ○ 人, nain. Voir *lùn*. — *Oải tử* ○ 子, homme gros et court; sobriquet donné par les Chinois aux Japonais.

Oải 矮*. Se dissoudre, se décomposer; paralysie, rhumatisme; fané, gâté, pourri. Voir *nhuy*.

Hạ oải 下 ○, faiblesse des jambes, engourdissement des extrémités inférieures. — *Ti oải* 痹 ○, avoir perdu l'usage de ses membres, être impotent. — *Oải nhược* ○ 弱, affaibli, cassé, débile. — *Oải lưng* ○ 腰, courbaturé, cassé, tordu par les rhumatismes. — *Oải xương* ○ 昌, brisé par la maladie. — *Oải gân* ○ 筋, paralysie des nerfs. — *Mệt oải* 瘦 ○, très fatigué, très affaibli.

Oan 冤 et 寃*. Abuser de l'autorité, gouverner despotiquement; faire du tort, vexer, opprimer, causer des injustices.

Bị oan 被 ○, être victime d'une injustice. — *Chịu oan* 召 ○, supporter un tort, subir un cruel malheur. — *Kêu oan* 叫 ○, crier à l'injustice, se plaindre d'une vexation. — *Cáo oan* 告 ○, accuser injustement. — *Oan búc* ○ 逼, porter une fausse accusation. — *Oan gia* ○ 加, malheur immérité, calamité injuste. — *Oan uổng* ○ 枉, vexé, opprimé. — *Oan úc lắm* ○ 抑 虜, très vexé, très opprimé, injustement persécuté. — *Tội oan* 罪 ○, peine injuste, châtiment inique. — *Chết oan* 折 ○, mourir injustement. — *Sự oan khiên* 事 ○ 愆, injustice, iniquité, vexation. — *Oan oan tương báo* ○ ○ 相 報, l'injustice entraîne l'injustice (maxime).

Oan 鴛*. Canard sauvage (la femelle, qui ne se sépare jamais du mâle, est appelée *wong*).

Oan wong ○ 鴦, canards sauvages mâle et femelle; emblème de la fidélité conjugale. — *Huình oan* 黃 ○, le nom d'un autre oiseau aquatique.

Oán 怨*. Haïr, détester; colère, aversion, rancune, ressentiment.

Oán thù ○ 讐, se venger. — *Oán hờn người nào* ○ 恨 得 𢚸, en vouloir à quelqu'un. — *Oán ngôn* ○ 言, propos méchants, menaces de vengeance. — *Oán tâm* ○ 心, haine invétérée, profond ressentiment. — *Oán thiên* ○ 天, menacer le ciel.

Oán mạng ○ 命, se plaindre amèrement du sort. — *Oán trách* ○ 責, maltraiter, injurier. — *Lấy ơn trả oán* 祂恩呂 ○, rendre le mal pour le bien. — *Tích oán* 積 ○, garder rancune, tramer une vengeance. — *Báo oán* 報 ○, exercer une vengeance, assouvir une haine. — *Cừu oán* 仇 ○, vengeance. — *Kẻ trả oán* 几呂 ○, celui qui se venge. — *Lửa oán* 焀 ○, incendie allumé par vengeance.

Oản 盌 *. Grand vase; bol, terrine, écuelle; couler, se répandre, déborder.

Đại oản 大 ○, grand plat. — *Xôi oản* 粢 ○, gâteau de riz pour les offrandes rituelles.

Oản 苑 *. Herbe verte et tendre, pâturage gras, beau gazon; jeune, doux, joli; s'écrit aussi *uyển*.

Nội oản 內 ○, les prairies de la Cour. — *Thiên oản* 天 ○, le nom d'une constellation.

Oáp 蛤. Espèce de grenouille. (Formé des S. A. *trùng* 虫, reptile, et *ấp* 邑, hameau.)

Óc 沃. Graine; syllabe euphonique. (En S. A., mouillé, trempé; se pron. *óc*.)

Óc gạo ○ 粘, grain de riz. — *Óc mít* ○ 橃, graine du jaquier. — *Eo óc* 夭 ○, vexer, molester. — *Óc núc* ○ 葦, plein jusqu'aux bords.

Óc 腥. Cerveau, cervelle; crâne. (En S. A., graisse épaisse; se pron. *óc*.)

Đánh bể óc 打掀 ○, casser la tête (menace). — *Nắm óc* 捻 ○, saisir par le sommet de la tête. — *Óc sọ* ○ 髖, occiput. — *Ăn óc bò tơ* 咹 ○ 䩛絲, manger de la cervelle de veau.

Óc 屋 *. Maison, toit, abri, tente, baraque, demeure rustique, hutte, chaumière.

Ngoại óc 外 ○, appartement extérieur. — *Phòng óc* 房 ○, habitation, logement. — *Trường óc* 場 ○, école, collège, académie. — *Hoàng óc* 黃 ○, la tente jaune (impériale).

Óc 渥 et 腥 *. Graisse épaisse; mouillé, imbibé; arroser, engraisser; luisant, lustré; doux, soyeux, moelleux.

Ân óc 恩 ○, bienfait, faveur; profit inespéré, bonne aubaine. — *Óc trạch* ○ 澤, engraissé; fructifier; ondées rafraîchissantes, faveurs du ciel.

Óc 沃 *. Trempé, mouillé, humide; mou, flasque; brillant, lustré, nacré; désigne certains mollusques avec ou sans coquille.

Óc vũ ○ 雨, détrempé par la pluie. — *Óc không có vỏ* 空固補, limace. — *Óc có vỏ* 固補, limaçon, escargot. — *Óc nhồi* ○ 揬, id. — *Óc xa cừ* 車渠, coquillage à nacre (que les Annamites emploient pour leurs incrustations). — *Óc gạo* ○ 粘, bigorneau. — *Hình khu óc* 形區 ○, en spirale. — *Thang khu óc* 湯區 ○, escalier en escargot. — *Rỡn óc* 展 ○, frémir, frissonner. — *Nổi óc* 浽 ○, avoir la chair de poule.

Oi 漫. Calme, tranquille, apaisé (ne s'emploie qu'en composition), courbé, sinueux, tortueux, qui fait des replis. (En S. A., baie, crique; se pron. *ỏi*.)

 Giỏ oi 筬 ○, espèce de corbeille ou de panier. — *Ít oi* 丞 ○, ingénu, simple, innocent, pauvre d'esprit.

Ói 喂. Réplétion d'aliments; avoir des nausées. (Des S. A. *ỏ* et *uy*, mêmes car.; donner à manger aux bêtes.)

 Ăn no ói 咹飫 ○, manger jusqu'au dégoût. — *Đầy ói* 苔 ○, à pleins bords. — *Lụt ói* 潍 ○, déborder. — *Ói ra* ○ 囉, qui se répand lentement, peu à peu.

Ỏi 喂. Retentir, résonner, crier. (Du S. A. *ỏ*, même car., cri d'appel.)

 Kêu yếng ỏi 叫嚶 ○, le ramage des oiseaux chanteurs. — *La chói ỏi* 囉跙 ○, brailler, vociférer.

Ỏi 喂. Interjection marquant la douleur, la tristesse, la prière. (Pour le car. en S. A., voir ci-dessus.)

 Cha ỏi 吒 ○, ô mon père! — *Mẹ ỏi* 媄 ○, ô ma mère! — *Trời ỏi* 柔 ○, ô ciel! — *Trời đất ỏi* 柔 坦 ○, exclamation de détresse; prendre le Ciel et la Terre comme témoins d'un malheur, appeler le Ciel et la Terre à son secours. — *Hỡi ỏi* 咦 ○, ô malheur! ô misère! — *Ỏi thương thay* ○ 傷 台, ah! hélas!

Ói 樞 *. Gond, pivot; nom d'arbre.

 Ói ỏ ○ 鳴, le pivot grince, crie.

Ói 漫 *. En forme d'arc, en demi-cercle; courbé, sinueux, dentelé; baie, crique.

Ỏi 偎 *. Aimer quelqu'un; tenir avec tendresse un enfant dans ses bras; dorloter, câliner, calmer.

Ói 畏. Beaucoup, nombreux, trop. (En S. A., crainte, respect; se pron. *úy*.)

Ổi 檼. Goyavier (diverses espèces). (Pour le car. en S. A., voir ci-dessus.)

 Trái ổi 稉 ○, goyave. — *Ăn ổi* 咹 ○, manger de ces fruits. — *Cây ổi tàu* 核 ○ 艚, goyavier de Chine (arbre nain, arbuste d'ornement).

Oi 哀 et 咳. Interjection, exclamation; cri pour s'appeler et se répondre de loin (ton de familiarité. (En S. A. *ai*, se plaindre, se lamenter.)

 Anh oi 嬰 ○, hé! mon frère. — *Mầy oi* 眉 ○, hé! toi, là-bas. — *Mẹ oi* 媄 ○, cri de petit enfant pour appeler sa mère; exclamation de surprise, d'étonnement. — *Trời oi là trời* 柔 ○ 羅 ○, ô ciel!

Ói 意. Désir formel, intention, volonté. (Corruption du S. A. *ý*, même car., même signification.)

 Có ói 固 ○, avoir l'intention arrêtée de. — *Ói tứ* ○ 思, attentif, appliqué.

Om 喑. Onomatopée; bruit sourd et prolongé. (Du S. A. *ầm*, même car., bruit de pleurs incessants.)

 Om sòm ○ 譏, un bruit pareil au

lointain fracas de la mer. — *Làm om* 濫 ○, faire du tapage.

Om 揞. Petite marmite en terre. (Formé des S. A. *thồ* 土, terre, et *âm* 音, son, bruit.)

Nồi om 炳 ○, espèce de théière.

Ôm 揞. Prendre dans les mains, serrer dans les bras, étreindre. (Du S. A. *ăm*, même car., même signif.)

Ôm bóp ○ 搾, caresser par des attouchements. — *Ôm lấy* ○ 祂, étreindre, embrasser. — *Mấy ôm* 買 ○, combien de brassées? — *Một ôm củi* 沒 ○ 檜, une brassée de bois à brûler.

Ốm 瘖. Malade, souffrant, débile, maigre; ne pas pouvoir parler. (Du S. A. *ăm*, même car., même signification.)

Đau ốm 疘 ○, amaigrissement maladif. — *Ốm nhom* ○ 嚴, extrême maigreur. — *Ốm yếu* ○ 要, maigre et faible, maladif, infirme. — *Ốm xanh* ○ 撐, pâle, hâve, défait. — *Ốm nhách* ○ 昔, grand et très mince. — *Bệnh làm cho ốm* 病 濫 朱 ○, décharné par la maladie. — *Ốm ốm* ○ ○, maigrelet, chétif, mince, grêle. — *Nó ốm quá* 奴 ○ 過, il est d'une maigreur excessive.

Ôn 瘟*. Nom de maladies épidémiques, contagieuses, pestifères.

Ôn dịch ○ 疫, peste, choléra. — *Kẻ mắc ôn dịch* 几 縸 ○ 病, pestiféré. — *Bệnh ôn dịch* 病 ○ 疫, maladie pestilentielle. — *Thuốc ôn* 葉 ○, remède contre la peste. — *Chúa ôn* 主 ○, le seigneur choléra; sobriquet donné à des gens de mauvaise mine, à de pauvres diables. — *Chúa ôn bắt mầy* 主 ○ 抔 眉, que le seigneur choléra t'emporte! (malédiction).

Ôn 温*. Source d'eau chaude et calmante; réchauffer, adoucir, calmer, apaiser, tempérer; se souvenir d'un bienfait, se montrer reconnaissant, entourer de soins.

Ôn hòa ○ 和, chaud, doux, calme, reposant. — *Ôn thanh* ○ 清, chaleur et fraîcheur (ce que l'on doit aux vieux parents : la chaleur en hiver, la fraîcheur en été). — *Ôn có* ○ 故, savoir par cœur. — *Ôn đạo* ○ 道, zone tempérée. — *Học ôn* 學 ○, repasser sa leçon. — *Ôn phong* ○ 風, vent léger et agréable, brise douce et parfumée.

Ôn 溫. Troupe, foule, bande, essaim, réunion, grand nombre. (Pour le car. en S. A., voir ci-dessus.)

Ôn ong ○ 蜂, essaim d'abeilles. — *Ôn ồn* ○ ○, bruits confus, bourdonnements. — *Nói ồn* 吶 ○, marmotter, murmurer. — *Ôn tới* ○ 細, arriver en foule, se présenter en bande.

Ôn 搵*. Placer sur; plonger dans; presser sous la main, comprimer.

Ôn 穩*. Récolter le grain, mettre des provisions de côté; vivre en paix, être satisfait et sûr de l'avenir.

Ổn dưởng ○ 當, en lieu sûr, sans danger; être à l'abri de tout, se bien porter. — *An ổn* 安 ○, calme, repos, tranquillité, confiance, quiétude. — *Chẳng ổn mình* 庄 ○ 命, ne pas être tranquille; se mal porter.

On 恩*. Grâce, bienfait, faveur; se montrer bon, généreux, clément. Voir *ân*.

On điển ○ 典, bienfait suprême. — *On chúa* ○ 主, faveur divine. — *On cả* ○ 舒, haute marque de bienveillance. — *Làm on* 濫 ○, rendre service, accorder une faveur. — *Khai on* 開 ○, témoigner de la faveur. — *Xuống on* 甄 ○, accorder une grâce. — *On quá núi non* ○ 過 岗 嫩, une faveur plus haute que les monts et les montagnes. — *Trông on* 籠 ○, attendre un bienfait, espérer une grâce. — *Nhờ on quan trên* 洳 ○ 官 連, compter sur la bienveillance de l'autorité supérieure. — *Trả on* 呂 ○, rendre un bienfait. — *Biết on* ○ 別, reconnaître une faveur, se montrer reconnaissant. — *Cám on* 感 ○, remercier d'un bienfait; merci (d'inférieur à supérieur). — *Tạ on* 謝 ○, remercier un supérieur. — *Giả on* 啫 ○, id. *Đội on* 隊 ○, id. — *Sự biết on* 事 別 ○, la reconnaissance. — *Vô on* 無 ○, ingrat. — *Phụ on* 負 ○, id. — *Bội on* 背 ○, id. — *Quên on* 涓 ○, oublier un bienfait. — *Vong on* 忘 ○, id. — *Sự vô on* 事 無 ○, l'ingratitude. — *Người hay làm on* 得 哈 濫 ○, un homme bienfaisant. — *Sự hay làm on* 事 哈 濫 ○, bienfaisance. — *Kẻ mang on* 几 芒 ○, quelqu'un qui est redevable d'une faveur, un obligé.

Ớn 嗄. Éprouver un malaise; fâcheux indice, prodrome, symptôme. (Formé des S. A. *khẩu* 口, bouche, et *án* 晏, calme.)

Ớn minh ○ 命, malaise avant-coureur d'une maladie. — *Ớn có* ○ 古, avoir des nausées. — *Ớn rét* ○ 冽, sentir venir la fièvre. — *Ớn lạnh* ○ 冷, avoir des frissons. — *Ớn sợ* ○ 怍, inquiétude.

Ong 蜂. Nom générique des insectes apiaires. (Du S. A. *phong*, même car., même signification.)

Con ong mật 昆 ○ 蜜, abeille. — *Ong vò vẽ* ○ 虾 戾, guêpe. — *Ong lỗ* ○ 魯, frelon, taon; on dit aussi *ruồi trâu* 蛛 犉, mouche des buffles. — *Ong ngệ* ○ 艾, bourdon. — *Nọc ong* 毒 ○, dard d'abeille. — *Độc ong* 鐲 ○, id. — *Mật ong* 蜜 ○, miel. — *Ổn ong* 溫 ○, essaim d'abeilles. — *Tổ ong* 祖 ○, ruche, nid d'abeilles, guêpier. — *Tầng ong* 層 ○, id. — *Lỗ tầng ong* 魯 層 ○, alvéole de ruche. — *Làm ong tai* 濫 ○ 聰, assourdir. — *Lời ong* 砲 ○ 蟻, paroles en l'air; litt., langage d'abeilles et de cigales. — *Cá ong* 魰 ○, le nom d'un petit poisson qui se colle au flanc des barques.

Óng 嗡. Vociférer, crier, hurler; droit (arbre); mot complémentaire. (Du S. A. *óng*, même car., mugir.)

Ngay óng 証 ○, très droit. — *Suôn óng* 侖 ○, id. — *Óng tay* 栖, avant-bras. — *Óng chơn* ○ 蹞, jambe, mollet. — *La óng* 囉 ○, pousser de grands cris.

Ông 膴. Pâle, livide, très blanc (ne s'emploie qu'en composition). (Formé des S. A. *nguyệt* 月, lune, et *ông* 翁, vénérable.)

Mặt trăng ông 靣皇 ○, face très pâle, visage très blanc.

Ông 翁*. Plumes ou poils autour du cou; barbe vénérable; appellatif honorifique, comme monsieur, seigneur; nom de famille.

Lão ông 老 ○, vieillard vénérable. — *Ông vua* ○ 羆, le seigneur roi. — *Ông phủ* ○ 府, monsieur le préfet. — *Ông nội* ○ 内, grand-père paternel. — *Ông ngoại* ○ 外, grand-père maternel. — *Ông già* ○ 耄, vieux monsieur, vénérable vieillard. — *Đức ông* 德 ○, monseigneur (en parlant à un prince du sang). — *Ông lớn* ○ 客, votre grandeur, votre excellence. — *Ông gia* ○ 家, beau-père. — *Các ông* 各 ○, vous, messieurs. — *Các ông hương* 各 ○ 鄉, les notables. — *Ông tơ hồng* ○ 絲 紅, l'un des deux génies invoqués par les jeunes mariés. — *Nhà ông* 茹 ○, votre maison; pron. honorifique, vous. — *Ông ấy* ○ 意, lui, ce monsieur; on dit aussi *ông*. — *Ông nào* ○ 荋, quel monsieur? lequel de ces messieurs? — *Bẩm lạy ông lớn* 禀禮 ○ 客, je me prosterne respectueusement devant votre excellence. — *Một người đờn ông* 没 得彈 ○, un homme; litt., une personne appartenant au sexe des messieurs. — *Ông bà cha mẹ* ○ 妣吒 媄, les ancêtres, les parents. — *Ông cọp* ○ 狎, seigneur tigre (la crainte de ce fauve est si grande, que les Annamites en parlant de lui l'appellent souvent seigneur). — *Chim ông già* 鳥 ○ 耄, le héron.

Ông 嗡*. Mugir, beugler; bourdonnement, bruissement.

Ông 瀚*. Vaste étendue d'eau; nuages et brouillards épais.

Ông 瓮 et 甕*. Tuyau en terre cuite; canal, tube; flotteur de ligne à pêche. Voir *ũng*.

Ông quyển ○ 卷, flûte, flageolet, chalumeau. — *Ông sáo* ○ 箱, id. — *Ông dòm* ○ 窑, longue-vue, lunette d'approche, télescope. — *Ông dòm đôi* ○ 窑堆, lorgnette à deux branches, jumelles. — *Ông giấy* ○ 紙, tube (en bambou ou en fer blanc, employé par le gouvernement annamite pour envoyer les papiers officiels ou les dépêches). — *Ông súng* ○ 銃, canon de fusil. — *Ông tre* 柳 ○, tube en bambou. — *Ông cỏ* ○ 鞋, tuyau de paille, chalumeau, flûte. — *Ông điếu* ○ 釣, tuyau de pipe, pipe. — *Ông quần* ○ 裙, jambe de pantalon. — *Ông thụt* ○ 抴, seringue, compte-gouttes. — *Ông ngoáy* ○ 挒, petit mortier à broyer le bétel. — *Ông khóa* ○ 銙, cadenas annamite. — *Ông chỉ* ○ 織, bobine, dévidoir.

Ông 翁. Lui, il, ce seigneur, ce monsieur (s'emploie comme pronom de la 3e pers. du sing. à la place de *ông ấy*). (Du S. A. *ông*, même car., appellatif honorifique.)

Ông đã đi ngủ ○ 㐌 扡 眝,

monsieur est parti se coucher. — *Ông không bằng lòng* ○ 空朋悉, monsieur n'est pas content.

Óp 邑. Faible, tendre, délicat; mou, flasque; peu solide; sert à désigner certains petits crustacés. (En S. A., ville, cité; se pron. *áp*.)

Cua óp 蝍 ○, crabe (espèce). — *Nhà óp* 茹 ○, maison peu solide.

Óp 押. Joindre, réunir, assembler; entasser; syllabe complémentaire. (En S. A., proche, voisin; se pron. *áp*.)

Óp lại ○ 吏, se réunir, s'assembler. — *Bó óp lại* 拊 ○ 吏, mettre en botte. — *Chạy óp vào* 趄 ○ 㞈, se précipiter en foule dans, se presser en grand nombre pour entrer.

Óp 鮠*. Nom collectif de poissons de mer que l'on prépare en salaisons.

Muối óp 梅 ○, saler ce poisson. — *Mắm óp* 鰃 ○, une sorte de saumure faite avec le *óp*.

Ọt 搨. Onomatopée; bruit de déglutition; ingurgiter, avaler d'un trait. Voir *nuốt*. (En S. A., presser, comprimer; se pron. *ồn*.)

Ọt ọt ○ ○, glouglou. — *Nuốt ọt ọt* 訥 ○ ○, faire du bruit en avalant.

Ót 𠸛 [1]. La partie postérieure du cou; pousser des cris; nom d'un petit poisson de mer; fini, épuisé,

terminé; mot complémentaire. (Formé des S. A. *khẩu* 口, bouche, et *ồn* 搨, maintenir.)

Cái ót 丐 ○, la nuque. — *Vét ót* 担 ○, bien dégager la nuque (pour les exécutions capitales). — *Nắm ót* 捻 ○, empoigner par la nuque. — *Ót ét* ○ 謁, glapir, crisser, japper. — *Ót rồi* ○ 耒, entièrement fini, complètement terminé.

Ọt 搨. Onomatopée; cri pour appeler les cochons; gargouillement d'entrailles. (En S. A., comprimer, presser; se pron. *ồn*.)

Bụng sôi ọt ọt 膨潐 ○ ○, bruit du ventre. — *Ọt ọt* ○ ○, cri répété pour appeler les porcs.

Ót 搨. Certainement, indubitablement; avec instance, avec autorité (ne s'emploie qu'en composition). (Pour le car. en S. A., voir ci-dessus.)

Ót thật ○ 實, se rendre compte de l'exactitude d'un fait. — *Ót phải* ○ 沛, c'est bien cela, c'est parfait. — *Làm ót lấy* 濫 ○ 祉, faire promptement, agir vivement. — *Đòi ót lấy* 隊 ○ 祉, réclamer avec instance, demander avec autorité. — *Ót lời* ○ 唎, préciser, déterminer, décider.

Ọt 遏. Syllabe complémentaire. (En S. A., cesser, arrêter; se pron. *yết*.)

Dễ ọt 易 ○, très facile. — *Yếu ọt* 要 ○, très faible. — *Tánh yếu ọt* 性 要 ○, tempérament maladif, naturel doux, caractère faible.

---

[1] Se transcrit aussi par le car. 毦.

Ớt 楬⁽¹⁾. Piment (diverses espèces). (Formé des S. A. *mộc* 木, arbre, arbuste, et *yết* 遏, arrêter.)

Ớt muối ○ 槑, piment en saumure.

— *Ớt thứ nầy là cay lắm* ○ 次尼羅咳虞, les piments de cette espèce sont très forts. — *Ớt cứt chuột* ○ 結㹴, un petit piment dit « crotte de rat ».

P

Pha 陂*. Plateau élevé, sommet de colline, versant de montagne.

Thượng pha 上 ○, gravir une montagne, escalader un pic.

Pha 坡*. Digue, chaussée, obstacle; amas de terre, glacis, revêtement.

Pha 玻*. Substance transparente semblable à une pierre précieuse.

Pha li ○ 璃, verre, cristal. — *Đồ pha li* 圖 ○ 璃, verrerie, objet en verre.

Pha 葩. Mêler, mélanger, combiner, allier; syllabe complémentaire. (En S. A., fleur, corolle; se pron. *ba*.)

Pha nước ○ 渚, mélanger de l'eau, faire du thé. — *Pha nước trà* ○ 渚茶, préparer du thé. — *Pha chè* ○ 茶, id. — *Đất cát pha* 坦蒚 ○, terre meuble, terre mêlée de sable. — *Gièm pha* 讒 ○, diffamer, médire, déblatérer. — *Pha lửng* ○ 朝, plaisanter, amplifier. — *Pha phui* ○ 盃, disperser, faire cesser; prodigue. — *Nước pha lang sa* 渚 ○ 郎沙, la France. — *Người pha lang sa* 得 ○ 郎沙, un Français. — *Đức thánh pha pha* 德聖 ○ ○, sa sainteté le Pape.

Phá 破*. Briser, casser, détruire, défoncer, démolir; molester, ravager, disperser, mettre en pièces; abolir, annuler.

Khai phá 開 ○, fendre, ouvrir. — *Phá thành* ○ 城, saccager une ville. — *Khuấy phá* 快 ○, molester, vexer, importuner. — *Phá trận* ○ 陣, mettre en déroute, battre une armée. — *Phá tan* ○ 散, dévaster, ravager, détruire. — *Phá nát* 涅 ○, pulvériser, réduire à rien. — *Phá của* ○ 貼, gaspiller son bien. — *Phá nhà phá cửa* ○ 茄 ○ 劘, détruire une maison de fond en comble, ruiner complètement une famille. — *Phá hại người ta* ○ 害得些, ruiner les gens. — *Nó hay phá lắm* 奴咍 ○ 虞, il touche à tout, il dérange tout (se dit des enfants qui ne se tiennent pas tranquilles). — *Đừng có phá tôi* 停固 ○ 碎, ne me touchez pas, laissez-moi tranquille. — *Nói phá* 吶 ○, contredire. — *Phá luật* ○ 律, enfreindre la loi. — *Phá phép* ○ 法, ne pas respecter les coutumes. — *Trái phá* 頼 ○, obus, bombe, pétard. — *Phá biên* ○ 灣, détroit. — *Cái phá* 丐 ○, goulet.

Phà 啵. Exhaler, souffler, répandre (haleine, odeur); syllabe

⁽¹⁾ Se transcrit aussi par le car. 札.

complémentaire. (Formé des S. A. *khẩu* 口, bouche, et *pha* 坡, digue.)

Phà hơi rượu ○ 啼醅, lancer des bouffées de vin. — *Phà khói thuốc* ○ 熄菜, souffler de la fumée de tabac. — *Nói phì phà* 吶 肥 ○, manger ses mots en parlant, bredouiller.

Phả 頗 *. Tête penchée; de travers, oblique, inégal; assez, passable; suffisamment; part. conjonctive.

Phả hảo ○ 好, passablement beau, assez bon. — *Phả đa* ○ 多, beaucoup, en quantité suffisante.

Phác 僕 *. Bois simplement équarri, c.-à-d. non encore travaillé; objet commencé et non fini, toute chose simple, naturelle; sincère, vrai, réel; régulier, normal.

Phác thật ○ 實, candide, naturel, sincère, véridique. — *Chất phác* 質 ○, simple, honnête, qui a des qualités solides. — *Hậu phác* 厚 ○, nom d'une écorce employée en médecine (simarouba). — *Phác tiêu* ○ 硝, salpêtre pur.

Phác 朴 *. L'écorce de certains arbres; peut s'employer pour le car. précédent et réciproquement.

Lặng phác 朗 ○, paisible, bonace; calme plat. — *Ngay phác phác* 証 ○, droit, sincère, correct.

Phách 魄 *. Matière (par opposition à esprit, qui est *hồn* 魂); corporel, matériel; figure, forme, apparence.

Hình phách 形 ○, forme du corps. — *Tinh phách* 精 ○, vigueur physique. — *Hồn phách* 魂 ○, âme et corps, spirituel et matériel; les mânes. — *Phách quê* ○ 胜, corps sans âme.

Phách 珀 *. Ambre, succin. Voir *hổ*.

Hổ phách 琥 ○, l'ambre en général. — *Thủy phách* 水 ○, ambre d'eau. — *Minh phách* 明 ○, ambre brillant, clair et transparent. — *Huyết phách* 血 ○, ambre rose. — *Lạp phách* 蠟 ○, ambre jaune (succin ou carabé). — *Hoa phách* 花 ○, ambre veiné; litt., ambre à fleurs. — *Trong như hổ phách* 冲如琥 ○, transparent et clair comme de l'ambre. — *Một hạt hổ phách* 沒紇琥 ○, un grain d'ambre.

Phách 拍 *. Battre, frapper, toucher, jouer, faire retentir; crécelle.

Phách thủ ○ 手, battre des mains, donner un signal. — *Phách trường* ○ 張, jouer au volant. — *Trống phách* 䴏, instrument à percussion. — *Đánh phách* 打 ○, battre la crécelle. — *Nói phách* 吶 ○, faire le fanfaron en parlant, s'exprimer avec insolence. — *Làm phách* 濫 ○, se faire valoir, faire le malin. — *Chèo phách* 樐 ○, ramer à l'avant.

Phai 沛. Se perdre, s'évaporer, disparaître, s'évanouir. Voir *hoai*. (En S. A., grandes pluies; se pron. *phái*.)

Phai màu ○ 牟, se décolorer. — *Phai mùi* ○ 昧, couleur affaiblie. — *Chẳng phai* 庄 ○, qui ne se perd pas (se dit de la mémoire), ne pas oublier. — *Nào phai* 荷 ○, id. — *Có phai lòng* 固 ○ 悉, garder au cœur un souvenir.

Phái 沛*. Averses abondantes, grandes pluies; couler, se répandre (tout à coup); mouillé, humide, pluvieux. Voir *bái*.

Phái nhiên hạ vũ ○ 然下雨, la pluie se mit à tomber avec abondance. — *Phái ngải* ○ 艾, beau, gracieux, charmant, séduisant.

Phái 派*. Bras de rivière; cours d'eau qui se divise en plusieurs branches; rameau de famille; partager, distribuer; assigner, envoyer; déléguer, donner permis.

Ngạch phái 額 ○, embranchement de cours d'eau. — *Dòng phái* 洞 ○, race, lignée, descendance. — *Tông phái* 宗 ○, rameau de parenté. — *Đồng phái* 同 ○, du même rameau de parenté. — *Phái thơ* ○ 書, distribuer des lettres. — *Phan phái* 分 ○, résigner un poste. — *Quan khâm phái* 官欽 ○, commissaire du gouvernement. — *Kinh phái* 京 ○, délégué de la Cour. — *Phái viên* ○ 員, délégué, membre de commission. — *Phái nhơn* ○ 人, un chargé de mission. — *Phái tờ* ○ 詞, un permis, un ordre de route. — *Phái quan* ○ 官, décision, arrêté. — *Phê phái* 批 ○, signer ou viser un permis. — *Ra phái* 囉 ○, faire paraître une décision, publier un arrêté.

Phải 沛. Falloir, devoir (marque l'obligation); signe du passif; particule affirmative, oui, c'est juste, c'est très bien, c'est ce qui convient, c'est ce qu'il fallait. Voir *phái*. (En S. A., grandes pluies; se pron. *phái*.)

Có phải không 固 ○ 空, est-ce bien? n'est-ce pas? — *Không phải* 空 ○, non, ce n'est pas, ce n'est pas bien. — *Phải nói cho hết* ○ 吶朱歇, il faut tout dire, tout raconter. — *Phải ăn cho sống* ○ 咹朱耭, il faut manger pour vivre. — *Phải làm việc hoài* ○ 濫役懷, il faut travailler toujours. — *Cần tôi phải đi* 勤碎 ○ 扔, je dois m'en aller, il faut que je parte. — *Phải ngãi* ○ 義, justice immanente. — *Phải lẽ* 理, vraie raison. — *Phải chịu* ○ 召, il faut se soumettre. — *Phải lòng* ○ 悉, avoir le cœur pris, être amoureux. — *Phải ý* ○ 意, plaire, suivant le désir. — *Phải mà* ○ 麻, plût au ciel que. — *Phải chi* ○ 之, s'il arrivait que. — *Có phải ở đâu* 固 ○ 於兜, cela n'est pas, c'est faux; où voit-on que cela soit? — *Phải đòn* ○ 柿, être battu des verges. — *Phải ở tù* ○ 於囚, être condamné à la prison. — *Lời phải* 㗂 ○, paroles raisonnables, discours sensés. — *Phải thế* 勢, joli, plaisant, convenable, bienséant, très chic. — *Làm cho phải* 濫朱 ○, bien faire, bien agir. — *Phải lắm* ○ 廩, c'est parfait, c'est très bien.

Phay 劇. Haché, coupé, tailladé. (Du S. A. *phi*, même car., couper.)

Dao phay 刀 ○, coutelas, couperet, couteau de cuisine. — *Thịt phay* 胩 ○, hachis de viande. — *Đi phay phay* 扔 ○ ○, aller en hâte. — *Ăn phay phay* 咹 ○ ○, se presser de manger.

Pháy 沛. Menu, frêle, mince, délié (ne s'emploie qu'en composition). (En S. A., grandes pluies; se pron. *phái*.)

Mưa pháy 霤 ○, pluie très fine.

Phảy 沛. Trait de plume, coup de pinceau (lancé en montant ou en descendant et terminé en pointe). (Pour le car. en S. A. voir ci-dessus.)

Một chấm một phảy không sai 沒點沒○空差, un point, un trait, et tout est bien, tout est correct.

Phạm 范*. Herbe courte; gazon, pelouse; nom de famille.

Họ Phạm 后○, le nom générique de Phạm.

Phạm 犯*. Enfreindre, transgresser, violer, se rendre coupable de; contraire, opposé; faute, délit.

Phạm luật ○律, enfreindre la règle, transgresser la loi. — *Phạm phép* ○法, violer les lois et les usages. — *Phạm tội* ○罪, commettre une faute. — *Sự phạm đến* 事○典, attentat. — *Phạm thượng* ○上, offenser ses supérieurs, se rendre coupable du crime de lèse-majesté. — *Phạm địa* ○地, envahir le territoire, toucher au sol sacré. — *Phạm đến* ○典, porter la main sur quelque chose de sacré. — *Phạm nhơn* ○人, un criminel, un coupable. — *Thủ phạm* 首○, le principal coupable. — *Tùng phạm* 從○, un complice. — *Phạm sự thánh* ○事聖, toucher aux choses saintes, commettre un sacrilège. — *Lời phạm thượng* 㤩○上, blasphème. — *Phạm dao* ○刀, se couper (maladroitement) avec un couteau.

Phạm 範*. Règle, méthode, loi, usage; forme, moule, patron, exemple, modèle.

Mô phạm 模○, obstacle, empêchement. — *Phạm thường* ○常, règle invariable.

Phàm 凡*. Tout, tous; tout le monde, quiconque; le plus souvent; commun, vulgaire, banal; vil, méprisable.

Phàm nhơn ○人, le commun des mortels, un roturier. — *Phàm phu* ○夫, une personne vulgaire, un serf, un vilain. — *Phàm sự* ○事, une chose quelconque, une affaire banale. — *Phàm vật* ○物, toutes les choses en général. — *Phàm hèn* ○賤, vil, méprisable. — *Dân phàm* 民○, la plèbe, les gens du peuple. — *Loại phàm* 類○, abject. — *Phàm hí vô ích* ○戲無益, le jeu est vulgaire et chose inutile.

Phẩm 品*. Espèce, sorte; ordre, rang, degré; ranger par classe, disposer en ordre.

Phẩm loại ○類, les familles, les races. — *Phẩm vật* ○物, les genres, les espèces. — *Phẩm quan* ○官, les degrés du mandarinat, le rang des fonctionnaires[1]. — *Cửu phẩm* 九○, les neuf degrés du mandarinat. — *Đệ ngũ phẩm* 第五○, cinquième degré. — *Chánh ngũ phẩm* 正五○, la première classe du cinquième degré. — *Tùng lục phẩm* 從六○, la

---

[1] Il y a officiellement neuf degrés; mais, dans la pratique, on ne tient guère compte des deux derniers. Chaque degré se divise en deux classes : *chánh phẩm* 正品, première ou principale classe, *tùng phẩm* 從品, deuxième ou suivante classe. Pour les détails complets sur cette organisation, voir *La Cour de Hué et les principaux services du Gouvernement annamite*, du même auteur.

deuxième classe du sixième degré. — *Hạ phẩm* 下 ○, classe infime. — *Trung phẩm* 中 ○, classe moyenne. — *Thượng phẩm* 上 ○, haute classe, premier rang. — *Quá phẩm* 過 ○, supérieur à tout. — *Phẩm bình* ○ 平, classer, fixer le rang. — *Quả phẩm* 菓 ○, les fruits de la terre. — *Phẩm mục* ○ 目, table des matières, index d'un livre. — *Phẩm tánh* ○ 性, caractère, naturel, tempérament.

Phan 幡. Banderolle, bannière (avec broderies ou inscriptions).

Tam phan 三 ○, bannière à trois festons. — *Đề phan* 題 ○, les inscriptions d'une banderolle.

Phan 藩 *. Haie, palissade, clôture, entourage, défense, rempart; clos, couvert, protégé. Voir *phiên*.

Con phan 杆 ○, bois de palissade; pique; baguette divinatoire. — *Phan trấn quan* ○ 鎮官, gouverneur d'un district frontière. — *Phan phục* ○ 服, possessions d'outre-mer. — *Phan ti* ○ 司, bureau des tributs. — *Phan ri* ○ 哩, nom de lieu (Annam moyen).

Phan 蕃 *. Eau ayant servi à laver le riz; nom de famille.

Họ Phan 戶 ○, le nom générique de *Phan*. — *Phan thanh giảng* ○ 清 講, le nom du dernier gouverneur général annamite des provinces de l'ouest en Cochinchine.

Phan 扳 *. Saisir, tirer à soi; décrocher un objet suspendu en l'air.

Phạn 飯 *. La base de l'alimentation, le principal élément de la nourriture, c.-à-d. le riz cuit.

Phạn thực ○ 食, provisions de bouche. — *Vô phạn thực* 無 ○ 食, sans vivres, sans provisions. — *Cơm phạn* 餔 ○, riz cuit et préparé en boule pour les longs voyages, excursions, expéditions, etc.

Phán 判 *. Couper en deux, faire deux parts; diviser puis réunir ou joindre deux parties; juger, décider; parler (se dit seulement du roi et des grands personnages).

Phán hiệp ○ 合, unir, joindre. — *Thơ phán* 書 ○, talon de souche, chèque. — *Phán xét* ○ 察, juger, examiner, rendre une sentence (par le pouvoir suprême). — *Lời phán* 唎 ○, prescription, commandement. — *Phán dạy* ○ 㗂, commander, ordonner, enjoindre, prescrire. — *Phán bảo* ○ 保, id. — *Chúa phán* 主 ○, le seigneur ordonne. — *Ngự phán* 御 ○, le roi dit, sa majesté ordonne. — *Lệnh phán* 令 ○, id. — *Thông phán* 通 ○, traducteur des paroles (titre porté par le secrétaire général du chef des services administratifs et financiers d'une province ou *bố chánh sứ* 布政使; ce titre a été donné aux interprètes de nos gouverneurs généraux en Indo-Chine, et, par extension, à tous les interprètes principaux français et indigènes). — *Tòa thông phán* 座通 ○, le bureau d'un interprète principal.

Phản 樊 *. Retraite, recueillement.

Phàn 燓 *. Brûler, flamber; allumer, mettre le feu. Voir *phần*.

Phản nàn 難○, se repentir, regretter une faute commise.

Phản 礬*. Sels minéraux; sulfate, vitriol, alun. Voir *phèn*.

 Bạch phản 白○, vitriol blanc. — *Đảm phản* 膽○, vitriol bleu. — *Hắc phản* 黑○, vitriol noir. — *Thanh phản* 青○, sulfate de cuivre. — *Cổ phản* 固○, qui a de l'alun. — *Nhúng nước phản* 浸潸○, imprégner d'eau d'alun, tremper dans du vitriol.

Phản 反*. Agir à l'opposé de ce qu'on doit faire, se retourner contre, se soulever, se révolter.

 Tương phản 相○, se contrarier mutuellement, être en désaccord. — *Phản hồi* ○ 回, se retourner contre, revenir sur. — *Phản nguỵ* 僞○, rebelle, révolté, insurgé. — *Phản nghịch* ○ 逆, id. — *Làm phản* 濫○, s'insurger, se soulever, faire de l'opposition. — *Bình phản* 平○, apaiser une révolte, calmer un soulèvement.

Phản 返*. Revenir en arrière, retourner sur ses pas; regretter de.

 Phản hồi ○ 回, retourner, revenir à, se convertir. — *Phản phục* ○ 復, avancer et reculer. — *Phản thượng* ○ 上, remonter. — *Phản hạ* ○ 下, redescendre.

Phản 板. Plancher, élévation en planches, tréteaux. (Du S. A. *bản*, même car., travaux de menuiserie.)

 Phản ngựa ○ 馭, lit à tréteaux. — *Bệ phản* 陛○, estrade, plancher.

Phản 坂*. Rive, bord; versant de colline ou de montagne.

Phăn 紛. Faire entrer dans; retirer, tirer peu à peu; suivre, chercher. (Pour le car. en S. A., voir ci-dessous.)

 Phăn theo ○ 蹺, suivre dans l'obscurité. — *Phăn phăn rò* ○ ○ 疎, aller à l'aveuglette, marcher à tâtons. — *Hỏi phăn* 唏○, poser des questions inquisitoriales, serrer quelqu'un de près dans un interrogatoire. — *Phăn cho ra mối* ○ 朱囉綃, pousser des recherches jusqu'au résultat.

Phăn 紛*. Fils embrouillés, mêlés; désordre, confusion; bruit, clameurs, tapage, tumulte.

 Phăn phăn đa sự ○ ○ 多事, embrouillé dans de nombreuses affaires. — *Việc phăn phăn* 役○○, affaire compliquée. — *Phăn vân* ○ 紜, douteux, incertain; confusion, désordre.

Phân 坋*. Fumier, ordure; engrais pour la terre. Voir *phản*.

 Phân ngựa ○ 馭, crottin. — *Phân phường* ○ 坊, ordures des rues. — *Bỏ phân* 補○, fumer les terres. — *Đất phân* 坦○, terre fumée. — *Bỏ phân cho người ta* 補○朱得些, salir les gens (par de mauvais propos tenus sur leur compte).

Phân 分*. Partager, diviser; distinguer, discerner; dixième d'un taël; minute. Voir *phản*.

 Bình phân 平○, diviser en parts égales. — *Phân gia* ○ 家, partager les biens d'une maison. — *Đạo phản lưỡng cổ* 道○兩股, le chemin se divise en deux branches. — *Phân chia* ○ 分, diviser. — *Phân phát* ○ 發, distribuer. — *Phân ra* ○ 囉, partager; discerner. — *Phân biệt* ○ 別, séparer, distinguer. — *Phân li* ○ 離, se disjoindre, divorcer. — *Phân nhau* ○ 饒, se séparer. — *Phân liệt* ○ 列, démonter, défaire, déranger. — *Phân biện* ○ 辨, discerner. — *Phân minh* ○ 明, discerner clairement. — *Phân tâm* ○ 心, cœur hésitant, esprit indécis. — *Nhứt phân* 一 ○, une partie, une part, une portion. — *Phân định* ○ 定, statuer, décider. — *Phân binh* ○ 兵, disposer des troupes, poster des soldats. — *Phân quân* ○ 軍, id. — *Phân dịch* ○ 譯, traduire, transcrire, expliquer. — *Sự phân chia* 事 ○ 分, partage.

Phận 分 *. Sort, destinée, condition; ce qu'il faut faire. Voir *phiện*.

   Bổn phận 本 ○, sort, condition. — *Việc bổn phận* 役本 ○, les devoirs d'une condition. — *Chức phận* 職 ○, grade, emploi, situation officielle. — *Phước phận* 福 ○, heureux sort. — *Số phận* 數 ○, chance, fortune, destinée. — *Phận khó* ○ 若, triste sort, condition misérable. — *Phận anh tốt* ○ 嬰卒, vous avez de la chance. — *Phận cả* ○ 奢, sort illustre, condition magnifique, situation suprême. — *Phận làm tôi* ○ 濫碎, condition d'esclave. — *Phận minh* ○ 命, condition propre. — *Làm phận làm phước* 濫 ○ 濫福, faire l'aumône, faire le bien. — *Địa phận* 地 ○, territoire propre.

Phận 念 *. Se souvenir d'une offense, garder longtemps rancune; colère, haine, indignation.

Phận hờn ○ 恨, haine implacable. — *Phận nộ* ○ 怒, fureur, irritation.

Phấn 憤 *. Synonyme du précédent.

Phấn 奮 *. Manière d'agir vive et animée, mouvement rapide; impétueux, violent, bouillant.

   Phấn lực ○ 力, courageusement, ardemment. — *Phấn phát* ○ 發, allons, vivement! — *Nói phấn quá* 吶 ○ 過, parler avec distinction, s'exprimer avec beaucoup d'élégance. — *Làm cho phấn* 濫朱 ○, faire lestement, agir avec désinvolture. — *Mừng phấn* 忉 ○, ravi, radieux, enchanté.

Phấn 粉 *. Poudre de riz, farine; fard rouge pour le teint; craie; riche, brillant, luisant, coloré.

   Giồi phấn 抹 ○, mettre du fard. — *Bổ phấn* 補 ○, poudrer. — *Mạt phấn* 抹 ○, fardé de blanc. — *Mạt phấn mạt yên* 抹 ○ 抹胭, fardé de blanc et de rouge. — *Bạch phấn* 白 ○, craie blanche. — *Phấn chì* ○ 鈹, antimoine, céruse. — *Cây hoa phấn* 核花 ○, nom d'arbre.

Phấn 扮 *. Prendre avec la main; tirer, agiter, secouer, remuer.

Phần 分 *. Part, portion. Voir *phân*.

   Chia phần 分 ○, diviser, faire des parts. — *Ăn phần* 唆 ○, participer, prendre sa part. — *Tư phần* 自 ○, partiel, partiellement. — *Để phần* 底 ○, laisser sa part. — *Phần thủ* ○ 守, un impôt de navigation qui se payait en passant devant certains postes établis sur les grands fleuves. — *Bội phần* 倍 ○, beaucoup, large-

8.

ment. — *Phần thưởng* ○ 賞, récompense, prime, gratification. — *Phần hương hỏa* ○ 香火, part d'héritage réservée à l'aîné pour subvenir aux frais du culte des ancêtres; litt., part pour l'encens et le feu. — *Phần lớn* ○ 客, grande part. — *Phần nhiều* ○ 饒, id. — *Phần nhỏ* ○ 尨, petite part. — *Phần ít* ○ 丞, id. — *Nửa phần* 烊 ○, la moitié d'une part. — *Một phần trong bốn* 没 ○ 冲累, un quart, la quatrième partie. — *Về phần tôi* 衛 ○ 碎, pour ce qui est de moi, en ce qui me concerne, quant à ma part.

Phần 燓 et 焚 *. Brûler, flamber; mettre le feu, allumer, incendier.

Phần hóa ○ 化, brûler, consumer. — *Phần hương* ○ 香, allumer les baguettes odorantes, brûler de l'encens (pour le culte des ancêtres). — *Phần lâm* ○ 林, mettre le feu à une forêt. — *Phần điền* ○ 田, mettre le feu aux herbes sèches d'une rizière.

Phần 墳 *. Élévation de terre, monticule, butte, digue, tumulus; grand, haut, monumental.

Phần mộ ○ 墓, tombe, sépulture. — *Phong phần* 封 ○, ensevelir, enterrer. — *Tam phần* 三 ○, les trois grandes choses : *thiên* 天, le ciel; *địa* 地, la terre; *nhơn* 人, l'homme. — *Phần trũng cao đại* ○ 塚高大, un monument funéraire grandiose, un mausolée royal.

Phần 糞 *. Excrément, fumier, engrais; fumer le sol, engraisser la terre. Voir *phán* 坋.

Phần món ○ 門, l'anus. — *Thượng phần* 上 ○, fumer la terre. — *Phần địa* ○ 地, latrines. — *Phần trừ* ○ 除, nettoyer, mettre en état (maison). — *Hoa phần* 花 ○, belle-de-nuit, réséda.

Phang 方 *. Vaste espace, grand carré, région. Voir *phương*.

Phang 扔. Jeter, lancer; raboter, amincir, racler, pulvériser, polir, frotter, rendre lisse et très luisant. (Du S. A. *phán*, même car., remuer.)

Phang ngang ○ 昂, frapper de tous côtés. — *Đánh phang ngang* 打 ○ 昂, battre à tort et à travers. — *Nói phang ngang* 吶 ○ 昂, parler sans rime ni raison.

Phãng 鎊. Faux, faucille, serpe, grand couteau. (Formé des S. A. *kim* 金, métal, et *bàn* 旁, latéral.)

Đàng phãng 唐 ○, espace libre; chemin ou passage débroussaillé.

Phăng 冰. Tout droit, d'un trait. (En S. A., gelé, glacé; se pron. *băng*.)

Đi phăng phăng 迻 ○ ○, aller tout droit, partir d'un trait.

Phẳng 凭. Syllabe complémentaire. (Du S. A. *bằng*, même car., confiance.)

Phẳng lặng ○ 朗, tranquille, paisible, confiant. — *Bằng phẳng* 朋 ○, uni, égal, sur le même plan.

Phảng 烽 [1]. Monter, s'élever; s'enflammer, s'échauffer, se fâcher.

---

[1] Se transcrit aussi par le car. 烊.

(Du S. A. *phong*, même car., feu allumé.)

Lửa phảng 烰 ○, feu, ardent. — *Phảng lên* ○ 遷, les flammes montent, s'élèvent. — *Phảng phảng* ○ ○, toujours, constamment; abondamment. — *Phảng gan* ○ 肝, échauffé, excité, poussé à bout. — *Mặt phảng phảng* 靤 ○ ○, visage furieux, air courroucé.

Phanh 烹 *. Faire cuire, faire bouillir. A. V. Jeter çà et là, détruire, disperser; manqué, mal fait.

Phanh phúi ○ 配, dissiper, gaspiller. — *Phanh ra* ○ 囉, étendre, étaler. — *Nói phanh phúi ra* 吶 ○ 配 囉, ébruiter, divulguer.

Phành 烹. Ouvrir, déplacer, écarter, déranger, marquer, tracer un trait. (Pour le car. en S. A., voir ci-dessus.)

Phành áo ○ 襖, ouvrir son habit. — *Phành miệng* ○ 口, ouvrir démesurément la bouche ou la gueule d'un air menaçant.

Phao 拋 *. Projeter en avant, lancer sur, jeter à; apparaître, faire saillie; bouée, balise.

Phao neo ○ 錨, jeter l'ancre. — *Phao xa* ○ 車, char de guerre pour lancer des projectiles à l'ennemi. — *Phao tay* ○ 拁, phalange unguéale. — *Phao lưới* ○ 縺, jeter les filets. — *Phao vu* ○ 誣, répandre des calomnies. — *Lổng phao* 榒 ○, dissipateur, gaspilleur.

Pháo 砲 *. Machine pour lancer des pierres, baliste, catapulte; canons, pièces d'artifice, pétards, fusées et en général tout ce qui concerne la pyrotechnie.

Pháo thủ ○ 手, artillerie. — *Binh pháo thủ* 兵 ○ 手, artilleur. — *Pháo xa* ○ 車, char de guerre. — *Đại pháo* 大 ○, grand canon. — *Pháo đại* ○ 大, gros pétard, bombe. — *Pháo tre* ○ 榒, pétard en bambou. — *Pháo thăng thiên* ○ 升天, fusée. — *Đốt pháo* 烰 ○, allumer des pétards, lancer des fusées. — *Cà pháo* 榒 ○, espèce d'aubergine. — *Nói pháo* 吶 ○, chercher les effets en parlant.

Phào 拋. Syllabe complémentaire. (En S. A., jeter, lancer; se pron. *phao*.)

Tầm phào 尋 ○, mal disposé, peu sûr. — *Nói tầm phào* 吶 尋 ○, parler sans aucune réserve, dire des choses peu convenables.

Phảo 剖. Ne s'emploie pas seul. (En S. A., couper en deux; se pron. *phẫu*.)

Phảo phảo ○ ○, désirer quelque chose, avoir envie de quelque chose.

Phạp 乏 *. Avoir besoin, manquer, faire défaut; pauvreté, pénurie, extrémité; las, fatigué, harassé.

Cùng phạp 窮 ○, réduit à la dernière extrémité. — *Bần phạp* 貧 ○, id. — *Đa phạp* 多 ○, rompu, brisé.

Pháp 法 *. Règle, loi; puissance, pouvoir; modèle, méthode; science, procédé. Voir *phép*.

Pháp môn ○ 門, règles des bouddhistes. — *Phật pháp* 佛 ○, id. — *Pháp luật* ○ 律, lois en général. — *Quan pháp* 官 ○, id. — *Hình pháp* 刑 ○, lois pénales. — *Quốc pháp*

國 ○, lois et usages de la nation. — *Đại pháp quốc* 大 ○ 國, grande puissance; expression officielle employée par les Chinois et les Annamites pour désigner la nation française. — *Thầy pháp* 柴 ○, sorcier, devin.

Phăp 乏. Onomatopée pour exprimer le bruit d'un sabre tranchant d'un bon coup sec et dans le mou. (En S. A., avoir besoin; se pron. *phạp*.)

Nghe tiếng phăp thì thôi 瞠 嗜 ○ 時 崔, on entendit *phăp*, et ce fut tout.

Phạp 乏. Syllabe complémentaire. (Pour le car. en S. A., voir ci-dessus.)

Phạp phồng ○ 蓬, se soulever, se boursoufler, se gonfler. — *Phạp phềnh* ○ 泙, grossir, augmenter.

Phạt 罰*. Punir, condamner, infliger un châtiment.

Hình phạt 刑 ○, peine, condamnation, supplice. — *Án phạt* 案 ○, condamnation, sentence. — *Phạt tù* ○ 囚, condamner à la prison. — *Phạt vạ* ○ 禍, condamner à l'amende. — *Phạt làm gương* ○ 濫 銅, punir pour l'exemple. — *Mắc phạt* 縸 ○, subir une peine, être en prison. — *Sửa phạt* 使 ○, corriger, châtier, amender. — *Đáng phạt* 當 ○, mériter une punition. — *Nó đã bị phạt* 奴 㐌 被 ○, il a déjà été condamné. — *Quở phạt* 喙 ○, réprimander, réprimer, reprendre avec autorité.

Phạt 伐*. Attaquer, se battre; abattre, détruire, soumettre, punir; se vanter; contraindre, forcer.

Phạt mộc ○ 木, abattre un arbre.

— *Phạt tội* ○ 罪, punir une faute. — *Sát phạt* 殺 ○, tuer, massacrer, détruire. — *Công phạt* 攻 ○, se ruer les uns sur les autres. — *Chinh phạt* 征 ○, s'insurger, se révolter.

Phạt 筏*. Bambous liés ensemble et formant un radeau.

Phát 發*. Faire partir, envoyer, distribuer, tirer, lancer; tailler, débroussailler; se produire, se manifester, éclater.

Phát lưu ○ 流, exiler, déporter, bannir. — *Phát binh* ○ 兵, faire partir des troupes. — *Phát khiển* ○ 遣, envoyer des présents. — *Phát mại* ○ 賣, mettre en vente. — *Phân phát* 分 ○, faire des parts, distribuer. — *Phát lương* ○ 糧, distribuer les rations, faire la solde. — *Một phát súng* 沒 ○ 銃, un coup de feu (fusil, canon). — *Phấn phát* 奮 ○, vivement! lestement! — *Phát rừng* ○ 棱, déboiser. — *Ruộng phát* 曨 ○, champ éclairci. — *Phát cây* ○ 核, ébrancher, émonder, élaguer. — *Phát rẫy* ○ 擶, enlever les ronces, débroussailler. — *Phát bệnh* ○ 病, prendre mal, attraper une maladie. — *Phát phung* ○ 瘋, être frappé de la lèpre. — *Khỉ phát* 起 ○, commencer à croître, à pousser (plantes); augmenter de volume. — *Phát minh* ○ 明, expliquer, commenter, éclaircir. — *Phát giác* ○ 覺, clair, manifeste; éclater. — *Phát ra* ○ 囉, répandre, se répandre. — *Phát tiếng* ○ 嗜, faire entendre un bruit. — *Phát nghi* ○ 疑, concevoir des doutes, naître des soupçons. — *Sự phát phân thưởng* 事 ○ 分 賞, distribution de prix, distribution de récompenses. — *Phát lạnh* ○ 冷, avoir des frissons, sentir les approches de la fièvre.

Phát 髮*. Poils, cheveux; herbe, végétation, gazon, mousse.

Mao phát 毛○, poils et cheveux. — *Thúc phát* 束○, lier la chevelure. — *Thế phát* 剃○, couper la chevelure. — *Tước phát* 削○, raser (tête), tondre (gazon). — *Thạch phát* 石○, la mousse ou la végétation qui vient sur les pierres.

Phát 髴*. Cheveux embrouillés; au fig., désordre, trouble, confusion.

Phật 佛*. Le nom du fondateur de la doctrine de Phật ou Bouddha.

Đạo phật 道○, doctrine bouddhique. — *Phật môn* ○ 門, disciples de Bouddha, bouddhistes. — *Phật pháp* ○ 法, la loi des bouddhistes. — *Mô phật* 無○, ò Bouddha! (invocation des bonzes). — *Tây phương phật* 西方○, le pays de Bouddha, l'Inde. — *Phật quốc* ○ 國, id.

Phát 弗*. Non, ne pas; au contraire; feindre, simuler; troubler.

Phát 拂*. Agiter, remuer, secouer; contrarier; épousseter, brosser.

Phát qua phát lại ○ 戈 ○ 更, flotter de côté et d'autre. — *Gió phát phát* 逾○○, légèrement agité par le vent. — *Phát cờ* ○ 旗, faire flotter un drapeau, agiter un étendard. — *Phát nhơn tánh* ○ 人性, contrarier le naturel de quelqu'un. — *Phát thủ* ○ 手, plumeau, brosse.

Phát 彿*. Semblable à, comme si; à peu près égal, presque pareil.

Phát phưởng ○ 彷, par exemple; à peu près semblable.

Phau 拋. Syllabe complémentaire. (Du S. A. *phao*, même car., apparaître.)

Tráng phau phau 猩○○, qui apparaît tout blanc, qui se montre éclatant de blancheur.

Phậu 倍*. Augmenter, doubler; employé pour désigner la suivante de la reine. Voir *bội*.

Phầu 抔*. Prendre à pleines mains (avec les mains jointes et formant conque, comme pour boire, prendre des grains, de la terre, etc.).

Phầu thổ ○ 土, prendre de la terre à pleines poignées.

Phầu 絉*. Habits de soie, beaux vêtements, robes élégantes.

Phầu 呸*. Respirer ou aspirer longuement, à pleins poumons.

Phầu 坏*. Amas de terre, petite éminence, monticule.

Phầu 剖*. Couper, trancher, fendre, ouvrir, défoncer, creuser.

Phầu 缶*. Poteries en général; vase en terre, cruche. Car. radical.

Phe 批. Parti, coterie, faction, côté; contracter; mot complémentaire. (Du S. A. *phê*, même car., pacte, contrat.)

Phe đẳng ○ 黨, bande, association. — *Phe nam* ○ 男, côté des hommes. — *Phe nữ* ○ 女, côté des femmes. — *Lãnh phe* 領 ○, prendre à bail. — *Lập phe* 立 ○, passer un acte, faire un contrat, former une association. — *Giáp phe* 由 ○, chef de parti. — *Chia phe* 抣 ○, se diviser en factions. — *Cà phe* 榾 ○, café.

Phế 潰 *. Eaux qui coulent abondamment, pluies torrentielles.

Đầy phế phế 苦 ○ ○, plein, à pleins bords; qui regorge.

Phê 批 *. Pousser avec la main; voir, comparer, puis décider par un geste; approuver après examen, revoir et viser un document officiel; pacte, contrat, bail.

Phê chuẩn ○ 准, approuver, viser, accorder. — *Phê phú* ○ 付, apposer sa griffe pour approuver, apostiller, viser, certifier conforme. — *Phê đơn* ○ 單, viser une demande, apostiller un placet. — *Phê minh* ○ 明, tirer au clair (affaire), critiquer, commenter. — *Thủ phê* 手 ○, confirmer un fait avec la main; donner un soufflet. — *Châu phê* 朱 ○, approbation du souverain (en rouge). — *Vua châu phê* 希 朱 ○, le roi approuve. — *Chử phê phú* 字 ○ 付, visa, apostille. — *Văn phê* 文 ○, id.

Phệ 吠 *. Chien qui aboie; aboiements ou cris prolongés.

Phế 肺 *. Les poumons. Voir *phổi*.

Phế kim ○ 金, viscères de métal (nom donné aux poumons). — *Phế phủ* ○ 腑, intestins. — *Tâm phế* 心 ○, cœur et poumons. — *Phế can* ○ 肝, poumons et foie. — *Phế trường* ○ 腸, entrailles et poumons; au fig., désir, volonté, intention.

Phế 廢 *. Maison qui tombe en ruines; au fig., tomber en désuétude, abandonner, rejeter, délaisser, négliger.

Phế vật ○ 物, un rien, une chose inutile, un objet sans valeur. — *Phế nhơn* ○ 人, gens déclassés, êtres inutiles, infirmes. — *Phế sự* ○ 事, délaisser les affaires, négliger ses occupations. — *Lưu phế* 留 ○, laisser courir, laisser aller; délaisser, négliger. — *Phế rẫy* ○ 禮, laisser dans un complet abandon. — *Hoang phế* 荒 ○, au repos, sans culture (se dit des terres abandonnées depuis plus de cinq ans). — *Cữu kinh hoang phế* 久 經 荒 ○, un registre sur lequel on inscrit les terres non cultivées.

Phệch 辟. Onomatopée. Voir *phịch*.

Phéch 拍. Syllabe complémentaire. (En S. A., frapper; se pron. *phách*.)

Trắng phéch 鼻 ○, très blanc.

Phen 番. Tour, fois; suivre, imiter; lutter, rivaliser. (Du S. A. *phiên*, même car., même signification.)

Ba phen 叵 ○, trois fois. — *Một hai phen* 沒 缸 ○, quelquefois. — *Phen nầy* ○ 尼, cette fois. — *Phen sau* ○ 箕, la prochaine fois. — *Nhiều phen* 饒 ○, plusieurs fois. — *Phen nào* ○ 冇, quand? — *Phen theo* ○ 跳, suivre, imiter. — *Phen đua* ○ 都, chercher à vaincre, rivaliser.

Phèn 攀*. Sels minéraux, alun, vitriol; nom de poisson. Voir *phàn*.

Đát phèn 坦 ○, terre contenant de l'alun. — *Nhúng nước phèn* 滅 湝 ○, aluner. — *Phèn chua* ○ 珠, vitriol blanc. — *Phèn xanh* ○ 檸, vert-de-gris. — *Đàng phèn* 糖 ○, sucre candi. — *Có phèn* 固 ○, aluné, vitriolé. — *Lóng phèn* 弄 ○, clarifié par l'alun. — *Cá phèn* 魰 ○, le nom d'un poisson d'eau douce.

Phèn 牖. Store, natte, claie, treillis. (Formé des S. A. *phiến* 片, éclat de bois, et *phiên* 番, tour, fois.)

Phèn vách ○ 壁, cloison mobile à jour. — *Mui phèn* 梅 ○, couverture de barque en treillis.

Phện 抌. Battre, frapper. (Du S. A. *biện*, même car., même signification.)

Phện roi ○ 擂, battre des verges.

Phềnh 泙. Monter, grossir, augmenter. Voir *phình*. (Du S. A. *bình*, même car., torrent qui se précipite.)

Nói phềnh 浽 ○, se gonfler, se soulever. — *Pháp phềnh* 乏 ○, id. — *Giận phềnh gan* 悙 ○ 肝, se mettre dans une furieuse colère.

Pheo 漂. Syllabe complémentaire. (En S. A., ballotté (flot); se pron. *phiêu*.)

Leo pheo 蹽 ○, peu serré, espacé. — *Tre pheo* 栁 ○, treillis de bambou.

Phèo 嫖. Intestin; ventre. Voir *ruột*. (En S. A., léger, coureur; se pron. *phiêu*.)

Tâm phèo 心 ○, dépravé, vicieux.

Phép 法*. Règle, loi, puissance, science; usages, coutumes; autorisation, permission. Voir *pháp*.

Phép luật ○ 律, les lois et règlements. — *Phép tắc vô cùng* ○ 則無窮, tout-puissant. — *Phép thông linh* ○ 通靈, pouvoir mystérieux. — *Phép lạ* ○ 邏, miracle. — *Làm phép* 濫 ○, bénir, consacrer. — *Làm phép lạ* 濫 ○ 邏, faire des miracles. — *Kẻ làm phép thuật* 几 濫 ○ 術, prestidigitateur, magicien. — *Có phép* 固 ○, avoir du savoir-vivre; avoir le droit de, être autorisé à. — *Vô phép* 無 ○, sans éducation, grossier, impoli. — *Biết phép* 別 ○, connaître les usages, être poli, bien élevé. — *Phép thiên văn* ○ 天文, la science astronomique. — *Phép cách vật* ○ 格物, la chimie. — *Phép toán* ○ 算, arithmétique. — *Phép cọng* ○ 共, addition. — *Phép trừ* ○ 除, soustraction. — *Phép nhơn* ○ 仁, multiplication. — *Phép chia* ○ 姈, division. — *Bốn phép* 罘 ○, les quatre règles. — *Phép đo đất* ○ 度 坦, arpentage, géométrie. — *Xin phép* 嗔 ○, demander une permission. — *Cho phép* 朱 ○, donner une permission, octroyer un droit. — *Phép an nam* ○ 安南, les usages annamites.

Phẹt 筏. Onomatopée; bruit d'un petit jet de salive lancé au loin. (En S. A., bambous liés; se pron. *phạt*.)

Giỏ phẹt 哇 ○, cracher, saliver.

Phét 嗳. Tout à coup, à l'improviste. (Formé des S. A. *khẩu* 口, bouche, et *phát* 發, partir, éclater.)

Măng phét 嘩 ○, se répandre en injures contre quelqu'un. — *Chạy phét* 趏 ○, s'enfuir tout à coup. — *Nói phét* 呐 ○, se vanter.

Phét 筏. Une espèce de saumure. (En S. A., bambous joints; se pron. *phạt*.)

Phét 發. Faire un trait avec la plume ou le pinceau; déployer, étaler, lancer; mœurs, manière de vivre. (Du S. A. *phát*, même car., tirer, lancer.)

Phét một cái ○ 沒 丐, donner un coup de pinceau. — *Phét thuốc* ○ 葉, appliquer un remède. — *Phét đất* ○ 坦, qui pend ou qui traîne jusqu'à terre. — *Phê phét* 批 ○, allongé, diffus. — *Nét phét* 涅 ○, trait de pinceau (lancé à droite ou à gauche). — *Phét hồ* ○ 糊, coller. — *Phét đòn* ○ 柹, taper sur; battre, brosser. — *Cách phét* 格 ○, manière de faire.

Phếu 漂. Syllabe complémentaire. (Du S. A. *phiêu*, même car., flotter.)

Nổi phếu 浚 ○, surnager.

Phếu 嫖. Syllabe complémentaire. (En S. A., léger; se pron. *phiếu*.)

Trắng phếu 皐 ○, très blanc.

Phếu 漂. Syllabe complémentaire. (En S. A., ballotter; se pron. *phiếu*.)

Phếu phào ○ 抛, mal arrangé, mal disposé, fait sans aucun soin.

Phi 剔 *. Peler, racler, écorcher.

Phi 丕 *. Grand, vaste; illustre, glorieux; célébrité, renommée.

Phi 坯 *. Brique ou poterie encore fraîche, sortant du moule.

Phi 妃 *. Compagne, épouse, associée; titre donné aux concubines impériales et quelquefois à l'impératrice elle-même.

Hoàng quí phi 皇貴 ○, précieuse compagne. — *Thứ phi* 次 ○, seconde femme du roi. — *Cung phi* 宮 ○, les dames du harem. — *Vương phi* 王 ○, l'épouse du prince héritier. — *Thiên phi* 天 ○, une déesse des marins.

Phi 飛 *. Le vol rapide des oiseaux; fuir à tire-d'aile; voler, fuir, aller vite; faire disparaître, nettoyer. Car. radical.

Phi điểu ○ 鳥, oiseaux qui volent. — *Phi long* ○ 龍, dragon volant. — *Phi yến* ○ 燕, vol rapide de l'hirondelle. — *Cao phi* 高 ○, voler haut. — *Phi khứ* ○ 去, s'enfuir, disparaître. — *Tâm phi* 心 ○, se transporter par la pensée. — *Phi mã* ○ 馬, la vitesse du cheval. — *Bài phi* 牌 ○, jeu de cartes. — *Phi vàng* ○ 鑽, nettoyer l'or. — *Phi bạc* ○ 薄, nettoyer l'argent.

Phi 披 *. Rejeter; ouvrir, découvrir.

Phi khai ○ 開, fendre, défoncer. — *Phi sơn* ○ 山, pratiquer un passage au travers des montagnes.

Phi 非 *. Choses contraires ou qui s'opposent; tourner le dos; si ce n'est, à moins que; contraire, faux; non, ne pas. Car. radical.

Lời thị phi 唎是 ○, fausses allégations. — *Phi thị* ○ 是, qui n'est pas. — *Bổn phi* 本 ○, sans intention. — *Sự phi lý* 事 ○ 理, absurdité. — *Phi lễ* ○ 禮, blessant, inconvenant, grossier, contraire à l'honnêteté. — *Phi ngāi* ○ 義, ingrat. — *Vô phi* 無 ○, rien ne s'oppose à.

Phi 菲*. Herbes odorantes; plantes légumineuses, navet, rave.

Phương phi 芳 ○, riche végétation.

Phi 費*. Dépenser, dissiper, gaspiller; se servir de, user, employer.

Phá phi 破 ○, dissiper. — *Phi dụng* ○ 用, employer ses ressources; dépenses d'ordre. — *Phi của* ○ 貼, dissiper son bien, gaspiller son avoir. — *Phi thi* ○ 時, perdre son temps. — *Sự xài phi* 事 喋 ○, prodigalités, dépenses exagérées. — *Phi công* ○ 功, perdre sa peine. — *Phi tâm* ○ 心, se dépenser, se prodiguer. — *Phi sự* ○ 事, se donner du mal, prendre de la peine.

Phi 肥*. Gras, potelé, replet, bien en chair; riche, opulent, abondant; fécond, fertile.

Phi đại ○ 大, gros, corpulent, énorme, obèse. — *Phi mĩ* ○ 美, beau, dodu, de bonne mine, de formes harmonieuses. — *Phát phi* 發 ○, engraisser, grossir. — *Phi điền* ○ 田, terres grasses, champs fertiles. — *Thượng phi* 上 ○, mettre de l'engrais.

Phi 匪*. Grand panier en osier; contraire, illégal, séditieux; non, ne pas; orné, agréable, plaisant.

Phi chí ○ 志, qui donne pleine satisfaction. — *Phi ý* ○ 意, id. — *Phi lòng phi dạ* ○ 悉 ○ 脆, au comble de ses vœux. — *Phi phới* ○ 沛, transporté de joie. — *Đã phi con*

mắt 饱 ○ 昆 𣠲, rassasier ses yeux de. — *Phi sắc* ○ 色, bigarré, de diverses couleurs. — *Phi sức* ○ 飭, de toute force, de belle venue.

Phỉ 誹*. Dire du mal de, déblatérer, calomnier, médire, dénigrer.

Phỉ 韭*. Oignon, ciboule. Voir *civu*.

Phía 費. Côté, partie, direction; préposition qui marque tendance. (En S. A., user, dépenser; se pron. *phí*.)

Phía nam ○ 南, vers le sud. — *Phía tây* ○ 西, du côté de l'ouest. — *Bốn phía* 眾 ○, quatre côtés. — *Bốn phía bằng nhau* 眾 ○ 朋 饒, parallélogramme. — *Anh đi phía nào* 嬰 移 ○ 箣, de quel côté allez-vous?

Phịch 辟. Onomatopée; bruit sourd, étouffé, comme: pouf! Voir *phệch*. (En S. A., loi, règle; se pron. *tịch*.)

Võ phịch phịch 撫 ○ ○, donner des claques. — *Mặt phịch* 麵 ○, stupide.

Phích 拍. Syllabe complémentaire. (En S. A., battre, frapper; se pron. *phách*.)

Trắng phích 韗 ○, très blanc.

Phiếm 汎*. Flotter sur l'eau, voguer sans direction; errer çà et là, sans but déterminé; léger, insouciant.

Phiên 番*. Répéter, refaire, renouveler; tour, fois; nom de certaines tribus sauvages voisines de la Chine; sauvage, barbare, étranger.

Nhứt phiên 一 ○, une fois. — *Tam phiên lưỡng thứ* 三 ○ 兩 次, plusieurs fois, à maintes reprises. — *Tiên phiên* 前 ○, antérieurement. — *Luân phiên* 輪 ○, tour à tour. — *Cắt phiên* 割 ○, assigner un tour, attribuer un rôle. — *Theo phiên thứ* 蹺 ○ 次, à tour de rôle. — *Thay phiên* 台 ○, alternativement; changer, renouveler, relever (sentinelle). — *Chợ phiên* 胬 ○, foire. — *Phiên canh* ○ 更, tour de veille, tour de faction. — *Phiên nhơn* ○ 人, terme de mépris pour désigner les étrangers. — *Phiên sự* ○ 事, l'ensemble d'une affaire.

Phiên 藩 *. Herbes poussant abondamment; haie, entourage, barricade; clôturer, défendre; pays limitrophe. Voir *phan*.

    Phiên trấn ○ 鎮, gouverneur d'un petit État frontière. — *Phiên mậu* ○ 茂, luxuriant, abondant, prospère, riche. — *Thảo mộc phiên* 草木 ○, très belle végétation.

Phiên 燔 *. Faire rôtir, griller, frire; approcher quelque chose du feu.

Phiên 翻 *. Voler en l'air; aller et venir; changer, modifier, retoucher, reviser, refaire; revenir sur une décision, revenir en arrière.

Phiên 番. Syllabe complémentaire. (En S. A., répéter; se pron. *phiên*.)

    A phiện 阿 ○, opium. Voir *nha phiện*.

Phiện 分 *. Sort, condition; ce qu'il faut faire, le devoir. Voir *phận*.

Phiến 扇 *. Écran, volet, éventail.

Phiến 片 *. Éclat de bois, copeau; morceau, fragment; feuille, pétale. Car. radical.

    Ngõa phiến 瓦 ○, tesson, fragment. — *Danh phiến* 名 ○, carte de visite. — *Trà phiến* 茶 ○, feuilles de thé. — *Nha phiến* 牙 ○, opium. — *Phiến ngôn* ○ 言, simple mot, seule parole, bref discours. — *Phiến thì* ○ 時, très petit espace de temps. — *Phiến từ* ○ 詞, un document.

Phiến 騙 *. Châtrer un cheval.

Phiến 播 *. Tombeau, sépulture.

Phiến 襎 et 膰 *. Viandes préparées pour les offrandes aux esprits et certaines cérémonies du culte des ancêtres.

Phiền 繁 *. Beaucoup, plusieurs; souvent, fréquemment.

Phiền 煩 *. Peine, chagrin, tourment, fatigue; ennuyer, incommoder, importuner.

    Phiền muộn ○ 悶, triste, morose. — *Đại phiền* 大 ○, forte peine, grand chagrin. — *Phiền lao* ○ 勞, peine, chagrin; ennuyer, importuner, gêner, être à charge. — *Phiền sầu* ○ 愁, id. — *Phiền lòng* ○ 悲, cœur plein de tristesse. — *Xin ông chịu phiền* 嗔翁召 ○, veuillez tolérer que, souffrez que. — *Dám phiền* 敢 ○, je me permets de vous importuner. — *Giản phiền* 簡 ○, alléger une peine, diminuer un chagrin.

Phiền 繙 *. Étendre, agiter, faire

flotter un drapeau au vent; expliquer, interpréter, commenter.

Phiên kinh ○ 經, tourner les feuillets d'un livre; lire, traduire. — *Phiên dịch quan* ○ 譯官, interprète du gouvernement, traducteur officiel.

Phiét 丿*. Trait courbé à gauche. Car. radical. Voir *biét*.

Phiêu 漂*. Ballotté par les flots, soulevé par les vagues; froid, glacé; blanchir le linge.

Phiêu dương ○ 洋, courir les mers. — *Phiêu hải* ○ 海, id. — *Phiêu nhơn* ○ 人, un blanchisseur.

Phiêu 嫖*. Léger de caractère; qui aime à vagabonder, s'amuser à courir les femmes.

Phiêu 嘌*. Sans règle, sans retenue; inconsidérément, irrégulièrement (synonyme du précédent).

Phiêu 票*. Léger, frivole; fragile.

Phím 柊. Sillet; la languette d'un hautbois. (Formé des S. A. *mộc* 木, arbre, et *phạp* 乏, besoin.)

Phím đờn ○ 彈, sillet de violon.

Phình 泙. Monter, grossir, se soulever. Voir *phềnh*. (Du S. A. *bình*, même car., eaux torrentielles.)

Phỉnh 吶. Simuler, tromper, duper. (Formé des S. A. *khẩu* 口, bouche, et *bính* 丙, car. cyclique.)

Nói phỉnh 吶 ○, cajoler, flatter. — *Phỉnh dỗ* ○ 誘, amadouer; tromper en caressant.

Pho 哺 [1]. Ouvrage en plusieurs volumes; mot complémentaire. (En S. A., graver; se pron. *bộ*.)

Pho sách ○ 冊, assemblage de livres. — *Nó hay ngáy pho pho* 奴 哈 碍 ○ ○, il a l'habitude de ronfler.

Phó 赴*. Marcher, aller, accourir, se hâter, se dépêcher, faire diligence, montrer de l'empressement.

Phó thủy ○ 水, courir les mers. — *Phó sứ* ○ 使, un serviteur diligent, un courrier rapide, un exprès. — *Phó khứ* ○ 去, s'enfuir, se sauver, se hâter vers.

Phó 傅*. Maître enseignant, précepteur, professeur, artiste.

Phó 副*. Qui vient après le premier rang; second, aide, adjoint, lieutenant; aider, assister, seconder.

Chánh phó 正 ○, premier et second, chef et sous-chef. — *Quan phó sứ* 官 ○ 使, deuxième ambassadeur. — *Phó tham biện* ○ 參辨, administrateur adjoint (Cochinchine). — *Phó lãnh sự* ○ 領事, vice-consul. — *Phó tổng* ○ 總, sous-chef de canton. — *Phó quản* ○ 管, sous-lieutenant des milices indigènes. — *Làm phó* 濫 ○, assister, remplir les fonctions d'adjoint. — *Phó bảng* ○ 榜, ceux qui ayant fait d'assez bonnes compositions aux examens n'ont ce-

---

[1] Se transcrit aussi par le car. 副.

pendant pu prendre rang parmi les lauréats et ne figurent que sur la deuxième tablette. — *Phó thất* ○ 室, deuxième épouse, concubine.

Phó 付*. Donner, remettre, livrer, charger de, transmettre, transférer, faire passer à. Voir *phú*.

    Giao phó 交○, remettre, transmettre, livrer. — *Phân phó* 分○, charger de. — *Phê phó* 批○, approuver, mettre le «bon pour». — *Phó việc* ○ 役, passer une affaire, charger d'un travail. — *Phó cho nó* ○ 朱 奴, le charger de. — *Phó mình* ○ 命, se livrer, se confier à.

Phó 賦 *. Une sorte de composition littéraire en vers. Voir *phú*.

Phò 駙 et 附*. Se joindre à, s'appuyer sur, être près de. Voir *phụ*.

    Phò mã ○ 馬, gendre du roi. — *Kén phò mã* 現○ 馬, choisir un gendre⁽¹⁾.

Phò 扶 *. Aider, défendre, soutenir, porter secours; cri pour acclamer: vive! hourra! Voir *phù*.

    Diệt Trịnh phò Lê 威鄭○黎, à bas les *Trịnh*, vivent les *Lê*! — *Phò vua* ○ 君, secourir le roi. — *Phò lên* ○ 遷, élever à une haute dignité, porter au pinacle. — *Phò nước* ○ 渃, défendre son pays. — *Phò trì* ○ 持, maintenir, soutenir, consolider, raffermir. — *Phò giúp* ○ 執, aider, secourir, appuyer, protéger. — *Phò trượng* ○ 杖, s'appuyer sur un bâton.

Phò 柎*. Tige de plantes, panache de fleurs, touffe d'arbres.

Phò 哺. Dire, interroger; vous (en s'adressant à plusieurs personnes). (En S.A., nourrir, gaver; se pron. *bộ*.)

    Phò nuôi ○ 餒, vous. — *Phò người* ○ 眰, id. — *Phò ông* ○ 翁, vous, messieurs. — *Phò bà* ○ 妃, vous, mesdames. — *Phò loài ấy* ○ 類意, ces individus-là, ces animaux-là, cette espèce, cette race. — *Phò trương* ○ 張, se prévaloir de.

Phò 怖 et 鋪*. Répandre, disperser; étaler, étendre, développer.

Phó 舖*. Grand étalage, marché public; magasin, entrepôt.

    Nhà phó 茹○, maison de commerce. — *Phó phường* ○ 坊, bazar, boutique. — *Hàng phó* 行○, id. — *Phó xá* ○ 舍, id. — *Phó bán hàng xén* ○ 半行閛, magasin de détail. — *Khai phó bán hàng* 開○半行, ouvrir une boutique, installer un magasin. — *Chủ hàng phó* 主行○, le maître du magasin. — *Phó mới* ○ 買, Singapore. Voir *Hạ châu* 下州

Phó 普*. Soleil pâle, terne, caché; clarté égale, uniforme; le grand tout, l'ensemble de l'univers.

    Phó thiên hạ ○ 天 下, tout ce qui

⁽¹⁾ D'après un usage très ancien, les filles du roi choisissent elles-mêmes leurs époux. Lorsque le moment est venu de marier une princesse, on fait venir un certain nombre de fils de mandarins à la cour, on les place sur un rang, et la jeune fille, assise derrière un store, désigne d'un geste celui de ces jeunes gens qui lui plaît le mieux.

se trouve sous le ciel, le monde, les gens. — *Phổ dương* 〇 揚, qui s'étend au loin, qui couvre tout. — *Phổ khuyến* 〇 勸, obole; mendier.

Phổ 譜*. Liste de la population, livre des familles, tablettes généalogiques; chroniques, annales; classer.

Hương phổ 鄉 〇, registre de la commune. — *Gia phổ* 家 〇, livre de famille. — *Phổ húy* 〇 諱, id.

Phơ 坯. Poteries ou briques pas encore cuites; syllabe euphonique. (Du S. A. *phi*, même car., même signification.)

Nhà phơ 茹 〇, hangar sous lequel on place les briques (pour les faire sécher avant de les mettre au four). — *Phơ phào* 〇 抛, de peu d'importance.

Phó 破. Devenir putride, se décomposer (cadavre); mot complémentaire et syllabe euphonique. (Du S. A. *pha*, même car., détruire.)

Phó lở 〇 塔, se détacher (chairs), tomber en pourriture. — *Mừng phó lở* 憫 〇 塔, s'amuser énormément.

Phổ 頗. Bruits confus, tapage, brouhaha; avec grande animation. (Du S. A. *phả*, même car., de travers.)

Phổ trận 〇 陣, grand tumulte, tapage infernal; litt., comme à la guerre.

Phộc 僕. Onomatopée; choc, bruit soudain; syllabe complémentaire. (En S. A., valet, vassal; se pron. *bộc*.)

Bỏ phộc 補 〇, laisser tomber quelque chose dans un trou.

Phóc 赴, 卧 et 仆*. D'un seul bond, d'un saut, d'un coup; soudainement, avec assurance.

Nói phóc phách 吶 〇 魄, parler beaucoup et très fort, s'exprimer avec arrogance.

Phối 配*. Vins mélangés; joindre, unir, assortir; égal, semblable.

Phối thất 〇 室, alliance entre deux maisons, mariage. — *Tương phối* 相 〇, couple, paire; assortir. — *Phối hiệp* 〇 合, joindre, réunir; se fiancer, se marier. — *Hôn phối* 昏 〇, id. — *Phối mã* 〇 馬, une paire de chevaux, un attelage.

Phổi 肺*. Les poumons. Voir *phế*.

Cả phổi 哥 〇, avec la plus grande énergie. — *Đàng phổi* 糖 〇, espèce de sucre.

Phơi 晅. Exposer à l'action du soleil. (Formé des S. A. *nhựt* 日, soleil, et *phi* 丕, illustre, glorieux.)

Phơi khô 〇 枯, faire sécher (en plein air). — *Phơi áo* 〇 襖, faire sécher son habit. — *Phơi sương* 〇 霜, exposer à la rosée. — *Chỗ phơi* 坬 〇, séchoir. — *Hãy đem ra phơi* 唉 宄 囉 〇, allez faire sécher.

Phới 沛. Couler, courir; impétueux. (Du S. A. *phai*, même car., eau qui coule.)

Phới nhẹ 珥 〇, légèrement, doucement. — *Nhẹ phới* 珥 〇, sans à-coup.

Phởi 沛. Syllabe complémentaire. (Pour le car. en S. A., voir ci-dessus.)

Phỉ phởi 匪 ○, content, joyeux.

Phởm 汎. Malin, rusé, faux, trompeur; adroitement, habilement. (Du S. A. *phiếm*, même car., vagabonder.)

Nói phởm 吶 ○, chercher à insinuer quelque chose (pour tromper).

Phởn 蕃. Troupe, bande. Voir *bọn*. (En S. A., abondant; se pron. *phiên*.)

Một phởn đi gặt 沒 ○ 拔秸, une troupe de moissonneurs. — *Cả phởn ca* ○, toute la bande.

Phong 鋒*. Arme blanche; la pointe d'un sabre; tête, avant-garde.

Đạo đi tiên phong 道拔先 ○, l'avant-garde d'un corps d'armée.

Phong 蜂*. Abeille, guêpe. Voir *ong*.

Mã phong 馬 ○, taon, frelon. — *Phong thạch* ○ 石, espèce de pierre.

Phong 豐*. Vase plein, débordant; tasse, gobelet; plein, grand, riche, abondant, fécond, copieux.

Phong niên ○ 年, année fertile, récolte abondante. — *Phong nhơn* ○ 人, homme éminent. — *Phong thành* ○ 盛, riche prospère, florissant. — *Phủ triệu phong* 府肇 ○, préfecture royale (celle où se trouve la Cour).

Phong 丰*. Visage rond, gracieux; jolie forme, contour harmonieux.

Phong thể ○ 體, extérieur, maintien. — *Phong tư* ○ 資, caractère agréable. — *Phong thần* ○ 神, joli, gracieux, idéalement beau.

Phong 封*. Décorer d'une dignité, nommer à des fonctions, munir du sceau; entasser de la terre; fermer, cacheter, sceller; terme numéral des lettres, des plis.

Phong vương ○ 王, donner l'investiture à un souverain, sacrer un roi. — *Phong chức* ○ 職 ○, décerner un grade, élever à une dignité. — *Phong quan* ○ 官, conférer le titre de mandarin. — *Phong tặng* ○ 贈, bénéficier de la faveur royale (les bénéficiaires sont appelés *tập ấm* 襲蔭 et *nhiêu ấm* 饒蔭). — *Phong thuyền* ○ 船, mettre l'embargo sur un navire. — *Phong môn* ○ 門, mettre les scellés à une porte. — *Phong thần* ○ 神, déifier. — *Phong thơ* ○ 書, fermer une lettre, la mettre sous enveloppe. — *Một thơ phong* 沒書 ○, une lettre, un pli. — *Niêm phong* 粘 ○, apposer les scellés. — *Cẩn phong* 謹 ○, fermer, cacheter. — *Tịch phong* 籍 ○, confisquer. — *Phong phần* 墳, élévation de terre, tumulus.

Phong 烽 et 烽*. Feux placés sur les hauteurs pour faire des signaux.

Phong yên ○ 烟, feu-signal, phare.

Phong 風*. Vent, brise, air, souffle; passion, sentiment; usages, coutumes, préceptes. Car. radical.

Đại phong 大 ○, vent violent, bourrasque. — *Tứ phong* 四 ○, les quatre vents; vents qui soufflent de tous côtés. — *Phong ba* ○ 波, tempête, ouragan. — *Bắc phong* 北 ○, vent du nord. — *Nam phong* 南 ○,

vent du sud. — *Đông phong* 東 ○, vent d'est. — *Tây phong* 西 ○, vent d'ouest. — *Nhứt trận phong* 一 陣 ○, un coup de vent, une bourrasque. — *Phong điều* ○ 調, vent favorable. — *Phong tục* 俗, mœurs, usages, coutumes. — *Phong hóa* ○ 化, id. — *Phong thổ* ○ 土, coutumes locales. — *Phong lưu* 流, ne rien faire, demeurer oisif. — *Trúng phong* 中 ○, prendre mal, attraper un mauvais air. — *Xuân phong* 春 ○, brise printanière. — *Phong hương* ○ 香, brise parfumée. — *Văn phong* 文 ○, souffle littéraire, esprit des lettres.

Phong 瘋*. Le vent de la folie; fou, insensé; la lèpre, l'éléphantiasis. Voir *phung, đơn, lại* et *hủi*.

Phóng 放*. Lâcher, délier, mettre en liberté, affranchir, laisser aller; jeter, lancer; planter un jalon, déterminer des limites.

Phóng thủ ○ 手, desserrer la main, laisser partir. — *Phóng mã* ○ 馬, donner la liberté à un cheval. — *Phóng túng* ○ 縱, laisser les gens faire ce qui leur convient; effréné, indiscipliné. — *Phóng tứ* ○ 肆, lâcher la bride à ses passions, donner pleine carrière à ses mauvais penchants. — *Phóng sanh* ○ 生, donner la liberté à des animaux (pratiques bouddhistes). — *Phóng phong tranh* ○ 風箏, lancer un cerf-volant. — *Phóng tối* ○ 碎, affranchir un esclave.

Phóng 迸*. Accourir, s'empresser.

Phòng 房*. Chambre (épouse, concubine); salle, appartement, bureau (division administrative); nom de constellation.

Phòng tử ○ 子, chambre d'une maison. — *Phòng thất* ○ 室, appartement privé, gynécée. — *Chánh phòng* 正 ○, première femme. — *Phòng hạ* ○ 下, concubine. — *Nội phòng* 內 ○, intérieur de maison. — *Phòng thứ hai* ○ 次 二, deuxième bureau. — *Phòng chè* ○ 茶, femme de chambre, préposée au thé. — *Phòng văn* ○ 文, cabinet de travail, bibliothèque. — *Quan bố phòng hộ* 官布○戶, les archives d'un chef des services administratifs et financiers d'une province. — *Lục phòng* 六 ○, les six bureaux d'une administration ou d'un tribunal correspondant aux six ministères et qui sont : *lại phòng* 吏房, intérieur; *lễ phòng* 禮房, rites; *hộ phòng* 戶房, finances; *binh phòng* 兵房, guerre; *hình phòng* 刑房, justice; *công phòng* 工房, travaux publics. — *Phòng loan* ○ 鸞, chambre du conseil. — *Khố phòng* 庫 ○, musée.

Phòng 防*. Digue, défense; retenir, maintenir, s'opposer, résister.

Phòng ngự ○ 禦, opposer de la résistance. — *Phòng cự* ○ 拒, quelque chose qui garantit, comme une digue, un talus. — *Phòng thân* ○ 身, pourvoir à. — *Tuần phòng* 巡 ○, faire une ronde, une patrouille. — *Hải phòng* 海 ○, défenses maritimes; nom d'une province du Tonkin.

Phỏng 倣*. Avoir une idée; imiter; modèle; semblable; suivre; projeter.

Vân vân phỏng thử 云云 ○ 此, continuer à imiter, en suivant, etc.

Phỏng 燂. Ampoule causée par une brûlure; s'enfler, se boursoufler. (Formé des S. A. *hỏa* 火, feu, et *phóng* 放, délier.)

Phỏng da ○ 膚, tumeur à l'épiderme, peau qui enfle, ampoule.

Phỏng 訪*. Interroger, rechercher, s'enquérir, s'informer, évaluer.

Phỏng qua ○ 戈, s'enquérir vaguement, se renseigner en passant; environ, à peu près. — *Phỏng nhon* ○ 人, se renseigner sur quelqu'un. — *Phỏng sự* ○ 事, s'informer d'une affaire, procéder à une enquête. — *Nói phỏng* 吶 ○, conjecturer. — *Tính phỏng* 併 ○, supputer, calculer, combiner.

Phượng 鳳*. Aigle, phénix (oiseau mythologique). Voir *phụng*.

Phồng 蓬*. Se gonfler, se tuméfier. (Du S. A. *bồng*, même car., croître, pousser.)

Phồng ra ○ 囉, s'enfler, se gonfler, se boursoufler. — *Phồng lên* ○ 蓮, id. — *Pháp phồng* 乏 ○, id.

Phớt 佛. Doucement, sans insister. (En S. A., uni, égal, se pron. *phát*.)

Nói phớt 吶 ○, dire en quelques mots. — *Đánh phớt* 打 ○, frapper légèrement. — *Phớt qua* ○ 戈, sans insister, comme en passant.

Phu 夫*. Aide, appui; homme viril, homme fait, mari; agent, gardien, employé (appellatif).

Dân phu 民 ○, homme du peuple, roturier. — *Trượng phu* 丈 ○, mari, époux. — *Phu phụ* ○ 婦, mari et femme. — *Phu tử tùng tử* ○ 死從子, l'époux mort, la mère suit le fils. — *Phu thê* ○ 妻, id. — *Đại phu* 大 ○, grand personnage. — *Phu tử* ○ 子, fonctionnaire éminent, grand maître (appellatif que prenait Confucius). — *Phu nhơn* ○ 人, appellation honorifique des femmes de mandarin des premier et deuxième degrés. — *Mã phu* 馬 ○, palefrenier. — *Xa phu* 車 ○, voiturier. — *Nông phu* 農 ○, agriculteur. — *Công phu* 工 ○, travail, main-d'œuvre. — *Phu phàm* ○ 凡, homme vil, grossier, commun.

Phu 敷*. Montrer, exposer, étendre, répandre au dehors, faire connaître au public, proclamer, développer.

Phu cáo ○ 告, publier, proclamer. — *Phu phì* ○ 匪, très suffisant, au grand complet.

Phụ 婦*. Femme mariée, épouse.

Phu phụ 夫 ○, mari et femme. — *Phụ nhơn* ○ 人, la femme, l'épouse, une dame. — *Phụ nữ* ○ 女, id. — *Phụ đức* ○ 德, vertus propres de la femme. — *Phụ sự* ○ 事, occupations ordinaires des femmes. — *Ngu phu ngu phụ* 愚夫愚 ○, à mari bête femme stupide (dicton). — *Phụ tử* ○ 子, épouse et enfants. — *Mạng phụ* 命 ○, vie, sort, condition de l'épouse; appellatif pour désigner la catégorie des femmes titrées. — *Tiểu phụ* 小 ○, petite épouse, c.-à-d. concubine.

Phụ 賻 et 轉*. Aider, porter secours, rendre service, seconder, ajouter; adjoint, suppléant.

Phụ tương ○ 相, s'aider mutuellement. — *Tứ phụ* 四 ○, les quatre soutiens du trône. — *Thầy phụ* 柴 ○, maître répétiteur.

Phụ 附*. Près, proche; suivre, dépendre de, être joint à, être annexé, s'appuyer, se fixer; accessoire, supplément.

Phụ vào ○ 㐌, insérer un supplément. — *Phụ lực* ○ 力, auxiliaire, aide. — *Phụ cận* ○ 近, s'approcher, suivre de près; limitrophe, voisin; avoisiner. — *Phụ lai* ○ 來, venir avec quelqu'un. — *Phụ thêm* ○ 添, prolongement, appendice, supplément. — *Tiền phụ cấp* 錢 ○ 給, supplément de solde, indemnité. — *Cái phụ với cái chánh* 丐 ○ 貝 丐 正, l'accessoire et le principal. — *Tiền phụ dưỡng* 錢 ○ 養, argent fourni par les villages pour l'entretien des soldats.

Phụ 跌*. S'asseoir les jambes croisées, à l'orientale; posture de cérémonie des femmes.

Phụ 阜 et 阝*. Élévation de terre, tombeau, sépulcre. Car. radical.

Phụ 負*. Porter sur; figurer dans, tourner le dos, rejeter, ne pas reconnaître, oublier.

Phụ án tại đào ○ 案在逃, porté sur le jugement comme étant en fuite. — *Phụ tâm* ○ 心, sans cœur, oublieux. — *Phụ ơn* ○ 恩, ne pas reconnaître un bienfait, manquer de reconnaissance. — *Khi phụ* 欺 ○, malmener les gens, vexer, molester. — *Phụ ơn bội nghĩa* ○ 恩背義, se montrer ingrat, trahir l'amitié. — *Phụ châu* ○ 朱, faillir à sa mission, manquer à une obligation. — *Phụ ngôn* ○ 言, ne pas faire honneur à sa parole. — *Phụ từ* ○ 詞, ne pas se conformer à un écrit.

Phụ 父*. Père, chef de famille. Car. radical.

Phụ mẫu ○ 母, père et mère; les parents. — *Phụ tử* ○ 子, le père et les enfants. — *Tổ phụ* 祖 ○, le grand-père, les ancêtres. — *Đại phụ* 大 ○, id. — *Thượng phụ* 上 ○, le père suprême, Dieu. — *Trung phụ* 中 ○, le roi. — *Dân chi phụ mẫu* 民之 ○ 母, le père et la mère du peuple (titre que le roi d'Annam aime à se donner). — *Thiên địa phụ mẫu* 天地 ○ 每, ciel et terre, père et mère. — *Phụ tử nhị nhơn* ○ 子二人, le père et son fils. — *Thân phụ* 親 ○, père naturel. — *Thần phụ* 神 ○, père spirituel.

Phú 付*. Donner, remettre, transmettre, charger de, recommander à; mettre son visa. Voir *phó*.

Phú minh ○ 命, s'abandonner à, faire don de sa personne. — *Phú lai* ○ 來, retourner, renvoyer (à qui de droit). — *Phú cho quan* ○ 朱官, charger un fonctionnaire de l'exécution d'un ordre. — *Phú hồi sở tại huyện viên khám biện* ○ 回所在縣

員勘辨, renvoyé au *huyện* de la localité pour enquête et rapport (formule administrative). — *Phú trước tịch* ○ 著籍, vu pour inscription au rôle (formule officielle qui s'écrit de la main même du fonctionnaire en caractères cursifs). — *Phê phú* 批○, approuver, viser. — *Phú tả bộ* ○ 寫簿, la copie du rôle de recensement (qui est délivrée aux communes intéressées).

Phú 賦 *. Le tribut d'un prince vassal; rassembler, réunir, recueillir (taxes, droits, impôts); faire rimer des mots; composition littéraire.

Phú tánh ○ 性, nature, caractère. — *Phú cống* ○ 貢, réunir des taxes. — *Phú thuế* ○ 稅, rassembler les impôts. — *Thi phú* 詩 ○, pièce de vers (sujet de composition aux concours des lettrés). — *Phú thơ* ○ 詩, autre composition. — *Phú lệ* ○ 厲, composition littéraire (que l'on doit faire en quelques minutes).

Phú 副 *. En second, tenant lieu, adjoint, aide; seconder, assister. Voir *phó*.

Phú quân ○ 君, celui qui vient après le roi. — *Phú tế* ○ 祭, diacre, aide dans les cérémonies.

Phú 富 *. Bien fourni de tout; richesse, abondance, opulence, noblesse, splendeur.

Phú qui ○ 貴, riche et noble; richesse et opulence. — *Phú ông* ○ 翁, riche et puissant seigneur. — *Phú gia* ○ 家, riche famille, noble maison. — *Phú giả* ○ 者, richesse, opulence, honneurs. — *Phú qui nhơn* ○ 貴人, noble, riche; personne distinguée, homme marquant.

Phù 芙 *. Plantes à feuilles rondes; bétel, mauves.

Phù viên thổ ○ 園土, un jardin planté de bétel. — *Phù dong* ○ 蓉, nom d'arbre.

Phù 棶 *. Plantes à grands épis.

Phù 芣 *. Espèce de plantain.

Phù 扶 *. Aider, protéger, secourir, soutenir, défendre. Voir *phò*.

Phù hộ ○ 護, protéger (se dit surtout de Dieu et des esprits).

Phù 浮 *. Surnager, flotter, bouger, changer; qui ballotte, qui manque de fixité. Voir *nổi*.

Phù thủy ○ 水, flotter sur l'eau. — *Phù bạc* ○ 薄, ingrat. — *Phù vân* ○ 雲, caduc. — *Phù ngôn* ○ 言, paroles insignifiantes. — *Của phù* 貼 ○, biens meubles.

Phù 蜉 *. Nom d'insecte éphémère: au fig., fragile, de peu de durée.

Phù du ○ 蝣, fourmi ailée.

Phù 蚨 *. Insectes vivant dans l'eau.

Thanh phù 青 ○, escarbot; espèce de sapèque en cuivre.

Phù 鳧 *. Oiseau aquatique, comme la sarcelle, le canard sauvage.

Phù 符 *. Tablettes en bambou sur lesquelles on écrivait des formules cabalistiques; charmes contre les maléfices; sorcelleries, sortilèges; choses qui s'adaptent, qui s'accordent, qui vont ensemble.

Phủ chú ○ 呪, charmes, sortilèges, choses magiques, talismans. — *Phủ thủy* ○ 水, sorcier, devin. — *Thầy phù pháp* 柴○法, id. — *Phù hiệp* ○ 合, unis ensemble. — *Tương phù* 相○, s'accorder, concorder (personnes, opinions). — *Hổ phù* 琥○, le sceau d'un plénipotentiaire.

Phủ 府*. Rassembler et mettre en réserve sous un toit; ville de premier ordre; palais, préfecture (et son territoire); préfet.

Phủ khố ○ 庫, magasin, trésor. — *Vương phủ* 王○, la demeure d'un prince du sang. — *Phủ tàng* ○ 藏, id. — *Thiên phủ* 天○, demeure céleste. — *Âm phủ* 陰○, régions souterraines, grand enfer des bouddhistes. — *Phủ thờ* ○祠, temple, pagode. — *Tông nhơn phủ* 宗人○, le conseil des membres de la famille royale. — *Thiệm sự phủ* 詹事○, le service de la bibliothèque et des archives à la cour. — *Thừa thiên phủ doãn* 承天○尹, préfet de la capitale; litt., administrateur du territoire soumis aux volontés du ciel. — *Quan phủ* 官○, préfet. — *Tri phủ* 知○, préfet en exercice. — *Đồng tri phủ* 同知○, suppléant de préfet. — *Phủ huyện* ○ 縣, préfectures et sous-préfectures, préfets et sous-préfets. — *Phủ đường* ○ 堂, l'hôtel de la préfecture.

Phủ 俯*. Courbé, incliné; s'abaisser, condescendre, daigner.

Phủ phục ○ 伏, se prosterner jusqu'à terre. — *Phủ đầu* ○ 頭, courber le front, baisser la tête.

Phủ 腑*. Les organes intérieurs.

Lục phủ 六○, six viscères, six organes digestifs. — *Phế phủ* 肺○, intestins.

Phủ 腐*. Putride, gâté, corrompu; pourriture, chairs décomposées.

Phủ mộc ○ 木, bois pourri. — *Phủ hình* ○ 刑, la peine de la castration.

Phủ 否*. Non, ne pas; autrement, sans quoi, sinon. Se pron. aussi *bỉ*.

Phủ 撫*. Couvrir et calmer avec la main, caresser, consoler, apaiser, adoucir; gouverner avec bienveillance dans la forme et fermeté dans le fond; bonne et paternelle administration.

Tuần phủ 巡○, gouverneur d'une petite province. — *Phủ che* ○ 雯, couvrir. — *Phủ lấp* ○ 垃, protéger.

Phủ 甫*. Grand, beau; principe, racine; commencement, début.

Phục 茯*. Espèce de champignon qui pousse sous les pins et qui est très estimé en médecine.

Phục 伏*. S'étendre en avant, se prosterner, saluer en s'inclinant profondément, se soumettre; cacher, couver; canicule.

Phủ phục 俯○, se prosterner jusqu'à terre. — *Phục nguyện* ○ 願, s'incliner humblement, supplier. —

Tâm phục 心 ○, reconnaître l'autorité de quelqu'un. — *Phục lỗi* ○ 罍, demander le pardon d'une faute. — *Phục hạ* ○ 下, être couché sur le ventre (pour une embuscade, par exemple). — *Tam phục* 三 ○, les trois décades ou périodes de la canicule; *sơ phục* 初伏, 1ʳᵉ période; *trung phục* 中伏, 2ᵉ période; *mạt phục* 末伏, 3ᵉ période. — *Phục vọng* ○ 望, espérer. — *Bất phục* 不 ○, ne pas s'incliner, refuser de se soumettre.

Phục 服 *. Faire soumettre, obliger à suivre; céder, être convaincu; être attaché à une pratique; habits de cérémonie, vêtements de deuil.

Phục pháp ○ 法, soumis aux lois. — *Bất phục* 不 ○, insubordonné, intraitable. — *Phục tùng* ○ 從, suivre, obéir, se conformer à. — *Nhơn tâm bất phục* 人心不○, le cœur de l'homme est indomptable. — *Y phục* 衣 ○, robe de cour, costume officiel. — *Ngũ phục* 五 ○, les cinq sortes de deuil. — *Tang phục* 喪 ○, habit de deuil. — *Dân phục* 民 ○, le peuple accepte, cède, se soumet. — *Phục thủy thổ* ○ 水土, s'habituer à la terre et à l'eau, c.-à-d. se faire au climat.

Phục 畐 *. Bonheur complet; trop plein, débordant; se répandre.

Phục 復 *. Réitérer, refaire, redire, renouveler, de nouveau.

Phục lai ○ 來, répéter, redire, répondre. — *Phản phục* 反 ○, avancer et reculer, se reprendre sans cesse, refaire, redire. — *Phục khẩn* ○ 墾, remettre en culture des terres abandonnées. — *Phục sanh* ○ 生, renaître, ressusciter, reprendre ses sens. — *Lễ phục sanh* 禮 ○ 生, la fête de Pâques. — *Phục hồn* ○ 魂, évoquer une âme.

Phúc 覆 *. Renverser, détruire, abattre, bouleverser, renouveler, réitérer.

Phúc lại ○ 吏, rappeler, riposter, répliquer, répondre. — *Phúc thơ* ○ 書, répondre à une lettre. — *Tờ phúc bẩm* 詞 ○ 稟, rapport, compte rendu, procès-verbal. — *Phúc cáo* ○ 告, accuser une seconde fois. — *Phản phúc* 反 ○, tirer de çà, de là, ébranler, renverser.

Phúc 福 *. Bonheur, félicité, chance, succès, réussite. Voir *phước*.

Phúc 腹 *. Le siège de la conception; ventre, abdomen, entrailles; âme, cœur, sentiment.

Người tâm phúc 得 心 ○, un ami intime et au cœur sincère.

Phức 馥 *. Odeur, senteur, parfum.

Thơm phức phức 馥 ○ ○, odorant, parfumé, agréable.

Phui 配. Syllabe complémentaire. (En S. A., unir, joindre; se pron. *phối*.)

Pha phui 葩 ○, dissiper, disperser; dissipateur, prodigue. — *Làm phui pha* 濫 ○ 葩, dissiper, disperser; faire cesser.

Phủi 配. Syllabe complémentaire. (Pour le car. en S. A., voir ci-dessus.)

Mwa phúi phúi 霧 ○ ○, petite pluie fine; rafale de sable, de poussière.

Phúi 攡. Frapper tout doucement; secouer, repousser, épousseter. (Formé des S. A. *thủ* 手, main, et *phối* 配, joindre.)

Phủi bụi ○ 培, chasser la poussière, épousseter, brosser. — *Phủi ơn* ○ 恩, se montrer ingrat, n'avoir aucune reconnaissance. — *Nó phủi đi* 奴 ○ 移, il ne tient compte de rien!

Phun 噴*. Respirer fortement, exhaler, souffler, vomir; jet, effluve.

Phun ra ○ 囉, faire évacuer, expulser. — *Phun thủy* ○ 水, lancer de l'eau avec la bouche. — *Phun khí* ○ 氣, éternuer, ronfler; souffler de colère. — *Phun thuốc* ○ 葉, humecter le tabac en soufflant dessus de l'eau avec la bouche. — *Mộc phun* 木 ○, pousser, monter, sortir de terre (végétaux). — *Mwa phun* 霧 ○, petite pluie. — *Phun hương* ○ 香, effluves odorantes. — *Rắn phun* 蛇 ○, le serpent darde son venin, jette sa bave. — *Núi lửa phun* 嵬 焰 ○, volcan.

Phung 風. Syllabe complémentaire. (En S. A., vent, brise; se pron. *phong*.)

Phung lưu ○ 流, demeurer oisif, ne rien faire de ses dix doigts.

Phung 瘋*. Lèpre, éléphantiasis. Voir *phong, đơn, lại* et *hủi*.

Phung húi ○ 癩, espèce de lèpre. — *Phát phung* 發 ○, devenir lépreux. — *Phung cụi* ○ 俎, lépreux (qui a les doigts des mains et des pieds recroquevillés ou manquants). — *Phung viện* ○ 院, enclos ou lazaret pour les lépreux. — *Tật phung* 疾 ○, l'éléphantiasis.

Phụng 鳳*. Phénix (l'un des quatre animaux fabuleux); oiseau de bon augure, oiseau impérial, emblème du pouvoir suprême.

Phụng hoàng ○ 凰, phénix mâle et femelle, nom donné aussi à l'aigle. Voir *phương*. — *Buồm phụng* 帆 ○, voile de perroquet. — *Đậu phụng* 豆 ○, arachide. — *Dầu phụng* 油 ○, huile d'arachide.

Phụng 奉*. Offrir ou recevoir respectueusement; obéir, obtempérer. Voir *phương*.

Phụng thượng ○ 上, présenter à un supérieur. — *Phụng lệnh* ○ 令, obéir à un ordre de l'autorité supérieure. — *Phụng mạng* ○ 命, id. — *Phụng sai* ○ 差, envoyé officiel, commissaire, député. — *Phụng hành cổ sự* ○ 行 故 事, se conformer aux usages anciens, suivre les vieilles coutumes. — *Phụng hiến* ○ 獻, offrir respectueusement; litt., offrir un chien gras pour les sacrifices.

Phúng 諷*. Lire distinctement; réciter de mémoire; parler par métaphores, s'exprimer au figuré, faire des allusions; présenter par des détours et sous une forme respectueuse des observations à un supérieur; réprimander ironiquement, critiquer indirectement.

Phúng gián ○ 諫, censurer prudemment, critiquer en y mettant des formes. — *Phúng cáo* ○ 告, accuser d'une façon détournée.

Phùng 逢*. Venir à contre-sens, rencontrer par hasard; grand, large, vaste; enfler, gonfler.

Twong phùng 相○, rencontre de deux personnes. — *Y phùng* 衣○, vêtements larges. — *Phùng má* ○ 馬, gonfler les joues. — *Phùng ra* ○ 囉, se gonfler (parlant des voiles).

Phùng 馮 et 凭*. Gage, assurance; confier un dépôt, offrir une garantie, donner des arrhes.

Phủng 放. Percer, trouer; perforé. (Du S. A. *phóng*, même car., lancer.)

Giùi phủng 錐○, transpercer. — *Nói không phủng* 吶空○, parler sans ardeur, sans conviction; trait qui ne porte pas.

Phủng 凭. Se lever, se manifester. (Du S. A. *vưng*, même car., témoigner.)

Phủng dậy ○ 跽, apparaître, surgir, se dresser. — *Phủng sáng* ○ 創, lever du soleil. — *Phủng đông* ○ 東, aurore. — *Phủng phủng mùi thơm* ○○ 牟 薟, parfum qui se répand.

Phước 福*. Bonheur, félicité, bénédiction; ce qui fait le bonheur, ce qui rend heureux, comme les biens, la fortune, la paix, la vertu. Voir *phúc*.

Ngũ phước 五○, les cinq bénédictions : 1° *thê* 妻, une bonne femme; 2° *tài* 財, la richesse; 3° *tử* 子, des enfants; 4° *lộc* 祿, des honneurs; 5° *thọ* 壽, une longue vie. —

Phước đức ○ 德, la vertu. — *Phước phận* ○ 分, sort, fortune. — *Phước khánh* ○ 慶, bonheur, félicité, prospérité (fréquemment employé comme nom de lieu). — *Phước an* ○ 安, paix et bonheur (formule de fin de lettre : soyez en paix et heureux). — *Phước thiện* ○ 善, que les bons soient bénis! — *Phước thần* ○ 神, dieux lares, génies des villages. — *Phước kiến* ○ 建, fixation du bonheur; nom d'une province chinoise. — *Phước lộc* ○ 祿, bonheur, richesse et honneur; nom d'un arrondissement de la Cochinchine. — *Có phước* 固○, être heureux, avoir de la chance. — *Vô phước* 無○, malheureux, infortuné, pas de chance. — *Làm phước* 濫○, faire le bonheur, venir en aide, rendre service. — *Xuống phước* 魃○, faire descendre le bonheur (formule de supplique). — *Chúc phước* 祝○, bénir, faire des vœux de chance et de bonheur. — *Tôi không có phước* 碎空固○, je ne suis pas heureux, je n'ai pas de chance. — *Bà phước* 妃○, dame de charité, sœur hospitalière.

Phướn 旛*. Flamme, pavillon, étendard (se dit principalement de certaines bannières qui servent dans les pagodes et aux funérailles).

Cờ phướn 旗○, drapeaux et pavillons en général. — *Cá phướn* 鱝 ○, nom de poisson. — *Hoa phướn* 花○, nom de fleur. — *Chim phướn* 鴿○, nom d'oiseau à longue queue. — *Sao phướn* 星○, comète.

Phương 匚*. Coffre, armoire, vase, caisse, récipient. Car. radical.

Phương 方*. Grande étendue, vaste espace; région, côté; mesure de capacité pour les grains d'environ 30 kilogrammes; manière d'être, d'agir; motif, raison; particule pour joindre l'effet à la cause. Car. radical.

 Địa phương 地 ○, pays, contrée; endroit déterminé. — *Bắc phương* 北 ○, région septentrionale. — *Lạnh địa phương* 冷地 ○, régions froides. — *Phương đông* ○ 東, l'Est. — *Phương tây* ○ 西, l'Ouest. — *Phương nam* ○ 南, le Sud. — *Phương bắc* ○ 北, le Nord. — *Phương hướng* ○ 向, côté, direction. — *Bốn phương* 罢 ○, aux quatre coins du monde, partout, de tous côtés. — *Ngũ phương* 五 ○, les cinq parties du monde (est, ouest, sud, nord et centre). — *Đại phương* 大 ○, un grand carré; large, libéral. — *Phương tử* ○ 子, médicament, prescription de médecin. — *Điền phương* 田 ○, une mesure pour les surfaces. — *Phương chi* ○ 之, combien plus, à plus forte raison. — *Cũng có phương* 拱固 ○, il y a aussi une cause, un motif. — *Phương thế* ○ 勢, moyen d'agir, manière d'être. — *Hết phương* 歇 ○, à bout de moyens. — *Nhiều phương nhiều ngả* 饒 ○ 饒我, de plusieurs façons, de tous côtés. — *Kiếm phương* 劍 ○, chercher un moyen, trouver un prétexte. — *Ngoại phương* 外 ○, un remède externe. — *Một phương gạo* 沒 糕, une mesure de riz (un demi-picul environ). — *Quan phương* 官 ○, expression vulgaire pour désigner la mesure officielle pour le riz.

Phương 芳*. Odorant, parfumé; beau, joli, aimable, charmant.

 Phương phi ○ 菲, florissant, de bel aspect, agréable à voir. — *Phương danh* ○ 名, bonne réputation; litt., un nom qui répand une bonne odeur. — *Phương đức* ○ 德, la vertu par excellence. — *Hoa phương* 花 ○, belle poinciliade.

Phượng 訪*. Interroger, questionner, prendre des informations.

 Ám phượng 暗 ○, faire une enquête, s'informer secrètement.

Phượng 奉*. Offrir ou recevoir avec respect; obéir, obtempérer. Voir *phụng*.

 Phượng mạng ○ 命, obéir à un ordre supérieur. — *Phượng thừa* ○ 承, id. — *Phượng hành* ○ 行, se conformer à, suivre une indication. — *Phượng tự* ○ 祀, adorer, vénérer. — *Thờ phượng* 徐 ○, id. — *Phượng dưỡng* ○ 養, nourrir les parents.

Phượng 鳳*. Phénix, aigle (oiseau mythologique). Voir *phụng*.

Phường 坊*. Village, hameau; palais, temple, monument; association, réunion, société.

 Xuân phường 春 ○, palais du printemps. — *Bửu phường* 寶 ○, temple précieux. — *Phường mạc* 莫, société, bande. — *Phố phường* 舖 ○, boutique, magasin, marché.

Phường 役*. De même aspect, pareil, semblable, identique.

 Phường phát ○ 佛, avoir l'apparence de, semblable à. — *Phường dưỡng* ○ 佯, vague, confus, équivoque; sans idée arrêtée, sans but. — *Phưởng hoàng* ○ 徨, troublé par la peur; errer, perdre la tête, se troubler. — *Nghe phưởng phát* 喧○ 彿, entendre dire, apprendre vaguement.

Phưởng 訪*. S'informer, s'enquérir, se livrer à des investigations.

Phút 發. Rapide moment, minute; sur-le-champ, à l'instant même. (Du S. A. *phát*, même car., jeter, lancer.)

Một phút 沒○, une minute, un instant. — *Nói trong một phút* 內沖

沒○, en une minute. — *Phút chốc* ○祀, tout à coup, au moment même. — *Phút thấy* ○覓, rapide vision. — *Giây phút* 之○, minutes et secondes. — *Phút đã* ○它, une minute écoulée.

Phứt 拂. Arracher, épiler, plumer. Voir *bứt*. (Du S. A. *phát*, même car., remuer, secouer.)

Phứt lông ○翻, arracher les plumes. — *Làm phứt* 濫○, faire en un tour de main; se presser, se hâter. — *Buông phứt* 擻○, lâcher tout d'un coup. — *Nhổ phứt* 捋○, arracher d'un coup sec, extirper net.

Q

Qua 戈*. Armes blanches, armes de jet; dard, lance, pique, javelot. Car. radical. A. V. Passer, traverser; je, moi, nous.

Can qua 干○, lances et cuirasses; armes offensives et défensives. — *Qua khứ* ○去, passer; qui est passé, qui est parti. — *Qua tiên cầu* ○仙橋, passer le pont des immortels. — *Đi ngang qua* 迻昂○, traverser. — *Đi qua sông* 迻○瀧, traverser un fleuve. — *Nhảy qua* 跻○, sauter par-dessus, franchir d'un bond. — *Thấu qua* 透○, transpercer, traverser de part en part. — *Đi qua đi lại* 迻○迻更, passer et repasser. — *Nó đã qua rồi* 奴它○耒, il est déjà passé. — *Qua bên trung quốc* 邊中國, aller en Chine. — *Qua khỏi* ○塊, passer outre, éviter, échapper. — *Qua mát* ○袜, passer et disparaître aussitôt; vision rapide. —

Qua đời ○代, passer la vie, trépasser, décéder. — *Hôm qua* 飲○, le temps passé, hier. — *Bữa qua* 話○, id. — *Qua thì* ○時, temps écoulé; passer le temps. — *Qua nhựt* ○日, jours qui passent. — *Nói qua* 吶○, dire sommairement, parler négligemment. — *Nghe qua* 喧○, écouter avec distraction. — *Bỏ qua* 補○, oublier, négliger, passer outre à. — *Chẳng qua là* 庄○羅, si ce n'est pour, à moins que. — *Qua bậu* ○倍, moi et toi (entre amoureux).

Qua 瓜*. Nom générique des cucurbitacées; courges, citrouilles, etc. Car. radical.

Hương qua 香○, melon. — *Khổ qua* 苦○, concombre sauvage. — *Hoàng qua* 黃○, concombre ordinaire. — *Tứ qua* 四○, melon d'eau. — *Tây qua* 西○, pastèque. — *Bạch*

đông qua 白冬○, une citrouille blanche. — *Qua lâu* ○蔞, nom d'un médicament. — *Thiên qua* 天○, autre nom de médicament.

Qua 鍋*. Chaudron, bassine, chaudière. Voir *oa*.

Qua 喎*. Cris de jeunes gens qui se répondent les uns les autres.

Qua 鴉. Le corbeau; cri de cet oiseau; menteur, filou. (Formé des S. A. *điểu* 鳥, oiseau, et *qua* 戈, lance.)

    Con qua 昆○, corbeau; montants en bois placés sur la toiture de la barque et sur lesquels on range les avirons. — *Con mắt qua* 昆䀹○, œil perçant, regard fureteur.

Quá 過*. Excéder, dépasser; trop, excessivement; employé comme superlatif.

    Quá đa ○多, beaucoup trop, énormément. — *Quá chừng* ○澄, qui dépasse toutes limites, excéder. — *Quá lẽ* ○理, qui passe la raison, qui n'est pas permis. — *Thái quá* 太○, une énormité; excessivement. — *Ít quá* 氹○, trop peu, trop petite quantité. — *Nhiều quá* 饒○, quantité excessive, beaucoup trop. — *Lỗi quá* 磊○, faute, péché, manquement. — *Quá bội* ○倍, qui dépasse, surabondamment. — *Quá sức* ○飭, au delà des forces. — *Quá chừng quá đổi* ○澄○隊, au delà de toute expression. — *Quá phép* ○法, enfreindre les règlements, dépasser ce qui est permis. — *Hà tiện quá* 荷便○, très avare, trop parcimonieux. — *Làm quá quyền phép* 濫○權法,

abuser de son autorité, excéder son pouvoir. — *Đau dữ quá* 疼與○, souffrir horriblement. — *Nó đánh dữ quá* 奴打與○, il frappe trop cruellement. — *Quá giang* ○江, prendre passage.

Quả 果*. Vrai, réel, exact, certain, sûr; indubitablement, incontestablement.

    Quả thật ○實, assurément. — *Quả thị* ○是, sûr, certain, tout à fait exact. — *Việc quả thật* 役○實, c'est un fait avéré. — *Quả quyết chắt chắn* ○決卓振, soutenir qu'une chose est vraie. — *Như quả* 如○, s'il était vrai que, à supposer que. — *Quả là có* 羅固○, réellement. — *Bất quả* 不○, douteux, incertain. — *Quả tang* ○贓, preuves certaines à l'appui d'une accusation.

Quả 菓*. Fruits à pépins; graines, semences; l'olive (le fruit dit des remontrances, à cause de son amertume); ce qui résulte d'un fait, d'une action, d'une circonstance. A. V. Boîte, panier, corbeille.

    Bá quả 百○, les cent fruits, c.-à-d. tous les fruits. — *Quả mộc* ○木, arbre fruitier. — *Hoa quả* 花○, fleurs et fruits. — *Dưa quả* 茶○, melon, pastèque, citrouille. — *Kiết quả* 結○, produire des fruits; donner des résultats. — *Quả bánh* ○䬳, corbeille à pain.

Quả 寡*. Partager, diviser; petite quantité, peu de valeur; veuf, veuve; vivre seul, isolé.

    Quả đức ○德, peu de vertu. — *Quả phụ* ○婦, femme vivant seule;

veuve. — *Cô quả* 孤 ○, abandonné, orphelin. — *Quả quân* ○ 君, je, moi, le prince isolé (pron. d'humilité employé par le roi). — *Quả nhon* ○ 人, moi chétif. — *Đa quả* 多 ○, peu ou beaucoup. — *Quả ngôn* ○ 言, peu parleur, sobre de paroles.

Quác 嚄. Syllabe complémentaire. (Du S. A. *hoạch*, même car., régler.)

Quác thược ○ 嚄, rigide, sévère, hautain. — *Nói quác thược* 吶 ○ 嚄, s'exprimer sur un ton arrogant, trancher du grand seigneur en parlant.

Quách 瞿*. OEil hagard; crainte, émoi, peur, appréhension.

Quác 國*. Empire, royaume, pays, nation. Voir *quốc*.

Quác gia ○ 家, le gouvernement.

Quạch 鵙. Nom d'oiseau chanteur; cri ou chant habituel de cet oiseau. (Du S. A. *quyết*, même car., même signification.)

Cọc quạch 椈 ○, onomatopée. — *Biết cọc quạch* 別 椈 ○, savoir faire *cọc quạch*; au fig., commencer à connaître, avoir quelques notions.

Quách 郭*. Second mur d'une ville, deuxième enceinte fortifiée; tout net, d'un seul coup, rapidement, vivement, lestement.

Quách ngoại 外 ○, hors des fortifications. — *Thành quách* 城 ○, les remparts extérieurs d'une ville. — *Chém quách* 刮 ○, trancher une tête d'un seul coup. — *Nich quách* 嗝 ○,
avaler d'un trait. — *Bỏ quách* 補 ○, lâcher tout à coup.

Quách 槨*. Cercueil extérieur.

Quan quách 棺 ○, cercueil intérieur et cercueil extérieur. — *Thạch quách* 石 ○, cercueil extérieur en pierre, sarcophage. — *Cái quách* 丐 ○, petit cercueil.

Quai 乖*. S'opposer, résister, contredire; rusé, fin, adroit (mauvaise part). A. V. Anse, jugulaire, bride.

Quai nhon ○ 人, contradicteur, mauvais plaisant. — *Xảo quai* 巧 ○, méchant, haineux, malveillant, fourbe. — *Quai lệ* ○ 例, déraisonnable, intraitable, contrariant. — *Quai dị* ○ 異, en désaccord complet. — *Bình có quai* 瓶 固 ○, vase à anses. — *Quai nón* ○ 藏, jugulaire, mentonnière.

Quai 拐*. Tromper, voler, duper, escroquer; tourner, enrouler, entortiller.

Quái 詿*. Tenir des propos mensongers; tromper, attraper.

Quái 掛*. Inscrire, faire connaître, afficher, suspendre, accrocher.

Vô quái lụy 無 ○ 累, n'avoir rien à craindre, n'être pas compromis. — *Quái tâm* ○ 心, conscience peu tranquille, esprit inquiet. — *Quái niệm* ○ 念, crainte, angoisse.

Quái 怪*. Prodigieux, monstrueux, surnaturel, extraordinaire, étrange, étonnant.

Quỉ quái 鬼 ○, rusé, astucieux, malicieux. — *Vật quái* 物 ○, chose étrange, curiosité, monstruosité. — *Yêu quái* 妖 ○, esprits, fantômes; monstre à face de femme. — *Quái gở* ○ 懼, horrible, épouvantable; spectre hideux. — *Quái dị* ○ 異, bizarre, étrange, étonnant. — *Thằng quái* 倘 ○, un petit polisson. — *Quái nghịch* ○ 逆, perfide, fourbe, trompeur, pervers. — *Tinh quái* 精 ○, spectre, fantôme, revenant.

Quái 卦 *. Science divinatoire; diagramme. Voir *bát* 捌.

   Bát quái 捌 ○, les huit diagrammes (figure géométrique pour les divinations). — *Chiêm quái* 占 ○, consulter les sorts. — *Bóc quái* 卜 ○, id.

Quải 噊. Invitation rituelle aux mânes des ancêtres (anniversaire). (Formé des S. A. *khẩu* 口, bouche, et *quái* 怪, surnaturel.)

   Quải cơm ○ 䭃, offrir du riz aux âmes des parents défunts.

Quay 銼 *. Morceau de métal pour peser; poids; suspendre. Voir *thủy*. A. V. Rôtir à la broche; tourner, retourner.

   Thịt quay 肉 ○, viande rôtie. — *Nồng quay* 樓 ○, broche pour faire rôtir les viandes. — *Quay gà* ○ 鶏, faire rôtir un poulet. — *Nhảy quay* 趴 ○, frétiller, sauter en tous sens, se rouler. — *Con quay* 昆 ○, fuseau. — *Quay quát* ○ 刮, tourner et retourner. — *Mảng quay* 惘 ○, joyeux.

Quày 拐 (1). Tourner, virer; grappe, régime; l'un des huit immortels. (Du S. A. *quai*, même car., enrouler.)

   Quày mặt ○ 麵, détourner le visage. — *Quày đi quày lại* ○ 迻 ○ 吏, se tourner en tous les sens. — *Quày ghe lại* ○ 艐 吏, virer de bord. — *Quày xe* ○ 車, faire retourner une voiture. — *Quày ngựa lại* ○ 馭 吏, faire tourner bride à un cheval. — *Quày quả* ○ 果, vivement, prestement. — *Một quày chuối* 沒 ○ 桎, un régime de bananes. — *Lý thiết quày* 李 鐵 ○, le génie de ce nom.

Quày 挂 *. Accrocher, suspendre; porter au bout d'un bâton; abandonner, se démettre.

   Quày mang ○ 芒, porter sur l'épaule. — *Quày quan* ○ 官, quitter un emploi officiel. — *Quày danh* ○ 名, afficher une liste de noms.

Quảy 枯 * (2). Tourner, virer, dévider; mettre en peloton; un bâton.

   Quảy tơ ○ 絲, mettre de la soie en écheveau. — *Quảy chỉ* ○ 織, mettre du fil en peloton. — *Xe quảy tơ* 車 ○ 絲, dévidoir. — *Quảy trục* ○ 逐, virer le cabestan.

Quậy 跪. Bouger, remuer, se replier, se tordre (vers, reptiles). (En S. A., s'agenouiller; se pron. *quì*.)

   Cựa quậy 拒 ○, se tortiller, se remuer. — *Cụ quậy* 具 ○, id.

Quấy 怪. De travers, en désordre;

---

(1) Se transcrit aussi par le car. 跪. — (2) Se transcrit aussi par le car. 捶.

faux, erroné; absurde, déplacé. (Du S. A. *quai*, même car., monstrueux.)

Nói quấy 吶 ○, dire des choses étranges, tenir des propos inconvenants. — *Nói tiếng quấy* 吶 嗜 ○, faire un barbarisme. — *Làm quấy* 濫 ○, agir en dépit du bon sens. — *Viết quấy* 曰 ○, se tromper en écrivant. — *Quấy quá* ○ 過, absurde, déplacé; sans aucun soin. — *Quấy ngãi* ○ 義, manquer aux devoirs de l'amitié, être déloyal. — *Đừng có quấy mà* 停 固 ○ 麻, ne faites donc pas de bêtises.

Quấy 捶. Syllabe complémentaire. (En S. A., battre, aplatir; se pron. *thùy*.)

Lở quấy ra 㾗 ○ 囉, se détacher, se gangréner, s'ulcérer. — *Làm tầm quấy* 濫 燸 ○, détériorer, corrompre; se vicier, se gâter.

Quấm 瞲. Renfrogné, maussade, mutin, rageur, cruel. (Formé des S. A. *mục* 目, œil, et *cấm* 禁, interdire.)

Mặt quấm 緬 ○, air sournois.

Quấm 禁. Courbé, recourbé, arqué. (En S. A., interdire; se pron. *cấm*.)

Co quấm 孤 ○, contourné, replié.

Quan 官 *. Fonctionnaire, officier (civil ou militaire); administratif, gouvernemental, officiel, public; grade, dignité.

Quan chế ○ 制, statut du mandarinat. — *Phẩm quan* 品 ○, hiérarchie du mandarinat. — *Chức quan* 職 ○, dignité de mandarin. — *Quốc trụ quan* 國 柱 ○, colonne de l'empire (haute dignité de la cour). — *Đường quan* 堂 ○, fonctionnaire du palais (désigne la catégorie de mandarins ayant droit d'entrée à la cour). — *Thượng thơ quan* 尚 書 ○, éminent secrétaire, ministre[1]. — *Hoạn quan* 宦 ○, gardien du harem, eunuque. — *Quan tổng đốc* ○ 總督, gouverneur d'une province importante ou de deux provinces. — *Quan tuần phủ* ○ 巡 撫, gouverneur d'une seule province. — *Quan phủ* ○ 府, préfet. — *Quan huyện* ○ 縣, sous-préfet. — *Quan thành thủ* ○ 城 守, commandant de place. — *Quan bố* ○ 布, chef du service administratif et financier d'une province. — *Quan án* ○ 按, chef du service judiciaire d'une province. — *Viên quan* 員 ○, employés, petits fonctionnaires. — *Quan văn* ○ 文, fonctionnaire civil. — *Quan võ* ○ 武, fonctionnaire militaire, officier. — *Quan viên tử* ○ 員子, classe de fils de fonctionnaires (dispensés de certaines charges publiques). — *Quan tướng* ○ 將, grand chef militaire, maréchal d'armée. — *Quan lớn* ○ 客, haut fonctionnaire, titre d'excellence. — *Quan trên* ○ 蓮, l'autorité supérieure. — *Quan tha ma bắt* ○ 赦 魔 抔, le mandarin pardonne, mais le diable prend (proverbe). — *Làm việc quan* 濫 役 ○, travailler pour le gouvernement, être employé de l'État. — *Việc quan* 役 ○, affaire administrative, travail officiel. — *Quan công sứ* ○ 公 使, résident (Annam-Tonkin). — *Quan*

---

[1] Tous les ministres portent le titre de *thượng thơ* 尚 書, auquel vient s'ajouter, lorsque cela est nécessaire, le nom du département ministériel placé sous leur haute direction.

tham biện ○ 參辨, administrateur (Cochinchine). — *Quan thâu thuế* ○ 收稅, percepteur. — *Quan chánh tòa* ○ 正座, chef de bureau. — *Quan thủy* ○ 水, officier de l'armée de mer. — *Quan bộ* ○ 步, officier de l'armée de terre. — *Đàng quan* 唐○, route nationale. — *Ruộng quan* 疇○, rizières de l'État.

Quan 冠*. Coiffure en général, mais principalement coiffure officielle; bonnet de gradué, de mandarin, de fonctionnaire; être à la tête de, commander en chef.

 Quan quân ○ 軍, le premier de tous. — *Y quan* 衣○, le bonnet et la robe, les insignes du mandarinat. — *Miễn quan* 免○, se découvrir.

Quan 關*. Porte, ouverture; faire entrer, enfiler, engager; fermer, boucler; ressort, mécanique.

 Quan thông ○ 通, pénétrer, passer au travers de. — *Quan bạch* ○ 白, développer, déployer, étaler. — *Ải quan* 隘○, passage, défilé, porte à la frontière. — *Quan võ* ○ 武, le génie de la guerre. — *Cơ quan* 機○, cause secrète, motif ou ressort caché. — *Quan phòng* ○ 防, pourvoir à.

Quan 觀*. Regarder attentivement, observer avec soin; air, aspect, physionomie, extérieur des choses.

 Quan âm ○ 音, le nom d'une déesse. — *Quan thiên văn* ○ 天文, astrologie. — *Quan thiên hạ* ○ 天下, observer les gens.

Quan 瘝*. Faiblesse, épuisement; triste, morose, chagrin, malade.

Quan 棺*. Le cercueil intérieur (s'il s'agit d'un cercueil double).

 Quan quách ○ 槨, cercueil intérieur et cercueil extérieur. — *Quan tài* ○ 材, cercueil, bière. — *Kim quan* 金○, cercueil en métal. — *Khiêng quan tài* 杠○材, porter le cercueil en terre. — *Giang quan* 杠○, porter en terre sur un brancard. — *Di quan* 移○, emporter la bière, procéder à un enterrement.

Quan 菅*. Nom collectif de plantes à filaments déliés. Voir *nhan*.

Quan 貫. Ligature de sapèques (composée de 600 pièces en zinc). (Pour le car. en S.A., voir ci-dessous.)

 Một quan tiền 沒○錢, une enfilade de monnaies, une ligature composée de 600 sapèques en zinc. — *Anh có mấy quan tiền* 嬰固買○錢, combien de ligatures avez-vous?

Quán 貫 et 串*. Enfiler des objets percés au milieu (grains, monnaies); ligature, brochette; joint, attaché; dépendre de, domicilié à.

 Nhứt quán tiền 一○錢, une ligature de 600 sapèques. — *Quán ngư* ○ 魚, brochette de poissons. — *Quán trung* ○ 中, enfiler. — *Hương quán* 鄉○, village où l'on est né, petite patrie. — *Quê quán* 圭○, id. — *Gia quán* 家○, maison familiale, toit paternel, foyer. — *Bổn quán* 本○, pays d'origine, lieu de naissance. — *Quán An hòa xã* ○ 安和社, domicilié au village de *An hòa*. — *Quán trọng hoa* ○ 仲花, osmonda.

Quán 慣*. Avoir l'habitude de, être accoutumé à; savoir, connaître.

Tập quán 習 ○, exercices habituels, habitudes prises. — *Quán thức* ○ 識, id. — *Bất quán* 不 ○, incapable.

Quán 逭*. Fuir, éviter, se mettre à l'écart, se tenir à l'abri.

Quán 觀*. Temple, pagode; retraite, ermitage, lieu retiré.

Tiên quán 仙 ○, temple dédié aux immortels, aux génies. — *Tự quán* 寺 ○, monastère, pagode.

Quán 舘*. Lieu de réunion, salle publique; hôtel, auberge; maison des étrangers.

Hội quán 會 ○, assemblée de marchands, bourse. — *Khách quán* 客 ○, salle de réception pour les étrangers. — *Đổ quán* 賭 ○, maison de jeu. — *Yên quán* 煙 ○, fumerie d'opium. — *Phiêu quán* 嫖 ○, maison de prostitution. — *Nhà quán* 茹 ○, cabaret, taverne, café, restaurant, hôtel. — *Chủ quán* 主 ○, maître d'hôtel, cabaretier. — *Hàng quán* 行 ○, débit, boutique. — *Chợ quán* 𢄂 ○, le nom d'une importante localité des environs de Saigon.

Quản 權. Momentané, provisoire, temporaire; rapiécer. (Du S. A. *quyền*, même car., même signification.)

Thay ma quản 屍魔 ○, conserver un mort pendant quelque temps avant de l'enterrer (on attend quelquefois plusieurs mois). — *Nhà quản* 茹 ○, maison où est déposé le cadavre.

Quản 管 et 筦*. Bambou servant à faire des flûtes, des pinceaux à écrire; régir, gouverner, administrer, surveiller, manier.

Quản viết ○ 曰, le tube en bambou d'un pinceau à écrire. — *Cai quản* 該 ○, commander, régir. — *Quản trị* ○ 治, id. — *Quản sự* ○ 事, diriger les affaires. — *Quản nhơn* ○ 人, administrer les gens. — *Quản thúc* ○ 束, surveiller, faire marcher. — *Tổng quản* 總 ○, contrôleur ou inspecteur général. — *Quản đạo* ○ 導, titre d'un fonctionnaire qui tient la place du gouverneur dans les petites provinces. — *Hội đồng quản hạt* 會同 ○ 轄, conseil colonial (Cochinchine) — *Chiếu quản* 照 ○, gérer, prendre soin, tenir en ordre. — *Chánh quản cơ* 正 ○ 奇, colonel d'un régiment de troupes provinciales. — *Phó quản cơ* 副 ○ 奇, lieutenant-colonel d'un de ces régiments. — *Chánh quản vệ* 正 ○ 衛, colonel d'un régiment de troupes de la capitale. — *Phó quản vệ* 副 ○ 衛, lieutenant-colonel d'un de ces régiments. — *Quan quản* 官 ○, chef de compagnie des milices indigènes, garde civile, etc. — *Phó quản* 副 ○, sous-chef d'une de ces compagnies. — *Chẳng quản* 庄 ○, ne pas s'occuper de. — *Bao quản* 包 ○, faire peu de cas de, ajouter peu d'importance à.

Quản 脘*. Tuyau, conduit, passage.

Quản 肱*. Bras, main; aider, soutenir, défendre, protéger.

Quăn 鬈 ⁽¹⁾. Crépu, frisé; embrouillé, embarrassé. (Formé des S. A. *tiêu* 髟, chevelure, et *quân* 軍, foule.)

Tóc quăn 鬈 ○, cheveux crépus. — *Làm cho quăn* 濫朱 ○, friser. — *Quăn quíu* ○ 跳, enchevêtré, emmêlé, embrouillé. — *Rau quăn* 虆 ○, chicorée frisée.

Quăn 郡. Tiraillements, embarras; recourbé, contracté; épais, serré. (En S. A., principauté; se pron. *quận*.)

Đau quặn quặn 疛 ○○, tiraillements d'entrailles, coliques.

Quăn 繾. Très tordu, très tortillé, qui serre trop fort, qui fait mal. (Formé des S. A. *mịch* 糸, liens, et *quan* 貫, ligature.)

Quăn văn ○ 紊, trop serré. — *Nhớ quăn quíu* 汝 ○ 跳, souvenir cuisant. .

Quăn 羣. Recourbé; fléchir, plier. (En S. A., foule, troupe; se pron. *quân*.)

Quăn quại ○ 拐, plier sous le poids, fléchir sous un lourd fardeau.

Quân 君*. Roi, prince, seigneur; éminent, supérieur; terme de respect et titre honorifique.

Quân tử ○ 子, homme supérieur, philosophe, sage. — *Đại quân* 大 ○, grand souverain, chef suprême. — *Quốc quân* 國 ○, chef d'État. — *Quân phụ* ○ 父, un père, un roi. — *Vô phụ vô quân* 無 父 無 ○, pas de roi, pas de père. — *Quân vương* ○ 王, roi. — *Quân sư* ○ 師, précepteur du roi; maître; auteur. — *Lão quân* 老 ○, le nom d'un philosophe chef de secte. — *Minh quân* 明 ○, un prince éclairé. — *Gia quân* 家 ○, chef de famille, père; mon père. — *Phu quân* 夫 ○, époux; mon mari.

Quân 軍*. Troupe, foule, multitude; corps d'armée de 12,500 hommes; soldat, homme d'armes; aventurier.

Hành quân 行 ○, une armée rangée en bataille. — *Quân mạng* ○ 命, discipline militaire; condition du soldat. — *Quân vụ* ○ 務, affaires militaires. — *Quân phép* ○ 法, lois et règlements militaires. — *Quân công* ○ 功, mérite militaire. — *Quân lính* ○ 另, soldat. — *Cơ quân* 奇 ○, cohorte de 500 hommes. — *Ông tướng quân* 翁 將 ○, général en chef, maréchal. — *Cấp quân* 給 ○, désigner les hommes de service. — *Mộ quân* 慕 ○, enrôler, recruter. — *Ngũ quân* 五 ○, les cinq armées qui sont: *tiên quân* 前 ○, armée d'avant; *tả quân* 左 ○, armée de gauche; *hữu quân* 右 ○, armée de droite; *trung quân* 中 ○, armée du centre; *hậu quân* 後 ○, armée d'arrière. — *Quân nầy* ○ 尼, cet individu. — *Làm quan hay quân, làm chồng hay vợ* 濫官哈 ○ 濫重哈嫲, officier on commande aux soldats, mari on fait marcher sa femme (dicton populaire).

Quân 鈞*. Poids de 30 livres; très grand, haut comme le ciel.

⁽¹⁾ Se transcrit aussi par le car. 鬠.

Quân 均*. Mettre sur un même plan; unifier, égaliser; ensemble, également; de niveau; juste, égal, impartial.

Quân phân ○ 分, en parties égales. — *Quân bình* ○ 平, uni, régulier; impartialement.

Quân 捃*. Recueillir, ramasser, coordonner, disposer, arranger.

Quân 郡*. Le quart du territoire d'un État; principauté, district, circonscription, bourgade, tribu.

Quân vương ○ 王, prince de la famille royale, petit-fils du souverain. — *Quân công* ○ 公, autre vocable princier.

Quân 羣 et 群*. Troupeau, troupe, foule, horde; réunion d'amis, association de personnes; courir, parcourir; tourner en rond.

Quân dương ○ 羊, troupeau de moutons. — *Nhứt quân nhơn mã* 一 ○ 八 馬, une troupe d'hommes et de chevaux. — *Quân hùng* ○ 雄, un groupe d'hommes courageux, une poignée de braves. — *Quân hữu* ○ 友, association amicale.

Quân 輑*. Essieu de voiture; tourner continuellement sur soi-même.

Quân đi quân lại ○ 移 ○ 更, virer toujours, tourner, rouler.

Quân 裠 et 裙*. Vêtement inférieur, jupe, pagne. A. V. Pantalon, culotte, caleçon.

Trung quân 中 ○, vêtement intime. — *Quân tử* ○ 子, une jupe. — *Một cái quân* 沒 丐 ○, un pantalon. — *Quân mặc lót trong* ○ 默 律 冲, caleçon. — *Quân mặc đi tăm* ○ 默 移 沁, caleçon de bain. — *Quân giang* ○ 江, pantalon fait avec des étoffes de plusieurs couleurs (pour les petits enfants).

Quân 窘*. Manquer de tout, être dans la gêne; pénurie, misère, détresse. Voir *khuân*.

Quản 郡. Syllabe complémentaire. (En S. A., principauté; se pron. *quận*.)

Theo quản 曉 ○, suivre sans cesse, se succéder. — *Lân quản* 客 ○, tourner en rond; un jeu de bagues.

Quang 光*. Lumière, clarté; éclat, gloire, honneur; clair, brillant, éclatant, illustre; polir, faire briller, jeter de l'éclat; ouvertement, en présence de.

Nhựt quang 日 ○, clarté du soleil. — *Ngoạt quang* 月 ○, clarté de la lune. — *Quang minh* ○ 明, clair, lumineux. — *Hào quang* 豪 ○, splendide, illustre, glorieux. — *Quang cảnh* ○ 景, paysage agréable, site charmant. — *Quang tông* ○ 宗, illustrer ses ancêtres. — *Khai quang* 開 ○, éclairer. — *Quang gương* ○ 鋼, polir un miroir de métal.

Quang 胱*. Vessie. Voir *bàng*.

Quang 絖. Serrer avec des liens.

Quang giông ○ 操, liens de support (généralement en rotin).

Quang 肱*. Partie supérieure du bras; celui qui soutient, qui dirige.

Quáng 光 (1). Trop brillant, trop vif (clarté), éblouissant, aveuglant. (Du S. A. *quang*, même car., même signification.)

Quáng mắt ○ 刮, frapper les yeux d'un éclat trop vif, aveugler. — *Quáng nhãn* ○ 眼, id. — *Láng quáng* 朗○, ne pas distinguer clairement, être ébloui. — *Mù quáng* 眛○, aveuglé, plongé dans l'obscurité. — *Quáng không thấy* ○ 空覔, lumière trop crue qui empêche de voir.

Quãng 廣. Grand espace, vaste région, immense étendue de terre. (Pour le car. en S. A., voir ci-dessous.)

Quãng không ○ 空, un grand espace vide; les régions de l'air.

Quảng 廣*. Grande étendue, vaste espace; région, territoire; large, ample; étendre, augmenter, agrandir; nom de pays.

Quảng đại ○ 大, vaste, étendu; profond; capable; généreux, libéral. — *Quảng tài học* ○ 才學, grands talents, vastes connaissances. — *Quảng học* ○ 學, extension de l'étude (le nom du premier des trois collèges impériaux). — *Quảng thiện* ○ 善, extension de la bonté; le nom du deuxième collège impérial (le troisième est appelé *minh thiện* 明善, éclatante vertu, et les trois réunis forment l'institution impériale *tam đường* 三堂, trois collèges). —

Quảng phước ○ 福, bonheur augmenté; le nom d'une autre école pour les fils de fonctionnaires à Hué. — *Quảng nhơn* ○ 仁, piété augmentée; le nom d'une autre école de la cour. — *Quảng đông* ○ 東, agrandissement de l'est; le nom d'une province chinoise limitrophe du Tonkin (Canton). — *Quảng tây* ○ 西, agrandissement de l'ouest; le nom d'une autre province chinoise limitrophe du Tonkin (Quang si). — *Quảng đức* ○ 德, région de la vertu; la province royale de l'Annam dont Hué est le chef-lieu. — *Quảng bình* ○ 平, région pacifiée; autre province de l'Annam. — *Quảng trị* ○ 治, région bien gouvernée; id. — *Quảng nam* ○ 南, région du sud; id. — *Quảng ngãi* ○ 義, territoire fidèle; id. — *Quảng yên* ○ 安, paix étendue; province du Tonkin. — *Quảng dương* ○ 揚, répandre partout. — *Quảng hàn cung* ○ 寒宮, la lune; les régions froides.

Quăng 拱*. Étendre le bras; développer. A. V. Jeter, lancer.

Quăng ném ○ 捻, jeter, lancer (mot double). — *Quăng liệng* ○ 翎, id. — *Quăng đá* ○ 移, lancer une pierre. — *Quăng cho mạnh* ○ 朱孟, lancer avec force, à toute volée. — *Quăng đá cho chết* 移○朱折, lapider. — *Quăng đi* ○ 移, jetez, jetez donc! — *Quăng lại* ○ 更, rejeter. — *Lăng quăng* 陵○, avec précipitation, sans ordre; embrouillé, confus.

Quăng 群. Syllabe complémentaire. (En S. A., troupe, bande; se pron. *quân*.)

---

(1) Se transcrit aussi par le car. 晄.

Lăng quẵng 陵 ○, inconvenant, impudique, déshonnête. — *Mèo quẵng* 猫 ○, souillé, maculé.

Quẵng 廣. Onomatopée : cris aigus et prolongés d'un chien que l'on bat. (En S. A., vaste; se pron. *quảng*.)

La quẵng quẵng 囉○○, pousser des cris, hurler *quẵng quẵng*.

Quầng 暈*. Cercle lumineux autour du soleil, anneau, disque.

Hào quầng 豪 ○, auréole; splendide, éclatant, glorieux. — *Quầng khí* ○ 氣, vapeur, brouillard. — *Trăng có quầng* 麿 固 ○, la lune a un anneau. — *Quầng con mắt* ○ 昆 相, cercle autour des yeux, — *Con mắt có quầng* 昆 相 固 ○, avoir les yeux cernés.

Quanh 逃. Courbé, sinueux; pourtour, circuit; faire un cercle en marchant. (Formé des S. A. *xướ̆c* 辶, marche, et *quang* 光, clair.)

Chạy quanh 趙 ○, faire le tour, circuler. — *Xung quanh* 衝 ○, tout autour, autour de. — *Quanh quất* ○ 掘, en cercle, en rond. — *Vây quanh* 圍 ○, cerner, entourer de tous côtés. — *Đi xung quanh thành* 去多 衝 ○ 城, faire le tour de la ville, parcourir les fortifications. — *Nói quanh* 吶 ○, s'exprimer par détours, ne pas aller droit au but en parlant. — *Quanh co* ○ 孤, tortueux. — *Hỏi quanh* 咳 ○, s'informer indirectement.

Quạnh 瓊*. Pierre précieuse (qui, croit-on, donne l'immortalité); marbre veiné; corail. Voir *quỳnh*.

Quạnh quẽ ○ 鬼, retiré, désert. — *Quạnh vắng* ○ 永, seul, solitaire. — *Quạnh ngọc* ○ 玉, émeraude. — *Quạnh chi* ○ 枝, sorte de corail. — *Quạnh hoa* ○ 花, hortensia.

Quánh 磙, Dur, sec, ferme, solide, résistant; corrosif; minerai de fer. (Formé des S. A. *thạch* 石, pierre, et *vinh* 瑩, caillou brillant.)

Cứng quánh 亘 ○, très dur. — *Khô quánh* 枯 ○, très sec. — *Quánh miệng* ○ 皿, très fort, très épicé, qui emporte la bouche.

Quành 瓊, Syllabe complémentaire. (En S. A., pierre, corail; se pron. *quỳnh*.)

Quành quạch ○ 鵝, onomatopée; le cri d'un certain oiseau. — *Chim quành quạch* 鴰 ○ 鵝, le nom de cet oiseau. — *Già quành* 襟 ○, très âgé, très vieux.

Quao 槁. Un arbre au bois léger et dont les feuilles fournissent une teinture noire pour grosse toile. (Du S. A. *cao*, même car., arbre sec.)

Cây quao 核 ○, ce même arbre (mot double). — *Vải quao* 緄, toile grossière, espèce de treillis. — *Gò quao* 堰 ○, nom de lieu.

Quào 搞. Déchirer avec les ongles ou les griffes, écorcher, lacérer. (Du S. A. *cao*, même car., battre, frapper.)

Quàu cáu ○ 搆, gratter, griffer, égratigner. — *Quều quào* 僑 ○, griffonnage, gribouillis.

Quắp 急. Courbé, recourbé, crochu. (Du S. A. *cấp*, même car., tiraillé,)

Co quắp 孤 ○, racorni, querelleur, chicanier, grinchu.

Quạt 撅. Faire du vent, agiter l'air, s'éventer. (En S. A., poteau, pieu; se pron. *quyết*.)

Cây quạt 核 ○, éventail. — *Rẽ quạt* 裾 ○, lame d'éventail. — *Quạt cho mát* ○ 朱沫, éventer pour refroidir l'air. — *Quạt gạo* ○ 糙, activer la cuisson du riz en poussant le feu avec un éventail. — *Quạt lửa* ○ 焒, souffler le feu. — *Quạt giấy* ○ 紙, éventail en papier. — *Quạt lông* ○ 翻, éventail en plumes. — *Quạt hầu* ○ 候, éventer un mandarin pendant l'audience.

Quát 眛*. Pousser de grands cris.

Quát mắng ○ 骅, lancer des gros mots, jeter des insultes. — *Quát nạt* ○ 哩, vomir des injures, épancher sa colère.

Quát 契 et 刮*. Racler, rogner, amincir; faire partir, faire disparaître; rejeter avec dédain.

Quát bình ○ 平, aplanir, égaliser (en raclant). — *Quát tự* ○ 字, gratter des caractères. — *Quát mộc* ○ 木, raboter du bois. — *Quát đầu* ○ 頭, raser la tête.

Quát 闊*. Vaste, large, libéral; ouvert, béant. Voir *hoạt*.

Quát 括*. Empaqueter, emballer, envelopper; lier, mettre en botte.

Quát 姡*. Vilaine figure, mauvaise expression, air fourbe et trompeur.

Quát 鵠*. Grue; autres oiseaux.

Lão quát 老 ○, corbeau, corneille.

Quát 屈*. Se courber, se baisser; plié, replié, contracté. (Du S. A. *khuất*, même car., même signification.)

Quát 掘*. Bêcher, creuser, fouiller, ouvrir; se tenir en l'air; retroussé, relevé. A. V. Frapper, fouetter.

Quát thành trì ○ 城池, creuser un fossé autour d'une ville. — *Quát ngựa* ○ 馭, cravacher un cheval. — *Đánh quát* 打 ○, fouetter, fouailler, rouer de coups.

Quạu 嘴 (1). Mine renfrognée, air désagréable et maussade. (Formé des S. A. *khẩu* 口, bouche, et *câu* 溝, rigole.)

Quạu quạu ○ ○, hargneux, maussade. — *Đồ quạu* 堵 ○, montrer son mauvais caractère. — *Sự quạu* 事 ○, bouderie. — *Hay quạu* 哈 ○, habituellement boudeur.

Quáu 搆. Mettre en cercle, en forme d'arc; courbé, recourbé. (En S. A., tirer, traîner; se pron. *câu*.)

Quáu mỏ ○ 嗼, bec recourbé.

Quảu 笱 (2). Petite corbeille à bétel. (Du S. A. *câu*, même car., panier d'osier.)

Quảu rau ○ 老, revêche, acariâtre.

Quáu 搆. Gratter, griffer, égrati-

---

(1) Se transcrit aussi par le car. 姤. — (2) Se transcrit aussi par le car. 篝.

gner, déchirer, écorcher, lacérer. (Du S. A. *câu*, même car., traîner, tirer.)

Quào quáu 搞 ○, déchirer avec les ongles. — *Quáu lấy* ○ 祂, emporter le morceau.

Que 圭. Bout de bois quelconque. (En S. A., bâton de jade; se pron. *quế*.)

Que củi ○ 檜, morceaux de bois à brûler, broutilles, menues branches.

Què 跬. Estropié, infirme, (Du S. A. *qui*, même car., ployer le genou.)

Người què tay 得 ○ 挀, privé de l'usage d'un bras. — *Què chơn* ○ 蹞, traîner la jambe.

Quẽ 鬼. Syllabe complémentaire. (En S. A., fantôme; se pron. *quĩ*.)

Quạnh quẽ ○ 復, retiré, seul, isolé, solitaire.

Quế 卦*. L'art de la divination (inventé par Phục hi). Voir *quái*.

Quế bói ○ 貝, sortilège. — *Quế mạng* ○ 命, dire la bonne aventure. — *Chiêm quế* 占 ○, consulter les sorts, tirer au sort. — *Làm quế* 濫 ○, id. — *Bát quế* 八 ○, les huit diagrammes (figure géométrique pour les divinations). — *Hào quế* 爻 ○, les lignes croisées du *Bát quái*.

Quế 畦*. Quelques arpents de terre, petit jardin planté de légumes.

Quế 珪*. Tablette de jade, insigne officiel, bâton de commandement.

Quế 圭*. Synonyme du précédent.

A. V. Terre des ancêtres, pays d'origine, petite patrie.

Quê quán ○ 館, lieu de naissance. — *Quê hương* ○ 鄉, id. — *Nhà quê* 茄 ○, maison villageoise, demeure rustique. — *Người nhà quê* 得 茄 ○, paysan, campagnard. — *Kẻ quê* 几 ○, id. — *Quê mùa* ○ 務, rustique, champêtre, campagnard. — *Quê kệch* ○ 劇, rustre, grossier, impoli. — *Đi nhà quê* 移 茄 ○, aller à la campagne. — *Ở nhà quê* 於 茄 ○, demeurer à la campagne, vivre aux champs. — *Về quê quán* 衛 ○ 館, rentrer dans ses foyers. — *Phần quê* 分 ○, mon sort, ma condition. — *Chợ quê* 罟 ○, partout, en tous lieux.

Quê 閨*. Porte intérieure, appartement réservé aux femmes et aux jeunes filles; pureté, virginité.

Quê môn ○ 門, porte donnant accès à cet appartement. — *Quê nữ* ○ 女, jeune fille, vierge. — *Hương quê* 香 ○, logis parfumés, appartements féminins. — *Chốn quê môn* 準 ○ 門, l'endroit réservé où se tiennent les femmes et les jeunes filles.

Quê 蹶*. Glisser, faire une chute, s'étendre sur le sol; commettre une faute, manquer à son devoir. Voir *quyết*.

Quê 桂*. Arbre du genre des laurinées ou du genre casse, auquel les Annamites attribuent de grandes propriétés médicinales; casse, cannelle, myrrhe; au fig., précieux, odoriférant, fleuri; honorifique.

Cây quế 核 ○, laurier-cannelier, cassier. — *Nhục quế* 肉 ○, cannelle de Ceylan. — *Quế tử* 子, fruit du cassier. — *Đống kinh quế* 東京 ○, cannelle du Tonkin (très appréciée). — *Ngọc quế* 玉 ○, autre espèce. — *Quế chi* ○ 枝, cannelle sauvage. — *Một miếng quế* 沒 咖 ○, un morceau de cannelle. — *Quế hoa* ○ 花, cinnamome, myrrhe.

Quệch 廓. Incliné, penché de côté. (En S. A., grand, vaste; se pron. *khoách*.)

Khai quệch 開 ○, étendre, agrandir, élargir. — *Viết quệch hoạch* 日 ○ 嚯, écrire de travers. — *Vẽ quệch hoạch* 戾 ○ 嚯, barbouiller.

Quen 涓. Être habitué à, connaître intimement, entretenir des relations; fréquentation, accointance. (En S. A., ruisseau; se pron. *quyên*.)

Quen biết ○ 別, connaître par fréquentation. — *Quen mặt* ○ 緬, être habitué au visage; connu de figure. — *Quen thân* ○ 身, être fait à une chose; le pli est pris. — *Quen thói* ○ 退, habitué aux usages, accoutumé aux règles. — *Làm quen* 濫 ○, s'accointer, fréquenter, être lié d'amitié; s'habituer, se faire à une chose. — *Biết mà không quen* 別 麻 空 ○, connaître quelqu'un sans cependant le fréquenter. — *Tôi quen nó lắm* 碎 ○ 奴 𤴬, je suis très lié avec lui, je le connais beaucoup. — *Ngựa quen đàng cũ* 馭 ○ 唐 宴, le cheval connaît bien le chemin par où il a passé; au fig., on retourne toujours à ses défauts.

Quến 捲. Rouler, lever, remonter. (Du S. A. *quyên*, même car., enrouler.)

Quến mây ○ 邅, nuages qui roulent dans l'espace; fendre les nues; venir à bout d'une difficulté. — *Quến vó* ○ 蹄, courir à toutes jambes. — *Quến áo* ○ 襖, remonter les pans de l'habit (les relever jusqu'à la ceinture afin d'être plus à l'aise pour marcher ou travailler).

Quền 拳. Grossier, sale, crasseux. (En S. A., main fermée; se pron. *quyên*.)

Của quền 貼, objet vil, chose sans valeur. — *Mắt quền* 𥃳 ○, yeux malades, chassieux.

Quên 涓 ⁽¹⁾. Oublier, omettre, passer. (Du S. A. *quyên*, même car., couler.)

Quên sót ○ 率, passer outre, sauter (un passage). — *Quên mất* ○ 秩, avoir laissé (par mégarde), avoir perdu. — *Bỏ quên* 補 ○, laisser par inadvertance. — *Đã quên nói* 㐌 ○ 吶, avoir oublié de dire. — *Quên giờ ăn* ○ 𣊾 𫫨, avoir oublié l'heure du repas. — *Quên dù* ○ 軸, avoir laissé son parapluie, son ombrelle. — *Quên đóng cửa* ○ 揀 閶, avoir oublié de fermer la porte. — *Quên sưng* ○ 爽, qui échappe de la mémoire. — *Quên lãng* ○ 朗, perdre de vue, ne plus penser à. — *Quên anh em* ○ 嬰 俺, ne plus se souvenir de ses camarades, oublier ses amis. — *Hay quyên* 哈 ○, oublieux. — *Sự bỏ quên* 事 補 ○, omission. — *Tôi quên rồi* 碎 ○ 耒, j'ai complètement oublié!

Quến 眷. Attirer, entraîner, séduire,

⁽¹⁾ Se transcrit aussi par le car. 怡.

persuader. (Du S. A. *quyến*, même car., regarder avec bonté.)

Quến nhau ○ 饒, s'entr'aider; s'exciter mutuellement. — *Quến dũ* ○ 誘, séduire par des flatteries.

Queo 趒 et 跳. Syllabe complémentaire et mot euphonique. (En S. A., sauter, bondir; se pr o. *quíu*.)

Co queo 孤 ○, ratatiné, rapetissé, ramassé. — *Nằm chèo queo* 馘蹋 ○, se coucher les membres repliés. — *Chết queo* 折 ○, se faner, se dessécher, mourir (végétaux). — *Lạnh queo* 冷 ○, ratatiné ou racorni par le froid.

Queo 撽. Oblique, courbe, tordu, contourné. (Formé des S. A. *thủ* 手, main, et *diệu* 窕, frêle, délicat.)

Quanh queo 迯 ○, tortueux, sinueux. — *Đi đường quanh queo* 移唐迯 ○, aller par un chemin détourné, faire un circuit. — *Nói quanh queo* 吶迯 ○, parler par détours. — *Co queo* 孤 ○, dévié, détourné. — *Queo tay* ○ 搐, qui ne peut redresser le bras, qui a la main recourbée.

Quéo 窮 [1]. Recourbé, recroquevillé. (En S. A., trou, grotte; se pron. *khiếu*.)

Rựa quéo 鈩 ○, sabre recourbé, espèce de serpe. — *Xoài quéo* 欧 ○, manguier. — *Cây quéo* 核 ○, id.

Quèo 跳. Courbé, tortu, noueux; accrocher, amener en tirant à soi. (En S. A., bondir, sauter; se pron. *quíu*.)

Chon quèo 蹎 ○, jambe croche. —

Quèo chon ○ 蹎, donner un croc en jambe.

Quẹp 撬. Onomatopée; bruit de sandales qui claquent en marchant, bruit sec; cri du canard. (Formé des S. A. *thủ* 手, main, et *diệp* 葉, feuille de plantes.)

Lẹp quẹp 鱲 ○, bruit sec, comme clic-clac. — *Vịt kêu quẹp quẹp* 𪁗叫 ○ ○, les canards font *quẹp quẹp*.

Quẹt 抉. Frotter en appuyant, passer légèrement le doigt sur. (Du S. A. *quyết*, même car., arracher, approprier.)

Cây quẹt 核 ○, allumette. — *Hộp quẹt* 匣 ○, boîte d'allumettes. — *Quẹt mỏ* ○ 喋, s'essuyer le bec. — *Quẹt mắt* ○ 耜, se frotter les yeux.

Quét 抉. Balayer; s'approprier. (Pour le car. en S. A., voir ci-dessus.)

Quét tước ○ 䨱, balayer; dépouiller. — *Quét nhà* ○ 茹, balayer une maison. — *Quét bụi* ○ 培, balayer la poussière. — *Quét cho sạch* ○ 朱瀝, balayer proprement. — *Chổi quét* 箒 ○, balai. — *Kẻ quét* 几 ○, balayeur. — *Lưới quét* 緪 ○, filet que l'on traîne dans l'eau, senne.

Quét 橘. Essuyer; appliquer, enduire, badigeonner. (Formé des S. A. *thủ* 手, main, et *duật* 矞, percer, trouer.)

Quét vôi ○ 磑, badigeonner de chaux. — *Quẹt quẹt* ○ ○, coasser.

Quét 橘. Piler dans un mortier.

---

[1] Se transcrit aussi par le car. 矯.

broyer avec un pilon, écraser. (Pour la décomp. du car., voir ci-dessus.)

Quết gạo ○ 糟, piler du riz. — *Quết thuốc* ○ 葉, broyer des drogues. — *Quết bột* ○ 粹, pétrir de la farine.

Quều 僑. Déhanché, dégingandé; mollesse, nonchalance, inaction. (En S. A., abri, demeure; se pron. *kiều*.)

Quều chơn ○ 蹟, démarche anormale. — *Quều quào* ○ 搞, écriture mal formée, gribouillis.

Qui 皈*. Se conformer à, accepter de, se soumettre à une règle, obéir à une injonction.

Qui y phật phép ○ 依佛法, suivre les règles du bouddhisme. — *Qui y thọ phái* ○ 依受派, être affilié à une secte. — *Tam qui* 三○, les trois principales soumissions (des bouddhistes). — *Qui phục* ○ 服, se soumettre à quelqu'un.

Qui 龜*. Tortue, l'un des quatre animaux symboliques. Car. radical.

Qui 歸*. Revenir au même endroit, s'en retourner; quitter, laisser; le lieu où l'on finit toujours par retourner: son chez soi, sa maison; limite extrême; diviser; fréquemment employé dans la composition des noms de lieu.

Qui điền ○ 田, revenir à ses champs; au fig., quitter les fonctions publiques. — *Qui ngãi* ○ 義, revenir au bien, à la justice. — *Qui gia* ○ 家, rentrer dans ses foyers. — *Qui thổ* ○ 土, retourner à la terre, mourir. — *Qui vô* ○ 無, cesser d'être, ne plus exister. — *Qui dân* ○ 民, rappeler le peuple. — *Hồi qui* 回○, rétrograder, s'en retourner. — *Qui lỗi* ○ 磊, reconnaître une faute, s'avouer coupable. — *Qui lập* ○ 立, rassembler. — *Qui góp* ○ 給, réunir des cotisations, faire une collecte. — *Qui binh* ○ 兵, rappeler l'armée. — *Đại cửu qui* 大九○, le grand calcul (au moyen de l'abaque); division. — *Tiểu cửu qui* 小九○, petit calcul; addition. — *Đang qui* 當○, angélique (médicament annamite). — *Qui nhơn* ○ 仁, redevenir humain, retourner à la piété; nom du chef-lieu d'une province de l'Annam moyen.

Qui 規*. Tracer un cercle; régler, tracer, calculer; compas, règle; loi, usage; taxer un travail, fixer un salaire.

Bán qui 半○, demi-cercle. — *Nhựt qui* 日○, cercle autour du soleil. — *Nguyệt qui* 月○, bande circulaire autour de la lune. — *Qui gián* ○ 諫, redresser. — *Qui củ* ○ 矩, forme, règle, loi, précepte. — *Qui cách* ○ 格, mode, manière. — *Học qui* 學○, règlement scolaire, méthode d'enseignement.

Quị 櫃*. Caisse, coffre, armoire.

Quị 揆*. Faire des suppositions; mesurer, estimer, conjecturer.

Quí 季*. Le grain à peine mûr, produit nouveau; âge tendre, dernier né; fin de série, terminaison.

Quí ngoạt ○ 月, dernière lune, 12e mois. — *Quí xuân ngoạt* ○ 春

月, 3ᵉ mois de printemps. — *Quí đệ* ○ 弟, le plus jeune frère. — *Quí tử* ○ 子, le dernier enfant. — *Quí chỉ* ○ 指, le petit doigt. — *Quí hết* ○ 歇, la fin de tout, la fin des fins; tout est terminé. — *Quí thế* ○ 世, la fin du monde.

Quí 貴*. Précieux, noble, honorable, distingué; élevé en dignité; qui a de la valeur, qui est rare.

Quí báu ○ 寶, de haut prix, de grande valeur. — *Quí nhơn* ○ 人, homme noble, estimable; personne remarquable par ses capacités, ses talents. — *Kim quí* 金 ○, métal précieux. — *Phú quí* 富 ○, riche, noble; honneurs, richesses. — *Quí danh* ○ 名, nom considéré, réputation honorable; votre distingué nom. — *Quí chức* ○ 職, vous, votre précieuse dignité. — *Quí đại nhơn* ○ 大人, votre excellence, votre altesse. — *Quí đại thần* ○ 大臣, id. — *Quí quốc* ○ 國, la noble nation, votre noble patrie; le nom d'une île annamite du golfe de Siam. — *Trọng quí* 重 ○, précieux, important.

Quí 媿*. Troublé, honteux, confus.

Bất quí 不 ○, effronté. — *Vô quí* 無 ○, id. — *Quí sỉ* ○ 耻, opprobre, affront, humiliation, ignominie.

Quí 癸*. Considérer, mesurer; couler; le dernier caractère du cyle dénaire (semence animale, terre labourée).

Quí thủy ○ 水, l'âge de la puberté, les menstrues. — *Quí dậu niên* ○ 酉年, l'année dite *quí dậu* (la 10ᵉ du cycle).

Quì 跪*. S'agenouiller, se prosterner, ployer les genoux (pour un salut respectueux ou autre chose).

Quì lạy ○ 禮, se prosterner jusqu'à terre. — *Quì đơn* ○ 單, présenter respectueusement une supplique, porter plainte. — *Quì gối* ○ 踏, fléchir les genoux. — *Quì xuống* ○ 𣳮, tomber à genoux; à genoux!

Quì 逵*. Différentes directions, lignes qui vont en s'écartant les unes des autres, rayons.

Cửu quì 九 ○, neuf lignes partant du même point pour rayonner dans des directions différentes; signes cabalistiques. — *Chung quì* 鍾 ○, le nom d'un saint qui peut chasser les revenants, les diables et qui délivre de l'ensorcellement.

Quì 葵*. Nom générique des plantes à grandes feuilles.

Quì hoa ○ 花, helianthus. — *Nhựt quì* 日 ○, tournesol. — *Đông quì* 冬 ○, hibiscus.

Quỉ 宄*. Coquin, brigand, scélérat, voleur; traître, insurgé, ennemi.

Quỉ 詭*. Déblatérer, diffamer; faux, mensonger, astucieux, perfide, fourbe.

Quỉ quyệt ○ 譎, rusé, artificieux, trompeur. — *Quỉ trá* ○ 詐, id. — *Quỉ thiên* ○ 天, en révolte contre le ciel.

Quỉ 匱*. Petit meuble pour objets précieux; coffre, caisse, boîte, armoire.

Quỉ 鬼*. Esprit malfaisant; démons, diables, fées, lutins, follets. Car. radical.

Quỉ thần o 神, esprit, démon. — *Quỉ quái* o 怪, monstrueux, diabolique; rusé, malin, ingénieux, astucieux, malicieux. — *Quỉ hiện* o 現, apparition diabolique, spectre qui se dresse. — *Ma quỉ* 魔 o, démon, fantôme, revenant, spectre. — *Quỉ hỏa* o 火, feu follet. — *Phiên quỉ* 番 o, les diables étrangers. — *Chưốc quỉ ma* 斫 o 魔, diablerie. — *Mắc quỉ ma* 縸 o 魔, possession démoniaque. — *Mắc quỉ ám* 縸 o 暗, id. — *Trừ quỉ* 除 o, exorciser.

Quỉ 䰟*. L'âme qui demeure avec le corps après la mort; démons, spectres, revenants, fantômes (se confond souvent avec le précédent).

Quỉ 餽*. Offrir de la nourriture; présenter, donner, faire cadeau.

Quỉ kim o 金, offrir de l'or.

Quính 冂*. Grand espace vide, pays désert, lieu inculte. Car. radical.

Quính 訶*. Se livrer à des investigations, chercher à savoir; regarder à la dérobée, espionner, dénoncer.

Quính 迥*. Lointain; vaste; ravagé, troublé; brillant, éclatant.

Quính 綱*. Tirer à soi brusquement, exécuter des mouvements vifs, saccadés et courts.

Quính quíu o 跳, sauter, sautiller (comme un moineau), frétiller (comme un poisson). — *Mừng quính* 憪 o, excessivement gai.

Quính 憬*. Pousser à, exciter, attirer, fixer l'attention.

Quính 瓊*. Marbre rare, pierre précieuse. Voir *quạnh*.

Quít 蟜. Insecte ailé aux brillantes couleurs; baisser, serrer; réduire. (Formé des S. A. *trùng* 虫, insecte, et *duật* 矞, percer.)

Quít 橘*. L'arbre qui produit la petite orange dite *mandarine*.

Một trái quít 没 㯷 o, une de ces oranges. — *Kim tiền quít* 金錢 o, petite orange dorée. — *Đồng hồ trái quít* 銅壺 㯷 o, une grosse montre.

Quíu 跳*. Bondir, sauter, gambader, s'agiter par des mouvements brusques.

Quính quíu 綱 o, sauter de joie, sautiller (comme certains oiseaux).

Quyên 涓 et 涀*. Petit ruisseau d'eau claire; laver, purifier; choisir; rejeter, repousser.

Dòng quyên 涓 o, le courant d'une onde pure. — *Quyên kiết nhựt* o 吉日, faire choix d'un jour favorable (pour l'accomplissement de certaines cérémonies).

Quyên 娟*. Personne aimable, gracieuse, élégante, distinguée.

Thuyên quyên 嬋 o, femme charmante, personne distinguée.

Quyén 鵑*. Nom d'oiseau grimpeur.

Đỗ quyên 杜 ○, coucou. — *Chim quyên* 鸤 ○, id.

Quyén 捐*. Faire abandon, renoncer; donner, souscrire, se cotiser.

Khai quyên 開 ○, ouvrir une souscription. — *Quyên tiền* ○ 錢, réunir le montant de cotisations.

Quyén 睊*. Regarder de travers; regard méfiant, coup d'œil de haine.

Quyén 眷*. Regarder attentivement et avec bonté; prendre soin de ses parents, aimer sa famille; parenté, alliance.

Gia quyên 家 ○, la maison, les parents. — *Vô gia quyên* 無家 ○, sans aucune famille à aimer; vivre seul. — *Thân quyên* 親 ○, parents et alliés. — *Nội quyên* 內 ○, famille intérieure, gynécée, appartements privés des femmes.

Quyén 絹*. Tissu de soie mince, étoffe claire, comme le taffetas, la satinette, la lustrine

Sa quyên 紗 ○, étoffe mince et transparente, gaze légère. — *Lụa quyên* 縷 ○, id. — *Giấy quyên* 紙 ○, papier de soie (sur lequel on peint des caractères). — *Bạch quyên* 白 ○, soie blanche. — *Quyên khố* ○ 袴, pantalon de soie.

Quyén 捲*. Plier, rouler, enrouler (nattes, voiles), tresser, onduler; assembler, unir, réunir, recueillir. Voir *cuốn*.

Quyén 拳*. Main en boule, c'est-à-dire fermée; le poing; vigueur physique.

Quyên phép ○ 法, le pugilat, la boxe. — *Cần quyên* 勤 ○, urgent, pressé; faire diligence.

Quyén 權*. Autorité, pouvoir, influence, prestige; état, situation; circonstances. Voir *quờn*.

Quyên thần ○ 臣, personnage influent, homme d'État disposant d'une grande autorité. — *Quyên qúi* ○ 貴, noble et puissant. — *Quyên phép* ○ 法, pouvoir, autorité, droit de faire. — *Quyên cao* ○ 高, haute autorité, grand pouvoir. — *Quyên nghi* ○ 宜, par dispense, momentanément. — *Quyên chức* ○ 職, grade, dignité. — *Cầm quyên* 擒 ○, détenir le pouvoir. — *Cướp quyên* 劫 ○, usurper le pouvoir. — *Quyên lấy* ○ 祂, prendre d'autorité, s'emparer de droit. — *Quan quyên* 官 ○, fonctionnaire intérimaire. — *Quyên sung* ○ 克, id. — *Làm quá quyên* 濫過 ○, abuser de son autorité, dépasser ses pouvoirs. — *Quyên cha mẹ* ○ 吒媄, l'autorité du père et de la mère.

Quyên 卷 (1). Rouleau, flûte, chalumeau; l'os de la jambe; terme numéral des volumes et des cartes géographiques. Voir *cuốn*.

Khai quyên 開 ○, dérouler. — *Quyên thơ* ○ 書, rouler une composi-

---

(1) Avec le sens de tube, roseau, flûte, ce mot peut se transcrire aussi par les car. 菅 et 管.

tion, fermer un livre. — *Nạp quyển* 納 ○, remettre les compositions (après l'épreuve écrite). — *Quyển giấy* ○ 紙, rouler une feuille de papier. — *Quyển lại* ○ 更, replier, enrouler. — *Ống quyển* 甕 ○, flûte, chalumeau. — *Thổi quyển* 噎 ○, jouer de la flûte.

Quyệt 譎. Parler en déguisant sa pensée, se conduire en hypocrite, agir en intrigant; se montrer opportuniste; sans principes, sans idées sincères; faux, trompeur, menteur.

Quỉ quyệt lắm 詭 ○ 廩, astucieux. — *Quyệt thượng* ○ 上, tromper ses supérieurs. — *Quyệt gián* ○ 諫, parler ou agir sans aucune conviction, mais seulement en vue de son propre intérêt.

Quyết ⏐ *. Crochet; crochu, tortu, recourbé. Car. radical.

Quyết 決*. Eau qui se répand de tous côtés; affirmer, assurer; résoudre tout d'un coup, décider hardiment, sans appel, sans sursis.

Quyết ý ○ 意, idée fixe, volonté ferme, intention formelle. — *Quyết đoán* ○ 斷, décider, trancher. — *Xử quyết* 處 ○, condamner (à mort) sans sursis. — *Đại quyết* 大 ○, grande exécution capitale. — *Quyết lòng* ○ 悉, de tout cœur, être fermement résolu à. — *Quyết chí* ○ 志, ferme volonté, intention arrêtée. — *Đã quyết* 㐫 ○, absolument décidé; c'est formel. — *Chưa quyết* 渚 ○, rien de certain encore. — *Quyết định* ○ 定, affirmer, décider. — *Nói cách quả*

quyết 吶格果 ○, parler sur un ton qui n'admet pas de réplique. — *Đàng quyết đàng chối* 唐 ○ 唐 陛, affirmative et négative. — *Quyết rằng* ○ 浪, certifier que.

Quyết 鴂*. Nom d'oiseau chanteur.

Quyết 抉*. Arracher, déraciner; nettoyer, approprier, disposer.

Quyết 厥*. Lui-même; pron. pers. et pron. poss.; particule relative.

Quyết 豦*. Une sorte d'animal qui tient du lièvre et du lapin.

Quyết 蹶*. Tomber, glisser, faire une chute; faute, erreur, manquement. Voir *quệ*.

Quyết 橛*. Poteau, pieu, cheville.

Quyết dực ○ 弋, pieu enfoncé en terre (pour attacher les animaux ou pour tirer de l'arc).

Quyết 闕*. Grande porte monumentale, entrée de palais ou de citadelle (sur laquelle se trouve un poste de veilleurs); vide, réduit, défectueux.

Kim quyết 金 ○, porte d'or. — *Quyết môn* ○ 門, palais impérial. — *Nhựt quyết* 日 ○, le soleil décline.

Quơ 找*. Fournir, suppléer, remplacer, changer une chose contre une autre, remplir une lacune.

Quơ cây mà đánh ○ 核麻打, s'emparer d'un bâton pour frapper.

— *Rồi quơ tre lại* 耒 ○ 梛 吏, après quoi il s'empara d'un autre bambou.

Quớ 過. Syllabe complémentaire. (En S. A., excéder; se pron. *quá*.)

Lớ quớ 粐 ○, tout à coup. — *Nói lớ quớ* 吶 粐 ○, parler sans réflexion.

Quớ 菓. Syllabe complémentaire. (En S. A., fruit; se pron. *quả*.)

Nói bắt quớ 吶 抔 ○. s'exprimer sottement; parler sans raison, sans motif.

Quớ 喏. Adresser des remontrances, blâmer, gronder, réprimander. (Formé des S. A. *khẩu* 口, bouche, et *quả* 果, certain.)

Quớ trách ○ 責, reprendre quelqu'un. — *Quớ phạt* ○ 罰, menacer de punition. — *Quớ nả* ○ 那, tancer vertement, apostropher. — *Quớ nặng lời* ○ 曩 呐, adresser des reproches sévères. — *Quớ mắng* ○ 㗊, s'emporter violemment, insulter. — *Hay quớ* 哈 ○, grondeur, grognon. — *Lời quớ trách* 呐 ○ 責. réprimande, remontrance.

Quốc 國*. Pays, nation, royaume, empire; national. Voir *nước*.

Quốc gia ○ 家, état, gouvernement, patrie. — *Bổn quốc* 本 ○, sol natal, pays d'origine; notre pays, notre nation. — *Đại pháp quốc* 大法 ○, la France; litt., la grande et puissante nation (expression officielle). — *Đại nam quốc* 大南 ○, l'Annam; litt., le grand empire annamite (expression officielle). — *Trung quốc* 中 ○, l'empire du Milieu, la Chine. — *Ngoại quốc* 外 ○, extérieur du royaume, étranger. — *Quốc phép* ○ 法, l'ensemble des lois d'un pays, le code national. — *Quốc sự* ○ 事, les affaires nationales. — *Quốc chánh* ○ 政, la politique, la diplomatie, l'administration. — *Khai quốc* 開 ○, fonder un royaume. — *Quốc hoàng* ○ 皇, l'empereur. — *Quốc mẫu* ○ 母, l'impératrice; litt., la mère de la nation. — *Quốc công* ○ 公, prince du sang, haut dignitaire de la couronne. — *Trợ quốc khanh* 助 ○ 卿. titre princier, désignatif de haute fonction. — *Tá quốc khanh* 佐 ○ 卿. id. — *Phụng quốc khanh* 鳳 ○ 卿. id. — *Trợ quốc lang* 助 ○ 郎. id. — *Tá quốc lang* 佐 ○ 郎, id. — *Phụng quốc lang* 鳳 ○ 郎, id. — *Quốc tử giám* ○ 子監, l'école spéciale des princes à la cour de Huế. — *Người bổn quốc* 㝵 本 ○, gens du pays, indigènes, compatriotes. — *Chữ quốc ngữ* 字 ○ 語, l'écriture annamite en caractères latins.

Quới 貴*. Noble, riche, précieux, pompeux, splendide. Voir *quí*.

Quờn 權*. Pouvoir, autorité, influence, prestige. Voir *quyền*.

Quờn 拳*. Main fermée, poing. Voir *quyền*.

Quớt 撅 [1]. Relevé, retroussé, recourbé, en l'air. (Du S. A. *quật* même car., même signification.)

---

[1] Se transcrit également par le car. 括 :

Quớt mỏ 喋, bec en l'air, groin retroussé. — *Quớt mỏi* ○ 枚, qui a la lèvre relevée (comme le groin du cochon). — *Thằng điếm quớt* 倘店○, polisson, débauché, libertin, coureur de filles.

R

Ra 囉. Sortir, aller dehors; exhiber, produire, faire paraître, publier; ressortir (dans le sens de mettre en relief, rendre plus saillant); particule explétive finale. (En S. A., babil d'enfant; se pron. *la*.) *Di ra* 移○, aller dehors. — *Đuổi ra ngoài* 遇○外, chasser dehors, mettre à la porte. — *Mày di ra* 眉移○, sors, va-t-en ! — *Ra cửa* ○ 闍, passer la porte, sortir du port, franchir une passe. — *Ra về* ○ 衛, repartir, s'en retourner. — *Ra ngoài đường* ○ 外唐, sortir dans la rue. — *Ra khỏi* ○ 塊, sortir, disparaître, quitter les lieux. — *Ra di êm* ○ 移厭, s'en aller doucement, partir sans bruit, filer à l'anglaise. — *Ra lại* ○ 吏, sortir de nouveau. — *Ra ngoại bắc* ○ 外北, aller vers le nord (pour les Annamites de la Cochinchine, cela veut dire aller au Tonkin). — *Lui ra* 躕○, reculer, démarrer, mettre une barque à flot. — *Nói ra* 吶○, parler, s'exprimer, proférer. — *Xưng ra* 稱○, déclarer, déposer, témoigner. — *Kéo ra* 撟○, extraire, arracher. — *Đổ ra* 堵○, répandre, verser. — *Mở ra* 摀○, ouvrir, découvrir. — *Chảy ra* 泚○, couler. — *Buông nó ra* 摑奴○, lâchez-le, qu'il s'en aille ! — *Hiện ra* 現○, surgir, se montrer, apparaître. — *Hóa ra* 化○, devenir, parvenir, se transformer en. — *Tra ra* 查○, examiner, s'enquérir (par des moyens inquisitoriaux). — *Tỏ ra* 訴○, manifester, déclarer, exposer nettement. — *Lồi ra* 耒○, en saillie, en relief. — *Con mắt lồi ra* 昆相耒○, yeux saillants. — *Trồi ra* 跦○, ressortir, en saillie; saillant, proéminent; qui surnage. — *Vọt ra* 踤○, id. — *Nổi ra* 淬○, se lever, se dresser; surnager. — *Sáng ra* 創○, le jour qui se montre; luire, briller. — *Ra vào* ○ 侷, entrer et sortir; fréquenter. — *Ra mặt* ○ 靦, montrer son visage, comparaître, paraître en public. — *Ra tay* ○ 抳, mettre la main à, agir. — *Ra sức* ○ 飾, faire effort pour, s'efforcer de. — *Té ra* 細○, il ressort, il résulte; tout compte fait... — *Sanh ra* 生○, produire, procréer; naître. — *Kẻ làm ra* 几濫○, producteur. — *Đem ra* 宪○, apporter, produire, exhiber. — *Rao ra* 哖○, publier, promulguer. — *Ra lệnh* ○ 令, faire paraître un édit. — *Ra trận* ○ 陣, livrer bataille. — *Ra cờ* ○ 旗, déployer les étendards, aller au combat. — *Bày đặt ra* 排達○, se créer des chimères. — *Thở hơi ra* 咀唏○, exhaler des soupirs. — *Sự tủa ra* 事煩○, expansion. — *Làm cho ra dại* 濫朱○曳, hébéter, abrutir, rendre fou. — *Chia ra* 妢○, diviser par. — *Trừ ra* 除○, soustraire de. — *Ra khách* ○ 客, se montrer pour recevoir ses hôtes; action d'un fonctionnaire qui se met à la disposition de ses administrés, donner audience. — *Không ra gì hết* 空○之歇, ne ressortir en rien du tout, ne valoir rien, n'être bon à rien. — *Hóa ra làm sao* 化○濫牢, qu'est-il advenu? qu'en est-il résulté?

Rạ 苲. Herbes sèches, chaume. (Formé des S. A. *thảo* 艸, plantes, et *sạ* 乍, provisoire.)

Rom rạ 䕩○, paille laissée dans les champs après la moisson. — *Lợp rạ* 笠○, couvrir en chaume. — *Cái nhà ấy có lợp rạ không* 丐茹意固笠○空, cette maison est-elle couverte en chaume? — *Trái rạ* 鞭○, espèce particulière de variole.

Rá 笿. Corbeille en bambou ou en osier; grille, treillis. (Du S. A. *cử*, même car., même signification.)

Rá cơm ○鉗, corbeille pour mettre du riz. — *Rá hỏa lò* ○火爐, grille de fourneau. — *Cà rá* 枒○, bague, anneau.

Rà 攞. Tâter, tâtonner; enduire, badigeonner, calfater. (Du S. A. *la*, même car., même signification.)

Rà qua ○戈, essuyer, frotter. — *Rà ghe* ○艞, calfater une barque. — *Rà vào* ○叺, entrer en hésitant, pénétrer avec précaution. — *Rày rà* 螨○, bruit, tapage; tumultueusement, bruyamment.

Rã 浐. Dissoudre, disperser, dissiper, détruire; se désunir, se décomposer. (Formé des S. A. *thủy* 水, eau, et *lữ* 呂, épine dorsale.)

Rã rời ○㳦, se dissoudre, se désagréger, se disperser. — *Đánh rã ăn cướp* 打○陕刲, disperser des pirates. — *Rã lụt* ○潗, les eaux se retirent (inondation). — *Củ rã* 矩○, truffe.

Rả 呂. Onomatopée; bruit d'eau qui coule; syllabe euphonique. (En S. A., épine dorsale; se pron. *lữ*.)

Mưa rả rả 霄○○, grande pluie, pluie battante. — *Cười rả rả* 唭○, rire bruyamment. — *Chảy rả rả* 沚○吧, le murmure de l'eau. — *Rân rả* 嘟○, fleurir, prospérer. — *Làm rả rả* 濫○○, faire avec ensemble, agir unanimement (pour des travaux de force). — *Mây rả* 潩○, rotin (espèce).

Rạc 絡. Lier, attacher; lieu de détention, maison d'arrêt, prison. (Du S. A. *lạc*, même car., lien, attache.)

Tù rạc 囚○, prison, geôle, cachot. — *Rạc ràng* ○綵, id. — *Cửa rạc* 閻○, id. — *Rạc ra* 囉, se briser. — *Rầy rạc* 螨○, tumulte, désordre, confusion.

Rác 落. Ordures ménagères, balayures; choses de peu de valeur. (Du S. A. *lạc*, même car., herbes sèches.)

Cỏ rác 鈷○, herbes sèches, brins de paille. — *Rom rác* 蘆○, id. — *Rêu rác* 蓼○, id. — *Rác rến* ○練, broutilles, brindilles. — *Rác quét nhóm lại* ○挟呫吏, tas d'ordures ménagères. — *Coi như rác* 䄂如○, considérer comme rien, ne faire aucun cas. — *Cái rác* 丐○, un brin, un fétu, un atome, un rien. — *Sựa rác* 疎○, épars, étendu, clairsemé.

Rặc 洛. Onomatopée; bruit d'eau qui se retire (marée descendante). (En S. A., cours d'eau; se pron. *lạt*.)

Nwóc rặc 渃 ○, marée basse. — *Cười rặc rặc* 哄 ○ ○, rire saccadé.

Rắc 挌. Répandre, éparpiller, saupoudrer, jeter, semer; onomatopée. (En S. A., frapper, lutter; se pron. *cách*.)

Rắc bột ○ 粖, saupoudrer de farine. — *Rắc muối* ○ 梅, saler. — *Rắc tiêu* ○ 椒, poivrer. — *Kêu rắc rắc* 呌 ○ ○, petit bruit sec, léger craquement.

Rặc 栗. Onomatopée; trépigner. (En S. A., châtaignier; se pron. *lặt*.)

Làm rặc rặc 濫 ○ ○, qui fait du bruit en trépignant; agacé, qui ne peut tenir en place.

Rạch 攊. Tracer, rayer; net, clair; déchiqueter. (Formé des S. A. *thủ* 手, main, et *lịch* 歷, expérimenter.)

Rạch ra ○ 囉, scinder, diviser. — *Rạch đàng* ○ 唐, tracer des lignes, régler. — *Không có rạch* 空 固 ○, ce n'est pas net. — *Rọc rạch* 捐 ○, bruit de choses froissées.

Rạch 瀝. Rivière, arroyo; diviser. (Du S. A. *lạch*, même car., cours d'eau.)

Rạch ngòi ○ 泒, canal, ruisseau, rigole. — *Rạch nhỏ* ○ 鮑, petit arroyo. — *Khúc rạch* 曲 ○, coudes et détours d'un arroyo. — *Rạch giá* ○ 這, nom de lieu (Cochinchine).

Rách 攊. Lacérer, déchirer; déchiqueté, en morceaux, en lambeaux. (Formé des S. A. *y* 衣, vêtement, et *lịch* 歷, expérimenter.)

Rách rưới ○ 洒, en pièces. — *Rách bở* ○ 彼, tout en loques. — *Áo rách* 襖 ○, habit déchiré. — *Xé rách* 燬 ○, déchirer, mettre en morceaux. — *Làm rách* 濫 ○, id. — *Đàng rách* 唐 ○, déchirure, accroc. — *Cái rách* 丐 ○, id. — *Nhà rách* 茹 ○, une pauvre maison. — *Nói rách miệng* 吶 ○ 咖, se tuer à dire.

Rái 獺. La loutre; nom d'arbre. (Du S. A. *thác*, même car., même signification.)

Con rái 昆 ○, la loutre (au Tonkin, on dit *con tấy*). — *Dầu rái* 油 ○, huile de bois. — *Cây dầu rái* 核 油 ○, nom de l'arbre qui donne cette huile. — *Lội nhw rái* 濡 如 ○, nager comme une loutre.

Rài 淶 [1]. De peu d'importance, de peu de valeur, commun, pas cher. (En S. A., un cours d'eau; se pron. *lai*.)

Thằng rài 倘 ○, gamin, morveux, moutard. — *Lính rài* 另 ○, un pauvre diable de soldat. — *Quân rài* 軍 ○, id. — *Trái rài* 粳 ○, fruit rabougri. — *Rài rài* ○ ○, ordinaire, commun, habituel.

Rãi 待. Syllabe complémentaire. (Du S. A. *đãi*, même car., recevoir.)

Rộng rãi 曠 ○, large, vaste, étendu; généreux, libéral.

---

[1] Se transcrit aussi par le car. 豸.

Rải 洒. Jeter de côté et d'autre. (Du S. A. *sái*, même car., asperger.)

Bỏ rải rác 補○落, éparpiller. — *Rải tiền* ○錢, dissiper son argent. — *Rải của* ○貼, gaspiller son bien. — *Thằng rải* 倘○, dissipateur, panier percé. — *Cá rải* 魰○, le poisson disperse son frai. — *Rải nước* ○渚, jeter de l'eau en aspergeant, arroser. — *Lãi rải* 禮○, peu à peu, lentement; successivement, peu à la fois, les uns après les autres.

Rạy 麗. Jeune, tendre, nouveau. (En S. A., beau, élégant; se pron. *lệ*.)

Cá mới rạy 魰買○, poissons nouvellement nés, fretin, frai.

Ráy 黄. Plante à tiges rampantes, espèce de serpentaire; le tympan. (Formé des S. A. *thảo* 艸, plante, et *tái* 再, en outre.)

Ráy tía ○紫, arum à feuilles rouges. — *Con ráy* 昆○, membrane sonore de l'intérieur de l'oreille. — *Điếc chết con ráy* 的折昆○, complètement sourd, avoir le tympan cassé. — *Rủa ráy* 嚕○, insulter, injurier, maudire.

Rày 曷. Dans ce temps, à présent, maintenant; ne s'emploie pas seul et joue le rôle du pron. dém. *nầy*. (Formé du S. A. *nhựt* 日, soleil, et du C. V. *lời* 唎, parole.)

Rày mai ○埋, aujourd'hui ou demain, maintenant ou après. — *Đến rày* 典○, jusqu'à ce moment. —

Mấy bữa rày 買餷○, depuis combien de jours?

Rãy 禮. Rejeter, répudier, abandonner, expulser. (Formé des S. A. *thủ* 手, main, et *lễ* 禮, cérémonie.)

Bỏ rãy 補○, se débarrasser de. — *Phế rãy* 廢○, laisser dans un complet abandon.

Rảy 洒 (1). Répandre, faire jaillir; secouer, rejeter. (Du S. A. *sái*, même car., même signification.)

Rảy nước ○渚, asperger, arroser. — *Rảy bụi* ○培, secouer la poussière. — *Cây rảy* 核○, goupillon.

Rây 篩. Bluter, passer, tamiser. (Du S. A. *sư*, même car., crible, tamis.)

Cái rây 丐○, blutoir, tamis. Voir *sàng*. — *Rây ra* ○囉, éparpiller.

Rầy 蟎 (2). Nom d'insecte; bourdonner, importuner; bruyant, tumultueux. (Formé du S. A. *trùng* 虫, insecte, et du C. V. *lời* 唎, parole.)

Nó rầy lắm 奴○廩, il est très bruyant, très ennuyeux. — *Rầy tai* ○聰, assourdissant. — *Rầy rạc* ○絡, tumulte, confusion. — *Gây chuyện rầy* 核傳○, susciter une querelle.

Rẫy 禮. Buissons, taillis, broussailles, épines, herbes folles; les bois, la brousse. (Formé des S. A. *thổ* 土, terre, et *lễ* 禮, cérémonie.)

Phát rẫy 發○, débroussailler, dé-

---

(1) Se transcrit aussi par le car. 洗. — (2) Se transcrit aussi par le car. 蛺.

fricher. — *Đất rẫy* 坦 ○, terrain vague. — *Làm rẫy* 濫 ○, nettoyer un terrain envahi par les ronces. — *Ở rừng rẫy* 於棱 ○, vivre dans les bois. — *Lúa rẫy* 穭 ○, riz dit de ronces, riz de montagne qui pousse sur simple semis (sans être repiqué).

Rẫy 禮. Syllabe complémentaire. (En S. A., rite, cérémonie; se pron. *lễ*.)

Rum rẫy 敦 ○, agité, secoué. — *Rúng rẫy* 凍 ○, fortement ému.

Ram 爁. Passer au feu avec de la graisse, frire, griller, rissoler. (Formé des S. A. *hỏa* 火, feu, et *lam* 藍, nom de plante.)

Ram thịt ○ 膱, griller de la viande. — *Ram cho vàng* ○ 朱鐄, rissoler. — *Xích ram* 赤 ○, le nom d'un petit port de mer en Cochinchine.

Rạm 蠟. Crabe de la petite espèce. (Formé des S. A. *trùng* 虫, reptiles, et *lam* 藍, nom de plante.)

Rám 爁. Brûlé, hâlé, bruni, noirci. (Du S. A. *lạm*, même car., brûler.)

Rám mặt ○ 靣, visage hâlé, teint brûlé par le soleil.

Rám 濫. Syllabe complémentaire. (En S. A., déborder; se pron. *lạm*.)

Nha rám 衙 ○, nom de localité.

Rám 蒜. Plante du genre des renouées. (Du S. A. *lãm*, même car., même signification.)

Rau rám 薐 ○, persicaire.

Rậm 葚. Syllabe complémentaire. (En S. A., mûre (fruit); se pron. *thậm*.)

Đỏ rậm 赭 ○, rouge foncé. — *Nước da rậm rậm* 渃膠 ○○, teint coloré.

Rắm 廩. Se proposer de, être prêt à. (En S. A., grenier public; se pron. *lẫm*.)

Rắm nói ○ 吶, être prêt à parler. — *Rắm hỏi* ○ 嗨, sur le point d'interroger. — *Rối rắm* 纆 ○, confus, embrouillé, compliqué.

Rằm 森. Le jour de la pleine lune. (Formé des S. A. *ngũ* 五, cinq, et *lâm* 林, forêt.)

Ngày rằm 㫳 ○, le 15ᵉ jour du mois. — *Lễ ngày rằm* 禮㫳 ○, fête rituelle des jours de pleine lune.

Rắm 蒜. Plante médicinale; faire irruption dans, entrer, pénétrer. (Du S. A. *lãm*, même car., nom de plante.)

Cây rắm 核 ○, phyllirea indica. — *Đi rắm* 扐 ○, se précipiter dans. — *Hoa rắm đầu* 花 ○ 頭, cheveux gris. — *Nói rắm* 吶 ○, parler trop.

Rậm 葚. Dense, très serré, touffu. (En S. A., mûre (fruit); se pron. *thậm*.)

Rậm rạp ○ 蘁, très épais. — *Rậm rịt* ○ 綗, très serré. — *Rừng rậm* 棱 ○, bois touffu, forêt épaisse.

Rắm 淋. Tremper, mouiller; imbibé, humecté. (Du S. A. *lầm*, même car., même signification.)

Rắm giống ○ 種, mouiller les jeunes plants, faire tremper les semences.

11.

Rầm 栚. Poutres ou solives d'un plancher; parquet; onomatopée. (Formé des S. A. *mộc* 木, arbre, et *sầm* 岑, escarpement.)

Lót ván rầm 律版 ○, planchéier, parqueter. — *Ván rầm* 版 ○, plancher, parquet. — *Rầm bệ* ○ 陛, trône, estrade, tréteaux. — *Tiếng rầm* 嗜 ○, voix de basse. — *Rầm rầm* ○ ○, roulement du tonnerre.

Rầm 啉. Tout d'un coup, d'un mouvement brusque. (Formé des S. A. *kháu* 口, bouche, et *lâm* 林, forêt.)

Rầm 廩 (1). Syllabe complémentaire. (Du S. A. *lầm*, même car., grenier.)

Rờ rầm 疎 ○, marcher à tâtons, aller les mains tendues dans l'obscurité.

Ran 闌. Éclater tout à coup; grand bruit, tapage; tomber avec fracas. (Du S. A. *lan*, même car., incohérent.)

Sấm ran 霖 ○, bruit du tonnerre, éclat de la foudre.

Rạn 矙. Craquelé, fendillé; petite fissure; un écueil à fleur d'eau. (Formé des S. A. *thạch* 石, pierre, et *làn* 闌, écran.)

Đá rạn 䂞 ○, rocher à fleur d'eau. — *Hòn rạn* 扤 ○, récif, écueil, brisant. — *Bát rạn* 鉢 ○, bol craquelé, écuelle fendillée.

Rán 助 (2). S'efforcer de, faire effort pour; tirer, allonger, déployer. (Formé des S. A. *lực* 力, force, et *đán* 旦, point du jour.)

Rán công ○ 功, déployer tous ses moyens. — *Rán sức* ○ 飭, déployer toutes ses forces. — *Rán lấy* ○ 祂, s'efforcer d'atteindre. — *Rán sức mà gánh* ○ 飭麻捷, s'efforcer de porter un fardeau (charge à double faix). — *Rán dây* ○ 綫, tendre une corde. — *Rán cung* ○ 弓, bander un arc. — *Làm rán* 濫 ○, travailler ferme.

Rán 炟. Frire, griller, rissoler. (Formé des S. A. *hỏa* 火, feu, et *đán* 旦, point du jour.)

Rán mỡ ○ 膮, fondre de la graisse. — *Bánh rán* 䬪 ○, sorte de pâtisserie.

Ràn 欄. Enclos, entourage, palissade, barrière; étable, basse-cour. (Du S. A. *lan*, même car., même signification.)

Ràn chiên ○ 羜, parc à moutons. — *Ràn trâu* ○ 犙, parc à buffles. — *Ràn gà* ○ 哥鳥, poulailler. — *Nhốt vô ràn* 訥無 ○, parquer. — *Ra ràn* 囉 ○, sortir de l'enclos; au fig. faire son entrée dans la vie.

Răn 鄰 (3). Empêcher; ordonner, commander; corriger, réformer; se fendre, se déchirer; disjoindre. (Formé des S. A. *khẩu* 口, bouche, et *lân* 鄰, proche, voisin.)

Khuyên răn 勸 ○, exhorter. — *Dạy răn* 伐 ○, enjoindre. — *Lời răn*

---

(1) Se transcrit aussi par le car. 凌. — (2) Se transcrit aussi par le car. 劸. — (3) Se transcrit aussi par le car. 嚽.

剜○, enseignement, précepte. — *Điều rằn* 條○, id. — *Răn bảo* 保, avertir. — *Giái răn* 誡○, commandement. — *Răn rịa* ○ 唎, petite fente, déchirure, gerçure.

Rặn 勒. Faire de grands efforts. (Formé des S. A. *lực* 力, force, et *lận* 吝, avare, parcimonieux.)

Rặn ỵa ○ 糈, faire des efforts pour un besoin naturel. — *Mắc rặn* 艱○, être fortement constipé. — *Đi rặn* 移○, aller à la selle avec difficulté. — *Nau rặn* 耨○, le travail de l'enfantement.

Rắn 蛇. Serpent, couleuvre; revêche, indocile. (Formé des S. A. *trùng* 虫, reptile, et *lận* 吝, avare.)

Rắn rít ○ 蝎, serpents, reptiles. — *Rắn nước* ○ 渚, serpent d'eau, couleuvre. — *Rắn trăn* ○ 鄰, boa. — *Rắn độc* ○ 毒, serpent venimeux. — *Nọc rắn* 精○, crochets à venin du serpent. — *Cây sống rắn* 核𦰤 ○, le nom d'une plante. — *Rắn gió* ○ 遹, un vent furieux. — *Rắn mặt* ○ 粗, revêche, indocile, insoumis. — *Rắn gan* ○ 肝, audacieux.

Rằn 棸. De différentes couleurs. (Formé des S. A. *sam* 彡, poils, plumes, et *giản* 柬, distinguer.)

Rằn rực ○ 煩, bariolé, varié, mélangé; variété, diversité. — *Nói rằn rực* 吶 ○ 煩, parler par métaphores, s'exprimer en un langage imagé.

Rắn 吝. Resserré, étroit; saisir. (En S. A., avare, serré; se pron. *lận*.) *Rắn cổ* ○ 古, prendre à la gorge.

Rân 鄰. Retentissant; bruyamment; en foule, en masse. (Formé des S. A. *khẩu* 口, bouche, et *lân* 鄰, proche.) *La rân đi* 囉○ 迻, en criant. — *Khóc rân* 哭○, pleurer bruyamment. — *Than rân* 嘆○, se plaindre, gémir. — *Nói rân* 吶○, brailler. — *Rân rả* ○ 呂, fleurir.

Rận 蟒 (1). Pou de corps. Voir *chí*. (Formé des S. A. *trùng* 虫, reptile, et *lận* 吝, avare.)

Rán 勒. Tirer, hisser, pousser, traîner, élever. (Formé des S. A. *lực* 力, force, et *lận* 吝, avare.) *Rán thuyền* ○ 船, tirer une barque à terre. — *Rán lên* ○ 遷, hisser, élever. — *Rán tới* ○ 細, faire arriver.

Rần 陳. Onomatopée; tapage, tumulte, turbulence; bruyamment. (En S. A., nom de famille; se pron. *trần*.) *Chạy rần rần* 趍○○, courir en foule et bruyamment. — *Nói rần rộ* 吶 ○ 嘑, s'exprimer avec bruit et violence, tonner, tempêter.

Rang 燗. Torréfier, roussir, griller. (Formé des S. A. *hỏa* 火, feu, et *lang* 郎, terme de respect.) *Nồi rang* 坊○, poêle à frire. — *Rang mắm* ○ 鰻, faire frire dans de la saumure.

---
(1) Se transcrit aussi par le car. 蟬.

Rạng 朗. Commencer à paraître, poindre, se montrer (surtout en parlant du jour et du soleil); parvenir, arriver. Voir *rạng* et *rụng*. (Du S. A. *lãng*, même car., clair, brillant.)

Rạng đông ○ 東, l'aurore. — *Rạng ngày* ○ 時, de grand matin. — *Rạng chơm trời* ○ 跈丕, au lever du soleil. — *Rạng danh* ○ 名, parvenir à la célébrité. — *Tỏ rạng* 訴 ○, se manifester en pleine lumière, se produire au grand jour.

Ráng 霸. Ciel nuageux, temps d'orage. (Formé des S. A. *võ* 雨, pluie, et *lãng* 朗, pâle clarté.)

Trời ráng 丕 ○, ciel brumeux. — *Ráng vàng* ○ 鐄, nuages à teintes jaunâtres.

Ráng 萠. Arbuste aquatique dont on fait des balais. (Formé des S. A. *thảo* 艸, plante, et *lãng* 朗, pâle clarté.)

Chổi ráng 篜 ○, balai fait avec cet arbuste. — *Rau ráng* 蔜 ○, pousses tendres bonnes à manger.

Ràng 練. Lier, entourer, attacher. (Formé des S. A. *mịch* 糸, fils, liens, et *sàng* 床, lit, couchette.)

Ràng rịt ○ 綱, lier et serrer, faire une ligature. — *Ràng rịt vịt lại* ○ 綱曰吏, bander une blessure. — *Rõ ràng* 爈 ○, nettement, distinctement. — *Nói rõ ràng* 吶 爈 ○, parler clairement, s'exprimer distinctement. — *Chàng ràng* 撞 ○, passer et repasser; gêner, embarrasser.

Ràng 嘲. Onomatopée: bruit de sonnailles. (Formé des S. A. *khẩu* 口, bouche, et *lãng* 朗, pâle clarté.)

Rầng rầng 慟 ○, bruit de chaînes traînées, bruit de grelots. — *Nói rầng rầng* 吶 ○○, parler avec arrogance. — *Rầng mưa* ○ 霒, la pluie diminue.

Răng 齭. Dent; pointu, dentelé. (Formé des S. A. *xỉ* 齒, dent, et *lãng* 夌, lieu élevé.)

Răng cưa ○ 鋸, incisives. — *Răng chó* ○ 狂, canines. — *Răng cấm* 禁, molaires. — *Răng trồi* 翱, surdent. — *Móm răng* 嗥 ○, édenté. — *Răng hô* ○ 瑚, dent proéminente. surdent. — *Đau răng* 疖 ○, avoir mal aux dents. — *Nhổ răng* 挌 ○. arracher une dent. — *Nhăn răng ra* 嚙 ○ 囉, montrer les dents en grimaçant (comme font les singes). — *Hàm răng* 合 ○, les deux mâchoires. — *Sự mọc răng* 事木 ○, dentition. — *Mọc răng* 木 ○, dents qui poussent. — *Thay răng* 台 ○, changer les dents. — *Rụng răng* 橋 ○, dents qui tombent. — *Răng cưa* 鋸. les dents d'une scie. — *Cây xỉa răng* 核摘 ○, cure-dent. — *Màn răng* 瞖, pourquoi? comment? (se dit pour *làm sao?*). — *Răng rứa* ○ 呂, de cette manière, ainsi (se dit pour *làm vậy*). — *Răng răng* ○○, à la hâte, dare dare.

Rằng 浪. En disant; que (loc. conj.) (En S. A., vagues, flots; se pron. *lãng*.)

Nó nói rằng 奴 吶 ○, il dit que. — *Phán rằng thì* 判 ○ 時, parlant ainsi, alors. — *Thưa rằng* 疎 ○. en disant. — *Rằng phải* ○ 沛, dire que c'est bien, approuver. — *Rằng chẳng* ○ 庄, dire que non, désapprouver.

Rạng 鄉. Se lever, se montrer, apparaître (jour, soleil). Voir *rạng* et *rựng*. (Formé des S. A. *hỏa* 火, feu, et *lang* 朗, mot de respect.)

Ranh 棖 (1). Haie vive, clôture, palissade, entourage, limite, borne. (Formé des S. A. *mộc* 木, arbre, et *lanh* 灵, âme, esprit.)

Hàng ranh 行 ○, une haie. — *Làm ranh đám ruộng* 濫 ○ 坫 曨, établir un entourage autour d'une rizière. — *Cắm ranh* 攃 ○, borner, limiter. — *Cắm ranh đất* 攃 ○ 坦, aborner un terrain. — *Bờ ranh* 坡 ○, petit sentier ou talus qui entoure les champs de riz (pour retenir l'eau). — *Lấn ranh* 客 ○, empiéter.

Ranh 伶. Avorton, nain; enfant mort-né; méchant génie dont on menace les petits enfants qui ne sont pas sages. (Du S. A. *linh*, même car., même signification.)

Trẻ ranh 袘 ○, môme, moutard. — *Ranh sát* ○ 殺, que le méchant génie te tue! — *Ranh con* ○ 昆, accoucher d'un enfant mort-né.

Rành 柃. Nom d'arbre; mot complémentaire. (Formé des S. A. *mộc* 木, arbre, et *lịnh* 令, ordre suprême.)

Cây chành rành 核梗 ○, espèce de saule ou d'orme sauvage. — *Đành rành* 停 ○, clair, manifeste.

Rãnh 冷. Canal, ruisseau, rigole. (Du S. A. *linh*, même car., eau claire.)

Ngòi rãnh 洳 ○, canal d'irrigation. — *Kênh rãnh* 涇 ○, canal de desséchement. — *Đào kênh xẻ rãnh* 陶 涇 鐕 ○, canaliser.

Rảnh 冷 (2). Ne pas être occupé, avoir des loisirs, être libre, dégagé. (Du S. A. *lạnh*, même car., peu actif.)

Rảnh việc ○ 役, dégagé d'affaires. — *Không có rảnh* 空 固 ○, ne pas être disponible. — *Mầy có rảnh không* 眉 固 ○ 空, as-tu le temps? es-tu libre? — *Đi cho rảnh* 移 朱 ○, va-t-en vite, laisse-moi tranquille.

Rao 哗. Promulguer, proclamer, publier. (Formé des S. A. *khẩu* 口, bouche, et *lao* 牢, enclos, clôture.)

Sự rao ra 事 ○ 囉, proclamation. — *Rao truyền* ○ 傳, publier. — *Rao bảo* ○ 保, colporter (une nouvelle), divulguer. — *Lời rao* 唡 ○, avis, avertissement, circulaire, annonce. — *Rao hôn phối* ○ 婚 配, publication de mariage. — *Bán rao* 半 ○, vendre à la criée. — *Cao rao* 高 ○, crieur public.

Ráo 燥. Brûlé, grillé, sec, desséché, aride; au fig., pauvre, dénué. (Du S. A. *táo*, même car., même signification.)

Ráo khô ○ 枯, très sec. — *Ráo trơn* ○ 瀰, sec, luisant, propre. — *Ráo rẻ* ○ 禮, brûlé, desséché. — *Ráo nước* ○ 渚, faire évaporer l'eau. — *Ráo túi* ○ 最, avoir la poche

---

(1) Se transcrit aussi par le car. 橾. — (2) Se transcrit aussi par le car. 伶.

vide; pauvre, gueux. — *Đất cao ráo* 坦高 ○, sol aride. — *Đi ráo* 扌多 ○, parti, disparu. — *Rắn ráo* 蜈 ○, le nom d'un serpent réputé non venimeux. — *Mít ráo* 樧 ○, jaquier (espèce).

Rào 橉 [1]. Haie, palissade, entourage, clôture, barrière, barrage. (Formé des S. A. *mộc* 木, arbre, et *lao* 勞, peiner.)

Hàng rào cây sống 行 ○ 核 耗, haie vive. — *Làm rào* 濫 ○, palissader, enclore. — *Rào tre* ○ 柳, haie de bambous. — *Cây rào* 核 ○, bois de palissade. — *Giậu rào* 樟 ○, établir un entourage. — *Phá rào* 破 ○, détruire une palissade, forcer une barrière. — *Kêu rào* 叫 ○, se plaindre et gémir faussement, faire le pauvre.

Rào 走. Effaré, troublé, agité. (Du S. A. *tẩu*, même car., courir vite.)

Rào qua ○ 戈, aller et venir avec agitation. — *Rào lại* ○ 吏, id. — *Rào tìm* ○ 尋, chercher de tous côtés.

Rạp 獵. Pavillon de chasse; appentis, tente; s'affaisser, s'effondrer. (Formé des S. A. *thảo* 艸, plante, et *lạp* 獵, chasser les bêtes.)

Nhà rạp 茹 ○, abri provisoire. — *Cất rạp* 拮 ○, construire un appentis. — *Dựng rạp* 孕 ○, dresser une tente. — *Rạp xuống* ○ 甑, plié, penché, couché (plantes, arbres). — *Ngã rạp* 我 ○, tomber, s'abîmer. — *Rậm rạp* 甚 ○, épais, feuillu. — *Lối*

rạp 雷 ○, le nom d'une grande baie voisine du cap Saint-Jacques.

Ráp 拉 [2]. Joindre, unir; appliquer, adapter, assembler. (Du S. A. *lạp*, même car., même signification.)

Ráp lại ○ 吏, faire approcher; unir, ajuster. — *Ráp vầy* ○ 偉, assembler une ferme. — *Ráp tới* ○ 細, faire avancer, faire toucher.

Rắp 啦. Se proposer de, avoir des intentions. (Formé des S. A. *khẩu* 口, bouche, et *lập* 立, établir.)

Rắp lòng ○ 悉, être décidé à. — *Rắp muốn* ○ 悶, vouloir fermement.

Rập 笠. Treillage en bambou pour prendre du poisson ou des oiseaux; claie, filet; forme, modèle; accord, harmonie. (Du S. A. *lập*, même car., claie en bambou.)

Rập cá ○ 魰, filet ou claie pour prendre du poisson. — *Rập chim* ○ 鴿, filet ou claie pour prendre des oiseaux. — *Đánh rập* 打 ○, disposer les filets, tendre un piège. — *Rình rập* 伶 ○, se mettre en embuscade. — *Làm rập* 濫 ○, donner l'exemple. — *Rập nhau* ○ 饒, sans aucune divergence. — *Đi rập* 扌多 ○, marcher bien au pas. — *Chèo rập* 棚 ○, ramer avec ensemble. — *Rập lòng* ○ 悉, être d'accord. — *Cây rập* 核 ○, arbre rabougri. — *Rập ràng* ○ 練, avec ensemble, en cadence. — *Hát rập* 喝 ○, bien chanter.

---

[1] Se transcrit aussi par le car. 橉. — [2] Se transcrit aussi par le car. 搭.

Ráp 泣. Poussé vers; retenu dans. (En S. A., pleurer; se pron. *kháp*.)

Thuyền ráp vào bờ 船 ○ 舥坡, barque jetée à la côte. — *Ráp việc nhà* ○ 役茹, obligé de rester à la maison pour travailler.

Rạt 落. Syllabe complémentaire. (En S. A., endroit fixé; se pron. *lạc*.)

Cúi đầu rạt 瞼頭 ○, se prosterner. — *Sát rạt* 殺 ○, collés ensemble, unis, joints. — *Lạy sát rạt* 禮殺 ○, s'incliner profondément, saluer avec ensemble.

Rát 慄. Brûlant, piquant, cuisant, mordant, âpre, aigre. (Formé des S. A. *hỏa* 火, feu, et *lạt* 栗, solide.)

Rát ráo ○ 燥, piquer, brûler. — *Nói rát* 吶 ○, dire des choses mordantes. — *Rát da* ○ 膠, douleur cuisante à la peau. — *Làm rát* 濫 ○, agir avec vivacité, faire avec énergie. — *Nói rát lắm* 吶 ○ 虞, parler sur un ton arrogant. — *Rít rát* 列 ○, avarice, lésinerie.

Rát 慄. Au plus haut degré (le plus fort des superlatifs et le seul qui se place invariablement avant l'adjectif ou avant un autre adverbe). (En S. A., fortement ému; se pron. *lật*.)

Rát quá ○ 過, excessivement. — *Rát cao* ○ 高, extrêmement élevé. — *Rát tốt* ○ 卒, extrêmement beau, tout ce qu'il y a de meilleur. — *Rát ngon* ○ 唁, on ne peut plus agréable au goût. — *Con gái nầy rát tốt* 昆媽尼 ○ 卒, cette jeune fille est excessivement belle. — *Rát hiếu thảo* ○ 孝討, être très affectueux envers les parents. — *Rát lạ* ○ 邏, tout à fait curieux, excessivement étonnant.

Rau 蔞. Légume, herbe potagère. (Du S. A. *lâu*, même car., nom de plante.)

Rau cỏ ○ 䒷, les légumes en général. — *Rau sống* ○ 弄生, salade. — *Rau giền* ○ 蒥, herbe qui se mange avec du riz, espèce de brèdes.

Râu 老. Syllabe complémentaire. (En S. A., vieillard; se pron. *lão*.)

Quàu râu 筲 ○, revêche, hargneux.

Râu 鬚. Les poils du visage, la barbe. (Formé des S. A. *tiêu* 髟, poils, cheveux, et *lâu* 蔞, fréquemment.)

Có râu 固 ○, barbu. — *Râu mép* ○ 吃, moustache. — *Râu ria* ○ 離, favoris. — *Râu bạc* ○ 白, barbe blanche. — *Để râu dài* 底 ○ 𠃣, porter la barbe longue, laisser pousser toute la barbe. — *Vuốt râu* 撻 ○, caresser sa barbe. — *Không có râu* 空固 ○, imberbe, glabre. — *Cạo râu* 搞 ○, raser, faire la barbe. — *Người cạo râu* 𠊛搞 ○, barbier, perruquier.

Râu 愁. Triste, chagrin, affligé. (Du S. A. *sầu*, même car., même signification.)

Râu rĩ ○ 吧, profond chagrin. — *Buồn râu* 盆 ○, triste, dolent. — *Làm râu* 濫 ○, attrister, causer du chagrin, faire de la peine. — *Coi bộ nó râu* 䙿步奴 ○, il a l'air triste, il paraît affligé.

Re 黎. Bruit de l'eau qui s'écoule. (En S. A., nom de race; se pron. *lê*.)

Re re ○ ○, doux murmure de l'eau.
— *Cháy re re* 浺 ○ ○, qui coule, qui gazouille, qui fait *re re*.

Ré 哩. Barrir; pousser des cris; chasser, rabattre (pluie, fumée). (En S. A., extrême, excessif; se pron. *lị*.)

Voi ré 㺧 ○, l'éléphant crie. — *Ré rân* ○ 嚛, brailler, braire. — *Cây ré* 核 ○, nom d'arbre. — *Khói ré vào nhà* 煨 ○ 伮 茹, la fumée pénètre dans la maison.

Rè 提. Fendre, casser; fendu, fêlé. (En S. A., tenir ferme; se pron. *dè*.)

Chè rè 茶 ○, écarté, espacé, creux. — *Tay chè rè* 栖 茶 ○, doigts écartés. — *Tiêng rè* 嗜 ○, voix cassée, timbre fêlé, son creux.

Rẽ 祂. Séparer, distinguer, scinder; partie, portion; branche, division. (Formé des S. A. *lễ* 礼, rite, et *phân* 分, séparer.)

Rẽ ra ○ 囉, scinder, fractionner. — *Phân rẽ* 分 ○, part, portion, fraction. — *Phân rẽ nhau ra* 分 ○ 饒 囉, se séparer, divorcer. — *Rẽ quạt* ○ 撅, lamelle d'éventail. — *Sự phân rẽ sự* 事 分 ○, séparation, distinction. — *Không phân rẽ được* 空 分 ○ 特, inséparable, qui ne peut se scinder. — *Rỏ rẽ* 撸 ○, poulie. — *Bán rẽ* 半 ○, vendre au détail. — *Mua rẽ* 謨 ○, acheter au détail.

Rẻ 禮. Vil prix, bon marché; facile, très simple, peu compliqué. (En S. A., cérémonie; se pron. *lễ*.)

Bán rẻ 半 ○, vendre bon marché. — *Mua rẻ* 謨 ○, acheter à bon compte. — *Rẻ tiền mặt, mắt tiền chịu* ○ 錢 秫 䎼 錢 召, bon marché au comptant, cher à crédit (dicton). — *Chữ rẻ* 字 ○, caractère simple, de peu de traits, facile à écrire.

Rê 黎. Porter des deux mains; soulever, étirer, étendre, allonger. (En S. A., nom de race; se pron. *lê*.)

Rê đi ○ 移, déplacer. — *Thuốc rê* 葯 ○, espèce de médecine. — *Lưới rê* 縺 ○, filet, senne; nom de lieu (en Cochinchine).

Rế 締. Support pour marmites retirées du feu; un dessous de plat. (En S. A., serrer, attacher; se pron. *dệ*.)

Rế bát ○ 鉢, support pour les bols, les écuelles. — *Kiềng rế* 綟 ○, dessous de plat.

Rễ 橺. Racine, principe, base, fondement, origine de toutes choses. Voir *căn* 根. (Formé des S. A. *mộc* 木, arbre, et *lễ* 禮, rites, cérémonies.)

Rễ cây ○ 核, racine d'arbre. — *Cội rễ* 檜 ○, tronc et racine; toutes les règles. — *Rễ con* ○ 昆, radicule. — *Rễ cái* ○ 丐, racine principale; règle importante. — *Rễ thuốc* ○ 葯, racines médicinales.

Rể 壻. Gendre; beau-frère. (Du S. A. *tế*, même car., même signification.)

Chàng rể 撞 ○, le gendre. — *Anh rể* 嬰 ○, beau-frère (mari de la sœur aînée). — *Em rể* 俺 ○, id. (mari de la sœur cadette). — *Đi làm rể* 移 濫 ○, aller faire le gendre, c.-à-d. aller se mettre à la disposition des parents de la fiancée pendant un certain temps avant le mariage, selon la coutume du pays.

Rèm 簾. Cloison mobile, persienne, store, écran, jalousie. (Du S. A. *kiêm*, même car., même signification.)

Phên rèm 幡 ○, claie, treillis; séparation. — *Cuốn rèm* 卷 ○, rouler les stores. — *Ngoại rèm* 外 ○, en dehors de l'écran.

Ren 蓮. Dentelle, broderie, ruban, galon, bordure; mot euphonique. (En S. A., nénuphar; se pron. *liên*.)

Ren áo ○ 襖, bordure ou broderie de vêtement. — *Áo ren* 襖 ○, vêtement bordé en dentelle, habit galonné. — *Ren bạc* ○ 薄, galons ou broderies en argent. — *Ren vàng* ○ 鑲, galons ou broderies en or. — *Kết ren* 結 ○, galonner. — *Đón ren* 敦 ○, rechercher les honneurs. — *Rủ ren* 屢 ○, engager, entraîner, exciter, pousser.

Rén 練. Doucement, lentement, sans bruit; mot complémentaire. (En S. A., préparer; se pron. *luyện*.)

Ngồi rén 堅 ○, se tenir tranquillement assis. — *Rác rén* 落 ○, brindilles, broutilles, balayures.

Rèn 鍊. Travailler les métaux, battre le fer, forger. (Du S. A. *liện*, même car., même signification.)

Thợ rèn 署 ○, forgeron, maréchal ferrant. — *Lò rèn* 爐 ○, fourneau de forge. — *Rèn lòng* ○ 悉, tremper son cœur, s'accoutumer aux choses difficiles. — *Rèn chí* ○ 志, élever son âme. — *Tập rèn* 習 ○, s'exercer (à pratiquer la vertu). — *Rèn rẹt* ○ 洌, jaillir, surgir, éclater.

Rên 嶙. Soupirer, se plaindre, gémir, geindre. (Formé des S. A. *khẩu* 口, bouche, et *lân* 燐, ver luisant.)

Rên la ○ 囉, crier de douleur. — *Rên siếc* ○ 㕸, se lamenter, gémir en secret.

Rên 嚦. Rugir, gronder, pester, tempêter. (Formé des S. A. *khẩu* 口, bouche, et *triền* 廛, boutique.)

Hùm rên 狢 ○, le fauve rugit. — *Sấm rên* 霹 ○, le tonnerre gronde.

Rệnh 令. Syllabe complémentaire. (En S. A., édit, décret; se pron. *lệnh*.)

Làm rệnh 濫 ○, faire le vantard.

Rệnh 伶. Syllabe complémentaire. (En S. A., méchant génie; se pron. *linh*.)

Rệnh rang ○ 鄉, noblement, pompeusement. — *Làm rệnh rang* 濫 ○ 鄉, faire mille embarras.

Rệnh 領. Syllabe complémentaire. (En S. A., recevoir; se pron. *lãnh*.)

Rệnh ràng ○ 喇, bruit de ferrailles. — *Nói rệnh ràng* 吶 ○ 喇, parler avec hauteur, avec mépris, arrogamment.

Reo 嘹. Pousser des cris de joie; donner de la voix. (Du S. A. *liêu*, même car., même signification.)

Reo lên ○ 遷, acclamer. — *Reo mừng* ○ 悯, cris de joie, transports d'allégresse. — *Cười reo* 哄 ○, rire aux éclats. — *Kêu reo* 叫 ○, clameurs; gai ramage (oiseaux). — *Réo hát* ○ 喝, chant des oiseaux.

Réo 嘹. Crier, réclamer; vociférer, injurier, blasphémer, maudire. (Pour le car. en S. A., voir ci-dessus.)

Réo ruốn ○ 噀, lancer des malédictions, vomir des injures. — *Réo nợ* ○ 女, réclamer une dette (en invectivant le créancier).

Rêo 釕. Bordure; tranche mince. (Formé des S. A. *kim* 金, métal, et *liễu* 了, évident.)

Cắt rêo 割 ○, couper la bordure. — *Rêo théo* ○ 少, en suivant.

Rệp 蠟. Punaise; durer, traîner. (En S. A., cire d'abeille; se pron. *lạp*.)

Đau rệp rệp 疾 ○ ○, maladie qui traîne, qui ne s'améliore pas.

Rẹt 冽. Jaillir, éclater avec bruit. (En S. A., eau claire; se pron. *liệt*.)

Rèn rẹt 鍊 ○, tapage, fracas.

Rét 冽. Avoir froid, frissonner, trembler, avoir la fièvre; rouille. (Pour le car. en S. A., voir ci-dessus.)

Bệnh rét 病 ○, la fièvre. — *Sốt rét* 焠 ○, id. — *Rét độc* ○ 毒, fièvre maligne. — *Rét lây* ○ 淶, fièvre des marais. — *Con rét* 杆 ○, accès de fièvre. — *Cử rét* 舉 ○, id. — *Chặn rét* 振 ○, couper la fièvre. — *Phát rét* 發 ○, frissonner (la fièvre se déclare). — *Mắc rét* 縸 ○, souffrir de la fièvre. — *Thuốc rét* 葉 ○, quinine. — *Uống thuốc rét* 吽葉 ○, prendre de la quinine. — *Ten rét* 鉄 ○, rouillé. — *Rét ăn* ○ 哎, mangé par la rouille.

Rẹt 列. Clair, évident, explicite. (Du S. A. *liệt*, même car., en ordre.)

Tỏ rẹt 訴 ○, clairement détaillé, bien expliqué.

Rêu 嘹. Onomatopée; bruit de gémissements; crier en se plaignant. (En S. A., crier fort; se pron. *liêu*.)

Kêu rêu 叫 ○, se plaindre, gémir.

Rêu 蓼. Végétations spontanées. (Formé des S. A. *thảo* 艹, plantes, et *liêu* 寮, grand feu.)

Rong rêu 龍 ○, mousse, lichen. — *Rêu cây* ○ 核, mousse des arbres. — *Rêu đá* ○ 移, mousse des pierres.

Rêu 料. Déborder, se répandre, s'échapper (liquides). Voir *trần*. (En S. A., prévoir, estimer; se pron. *liêu*.)

Rêu ra ○ 曜, regorger. — *Rêu mật* ○ 蜜, couler (miel, jus, suc). — *Bở rêu* 彼 ○, mou, flasque, visqueux.

Rêu 蓼. Bois mort, branches sèches, brindilles. (Formé des S. A. *thảo* 艹, plantes, et *liêu* 寮, grand feu.)

Củi rêu 檜 ○, brindilles, broutilles. — *Rêu rác* ○ 落, balayures.

Rêu 繚. Aller de côté et d'autre. (En S. A., lier, enrouler; se pron. *liêu*.)

Rêu rảo ○ 走, courir de tous côtés; effaré, troublé. — *Rêu qua rêu lại* 戈 ○ 更, passer et repasser. — *Đi rêu* 移 ○, errer, vagabonder.

Ri 哩 ⁽¹⁾. Ainsi, de la sorte, de cette manière, de cette façon. Voir *vậy*. (Du S. A. *lý*, même car., mot explétif.)

Mần ri 昌 ○, comme ceci. Voir *làm vậy*. — *Gà ri* 鷄 ○, coq sauvage.

Rí 漓 ⁽²⁾. Avare, serré, regardant. (En S. A., eau qui coule; se pron. *li*.)

Rí 哩. Maléfice, sortilège; fleurs en papier pour la bonne aventure. (Du S. A. *lý*, même car., bizarre, étrange.)

Tụng rí 誦 ○, formules invocatoires. — *Bóng rí* 俸 ○, ombres effrayantes; sorcières, fées. — *Phan rí* 藩 ○, baguette divinatoire; nom de lieu (dans Annam moyen).

Rì 遲. Syllabe complémentaire. (Du S. A. *trì*, même car., lentement.)

Chậm rì 踸 ○, trop lentement. — *Kéo rì* 撟 ○, tirer, traîner. — *Cột rì* 橛 ○, attacher, lier.

Rĩ 吧. Syllabe complémentaire. (Formé des S. A. *khẩu* 口, bouche, et *kỉ* 己, soi-même.)

Rầu rĩ 愁 ○, triste, morose.

Rĩ 吧. Onomatopée; eau qui coule. (Pour le car. en S. A., voir ci-dessus.)

Rả rĩ 呂 ○, bruit d'eau qui sourd. — *Chảy rả rĩ* 泚呂 ○, le ruisseau chante. — *Suối rả rĩ* 潃呂 ○, la source murmure.

Ría 離. Répandre, éparpiller, disperser; distinct, séparé. (Du S. A. *li*, même car., même signification.)

Đạn ria 彈 ○, plomb de chasse. — *Đổ ria* 堵 ○, répandre en dispersant; arroser, asperger.

Ria 唎. Syllabe complémentaire. (En S. A., bruyamment; se pron. *lị*.)

Rãn ria 嘲 ○, petite fente, gerçure. — *Bà ria* 妣 ○, le nom d'un arrondissement en Cochinchine.

Rìa 離. Gland, frange, pendeloque. (En S. A., distinct, séparé; se pron. *li*.)

Râu rìa 鬚 ○, barbe qui pend, favoris. — *Có rìa* 固 ○, avoir des favoris.

Rịch 歷. Syllabe complémentaire. (En S. A., expérimenter; se pron. *lịch*.)

Rục rịch 濁 ○, bruit de papiers froissés, de feuilles sèches écrasées.

Rích 滴. Syllabe complémentaire. (En S. A., peu de chose; se pron. *dịch*.)

Thưa rích 疎 ○, espacé, peu serré.

Rịệc 鶐. Sorte de héron; aigrette (appelée aussi *cò diệc*). (Formé des S. A. *điểu* 鳥, oiseau, et *diệc* 亦, encore.)

Riện 蜆. Fourmi de petite espèce. (Du S. A. *nghiện*, même car., insecte.)

Riến 練. Uniformiser, rendre égal. (En S. A., expérimenter; se pron. *luyện*.)

Cắt riến 割 ○, couper net, couper

⁽¹⁾ Se transcrit aussi par les car. 哆 et 嘆. — ⁽²⁾ Se transcrit aussi par le car. 泣.

ras. — *Băng riên riên* 朋 ○ ○, égal, uni, tout à fait sur le même plan.

Riêng 貞. A part, individuellement, séparément, particulier, distinct. (En S. A., continence; se pron. *trinh*.)

Làm riêng 濫 ○, faire à part, agir de son côté. — *Ở riêng* 於 ○, vivre séparément, loger à part, demeurer seul. — *Riêng ra* ○ 囉, séparé, distinct. — *Có phần lợi riêng* 固 分 利 ○, avoir des intérêts opposés. — *Phần riêng* 分 ○, partiel, partiellement. — *Tài riêng* 才 ○, talents peu communs. — *Ý riêng* 意 ○, intentions propres, vues personnelles. — *Việc riêng* 役 ○, affaire privée, réservée. — *Nhà riêng* 茹 ○, demeure privée. — *Cây riêng đất nầy* 核 ○ 坦 尼, plante particulière au pays. — *Cách riêng* 格 ○, en particulier, particulièrement. — *Của riêng* 貼 ○, propre bien, choses bien à soi. — *Chiến riêng* 戰 ○, combat singulier; se battre en duel.

Riềng 蓋. Nom de plante tuberculeuse, espèce de gingembre. (Formé des S. A. *thảo* 艸, plante, et *diềng* 盈, abondant.)

Củ riềng 矩 ○, racine de cette plante.

Riết 刹. Lier fortement; tout d'un trait, tout au long, sans cesser. Voir *rịt*. (Formé des S. A. *mịch* 糸, fils, attaches, et *liệt* 列, rangé en ordre.)

Riết lại 吏 ○, resserrer. — *Buộc riết* 縳 ○, serrer fortement. — *Riết róng* ○ 桙, strictement. — *Làm riết* 濫 ○, faire sans se reposer. — *Đi riết* 迻 ○, aller jusqu'au bout. — *Nghèo riết* 饒 ○, ne pas cesser un instant d'être misérable. — *Chèo cho riết* 榈 朱 ○, ramer de toutes ses forces, avec ensemble et en allongeant le plus possible.

Riêu 蓼. Nom de plante potagère. Voir *rêu*. (Formé des S. A. *thảo* 艸, plante, et *liêu* 尞, grand feu.)

Canh riêu 羹 ○, soupe aux herbes.

Rim 燫. Confire au miel, au sucre. (Formé des S. A. *hỏa* 火, feu, et *kiêm* 兼, réunir.)

Rim mật ○ 蜜, faire des confitures. — *Rim mật trái cây* ○ 蜜 鞭 核, confire des fruits. — *Nói rim* 吶 ○, être tout miel et tout sucre en parlant.

Rỉm 滲. Suinter. Voir *rươm*. (Du S. A. *thẩm*, même car., même signif.)

Rịn 涑. Exhaler, expirer; couler. (Du S. A. *liện*, même car., clarifier.)

Vách nầy rịn ra 壁 尼 ○ 囉, ce mur suinte. — *Rịn mồ hôi* ○ 戊 灰, transpirer. — *Rịn máu* ○ 卯, suer du sang. — *Rịn hơi* ○ 唏, expirer, rendre l'âme.

Rinh 損. Soulever un objet lourd; porter des deux mains; air gêné. (Formé des S. A. *thủ* 手, main, et *trinh* 貞, continence.)

Chà rinh 槎 ○, air embarrassé. — *Đi chà rinh* 迻 槎 ○, marcher les deux jambes écartées.

Rình 伶⁽¹⁾. Se cacher pour surprendre, se tenir en embuscade. (Du S. A. *linh*, même car., méchant.)

Cọp rình 狶 ○, le tigre ruse. — *Rình lén* ○ 練, se tenir blotti, caché, prêt à fondre sur une proie. — *Rình chết* ○ 折, danger de mort. — *Dòm rình* 窰 ○, épier, observer en rusant, regarder par un trou.

Rình 領. Très gros, énorme, obèse. (En S. A., recevoir; se pron. *lãnh*.)

Bình rình 平 ○, gros ventre.

Rít 紖. Lier, serrer fortement. Voir *riét*. (Formé des S. A. *mịch* 糸, liens, et *liệt* 列, ranger.)

Rít thuốc ○ 葉, maintenir un emplâtre au moyen d'un bandage.

Rít 蝎. Cent-pieds, mille-pattes. (Formé des S. A. *trùng* 虫, reptile, et *hạt* 曷, crier, effrayer.)

Con rít 昆 ○, mille-pattes.

Rít 列. Chiche, regardant, avare, mesquin, parcimonieux; lésiner. (Du S. A. *liệt*, même car., en ordre.)

Rít róng ○ 桮, très avare. — *Rít chúa* ○ 主, id. — *Rít rịt* ○ 紖, id. — *Sự rít rát* 事 ○ 煉, extrême lésinerie. — *Khóc riu rít* 哭 嘹, pleurnicher, se lamenter.

Riu 燎. À petit feu, très lentement. (En S. A., clarté du feu; se pron. *liệu*.)

Riu riu ○ ○, peu à peu, doucement. — *Nấu riu riu lửa* 爁 ○ ○ 焙, laisser mijoter tout doucement.

Ríu 跼⁽²⁾. Fléchir les jambes; se laisser aller à son penchant, suivre. (Formé des S. A. *túc* 足, pieds, et *điếu* 吊, se lamenter.)

Ríu quì ○ 跪, s'agenouiller lentement. — *Ríu ngã* ○ 我, s'affaisser, tomber. — *Ríu ríu di theo* ○ ○ 趍 蹉, avoir un penchant pour, s'attacher à, suivre docilement.

Ríu 鐐. Hache (à manche vertical). (En S. A., argent pur; se pron. *liêu*.)

Ríu búa ○ 鈽, hache, doloire. — *Vác ríu xóc vào* 搆 ○ 觸 伋, brandir une hache et faire une entaille.

Ro 芻. Syllabe complémentaire. (En S. A., plantes sèches; se pron. *sô*.)

Co ro 孤 ○, replié, recourbé; chiche, serré, avare.

Rọ 樢⁽³⁾. Piège en forme de cage pour prendre les grands fauves. (Formé des S. A. *mộc* 木, arbre, et *sô* 芻, plantes sèches.)

Rọ hùm ○ 豁, piège à tigre. — *Bỏ rọ* 抧 ○, à l'étroit, resserré. — *Cắn rọ nhau* 限 ○ 饒, s'entre-déchirer, se quereller.

Rớ 擼. Introduire la main dans un trou (pour prendre quelque chose). (Formé des S. A. *thủ* 手, main, et *lỗ* 魯, commun.)

⁽¹⁾ Se transcrit aussi par le car. 偵. — ⁽²⁾ Se transcrit aussi par le car. 跼. — ⁽³⁾ Se transcrit aussi par le car. 橯.

Rỏ ra ○ 囉, retirer la main, arracher. — *Rỏ đến* ○ 典, porter la main à. — *Rỏ răng* ○ 酸, arracher une dent.

Rỏ 露. Syllabe complémentaire. (En S. A., brouillard; se pron. *lộ*.)

Rò mạ ○ 禡, carré de semis. — *Đánh rò mạ* 打○禡, disposer des carrés ou des planches pour l'irrigation des jeunes plants (rizières). — *Làm cò rò* 濫孤○, agir avec nonchalance, faire avec lenteur.

Rõ 櫓. Clairement, distinctement; aisé à comprendre, facilement intelligible. (Formé des S. A. *hỏa* 火, feu, et *lỗ* 魯, commun.)

Rõ ràng ○練, clair, distinct. — *Thấy rõ* 覓○, distinguer nettement, voir très bien. — *Nghe rõ* 瞳○, entendre distinctement. — *Nói cho rõ* 吶朱○, s'exprimer avec clarté. — *Chắc rõ ràng* 卓○練, bien établi, absolument certain. — *Việc nầy không rõ* 役尼空○, cette affaire n'est pas claire.

Rỏ 擼. Exprimer un liquide, extraire le jus; égoutter, dessécher.

Làm cho đất rỏ nước 濫朱坦○渚, dessécher un terrain. — *Nước rỏ* 渚○, eau qui s'égoutte.

Rô 鱸. Un poisson qui vit dans la vase des rizières; épais, lourd. (Du S. A. *lô*, même car., nom de poissons d'eau douce.)

Cá rô 魸○, le poisson *rô*. — *Ăn cá rô* 咹魸○, manger de ce poisson.

Rộ 露. Syllabe complémentaire. (En S. A., brouillard; se pron. *lộ*.)

Nói rộ lên 吶○邅, élever la voix. — *Đi rộ tới* 迻○細, se presser d'arriver.

Rỗ 簹. Marques de petite vérole. (Formé des S. A. *trước* 竹, bambou, et *lỗ* 魯, commun.)

Mặt rỗ 面○, visage criblé de petite vérole. — *Rỗ mặt* ○面, grêlé.

Rỗ 簹. Corbeille, panier, banne. (Pour la décomposition du car., voir ci-dessus.)

Rỗ sảo ○稍, crible, tamis. — *Cải rỗ* 改○, variété de chou.

Rơ 疎. Avancer la main; toucher quelque chose; tâtonner, palper. (En S. A., étendu, élargi; se pron. *sơ*.)

Rợ 助. Syllabe complémentaire. (En S. A., aider, secourir; se pron. *trợ*.)

Mọi rợ 每○, sauvages, barbares. — *Quân mọi rợ* 軍每○, habitants de tribus peu civilisées voisines de l'Annam. — *Dân mọi rợ* 民每○, id. — *Bí rợ* 費○, une citrouille de la grande espèce. — *Bụng bí rợ* 滕費○, gros ventre.

Rớ 絞. Filet pour prendre du poisson, carrelet. (Formé des S. A. *mịch* 糸, fils, liens, et *dạ* 夜, nuit.)

Cất rớ 拮○, pêcher au carrelet.

Rớ 架. Toucher, remuer, ébranler. (En S. A., nom d'arbre; se pron. *giá*.)

Rớ tay đến ○拪典, porter la main sur.

Rò 疎 (1). Tâter, tâtonner; frotter. (En S. A., ouvert, élargi; se pron. *sơ*.)

Rò rām ○ 廪, aller à tâtons (dans l'obscurité). — *Rò da lạnh nóng* ○ 膡 冷 燶, faire des frictions pour ramener la chaleur. — *Rò tai* ○ 聰, se frotter les oreilles. — *Lò rò* 臚 ○, négligemment, sans soin, par acquit. — *Rò rò* ○ ○, lentement, avec précaution. — *Đi rò rò* 移 ○ ○, avancer avec précaution.

Rỡ 焀. Faim subite et violente, grand appétit, fringale, envie de femme enceinte; brillant, luisant, réjouissant. (Formé des S. A. *hỏa* 火, feu, et *lữ* 呂, long, étendu.)

Rỡ ràng ○ 悚, resplendissant. — *Mừng rỡ* 悯 ○, joie immense, gaieté folle; se réjouir éperdument. — *Rỡ rực* ○ 燶, très agréable à voir, qui réjouit la vue.

Rọc 捐. Onomatopée pour rendre le bruit fait en coupant ou en déchirant; couper, froisser, déchirer. (Formé des S. A. *thủ* 手, main, et *dục* 育, nourrir, élever.)

Rọc giấy ○ 紙, couper du papier. — *Rọc theo* ○ 陡, couper tout au long. — *Rọc rạch* ○ 擺, bruit de choses froissées, déchirées (froufrou). — *Rọc mái chèo xuống* ○ 厩 櫬 整, bien enfoncer dans l'eau la palette de l'aviron, couper en ramant. — *Rọc rọc* ○ ○, frôlement, grincement. — *Cái rọc rọc* 丐 ○ ○, poulie.

Róc 搙. Enlever, élaguer, ébrancher, dépouiller, écorcer, éplucher; raclures de roseau, de bambou. (Du S. A. *lục*, même car., agiter.)

Róc mía ○ 樸, enlever l'écorce des cannes à sucre. — *Róc nhánh cây* ○ 梗 核, dépouiller un arbre des branches inutiles. — *Róc vỏ* ○ 補, écorcer. — *Róc lá* ○ 蘿, effeuiller.

Rọc 湆. Mouillé, humide; marécageux, paludéen; tissé sans soin. (Du S. A. *dục*, même car., même signif.)

Đất rọc 坦 ○, terrain marécageux. — *Lụa rọc* 縷 ○, soie mal préparée.

Róc 速. Vidé; fini, terminé, achevé. (En S. A., vif, prompt; se pron. *tóc*.)

Ăn róc 唆 ○, avoir tout mangé. — *Hết róc* 歇 ○, complètement terminé.

Roi 樵. Verge, rotin, cravache, baguette, fouet, badine. Voir *hèo*. (Du S. A. *lôi*, même car., nom d'arbre.)

Roi mây ○ 邐, verge de rotin. — *Lấy roi* 祂 ○, s'armer de la verge, prendre le fouet. — *Đánh roi* 打 ○, frapper des verges, donner le rotin, cravacher, fouetter. — *Đánh mười roi* 打 逝 ○, donner dix coups de rotin. — *Nệt một roi* 捏 沒 ○, donner un coup de fouet. — *Roi mót* ○ 攘, verge légère, petit fouet. — *Roi ngựa* ○ 馭, cravache. — *Roi nệt* ○ 捏, fouet. — *Roi da* ○ 膡, lanière. — *Roi đập lúa* ○ 搭 稞, verge à battre le riz, fléau. — *Nhát roi* 憂 ○, avoir peur du rotin, craindre la cravache, être sensible aux coups (se

---

(1) Se transcrit aussi par le car. 擄.

dit surtout d'un cheval ardent). — *Cỏ roi ngựa* 鞊○馭, verveine (ou *mã tiên thảo* 馬鞭艸)

Rọi 燋⁽¹⁾. Torche, flambeau, mèche; éclairer. (Formé des S. A. *hỏa* 火, feu, et *lội* 磊, tas de pierres.)

Cái rọi 丐○, mèche, lumignon. — *Đèn rọi* 畑○, sorte de flambeau. — *Rọi cá* ○, pêcher au moyen de ce flambeau. — *Rọi mặt* ○ 未面, approcher une torche du visage de quelqu'un (pour le reconnaître).

Rói 對. Syllabe complémentaire. (En S. A., correspondre; se pron. *đói*.)

Tươi rói 鮮○, très frais.

Rồi 耒. Terminé, achevé. Voir *rồi*. (En S. A., charrue; labour; se pron. *lội*.)

Rẽ rồi ○, séparer, distinguer. — *Rồi da* ○ 爺, c'est fini, c'est terminé (s'adresse à un supérieur).

Rồi 橋. Le nom d'un arbre au bois très dur. (Formé des S. A. *mộc* 木, arbre, et *lội* 磊, tas de pierres.)

Trái rồi 梗○, le fruit de cet arbre.

Rội 磊. Augmenter; renouveler. (En S. A., tas de pierres; se pron. *lội*.)

Rội đồ ăn ○圖咹, apporter de nouveaux plats (sur la table).

Rối 繨. Trouble, embarras, confusion, complication; préoccupation, inquiétude. (Formé des S. A. *mịch* 糸, soie, et *lội* 磊, tas de pierres.)

Bối rối 貝○, embrouillé; préoccupé; impliqué dans. — *Làm cho túng rối* 濫朱縱○, embarrasser, troubler. — *Rối rắm* ○ 廩, confus, embrouillé. — *Rối trí* ○ 智, avoir l'esprit troublé. — *Rối lòng* ○ 悉, peines de cœur, préoccupations, inquiétudes. — *Chỉ rối* 織○, fils embrouillés. — *Phá rối* 破○, troubler, déranger. — *Khuáy rối* 快○, mettre du désordre, causer des ennuis. — *Khuáy rối người ta* 快○得些, molester les gens. — *Tóc rối* 髦○, cheveux embrouillés. — *Làm cho rối nhà* 濫朱○茹, mettre le trouble dans une maison, semer la zizanie dans une famille. — *Sự bối rối* 事貝○, trouble, confusion, désordre.

Rồi 耒. Fini, achevé; entièrement, complètement; terme redondant; après quoi, ceci terminé, ensuite. (En S. A., charrue, labour; se pron. *lội*.)

Hết rồi 歇○, entièrement fini; plus du tout. — *Đã rồi* 㐌○, terminé, achevé. — *Chưa rồi* 渚○, pas encore terminé. — *Rồi việc* ○ 役, terminer une affaire. — *Rồi chưa* ○ 渚, est-ce fait ou pas encore? — *Tôi làm chưa rồi* 碎濫渚○, je n'ai pas encore fini. — *Ăn đi cho rồi* 咹移朱○, allons, dépêchez-vous de manger, qu'on en finisse! — *Chừng nào rồi* 澄閙○, quand aura-t-on terminé? — *Làm cho rồi* 濫朱○, terminer, compléter, accomplir (pour en finir). — *Rồi nó đánh tôi* ○奴打碎, après quoi il me frappa. — *Rồi ra làm sao* ○囉濫牢, et ensuite, qu'en résulta-t-il? — *Ngày rồi* 時○, jour de repos, jour libre.

⁽¹⁾ Se transcrit aussi par le car. 燋.

Rỗi 嚕. Sauver de la mort, tirer d'embarras. (Formé des S. A. *khẩu* 口, bouche, et *lỗi* 磊, amas de pierres.)

Phần rỗi 分 ○, salut. — *Việc rỗi linh hồn* 役 ○ 靈魂, le salut des âmes. — *Lo rỗi linh hồn* 慮 ○ 靈魂, travailler à son salut. — *Truyền rỗi* 傳 ○, gracier un condamné à mort. — *Được rỗi* 特 ○, échapper à un châtiment, se sauver, se tirer d'une mauvaise affaire. — *Rỗi cho* ○ 朱, éviter un malheur à quelqu'un.

Rỗi 騾. Vendeur ambulant, marchand de marée (sur les routes ou en bateau). (Formé des S. A. *mã* 馬, cheval, et *lỗi* 磊, tas de pierres.)

Quân rỗi 軍 ○, colporteur. — *Ghe rỗi* 簇 ○, barque pour le transport et la vente du poisson.

Rơi 淶. Eau qui tombe, qui coule, qui se perd; glisser, s'échapper, se répandre. (Du S. A. *lai*, même car., cours d'eau.)

Rơi xuống ○ 𠬠, tomber, glisser (des mains, par exemple). — *Rơi ra* ○ 囉, s'échapper, glisser (des mains, de la poche). — *Rơi rớt* ○ 漂, laisser tomber, perdre. — *Bỏ rơi* 補 ○, perdre, oublier; mettre au rebut. — *Rơi tay* ○ 抳, qui échappe des mains. — *Châu rơi* 珠 ○, pleurs, larmes; litt., perles versées, répandues. — *Thơ rơi* 書 ○, lettre mise au rebut, lettre anonyme, écrits semés, papiers répandus. — *Của rơi* 貼 ○, choses délaissées, objets trouvés.

Rợi 淶. Syllabe complémentaire. (Pour le car. en S. A., voir ci-dessus.)

Mát rợi 淶 ○, grande fraîcheur.

Rời 淶. Couler; se désunir, se dissoudre; syllabe complémentaire. (Pour le car. en S. A., voir ci-dessus.)

Rã rời 㳘 ○, se séparer, se disperser, se dissoudre; dispersé, rompu (ordre, rangs). — *Bời rời* 排 ○, détacher, désunir. — *Rụng rời* 橒 ○, tomber, se détacher (feuilles, fruits, dents). — *Chạy rã rời* 趙 㳘 ○, courir en désordre, à la débandade.

Rời 灑 [1]. Dispersé, éparpillé, séparé; qui n'adhère pas. Voir *rải*. (Du S. A. *sai*, même car., arroser.)

Tiền rời 錢 ○, sapèques éparpillées, c'est-à-dire non enfilées selon l'usage. — *Cơm rời* 飦 ○, grains de riz cuit épars, miettes laissées après le repas. — *Chẳng khi rời* 庄 欺 ○, qui ne se sépare jamais, qui demeure toujours uni, serré, compact, formant bloc.

Rom 爁. Syllabe complémentaire. (Formé des S. A. *hỏa* 火, feu, et *lam* 藍, nom de plante.)

Khô rom 枯 ○, desséché, brûlé.

Rọm 蠄. Le nom d'une chenille. (Formé des S. A. *trùng* 虫, ver, et *lãm* 覽, voir, percevoir.)

Sâu rọm 螻 ○, chenille (espèce).

---

[1] Se transcrit aussi par le car. 濂.

Róm 監. Syllabe complémentaire.
(En S. A., examiner; se pron. *giám*.)

Cóm róm 糝 ○, peureux, craintif.
— *Khô róm* 枯 ○, trop sec.

Ròm 燫. Maigrelet, chétif, mince.
(En S. A., se consumer; se pron. *lạm*.)

Thằng nhỏ ỏm ròm 倘 馳 癆 ○,
enfant maigre, petit, chétif, malingre.

Rõm 覽. Syllabe complémentaire.
(En S. A., voir, observer; se pron. *lãm*.)

Côm rõm 兼 ○, avare, regardant.

Róm 藍. De haute taille, de belle apparence; clou, bouton, pustule.
(En S. A., nom de plante; se pron. *lam*.)

Róm rả ○ 呂, florissant, prospère.
— *Nói ròm rả* 吶 ○ 呂, parler avec autorité, s'exprimer avec arrogance.

Rơm 薕. Paille, foin. (Formé des S. A. *thảo* 艸, plantes, et *liêm* 廉, sobre.)

Đụn rơm 庿 ○, amas d'herbes sèches. — *Rơm rác* ○ 落, brindilles, balayures. — *Nệm rơm* 褑 ○, paillasse, paillasson. — *Giầy rơm* 鞋 ○, sandales en paille. — *Nón rơm* 蕨 ○, chapeau de paille. — *Rơm cho ngựa ăn* ○ 朱 馭 咹, foin ou paille pour les chevaux. — *Mũ rơm* 帽 ○, espèce de coiffure en paille (pour les deuils). — *Coi như rơm* 䰟 如 ○, ne faire aucun cas de. — *Nấm rơm* 蕋 ○, champignon (espèce).

Rờm 藍. Bien arrangé, convenablement disposé, très bien tenu.
(En S. A., nom de plante; se pron. *lam*.)

Có rờm 固 ○, avec goût. — *Tốt rờm* 卒 ○, élégant. — *Nhà dọn rờm* 茹 拖 ○, maison propre, bien tenue. — *Ăn mặc tốt rờm* 咹 默 卒 ○, mise élégante, tenue irréprochable.

Rớn 頓. Syllabe complémentaire.
(En S. A., baisser la tête; se pron. *đốn*.)

Rớn rén ○ 練, maintien modeste.

Ròn 存. Syllabe complémentaire.
(En S. A., préserver; se pron. *tồn*.)

Cà ròn 橲 ○, un sac en paille. — *Ròn rỏi* ○ 攞, maigre, chétif.

Rộn 撰. Embrouillé, embarrassé.
(En S. A., changer; se pron. *soạn*.)

Làm rộn 濫 ○, bouleverser. — *Bộn rộn* 本 ○, en foule, en désordre, tumultueusement.

Rốn 巽. Tirer, pousser; continuer.
(Du S. A. *tốn*, même car., maintenir.)

Làm rốn 濫 ○, pousser jusqu'au bout. — *Nói rốn* 吶 ○, dire tout ce qu'on voulait dire. — *Rốn rán* ○ 助, déployer tous ses efforts (pour mener un travail à bonne fin).

Rổn 謹. Bruit de ferraille, de pots cassés; coup, heurt, choc, éclat.
(Formé des S. A. *khẩu* 口, bouche, et *đồng* 董, ferme.)

Rổn rảng ○ 啢, bruit de chaînes traînées; bruyamment, tumultueusement.

Rởn 展. Se dresser, se hérisser.
(En S. A., bruit, fracas; se pron. *triển*.)

Rởn rảng ○ 啢, bruit de ferrailles, de grelots; bruyamment, tumultucusement; s'amuser, gambader. — *Rởn óc* ○ 沃, tressaillir, frissonner. — *Rởn gáy* ○ 吼, hérisser la crinière; se gendarmer, se rebiffer, se dresser contre. — *Lạnh rởn óc* 冷 ○ 沃, frissonner (froid, peur). — *Đi cà rởn* 迻 楊 ○, aller polissonner, aller s'amuser (enfant).

Rong 龍. Algues, plantes marines. (Du S. A. *lung*, même car., même signification.)

Rong rêu ○ 蓁, varech, algues, fucus. — *Rong đá* ○ 硶, éponge, pierre ponce. — *Rong máu* ○ 泖, flux de sang, menstrues, hémorragie. — *Gió rong* 逾 ○, vent qui souffle en tempête.

Rống 栟. Pièce de bois pour soutenir un mur, une cloison. (Formé des S. A. *mộc* 木, arbre, et *lọng* 弄, manier.)

Cây rống 核 ○, étai, pieu. — *Riết rống* 紲 ○, correctement, strictement.

Ròng 浻. Eau qui coule; clair, net, pur, sans mélange. (Formé des S. A. *thủy* 水, eau, et *dụng* 用, se servir de.)

Chảy ròng ròng 汇 ○ ○, couler abondamment (larmes). — *Vàng ròng* 鑛 ○, or pur, sans alliage. — *Nước ròng* 渚 ○, marée descendante, reflux, jusant. — *Ròng cây* ○ 核, la moelle de l'arbre. — *Ròng rã* ○ 呂, continuellement, constamment.

Rỏng 㨾. Petite tranchée pour l'écoulement des eaux, rigole, fossé. (En S. A., humecter; se pron. *đỏng*.)

Đàng rỏng 唐 ○, canal dans les champs, ruisseau d'irrigation.

Rồng 瀧. Grande marée d'équinoxe. (Du S. A. *lung*, même car., forte pluie.)

Nước rồng 渚 ○, grande marée. — *Nước máy rồng* 渚 榥 ○, indices de forte marée.

Rộng 曠. Grand, gros, large, vaste, étendu; donner asile, recéler. (Formé des S. A. *điền* 田, champ, et *quảng* 廣, grande étendue.)

Rộng rãi ○ 待, grand, large, généreux, libéral. — *Mở lòng rộng rãi* 媽 悉 ○ 待, ouvrir son cœur à l'indulgence. — *Cách rộng rãi* 格 ○ 待, généreusement. — *Bố thí rộng rãi* 布 施 ○ 待, faire des libéralités, se montrer généreux. — *Người rộng rãi* 得 ○ 待, homme bienveillant, libéral, généreux. — *Đất rộng* 坦 ○, vaste territoire, terrain de grande étendue. — *Nhà rộng* 茹 ○, maison spacieuse. — *Ở nhà rộng* 於 茹 ○, être logé largement. — *Sự rộng dong* 事 ○ 容, clémence, douceur, cordialité, affabilité. — *Người xét rộng* 得 察 ○, homme d'un jugement étendu et à conception large. — *Rộng chơn* ○ 蹎, libre d'aller où l'on veut. — *Áo rộng* 襖 ○, habit large, robe, toge, vêtement de cérémonie des Annamites. — *Quần rộng* 裙 ○, pantalon large (comme celui des Orientaux). — *Rộng quá* ○ 過, trop large, trop vaste. — *Rộng kẻ ăn cướp* ○ 几 唉 劫, donner asile à des pirates.

Rống 嘍. Cri des grands animaux; crier, rugir, mugir, beugler, barrir. (Formé des S. A. *khẩu* 口, bouche, et *động* 動, faire trembler.)

Hùm róng 貅○, les fauves rugissent. — *Róng nhw bò* ○ 如犕, pousser des beuglements. — *Voi róng* 猥○, l'éléphant crie.

Rồng 蜂. Nom vulgaire du dragon mythologique, emblème de force et de pouvoir suprême. Voir *long*. (Formé des S. A. *trùng* 虫, reptile, et *long* 蚤, florissant.)

Con rồng 昆○, le dragon. — *Vẽ rồng vẽ rắn* 戺○ 戺蛯, peindre des dragons et des serpents, dessiner des arabesques. — *Đầu con rồng* 頭昆○, la tête du dragon. — *Đuôi con rồng* 離昆○, la queue du dragon. — *Cây xwong rồng* 核昌○, cactus de haie, d'entourage. — *Đền rồng* 扣○, palais du dragon; c.-à-d. palais impérial. — *Đài rồng* 臺○, id. — *Lộn rồng lộn rắn* 輪○ 輪蛯, confondre, s'embrouiller; litt., ne pas distinguer le dragon du serpent.

Rỗng 董. Vide, nu; vacant, absent. (Du S. A. *đổng*, même car., se retirer.)

Rỗng không ○ 空, qui ne contient rien. — *Rỗng rằng* ○ 朗, évident, manifeste; à découvert, en plein air.

Róp 爥. Action de la chaleur, effet des substances corrosives. (Formé des S. A. *hỏa* 火, feu, et *lạp* 鼠, crinière.)

Róp da ○ 膠, crevasses à la peau, rugosités de l'épiderme, excoriations. — *Róp miệng* ○ 吅, mordant, qui entame la bouche. — *Róp róp* ○ ○, onomatopée (craquement).

Rọt 律. Décroître, diminuer; vide. (Du S. A. *luật*, même car., diminuer.)

Rọt lại ○ 吏, s'évaporer; se retirer (eau). — *Rọt nưóc* ○ 渃, complètement vidé. — *Rọt thũng* ○ 癉, désenflé, qui n'est plus hydropique.

Rót 撛. Verser, répandre; couler. (Du S. A. *luật*, même car., décanter.)

Rót mà uổng ○ 麻旺, verser à boire. — *Rót nưóc* ○ 渃, verser de l'eau. — *Rót rượu* ○ 醰, verser du vin, des liqueurs. — *Rót ra* ○ 囉, répandre. — *Rót vào* ○ 㘝, verser dans; faire infuser. — *Rót nhẹ nhẹ* ○ 珥珥, verser doucement. — *Rót cho hết đi* ○ 朱歇移, versez tout. — *Nói rót* 吶○, parler d'abondance. — *Tánh rót* 性○, bon naturel, caractère gai, tempérament enjoué.

Rọt 卒. Magnifique, somptueux. (En S. A., servir, exécuter; se pron. *tốt*.)

Bộ rọt 步○, air martial, façons de grand seigneur. — *Đi rọt quá* 移○ 過, voyager pompeusement, marcher suivi d'une nombreuse escorte. — *Cái rọt* 丐○, bruit qui sort du fondement. — *Chạy rọt đi* 趂○ 移, partir comme un trait.

Rốt 卒. Après, à la fin, le dernier. (Pour le car. en S. A., voir ci-dessus.)

Rốt hết ○ 歇, tout à fait le dernier, après tous les autres. — *Rốt đáy* ○ 底, bien au fond, le plus bas. — *Đi rốt hết* 移○ 歇, marcher le dernier (lorsqu'on va à la file indienne). — *Rốt hèn* ○ 賢, le plus humble, le plus infime; piètre, au-dessous de tout. — *Hàng rốt* 行○, marchandises invendables.

Rọt 落. Transvaser, transmettre. (En S. A., se répandre; se pron. *lạc*.)

Rọt rời ○ 涞, détaché, désuni.

Rót 溧. Couler, glisser, tomber. (En S. A., cours d'eau; se pron. *lật*.)

Rót xuống ○ 甄, couler, tomber. — *Cơm rót* 鉗 ○, grains de riz cuit tombés (de la table). — *Rót lại sau* ○ 更 夒, rester après les autres, demeurer le dernier. — *Thi rót* 試 ○, tomber à un examen, échouer à un concours. — *Tôi rót* 碎 ○, je suis refusé, j'ai échoué.

Rọu 料. Bruit de vaisselle cassée. (En S. A., pourvoir à; se pron. *liệu*.)

Nhai rọu 厓 ○, mâcher avec bruit.

Ru 呦. Caresser, câliner, bercer; particule finale interrogative, syllabe euphonique. (Formé des S. A. *khẩu* 口, bouche, et *do* 由, provenir de.)

Ru con ○ 昆, bercer un enfant. — *Làm vậy ru* 灆 丕 ○, n'est-ce pas cela? — *Có phải ru* 固 沛 ○, est-ce ainsi? — *Rủi ru* 磊 ○, infortuné.

Rú 藘. Bois, taillis, broussailles. Voir *rừng*. (Formé des S. A. *thảo* 艸, plantes, et *lũ* 屢, souvent, nombreux.)

Rừng rú 棱 ○, les forêts en général, la brousse.

Rủ 呦. Attirer, séduire, câliner, caresser; syllabe complémentaire. (Formé des S. A. *khẩu* 口, bouche, et *do* 由, à cause de.)

Rủ quến ○ 睿, entraîner, persuader. — *Rủ dũ* ○ 誘, flatter. — *Rủ*

rí ○ 遲, lentement, peu à peu. — *Nói rủ rỉ* 呐 遲 ○, parler lentement.

Rũ 屢. A bout de forces, épuisé. (Du S. A. *lũ*, même car., fréquent.)

Rũ liệt ○ 劣, toujours malade, sans forces, invalide. — *Áo cũ rũ* 襖 寠 ○, habit usé.

Rủ 屢. Pousser autrui à se joindre à soi pour une action quelconque. (Pour le car. en S. A., voir ci-dessus.)

Rủ ren ○ 連, engager, entraîner, inciter, pousser à. — *Rủ nhau* 饒, s'entraîner les uns les autres. — *Rủ đi ăn cướp* ○ 㖾 刲, entraîner à la piraterie. — *Rủ đi chơi* ○ 制, proposer une promenade. — *Rủ người ta làm việc gì* ○ 得些濫役之, engager les gens à faire quelque chose. — *Nói rủ rỉ* 呐 ○ 吧, parler doucement, sur un ton engageant et aimable.

Rua 瞵. Nom de constellation. (Formé des S. A. *nhựt* 日, soleil, et *sô* 芻, plantes sèches.)

Sao rua 暈 ○, groupe des pléiades.

Rùa 蟹. Tortue; morceau de bois en forme de tortue servant à caler. (Formé des S. A. *trùng* 虫, reptile, et *lộ* 路, route, chemin.)

Đi chậm như rùa 㖮 躞 如 ○, marcher lentement, comme la tortue. — *Mu rùa* 模 ○, carapace de tortue. — *Mả mu rùa* 瑪 模 ○, tombeau en forme de carapace de tortue.

Rủa 嚕. Paroles grossières, mots

injurieux. (Formé des S. A. *khẩu* 口, bouche, et *lỗ* 魯, commun, grossier.)

Chưởi rủa 吐 ○, injurier, maudire. — *Rủa ráy* ○ 再, crier des malédictions, des imprécations. — *Rủa mát* ○ 沫, injurier avec restriction mentale, comme, par exemple, rabaisser les enfants pour que le diable ne soit pas tenté de les prendre (superstitions locales).

Rựa 鉈. Espèce de grande serpe. (Formé des S. A. *kim* 金, métal, et *sạ* 乍, brusquement.)

Dao rựa 刀 ○, un coutelas recourbé en demi-cercle. — *Rựa quéo* ○ 窖, faucille. — *Cá rựa* 魦 ○, nom d'un poisson de mer.

Rứa 呂. Ainsi, à ce point, de telle manière, de la sorte; comment (marque la surprise, l'étonnement). (En S. A., épine dorsale; se pron. *lữ*.)

Để rứa 底 ○, laisser tel quel. — *Mần rứa* 瞖 ○, faire ainsi, agir de la sorte.

Rửa 浯. Se gâter, s'aigrir, se décomposer; pâle, défait, flétri, terni; être capable de, être de force à. (Formé des S. A. *thủy* 水, eau, et *lữ* 呂, épine dorsale.)

Tàn rửa 殘 ○, se faner, se flétrir, dépérir. — *Chín rửa* 捻 ○, trop mûr, trop cuit; passé, terni. — *Hoa rửa* 花 ○, fleur fanée. — *Chẳng rửa* 庄 ○, ne pas être capable de. — *Cãi chẳng rửa* 改 庄 ○, ne pas avoir le dessus dans une discussion.

Rửa 浯. Laver, nettoyer; purifier, émonder; frotter, aiguiser, affûter. (Pour la décomp. du car., voir ci-dessus.)

Rửa tay rửa mặt ○ 栖 ○ 靣, se laver la figure et les mains. — *Tắm rửa* 沁 ○, se laver le corps à grande eau, faire des ablutions complètes. — *Rửa dĩa* ○ 砒, laver les assiettes. — *Rửa tre* ○ 柳, émonder les bambous. — *Rửa cho sạch* ○ 朱瀝, laver proprement. — *Việc rửa* 役 ○, lavage. — *Chùi rửa* 抹 ○, frotter et laver. — *Rửa tội* ○ 罪, effacer une faute. — *Phép rửa tội* 法 ○ 罪, le sacrement du baptême. — *Rửa dao* ○ 刀, aiguiser ou nettoyer un couteau.

Rục 濁. Fatigué, épuisé, ramolli, décrépit; mot complémentaire. (Du S. A. *đục*, même car., eau vaseuse.)

Rục rũ ○ 屡, épuisé par la débauche, fatigué par les excès. — *Chín rục* 捻 ○, trop mûr, trop cuit, gâté, pourri. — *Để rục* 底 ○, laisser pourrir (pour détruire les chairs). — *Rục rịch* ○ 歷, bouger, remuer. — *Không dám rục rịch* 空敢 ○ 歷, ne pas oser remuer.

Rúc 嚌. Barboter; ronger; se glisser dans, s'insinuer. (Formé des S. A. *khẩu* 口, bouche, et *đốc* 篤, lent, sûr.)

Rúc vào ○ 㕸, pénétrer. — *Rúc nhột* ○ 腋, qui cause des démangeaisons à la peau. — *Sâu cắn rúc* 蝼 㖤 ○, ver rongeur. — *Lương tâm cắn rúc* 良心 㖤 ○, remords qui rongent. — *Rúc dưới bùn* ○ 断 塯, chercher au fond de l'eau, barboter dans la vase (canard).

Rực 焴. Flamber, éclairer, briller. (Formé des S. A. *hỏa* 火, feu, et *trực* 直, droit, sincère.)

Rực rỡ ○ 焗, brillant, resplendissant, magnifique. — *Rực bụng* ○ 膖, inflammation des entrailles. — *Rắn rực* 彰○, de couleurs variées.

Rui 檽. Latte, chevron, poutrelle. (En S. A., nom d'arbre; se pron. *lỗi*.)

Rui mè ○ 楣, poutrelle, chevron. — *Đóng rui* 挵○, clouer des lattes. — *Thả rui* 且○, id.

Rụi 樏. Épuisement des forces, fin de vitalité. (Formé des S. A. *mộc* 木, arbre, et *lỗi* 磊, tas de pierres.)

Già rụi 耆○, vieux, cassé. — *Chết rụi* 折○, mourir de vieillesse.

Rủi 磊. Malheur, infortune, événement fâcheux, mauvaise chance. (En S. A., tas de pierres; se pron. *lỗi*.)

May rủi 埋○, bonheur et malheur. — *Sự rủi ro lắm* 事○由 廩, grand malheur. — *Mắc rủi* 繆○, infortuné. — *Mặc may rủi* 默埋○, risquons la chance! au petit bonheur!

Rum 蒅. Carthame, safran bâtard. (Formé des S. A. *thảo* 艸, plantes, et *sum* 森, arbres serrés.)

Màu rum 牟○, couleur pourpre. — *Mùi rum* 味○, id. — *Khăn rum* 巾○, turban rouge (que les hauts dignitaires seuls ont le droit de porter). — *Nói rum* 吶○, parler avec arrogance. — *Nhuộm rum* 染○, teindre en rouge.

Rụm 揉. Fragile, cassant; syllabe complémentaire. (Formé des S. A. *thủ* 手, main, et *sum* 森, arbres serrés.)

Cụm rụm 襟○, courbé, voûté. — *Đi cụm rụm* 迻襟○, marcher avec peine. — *Già rụm* 耆○, vieux, cassé. — *Giòn rụm* 存○, qui casse facilement, qui se brise net.

Rùm 塨. Sel que l'on tire des mines. (Formé des S. A. *thổ* 土, terre, et *sum* 森, arbres serrés.)

Muối rùm 梅○, sel gemme.

Run 敦. Trembler; émoi, trouble. (Du S. A. *đôn*, même car., émouvoir.)

Run rẩy ○禮, agité, secoué. — *Lạnh run* 冷○, grelotter. — *Run en* ○燕, frissonner. — *Run run* ○○, trembloter. — *Run sợ* ○怍, trembler de peur. — *Run miệng* ○皿, claquer des dents.

Rún 腞. Nombril; centre ou milieu d'un rond, d'un cercle, d'une sphère. (Formé des S. A. *nhục* 肉, chair, et *tốn* 巽, doux, soumis.)

Thuộc về rún 屬衛○, ombilical. — *Nhau rún* 胞○, cordon ombilical. — *Cắt rún* 割○, couper ce cordon. — *Rún đất* ○坦, le nombril du monde, le centre de la terre (que les bouddhistes placent à Ceylan).

Rùn 屯. Contraction des nerfs, raccourcissement des muscles du cou. (Du S. A. *đồn*, même car., rassembler.)

Rùn lại ○吏, se raccourcir, se contracter. — *Rùn cổ* ○古, contracter le cou. — *Rùn đầu rùn cổ* ○頭

○ 古, se cacher la tête et le cou dans les épaules.

Rủn 敦. Syllabe complémentaire. (Du S. A. *đốn*, même car., émouvoir.)

Rủn ý ○ 意, ne pas persister dans une idée. — *Rủn lòng* ○ 悉, perdre courage, se laisser abattre.

Rung 搈. Secouer, agiter, mouvoir, ébranler. (Formé des S. A. *thủ* 手, main, et *chung* 終, fini, terminé.)

Sự rung động 事 ○ 動, ébranlement, secousse. — *Rung cây* ○ 核, secouer un arbre. — *Rung chuông* ○ 鐘, agiter une sonnette. — *Rầm rung rơi* 桳 ○ 漎, le plancher branle. — *Rung cây nhát khỉ* ○ 核 憂 獼, secouer l'arbre pour effrayer le singe (proverbe) : menaces inutiles.

Rụng 㭫⁽¹⁾. Tomber, se détacher (fruits, feuilles, pierres, dents.) (Formé des S. A. *mộc* 木, arbre, et *lộng* 弄, agilité.)

Cây rụng lá 核 ○ 蘿, arbre dont les feuilles sont tombées. — *Kẻ rụng răng* 几 ○ 酸, édenté. — *Rụng lở xuống* ○ 垿 魁, s'ébouler, tomber en lambeaux. — *Rụng rơi* ○ 漎, tomber, se détacher; craindre, redouter, avoir peur.

Rúng 涷⁽²⁾. Crainte, trouble, émoi. (Du S. A. *đông*, même car., froid, glacé.)

Nói rúng 吶 ○, langage émouvant, paroles qui portent; toucher, émouvoir, exciter. — *Rúng rẩy* ○ 禮, profondément troublé; frémir. —

Sợ rúng 怍 ○, saisi de crainte. — *Rúng động* ○ 慟, fortement ému. — *Rúng lại* ○ 更, se ressaisir, se remettre; redresser un objet tordu.

Rùng 用. Syllabe complémentaire. (En S. A., faire usage; se pron. *dụng*.)

Rùng rực ○ 濁, bruit, tapage. — *Làm rùng rùng* 濫 ○ ○, faire *rùng rùng* (bruit de foule en marche). — *Lưới rùng* 經 ○, espèce de grand filet pour la pêche.

Rủng 慟. Syllabe complémentaire. (En S. A., ému, troublé; se pron. *động*.)

Rủng rảng ○ 嘲, onomatopée: bruit de sonnailles, de chaînes traînées. — *Nói rủng rảng* 吶 ○ 嘲, parler avec jactance. — *Tiếng nói rủng rảng* 嗜 吶 ○ 嘲, langage redondant.

Rưng 凌. Sortir, sourdre, couler. (En S. A., amas de glace; se pron. *lăng*.)

Rưng rưng nước mắt ○ ○ 渚 耝 les larmes coulant des yeux.

Rựng 爡. Se montrer, apparaître (jour, soleil). Voir *rạng* et *rảng*. (Formé des S. A. *hỏa* 火, feu, et *lang* 郎, terme de respect.)

Rựng ngày ○ 時, au point du jour, dès l'aurore. — *Tỏ rựng* 訴 ○. en pleine lumière.

Rừng 棱. Bois, forêt; lieu sauvage. (En S. A., pièce de bois; se pron. *lăng*.)

Rừng rẩy ○ 禮, broussailles. — *Có rừng bụi* 固 ○ 蓓, boisé. — *Rừng*

⁽¹⁾ Se transcrit aussi par le car. 用. — ⁽²⁾ Se transcrit aussi par le car. 慟.

già ○ 檾, taillis. — *Đất rừng* 坦 ○, terrain forestier. — *Rừng nhu* ○ 儒, forêt de caractères: savoir, science; le corps des lettrés. — *Bò rừng* 牰 ○, bœuf sauvage. — *Gà rừng* 鵰 ○, poule sauvage. — *Heo rừng* 獵 ○, sanglier. — *Thịt vật rừng* 胎 物 ○, venaison. — *Rừng có mạch vách có tai* ○ 固 脈 壁 固 聰, les forêts ont des sources, les murs ont des oreilles (proverbe). — *Đi rừng làm củi* 迻 ○ 濫 檜, aller faire du bois dans la forêt. — *Thuộc về rừng* 屬 衙 ○, qui concerne les forêts (pour garde forestier, voir *kiểm lâm* 檢 林).

Ruốc 鱃. Espèce de petite crevette; en désordre, confus, embrouillé. (Formé des S. A. *ngư* 魚, poisson, et *đốc* 篤, lent, sûr.)

 Ăn con ruốc 唵 昆 ○, manger des crevettes. — *Mắm ruốc* 鱙 ○, saumure préparée avec la chair de ce petit crustacé.

Rước 遧. Se porter avec empressement au-devant de quelqu'un (pour montrer des égards, du respect). (Du S. A. *trác*, même car., se hâter de.)

 Tiếp rước 攝 ○, accueillir avec des égards. — *Đi rước khách* 迻 ○ 客, aller recevoir ses hôtes. — *Đi rước thầy thuốc* 迻 ○ 柴 葉, aller chercher le médecin. — *Rước nhau* ○ 胞, délivrer (femme en couches). — *Nói rước* 吶 ○, prévenir poliment, avertir en y mettant des formes. — *Đón rước* 頓 ○, aller au-devant d'un invité. — *Rước ông bà* ○ 翁 妃, recevoir (spirituellement) les parents défunts au foyer familial (rites du jour de l'an).

Ruồi 蛛. La mouche; petite tache sur la peau. (Formé des S. A. *trùng* 虫, insecte, et *lợi* 耒, charrue.)

 Ruồi trâu ○ 犢, taon. — *Nút ruồi* 鍨 ○, grain de beauté, tache de rousseur. — *Ghẻ ruồi* 疣 ○, le nom d'une maladie de peau.

Ruổi 驣. Courir très vite, aller au triple galop. (Formé des S. A. *mã* 馬, cheval, et *lợi* 磊, tas de pierres.)

 Ngựa ruổi 馭 ○, cheval qui court très vite. — *Ruổi qua* ○ 戈, rapide comme une flèche. — *Ruổi theo* ○ 蹉, donner la chasse, poursuivre, serrer de près. — *Ruổi tới* ○ 細, accourir vivement, arriver en courant.

Rươi 蛺. Un petit insecte des champs, espèce de scolopendre que les indigènes mangent avec le riz, dans quelques provinces du Tonkin, sous forme de saumure. (Formé des S. A. *trùng* 虫, insecte, et *lai* 來, aller, venir.)

Rượi 淶. Syllabe complémentaire. (En S. A., eau qui coule; se pron. *lai*.)

 Rượi rượi ○ ○, couler sans cesse. — *Nó khóc rượi rượi* 奴 哭 ○ ○, il verse d'abondantes larmes, il pleure continuellement.

Rưới 洒. Asperger, arroser; verser, répandre (lentement). Voir *tưới*. (Du S. A. *sái*, même car., même signification.)

 Rưới nước ○ 渃, arroser. — *Rưới dào* ○ 鼜, verser de l'eau en abondance. — *Rưới nước phép* ○ 渃 法,

asperger d'eau bénite. — *Rwởi vườn* ○ 園, arroser un jardin. — *Bình rwởi* 瓶 ○, arrosoir.

Rwởi 秚. Moitié, demi. Voir *nửa*.
(Formé des S. A. *bán* 半, moitié, et *lễ* 礼, cérémonie.)

Một trăm rwởi 沒𥠤 ○, cent cinquante. — *Hai cân rwởi* 𠄩斤 ○, deux livres et demie. — *Hai giờ rwởi* 𠄩𣇞 ○, deux heures et demie. — *Giờ thứ hai rwởi* 𣇞次𠄩 ○, id. — *Một năm rwởi* 沒𢆥 ○, un an et demi. — *Năm tiền rwởi* 𠄼錢 ○, une demi-ligature et trente sapèques. — *Nồi rwởi* 枘 ○, marmite à riz de petit calibre.

Rwởm 渗. Passer, couler, suinter.
(Du S. A. *thẩm*, même car., même signification.)

Rwởm mỡ ○ 膈, graisse qui suinte. — *Rwởm ra* ○ 囉, suer, transpirer.

Ruốn 噀. Rejeter, lancer, vomir.
(Du S. A. *tốn*, même car., même signification.)

Réo ruốn 嘹 ○, lancer des insultes.

Ruổng 躘. Errer çà et là, vagabonder; avec hardiesse, sans se gêner.
(Du S. A. *lung*, même car., se dandiner.)

Đi ruổng vào 扔 ○ 𠖤, entrer avec audace (comme font les vagabonds). — *Ăn ruổng* 咹 ○, manger sans se gêner, prendre hardiment.

Ruộng 壟. Champ cultivé, rizière.

(Formé des S. A. *điền* 田, champ, et *long* 龍, dragon.)

Đồng ruộng 仝 ○, plaine cultivée. — *Ruộng tốt* ○ 卒, rizière fertile. — *Ruộng thục* ○ 熟, rizière cultivée. — *Ruộng hoang* ○ 荒, rizière en friche. — *Khẩn ruộng* 墾 ○, défricher un champ, le mettre en culture. — *Làm đơn khẩn ruộng* 濫單墾 ○, faire une demande de défrichement. — *Trưng ruộng* 徵 ○, mettre une rizière en valeur. — *Thuế ruộng* 税 ○, impôt des champs. — *Ruộng nhứt hạng* ○ 壹項, rizière de 1ʳᵉ classe (*thảo điền* 草田, rizière herbeuse). — *Ruộng nhì hạng* ○ 貳項, rizière de 2ᵉ classe (*sơn điền* 山田, rizière haute). — *Cày ruộng* 耕 ○, labourer les champs. — *Làm ruộng* 濫 ○, travailler les rizières. — *Nghề làm ruộng* 藝濫 ○, l'agriculture, l'industrie agricole. — *Dân hay làm ruộng* 民哈濫 ○, peuple agricole. — *Đất hay làm ruộng* 坦哈濫 ○, pays rizier. — *Ruộng muối* ○ 拇, salines; litt., champs de sel.

Ruổng 籠 ⁽¹⁾. Faire pénétrer dans, insérer, introduire (en serrant).
(Du S. A. *lung*, même car., tube, bambou creux.)

Ống ruổng 瓮 ○, tube en bambou, flotteur pour apprendre à nager, bouée.

Rwợn 扙. Usé jusqu'à la corde, prêt à se déchirer (vêtements); avoir une envie folle de; le rut des animaux. (Formé des S. A. *thủ* 手, main, et *trượng* 丈, coudée.)

⁽¹⁾ Se transcrit aussi par le car. 䍦.

Rwọn đi ○ 迻, s'effilant, s'amincissant. — *Rwọn ra* ○ 羅, id. — *Nó rwọn chơi quá* 奴 ○ 制過, il aime passionnément le jeu. — *Rwọn dực* ○ 特, rechercher le mâle. — *Rwọn cái* ○ 吗, courir après la femelle.

Rwón 脹. Enflé, gonflé, ballonné; tendre, élargir (pour faire entrer). (Du S. A. *trướng*, même car., avoir le ventre plein.)

Rwón vô ○ 無, s'efforcer d'introduire, chercher à faire entrer.

Rwơng 廂. Coffre, caisse, malle. Voir *hòm*. (En S. A., chambres latérales; se pron. *twong*.)

Rwơng sắt ○ 鉄, coffre en fer. — *Rwơng đựng bạc* ○ 鄧薄, caisse renfermant de l'argent. — *Rwơng xe* ○ 車, coffre à roulettes (comme en ont les Annamites). — *Rwơng bằng da* ○ 朋胯, malle en cuir. — *Bỏ áo quần trong rwơng* 補襖裙冲 ○, placer les vêtements dans la malle. — *Cậy rwơng* 撯 ○, crocheter un coffre, forcer une malle.

Rwợng 杖. Poutre, perche, traverse. (Du S. A. *trượng*, même car., bâton pénal.)

Rwợng nhà ○ 茄, traverse de toiture. — *Cây rwợng* 核 ○, bâton de vieillesse, soutien, tuteur.

Rwòng 樑. Colonne, pilier, appui, soutien. (Du S. A. *lương*, même car., même signification.)

Rwòng lên ○ 遷, soulever. —

Rwòng cột ○ 橛, soutien principal, base. — *Đỗ rwòng* 杜 ○, persévérer.

Ruột 腜. Entrailles, boyaux, intestins; partie intérieure; moelle des arbres; sentiments, nature morale. (Formé des S. A. *nhục* 肉, chair, et *duật* 聿, pinceau.)

Ruột gà ○ 䳍, entrailles de poulet; tire-bouchon, spirale en fil de fer, ressort à boudin. — *Ruột già* ○ 䅶, gros intestin. — *Ruột non* ○ 嫩, intestin grêle. — *Đau ruột* 疠 ○, mal au ventre. — *Ruột sa* ○ 沙, hernie. — *Bà con ruột* 妣昆 ○, parents du côté maternel. — *Anh em ruột* 嬰俺 ○, frères (de la même mère). — *Con ruột* 昆 ○, fils utérin (par opposition à fils adoptif). — *Ruột tre* ○ 椰, moelle de bambou. — *Gan ruột* 肝 ○, brave, courageux.

Rượt 趠. Pourchasser, poursuivre. (En S. A., se hâter vers; se pron. *trạc*.)

Rượt theo ○ 曉, donner la chasse. — *Rượt riết miết* ○ 綱蔑, serrer quelqu'un de près. — *Săn đuổi rượt* 狃遒 ○, chasser à courre.

Rượu 酒. Terme général pour les vins, les liqueurs, les spiritueux. (Formé des S. A. *dậu* 酉, vin, liqueur, et *lưu* 留, retenir.)

Rượu nếp ○ 糯, vin de riz. — *Rượu nho* ○ 蕎, vin de raisin. — *Rượu mạch nha* ○ 麥芽, bière. — *Rượu đắng* ○ 𢜝, les amers, les bitters. — *Rượu xanh* ○ 檸, absinthe. — *Rượu bọt* ○ 浡, vin mousseux, bière. — *Rượu ngọt* ○ 吼, liqueur, sirop. — *Rượu mạnh* ○ 孟,

alcool, eau-de-vie. — *Uống rượu* 旺 ○, boire du vin. — *Mê rượu* 迷 ○, adonné à la boisson. — *Say rượu* 醛 ○, être ivre. — *Rượu vào lời ra* ○ 舢 啢 啰, le vin entre, les paroles sortent (proverbe) : l'homme ivre parle toujours trop. — *Con rượu* 昆 ○, un horrible ver qui, d'après les croyances populaires, vit dans le corps des alcooliques. — *Một ve rượu ngon* 沒 礦 ○ 啃, une bouteille de bon vin.

Rụt 律. Se contracter, se rétrécir. (En S. A., loi, règle; se pron. *luật*.)

. *Rụt cỏ* ○ 古, contracter le cou, rentrer la tête (comme fait la tortue, par exemple).

Rút 捽. Faire sortir en tirant d'un coup sec; tirer, arracher, extraire. (Du S. A. *tốt*, même car., même signification.)

Rút lại ○ 吏, arracher. — *Rút ra* ○ 啰, extraire. — *Chuyện rút ra* 傳 ○ 啰, histoire tirée de, anecdote extraite de. — *Rút trong sách hay* ○ 冲 典 哈, tiré de bons livres. — *Nói rút* 吶 ○, résumer. — *Rút gươm* ○ 劍, tirer l'épée, mettre sabre au clair. — *Cây câu rút* 核 枸 ○, la sainte croix.

Rựt 揬. Arracher, briser, détacher des fleurs (d'un coup sec); cueillir. (Du S. A. *lắt*, même car., même signification.)

Rựt ra ○ 啰, briser net. — *Rựt dây* ○ 綾, rompre une corde, briser des liens. — *Rựt bông hương* ○ 蘆 香, cueillir des roses.

Rứt 㖫. S'arrêter tout à coup en parlant; terminer brusquement; enlever, arracher net. Voir *dứt*. (En S. A., parler trop; se pron. *li*.)

Rứt rưới ○ 洒, égratigner, pincer. — *Rứt ruột* ○ 胖, éventrer. — *Câu rứt* 哏 ○, enlever le morceau en mordant.

S

Sa 沙*. Fond de galets, banc de sable; poudreux, sablonneux, pulvérisé; s'écouler, s'échapper; tomber peu à peu, doucement, lentement (comme une pluie de sable); nom de famille et de lieu.

Lưu sa 流 ○, sables mouvants. — *Sa trần đại* ○ 塵 大, une pluie de sable. — *Sa xuống* ○ 慳, tomber d'en haut. — *Swong sa* 霜 ○, rosée qui tombe. — *Mưa sa* 霜 ○, pluie fine. — *Sa lậu* ○ 漏, filtre. — *Bạch sa địa* 白 ○ 地, terrain où il y a du sable blanc. — *Sa thổ* ○ 土, terrain sablonneux. — *Đất sa* 坦 ○, id. — *Sa biểu* ○ 表, sablier pour compter le temps. — *Sa nước mắt* ○ 渚 粗, verser des larmes. — *Sa thai* ○ 胎, accoucher avant terme. — *Sa cơ* ○ 機, tomber dans un piège. — *Sa kế* ○ 計, être victime d'une machination. — *Sa mê* ○ 迷, livré à la passion. — *Sa đắm* ○ 沈, perdu de mœurs, plongé dans le vice. — *Sa ngã* ○ 我, tomber, faire une chute. — *Sa chơn* ○ 蹟, glisser. — *Sa sẩy* ○ 仕, échapper. — *Nói sa sẩy* 吶 ○ 仕, se tromper en parlant. — *Sa đà* ○ 陀, de mauvaises mœurs. — *Sa ngư* 魚, requin. — *Cá sa* 魰 ○, autre nom de poisson. — *Cái sa* 丐 ○, un engin de pêche.

Sa 莎*. Espèce de plante à feuilles triangulaires; nom d'insecte.

Sa 裟*. L'habit rituel des bonzes.
　Sa môn ○ 門, bonze, sectateur du Bouddha.

Sa 砂*. Petites pierres, gravier, cailloutis, sable.
　Châu sa 硃 ○, cinabre. — *Thần sa* 神 ○, autre espèce (dont les sorciers se servent pour les incantations). — *Kim sa* 金 ○, autre espèce. — *Bửu sa* 寶 ○, émeri.

Sa 鯊 et 鮫*. Requin. Voir *sa ngư*.

Sa 紗*. Soie légère, tissu mince et transparent, crêpe, gaze, linon.
　Sa quyến ○ 捲, soie à fleurs ou à ramages. — *Miến sa* 綿 ○, tissu très fin, mousseline. — *Bạch sa* 白 ○, linon blanc.

Sa 鈔*. Pinces, crochets. Voir *sao*.
　Nguyệt sa 月 ○, lance avec crochet.

Sa 杪*. Sommet d'arbre. Voir *sao*.

Sạ 乍*. Hâtif, précoce; à l'instant même, vivement, brusquement.
　Sạ kiến ○ 見, vision rapide; voir tout à coup et ne plus voir. —

Ruộng sạ 矓 ○, champ où le riz pousse sans être transplanté. — *Lúa sạ* 穭 ○, riz qui vient de cette façon.

Sạ 槎*. Radeau, train de bois; flotter, voguer, naviguer.

Sạ 鮓*. Méduse, plante aquatique.

Sá 詫*. Parler avec jactance, chercher à en imposer; estimer grandement; présomption, impertinence, fatuité; être déçu.
　Sá ngữ ○ 語, vantardise. — *Chẳng sá chi* 庄 ○ 之, qui n'est pas autrement intéressant; compter pour peu de chose. — *Bao sá* 包 ○, qu'est-ce? cela ne m'importe nullement! — *Sá bao* ○ 包, id. — *Sá chi* ○ 之, id. — *Đàng sá* 唐 ○, grande route. — *Lạc sá* 落 ○, s'embrouiller en parlant, se perdre dans un discours.

Sá 咤 et 吒*. Bouillir de colère, frémir de rage, grincer des dents.
　Thất sá 失 ○, avoir peur, s'effrayer, se troubler.

Sá 姹 et 妊*. Belle personne, jolie jeune fille, fée bienfaisante.
　Sá nữ ○ 女, charmante dame.

Sà 嗏*. Syllabe euphonique, mot de remplissage (pour le chant).

Sà 沙. Tomber, pencher (branche d'arbre, rameau chargé de fruits). (Du S. A. *sa*, même car., même signification.)
　Sà xuống ○ 齓, pendre, s'incliner. — *Đi sà sẩm* 抄 ○ 滲, aller à tâtons.

Sả 萚. Nom d'herbe et de plante. (Formé des S. A. *thảo* 艸, plantes, et *sứ* 使, envoyé officiel.)

Cỏ *sả* 秸 ○, citronnelle. — Một bụi *sả* 没蓓 ○, une touffe de citronnelle.

Sả 鉏. Fendre, couper, déchirer. Voir *chẻ*. (Formé des S. A. *kim* 金, métal, et *sĩ* 仕, lettré.)

Sả hai ○ 仒, fendre en deux. — *Sả mặt* ○ 靣, déchirer le visage. — *Sả dây* ○ 繂, couper l'amarre. — *Sả buồm* ○ 帆, couper les voiles (par un gros temps).

Sả 鴉. Nom de plusieurs oiseaux. (Formé des S. A. *điểu* 鳥, oiseau, et *sử* 史, histoire.)

Sả cá ○ 鯱, une espèce qui se nourrit de poisson. — *Sả trâu* ○ 犝, autre espèce.

Sạc 揆. Se fendre, se fendiller; choc, bruit, craquement, coup sec. (En S. A., nom d'oiseau; se pron. *tộc*.)

Sạc ra ○ 囉, se rompre, se briser; casser. — *Tiếng sạc sạc* 嗜 ○ ○, coups répétés. — *Đánh một cái sạc* 打没丐 ○, frapper un bon coup. — *Nửa sạc* 姅 ○, moitié l'un, moitié l'autre; ni vieux, ni neuf.

Sác 薂. Terres basses et noyées, forêt marécageuse, pays malsain. (En S. A., herbe de marais; se pron. *tầu*.)

Sặc 鱉. Éprouver des nausées, avoir envie de vomir; repoussant, dégoûtant. (Formé des S. A. *tấu* 嗾, lancer, et *ngư* 魚, poisson.)

Sắc 色*. Couleur, nuance, teint; beauté de la femme; luxure, sensualité; car. radical.

Ngũ sắc 五 ○, les cinq couleurs principales. — *Sắc xanh* ○ 撑, bleu, vert. — *Sắc đen* ○ 眞, noir. — *Sắc trắng* ○ 毺, blanc. — *Sắc vàng* ○ 鐄, jaune. — *Sắc đỏ* ○ 赭, rouge. — *Diện sắc* 面 ○, le visage. — *Vật sắc* 物 ○, l'apparence. — *Thất sắc* 失 ○, se décolorer; pâlir (de peur). — *Nhan sắc* 顏 ○, la beauté. — *Nữ sắc* 女 ○, les plaisirs de l'amour, la débauche. — *Sắc dục* ○ 慾, débauché, licencieux. — *Mê sắc* 迷 ○, passionné pour les femmes.

Sắc 茦*. Plantes épineuses; aigu, pointu, acéré, affilé. Voir *sách*.

Gươm sắc 劍 ○, glaive bien affilé. — *Dao sắc* 刀 ○, couteau pointu. — *Cho sắc cho nhọn* 朱 ○ 朱軟, bien aiguiser. — *Trí sắc* 智 ○, esprit fin et délié. — *Lưỡi sắc* 𦧘 ○, mauvaise langue. — *Dấu sắc* 對 ○, l'accent aigu.

Sắc 嗇*. Amasser, entasser (grain, récolte); économe, prévoyant; chiche, avare, regardant.

Sắc ngôn ○ 言, prudent en paroles. — *Sắc nhơn* ○ 人, homme avare, chiche, parcimonieux.

Sắc 勅*. Volonté impériale, décision souveraine; décret, ordonnance; brevet, diplôme, commission; affaire urgente, ordre pressé.

Sắc chỉ ○ 旨, décret, ordonnance. — *Sắc mạng* ○ 命, commandement impérial. — *Sắc thơ* ○ 書, ordre écrit du souverain. — *Sắc thọ* ○ 受, recevoir des instructions de la cour. — *Sắc lệnh* ○ 令, édit, décret. — *Sắc phong* ○ 封, brevet, diplôme, nomination (par ordre du souverain). — *Chiếu sắc* 詔 ○, ordre du souverain conférant un titre. — *Ban sắc* 頒 ○, conférer un diplôme, accorder un titre. — *Rước sắc* 逭 ○, aller au-devant de l'édit, c.-à-d. aller recevoir le diplôme avec le cérémonial d'usage. — *Sắc trấn* ○ 鎮, amulette. — *Sắc thần* ○ 神, brevet accordé aux esprits.

Sạch 瀝. Pur, net, propre, nettoyé. (Du S. A. *lạch*, même car., eau claire.)

Sạch sẽ ○ 泩, proprement. — *Làm cho sạch* 濫 朱 ○, rendre propre, nettoyer; faire place nette. — *Quét nhà cho sạch* 抉 茹 朱 ○, balayer la maison pour qu'elle soit propre. — *Thanh sạch* 清 ○, pur et sans tache. — *Sạch tội* ○ 罪, purifié. — *Trong sạch* 沖 ○, clair, net, transparent, brillant, luisant. — *Sạch không* ○ 空, rien, vide, à sec. — *Ăn sạch* 咹 ○, manger tout, ne rien laisser. — *Áo sạch sẽ* 襖 ○ 泩, habits très propres. — *Phải ăn sạch sẽ* 沛 咹 ○ 泩, il faut manger proprement.

Sách 茦*. Nom d'arbrisseaux armés de piquants, de plantes épineuses; ronces, chardons, herbes sauvages. Voir *sắc*.

Sách 策*. Tablette en bambou qui servait à prendre des notes; ruse, stratagème, fourberie.

Sách 冊, 典 et 册*. Tablette de bambou sur laquelle on écrivait autrefois; livre, volume, cahier.

Thơ sách 書 ○, archives. — *Sách kinh* ○ 經, livre canonique, livre de prières. — *Sách vở* ○ 𥿂, livres et cahiers classiques. — *In sách* 印 ○, imprimer un livre. — *Bọc sách* 襮 ○, recouvrir un livre, un cahier. — *Sách mới in ra* ○ 買 印 囉, ouvrage nouvellement paru. — *Pho sách* 鋪 ○, réunion de volumes formant un ouvrage complet. — *Đóng sách* 揀 ○, relier un livre. — *Coi sách* 䁗 ○, lire (des yeux). — *Đọc sách* 讀 ○, lire (à haute voix). — *Chép sách* 鈒 ○, copier un livre. — *Làm sách* 濫 ○, faire un livre. — *Chấm sách* 點 ○, annoter ou ponctuer un livre. — *Sách nói* ○ 吶, les livres l'ont dit, c'était écrit. — *Một cuốn sách hay* 沒 卷 ○ 哈, un bon livre. — *Một cuốn sách tốt* 沒 卷 ○ 卒, un beau livre. — *Nhà bán sách* 茹 半 ○, librairie.

Sách 柵*. Pieux reliés ensemble et formant une palissade; grille, clôture, barrière, retranchement, estacade.

Mộc sách 木 ○, poteau pour palissade. — *Môn sách* 門 ○, grille de porte d'entrée. — *Trại sách* 寨 ○, campement ou poste militaire entouré de palissades.

Sách 拆*. Fendre, ouvrir, défoncer.

Sách phong ○ 封, briser un cachet, ouvrir une enveloppe. — *Sách khai* ○ 開, ouvrir en brisant; défoncer, défaire, découdre.

Sách 緀*. Fibre de plantes; lien.

corde, ligature; demander, solliciter; calme, solitaire. Voir *tác*.

Sách lực ○ 力, fortement tendu. — *Bát sách* 八○, les huit diagrammes. — *Yếu sách* 要○, pressurer, extorquer.

Sai 差*. Discordant, dissemblable; irrégulier, hors de la ligne; se tromper, faire erreur; déléguer quelqu'un, envoyer en mission, députer.

Sai bát da ○ 不多, se tromper de peu, être presque d'accord. — *Sai lời* ○ 唎, manquer à sa parole. — *Thí sai* 試○, stagiaire, auxiliaire, surnuméraire, qui n'est pas encore breveté. — *Ký lục thí sai hạng nhứt* 記錄試○項壹, écrivain ou secrétaire auxiliaire de 1re classe. — *Sai nhơn* ○ 人, envoyé, messager, courrier. — *Sai sứ* ○ 使, envoyer une ambassade. — *Công sai* 公○, envoyé officiel. — *Khâm sai* 欽○, id. — *Quan khâm sai* 官欽○, un commissaire royal, un délégué national. — *Miễn sai hạng* 免○項, classe des habitants dispensés de faire des courses pour le service de leur commune. — *Khổ sai* 苦○, travaux forcés. — *Hay sai quả* 咍○菓, qui porte en abondance (arbre fruitier).

Sái 晒*. Exposer au soleil, faire sécher quelque chose au soleil.

Sái 洒 et 灑*. Répandre de l'eau çà et là, éparpiller, disperser, arroser, asperger; jeter, lancer. A. V. Se tromper; faire un faux mouvement, se luxer (un membre).

Sái ý ○ 意, involontairement. — *Sái thánh thủy* ○ 聖水, asperger d'eau bénite. — *Sái phép* ○ 法, enfreindre la règle, transgresser les usages. — *Sái cánh tay* ○ 翅㧜, se démettre le bras. — *Sái chơn* ○ 䠫, se luxer le pied. — *Sái đi* ○ 扐, en se trompant.

Sái 縗*. Lance, hallebarde.

Sài 柴*. Petites bûches liées en fagot, assemblage de menu bois; veiller à, défendre de.

Sài hỏa ○ 火, bois à brûler, bois de chauffage, combustible. — *Sài mộc* ○ 木, id. — *Sài hồ* ○ 胡, le nom d'une racine employée en médecine. — *Thành sài gòn* 城○梱, la ville de Saigon.

Sài 犲 et 豺*. Le nom d'un animal sauvage et carnassier.

Sài lang ○ 狼, chien sauvage, loup.

Sài 瘵*. Maigre, rachitique, malade; sec comme du bois à brûler.

Ghẻ sài 疥○, éruption squameuse particulière aux enfants. — *Mắc ghẻ sài* 縸疥, avoir la teigne.

Sãi 仕. Prêtre bouddhiste, bonze. (Du S. A. *sĩ*, même car., fonction.)

Sãi chùa ○ 廚, le gardien d'un temple. — *Thầy sãi* 柴○, un maître bonze, un sacrificateur. — *Sãi cái* ○ 偈, bonzes et bonzesses.

Sãi 仕. Étendre; l'espace des bras

étendus, une brassée; brasse, aune. (Pour le car. en S. A., voir ci-dessus.)

Sải tay ○ 抳, étendre les bras. — *Sải chơn sải tay* ○ 蹎 ○ 抳, bras et jambes écartés. — *Một sải* 沒 ○, une brassée, une aune. — *Sâu được năm sải* 溇 特 瓸 ○, cinq brasses de profondeur. — *Nước sải* 着 ○, galop. — *Đi nước sải* 去多 着 ○, aller au galop.

Say 醉. Être ivre, pris de boisson. (Formé des S. A. *dậu* 酉, vin, liqueur, et *sai* 差, déléguer.)

Uống rượu say 旺 酒 ○, s'enivrer, se soûler. — *Người say rượu* 得 ○ 酒, homme pris de vin, ivrogne. — *Kẻ hay say* 几 哈 ○, qui a l'habitude de se soûler. — *Sự say* 事 ○, l'ivresse, l'ivrognerie. — *Chứng hay say* 症 哈 ○, qui a le défaut de boire. — *Say xoàng xoàng* ○ 酕 酕, légèrement pris de boisson, un peu gris.

Say 眯*. Avoir envie de mordre.

Say máu ○ 㘅, avoir soif de sang, être enragé (chien).

Sảy 仕. À l'improviste, tout à coup, aussitôt, sur-le-champ, inopinément. (En S. A., fonction, charge; se pron. *sĩ*.)

Sảy 炷. Petit bouton de chaleur appelé communément bourbouille. (Formé des S. A. *hỏa* 火, feu, et *sĩ* 仕, charge, fonction.)

Mọc sảy cả mình 木 ○ 賖 命, avoir le corps couvert de bourbouilles.

Sảy 批. Nettoyer le grain, vanner. (Formé des S. A. *thủ* 手, main, et *sĩ* 仕, charge, fonction.)

Sảy gạo ○ 𥺺, vanner du riz. — *Kẻ sảy* 几 ○, vanneur.

Sảy 稀 [1] Petite entaille à la peau. (Du S. A. *hi*, même car., ouvert, béant.)

Sảy da ○ 膠, légère écorchure.

Sảy 槎 [2]. Un roseau de petite taille. (En S. A., train de bois; se pron. *sạ*.)

Cây sảy 核 ○, roseau. — *Nấm sảy* 惹 ○, espèce particulière de champignon.

Sấy 炷. Faire sécher sur le feu (poissons, denrées). (Formé des S. A. *hỏa* 火, feu, et *sĩ* 仕, fonction.)

Sấy 柴. D'une manière imparfaite (pour un travail de décortication de grain, d'ébranchement d'arbre). (Du S. A. *sài*, même car., menu bois.)

Gạo giã sảy sấy 𥺺 揸 ○ ○, riz imparfaitement décortiqué ou mal blanchi.

Sẩy 仕. Échapper, glisser, tomber. Voir *sĩ*.

Sẩy tay ○ 抳, échapper des mains; faire un faux mouvement de la main. — *Sẩy con* ○ 昆, avorter. — *Sẩy chơn* ○ 蹎, trébucher, heurter du pied. — *Sẩy miệng* ○ 吅, se tromper en parlant, faire un lapsus. — *Sẩy nghĩa* ○ 義, fausser un sens.

---

[1] Se transcrit aussi par le car. 稀. — [2] Se transcrit aussi par le car. 柱.

Sam 三*. Poil, plume. Car. radical.

Sam 髟*. Longs poils, abondante chevelure. Car. radical. Voir *tiêu*.

Sam 杉*. Pin, sapin, arbre à résine.
    Sam mộc ○ 木, du bois de sapin. — *Sam bản* ○ 板, petite embarcation de promenade, youyou pour le service d'un navire. Voir *tam bản*. — *Dầu cây sam* 油核 ○, huile odorante faite avec les feuilles de cet arbre.

Sam 衫*. Les vêtements en général.

Sam 蠏. Crabe-tortue; attaché à. (Formé des S. A. *trùng* 虫, reptile, et *sàm* 兔, fin, rusé.)

Sam 芟*. Herbe fauchée; couper ras.

Sam 蓡*. Nom d'herbes de marais.
    Rau sam 蓡 ○, pourpier, cresson.

Sàm 兔*. Habile, adroit, fin, rusé (comme le lièvre ou le lapin).

Sàm 譏*. Flatter, aduler, cajoler (pour médire ensuite); calomnier, cabaler. Voir *gièm*.
    Sàm dưa ○ 諛, caresser, enjôler. — *Sàm ngôn* ○ 言, flagornerie.

Sàm 儳*. Méchant, astucieux, irrévérencieux, brouillon.
    Sàm đầu ○ 頭, méchant homme.

Sàm 攙*. Donner un coup de pointe; poignarder, tuer; enfoncer, combler.

Săm 湛. Gris tirant sur le brun, couleur foncée, teint de santé. (Du S. A. *trầm*, même car., clair, frais.)
    Săm nước da ○ 渚胲, teint coloré, teint de santé. — *Bánh săm màu* 餅 ○ 牟, pain bis. — *Săm màu* ○ 牟, gris foncé.

Săm 懺*. Avoir des remords, des regrets, comprendre ses torts et s'empresser de les réparer. A. V. Se munir, se pourvoir.
    Săm sửa ○ 使, remettre les choses à point, réparer le désordre, s'apprêter, se disposer. — *Săm săn* ○ 產, dispos, prêt. — *Kẻ săm sửa* 几 ○ 使, préparateur. — *Săm sửa trong nhà* ○ 使冲茹, mettre de l'ordre dans la maison. — *Săm săn rồi đi* ○ 產未扔, une fois prêt, vous partirez. — *Săm sửa mà đi* ○ 使麻扔, se disposer à se mettre en route. — *Đồ săm* 圖 ○, bijoux, vêtements, parures, ornements. — *Săm tiền bạc* ○ 錢薄, se munir d'argent. — *Săm áo quần* ○ 襖裙, se pourvoir de vêtements. — *Săm cho đủ* ○ 朱睹, se munir du nécessaire.

Săm 梣. Un arbre au bois tendre. (Formé des S. A. *mộc* 木, arbre, et *săm* 岑, lieu élevé.)
    Gò săm 樞 ○, le nom d'une colline où ces arbres poussent en abondance (Cochinchine).

Săm 參. Nom de constellation; une racine employée en médecine. (Du S. A. *tham*, même car., nom d'étoile.)
    Săm sai ○ 差, inégal, dissemblable, discordant. — *Săm thương*

○ 商, l'étoile *thương*. — *Sâm tướng* ○ 將, chef militaire. — *Nhơn sâm* 人 ○, nom de plante médicinale (mandragore). — *Huyền sâm* 玄 ○, id. — *Sâm tri* ○ 知, prendre part à, s'informer de.

Sâm 槮 *. Arbre dont il ne reste guère que le tronc; bois pour barrages et clôtures.

Sâm 靆. Grondement du tonnerre. (Formé des S. A. *vũ* 雨, pluie, et *tiểm* 韱, plante sauvage.)

Sâm sét ○ 霸, foudre et tonnerre. — *Sâm chớp* ○ 霸, éclair et tonnerre. — *Nổi sâm* ○, id. — *Sâm dậy* ○ 跛, id. — *Trời sâm* ○, il tonne. — *Tiếng sâm rền* ○ 嚧, grondements du tonnerre. — *Sâm đất* ○ 坦, grondements souterrains. — *Sâm rền* ○ 嚧, le tonnerre gronde. — *Cửa sâm* 閶 ○, la porte du palais royal.

Sâm 讖 *. Témoigner, constater; conjecturer, pronostiquer; accomplir certains rites; prier pour les âmes des défunts.

Sâm hối ○ 悔, se repentir. — *Sâm ngữ* ○ 語, prophéties. — *Ăn năn sâm hối* ○ 嚧 悔, faire pénitence pour les âmes des défunts. — *Sâm truyền cũ* ○ 傳 寰, Ancien Testament. — *Sâm truyền mới* ○ 傳 買, Nouveau Testament. — *Sâm kí* ○ 記, mémorial des rites.

Sâm 岑 *. Pic, sommet, hauteur, escarpement, précipice.

Sâm sâm ○ ○, excessivement haut. — *Lớn sâm sâm* 客 ○ ○, tout ce qu'il y a de plus grand. — *Chạy sâm* 趂 ○, faire d'immenses enjambées en courant.

Sâm 潯. Bas, profond, sombre, obscur. (Du S. A. *thâm*, même car., creusé par les eaux.)

Ruộng sâm 矓 ○, rizière basse. — *Nơi sâm* 尼 ○, lieu bas, endroit profond. — *Trời sâm* 否 ○, temps couvert, ciel nuageux. — *Màu sâm* 牟 ○, teinte sombre, couleur foncée.

San 刪 *. Gratter, rogner, retrancher, supprimer, expurger, reviser, corriger (travail littéraire).

San lại ○ 更, arranger, expurger (textes). — *San định* ○ 定, travailler, polir (rédactions).

San 珊 *. Corail fin (rouge, vert).

San hô ○ 瑚, madrépore. — *Đá san* 砼 ○, id. — *San hô châu* ○ 瑚 珠, grains de corail.

San 山 *. Pic, montagne. Voir *sơn*.

San 潸 *. Larmes abondantes, pleurs qui coulent; se plaindre, gémir.

Sạn 磾 *. Petites pierres, cailloux, gravier, sable, poussière.

Gạo sạn 秸 ○, riz mal nettoyé.

Sán 疝 *. Douleurs d'entrailles, maux d'estomac; ver solitaire.

Có con sán lãi 固 昆 ○ 禮, avoir le ténia. — *Trùng sán* 虫 ○, ver solitaire. — *Sán khí* ○ 氣, mal au bas-ventre, douleur de vessie. — *Thủy sán* 水 ○, hydrocèle.

Sàn 栈*. Un arbre au bois dur et odoriférant; échafaudage, terrasse, plancher, estrade.

Bảng sàn 棚 ○, échafaud. — *Sàn xa* ○ 車, corbillard. — *Dương sàn* 羊 ○, étable à moutons. — *Nhà sàn* 茹 ○, terrasse couverte donnant sur le fleuve. — *Sàn gác* ○ 挌, grenier, appentis.

Sàn 孱*. Encore trop jeune, faible; habituel, ordinaire. Voir *siển*.

Sàn 潺*. Bruit d'eau qui coule; verser des larmes, se désoler.

Chảy sàn sàn 泚 ○ ○, couler doucement. — *Nước chảy sàn sàn* 渃 泚 ○ ○, le murmure des eaux. — *Sàn sàn vậy* ○ ○ 不, doucettement, médiocrement.

Sản 産 et 產*. Créer, produire, engendrer; augmenter, accroître.

Sản nghiệp ○ 業, productions, ressources, industries, moyens d'existence. — *Gia sản* 家 ○, biens de famille, patrimoine. — *Tự sản* 祀 ○, biens du culte des ancêtres. — *Thổ sản* 土 ○, sol natal, patrie; productions de la terre. — *Điền sản* 田 ○, biens immeubles. — *Y bần khổ vô gia sản tại thôn* 伊貧苦無家 ○ 在村, il est pauvre, misérable, et il ne possède rien dans la commune. — *Sanh sản* 生 ○, produire, créer, mettre au monde. — *Tiểu sản* 小 ○, avortement. — *Đại sản* 大 ○, couches normales. — *Chúc thơ sản đạo* 祝書 ○ 道, testament. — '*Sản hột* ○ 紇, confondre les grains; au fig., tête perdue, n'y voyant plus de peur.

Săn 狌. Chasser les fauves, le gros gibier; tordu, contourné; torrentiel, rapide. (Formé des S. A. *khuyển* 犬, chien, et *son* 山, montagne.)

Đi săn 㭊 ○, aller à la chasse. — *Săn nai* ○ 狔, chasser le cerf. — *Ham săn bắn* 歛 ○ 弾, passionné pour la chasse. — *Chó săn* 狂 ○, chien dressé pour la chasse. — *Săn đuổi rượt* ○ 遛 趈, chasse à courre. — *Tờ cho phép săn* 詞 朱 法 ○, permis de chasse. — *Việc săn bắn* 役 ○ 弾, la chasse en général. — *Thịt săn* 膄 ○, venaison. — *Săn thịt* ○ 膄, poursuivre le gibier. — *Dây săn* 練 ○, corde bien tordue. — *Nói cho săn* 吶 朱 ○, parler vite. — *Làm cho săn* 濫 朱 ○, faire rapidement (excitatif), agir promptement, avec entrain. — *Nước săn* 渃 ○, eaux torrentielles.

Săn 蓬. Un arbre résineux dont l'écorce fournit une teinture foncée; une plante produisant un fruit et un tubercule. (Formé des S. A. *thảo* 艸, plantes, et *sản* 產, créer.)

Săn lưới ○ 纙, teindre des filets. — *Củ săn* 矩 ○, tubercule de *săn*.

Săn 生生*. Foule, multitude; abonder, grouiller, fourmiller.

Săn săn ○ ○, très nombreux, très abondant.

Săn 莘*. Plantes de marais; pays lointain, lieu désert; fief, domaine seigneurial.

Săn dã ○ 野, campagne, désert, marécage. — *Cây săn bồ* 核 ○ 犕, le nom d'une plante de la tribu des acorées.

Săn 產. Prêt, préparé, disposé. (En S. A., produire, créer; se pron. *săn*.)

Săn sàng ○ 牀, apprêté, disposé, en état. — *Săn lòng mà* ○ 悉麻, bien déterminé à. — *Săn mà đi* ○ 麻抄, être prêt à partir. — *Ghe đã săn rồi* 艚匜 ○ 耒, l'embarcation est parée, tout est disposé à bord. — *Xe đã săn rồi* 車匜 ○ 耒, la voiture est prête, attelée. — *Săn dùng* ○ 用, avoir le nécessaire.

Sân 璘. Aire, cour, basse-cour, terre-plein, terrasse. (Formé des S. A. *thổ* 土, terre, et *lân* 隣, proche.)

Sân nhà ○ 茹, cour de maison. — *Sân đạp lúa* ○ 踏稬, lieu où l'on bat le grain. — *Sân chầu* ○ 朝, cour d'honneur. — *Sân tàu* ○ 艚, pont de navire, dunette, tillac. — *Sân mũi* ○ 艪, gaillard d'avant. — *Sân lái* ○ 棵, gaillard d'arrière. — *Sân kiểng* ○ 景, terrain planté en jardin, parterre de fleurs. — *Sân hoa bông* ○ 花蕚, id.

Sân 瞋*. Regard fixe et sévère; rage, colère, fureur, irritation.

Sân hận ○ 恨, regard provocateur; quereller, disputer. — *Sân mục* ○ 目, yeux irrités.

Sận 陣. Syllabe complémentaire. (Du S. A. *trận*, même car., combattre.)

Sập sận 立 ○, grand fracas.

Sán 趁 et 趣*. S'approcher de quelqu'un par derrière, suivre à pas de loup; se glisser lestement.

Sán nhập ○ 入, pénétrer en se glissant. — *Sán tới* ○ 細, arriver.

Sán 吲 et 哂*. Sourire aimablement, avoir l'air content, paraître d'humeur accommodante.

Sán sướt ○ 殺, affronter le péril en souriant, montrer de l'intrépidité.

Sán 鎮. Fortement, d'un seul coup. (Du S. A. *chán*, même car., commander.)

Cắt sán 割○, couper net, d'un seul coup (en frappant ou en appuyant sur la lame d'un couteau). — *Làm sán đi* 濫 ○ 抄, faire avec entrain, agir lestement et sans se gêner.

Sang 郎. Noble, grave, distingué; céder, passer; traverser, transvaser. (Du S. A. *lang*, même car., respectable.)

Cao sang 高 ○, illustrissime. — *Sang trọng* ○ 重, noble, magnifique. — *Giàu sang* 朝 ○, riche, bien posé. — *Hàng sang trọng* 行 ○ 重, caste nobiliaire. — *Làm cách sang trọng* 濫格 ○ 重, se conduire noblement, agir avec distinction, faire avec magnificence. — *Sang qua* ○ 戈, passer, traverser, décanter. — *Qua sang năm* 戈 ○ 醉, remettre à l'année prochaine. — *Sang bên kia sông* ○ 邊箕瀧, passer de l'autre côté du fleuve. — *Sang của* ○ 貼, cession de biens. — *Sang đàng* ○ 唐, traverser une voie. — *Sang cho kẻ khác* ○ 朱几恪, transporter, transférer, passer à un autre. — *Đỗ sang* 堵 ○, décanter, transvaser. — *Sang rượu* ○ 酹, transvaser du vin.

Sang 瘡*. Abcès, furoncle, bouton, tumeur, ulcère, cicatrice.

Sang độc ○ 毒, plaie maligne,

mal blanc, panaris. — *Đinh sang* 疔 ○, clou, furoncle. — *Ghẻ sang* 疕 ○, une espèce de gale indigène. — *Sanh ghẻ sang* 生 疕 ○, attraper la gale. — *Trĩ sang* 痔 ○, hémorroïdes. — *Trường sang* 長 ○, il se forme un ulcère. — *Sang phá liễu* ○ 破 了, l'abcès a percé.

Sang 刄*. Blessure faite avec un instrument tranchant.

 Hữu sang 有 ○, avoir reçu une blessure.

Sáng 汕*. Eau qui suinte d'une montagne; nom de rivière.

Sáng 創*. Blesser avec une arme blanche; commencer, débuter, faire une chose pour la première fois. A. V. Briller, luire; clair, lucide, d'esprit ouvert, d'intelligence vive.

 Sáng tạo ○ 造, inventer. — *Sáng nghiệp* ○ 業, fonder une industrie. — *Hữu sáng* 有 ○, être blessé (lance, épée). — *Chói sáng* 炡 ○, radieux, éblouissant; éblouir. — *Sáng láng* ○ 㶠, resplendissant, luisant. — *Sáng lòa* ○ 爄, clair, brillant; briller, éclairer. — *Sáng trăng* ○ 㬏, clair de lune. — *Sáng ngày* ○ 旿, point du jour. — *Đã sáng rồi* 㐌 ○ 耒, il fait déjà jour. — *Chưa sáng* 渚 ○, il ne fait pas encore jour. — *Mặt trời sáng ra* 𩈘 𡗶 ○ 囉, le soleil luit, le soleil se montre. — *Sáng soi* ○ 爎, éclairer, illuminer. — *Con anh sáng lắm* 昆 嬰 ○ 𡗋, votre fils a l'intelligence très vive. — *Sáng trí* ○ 智, spirituel, ingénieux; briller par l'esprit.

Sáng ý ○ 意, vif, éveillé, perspicace. — *Sáng tay* ○ 拊, qui a la main habile. — *Sáng như vàng* ○ 如 鐄, rutilant comme de l'or.

Sàng 床*. Lit, canapé, couchette, natte, matelas, literie en général.

 Thượng sàng 上 ○, se coucher. — *Đại sàng* 大 ○, grand lit. — *Xà sàng tử* 蛇 ○ 子, un contrepoison.

Sàng 牀*. Bois de lit, planche de lit de camp; de côté, de travers. A. V. Crible, tamis, blutoir; passer, tamiser. Voir *rây*.

 Đồng sàng 同 ○, camarades de lit. — *Đông sàng* 東 ○, gendre. — *Cái sàng* 丐 ○, crible. — *Sàng qua sàng lại* ○ 戈 ○ 吏, ballotté de tous côtés (se dit du roulis à bord). — *Sàng gạo* ○ 糙, passer le riz au crible. — *Sàng cá* ○ 魷, panier plat et à jour pour la vente du poisson. — *Sẵn sàng* 產 ○, prêt, dispos.

Sảng 爽 et 爽*. Éclairé par le soleil; brillant, lumineux; se tromper, s'égarer, faire erreur.

 Sảng sốt ○ 焠, se tromper, délirer, perdre la tête, oublier. — *Sảng thất* ○ 失, perdre, égarer. — *Sảng tín* ○ 信, manquer à sa parole. — *Nói sảng* 吶 ○, parler dans le délire, tenir des propos fous. — *Sảng tính* ○ 性, tempérament chaud, naturel vif, caractère emporté.

Sảng 棱. Bois de charpente; les quatre planches d'un cercueil; un brancard pour les morts. (Du S. A. *lĭng*, même car., même signification.)

Loài săng cỏ 類○黏, arbres et plantes. — *Gỗ săng* 棋○, bois de construction. — *Nhà săng* 茹○, maison en planches. — *Săng tây* ○西, nom d'arbre. — *Săng âm* ○蔭, bière, cercueil.

Sảng 㾐. Petite tumeur à la peau; bouton, pustule, élevure; durillon, rugosité; tubercule. (Formé des S. A. *hỏa* 火, feu, et *lăng* 麥, monticule.)

Nổi sảng 浽○, sortie de petits boutons, de rougeurs qui se forment à la peau. — *Sảng da* ○膠, id. — *Sảng mặt* ○𩈂, boursouflure du visage, rougeurs à la face.

Sanh 生*. Naître, vivre; produire, engendrer, enfanter, créer; être la cause déterminante de; contracter; avoir encore la vigueur et les agréments de la jeunesse. Voir *sinh*. Car. radical.

Sanh sản ○產, produire, créer, enfanter. — *Sanh ra* ○囉, naître; amener, occasionner. — *Sanh ra nhiều con* ○囉饒昆, mettre au monde beaucoup d'enfants. — *Hay sanh con* 哈○昆, prolifique. — *Sanh lợi* ○利, procurer des avantages, rapporter des intérêts, produire des bénéfices. — *Hay sanh sản* 哈○產, producteur. — *Cây sanh* 核○, un grand arbre du genre banian. — *Nước sanh* 渃○, eaux vives. — *Sanh bệnh* ○病, contracter une maladie. — *Sanh sự* ○事, susciter des histoires, créer des difficultés, occasionner des ennuis. — *Tiểu sanh* 小○, petit, jeune, tendre; je, moi. — *Hóa sanh* 化○, se transformer, s'incarner, devenir (métempsycose).

— *Chánh sanh* 正○, un fils de famille. — *Võ sanh* 武○, les rôles militaires. — *Thơ sanh* 書○, un savant, un lettré. — *Học sanh* 學○, étudiant, écolier, élève. — *Lai sanh* 來○, nouvelle création, vie future. — *Bất tri hữu sanh* 不知有○, mal gouverner sa vie, faire fausse route. — *Sanh ý* ○意, commerce, industrie. — *Sanh lý* ○理, id. — *Tờ sanh ý* 詞○意, patente. — *Bài sanh lý* 牌○理, id. — *Giáng sanh* 降○, s'incarner. — *Sự sanh* 事○, incarnation. — *Lễ sanh* 禮○, maître des cérémonies. — *Phụ mẫu sanh từ* 父母○子, je dois le jour à mon père et à ma mère. — *Giáng sanh niên* 降○年, années du calendrier grégorien (par opposition aux années du calendrier sino-annamite).

Sanh 笙*. Le nom d'un instrument de musique formé par la réunion d'un certain nombre de tubes en bambou; cliquettes. Voir *sênh*.

Đánh sanh 打○, jouer de cet instrument.

Sanh 桂. Figuier d'Inde (arbre sacré). (Formé des S. A. *mộc* 木, arbre, et *sanh* 生, créer.)

Sanh 牲*. Bœuf sans tache destiné aux sacrifices; animaux d'abattoir.

Sanh 硂. Soufre; remède. Voir *sinh*. (Formé des S. A. *thạch* 石, pierre, et *sanh* 生, créer.)

Sánh 孀*. Agréments féminins, élégance, distinction; s'enquérir, s'informer. Voir *sính*.

Lễ sánh 禮 ○, cadeaux de noces; cérémonies du mariage. — *Sánh đình* ○ 婷, tournure distinguée, démarche élégante (femme).

Sánh 媝. Établir une comparaison; égaliser, assortir, assimiler; même. (Formé des S. A. *tịnh* 並, deux personnes, et *đa* 多, beaucoup.)

Sánh so ○ 翏, comparer entre. — *Sánh lại* ○ 吏, en comparaison. — *Sánh với* ○ 貝, assimiler à, par rapport à. — *Bậc so sánh hơn* 北翏 ○ 欣, comparatif de supériorité. — *Bậc so sánh sút* 北翏 ○ 率, comparatif d'infériorité. — *Có lẽ sánh* 固 理 ○, comparable, assimilable. — *Sánh bằng* ○ 朋, semblable à. — *Sánh như* ○ 如, comme si. — *Sánh dường* ○ 羕, id. — *Sánh đôi* ○ 堆, semblables, pareils, égaux, comme une paire. — *Dường sánh* 羕 ○, à quel point; à l'instar de. — *Sánh ví không bằng* ○ 夸空朋, qui n'est pas à comparer. — *Sánh với kẻ lớn* ○ 貝几客, s'assimiler aux grands. — *Không có lẽ sánh so* 空固理 ○ 翏, il ne peut y avoir de comparaison possible.

Sành 砰(1). Terre cuite, porcelaine; rude, abrupt, pierreux, rocailleux. (Formé des S. A. *thạch* 石, pierre, et *sanh* 生, créer.)

Đồ sành 圖 ○, objets en porcelaine, la porcelaine. — *Bình sành* 瓶 ○, vase en porcelaine, potiche. — *Miểng sành* 㭝 ○, débris de porcelaine. — *Chỗ sành* 挂 ○, lieu abrupt, endroit dangereux. — *Cam sành* 柑 ○, le nom d'une grosse orange verte et rugueuse dite orange du Cambodge. — *Sành sỏi* ○ 碾, rocailleux. — *Lời sành sỏi* 呪 ○ 碾, paroles dures à entendre. — *Đôn sành* 墪 ○, espèce de tabouret en porcelaine vernissée.

Sành 搶*. Prendre de force, arracher violemment; rude, grossier.

Sành kiếp ○ 劫, piller, pirater, faire violence. — *Sành bạch* ○ 白, provoquer grossièrement.

Sảnh 省. Chef-lieu de province. (Du S. A. *tỉnh*, même car., même signification.)

Sảnh 眚*. Faute, délit; malheur, fléau, infortune; malade, amaigri; amoindrir, diminuer, abaisser.

Sảnh sự ○ 事, diminution, abréviation. — *Sảnh đức* ○ 德, vertu qui va en diminuant.

Sao 晕. Étoile, constellation, astre. (Formé des S. A. *nhựt* 日, soleil, et *lao* 牢, étable.)

Có sao 固 ○, étoilé, constellé. — *Sao kim* ○ 金, Vénus (métal). — *Sao mộc* ○ 木, Jupiter (bois). — *Sao thủy* ○ 水, Mercure (eau). — *Sao hỏa* ○ 火, Mars (feu). — *Sao thổ* ○ 土, Saturne (terre). — *Sao mai* ○ 埋, étoile du matin. — *Sao hôm* ○ 歆, étoile du soir. — *Sao chổi* ○ 箒, comète. — *Đuôi sao chổi* 䧏 ○ 箒, la queue d'une comète. — *Sao băng* ○ 冰, étoile filante. — *Sao chẳng hay động* ○ 庄哈動, étoile

---

(1) Se transcrit aussi par le car. 牲.

fixe. — *Sao thất chánh* ○ 七政, les sept planètes. — *Ngôi sao* 鬼○, étoile; la croix de la Légion d'honneur. — *Coi sao* 視○, tirer l'horoscope. — *Phép coi sao* 法視○, la science astrologique.

Sao 鈔*. Lance, pique, crochet, gaffe. Voir *sa*.

Sao 杪*. Bout de branche; limite, pointe, fin, extrémité. Voir *sa*.

Sao 炒*. Griller, rôtir, frire, torréfier, rissoler; faire bouillir.

Sao thuốc ○ 葯, griller des drogues. — *Sao vàng* ○ 鐄, roussir. — *Sao cà phe* ○ 楒批, griller du café. — *Sao trà* ○ 茶, faire bouillir des feuilles de thé.

Sao 榫. Teck (tectona grandis)[1]. (Formé des S. A. *mộc* 木, arbre, et *lao* 牢, enclos.)

Cây sao là quí 核 ○ 羅貴, le bois de teck est un bois précieux.

Sao 抄*. Prendre par ordre de l'autorité; copier un document, noter, transcrire.

Sao gia ○ 家, faire une saisie, perquisitionner. — *Sao lục* ○ 錄, copier. — *Sao tả* ○ 寫, id. — *Sao lại* ○ 更, recopier. — *Sao tờ lại* ○ 詞更, copier un acte. — *Bộ sao xuất nhứt bổn* 簿 ○ 出一本, délivrer une expédition du rôle d'impôt. — *Sao bạch* ○ 白, mettre au net. — *Sao một bổn* ○ 沒本, prendre une copie. — *Tam sao thất bổn* 三 ○ 失本, après trois copies il ne reste plus rien de l'original (proverbe).

Sao 牢. Pourquoi, comment; particule interjective, interrogative. (En S. A., enclos, prison; se pron. *lao*.)

Vì làm sao 爲濫 ○, pour quelle cause? pour quelle raison? — *Làm sao* 濫 ○, id. — *Nhơn sao* 因 ○, id. — *Không biết làm sao* 空別濫 ○, ne pas savoir comment faire; ignorer pourquoi. — *Muốn làm sao làm* 悶濫 ○ 濫, faites comme vous l'entendrez. — *Làm sao cũng phải chịu* 濫 ○ 拱沛召, de toute façon il faudra accepter. — *Sao mà sao* ○ 麻 ○, comment pourrait-il se faire que. — *Sao mầy không tới* ○ 眉空細, pourquoi n'es-tu pas venu? — *Anh nói làm sao* 嬰吶濫 ○, vous dites?

Sao 弰*. Lancer une flèche.

Sạo 鮹*. Un petit poisson de mer.

Sạo 嘈* [2]. Parler tout bas, causer en secret. (Formé des S. A. *khẩu* 口, bouche, et *sào* 巢, nid, abri.)

Sạo nhau ○ 饒, se renseigner mutuellement. — *Sạo miệng* ○ 皿, s'entretenir en cachette.

Sáo 籍*. Bambou, roseau; tuyau, tube; flûte, flageolet; store en

---

[1] Essence dure et résistante employée pour la construction. L'arbre est de la famille des diptérocarpées; il a une feuille verte et pointue, et sa fleur d'un bleu pâle est fort jolie; il donne un fruit qui contient de nombreuses petites graines.

[2] Se transcrit aussi par le car. 掉.

bambou; engin de pêche; ouvrage de vannerie.

Ống sáo 甕 ○, chalumeau. — Tấm sáo 惢 ○, store. — Đăng sáo 簽 ○, nasse.

Sáo 鵤. Oiseau du genre merle. (Formé des S. A. *điểu* 鳥, oiseau, et *tiểu* 肖, uni.)

Nuôi con sáo chơi 餒 昆 ○ 制, élever un de ces oiseaux siffleurs pour se distraire.

Sào 巢*. Cachette dans les arbres, nid d'oiseau, abri, repaire.

Yến sào 燕 ○, nid d'hirondelle. — Sào huyệt ○ 穴, grotte, caverne. — Vô sào huyệt 無 ○ 穴, sans domicile, sans abri. — Sào phụ ○ 鋪, le nom d'un sage de l'antiquité.

Sào 橾*. Perche, gaule, pieu.

Sào móc ○ 木, perche à crochet, gaffe. — Sào cắm ghe ○ 揕 艭, perche d'amarre (on l'enfonce dans la vase pour mouiller une barque). — Cắm sào 揕 ○, planter la perche, c.-à-d. mouiller la barque. — Sào tầm vông ○ 尋 橫, perche pointue servant de lance.

Sào 篙*. Grande perche en bambou, long bâton; mesure agraire (la dixième partie d'un *mẫu*). Voir *cao*.

Sào 稍*. Grain par grain; un à un; s'étendre peu à peu, se développer graduellement; petite quantité; ration fournie par le gouvernement aux fonctionnaires publics.

Sào sự ○ 事, une affaire sans importance. — Sào tiểu ○ 小, infiniment petit, un rien. — Sào thai ○ 胎, avorter, accoucher avant terme. — Sào đi ○ 孩, id. — Con sào 昆 ○, enfant mort-né. — Sự sào 事 ○, avortement. — Sào lược ○ 畧, bref, succinct. — Sào qua ○ 戈, en passant, sans appuyer, sans approfondir, superficiellement.

Sáp 槥. Installation provisoire en planches, plate-forme, pont mobile. (Formé des S. A. *mộc* 木, bois, et *lạp* 鼠, crinière.)

Sáp ghe ○ 艭, dunette, tillac.

Sáp 蠟. Cire; pommade. (Du S. A. *lạp*, même car., même signification.)

Đèn sáp 畑 ○, bougie de cire. — Sáp khối ○ 塊, cire vierge. — Đánh sáp 打 ○, cirer. — Rầm đánh sáp 橵 打 ○, parquet ciré. — Đúc sáp 鑄 ○, fabriquer des chandelles de cire. — Sáp nhểu xuống ○ 繞 𣳮, cire qui coule.

Sáp 澀*. Pur, net, propre, serré, rude, intègre; avare, regardant.

Sáp 歃*. Boire une gorgée de sang (pour confirmer un serment).

Sáp 插*. Introduire, faire entrer; fixer, planter, arborer; se montrer.

Sáp nhập ○ 入, joindre, réunir, annexer. — Phân sáp 分 ○, disjoindre; faire changer (de séjour).

Sáp 拉. Ranger, classer, disposer; troupe, bande; amas. (Du S. A. *lạp*, même car., même signification.)

Sắp lại ○ 更, ranger, disposer. — *Sắp đặt* ○ 達, id. — *Sắp lớp* ○ 祉, placer en ordre. — *Sắp hàng* ○ 行, disposer par rangées. — *Sắp đống* ○ 棟, mettre en tas, accumuler. — *Sắp giấy* 紙, classer des papiers. — *Sắp hàng ra* ○ 行囉, étaler des marchandises. — *Sắp án* ○ 印, ranger les cachets (fermer le bureau). — *Sắp nhảy múa* ○ 跈 揲, troupe de saltimbanques. — *Sắp gian giảo* ○ 奸 狡, bande de filous, tas de vauriens.

Sập 立. Déposer, abaisser; tomber, glisser, s'affaisser, s'effondrer; estrade. (En S. A., établir; se pron. *lập*.)

Sập xuống ○ 甑, tomber en ruines. — *Sập cửa* ○ 闌, baisser l'auvent, laisser tomber la porte (à tabatière). — *Sập xuống om sòm* ○ 甑 暗 讒, s'écrouler avec fracas. — *Sập hòng đến* ○ 洪 典, imminent, sur le point d'arriver. — *Sập sận* ○ 陣, précipitamment. — *Sập sinh* ○ 涅, ferme, dur; gonflé, développé.

Sắp 朓. Penché, courbé, retourné, incliné vers. (Formé des S. A. *nguyệt* 月, lune, et *lập* 立, établir.)

Sắp mặt xuống đất ○ 緬 甑 坦, se pencher en avant, la face vers le sol (pour saluer). — *Sắp lưng chạy mất* ○ 腠 趍 秩, tourner le dos, se sauver et disparaître. — *Nằm sắp* 覷 ○, couché sur le ventre. — *Đánh sắp ngửa* 打 ○ 語, jouer à pile ou face. — *Lập sắp* 立 ○, sens dessus dessous. — *Từ nầy sắp tới* 自 尼 ○ 細, à l'avenir, dorénavant.

Sạt 躍. Bruit de pas sur l'herbe. (Du S. A. *dược*, même car., folâtrer.)

Sát 殺*. Tuer, sacrifier, mettre à mort; cruauté, énergie; réunir, attacher, joindre.

Sát nhơn ○ 人, assassiner, commettre un homicide. — *Sát sanh* ○ 牲, tuer un animal de boucherie, égorger une victime pour les sacrifices. — *Sát đầu* ○ 頭, trancher la tête. — *Sát thủ* ○ 手, bourreau, tueur, égorgeur, sacrificateur. — *Kẻ sát nhơn* 儿 ○ 人, assassin. — *Tội sát nhơn* 罪 ○ 人, crime d'assassinat. — *Sát rạt* ○ 落, réunis, joints. — *Dính sát rạt* 性 ○ 落, adhérer fortement.

Sát 察*. Examiner, rechercher, procéder à des investigations.

Tra sát 查 ○, scruter, enquêter. — *Sát xuất* ○ 出, trouver, découvrir. — *Sát hạch* ○ 劾, examiner, juger. — *Án sát sứ quan* 按 ○ 使 官, titre officiel du chef du service judiciaire d'une province. — *Quan án sát* 官 按 ○, id. (titre ordinaire). — *Án sát ti* 按 ○ 司, les bureaux du chef du service judiciaire. — *Đô sát viện* 都 ○ 院, conseil des inspecteurs généraux ou des censeurs à la Cour.

Sặt 鰈. Petits poissons qui vivent dans la vase des rizières.

Khô sặt 枯 ○, ce poisson séché au soleil. — *Mắm sặt* 鰻 ○, saumure faite avec le *sặt*.

Sặt 箖*. Une variété de bambou. (Du S. A. *lật*, même car., même signification.)

Sắt 鉄. Fer; au fig., dur, méchant.

(Du S. A. *thiét*, même car., même signification.)

Bằng sắt 朋 ○, en fer. — *Rương sắt* 廂 ○, coffre-fort en fer. — *Mỏ sắt* 某 ○, mine de fer. — *Sắt gang* ○ 鋼, fer aciéré. — *Lòng sắt* 瑟 ○, cœur ferme, dur; sans tendresse. — *Lòng gang dạ sắt* 瑟鋼 胧 ○, cœur de fonte, âme de fer : brave, courageux. — *Mặt sắt* 柵 ○, face de fer : air cruel, expression méchante.

Sắt 瑟 *. Un instrument de musique à plusieurs cordes; sévère, rigide.

Đờn sắt 彈 ○, espèce de clavecin.

Sau 婁. Ensuite, qui vient après les autres, postérieur, derrière. (Du S. A. *lâu*, même car., longtemps.)

Phía sau đầu 費 ○ 頭, la partie postérieure de la tête. — *Sau lưng* ○ 腰, derrière le dos. — *Nói sau* 吶 ○, parler après, parler le dernier. — *Sau hết* ○ 歇, le dernier de tous, tout à fait à la fin. — *Đi sau hết* 移 ○ 歇, marcher le dernier de tous. — *Sau nữa* ○ 女, ensuite. — *Ngày sau* 時 ○, le jour suivant. — *Trước sau* 罢 ○, avant et après. — *Sau khi nó nói* 欺 奴 吶, après qu'il eut parlé. — *Đằng sau nhà* 唐 ○ 茄, derrière la maison.

Sáu 愁. Le nombre six. Voir *lục*. (Formé des S. A. *lục* 六, six, et *lão* 老, vieillard.)

Thứ sáu 次 ○, sixième. — *Mười sáu* 进 ○, seize. — *Sáu mươi* ○ 进, soixante. — *Sáu tháng* ○ 腑, six mois. — *Tháng sáu* 腑 ○, le sixième mois. — *Đã được sáu năm* 㐌特 ○ 醉, il y a déjà six ans. — *Sáu trăm người* ○ 聶 得, six cents personnes. — *Sáu ngàn binh* ○ 忓 兵, six mille soldats.

Sâu 濮. Profond, caché, secret; difficile à connaître, à pénétrer. (Du S. A. *lâu*, même car., eaux profondes.)

Bề sâu 皮 ○, profondeur. — *Giếng sâu* 汫 ○, puits profond. — *Ruộng sâu* 曨 ○, rizière profonde. — *Đất sâu* 坦 ○, terrain bas. — *Đào cho sâu* 陶 朱 ○, creuser bas, approfondir. — *Sâu sắc* ○ 色, profondément vicieux. — *Sâu nhiệm* ○ 冉, mystérieux. — *Ý sâu* 意 ○, pensées de derrière la tête, désir caché. — *Sâu độc* ○ 青, profondément cruel.

Sâu 蠖. Ver, chenille, charançon. (En S. A., petit reptile; se pron. *lâu*.)

Sâu bọ ○ 蜅, vers, insectes, teignes. — *Sâu mọt* ○ 蠛, mite. — *Sâu có đốm sáng* ○ 固 姑 創, ver luisant. — *Chim sâu* 鴆 ○, nom d'oiseau. — *Sâu ăn hết* ○ 咹 歇, les vers ont tout dévoré.

Sấu 鰵. Caïman, crocodile, alligator. (Formé des S. A. *ngư* 魚, poisson, et *tấu* 叟; dur, coriace.)

Ăn thịt sấu cứng lắm 咹 朕 ○ 亘 廩, la chair du caïman est très dure à manger.

Sầu 愁 *. Triste, chagrin, affligé.

Sầu não ○ 惱, morose. — *Sầu mi* ○ 眉, sourcils froncés, air mécontent. — *Sầu riêng* ○ 貞, chagrin intime. — *Lòng sầu* 愁 ○, peine de cœur.

Se 稀. Sec, brûlé, aride; se sécher. (Formé des S. A. *hi* 稀, ouvert, béant, et *hỏa* 火, feu.)

Se da ○ 膠, se sécher la peau (étant indisposé). — *Nhw cá se gặp nước* 如魩 ○ 及渃, qui est très heureux; litt., comme un poisson sec qui se retrouverait dans l'eau.

Sè 稀. Étendre, écarter, déployer. (Du S. A. *hi*, même car., ouvert.)

Sè ra ○ 囉, déployer. — *Sè quạt* ○ 撅, déployer l'éventail. — *Sè cánh ra* ○ 翅囉, étendre les ailes. — *Sè tay* ○ 拪, étendre les bras, écarter les doigts. — *Sè buồm* ○ 帆, larguer les voiles. — *Cái sè* 丐 ○, brancard.

Sẽ 俟. Doucement, posément, sans bruit, sans à-coup. (Du S. A. *sĩ*, même car., même signification.)

Nói sẽ sẽ 吶 ○ ○, causer doucement, parler tout bas. — *Làm sẽ sẽ* 濫 ○ ○, faire sans bruit. — *Sẽ tay* ○ 拪, avoir la main légère.

Sẽ 仕. Marque de temps pour le futur (se place toujours avant le verbe). (En S. A., fonction; se pron. *sĩ*.)

Thì sẽ 時 ○, le futur (expression grammaticale). — *Tôi sẽ đi coi* 碎 ○ 𠫾 視, j'irai voir. — *Anh sẽ thấy* 嬰 ○ 𥋚, vous verrez. — *Nó sẽ nói* 奴 ○ 吶, il parlera.

Sẻ 鴲. Nom d'oiseaux de petite espèce; cheville, tenon. (Formé des S. A. *điểu* 鳥, oiseau, et *sĩ* 仕, fonction.)

Chim sẻ sẻ 鴲 ○ ○, moineau, passereau. — *Chim sẻ đỏ đầu* 鴲 ○ 赭頭, moineau à tête rouge, chardonneret. — *Con sẻ* 昆 ○, cheville de colonne.

Sệ 滯. Épaissi, engourdi; pendre. (Du S. A. *trệ*, même car., même signification.)

Sệ xuống ○ 𤼵, qui pend, qui retombe. — *Chim sệ cánh* 鴲 ○ 翅, oiseau laissant traîner ses ailes.

Sẻ 棋. Truie; sorte de grand panier servant à porter des vivres. (En S. A., jeu des échecs; se pron. *cờ*.)

Bè sẻ 皮 ○, arrondi, rebondi.

Sẽ 仕. Se crevasser, se fendiller. (En S. A., fonction; se pron. *sĩ*.)

Sém 燃. Brûlure légère, ampoule. (Formé des S. A. *hỏa* 火, feu, et *ham* 歛, amasser.)

Sém da ○ 膠, se former une ampoule. — *Nắng sém mặt* 曀 ○ 麵, coup de soleil au visage.

Sen 蓮. Nénuphar, lotus; couleur bleu azuré, teinte glauque. (Du S. A. *liên*, même car., même signification.)

Cây sen 核 ○, lotus (plante). — *Hoa sen* 花 ○, lotus (fleur). — *Bông sen* 蘆 ○, id. — *Hột sen* 紇 ○, graine de cette plante. — *Bột sen* 粩 ○, farine faite avec cette graine. — *Rượu sen* 酒 ○, breuvage parfumé au nénuphar. — *Nhạn sen* 鴈 ○, un oiseau au plumage azuré. — *Tòa sen* 座 ○, le trône du Bouddha.

Sẻn 舛. Syllabe complémentaire. (En S. A., contredire; se pron. *siẻn*.)

Bổn sẻn 本 ○, serré, avare, regardant. — *Người sẻn* 得 ○, id.

Sẻn 𧍷. Grand ver intestinal. (Formé des S. A. *trùng* 虫, ver, et *sanh* 生, naître.)

Sến 梭 ⁽¹⁾. Un arbre de haute futaie au bois très dur et très résistant (employé surtout pour la construction des barques). (Du S. A. *sàn*, même car., même signification.)

Sến 粳. Syllabe complémentaire. (Formé des S. A. *mễ* 米, grain, et *trình* 呈, rendre compte.)

Đặc sến 特 ○, serré, compact.

Sênh 笙 *. Sorte d'instrument fait de deux tubes en bambou ou de deux morceaux de bois. Voir *sanh*.

Đánh sênh 打 ○, jouer de cet instrument, agiter les cliquettes. — *Canh sênh* 更 ○, faire la veille de nuit au bruit des cliquettes ⁽²⁾.

Seo 𪖨. Cloison nasale du buffle. (Formé des S. A. *tị* 鼻, nez, et *triệu* 召, convoquer.)

Xỏ seo 搊 ○, perforer cette cloison (pour y passer un anneau, un lien en rotin, une corde).

Séo 召鳥. Une grande et belle grue

qui vit domestiquée dans les jardins des riches. (Formé des S. A. *điểu* 鳥, oiseau, et *triệu* 召, convoquer.)

Chim séo 𪀄 ○, l'oiseau *séo*. — *Con séo* 昆 ○, id.

Sệp 笠. S'écrouler, s'affaisser, se renverser; enfoncer, déprimer. (En S. A., abri rustique; se pron. *lịp*.)

Sét 霹. La foudre. (Formé des S. A. *vũ* 雨, pluie, et *liệt* 列, ranger.)

Sấm sét 靂 ○, foudre et tonnerre. — *Chớp sét* 霸 ○, foudre et éclairs. — *Mũi sét đánh* 靷 ○ 打, coup de foudre. — *Đánh sét* 打 ○, foudroyer. — *Đất sét* 坦 ○, terre glaise. — *Có đất sét* 固 坦 ○, argileux.

Sệt 悷 *. Crainte, effroi; tristesse, inquiétude; mot complémentaire.

Sợ sệt 怍 ○, avoir peur. — *Đặc sệt* 特 ○, épais, pâteux. — *Nói tiếng đặc sệt* 吶 嗜 特 ○, parler gras.

Sét 潜. Fluide, relâché, délayé, détrempé. (Formé des S. A. *thủy* 水, eau, et *triết* 哲, prudent.)

Sờ sét 疏 ○, assoupi, endormi.

Sếu 超. Mouvoir, bouger, branler. (En S. A., surpasser; se pron. *siêu*.)

Răng sếu sáo 齩 ○ 籍, dents qui branlent. — *Nhai sếu* 唯 ○, mal mâcher.

⁽¹⁾ Se transcrit aussi par le car. 樸.
⁽²⁾ Les hommes de garde sont munis la nuit de deux morceaux de bois résonnants, sur lesquels ils frappent par intervalles et d'une certaine façon. C'est le «sentinelle, prenez garde à vous!» de l'armée française.

Sểu 稍. Syllabe complémentaire. (En S. A., peu à peu; se pron. *sáo*.)

 Sểu sáo ○ 箱, traverser. — *Sểu ruột* ○ 膟, intestins sortant du ventre.

Si 稀. Syllabe complémentaire. (Du S. A. *hi*, même car., sans soin.)

 So si 疎 ○, sans soin, négligé.

Si 癡 et 痴*. Maladie mentale, esprit dérangé; hébété, insensé, stupide, abruti. Voir *ngây*.

 Ngu si 愚 ○, sot, idiot. — *Si lung* ○ 籠, hébété par les passions, abruti par le vice. — *Si tình* ○ 情, passionné, débauché.

Si 豉. Syllabe complémentaire. (En S. A., légumes secs; se pron. *xuy*.)

 Bi si 疲 ○, triste, mélancolique; faible, fatigué. — *Nó ngồi bi si* 奴 堃疲 ○, il était tristement assis.

Si 屁*. Lâcher un vent. Voir *thí*.

Si 嚏*. Faire un éternuement.

Si 絲. Syllabe complémentaire. (En S. A., fil de chanvre; se pron. *hi*.)

 Đen si 顛 ○, très noir.

Si 士*. Homme possédant à fond les sciences philosophiques; un lettré, un docteur; sert d'appellation pour hauts fonctionnaires. Car. radical.

 Si hiền ○ 賢, un sage, un philosophe. — *Đức si* 德 ○, de haute vertu. — *Kiệt si* 傑 ○, de grand savoir. — *Thượng si* 上 ○, de haute valeur intellectuelle. — *Tấn si* 進 ○, docteur (voir *cử nhơn* 舉人, licencié, et *tú tài* 秀才, bachelier). — *Đệ nhứt giáp tấn si* 第一甲進 ○, docteur du premier degré (titre porté par les trois premiers lauréats de l'examen de la Cour). — *Nhu si* 儒 ○, homme de lettres. — *Học si* 學 ○, id. — *Đại học si* 大學 ○, homme d'État, grand censeur. — *Đạo si* 道 ○, secte dite des Lettrés ou doctrine de *Lão quân* 老君. — *Tu si* 修 ○, religieux, bonze, solitaire.

Si 仕*. Remplir des fonctions, occuper une charge officielle.

Si 恥 et 耻*. Honte, confusion, pudeur; affront, insulte, injure.

 Si nhục ○ 辱, opprobre, ignominie, humiliation. — *Si hổ* ○ 虎, faire affront. — *Quí si* 媿 ○, confus, honteux. — *Làm si nhục* 濫 ○ 辱, se moquer, humilier, vexer, déshonorer. — *Bị si nhục* 被 ○ 辱, essuyer une humiliation, recevoir un affront.

Si 竢 et 俟*. Sans se presser, lentement, doucement; attendre, différer, remettre.

 Si nhị tam niên ○ 二三年, attendre deux ou trois ans. — *Si hậu* ○ 後, attendre à plus tard, remettre à une époque postérieure.

Sịa 笭. Espèce de papier tressé à jour, carquois en bambou. (Du S. A. *trích*, même car., même signification.)

Sịa 跐. Poser par mégarde le pied dans un trou; faire un faux pas, glisser. (Formé des S. A. *túc* 足, pied, et *sĩ* 仕, charge.)

    Sla chon ○ 蹌, trébucher; avoir les jambes enflées. — *Sa sla* 沙 ○, glisser, tomber.

Siéc 咊 [1]. Donner à entendre par détours, parler à mots couverts. (Formé des S. A. *khẩu* 口, bouche, et *diệc* 亦, aussi.)

    Rên siéc 嗾 ○, se plaindre indirectement. — *Van siéc* 唄 ○, se lamenter, gémir, soupirer. — *Siéc qua* ○ 戈, id.

Siểm 諂*. Hésitation, incertitude; accepter, acquiescer; adulation, louange, flatterie, servilité.

    Siểm dua ○ 諛, aduler, flatter. — *Nói siểm* 吶 ○, parler avec hésitation, faire le patelin.

Siển 孱*. Jeune, tendre, faible, débile, incapable. Voir *sàn*.

Siển 喘*. Respirer péniblement; anxiété, appréhension. Voir *suyển*.

    Chứng siển 症 ○, l'asthme.

Siển 舛*. Opposé, contradictoire; erroné, mensonger. Car. radical.

    Siển ngưu ○ 牛, obstiné, entêté.

Siển 淺*. Eaux peu profondes, passage à gué; peu de chose, peu important, mesquin. Voir *thiển*.

    Siển kiến ○ 見, voir les choses en petit. — *Siển trí* ○ 智, esprit mesquin. — *Sơ siển* 疎 ○, superficiellement, comme en passant.

Siéng 生. Assidu, soigneux, exact. (En S. A., produire; se pron. *sanh*.)

    Siéng học ○ 學, studieux, appliqué, assidu à l'étude. — *Siéng làm* ○ 濫, actif, laborieux. — *Siéng năng* ○ 能, zélé, diligent. — *Siéng đi* ○ 移, id. — *Làm cho siéng* 濫朱 ○, faire avec application, agir avec zèle. — *Siéng năng kỉ cang* ○ 能紀綱, appliqué, soigneux. — *Sự siéng năng* 事 ○ 能, assiduité, diligence. — *Cách siéng năng* 格 ○ 能, assidûment, diligemment.

Siét 切*. Trancher, tailler, couper en appuyant avec force. Voir *thiết*.

    Bàn siét 盤 ○, couteau pour l'arec.

Siêu 超*. Sauter par-dessus, franchir, surpasser, faire ressortir. A. V. Bouilloire, bouillotte.

    Siêu sanh ○ 生, sauver la vie, faire renaître. — *Siêu độ* ○ 渡, être délivré, être sauvé. — *Nói không siêu* 吶空 ○, langage peu intelligible. — *Siêu đao* ○ 刀, espèce de lance. — *Cây siêu* 核 ○, id. — *Cái siêu* 丐 ○, bouilloire. — *Siêu nhỏ* 貂, bouillotte. — *Cáp siêu* 給 ○, id.

Siêu 弨*. Détendre l'arc; arbalète détendue; défaire, relâcher.

Sim 椮. Arbuste de la famille des myrtacées. (Du S. A. *sâm*, même car., nom d'arbre.)

---

[1] Se transcrit aussi par le car. 折.

Trái sim 椹 ○, les baies de cet arbuste (dont, d'après une croyance populaire, les tigres seraient très friands).

Sinh 生*. Naître; produire, créer, procréer, engendrer. Voir *sanh*.

Sinh sản ○ 產, multiplier. — *Hóa sinh* 化 ○, devenir, se produire, se manifester. — *Sinh niên* ○ 年, id.

Sinh 笙*. Instrument de musique (bambou, bois). Voir *sanh* et *sênh*.

Sinh tiền ○ 錢, castagnettes, cliquettes.

Sinh 牲*. Bétail à immoler, animal offert en sacrifice. Voir *sanh*.

Con hi sinh 犧 牲 ○, victime. — *Tam sinh* 三 ○, les trois victimes rituelles (bœuf, cochon, chèvre). — *Sát sinh* 殺 ○, tuer les animaux. — *Sinh khẩu* ○ 口, le bétail en général.

Sinh 磺. Soufre. Voir *sanh*, *lưu* 硫 et *hoàng* 磺. (Formé des S. A. *thạch* 石, pierre, et *sinh* 生, produire.)

Diêm sinh 鹽 ○, soufre et nitre. — *Bổ sinh* 補 ○, soufrer. — *Có sinh* 固 ○, sulfurique. — *Có tánh diêm sinh* 固 性 鹽 ○, sulfureux.

Sinh 遑 et 騁*. A toute vitesse; course folle; promptement, rapidement.

Sinh 娉*. Élégance féminine, tournure distinguée; union, mariage. Voir *sánh*.

Sinh lễ ○ 禮, cadeaux de noces; cérémonie du mariage. — *Lễ sinh* 禮 ○, id.

Sỉnh 浧. Mouvant; enflé, gonflé. (Formé des S. A. *thủy* 水, eau, et *trình* 呈, offrir.)

Đất sập sỉnh 坦 立 ○, terrain mouvant, sol marécageux. — *Sỉnh lên* 蓬, se gonfler, se développer. — *Cái vú sập sỉnh* 丐 乳 立 ○, seins gonflés, développés.

Sỉnh 聘*. Questionner, s'enquérir; présenter une requête; dédaigner.

Khứ sỉnh 去 ○, refuser dédaigneusement. — *Sỉnh sang* ○ 郎, id. — *Làm sỉnh* 濫 ○, mépriser, faire fi.

Sít 殺. Adhérer; très serré, juste; réunir, joindre, attacher. (Du S. A. *sát*, même car., même signification.)

Sít rịt ○ 絅, serrer étroitement, ligaturer solidement. — *Sít nồi* ○ 柄, collé à la marmite (riz). — *Ưa ăn cơm sít* 於 唆 餠 ○, aimer le riz un peu brûlé qui reste au fond de la marmite.

Sít 殺鳥. Perroquet (petite espèce). (Formé des S. A. *điểu* 鳥, oiseau, et *sát* 殺, adhérer.)

Sít sít ○ ○, le cri de cet oiseau.

So 唆*. Pousser, exciter; se disputer, se chamailler.

So 芻. Établir une comparaison. (En S. A., faucher l'herbe; se pron. *sô*.)

Sánh so 媲 ○, comparer, confronter, collationner. — *So sánh* ○ 媲, id. — *Sóng so* 沗 ○, égaliser, as-

14.

sortir. — *So lại* ○ 吏, id. — *So bằng* ○ 朋, assimiler. — *Con so* 昆 ○, le premier-né. — *So đỏ* ○ 度, chiche, avare, regardant. — *Hay sanh so* 哈 齡 ○, id. — *Cây so dừa* 核 ○ 筶, fayotier.

So 疏 et 疎*. À la hâte, sans attention, sans aucun soin. Voir *sơ*.

Làm so 濫 ○, bâcler un travail.

Sọ 髏. La boîte cranienne. (Formé des S. A. *cốt* 骨, os, et *số* 數, liste.)

Sọ ngwòi ○ 僂, crâne humain. — *Sọ kẻ chết* ○ 儿折, les crânes des morts. — *Sọ không* ○ 空, tête vide; tête chauve. — *Sọ dừa* ○ 椧, noix de coco.

Sò 嘚. Syllabe complémentaire. (Formé des S. A. *khẩu* 口, bouche, et *số* 芻, faucher l'herbe.)

Sò sè ○ 稀, avoir la gorge embarrassée. — *Ho sò* 呼 ○, rhume opiniâtre; tousser beaucoup.

Sò 蟁. Nom de petits molusques, moules, coquillages. (Formé des S. A. *trùng* 虫, reptiles, et *số* 芻, foin.)

Con sò 昆 ○, une moule. — *Sò ngao* ○ 螯, coquillage pour la chaux. — *Sò huyết* ○ 血, autre espèce.

Sỏ 鏃. Extrémité, pointe, sommet. (Formé des S. A. *kim* 金, métal, et *số* 數, liste.)

Sỏ mũi tàu ○ 艉 艚, l'extrême avant d'un navire. — *Sỏ tên* ○ 箭, la pointe d'un dard, d'une flèche.

Sớ 芻*. Plantes sèches, foin, fourrage; couper les herbes.

Sớ 騶*. Animal fabuleux, cheval fantastique; passer rapidement.

Sớ 筲*. Bambou tressé, espèce de passoire en osier pour liquides.

Sớ 紗*. Toile fine faite avec des fibres de plantes; friser, ondoyer.

Sớ 縐*. Soie légère, étoffe claire, crêpe, linon. Voir *la*.

Hắc sớ cân nhứt đoạn 黑 ○ 巾 一 段, un turban de crépon noir.

Số 數. Grand, élevé, important. (Pour le car. en S. A., voir ci-dessous.)

Đồ số 圖 ○, grandement, noblement. — *Nhà số* 茹 ○, belle demeure, grande famille.

Số 數*. Sort, destin, condition; chiffre, numéro, nombre.

Số phận ○ 分, sort. — *Số mạng* ○ 命, fatalité. — *Lịch số* 曆 ○, destinée. — *Thiên số* 天 ○, décret du ciel. — *Số định như vậy* ○ 定 如 丕, le sort en a décidé ainsi. — *Sống chết tại số* 甡 折 在 ○, la vie et la mort dépendent du destin. — *Số tốt* ○ 卒, sort heureux. — *Số xấu* ○ 丑, triste destinée. — *Bói số* 貝 ○, consulter les sorts. — *Coi số* 視 ○, id. — *Y số* 依 ○, selon le nombre (fixé). — *Đủ số* 睹 ○, au complet. — *Phần số* 分 ○, une part, un dividende. — *Đối số* 對 ○, chiffres en regard; comparer des comptes. — *Số một* ○ 沒, nombre singulier; numéro un. — *Số nhiều* ○ 饒, nombre pluriel. — *Số phần* ○ 分, dénominateur. — *Kể số* 訣○, dénombrer, énoncer. — *Lấy số dân* 祝○民, faire le dénombrement des habitants. — *Đề số* 題○, numéroter. — *Vô số* 無○, innombrable, incalculable.

Sồ 雛 et 芻鳥*. Oiseau nouvellement éclos; poussin, poulet; plumes qui commencent à pousser.

Lông sồ 翃○, duvet. — *Vải sồ* 絠○, étoffe veloutée. — *Trái sồ* 䩨○, un beau fruit.

Sổ 數*. Liste, bordereau, catalogue, registre; perplexe, agité; se dégager; rayer, raturer.

Sổ biên tên ○ 編笶, liste d'appel, matricule. — *Biên sổ* 編○, porter sur la liste. — *Sổ bộ* ○ 簿, registre, matricule. — *Sổ sách* ○ 冊, catalogue. — *Sổ tay* ○ 扡, carnet de poche. — *Làm sổ* 濫○, établir une liste, cataloguer. — *Đem vào sổ* 宠⼝○, porter sur la liste, inscrire au catalogue, immatriculer. — *Sổ ra* ○ 囉, délier, dégager, défaire. — *Sổ lồng* ○ 欗, se dégager de la cage, s'échapper, s'envoler (oiseau). — *Sổ mũi* ○ 齂, écoulement nasal, coryza. — *Bệnh ho sổ mũi* 病呼○齂, rhume de poitrine et rhume de cerveau. — *Cửa sổ* 閨○, fenêtre. — *Ngựa sổ rồi* 馭○耒, le cheval s'est détaché.

Sơ 疏 et 疎*. Communiquer par une ouverture; présenter des observations, exposer une supplique; ouvert, patent; étendu, relâché, espacé, épars, élargi; sans soin, par manière d'acquit. Voir *thưa*.

Sơ tài ○ 財, insouciant de ses biens; prodiguer ses richesses. — *Sơ bố* ○ 布, faire des largesses; étendre, répandre. — *Sơ suất* ○ 率, à peu près, négligemment. — *Sơ qua* ○ 戈, en passant. — *Lua sơ* 嘘○, manger par acquit. — *Sơ sài* ○ 柴, avec indifférence, sans y regarder de près. — *Sơ lược* ○ 畧, sommairement. — *Ăn sơ* 唆○, manger un peu. — *Bỏ sơ lậu* 補○漏, laisser dans l'abandon, se désintéresser. — *Sơ ý* ○ 意, par inadvertence. — *Làm sơ sơ* 濫○○, faire à peu près. — *Đào sơ sơ* 陶○○, creuser en ne donnant que quelques coups de bêche par-ci par-là. — *Hàng sơ ly* 行○離, balustrade, rampe d'appui.

Sơ 初*. Origine des choses, commencement de tout, début de l'humanité; primitivement, jadis, autrefois; terme numéral pour les dix premiers jours du mois.

Sơ khai thiên địa ○ 開天地, la création du ciel et de la terre. — *Ban sơ* 班○, autrefois, dès le début. — *Khỉ sơ* 起○, dès le commencement, à l'origine. — *Đương sơ* 當○, dans le principe. — *Sơ sanh* ○ 生, à la naissance, lors de la création. — *Tòa sơ* 座○, tribunal de première instance. — *Sơ học* ○ 學, première étude. — *Ông sơ* 翁○, ancêtre (le père du trisaïeul). — *Sơ cáo* ○ 告, accuser pour la première fois. — *Sơ thập nhựt* ○ 十日, le dixième jour du mois. — *Nhơn chi sơ* 人之○, les hommes à leur naissance... (les trois premiers mots du livre classique le *Tam tự kinh* 三字經).

Sợ 梳*. Sorte de peigne à cheveux.

Sợ 蔬*. Nom générique des herbes et plantes potagères.

Sợ thực ○ 食, se nourrir de végétaux, manger des légumes.

Sợ 怍. Avoir peur, craindre, redouter; confus, interdit, embarrassé, timide, craintif [1]. (Du S. A. *tạc*, même car., même signification.)

Hay sợ 哈 ○, très peureux, ombrageux. — *Sợ đau* ○ 疗, avoir peur d'être malade. — *Sợ chó* ○ 狂, avoir peur des chiens (se dit d'un homme sans courage). — *Sợ chết* ○ 折, craindre la mort. — *Làm cho sợ* 濫 朱 ○, se faire craindre, en imposer, effrayer. — *Sợ hãi* ○ 恢, frayeur, terreur, panique. — *Kính sợ* 敬 ○, crainte respectueuse. — *Đáng sợ* 當 ○, redoutable, qui mérite d'être craint. — *Run sợ* 敦 ○, trembler de peur. — *Sợ kinh tâm* ○ 驚 心, peur épouvantable. — *Làm cho người ta sợ hãi* 濫 朱 俾 柴 ○ 恢, épouvanter les gens, inspirer de la terreur. — *Mày có sợ không* 眉 固 ○ 空, as-tu peur? — *Tôi sợ lắm* 碎 ○ 虞, j'ai grandement peur. — *Không sợ gì hết* 空 ○ 之 歇, n'avoir peur de rien. — *Không sợ ai hết* 空 ○ 埃 歇, ne craindre personne.

Sớ 疏*. S'appliquer à un travail, exposer quelque chose avec soin, faire un rapport au souverain; texture, fil, fibre (chair, bois).

Sớ bổn ○ 本, rapport à l'autorité supérieure. — *Sớ văn* ○ 文, exposé net, compte rendu clair, précis. — *Sớ cho* ○ 朱, demander pour quelqu'un. — *Sớ số* ○ 數, présenter un travail de comptabilité. — *Tờ sớ* 詞 ○, demande, pétition, placet, requête. — *Lời sớ* 扇 ○, rapport, supplique. — *Sớ sét* ○ 滔, assoupi.

Sớ 疎. Toucher, palper, tâtonner. (Pour le car. en S. A., voir ci-dessus.)

Sớ mó ○ 摸, tâter avec la main. — *Sớ sờ* ○ ○, clair, évident. — *Tang tích sớ sờ* 賍 跡 ○ ○, les traces sont visibles, les preuves évidentes. — *Sớ sệt* ○ 悧, obscurci (parlant de la vue).

Sở 所*. Lieu, emplacement, résidence, service; pron. rel. ce que, ce qui, lequel; terme numéral des pièces de terre.

Sở tại ○ 在, à l'endroit de. — *Xứ sở* 處 ○, localité, résidence. — *Phương sở* ○ 方, pays, contrée. — *Sở tham biện* ○ 參 辨, résidence d'un administrateur. — *Sở nhà* ○ 茹, lieu habité. — *Sở thủy* ○ 水, service maritime. — *Quan sở tại* 官 ○ 在, autorité locale, magistrat du ressort. — *Sở dĩ* ○ 以, à cause de, pour ce qui est de, ce par quoi. — *Sở tổn* ○ 損, frais, dommages, dépens. — *Hai sở đất* 仁 ○ 坦, deux parcelles

---

[1] La peur se confond souvent avec le respect. D'après les idées et les habitudes d'esprit de ce peuple, on ne peut pas respecter quelqu'un sans le craindre en même temps.

de terre. — *Ba sở ruộng* 巴○疄, trois lots de rizière. — *Sở vào bộ* ○仍簿, le service de l'enregistrement. — *Công sở* 公○, un lieu de réunion publique.

Sở 楚*. Nom de pays; arbres alignés; régulier, méthodique; ordre, classe, rang; amertume, affliction, vexation.

Thanh sở 清○, frais, nouveau; finir une affaire, terminer un travail. — *Sắc sở* 色○, couleurs variées; teint frais. — *Cây dầu sở* 核油○, arbre à huile (diptérocarpus).

Sở 憷*. Peine, chagrin, affliction.

Khổ sở 苦○, amer, pénible. — *Chịu khổ sở* 召苦○, subir des vexations, éprouver des infortunes. — *Làm khổ sở* 濫苦○, causer du chagrin, faire de la peine.

Sở 礎*. Fût de colonne en pierre, base, soubassement, piédestal.

Soa 釵*. Épingle à cheveux, grand peigne pour retenir le chignon.

Soái 帥*. Commandant en chef; conduire, diriger, gouverner.

Chủ soái 主○, chef suprême. — *Quan nguyên soái* 官元○, officier général commandant en chef (titre porté par les gouverneurs militaires de la Cochinchine). — *Tướng soái* 將○, chef d'armée, généralissime. — *Bổn soái* 本○, je, moi, le chef suprême.

Soan 閂*. Traverse de porte, barre.

Soạn 撰*. Arranger avec soin, disposer convenablement, choisir, préparer, mettre en ordre; corriger, modifier.

Sửa soạn tờ giấy 使○詞紙, mettre de l'ordre dans les papiers. — *Sửa soạn trong nhà* 使○冲茹, préparer tout dans la maison. — *Soạn đồ đi đường* ○圖移唐, se munir de provisions pour un voyage. — *Soạn lại* ○吏, corriger, modifier, revoir. — *Tu soạn* 修○, id. — *Lục soạn* 綠○, espèce de soie très fine.

Soạn 譔*. Dire, raconter, exposer; rapport, composition, rédaction.

Soạn văn ○文, faire un rapport, rédiger un livre, écrire une relation.

Soán 簒*. S'emparer vivement de, saisir avec violence, prendre de force, enlever, usurper. Voir *toản*.

Soán ngôi ○嵬, usurper le trône, toucher à la personne royale. — *Soán vị* ○位, usurper des droits. — *Soán đất* ○坦, envahir un territoire. — *Soán nghịch* ○逆, se soulever, s'insurger. — *Soán thành* ○城, prendre une ville d'assaut. — *Sự soán lấy* 事○祉, usurpation.

Soát 刷*. Racler, gratter, frotter; examiner, rechercher, recenser.

Soát mã ○馬, panser un cheval. — *Hài soát* 鞋○, brosse à souliers. — *Soát nhà* ○茹, perquisitionner dans une maison. — *Soát lại* ○吏, faire le recensement. — *Làm soát* 濫○, faire de tout. — *Soát cử* 舉, faire des élections. — *Soát thuế* ○税, percevoir l'impôt. — *Tra soát*

查 ○, procéder à des investigations, faire une information. — *Soát binh* ○ 兵, passer l'inspection des troupes, recenser l'armée. — *Cá soát* 鮂 ○, un poisson de rizière.

Sọc 朔. Étoffe rayée (de diverses teintes), syllabe complémentaire. (Pour le car. en S. A., voir ci-dessous.)

Vải có sọc 緄 固 ○, étoffe à rayures. — *Sọc sở* ○ 楚, teintes, couleurs. — *Sọc sạch* ○ 瀝, bruit de disputes.

Sóc 朔*. Premier jour de la lune, commencement du mois; début, origine; le nord; nom d'animal.

Sóc nhựt ○ 日, le premier jour du mois. — *Chánh sóc* 正 ○, le premier jour de l'année. — *Sóc phương* ○ 方, région septentrionale. — *Sóc vọng* ○ 望, le 1ᵉʳ et le 15ᵉ jour de la lune. — *Con sóc* 昆 ○, belette, fouine, écureuil.

Sóc 槊*. Lance de guerre; brandir une lance. Voir *giáo*.

Coi sóc 䰟 ○, veiller, garder, surveiller. — *Anh có bằng lòng coi sóc con ngựa của tôi không* 嬰 固 朋 悉 䰟 昆 馭 貼 碎 空, voulez-vous veiller sur mon cheval?

Sóc 畜 ⁽¹⁾. Un hameau cambodgien. (En S. A., élever; réunir; se pron. *súc*.)

Sóc trăng ○ 腠, le nom d'un arrondissement en Cochinchine. — *Mán sóc* 蠻 ○, peuplades sauvages.

Soi 燶. Éclairer, refléter; regarder, scruter, voir, examiner (avec une lumière); bien saisir, comprendre. (Formé des S. A. *hỏa* 火, feu, et *lôi* 雷, pluie, tonnerre.)

Soi sáng ○ 創, illuminer, resplendir. — *Soi mặt* ○ 靣, se mirer. — *Kính soi mặt* 鏡 ○ 靣, miroir, glace. — *Soi sáng trong lòng* ○ 創 冲 悉, éclairer l'esprit, illuminer l'âme; voir subitement clair en son cœur. — *Soi xét trong lòng* ○ 察 冲 悉, scruter les consciences.

Sói 髳. Chauve; un nom d'oiseau. (Formé des S. A. *tiêu* 髟, cheveux, et *lôi* 磊, tas de pierres.)

Đầu sói 頭 ○, tête chauve. — *Sói đầu* ○ 頭, id. — *Người ấy sói đầu* 㤙 意 ○ 頭, cet homme est chauve. — *Sự sói đầu sớm* 事 ○ 頭 敛, calvitie précoce. — *Sói trán* ○ 眲, front découvert. — *Chim già sói* 鴲 㸃 ○, marabout (oiseau).

Sói 獚. Chien sauvage. Voir *lang*. (Formé des S. A. *khuyển* 犬, chien, et *lôi* 磊, tas de pierres.)

Chó sói 狂 ○, loup. — *Sói rừng* ○ 棱, loup cervier. — *Binh sói* 兵 ○, armée de chiens, c.-à-d. troupe d'ennemis, bande de rebelles. — *Hoa sói* 花 ○, chloranthus.

Sòi 堆. Bande ou garniture de rideau, ornement de tenture; habile, adroit; très éloquent; nom d'arbre. (En S. A., amas de terre; se pron. *đôi*.)

Nói sòi 吶 ○, bien parler, s'exprimer avec beaucoup d'éloquence. — *Cây sòi* 核 ○, eugenia nervosa.

⁽¹⁾ Se transcrit aussi par le car. 㴭.

Sỏi 磊. Fort, robuste, bien portant; alerte, dispos; d'intelligence vive. (En S. A., tas de pierres; se pron. *lỗi*.)

Ông ấy lớn tuổi mà còn sỏi 翁意客歲麻群○, ce monsieur est âgé, mais il est encore robuste.

Sỏi 砳(1). Petits cailloux, gravier. (Du S. A. *lỗi*, même car., même signification.)

Cát sỏi 葛○, gros sable, pierraille. — *Đá sỏi* 砑○, cailloutis. — *Đàng đá sỏi lắm* 唐砑○虜, chemin pierreux. — *Đống sỏi* 棟○, tas de pierres. — *Đất nhiều sỏi* 坦饒○, sol caillouteux, terrain rocailleux. — *Nói sành sỏi* 吶砒○, parler avec fermeté. — *Lời sành sỏi* 唎砒○, paroles dures, reproches sévères.

Sôi 潘. Qui bout, qui bouillonne. (Formé des S. A. *thủy* 水, eau, et *lôi* 雷, pluie tombant sur un champ.)

Sôi lên ○遷, bouillonnant. — *Sôi bọt* ○洓, id. — *Nước sôi* 渃○, eau bouillante. — *Trụng nước sôi* 重渃○, tremper dans l'eau bouillante, échauder. — *Nấu cho sôi* 糯朱○, faire bouillir. — *Cơm đã sôi rồi* 飪㐌○耒, le riz a bouilli. — *Dầu sôi* 油○, huile bouillante. — *Sôi gan* ○肝, bouillir de colère.

Sôi 頦. Syllabe complémentaire. (Du S. A. *đôi*, même car., dénudé.)

Lông sôi 翃○, premier duvet.

Sợi 紕. Fil, filament, petit brin; terme numéral des cordes, des liens, des fils. (Formé des S. A. *mịch* 糸, fil, et *sĩ* 仕, fonction.)

Một sợi cỏ 沒○䒜, un brin d'herbe. — *Hai sợi tóc* 台○鬐, deux cheveux. — *Sợi chỉ vừa may* ○織皮埋, aiguillée de fil. — *Bứt từ sợi* 抔自○, arracher brin par brin, fil par fil.

Sọm 攙. Syllabe complémentaire. (En S. A., piquer; tuer; se pron. *sàm*.)

Bộ sọm sém 部○燅, vieux, cassé.

Sóm 讒. Syllabe complémentaire. (En S. A., louer, flatter; se pron. *sàm*.)

Sóm sọm ○攙, très âgé. — *Sóm miệng* ○呬, bouche sans dents. — *Sóm răng* ○齴, édenté.

Sòm 讒. Bruit sourd et prolongé. (Pour le car. en S. A., voir ci-dessus.)

Om sòm 晻○, onomatopée: tapage, vacarme. — *La lối om sòm* 囉磊讒○, crier, hurler, vociférer.

Sớm 敛. Avant terme, précoce, tôt, hâtif, jeune; matin, de bonne heure. (En S. A., amasser; se pron. *liễm*.)

Con nít khôn sớm 昆涅坤○, enfant précoce. — *Trái chín sớm quá* 鞭捻○過, fruit mûr avant terme. — *Chết sớm* 折○, mourir jeune. — *Ăn sớm quá* 咹○過, manger trop tôt. — *Lúa sớm* 稌○, riz hâtif. — *Thức dậy sớm* 式跠○, se lever matin. — *Sớm mai* ○埋, le matin. — *Buổi sớm mai* 貝○埋, dans la matinée. — *Hồi sớm mai nầy* 回○埋...

---

(1) Se transcrit aussi par le car. 礧.

尼, ce matin. — *Tới sớm quá* 細 ○ 過, arriver trop tôt.

Son 朱. Vermillon, cinabre, minium; au fig., pur, vierge; stérile. (En S. A., une montagne, se pron. *lói*.)

Có lòng son 固悉○, avoir un cœur pur. — *Tiếng son* 嗜○, voix bien timbrée. — *Bôi son* 盃○, laquer au vermillon, barbouiller de rouge. — *Bằng son* 憑○, insigne rouge (empreinte du cachet des hauts fonctionnaires). — *Lâu son* 樓○, palais splendide. — *Vợ chồng son* 孀重○, ménage sans enfants. — *Trai son* 賺○, jeune homme (non encore marié). — *Đờn bà son* 彈妃○, femme stérile. — *Gái son* 媽○, id.

Son 山*. Montagne, colline; haut, agreste (souvent employé pour la formation d'expressions géographiques); vernis, laque; vernir, laquer. Car. radical. Voir *núi*.

Son cước ○ 脚, montagneux. — *Son nhơn* ○ 人, montagnard. — *Son thủy* ○ 水, eau qui descend des montagnes, eau de source. — *Cao son* 高○, haute montagne. — *Tiểu son* 小○, monticule. — *Son dương* ○ 羊, chèvre des montagnes, chamois. — *Son ngưu* ○ 牛, bœuf sauvage. — *Son điền* ○ 田, rizière haute (administrativement, rizière de deuxième classe). — *Lưu son* 留○, chaîne de montagnes. — *Son la* ○ 羅, le nom d'une préfecture du district de *Vạn mộ* 萬慕 (Tonkin). — *Lạc son* 樂○, le nom d'une préfecture du district de *Phương lâm* 芳林 (Tonkin). — *Lạng son* 諒○, le nom d'une province du Tonkin. — *Son định* ○ 定, le nom d'une préfecture de la province de *Quảng yên* 廣安 (Tonkin). — *Son tây* ○ 西, le nom d'une province du Tonkin. — *Từ son* 慈○, le nom d'une préfecture de la province de *Bắc ninh* 北寧 (Tonkin). — *Anh son* 英○, le nom d'une préfecture de la province de *Nghệ an* 乂安 (Annam). — *Cây son* 核○, arbre à vernis. — *Nước son* 渚○, peinture. — *Dầu son* 油○, vernis, sandaraque. — *Son khô* ○ 枯, siccatif, laque. — *Cái tam son* 丐三○, trépied, support de brûle-parfum. — *Hộp son* 匣○, boîte laquée. — *Cá son* 魸○, un petit poisson d'eau douce.

Sớn 潺. Dévié; ébréché, craquelé. (En S. A., couler (eau); se pron. *sán*.)

Sớn cạnh ○ 覚, à moitié brisé.

Sờn 潺. Effroi, crainte, émotion. (Pour le car. en S. A., voir ci-dessus.)

Sờn lòng ○ 悉, inquiet, découragé. — *Chẳng sờn* 庄○, qui n'a peur de rien, qui ne s'émeut jamais. — *Chớ sờn* 渚○, ne craignez rien.

Sởn 產. Épanoui, tendre, frais. (En S. A., produire; se pron. *sán*.)

Sởn sơ ○ 疎, verdoyant. — *Sởn sang* ○ 郎, frais, jeune, charmant.

Song 雙*. Deux par deux, par paires, en double; égaux, semblables, assortis; mais, cependant, néanmoins.

Song dao ○ 刀, deux glaives (dans la même gaine). — *Song sanh* ○ 生, jumeaux. — *Nhứt song* 一○, une paire. — *Làm song* 濫〇, assortir par paires, par couples. — *Vô song* 無〇, qui ne se ressemblent pas, qui ne vont pas ensemble; sans rival, sans pareil. — *Song le* 〇離, cependant, toutefois, néanmoins. — *Song hành* 〇行, voyager ensemble. — *Song toàn* 〇全, exprime que le mari et la femme sont vivants tous deux. — *Nhứt song một đôi* 一〇沒堆, pareils et formant bien la paire.

Song 牕*. Grille, barreau, treillage, persiennes, claire-voie, balustrade.

Khai song 開〇, ouvrir le châssis, ouvrir la grille. — *Cửa sổ song* 閂數〇, ouverture grillée, fenêtre à jalousies. — *Song cửa* 〇閂, la grille d'une porte. — *Song ghế* 〇几, barreau de chaise. — *Đóng song* 〇捒, établir un grillage. — *Rào song gài* 櫒〇棋, garnir de treillis, entourer de grilles. — *Con song* 昆〇, balustre.

Sóng 湃. Flots, vagues, houle, clapotis. Voir *láng*. (Formé des S. A. *thủy* 水, eau, et *lọng* 弄, plaisanter.)

Sóng gió 〇逾, flots agités par le vent. — *Sóng dập nhau* 〇摺饒, clapotis des vagues. — *Lượn sóng* 瀾〇, la houle; balancé par les vagues. — *Dợn sóng* 演〇, balloté en tous sens. — *Sóng bổ ầm ầm* 〇補暗暗, les vagues déferlaient avec fureur. — *Tàu nhảy sóng quá* 體跧〇過, le vaisseau tanguait énormément. — *Ghe nhảy sóng dữ* 艭跧〇與, la barque était furieusement ballotée par les flots.

Sòng 淜. Eau qui coule sans cesse; continuellement, sans s'arrêter. (Formé des S. A. *thủy* 水, eau, et *dùng* 用, employer.)

Nói sòng 吶〇, parler sans discontinuer. — *Làm sòng* 濫〇, faire sans s'arrêter. — *Sòng đia* 〇池, mare, vivier. — *Sòng bài* 〇牌, un endroit où l'on se réunit pour jouer aux cartes. — *Cá sòng* 魰〇, un certain poisson de mer.

Sõng 艭. Canot léger en bambou tressé; petit insecte coléoptère. (Formé des S. A. *châu* 舟, embarcation, et *trùng* 冡, couvrir.)

Sông 瀧(1). Grand fleuve; un arbre. (Du S. A. *lung*, même car., forte pluie.)

Sông lớn 〇客, grand cours d'eau. — *Sông cái* 〇丐, principal fleuve. — *Sông trước* 〇畧, fleuve antérieur (bras du Mékong, Cochinchine). — *Sông sau* 〇𠮩, fleuve postérieur (autre bras du Mékong, Cochinchine). — *Ngã ba sông* 我吧〇, confluent. — *Qua sông* 戈〇, traverser le fleuve. — *Qua bên kia sông* 戈邊箕〇, passer de l'autre côté du fleuve. — *Sông nại hà* 〇奈何, le fleuve des peines (dans l'enfer mythologique). — *Đi sông* 移〇, aller au fleuve (par euphémisme, aller faire ses besoins). — *Đi sông kiết* 移〇結, avoir le ténesme. — *Sông ngân* 〇銀, voie lactée. — *Cây sông* 核〇, espèce de sycomore.

Sống 耕. Être de ce monde, vivre,

---

(1) Se transcrit aussi par le car. 㳞.

exister; os, substance; cru, vert, pas assez cuit, pas encore mûr. (Formé des S. A. *sanh* 生, créer, et *lọng* 弄, habile.)

Sự sống 事 ○, la vie, l'existence. — *Nó còn sống* 奴羣 ○, il est encore vivant. — *Làm cho sống* 濫朱 ○, vivifier. — *Sống dai* ○ 夷, vivace, avoir la vie dure. — *Sống lại* ○ 吏, revivre, ressusciter. — *Sự sống lại* 事 ○ 吏, résurrection. — *Bắt còn sống* 抔羣 ○, prendre vivant. — *Thịt sống* 㒚 ○, viande crue. — *Ăn đồ sống* 咹圖 ○, manger des crudités. — *Còn sống* 羣 ○, pas cuit, pas mûr; encore vert, encore vivant. — *Nửa sống nửa chết* 㚷 ○ 㚷折, moitié mort, moitié vivant. — *Nửa sống nửa chín* 㚷 ○ 㚷㐱, moitié cru, moitié mûr (correspondant à *bán sanh bán thục* 半生半熟). — *Trái cây sống sít* 䉒核 ○ 殺, fruits verts. — *Cơm sống* 餂 ○, riz pas assez cuit. — *Xương sống* 昌 ○, épine dorsale.

Sộp 鱫. Tomber en ruine. Voir *sập*. (Formé des S. A. *ngư* 魚, poisson, et *liệp* 笠, couvercle.)

Sộp xuống ○ 𤓅, s'écrouler, s'affaisser. — *Cá sộp* 𩵜 ○, nom de poisson.

Sộp 橙. Un arbre qui pousse sur les terres élevées et dont les feuilles tendres peuvent se manger crues. (Formé des S. A. *mộc* 木, arbre, et *liệp* 笠, couvercle.)

Sọt 筊. Espèce de petit panier. (Formé des S. A. *trước* 竹, bambou, et *đột* 突, soudain.)

Sót 窣. Inattention, inadvertance; passer outre à, oublier, omettre. (Du S. A. *suất*, même car., à la hâte.)

Bỏ sót tên 補 ○ 笁, omettre le nom. — *Viết sót hai chữ* 日 ○ 𠄩字, passer deux mots en écrivant. — *Không sót ai hết* 空 ○ 埃歇, n'avoir oublié personne. — *Còn sót một đều* 羣 ○ 沒調, il reste encore une chose. — *Sót mặt* ○ 㮈, être absent, faire défaut.

Sột 窣. Onomatopée (petits coups). (En S. A., tremper (fer); se pron. *toái*.)

Sột sột ○○, petits coups secs. — *Sột sột cào đất* ○○ 搞坦, gratter le sol, fouiller la terre. — *Sột sạt* ○ 鷥, bruyamment.

Sốt 焠. Chaleur extrême; ardeur très vive; brûlant, chaud, fervent. (Pour le car. en S. A., voir ci-dessus.)

Sốt sắng ○ 爽, ardent, fervent. — *Cách sốt sắng* 格 ○ 爽, ardemment. — *Sốt mến* ○ 勉, brûlant d'amour. — *Kinh đọc sốt sắng* 經讀 ○ 爽, fervente prière. — *Tánh sốt sắng* 性 ○ 爽, tempérament chaud, nature ardente. — *Rét sốt sắng* 洌 ○ 爽, fièvre chaude. — *Sốt giận* ○ 悋, violente colère.

Sớt 叱. Remettre (du riz cuit) d'un bol dans un autre (en poussant le riz avec les deux bâtonnets). (En S. A., crier, gronder; se pron. *thất*.)

Sớt lại ○ 吏, mettre de nouveau. — *Sớt cơm* ○ 餂, donner encore du riz (pendant le repas).

Su 楈. Nom d'arbre; pieu, pilotis.

(Formé des S. A. *mộc* 木, arbre, et *số* 芻, paille.)

Su si ○ 緆, rude, grossier, couvert d'aspérités. — *Su sơ* ○ 疎, négligemment, sans aucun soin. — *Cây su* 核 ○, bois de palissade.

Sụ 聚. Syllabe complémentaire.
(Du S. A. *tụ*, même car., penchant.)

Sụ cánh ○ 翅, ailes pendantes, traînantes. — *Đầu sụ* 頭 ○, tête penchée en avant. — *Sụ mặt* ○ 麵, paraître en colère, avoir l'air furieux.

Sú 撒. Macérer, pétrir, mastiquer.
(Du S. A. *tảu*, même car., secouer.)

Sú bột ○ 桴, pétrir de la farine. — *Sú cơm* ○ 飩, mâcher du riz cuit (pour gaver un petit enfant).

Sủ 數. Consulter les magiciens.
(Du S. A. *số*, même car., sort, destin.)

Sủ bói ○ 貝, chercher (ou dire) la bonne aventure. — *Sủ quẻ* ○ 卦, id.

Sủ 鱥. Un grand poisson de mer.
(Formé des S. A. *ngư* 魚, et *số* 數, sort, destin.)

Cá sủ 鮒 ○, coracinus. — *Thịt cá sủ là cứng lắm* 胐 鮒 ○ 羅 亙 虞, la chair du poisson *sủ* est très dure.

Sư 師*. Homme sage, instruit, capable; maître, docteur, professeur; bonze, magicien; réunion, multitude, bande, troupe.

Thái sư 太 ○, le précepteur du roi. — *Thiếu sư* 少 ○, le vice-précepteur du roi. — *Thái tử thái sư* 太 子 太 ○, le précepteur du prince héritier. — *Thái tử thiếu sư* 太 子 少 ○, le vice-précepteur du prince héritier. — *Đại sư* 大 ○, un chef bonze. — *Ông sư* 翁 ○, id. — *Sư phó* 傅, maître, professeur, artiste habile. — *Pháp sư* 法 ○, magicien, devin. — *Danh sư* 名 ○, savant de haute réputation. — *Hương sư* 鄉 ○, notable lettré (chargé de la direction de l'enseignement dans un village).

Sư 篩*. Bambou (espèce); crible, châssis, tamis; passer, tamiser.

Sư 獅*. Terrible bête carnassière.

Con sư tử 昆 ○ 子, le lion (on dit aussi *sơn quân* 山君, le roi des montagnes).

Sự 事*. Affaire, œuvre, travail, chose, action (se dit plus particulièrement des choses morales).

Công sự 公 ○, affaires officielles, travaux publics. — *Tư sự* 私 ○, affaires privées, travail réservé. — *Chánh sự* 正 ○, questions d'État, affaires gouvernementales, politiques, diplomatiques. — *Chủ sự* 主 ○, chef de bureau. — *Quan lãnh sự* 官 領 ○, chargé d'affaires, consul. — *Sanh sự* 生 ○, créer des affaires, chercher des histoires, susciter des embarras. — *Sự đời* ○ 代, les choses de la vie, les affaires humaines. — *Thông sự* 通 ○, interprète du gouvernement, traducteur officiel. — *Lịch sự* 歷 ○, poli, aimable, distingué, bien élevé (se dit surtout en parlant des femmes, des jeunes filles). — *Đờn bà lịch sự* 彈 妃 歷 ○, une femme charmante. — *Dân sự* 民 ○, le peuple, la population. — *Mọi sự* 每 ○, chaque chose, toutes les affaires. — *Anh có sự gì không* 嬰 固 ○ 之 空, qu'avez-vous? (moralement).

Sự 㩀*. Dresser, ficher en terre.

Sứ 使*. Faire aboutir, pousser à la réussite; faire exécuter, donner des ordres; mission, ambassade (toujours composée de trois fonctionnaires).

Quan khâm sứ 官 欽 ○, commissaire impérial, chargé de mission. — *Quan chánh sứ* 官 正 ○, 1ᵉʳ ambassadeur. — *Quan phó sứ* 官 副 ○, 2ᵉ ambassadeur. — *Quan bồi sứ* 官 培 ○, 3ᵉ ambassadeur. — *Sai sứ* 差 ○, envoyer une ambassade. — *Đi sứ* 移 ○, aller en ambassade, partir en mission. — *Sứ quan* ○ 官, envoyé officiel. — *Sứ nhon* ○ 人, messager. — *Sự thần* ○ 臣, légat. — *Quan thống sứ* 官 統 ○, titre porté par les résidents supérieurs de l'Annam et du Tonkin. — *Quan cổng sứ* 官 公 ○, titre porté par les résidents de l'Annam et du Tonkin. — *Sứ đồ* ○ 徒, apôtre. — *Sứ thần* ○ 神, ange. — *Thiên sứ* 天 ○, messager céleste. — *Chuối sứ* 桂 ○, banane (espèce). — *Hoa sứ* 花 ○, fleur d'ambassadeur (la fleur du frangipanier).

Sứ 鋤*. Houe, pioche, herse; creuser le sol, fouiller la terre.

Sứ điền ○ 田, travailler les champs, labourer les rizières.

Sứ 除. Syllabe complémentaire. (En S. A., soustraire; se pron. *trừ*.)

Sặc sứ 謷 ○, hébété. — *Nói sặc sứ* 吶 謷 ○, parler en bredouillant.

Sứ 使*. Faire exécuter des ordres, donner des instructions.

Giả sứ 假 ○, dans le cas où, supposé que, que si... — *Nói giả sứ* 吶 假 ○, faire des suppositions.

Sử 史*. Notes historiques, annales, chroniques; historien, chroniqueur.

Quốc sử 國 ○, l'histoire d'une nation. — *Đại nam sử kí* 大 南 ○ 記, histoire du grand empire d'Annam, annales annamites. — *Sách sử* 冊 ○, ouvrage historique, annales. — *Ngự sử* 御 ○, historien impérial (ou royal). — *Thánh sử* 聖 ○, historien sacré. — *Sử kí nhà Lê* ○ 記 茹 梨, historien de la dynastie des Lê. — *Thông sử kí* 通 ○ 記, se dit de quelqu'un qui est versé dans les annales. — *Sử thần* ○ 臣, annaliste, historien. — *Sử quan* ○ 官, chroniqueur officiel.

Sử 駛*. Cheval qui a une allure rapide; aller vite, courir, se hâter.

Sua 篘. Cercle en bambou tressé. (Du S. A. *số*, même car., bambou tressé.)

Sua nón ○ 蒙, espèce de calotte en bambou tressé qui se trouve dans l'intérieur du chapeau des femmes annamites. — *Se sua* 繇 ○, se vanter, se faire valoir.

Sua 獥. Aboyer, japper, hurler. (Formé des S. A. *khẩu* 口, bouche, et *sổ* 數, catalogue.)

Tiếng chó sủa 啫 狂 ○, aboi, aboiement. — *Chó sủa ăn trộm* 狂 唆 濫, le chien aboie contre les voleurs. — *Sủa bậy* ○ 呸, aboyer à faux. — *Sửa ma* ○ 魔, id.; litt., hurler contre les revenants (comme nous disons « aboyer à la lune »). — *Sửa hùa* 和, aboiements continuels, concert de chiens. — *Sáng sủa* 創 ○, très clair (parlant du temps).

Swa 疎. Ouvert, élargi, espacé. (Du S. A. *sơ*, même car., même signification.)

Swa rác ○ 落, rare, épars, mince, délié. — *Swa rảo* ○ 走, clairsemé.

Sửa 使. Régir; refaire, réparer, approprier, corriger, modifier. (Du S. A. *sứ*, même car., faire aboutir.)

Sửa trị ○ 治, faire aboutir; imposer par la force. — *Sửa mình* ○ 命, se corriger, s'amender. — *Sửa lại* ○ 更, remettre en état, modifier. — *Sửa dạy* ○ 吚代, corriger (par la douceur). — *Sửa phạt* ○ 罰, réprimer. — *Sửa nết mình lại* ○ 涅命 更, se corriger de ses défauts. — *Sửa bài* ○ 排, corriger des devoirs (d'écolier). — *Sửa soạn* ○ 撰, préparer, disposer, mettre en ordre. — *Sửa luật lại* 律 更, modifier la loi. — *Sửa luật phép* ○ 律法, réformer les mœurs, modifier les coutumes. — *Sửa lại tốt hơn* ○ 更卒欣, changer en mieux, améliorer. — *Sửa dụng* ○ 用, approprier, rendre plus aisé à faire. — *Sắm sửa* 懺 ○, apprêter, réparer le désordre, remettre les choses à point. — *Sửa lòng* ○ 悉, s'amender, se corriger. — *Sửa tánh* ○ 性, refaire sa nature. — *Nói sửa* 吶 ○, parler avec un bon accent, bien prononcer. — *Anh nói sửa lắm* 嬰吶 ○ 廩, vous avez un bon accent, vous parlez très bien.

Sửa 波. Lait; plantes laiteuses. (Formé des S. A. *thủy* 水, eau, et *sứ* 使, mission.)

Sửa bò ○ 牰, lait de vache. — *Sửa dê* ○ 羝, lait de chèvre. — *Nặn sửa* 攤 ○, traire le lait. — *Bú sửa* 哺 ○, téter. — *Uống sửa bò* 旺 ○ 牰, boire du lait de vache. — *Sửa đặc* ○ 特, lait concentré. — *Bánh sửa* 餉 ○, beurre, fromage. — *Đánh sửa* 打 ○, battre le beurre, faire du fromage. — *Còn hôi sửa* 群灰 ○, sentir encore le lait (se dit des petits jeunes gens qui veulent faire les hommes). — *Cả măng cả sửa* 啹芒啹 ○, bouillant, impétueux, mais encore jeune et sans expérience. — *Cỏ sửa* 軲 ○, laiteron.

Sửa 鯢. Mollusque sans coquille (plusieurs espèces); castagnettes. (Formé des S. A. *ngư* 魚, poisson, et *sứ* 使, mission.)

Sửa giỏ ○ 䚡, méduse, poulpe, holoturie. — *Đánh sửa* 打 ○, jouer des castagnettes. — *Đánh sửa miệng* 打 ○ 呬, claquer des dents.

Suất 率*. Précéder, être à la tête, diriger, guider, conduire, commander; suivre, obéir.

Suất tiên ○ 先, prendre la direction, aller en avant, servir de guide. — *Suất sư* ○ 師, conduire une troupe, diriger une armée. — *Suất binh* ○ 兵, id. — *Suất tánh* ○ 性, faire selon son bon plaisir, suivre sa propre inspiration. — *Đốc suất* 督 ○, être le chef, diriger, conduire. — *Suất đội* ○ 隊, capitaine, chef d'une compagnie de 50 hommes.

Sục 噈. Onomatopée (liquide qui bouillonne); émotion, agitation. (En S. A., sentir (odorat); se pron. *súc*.)

Sục sục ○ ○, bouillonnement. — *Sùng sục* 崇 ○, bruit de querelle. — *Sùng sục trong nhà luôn luôn* 崇 ○ 冲 茹 輪 輪, les disputes ne cessent pas dans la maison.

Súc 噈. Rincer (bouche, bouteille). (Pour le car. en S. A., voir ci-dessus.)

Súc miệng ○ 皿, se rincer la bouche, se gargariser. — *Súc ve* ○ 礍, rincer une bouteille. — *Nước súc* 渚 ○, eau pour se rincer la bouche. — *Chén súc miệng* 礍 ○ 皿, rince-bouche.

Súc 畜 *. Nourrir, élever, soigner; ce que l'homme entretient pour son usage; animal domestique.

Hàm súc 含 ○, étudier beaucoup. — *Súc sanh* ○ 生, animaux de boucherie. — *Lục súc* 六 ○, les six animaux domestiques (qui sont : *mã* 馬, le cheval; *ngưu* 牛, le bœuf; *dương* 羊, la chèvre; *kê* 雞, la poule; *khuyển* 犬, le chien; *thỉ* 豕, le cochon). — *Trâu bò lục súc* 㿝 牜 六 ○, gros bétail (buffles et bœufs). — *Dương chiên lục súc* 羊 牪 六 ○, petit bétail (chèvres et moutons).

Súc 搐 *. Agiter fortement, secouer en divers sens; entraîner, emmener de force.

Súc 槠 *. Grosse pièce de bois (entière ou débitée en planches).

Súc gỗ ○ 棋, pièce de bois pour la construction. — *Cây súc* 核 ○, latte, chevron.

Súc 慉 *. Encourager la haine, nourrir l'orgueil, aider les mauvais penchants; convulsions, spasmes, crampes.

Súc 蓄 *. Entasser, amasser; réunir des provisions de bouche, serrer les denrées.

Súc tích ○ 積, rassembler, réunir. — *Súc chúng* ○ 衆, aider le peuple.

Súc 嗇 *. Percevoir, sentir (odorat).

Sực 直. Soudain, aussitôt, tout à coup; par hasard, à l'improviste. (Du S. A. *trực*, même car., tout droit.)

Nhớ sực lại 汝 ○ 吏, se souvenir tout à coup. — *Sực nhìn* 祽, apercevoir aussitôt. — *Sực chộc* ○ 祝, à l'improviste, subitement. — *Sực tỉnh* ○ 情, en sursaut; surprendre.

Sức 飭 *. Donner des ordres avec autorité, ordonner, enjoindre; être ferme, fort; le pouvoir, la force.

Sức dân ○ 民, commander aux populations. — *Sức mạng* ○ 命, injonction, commandement. — *Sức trát* ○ 扎, envoyer un ordre. — *Sức tri* ○ 知, transmettre des ordres supérieurs (pour les faire exécuter). — *Ra sức* 囉 ○, montrer sa force, pousser à. — *Sức lực* ○ 力, id. *Rán sức* 助 ○, s'efforcer de. — *Gắng sức* 助 ○, id. — *Hết sức* 歇 ○, de toutes ses forces; à bout d'efforts, épuisé. — *Tốt quá sức* 卒 過 ○, excellent, superlativement beau. — *Sức mạnh* ○ 孟, force physique, puissance. — *Sức khỏe* ○ 踓, entrain, bonne santé. — *Cách sức mạnh*

格○孟, énergiquement, avec autorité, avec vigueur. — *Dùng sức chẳng nên* 用○庄年, abuser de sa force, employer son pouvoir mal à propos. — *Giận quá sức* 悻過○, colère poussée à son paroxisme.

Sức 飾 et 餙*. Frotter, polir; vernir, peindre; orner, décorer; préparer, disposer. (Dans les pays de langue annamite, ces deux car. se prennent parfois pour le précédent.)

Thủ sức 首○, orner la tête, garnir la chevelure. — *Văn sức* 文○, gracieux, élégant. — *Sức ngưu sanh* ○ 牛牲, préparer des animaux de boucherie pour les sacrifices.

Sui 嬬. Alliance, union, parenté (par arrangement de mariage). (Formé des S. A. *nữ* 女, femme, et *lôi* 雷, pluie sur un champ.)

Sui gia ○ 家, parents par alliance. — *Sui trai* ○ 傢, les parents du mari. — *Sui gái* ○ 妈, les parents de l'épouse. — *Làm sui* 濫○, s'allier. — *Làm sui gia với* 濫○家貝, faire alliance entre.

Sùi 潽. Eau qui coule, larmes qui tombent. (Formé des S. A. *thủy* 水, eau, et *lôi* 雷, pluie sur un champ.)

Sụt sùi 律○, verser des pleurs.

Suy 推*. Écarter de la main, rejeter, refuser; examiner, rechercher; réfléchir, méditer, peser; inférer, conclure.

Suy xuất khứ ○ 出去, fuir les responsabilités, se dérober aux obligations. — *Suy ơn* ○ 恩, refuser un bienfait, rejeter une faveur. — *Suy luận* ○ 論, déductions, conséquences; les suites d'une délibération. — *Suy lại* ○ 吏, rechercher, revoir; réfléchir mûrement. — *Suy tưởng* ○ 想, penser, méditer. — *Suy lẽ* ○ 理, raisonner. — *Suy lượng* ○ 量, peser. — *Suy xét* ○ 察, considérer. — *Suy đi xét lại* ○ 扌察吏, peser mûrement les choses. — *Sự suy gẫm sự* ○ 吟, méditation.

Suy 衰*. Usé, fané, ruiné; déchu, diminué, amoindri; épuisé, débile, sans force.

Suy lão ○ 老, usé par l'âge. — *Suy nhược* ○ 弱, faible, débile, sans vigueur. — *Suy yếu* ○ 要, physiquement épuisé. — *Càng ngày càng suy* 強曙強○, tomber plus bas de jour en jour. — *Nhà suy* 茄○, maison qui décline. — *Nước suy* 渚○, nation déchue, pays ruiné.

Suy 夊*. Marcher lentement, sans se presser. Car. radical. Voir *tuy*.

Súy 師*. Général en chef. Voir *soái*.

Ngươn súy 元○, officier général.

Súy 揣*. Tâter, palper, chercher à se rendre compte en touchant; mesurer, estimer, évaluer, définir, expliquer.

Bất súy 不○, qui ne peut être évalué. — *Súy mô* ○ 摸, conjecturer, diagnostiquer.

Suyển 喘*. Avoir la respiration courte et haletante, être essoufflé, hors d'haleine.

Khi suyễn 氣 ○, haleter, suffoquer. — *Hao suyễn* 哮 ○, respirer avec peine. — *Bệnh suyễn* 病 ○, l'asthme. — *Người mắc bệnh suyễn* 得㩌病 ○, un asthmatique.

Sum 森 *. Bois touffu, forêt épaisse, taillis, fourrés; sombre, noir.

Sum mộc ○ 木, acajou. — *Sum hiệp* ○ 合, serrés les uns contre les autres, rassemblés, réunis.

Sum 篸 *. Réunion de tubes en bambou; instrument de musique.

Sum 襟. Syllabe complémentaire. (Formé des S. A. *mộc* 木, arbre, et *cấm* 禁, empêcher.)

Sụm xuống ○ 顝, s'affaisser.

Sùm 岑. Tas, monceau; accumuler. (En S. A., pic, sommet; se pron. *sầm*.)

Sụn 膞. Descendre, s'affaisser; plier, tomber; os tendre, cartilage. (Formé des S. A. *nhục* 月, chair, et *tốn* 巽, pénétrer.)

Sụn lưng ○ 腰, plier les reins (sous le poids d'un fardeau). — *Mỏi sụn xương* 瘺 ○ 昌, être brisé de fatigue, abattu, harassé.

Sún 噀. Mâcher drôlement (comme les gens qui n'ont plus de dents). (Du S. A. *tốn*, même car., agiter un liquide dans sa bouche.)

Sún cơm ○ 餂, mâcher le riz cuit dont, selon l'usage, on gave les petits enfants. — *Răng sún* 齼 ○, chicot.

Sung 克 et 充 *. Remplir, compléter; occuper une fonction; plein, nombreux, compact, serré, solide; beau, long, haut; rassasier.

Sung quan ○ 官, remplir des fonctions officielles. — *Quyền sung* 權 ○, occuper provisoirement un emploi. — *Sung sứ* ○ 使, occuper un poste diplomatique. — *Sung mãn* ○ 滿, trop plein, qui déborde. — *Sung sướng* ○ 暢, atteindre le dernier degré de la jouissance voluptueuse. — *Sung dân* ○ 民, qui a de nombreux habitants. — *Sung thưởng cáo giả* ○ 賞告者, récompenser un dénonciateur.

Sung 愯 *. Émotion, inquiétude; ému, troublé, affecté, intimidé.

Sung 㭁 *. Sycomore. (Formé des S. A. *mộc* 木, arbre, et *sung* 充, plein.)

Súng 銃 *. Tube en métal, arme à feu, canon, fusil.

Khẩu súng 口 ○, bouche à feu. — *Súng lớn* ○ 吝, canon. — *Súng gang* ○ 鋼, canon de fonte. — *Súng đồng* ○ 銅, canon de cuivre. — *Súng tay* ○ 扡, fusil, pistolet. — *Súng hiệp* ○ 合, fusil à deux coups. — *Súng điểu thương* ○ 鳥鎗, fusil de chasse. — *Súng sáu lòng* ○ 慈悉, revolver à six coups. — *Súng binh* ○ 兵, fusil de troupe. — *Thuốc súng* 葉 ○, la poudre. — *Đạn súng* 弾 ○, les projectiles. — *Nạp súng* 納 ○, charger une arme à feu. — *Bắn súng* 弾 ○, tirer un coup de feu. — *Tập súng* 習 ○, faire l'exercice ou la manœuvre. — *Vác súng* 搏 ○, l'arme sur l'épaule. — *Tiếng súng lớn bắn* 嗜 ○ 吝弾, bruit du canon, canonnade. — *Một khẩu súng* 沒口 ○, une bouche à feu, un fusil. — *Giấy súng* 紙 ○, permis d'armes. — *Có giấy súng không* 固紙 ○ 空, avez-vous un permis d'armes?

Sùng 崇*. Haut, éminent, digne de respect; adorer, honorer.

Khâm sùng 欽 ○, avec grand respect. — *Sùng thượng* ○ 倘, au plus haut degré. — *Kính sùng* 敬 ○, porter un grand respect. — *Sùng Phật* ○ 佛, rendre un culte au Bouddha.

Sùng 蟲. Vers, insectes, reptiles. (Du S. A. *trùng*, même car., même signification.)

Sùng sán ○ 疝, ver solitaire. — *Sùng ăn* ○ 唆, piqué par les vers.

Sủng 寵*. Amitié, bienveillance; grâce, faveur. Voir *lũng*. A. V. Concave, déprimé, enfoncé. Voir *hủng*.

Sủng ái ○ 愛, tendre affection, amour. — *Noi sủng* 尼 ○, vallon, vallée. — *Lỗ sủng* 魯 ○, dépression de terrain, bas-fond; creux, concave.

Swng 瘊 et 痠. Tumescence, confusion, grosseur; gonflé, tuméfié. (Du S. A. *toan*, même car., douleur.)

Swng sốt ○ 焠, inflammation. — *Swng lên* ○ 遷, tumeur, enflure, meurtrissure. — *Làm cho swng lên* 濫朱 ○ 遷, enfler, tuméfier. — *Chơn nó swng lên* 蹟奴 ○ 遷, sa jambe a enflé. — *Chỗ swng* 拄 ○, l'enflure, la partie enflée.

Sừng 䮻. Corne, défense.[1] Voir *giác*. (Formé des S. A. *giác* 角, corne, et *lăng* 夌, monticule.)

Loài vật có sừng 類物固 ○, bêtes à cornes. — *Sừng nai* ○ 狔, cornes de cerf. — *Sừng tây* ○ 犀, défense de rhinocéros. — *Sừng trâu* ○ 犙, cornes de buffle. — *Sừng bò* ○ 牪, cornes de bœuf. — *Đụng sừng* 動 ○, heurter des cornes. — *Lược sừng* 畧 ○, peigne de corne. — *Đồ bằng sừng* 圖朋 ○, objet en corne.

Sừng 爽 et 奭. Étonnement, stupéfaction; distrait, inappliqué. (Du S. A. *sảng*, même car., se tromper.)

Sừng sốt ○ 焠, perdre la tête, être stupéfait. — *Quên sừng* 涓 ○, oublier. — *Sừng đi* 移 ○, demeurer absolument interdit. — *Đứng sừng* 等 ○, immobile d'étonnement, de stupeur. — *Ngó sừng* 眸 ○, regarder niaisement en l'air.

Suối 榱*. Nom d'arbre; poutre, chevron, bois de charpente.

Suối 瀥. Source, fontaine, petit ruisseau d'eaux vives. (Formé des S. A. *thủy* 水, eau, et *lỗi* 磊, pierres.)

Nước suối 渚 ○, eaux vives, eau de source. — *Suối nước* ○ 渚, claire fontaine. — *Suối đờn* ○ 彈, la source chante, le ruisseau murmure. — *Chín suối* 拾 ○, les neuf fontaines (de l'enfer bouddhiste).

Swơi 差. Étendre, épandre; saler. (En S. A., envoyer; se pron. *sai*.)

---

[1] Les cornes tendres des jeunes cerfs sont employées en médecine.

Muối swoi 㷮 ○, saler un peu. — *Thịt muối swoi* 脄 㷮 ○, viande sèche un peu salée.

Swởi 炪. Chaleur du feu; rougeole. (Formé des S. A. *hỏa* 火, feu, et *sĩ* 仕, nom de fonction.)

Swởi lửa ○ 焰, se chauffer auprès du feu. — *Swởi mình* ○ 命, se chauffer, se sécher. — *Lên swởi* 遷 ○, avoir la petite vérole.

Suớn 龥. Préparation culinaire, espèce de pâté à base de crevettes. (Formé des S. A. *thực* 食, manger, et *luân* 侖, ordre, rang.)

Ăn suớn 唵 ○, manger de ce pâté.

Suớn 榆. Droit (se dit des arbres). (Formé des S. A. *mộc* 木, arbre, et *luân* 侖, ordre, rang.)

Suớn đuởn đuởn ○ 短短, droit, lisse, sans nœuds (arbre). — *Cây suớn* 核 ○, arbre bien droit; arbres bien alignés.

Suớn 榆. Seul, simple, ordinaire, sans recherche, sans ornement. (Pour la décomp. du car., voir ci-dessus.)

Nói suớn 吶 ○, s'exprimer simplement, parler sans façon. — *Đọc suớn* 讀 ○, lire naturellement, sans chanter, sans chercher les effets.

Swơn 汕. S'écouler, sortir, suinter. (Du S. A. *sáng*, même car., source de montagne.)

Swơn máu ○ 卿, suer du sang.

Swởn 肕. Côté, flanc; charpente, grande poutre faîtière. Voir *swờng*. (Formé des S. A. *nhục* 肉, chair, et *sơn* 山, montagne.)

Xương swờn 昌 ○, les côtes. — *Cạnh swờn* 竞 ○, le flanc. — *Thịt xương swờn chiên* 脄 昌 ○ 牷, côtelette de mouton. — *Cái swờn nhà* 丐 ○ 茄, la charpente d'une maison.

Swơng 箱*. Malle, coffre, caisse. Voir *twơng*.

Y swơng 衣 ○, coffre à vêtements. — *Mộc swơng* 木 ○, caisse en bois. — *Phong swơng* 風 ○, soufflet.

Swơng 廂*. Appartements latéraux, cabinets de côté, petites chambres. Voir *twơng*.

Swơng phòng ○ 房, chambre de débarras.

Swơng 霜*. Vapeur, rosée, gelée blanche; pénible, dur, sévère.

Swơng tuyết ○ 雪, rosée congelée, grésil, giboulées. — *Mù swơng* 霥 ○, brouillard. — *Trời swơng mù* 至 ○ 霥, il fait du brouillard. — *Swơng sa* ○ 沙, gouttes fines de rosée. — *Rưới swơng swơng* 洒 ○○, arroser tout doucement. — *Swơng oai* ○ 威, digne, grave, imposant, majestueux. — *Băng swơng* 冰 ○, réduit à la dernière extrémité. — *Ăn swơng nằm tuyết* 唵 ○ 飙 雪, mener une existence pénible; litt., vivre de rosée et coucher sur la neige.

Swơng 孀*. Veuve, seule, abandonnée, délaissée.

Có swơng 孤 ○, femme veuve.

Swong 爽. Endurci, insensible; être confus, honteux; gâté (tubercule). (En S. A., se tromper; se pron. *sảng*.)

Swong mặt ○ 靦, rougir de honte.

Swớng 韔*. Étui pour l'arbalète.

Swớng 暢*. Le plaisir porté au plus haut degré; jouir (charnellement parlant); joie, contentement, jouissance, volupté; se répandre, pénétrer.

Sung swớng 充 ○, jouir pleinement, voluptueusement. — *Swớng mĩ* ○ 美, plaisant, agréable. — *Vui swớng* 盃 ○, éprouver un grand plaisir, être très heureux. — *Swớng lòng* ○ 悆, délectable, délicieux (cœur). — *Swớng ý* ○ 意, id. (esprit).— *Swớng tai* ○ 聰, qui charme l'oreille. — *Swớng mắt* ○ 耞, qui plaît aux yeux.

Swờng 樑. Charpente. Voir *swờn*. (Du S. A. *lwơng*, même car., même signification.)

Swờng nhà ○ 茹, charpente (ou poutre de faîte) d'une maison. — *Swờng ghe* ○ 簎, quille de bateau. — *Swờng nón* ○ 藏, la carcasse (ou la forme) d'un chapeau.

Swơng 鬯*. Herbes odorantes; liqueur parfumée pour les sacrifices. Car. radical.

Chủ swớng 主 ○, maître des libations, directeur des banquets.

Swơng 悄*. Trembler de peur; grande frayeur, terrible émoi.

Suốt 率. Pénétrer, approfondir. (Du S. A. *suất*, même car., diriger.)

Suốt hay ○ 哈, comprendre clairement, connaître à fond. — *Thông suốt* 通 ○, bien connaître. — *Suốt chừng* ○ 澄, sans bornes, absolument. — *Cái suốt* 丐 ○, navette de tisserand.

Suốt 掇*. Ramasser avec les deux mains, cueillir, amasser, réunir. Voir *chuyết*.

Suốt lá đi ○ 蘿挀, faire tomber les feuilles d'un arbre, effeuiller.

Swớt 殺. Surmonter des obstacles, s'ouvrir un passage, montrer de l'énergie; déchirer, lacérer, écorcher. (Du S. A. *sát*, même car., vigueur, cruauté.)

Sán swớt 哂 ○, affronter le danger en souriant. — *Swớt da* ○ 膼, déchirer la peau. — *Làm swớt* 濫 ○, se montrer intrépide.

Sup 拉. Faire un faux pas, tomber. (Du S. A. *lạp*, même car., être entraîné.)

Sup xuống ○ 軭, faire une chute.

Sụt 律. Reculer; être en arrière. (En S. A., règle, loi; se pron. *luật*.)

Sụt lại ○ 吏, égaliser; reculer. — *Sụt giá* ○ 價, baisser le prix. — *Sùi sụt* 潘 ○, verser des larmes.

Sút 率. Qui échappe, qui glisse. (En S. A., commander; se pron. *suất*.)

Sút tay ○ 捫, glisser des mains. — *Sút con* ○ 昆, avorter. — *Chịu sút* 召 ○, s'avouer vaincu, se reconnaître inférieur. — *Thua sút* 收 ○, être dépassé par. — *Sút dây* ○ 練, corde qui se défait. — *Con ngựa sút dây rồi* 昆駁 ○ 練未, le cheval s'est détaché.

Sựt 力. Pas assez mûr, pas assez cuit; encore trop dur, difficile à mâcher, très pénible à faire. (En S. A., force, vigueur; se pron. *lực*.)

 Cắt sựt sựt 割 ○ ○, couper avec peine (corps dur, ou mauvais couteau). — *May sựt sựt* 埋 ○ ○, coudre difficilement (étoffe épaisse, ou mauvaise aiguille).

Sứt 叱. Ébréché, échancré, fendu. (En S. A., paroles dures; se pron. *thất*.)

 Sứt da ○ 膚, écorcher la peau, égratigner. — *Sứt môi* ○ 枚, avoir la lèvre fendue (bec-de-lièvre). — *Sứt mé* ○ 美, ébréché, fendillé.

Swu 溲*. Tremper dans l'eau, faire macérer, laisser fermenter.

 Swu tửu ○ 酒, préparer des boissons fermentées.

Swu 廋 et 搜*. Chercher ce que quelqu'un cache, procéder à des investigations, quérir, rechercher, fouiller, remuer, bouleverser (pour trouver); réunir, rassembler.

 Swu thất ○ 室, perquisitionner dans une maison. — *Swu thuế* ○ 稅, les impôts réunis. — *Công swu* 功 ○, travaux, corvées, prestations en nature.

Swu 颼*. Le bruit du vent qui souffle; sifflement de la flèche.

Swu 嫂 et 娶*. Prendre femme, se marier (légalement).

Swu 搜*. Monter la garde, faire des rondes, aller en patrouille.

Swu 艘*. Poupe; terme numéral des barques et des navires.

Sửu 丑*. Projectile; caractère horaire et deuxième lettre du cycle duodénaire (bœuf, buffle).

 Kỉ sửu niên 己 ○ 年, l'année cyclique correspondant à 1889. — *Giờ sửu* 除 ○, de une à trois heures du matin.

T

Ta 些*. Peu de chose, petite quantité, de peu d'importance, infime. A. V. Je, moi, nous (parlant avec autorité, supériorité ou arrogance).

 Ta tiểu tử ○ 小子, une bagatelle, un rien. — *Hảo ta* 好 ○, qui a augmenté, qui s'est amélioré. — *Người ta* 得 ○, les hommes, les gens, on. — *Người ta nói* 得 ○ 吶, on dit que. — *Chúng ta* 乘 ○, nous (celui à qui l'on parle étant compris). — *Là của chúng ta* 羅貼乘 ○, c'est à nous, c'est notre bien (à tous). — *Anh ta* 嬰 ○, notre frère, notre homme. — *Hai ta* 纪 ○, nous deux, tous les deux. — *Ba ta* 咜 ○, nous trois.

Tạ 嗟 et 諸*. Se plaindre, se lamenter, gémir, soupirer; interjections: oh! ah!

Ta thán ○ 嘆, pousser de grands soupirs. — *Ta ta* ○ ○, hélas! — *Tw ta* 杏 ○, id.

Tạ 蹉*. Faire un faux pas, glisser, perdre pied; laisser tomber.

Tạ 謝*. S'excuser, refuser poliment, décliner; remercier, rendre grâces; nom de famille.

Tạ chánh ○ 政, résigner ses fonctions, abandonner une charge. — *Tạ khứ* ○ 去, quitter, laisser, s'en aller. — *Tạ ơn* ○ 恩, remercier d'un bienfait, exprimer sa gratitude. — *Tạ thế* ○ 世, quitter la vie. — *Tạ khách* ○ 客, s'excuser de ne pouvoir recevoir un visiteur. — *Họ Tạ* 戶 ○, du nom générique de *Tạ*.

Tạ 榭*. Abri, refuge, préau couvert, tente-abri, resserre, réserve.

Tạ 擔. Le picul annamite (égal au poids de 42 ligatures ou 61 kilog.). (En S. A., lever, soulever; se pron. *tan*.)

Một tạ gạo 沒 ○ 糙, un picul de riz. — *Bao tạ* 包 ○, grand sac.

Tạ 藉*. Nom de plantes; compter sur quelqu'un, se faire fort de; aider, secourir; emprunt, prétexte.

Tá 借*. Aider, assister; emprunter, prendre en location; imaginaire, faux; si, supposé que.

Tá canh ngưu ○ 耕牛, louer des buffles de labour. — *Lập từ tá sự* 立詞 ○ 事, établir un contrat de location. — *Tá điền* ○ 田, louer une rizière. — *Tá nhơn* ○ 人, locataire. — *Tá danh* ○ 名, prendre le nom d'un autre, voler la réputation de quelqu'un. — *Giả tá* 假 ○, usurper. — *Tá dũ* ○ 誘, s'exprimer métaphoriquement.

Tá 打. Battre, frapper. Voir *đánh*.

Tá 佐*. Aider, prêter assistance, seconder; adjoint, lieutenant.

Tá trị ○ 治, prêter son concours à l'État. — *Quan tá* 官 ○, aide de camp. — *Tá lý* ○ 理, aide, adjoint, second, suppléant. — *Tá lãnh* ○ 領, id. — *Tôi tá* 碎 ○, esclave, domestique, serviteur.

Tá 啫*. Avoir le verbe haut, parler insolemment. Voir *thước*.

Tà 邪*. Être contre le droit et la raison; pencher du mauvais côté; inique, faux, égaré; méchant, pervers, dépravé, diabolique.

Tà tâm ○ 心, dépravé, corrompu. — *Tà dâm* ○ 婬, impudique, luxurieux, libidineux. — *Gian tà* 奸 ○, illicite, injuste; immoral. — *Đạo tà* 道 ○, fausse religion, doctrine perverse. — *Tà pháp* ○ 法, sorcellerie. — *Trừ tà* 除 ○, chasser les démons, exorciser. — *Tà ma* ○ 魔, fantômes, revenants, diables. — *Ma tà* 麻 ○, soldat de police (Cochinchine). — *Tà thần* ○ 神, esprits malfaisants. — *Ý tà* 意 ○, mauvaises idées, méchantes intentions. — *Lẽ tà* 理 ○, mauvaises raisons, fausses excuses.

Tà 梛 et 梛*. Cocotier, palmier.

Tã 袘*. Drap, lange; cotonnade blanche; étoffe grossière, chiffon. (Formé des S. A. *y* 衣, vêtement, et *tà* 左, gauche.)

Tà 左*⁽¹⁾. Le côté gauche (aujourd'hui bon côté, place d'honneur.)

Tà hữu ○ 右, la gauche et la droite. — *Tà hữu thị lăng* ○ 右侍郎, les conseillers de gauche et de droite d'un ministère. — *Tà tham tri* ○ 參知, l'assesseur de gauche (le premier). — *Tà thủ* ○ 手, main gauche. — *Tay tà* 挀○, id. — *Tà quân* ○ 軍, maréchal de gauche. — *Bên tà* 邊○, côté gauche. — *Nam tà nữ hữu* 男○女右, les garçons à gauche, les filles à droite (préséance). — *Tà đạo* ○ 道, doctrine subversive, religion perverse. — *Tà tánh* ○ 性, mauvais caractère, mauvaise nature. — *Tà nhẩn* ○ 衽, boutonner l'habit à gauche (se dit des gens insoumis, des rebelles, des révoltés; voir au mot *nhẩn* une note explicative).

Tà 寫 et 寫*. Écrire, rédiger, noter, transcrire, dessiner, peindre.

Tà tự ○ 字, tracer des caractères. — *Tà thơ* ○ 書, écrire une lettre, rédiger un document. — *Tà tự nhơn* ○ 詞人, l'écrivain d'un contrat. — *Tà sách* ○ 冊, un manuscrit.

Tà 瀉*. Filtrer un liquide, exprimer le suc; expurger, éliminer; flux d'entrailles. Voir *dã*.

Thổ tà 吐○, éliminer (par en haut ou par en bas). — *Phát tà* 發○, être pris de diarrhée. — *Tiết tà* 洩○, id. — *Đi tà* 移○, aller en diarrhée. — *Tà bệnh* ○病, dysenterie. — *Tà hỏa* ○火, se purger.

Tà 卸*. Abandonner, jeter; renoncer à, se désister, se retirer.

Tà sự ○ 事, abandonner une affaire. — *Tà sĩ* ○ 仕, renoncer à une situation officielle.

Tạc 怍*. Timide, confus, embarrassé, mal à l'aise, interdit.

Ngôn bất tạc 言不○, parler sans timidité, s'exprimer sans gêne.

Tạc 昨*. Jours passés, époques antérieures, temps écoulé; avant, jadis, autrefois.

Đông tạc 冬○, l'hiver dernier. — *Tạc diệp* ○ 葉, plante médicinale (employée contre les hémorragies).

Tạc 鑿*. Tailler, graver, sculpter; poinçon, ciseau de sculpteur.

Tạc tạch ○ 石, tailler la pierre. — *Tạc lòng* ○ 悉, se souvenir; litt., graver dans son cœur. — *Bia tạc* 碑○, inscription lapidaire. — *Tạc dao* ○ 刀, ciseau à froid.

Tạc 柞*. Un arbre dont le bois dur et résistant est propre à la construction des barques.

⁽¹⁾ La gauche n'a pas toujours été le bon côté. Il fut un temps où gauche était synonyme de mauvais, méchant, pervers. Cette acception subsiste encore dans certaines locutions spéciales, adages, proverbes, etc.

Tác 索*. Fibres de plantes; corde, lien, attache; lier; ce qui lie, comme une obligation; ce qui unit, comme les liens de famille. Voir *sách*.

Tác mạng ○ 命, les liens de la vie, les fils de l'existence. — *Tuổi tác* 歲○, l'âge, les années.

Tác 作*. Faire, agir; rédiger, composer; susciter, exciter, pousser à. A. V. Glousser, bramer.

Tác phước ○ 福, s'occuper d'œuvres de bienfaisance. — *Tan tác* 散○, se disperser, s'évanouir, disparaître. — *Canh tác* 耕○, cultiver. — *Tác loạn* ○ 乱, pousser à la révolte. — *Gà tục tác* 鶻俗○, la poule glousse. — *Mang tác* 狢○, le cerf brame.

Tặc 賊*. La guerre, l'ennemi; voler, piller, pirater. Voir *giặc*.

Tặc binh ○ 兵, troupes ennemies. — *Hải tặc* 海○, pirates, corsaires. — *Tặc đầu* ○ 頭, chef de brigands, capitaine de voleurs. — *Loạn tặc* 乱○, rebelles, insurgés. — *Ngụy tặc* 僞○, id. — *Đạo tặc* 盗○, pillards, voleurs, brigands. — *Bình tặc* 平○, calmer une révolte, apaiser une insurrection. — *Tặc tử* ○ 子, fils révolté. — *Dị tặc* 異○, face patibulaire, figure de brigand.

Tắc 則*. Puissance, règle, loi, principe, exemple; se conformer à; aussitôt, alors.

Hữu vật hữu tắc 有物有○, il y a les êtres et les lois. — *Phép tắc* 法○, science, savoir-faire. — *Phép tắc vô cùng* 法○無窮, qui peut tout, sans exception. — *Có phép có tắc* 固法固○, se dit d'un homme instruit, capable, bien élevé.

Tắc 稷*. Les céréales; amasser le grain, mettre la récolte en tas.

Hậu tắc 后○, dieu des céréales. — *Xã tắc* 社○, id. — *Đền xã tắc* 坦社○, palais des sacrifices (pour le dieu des céréales).

Tắc 塞*. Couvrir, combler; boucher une ouverture, obstruer un passage; obstacle, barrière.

Đàng tắc 唐, route barrée. — *Tắc ngoại* ○ 外, hors des barrières. — *Tắc khẩu* ○ 口, boucher un trou, fermer la bouche. — *Khai tắc* 開○, pratiquer une brèche. — *Tắc cổ* ○ 古, avoir la gorge prise. — *Điếu tắc* 釣○, pipe bouchée.

Tác 聎. Pouce (mesure de longueur, dixième partie du pied chinois ou de la mesure appelée *thước* 托, mètre). (Formé des S. A. *tắc* 則, règle, loi, et *thốn* 寸, pouce.)

Một thước năm tác 沒托䚋○, un mètre et demi annamite. — *Dài hơn bốn tác* 曵欣罺○, plus de quatre pouces de longueur. — *Mấy tác* 買○, combien de pouces? — *Tác hơi* ○晞, exhaler un soupir.

Tách 渧. Fendre avec les mains, séparer, diviser, couper, écarter. (Formé des S. A. *thủy* 水, eau, et *tịch* 昔, jadis, autrefois.)

Tách nhau ○ 饒, se séparer, s'écarter les uns des autres. — *Tách làng* ○ 廊, diviser un village. — *Cây tách*

核 ○, arbre fendu, bois coupé. — *Kim tách* 針 ○, aiguille très fine.

Tai 灾 et 災*. Malheurs qui viennent d'en haut, calamités envoyées par le ciel; désastre, fléau, infortune, revers, adversité.

Thủy tai 水 ○, malheurs causés par l'eau, inondations. — *Hỏa tai* 火 ○, incendie, feu du ciel. — *Hạn tai* 旱 ○, grande sécheresse. — *Thiên tai* 天 ○, calamités naturelles. — *Tam tai* 三 ○, les trois calamités. — *Tai hại* ○ 害, ruine, désastre. — *Mắc tai* 纆 ○, tomber dans le malheur. — *Phải ai tai nấy* 沛 埃 ○ 乃, celui qui tombe dans le malheur y est bien (personne ne l'aide). — *Tai nạn* ○ 難, désastre, fléau, ruine. — *Nhương tai tống ách* 攘 ○ 送 厄, conjurer les calamités (par des pratiques superstitieuses).

Tai 顋 et 腮*. Mâchoires, joues, ouïes; les deux côtés de la figure.

Tai 鬢*. Barbe longue et épaisse.

Tai 聰. Oreille; feuille, pétale. (Formé des S. A. *nhĩ* 耳, oreille, et *tư* 思, méditer.)

Lỗ tai 魯 ○, canal auditif. — *Trái tai* 輭 ○, lobe de l'oreille. — *Rõ tai* 燸 ○, oreille fine. — *Trái tai* 債 ○, un peu sourd. — *Điếc tai* 的 ○, sourd. — *Váy tai* 捏 ○, curer les oreilles. — *Lắng tai* 朗 ○, prêter l'oreille, écouter avec soin. — *Xách tai* 抹 ○, tirer les oreilles. — *Hoa tai* 花 ○, boucles d'oreilles. — *Bông tai* 蘴 ○, id. — *Làm cho điếc tai* 濫 朱 的 ○, abasourdir. — *Bóp tai* 抐 ○, gifler. — *Tai một cái* ○ 沒 丐, donner une taloche. — *Phạm tai* 犯 ○, blessant pour l'oreille, pénible à entendre. — *Rừng có mạch vách có tai* 棱 固 脉 壁 固 ○, les forêts ont des sources (qui écoutent), les murs ont des oreilles (qui entendent) [proverbe].

Tai 哉*. Tellement, à quel point; mot auxiliaire; exclamation de surprise, cri d'admiration.

Đại tai 大 ○, tellement grand? — *Thánh tai* 聖 ○, combien sage! qu'il est saint! — *Minh tai* 明 ○, comme il est intelligent!

Tại 在*. A l'endroit de; d'où, de qui, à cause de; dans, à, chez: occuper un emplacement, demeurer, habiter, résider.

Bất tại tâm thượng 不 ○ 心 上, cela n'existe pas dans votre esprit. — *Tại mục tiền* ○ 目 前, en présence de, qui se trouve devant les yeux. — *Tại nhà tôi* ○ 茹 碎, dans ma maison, chez moi. — *Tại ý nó* 意 奴, c'est lui qui l'a voulu. — *Tại lòng tôi* 癛 碎, c'est moi qui l'ai désiré. — *Ở tại* 於 ○, être chez, demeurer à. — *Không phải tại tôi* 空 沛 ○ 碎, cela n'est pas de mon fait, cela ne s'est pas passé chez moi. — *Tại ai* ○ 埃, qui en est la cause? — *Tại đâu* ○ 兜, où? d'où? par quoi?

Tái 儽*. Un homme qui manque de sincérité; petit, piètre, mesquin.

Tái 再*. Encore, de nouveau, de plus, en outre, une deuxième fois;

renouveler, recommencer, réitérer; continuer, aller plus loin, pousser jusqu'au bout. A. V. Pâle, livide, exsangue, presque mort.

Tái sanh ○ 生, revivre, renaître. — *Tái hồi* ○ 回, retourner. — *Tái lai* ○ 來, revenir. — *Tái quá thập nhựt* ○ 過 十 日, dix jours s'étaient déjà passés. — *Tái ngu* ○ 虞, deuxième offrande rituelle (après l'enterrement). — *Tái thừa* ○ 承, en outre et par obéissance. — *Tái mặt* ○ 沫, visage pâle, face livide.

Tài 才 *. Talent, capacité, savoir-faire, aptitude, habileté, finesse.

Tài nhơn ○ 人, homme de talent, personne capable. — *Bất tài* 不 ○, sans capacité, sans habileté, inepte. — *Tài trí* ○ 智, haute intelligence, grand savoir. — *Tài nghề* ○ 藝, industrieux, habile dans les arts. — *Đại tiểu các hữu kì tài* 大 小 各 有 其 ○, grands et petits, chacun a son talent particulier. — *Tam tài giả* 三 ○ 者, les trois grandes puissances (qui sont : *thiên* 天, *địa* 地, *nhơn* 人, le ciel, la terre et l'homme). — *Tài đức* ○ 德, qui joint de hautes capacités à une grande vertu. — *Tú tài* 秀 ○, bachelier. — *Có tài* 固 ○, avoir du talent, être capable. — *Tài lạ* ○ 灑, talents distingués, capacités rares. — *Tài lực* ○ 力, vaillance et savoir-faire.

Tài 裁 *. Tailler des étoffes, couper un vêtement; couper, trancher, rogner; changer, modifier; retrancher, se priver.

Ngũ tài 五 ○, les cinq privations (des malades). — *Tài chế* ○ 製, tempérer, mélanger, corriger.

Tài 材 *. Bois de charpente et de construction; bois dont on se sert pour les meubles et les cercueils; matières, substances, matériaux.

Ngũ tài 五 ○, les cinq éléments : *kim* 金, métal; *mộc* 木, bois; *thủy* 水, eau; *hỏa* 火, feu; *thổ* 土, terre. — *Tài mộc* ○ 木, bois de construction. — *Tài liệu* ○ 料, matières usuelles, comme le bois, la pierre, etc. — *Bất thành tài* 不 成 ○, qui ne peut servir à rien, qui n'est d'aucune utilité, hors d'usage. — *Quan tài* 棺 ○, cercueil, bière.

Tài 財 *. Biens, richesses; profits, butins; avantages, agréments.

Gia tài 家 ○, les biens de la famille, l'héritage. — *Tài hóa* ○ 化, id. — *Tài vật* ○ 物, objet de valeur. — *Phần gia tài* 分 家 ○, part d'héritage. — *Ăn phần gia tài* 咹 分 家 ○, hériter de sa part de biens. — *Sanh tài* 生 ○, augmenter ses biens, s'enrichir. — *Bằng hữu đồng tài* 朋 友 同 ○, amis vivant en communauté de biens. — *Tài sắc* ○ 色, richesse et beauté. — *Tài hóa* ○ 貨, biens, marchandises. — *Tài công* ○ 工, patron de barque. — *Tài chủ* ○ 主, possesseur, propriétaire; richard.

Tài 栽 *. Planter, butter; prendre soin, arranger; travailler la terre, cultiver les plantes; se donner de la peine; enseigner, élever.

Chánh tổng tài 正 總 ○, rédacteur en chef (d'un journal). — *Tài bồi*

培, bien cultiver la terre; inculquer les bons principes.

Tải 載*. Charger une charrette; transporter en voiture; charroi, transport; porter, supporter; soutenir, maintenir; année.

Tải tạp hóa ○ 雜貨, charger diverses marchandises. — *Chuyển tải* 轉○, transborder. — *Đế chi tải* 帝之○, le travail de l'empereur. — *Tàu tải* 艚○, navire pour transporter le tribut. — *Tải ra* ○ 囉, produire, étendre. — *Thiên tải* 千○, mille années.

Tay 挀. La main; bras, manche. (Formé des S. A. *thủ* 手, main, et *tây* 西, occident.)

Tay mặt ○ 𦟾, main droite. — *Tay trái* 債, main gauche. — *Bàn tay* 盤○, paume de la main. — *Ngón tay* 掀○, doigt de la main. — *Móng tay* 朦○, ongle de la main. — *Cánh tay* 羽○, bras. — *Con chuột tay* 昆狱○, biceps; litt., le rat du bras. — *Chỉ tay* 指○, les lignes de la main. — *Hoa tay* 花○, id. — *Viết chữ hay là tại hoa tay* 曰字哈羅在花○, bien écrire les caractères dépend des lignes de la main. — *Bắt tay làm* 抔○濫, mettre la main à l'ouvrage. — *Tay áo* ○ 襖, manche de vêtement. — *Nắm tay* 捻○, fermer la main, serrer le poing; prendre à poignée. — *Bắt tay* 抔○, prendre la main, donner la main. — *Buông tay* 擴○, lâcher la main; laisser échapper des mains. — *Tay nhỏ* 弛○, petite main. — *Cổ tay* 古○, poignet. — *Mau tay* 毛○, prompt, vif, alerte,

qui fait vite. — *Ra tay* 囉○, avancer la main, mettre la main à la besogne. — *Cao tay* 高○, puissant, capable, influent.

Tây 再. Syllabe complémentaire. (Du S. A. *tái*, même car., refaire.)

Tây mót ○ 沒, glaner, grapiller, ramasser du menu bois. — *Tây tây* ○○, menu, petit; soigneux, minutieux, méticuleux.

Tày 齊. Égal, uni, du même plan. (Du S. A. *tề*, même car., régulier.)

Tày nhau ○ 饒, qui sont égaux, qui se valent. — *Chẳng tày* 庄○, inégal, irrégulier; qui ne peut être comparé. — *Chi tày* 之○, id. — *Nào tày* 荷○, id. — *Bánh tày* 鈉○, le nom d'une friandise du pays. — *Tày xuyên* ○ 川, nom propre. — *Tày phiên* ○ 番, id. — *Tày viên* ○ 圓, id.

Tây 私. Privé, propre, personnel. (Du S. A. *tư*, même car., même signification.)

Tây tà ○ 邪, faire acception de personnes. — *Riêng tây* 貞○, particulier. — *Ý tây* 意○, intentions propres, vues personnelles. — *Lòng tây* 悉○, sentiment intime. — *Thiên tây* 偏○, partial.

Tây 犀*. Rhinocéros; dur, coriace. Voir *tê*.

Con tây 昆○, le rhinocéros. — *Tây ngưu* ○ 牛, id. — *Da tây* 胗○, peau de rhinocéros. — *Tây giác* ○ 角, corne de rhinocéros. — *Sừng tây* 鯪○, id.

Tây 西*. Ouest, occident; ciel des bouddhistes; désigne en divination la région du métal; mot souvent employé dans les noms de pays.

Phương tây 方 ○, la région occidentale, l'Europe. — *Bên tây* 邊 ○, en Europe. — *Gió tây* 逌 ○, vent d'ouest. — *Phía tây* 費 ○, le côté ou la façade qui regarde l'occident; à l'ouest. — *Người tây* 得 ○, un Européen. — *Tây dương đường* ○ 洋 堂, la salle d'audience où l'on recevait autrefois les Européens à Huế. — *Tây nam* ○ 南, sud-ouest. — *Tây bắc* ○ 北, nord-ouest. — *Tây tịch* ○ 席, précepteur, maître. — *Tây thiên* ○ 天, le but final des bouddhistes, le nirvâna. — *Tây minh* ○ 明, nom propre. — *Sơn tây* 山 ○, l'ouest des montagnes; le nom d'une province du Tonkin. — *Tây ninh* ○ 寧, ouest pacifié; nom d'un arrondissement de la Cochinchine. — *Tây sơn* ○ 山, montagnes de l'ouest; nom de guerre des rebelles qui s'emparèrent du gouvernement d'une grande partie des pays d'Annam sous la dynastie des *Lê*. — *Tây mễ* ○ 米, sagou. — *Tây qua* ○ 瓜, pastèque, melon d'eau. — *Cà tây* 樗 ○, aubergine, tomate. — *Khoai tây* 坊 ○, pommes de terre.

Tây 猵. La loutre. Voir *thác* et *rái*. (Formé des S. A. *khuyển* 犬, chien, et *tái* 再, de nouveau.)

Tây 洗*. Laver, nettoyer, purifier; effacer, raturer; délivrer.

Tây thủ ○ 手, se laver les mains. — *Tây tâm* ○ 心, purifier son âme. — *Tây lòng* ○ 衷, id. — *Tây minh* ○ 命, purger le corps. — *Cách diện tây minh* 革面 ○ 命, s'amender, se corriger. — *Thánh tây* 聖 ○, sainte purification, baptême. — *Tây chữ* ○ 字, effacer des caractères, raturer un mot. — *Thuốc tây* 藥 ○, un remède purgatif.

Tam 三*. Le nombre trois (caractère simple). Voir *ba*.

Tam quang ○ 光, les trois luminaires (soleil, lune, étoiles). — *Tam tài* ○ 才, les trois puissances (ciel, terre, homme). — *Tam cang* ○ 綱, les trois liens sociaux (roi et sujets, père et fils, mari et femme). — *Tam quân* ○ 軍, l'ensemble des choses militaires. — *Tam lược* ○ 畧, les trois livres qui fixent l'art de la guerre. — *Tam quan* ○ 關, cour intérieure d'une maison. — *Tam sanh* ○ 牲, les trois victimes pour les sacrifices, les trois animaux de boucherie (bœuf, mouton, cochon). — *Tam bản* ○ 板, petit canot.

Tam 弎 et 叁*. Le nombre trois (caractères compliqués).

Tái tam 再 ○, pour la troisième fois. — *Tam thứ* ○ 次, trois fois. — *Đệ tam* 第 ○, troisième. — *Bất tam bất tứ* 不 ○ 不 四, ni trois ni quatre, ni l'un ni l'autre. — *Tam thập nhựt* ○ 十 日, le trentième jour (du mois).

Tạm 鏨*. Graver sur métaux; orner, sculpter, ciseler; ciseau, burin.

Tạm 暫*. Un court espace de temps, momentanément, passagèrement, provisoirement.

Ở tạm 於 ○, demeurer provisoirement. — *Làm tạm* 濫 ○, s'occuper momentanément. — *Nhà tạm* 茹 ○, abri provisoire, tente, hangar. — *Tạm vậy* ○ 不, provisoirement, comme en passant. — *Tờ tạm* 詞 ○, contrat d'emprunt. — *Dùng tạm* 用 ○, se servir (de quelqu'un ou de quelque chose) momentanément. — *Tạm trú* ○ 住, s'arrêter un instant.

Tạm 槧*. Tablettes à écrire, planches sur lesquelles on grave des inscriptions.

Tạm 撕 et 擊*. Couper, faucher; démolir, détruire, abattre.

Tám 糝. Le nombre huit. Voir *bát*. (En S. A., un plat de riz; se pron. *thảm*.)

    Mồng tám 夢 ○, le huit (du mois). — *Thứ tám* 次 ○, huitième. — *Tám phước* ○ 福, les huit félicités. — *Tám trăm đồng bạc* ○ 蟲 銅 薄, huit cent piastres. — *Tám cái nhà* ○ 丐 茹, huit maisons. — *Tám người* ○ 俾, huit personnes.

Tàm 蠶 et 蠶*. Ver à soie, cocon; plante légumineuse. Voir *tằm*.

    Tàm thất ○ 室, maison où l'on élève des vers à soie. — *Đậu tàm* 豆 ○, fève.

Tàm 慙 et 慚*. Honte, trouble, confusion, timidité; salir, souiller.

Tăm 籤*. Mince baguette en bambou. (Du S. A. *tiêm*, même car., même signification.)

    Cái tăm xỉa răng 丐 ○ 擿 酸, cure-dent. — *Cái tăm hương* 丐 ○ 香, baguette d'encens.

Tăm 沁. Bulle d'air, mousse, écume. (En S. A., explorer (eau); se pron. *tẩm*.)

    Sôi tăm 潘 ○, liquide qui bouillonne; agitation, effervescence. — *Tăm dạng* ○ 樣, ce qui monte à fleur d'eau; vestige, signe, apparence. — *Mất tăm* 秩 ○, perdre les traces, n'avoir plus aucune indication. — *Tối tăm* 最 ○, obscur, ténébreux. — *Bặt tăm* 拔 ○, sans aucune indication, égaré, troublé, confus.

Tắm 沁. Faire ses ablutions, se laver tout le corps, se baigner. (Pour le car. en S. A., voir ci-dessus.)

    Đi tắm 移 ○, aller au bain. — *Tắm rửa con nít* ○ 浥 昆 渥, baigner et laver un enfant. — *Tắm dầu* ○ 油, imbiber d'huile. — *Tắm ngựa* ○ 馭, baigner un cheval. — *Nước tắm* 渚 ○, eau pour le bain. — *Thùng tắm* 桶 ○, baignoire. — *Nhà tắm* 茹 ○, établissement de bains.

Tằm 蠶. Ver à soie, cocon; mot euphonique. (Du S. A. *tàm*, même car., même signification.)

    Nuôi tằm 餕 ○, élever des vers à soie. — *Việc để tằm* 役 底 ○, la sériciculture. — *Bủa tằm* 絀 ○, disposer les vers sur des claies. — *Tằm chín* ○ 搶, vers ayant atteint leur plein développement. — *Tằm lắng* ○ 蛉, jaunâtre, flétri.

Tâm 心*. Le cœur; siège des sentiments; volonté, intention; centre, intérieur, milieu, interne, intime. Car. radical. Voir *lòng*.

    Bổn tâm 本 ○, cœur originel; idées naturelles, normales; esprit particulier. — *Tâm tình* ○ 情, affectueux, cordial, attentif, attentionné. — *Đồng tâm* 同 ○, d'un commun accord; animés du même esprit. — *Hữu tâm* 有 ○, de tout cœur, de plein gré. — *An tâm* 安 ○, paix, tranquillité. — *Vô tâm* 無 ○, indifférent, inattentif, apathique. — *Tâm bất tại* ○ 不 在, le cœur n'y est pas; absence, distraction, égarement. — *Trung tâm* 中 ○, centre, milieu, intérieur, interne. — *Kinh tâm* 經 ○, appliquer son esprit à, porter une grande attention sur. — *Nhơn tâm* 人 ○, le cœur humain. — *Thiên tâm* 天 ○, méridien, zénith. — *Tâm lực* ○ 力, force de volonté. — *Tâm sự* ○ 事, affaire de cœur, pensée intime.

Tâm 心. Serrement de cœur; ému, troublé; syllabe complémentaire. (Pour le car. en S. A., voir ci-dessus.)

Tâm tức ○ 息, très ému, très froissé. — *Tâm tươi* ○ 載, affecté, vexé, honteux. — *Khóc tâm tức* 哭 ○ 息, pleurer à chaudes larmes.

Tâm 糁. Matières gluantes du riz. (Du S. A. *thâm*, même car., riz cuit.)

Tâm 舭. Planche; éclat de bois; morceau, fragment; terme numéral des planches, des objets plats. (Formé des S. A. *phiến* 片, éclat de bois, et *tâm* 心, cœur.)

Một tâm ván 沒 ○ 版, une planche. — *Tâm bạc* ○ 薄, une piastre. — *Tâm liễn* ○ 聯, un panneau à sentences. — *Tâm lòng* ○ 悉, cœur (viscère). — *Tâm thịt* ○ 胒, lambeau de chair, quartier de viande.

— *Tâm phên* ○ 播, jalousie, claie, écran, cloison.

Tâm 尋 *. Chercher, démêler, débrouiller, corriger, rectifier; procéder à des investigations; ordinaire, commun, habituel; mesure de longueur.

Tâm thường ○ 常, ordinaire, habituel. — *Can tâm* 干 ○, aller aux informations. — *Trống tâm* 鼛 ○, le nom d'un tam-tam. — *Tâm bất kiến* ○ 不 見, chercher et ne pas voir. — *Tâm sự* ○ 事, démêler une affaire; s'immiscer dans. — *Trí tâm thường* 智 ○ 常, intelligence moyenne. — *Tâm phào* ○ 抛, peu solide. — *Sào tâm vóng* 高 ○ 橄, perche pointue servant de lance.

Tâm 燖 *. Mettre sur le feu; faire cuire, faire bouillir, réchauffer.

Tâm thủ ○ 手, tremper dans un liquide bouillant, échauder. — *Tâm lại* ○ 更, recuire, réchauffer. — *Làm tâm* 濫 ○, gâter, gâcher.

Tâm 撏 *. S'emparer violemment de, arracher de vive force; battre, frapper, fustiger.

Tâm 鱏 *. L'esturgeon. Voir *kiểm*.

Tâm 沁 *. Explorer les profondeurs de l'eau; sonder, approfondir.

Tâm riva ○ 涾, passer à l'eau.

Tâm 浸 *. Plonger dans l'eau, immerger; mouiller, tremper, imbiber, faire macérer.

Thủy tầm 水 ○, eaux débordantes. — *Tầm thuốc* ○ 葯, faire macérer des drogues; humecter le tabac. — *Bỏ tuyến tầm lưu hoàng* 布線○硫磺, une mèche trempée dans du soufre (ustensile de voleur). — *Tầm bổ* ○ 補, réconforter, fortifier.

Tan 散*. Jeté, dispersé, éparpillé; répandre çà et là, dissiper, dissoudre, partager, disloquer, rompre; laisser aller à la débandade; se livrer à la dissipation.

Tan hội ○ 會, clore les travaux d'une assemblée, lever la séance. — *Tan hầu* ○ 候, finir l'audience, fermer les bureaux. — *Đánh trống tan hầu* 打㪯○候, battre le tam-tam pour annoncer la fermeture des bureaux. — *Phá tan* 破○, disperser, détruire. — *Tan nát* ○ 涅, pulvériser. — *Tan canh* ○ 更, fin de veille. — *Tan chợ* ○ 﨟, clôture du marché.

Tan 担*. Épousseter, brosser; lever, soulever, faire partir.

Tạn 趱*. Marcher très vite et par groupes distincts.

Tạn 羨. Désirer vivement; jusqu'à. (Du S. A. *tiện*, même car., même signification.)

Tạn trời ○ 歪, jusqu'au ciel. — *Tạn mặt* ○ 靣, en présence de.

Tán 散*. Casser, briser, réduire en miettes, pulvériser, disperser.

Tán thuốc ○ 葯, broyer des drogues. — *Tán mạt* ○ 末, dispersé tout à fait, réduit à rien. — *Tán loạn* ○ 亂, mettre le désordre dans; disperser l'ennemi. — *Thất tán* 失○, évanoui, disparu.

Tán 贊*. Se présenter devant un supérieur; introduire les visiteurs; aider, assister, seconder.

Tán đường ○ 堂, se tenir à la porte d'une salle d'audience. — *Nội tán* 內○, huissier, introducteur. — *Tán lý* ○ 理, autre fonctionnaire.

Tán 讚*. Faire l'éloge de quelqu'un; complimenter, adresser des louanges; défendre, plaider.

Tán tạ ○ 謝, louer, célébrer, glorifier, rendre grâces. — *Tụng tán* 誦○, id. — *Tán tụng* ○ 誦, id.

Tán 傘*. Dais, parapluie, parasol, ombrelle; couvrir, préserver.

La tán 羅○, grand parasol officiel (porté par un serviteur). — *Mã tán* 馬○, parasol à long manche pour abriter un personnage à cheval.

Tàn 傘*. Même signification que ci-dessus.

Tàn vàng ○ 鐄, le grand parasol jaune du souverain. — *Cây tàn* 核 ○, l'arbre parasol.

Tàn 戔*. Faire du mal, causer du tort; peu de chose, sans grande importance; étroit, resserré, rétréci, restreint.

Tàn 殘*. Piller, voler; porter dommage, nuire fortement; se perdre, se gâter, se faner, dépérir.

Tấn hại người ta ○ 害得些, nuire aux gens. — *Tối tấn* 頹 ○, briser, détruire. — *Tấn tật* ○ 疾, serré, à l'étroit; infirme, impotent. — *Tấn tật hạng* ○ 疾項, la classe des infirmes (catégorie d'hommes exemptés du service militaire et ne payant que la moitié de chaque contribution personnelle). — *Hoa tàn* 花 ○, fleur fanée.

Tấn 散. Dispersé, dissipé, parti. (Du S. A. *tan*, même car., même signification.)

Đào tấn 逃 ○, s'enfuir de tous côtés, se sauver dans toutes les directions. — *Đi tấn* 移 ○, id.

Tấn 咱*. Pronom pers., je, moi; époque, période; alors, quand.

Tấn 辛. Syllabe complémentaire. (En S. A., amer, âcre; se pron. *tân*.)

Tấn mằn ○ 蠻, petites choses, menus détails. — *Ngứa tấn mằn* 癢 ○ 蠻, petites démangeaisons; légères contrariétés.

Tận 羨. Syllabe complémentaire. (En S. A., souhaiter; se pron. *tiện*.)

Tiện tận 賤 ○, avare, regardant.

Tần 頻. Syllabe complémentaire. (En S. A., très souvent; se pron. *tần*.)

Tần mằn ○ 慢, s'amuser à des riens, faire des petits travaux pour passer le temps (vieillards, infirmes).

Tấn 殯. Syllabe complémentaire. (En S. A., ensevelir; se pron. *tấn*.)

Tấn mằn ○ 精, petit, mesquin.

Tân 賓*. Hôte, invité, étranger.

Tiếp tân 接 ○, recevoir des convives. — *Tân khách* ○ 客, donner l'hospitalité à des étrangers.

Tân 濱*. Bord, côte, berge, rivage.

Tân nhơn ○ 人, un riverain. — *Hải tân* 海 ○, rives maritimes. — *Giang tân* 江 ○, les bords d'un fleuve. — *Tân khẩu* ○ 口, embouchure de fleuve.

Tân 津*. Passer l'eau; gué, bac.

Tân 辛*. Amer, âcre, mordant, piquant, sur, acide; huitième lettre du cycle dénaire et car. horaire. Car. radical.

Ngũ tân 五 ○, les cinq plantes à goût piquant. — *Tân khổ* ○ 苦, amertume, affliction, souffrance; pénible, fatigant. — *Tân toan* ○ 酸, chagrin, détresse, misère. — *Tân lạt* ○ 辣, goût âcre.

Tân 新*. Nouveau, récent; renouveler, rafraîchir; nom de pays.

Tân vương ○ 王, nouveau roi. — *Tân phụ* ○ 婦, femme récemment mariée. — *Tân chánh* ○ 政, administration nouvelle. — *Tân trào* ○ 朝, nouvelle cour, nouveau régime. — *Tân tạo* ○ 造, récemment construit. — *Tân lập* ○ 立, nouvellement établi. — *Lính tân điền* 另 填, soldat nouvellement incorporé. — *Tân bình phủ* ○ 平府, la préfecture de *Tân bình* (Saigon).

Tân 薪*. Plantes et herbes pour le feu, bois de chauffage, combustible.

II.

16

IMPRIMERIE NATIONALE.

Bảo tận cứu hỏa 抱 ○ 救火, porter du bois pour éteindre un incendie (correspond à « jeter de l'huile sur le feu »).

Tận 盡*. Entièrement, complètement, en totalité, tout à fait; tout, tous, sans exception.

Tận niên ○ 年, avoir épuisé le nombre des années, mourir de vieillesse. — *Tận tâm lực* ○ 心力, appliquer son cœur de toutes ses forces. — *Tận thế* ○ 世, la fin du monde. — *Tận tuyệt* ○ 絕, épuisé, fini. — *Tận thị* ○ 是, tout existe. — *Tận xuất* ○ 出, en masse; se donner tout entier. — *Tận tường* ○ 詳, très clair, net, manifeste. — *Khánh tận* 慶 ○, déposer son bilan, faire faillite. — *Ở tận trung* 於 ○ 中, demeurer fidèle jusqu'à la fin.

Tấn 晉*. Croître, grandir, pousser; nom de dynastie.

Tấn 搢*. Enfoncer, repousser; barrer un passage, une entrée.

Tấn lại ○ 吏, barrer, boucher.

Tấn 進*. Avancer, arriver, s'approcher, progresser; monter en grade, être promu.

Cao tấn 高 ○, haut degré. — *Tiền tấn* 前 ○, aller de l'avant. — *Tấn sĩ* ○ 士, le titre de docteur (3ᵉ degré littéraire). — *Tấn đức* ○ 德, avancer dans le chemin de la vertu. — *Tấn giáo* ○ 教, embrasser une doctrine, adopter une religion. — *Tấn tới* ○ 細, progresser, augmenter. — *Sự tấn tới* 事 ○ 細, le progrès.

— *Tấn hầu* ○ 候, l'audience commence, les bureaux ouvrent. — *Tấn trường* ○ 場, l'ouverture de la session des examens littéraires.

Tấn 迅*. Qui passe rapidement.

Tấn lôi ○ 雷, coup de foudre.

Tấn 汛*. Répandre de l'eau, arroser, asperger; mouillé, humide.

Tấn 訊*. Procéder à des recherches, se livrer à des investigations; interroger, questionner.

Tấn cáo ○ 告, accuser. — *Tấn tội* ○ 罪, juger un coupable. — *Tấn phạm* ○ 犯, interroger un criminel.

Tấn 景*. Tenir, retenir; empêcher, défendre, réprimer, refréner; nom de royaume.

Tấn mã ○ 馬, retenir son cheval. — *Tấn quốc* ○ 國, le royaume de *Tấn* (dans l'ancienne Chine).

Tần 秦*. Nom de principauté et nom de dynastie (en Chine); espèce de pommier.

Tần thỉ hoàng đế ○ 始皇帝, le nom de l'Empereur chinois qui, d'après les annales annamites, donna l'ordre d'envahir le pays de *Giao chỉ*. — *Tần quả* ○ 菓, pomme.

Tần 蠎*. Insectes à grosse tête, comme mante, prie-dieu, cigale.

Tần 頻*. Souvent, fréquemment; nombreux, beaucoup.

Tần 蘋*. Nom collectif de plantes qui poussent dans l'eau.

Rau tần 蘋 ○, plectrantus aromaticus (remède pour la toux).

Tần 牝*. Femelle des quadrupèdes et de quelques autres animaux; organe femelle; trou dans lequel entre un verrou.

Tần ngưu ○ 牛, buflesse. — *Tần ngưu nhứt đầu* ○ 牛一頭, une buflesse. — *Tần mẫu* ○ 牡, mâle et femelle.

Tần 殯 et 殯*. Ensevelir un mort.

Tang 桑*. Mûrier; lieu tranquille, retraite paisible. Voir *dâu*.

Tang tử ○ 子, une mûre. — *Nữ tang* 女 ○, variété de mûrier. — *Tang căn thổ* ○ 根土, les terres à mûriers. — *Tang trống* ○ 皷, caisse de tam-tam. — *Tang du* ○ 榆, soleil levant. — *Phù tang* 扶 ○, id.

Tang 臧*. Doux, bon, bienveillant, porté à l'indulgence, disposé à être agréable.

Tang 臟 et 賍*. Cadeaux offerts à un fonctionnaire public dans un but de corruption; butin, objets volés, pièces à conviction.

Tang quan ○ 官, corrompre un mandarin. — *Đồ tang* 圖 ○, preuves à l'appui d'une accusation. — *Tang vật* ○ 物, objets volés. — *Phần tang* 分 ○, part de butin. — *Tang tích* ○ 跡, preuves, traces, indices. — *Quả tang* 果 ○, preuves certaines, indices irrécusables.

Tang 喪*. Habits de funérailles; pleurer un mort; le deuil; porter le deuil, garder le deuil; funèbre, funéraire.

Tang chế ○ 制, le deuil (se porte en blanc et dure selon le degré de parenté). — *Áo tang* 襖 ○, vêtement de deuil. — *Tang phục* ○ 服, id. — *Ở tang* 於 ○, être en deuil. — *Để tang* 底 ○, mettre le deuil; commencer à pleurer. — *Tang cha* ○ 吒, porter le deuil de son père (devrait durer 3 ans, mais on ne le porte réellement que 27 mois). — *Mã tang* 滿 ○, avoir fini le deuil.

Tạng 臟. Les organes intérieurs; intestins, entrailles, viscères.

Tạng phủ ○ 腑, les intestins. — *Ngũ tạng* 五 ○, les cinq organes internes (cœur, foie, poumon, rein, rate). — *Cửu tạng* 九 ○, les neuf organes (les mêmes, plus estomac, vessie, petit intestin, gros intestin).

Tạng 藏*. Vivre dans la retraite, se tenir à l'écart; cacher, dissimuler; nom de pays. Voir *tàng*.

Tây tạng 西 ○, le Tibet. — *Bế tạng* 閉 ○, tenir secret. — *Kho tạng* 庫 ○, grenier, magasin.

Táng 藏*. Cesser d'exister, mourir; anéanti, disparu, perdu, oublié; errer, vagabonder.

Táng quốc ○ 國, perdre son royaume. — *Táng gia chi cẩu* ○ 家之狗, chien dont le maître est mort; errer, ne savoir où aller. — *Táng tâm* ○ 心, sans cœur.

Táng 塟*. Procéder aux funérailles; enterrer, ensevelir; cacher, recouvrir; support de colonne.

Lo việc cấp táng 慮役給 ○, s'occuper des préparatifs d'un enterrement. — *Đại táng* 大 ○, enterrer un mort avec pompe. — *Tống táng* 送 ○, porter en terre; assister à un enterrement. — *Mai táng* 埋 ○, id. — *Đá táng* 磋 ○, piédestal. — *Táng cột* ○ 櫔, base de colonne.

Tàng 藏*. Cacher, dissimuler, tenir secret. Voir *tạng*.

Bế tàng 閉 ○, hermétiquement clos, bien caché. — *Ngang tàng* 昂 ○, agir selon sa fantaisie.

Tảng 顙*. Le front, les tempes, le haut du visage; à découvert; clair, lumineux.

Quá tảng 過 ○, passer par-dessus la tête. — *Tảng rạng* ○ 爛, l'aurore. — *Tảng tảng sáng* ○ ○ 創, le jour commence à poindre.

Tảng 嗓*. Gosier, gorge, larynx; donner de la voix, émettre un son.

Hảo tảng 好 ○, une jolie voix. — *Thực tảng* 食 ○, canal par où les aliments passent, œsophage.

Tảng 瘙*. La morve des chevaux.

Tảng mã ○ 馬, cheval morveux.

Tằng 曾*. Marque de temps au passé; déjà, dès lors; donc, cependant; ce qui date de longtemps. Voir *tằng*.

Tằng tổ ○ 祖, bisaïeul. — *Cao tằng* 高 ○, trisaïeul. — *Tằng tôn* ○ 孫, arrière-petit-fils. — *Tằng tử* ○ 子, l'auteur du livre classique de la grande étude ou *Đại học* 大學.

Tăng 增*. Ajouter, augmenter, accroître; beaucoup, nombreux.

Tăng lên ○ 進, augmenter, élever; monter. — *Sự tăng lên* 事 ○ 進, accroissement. — *Tăng bổ* ○ 補, ajouter un supplément. — *Mới tăng bổng* 買 ○ 俸, dont le traitement vient d'être augmenté. — *Tăng thuế* ○ 稅, accroître les impôts. — *Tăng giá* ○ 價, augmenter le prix.

Tăng 僧*. Prêtre de Bouddha, religieux, bonze.[1]

Tăng ni ○ 伲, bonzes et bonzesses. — *Tăng sư* ○ 師, un maître bonze. — *Sơn tăng* 山 ○, religieux vivant dans les montagnes, ermite. — *Tăng gia* ○ 家, confrérie, communauté, monastère, couvent.

Tặng 贈*. Élever, présenter; offrir des présents; conférer des titres, accorder des faveurs.

Tặng phong ○ 封, conférer une dignité. — *Bài tặng* 排 ○, panégyrique. — *Phong tặng* 封 ○, bénéficier de la faveur royale; catégorie de gens exempts de certaines charges publiques.

---

[1] La loi des bonzes a cinq commandements auxquels tout bon religieux doit se soumettre, savoir: ne pas tuer d'êtres vivants, ne pas voler, ne pas forniquer, ne pas mentir, ne pas boire de spiritueux.

Tăng 憎*. Se détester, s'en vouloir (sans se le dire), se dénigrer (en dessous); haine cachée, aversion, antipathie.

    Tăng đắng ○ 螯, amer, pénible. — *Tăng đắng ghe chiu* ○ 螯稽朝, amertumes sans nombre.

Tăng 曾*. Temps écoulé. Voir *tăng*.

    Cao tăng tổ khảo 高○祖考, père du trisaïeul; grands-pères d'autrefois.

Tăng 曾. Avoir des égards pour; élever, exalter, louanger, vanter. (Pour le car. en S. A., voir ci-dessus.)

    Tăng lên ○ 遷, porter plus haut. — *Kếu tăng* 叫○, donner un surnom (par respect pour le nom propre). — *Tăng nhau* ○ 饒, avoir des égards les uns pour les autres, se respecter mutuellement.

Tăng 層*. Couches superposées; degré, échelon, étage. Voir *từng*.

    Sự tăng thứ 事○次, gradation. — *Từ tăng* 自○, par degrés, d'échelon en échelon. — *Đặt từ tăng* 達自○, graduer, disposer par couches, établir par étages. — *Tăng nhà* ○ 茹, les étages d'une maison. — *Nhà hai tăng* 茹仓○, maison à deux étages. — *Ở tăng thứ nhứt* 於○次壹, demeurer au premier étage.

Tăng 曾. Être au fait de, savoir déjà; avoir vu, connu, pratiqué. (Du S. A. *tăng*, même car., déjà, passé.)

    Đã tăng trải 圮○ 腰, avoir déjà de l'expérience. — *Chưa tăng* 渚○, ne pas encore être au courant de. —

Dễ tăng 易○, pas facile à connaître, pas aisé à savoir (tournure ironique). — *Nào tăng* 芇○, où l'aurait-il appris? comment le saurait-il?

Tanh 腥*. Odeur de viande crue, de chair gâtée, de sang; fétide, puant, pourri. Voir *tính*.

    Tanh hôi ○ 灰, répandre une mauvaise odeur. — *Tanh ngư* ○ 魚, odeur de poisson (pourri). — *Mùi tanh* 味○, odeur très forte (une puanteur quelconque).

Tạnh 晴*. Soleil se montrant après l'orage; ciel clair et serein; cesser de tomber (en parlant de la pluie ou de la neige). Voir *tính*.

    Trời tạnh 霎○, le ciel redevient pur. — *Tạnh mưa* ○ 霄, la pluie a cessé; manquer de pluie. — *Tạnh ráo* ○ 燥, temps sec; sécheresse, aridité.

Tánh 性*. Inclination, propension; tempérament, caractère. Voir *tính*.

    Tánh tành ○ 情, inclination de l'âme, tendance. — *Bổn tánh* 本○, le naturel. — *Tánh mạng* ○ 命, conditions d'existence; la vie. — *Thiên tánh* 天○, dons du ciel. — *Tánh tự nhiên* ○ 自然, instinct. — *Nộ tánh* 怒○, naturel violent, caractère irascible. — *Tánh rót* ○ 揵, nature ardente, caractère vif. — *Tánh tốt* ○ 卒, bon caractère. — *Tánh xấu* ○ 丑, mauvais caractère. — *Mộ tánh công* 墓○公, ici repose un loyal caractère (inscription tombale, titre posthume).

Tánh 姓*. Nom de famille (celui

qui se transmet de mâle en mâle, de génération en génération).

Bá tánh 百 ○, les cent familles; tout le peuple. — *Tánh danh* ○ 名, noms et prénoms. — *Hà tánh danh* 何 ○ 名, quels sont les noms et prénoms? — *Ván tánh* 問 ○, demander le nom de la fiancée (cérémonie des préliminaires du mariage).

Tánh 醒*. Sortir du lourd sommeil de l'ivresse, se remettre. Voir *tính*.

Tánh rượu ○ 酎, ne plus être ivre. — *Tánh ngủ* ○ 眠, se réveiller.

Tánh 情. Syllabe complémentaire. (En S. A., tendance; se pron. *tính*.)

Banh tành 兵 ○, déchiré, brisé, détruit. — *Tập tành* 習 ○, s'exercer.

Tao 蚤. Je, moi (pronom arrogant dont on se sert pour parler aux petits enfants, aux gens de peu). (En S. A., nom d'insecte; se pron. *tāo*.)

Mầy tao 眉 ○, toi et moi. — *Tao biểu mầy làm* ○ 表 眉 濫, je t'ordonne de le faire. — *Làm sao mầy tao mi tớ* 濫 牢 眉 ○ 眉 佃, comment! tu te permets de me tutoyer?

Tao 搔*. Saisir, secouer; molester, tracasser, tourmenter; gratter avec les ongles.

Tao 懆*. Troublé, agité, intimidé.

Tao loạn ○ 亂, causer de l'agitation. — *Tao thủ* ○ 首, se gratter la tête; n'avoir pas ce qu'on désire, être dans l'embarras.

Tao 繰*. Dévider des cocons; mettre du fil en écheveau; fil, brin.

Tao dây ○ 繰, bout de fil, toron. — *Dây ba tao* 繰 ○, corde de trois fils.

Tao 騷*. Panser un cheval, brosser, étriller; faire avec soin; triste, morose, soucieux.

Tao nhơn ○ 人, un palefrenier; un poète. — *Tao thử* ○ 鼠, martre, putois.

Tao 臊 et 搔*. Graisse de cochon, de chien; infect, puant.

Tao 遭*. Rencontrer par hasard, trouver en chemin; bonne fortune.

Châu tao 周 ○, faire le tour de.

Tạo 皂*. Écurie; mangeoire; grain nouveau; couleur noire; employé subalterne.

Tạo hương ○ 香, bonne odeur des plantes. — *Nha tạo* 牙 ○, acacia.

Tạo 造*. Créer, fonder, établir, constituer, instituer; fabriquer, préparer, mettre en œuvre.

Đại tạo 大 ○, fondation importante, grande entreprise. — *Tái tạo* 再 ○, nouvel établissement; restaurer. — *Tạo hóa* ○ 化, créer. — *Tạo du* ○ 偷, fabriquer clandestinement; préparer une mauvaise action. — *Khai tạo* 開 ○, entreprendre un travail, mettre en œuvre. — *Tạo thành* ○ 成, mener une œuvre à bonne fin.

Táo 燥*. Grillé, sec, desséché.

Táo tính ○ 性, cœur sec, caractère froid. — *Đi táo* 多 ○, être échauffé, aller à la selle avec peine. — *Táo thuốc* ○ 葯, griller l'opium (pour le fumer).

Táo 竈 *. Feu, foyer, âtre, cheminée, calorifère, fourneau.

Táo thần ○ 神, esprits ou génies du foyer, dieux lares. — *Ông táo* 翁 ○, id. — *Thượng táo* 上 ○, chef de cuisine.

Táo 棗 *. Jujubier; urgent, pressé.

Quả táo 菓 ○, jujube. — *Trái hồng táo* 粳紅 ○, id. — *Đại táo* 大 ○, prunier, abricotier. — *Trái táo* 粳 ○, prune, abricot.

Táo 窖 *. Caverne, antre; cachette, abri; souterrain, cave.

Táo 躁 *. Pas précipités, marche rapide; prompt, vif, alerte, agile.

Táo 喿 *. Le ramage des oiseaux; cris poussés par la foule.

Táo 曹 *. Classe, rang, catégorie; société, association; collègue, compagnon; pâturage, parc; entre en composition pour former des noms de fonctions.

Thiên táo 天 ○, les dieux. — *Sao nam táo* 星南 ○, le nom d'une étoile. — *Quan táo* 官 ○, fonctionnaires de toutes catégories.

Táo 艚 *. Barque, bateau. Voir *tàu*.

Táo 槽 *. Tronc d'arbre creusé dans le sens de la longueur; canal, rigole; mangeoire, crèche, auge.

Tào 嘈 *. Bruit confus de voix; cris discordants; tapage, tumulte.

Tào 漕 *. Laisser couler l'eau; transporter, approvisionner.

Tào quan ○ 官, fonctionnaire chargé des transports, commissaire aux approvisionnements. — *Công bộ tào chánh tỉ* 工部 ○ 政司, le service des transports au ministère des travaux publics.

Tào 糟 *. Grain fermenté; glume, gluten, résidu; lie de vin.

Tào khang chi thê, bất khả hạ đường ○ 糠之妻不可下堂, on ne doit jeter ni la lie ni le résidu: ne répudiez pas l'épouse issue d'une maison pauvre (maxime).

Tão 蚤 *. Insecte, puce; piquer.

Tảo 早 *. Au point du jour, de très bonne heure; tôt, hâtif, précoce.

Tảo lai ○ 來, venir tôt. — *Tảo hòa* ○ 禾, riz hâtif. — *Thái tảo* 太 ○, de grand matin. — *Tảo thì* ○ 時, dans la matinée. — *Tảo vãn* ○ 晚, matin et soir. — *Tảo tề tựu cai gia* ○ 齊就該家, de bon matin tous se présentèrent devant sa maison.

Tảo 掃 *. Balai; balayer, nettoyer.

Tảo trừ ○ 除, expurger, extirper, supprimer. — *Tảo mộ* ○ 墓, balayer les tombeaux (cérémonie qui s'accomplit une fois l'an selon un rite domestique).

Tảo 藻*. Plante aquatique, herbe de marais, algue marine.

Tạp 雜*. Couleurs variées, nuances différentes; mêler, mélanger.

 Tạp loạn ○ 乱, trouble, confusion, désordre. — *Nói tạp* 吶 ○, parler sans rime ni raison. — *Gỗ tạp* 棋 ○, bois mêlés; essences sans valeur. — *Tạp phạm* ○ 犯, toutes sortes de crimes. — *Tạp hóa* ○ 貨, marchandises diverses. — *Tạp vụ* ○ 務, affaires mêlées; partie non officielle (formule du journal officiel).

Tạp 卡*. Poste de douane; passage gardé, col de montagne défendu par des troupes.

 Tạp phòng ○ 防, station militaire.

Táp 币*. Faire le tour de, décrire un cercle; tour, révolution.

 Táp niên ○ 年, une année révolue. — *Táp nhựt* ○ 日, un jour entier.

Táp 咂*. Happer, avaler d'un trait, manger gloutonnement; sucer, teter.

 Ăn táp 唆 ○, dévorer; manger salement (comme un chien).

Tập 集*. S'assembler, s'attrouper; se réunir pour exécuter un travail en commun.

 Văn tập 文 ○, réunion de productions littéraires; mélanges, recueil.

Tập 襲*. Vêtement double, robe de cérémonie; succéder; uni, inhérent; recevoir, bénéficier.

 Nhựt tập y 一 ○ 衣, costume complet. — *Bất tương tập* 不相 ○, ne pas s'accorder. — *Tập ấm* ○ 蔭, succéder aux mérites du père; catégorie de dispensés par faveur spéciale du souverain. — *Đạo tập* 盜 ○, voler, piller. — *Đạo tập nhơn* 盜 ○ 人, un plagiaire.

Tập 習*. S'essayer à voler dans les airs, exercer ses ailes; apprendre, s'accoutumer; pratiquer.

 Tập tánh ○ 情, se familiariser, s'accoutumer. — *Tập nghề* ○ 藝, s'exercer dans un art, apprendre un métier. — *Tập trận* ○ 陣, s'exercer au combat, faire des manœuvres militaires. — *Tập binh* ○ 兵, exercer des troupes, faire l'exercice. — *Tập súng* ○ 銃, faire le maniement d'armes. — *Đi tập* 趁 ○, aller à l'exercice. — *Tập nói tiếng* ○ 吶 嗜, s'exercer à parler une langue. — *Bài tập* 排 ○, leçon à apprendre; répétitions, exercices pratiques.

Tập 咠*. Tourner la tête vers, parler à l'oreille, murmurer.

Tập 緝*. Disposer des fils, tordre des liens; continuer; rechercher.

 Tập nã ○ 拿, ordre d'arrestation, mandat d'amener.

Tập 匝. Jeté à la côte, échoué. (En S. A., tournoyer; se pron. *táp*.)

 Gió táp 逾 ○, poussé à la côte par le vent. — *Táp vào* ○ 迫, rejeté ou repoussé dans.

Tạt 悉. Abattre; rejeté, renversé. (Du S. A. *tất*, même car., en entier.)

Mưa tạt 霈 ○, abattu ou couché par la pluie. — *Gió tạt* 逾 ○, renversé par le vent. — *Lửa tạt vào* 焐 ○ 徂, flammes poussées par le vent. — *Tạt bãi* 壢 ○, poussé vers la côte (navire, barque). — *Bão tạt* 雹 ○, ouragan.

Tát 薩 *. Sage, arrivé à la perfection (bouddhisme); aider, secourir, faire le bien, répandre des bienfaits. A. V. Rejeter, épuiser, tarir, vider, mettre à sec.

Bồ tát 菩 ○, le nom d'un saint qui approche la divinité, la dernière étape avant d'atteindre la béatitude complète ou le nirvâna. — *Tát nước* ○ 渃, vider l'eau (d'une barque avec une écope).

Tặt 賊 *. Rebelle, brigand, insurgé, révolté. Voir *tặc*.

Tắt 熄. Éteindre; écourter, raccourcir, résumer, abréger; brièvement. (Formé des S. A. *hỏa* 火, feu, et *tát* 悉, en entier, à fond.)

Tắt lửa ○ 焐, éteindre le feu. — *Lửa đã tắt rồi* 焐 㐌 ○ 耒, le feu est entièrement éteint. — *Tắt hơi* ○ 唏, expirer, rendre l'âme. — *Nói tắt* 吶 ○, parler brièvement, se résumer. — *Làm tắt* 濫 ○, faire *grosso modo*. — *Đàng tắt* 唐 ○, le plus court chemin.

Tắt 樨 *. Nom d'arbre; bois facile à travailler. A. V. Une petite espèce d'orange.

Tật 疒 *. Maladie, infirmité; vices, défauts. Voir *nich*. Car. radical.

Tật 疾 *. Maladie, infirmité; tares physiques, imperfections morales.

Tật lực ○ 力, lutter contre la maladie. — *Tật bệnh* ○ 病, maladies et infirmités. — *Mang tật* 芒 ○, être affligé d'un mal, vivre avec un vice. — *Tàn tật* 殘 ○, infirme, impotent. — *Tàn tật hạng* 殘 ○ 項, la classe des infirmes (catégorie d'hommes dispensés de certaines charges communales). — *Tật phung* ○ 瘋, l'éléphantiasis. — *Cần tật* 謹 ○, soigner une maladie.

Tật 嫉 *. Haïr, détester; envieux.

Tật đố ○ 妬, porter envie à quelqu'un, être jaloux d'une femme.

Tật 蒺 *. Plante épineuse, herbe à piquants; le nom d'une plante médicinale.

Tất 畢 *. Achevé, terminé, conclu; complètement, entièrement.

Tất việc ○ 役, travail entièrement terminé. — *Tất sự* ○ 事, affaire définitivement conclue. — *Công sự tất* 公 事 ○, les travaux officiels sont clos.

Tất 蹕 *. Préparer la route, faire garer les gens (avant le passage du souverain).

Tất 悉 *. Se rendre bien compte d'une chose, examiner une affaire à fond, approfondir une question; en entier, au complet.

Tất 必 *. Certainement, assurément; certifier, affirmer; nécessaire, utile; urgent, pressé.

Tát định ○ 定, c'est définitif. — *Bất tát* 不 ○, ce n'est nullement urgent. — *Tát nhiên* ○ 然, c'est tout à fait nécessaire. — *Hà tát* 何 ○, à quoi bon se presser?

Tát 漆*. Gluant, visqueux, mou, collant; résine, laque, siccatif, vernis, couleur.

Tát 膝*. Jambe (jusqu'au genou). A. V. Bas, chaussettes, jambières.

Một đôi tát 沒 堆 ○, une paire de bas. — *Mang tát* 芒 ○, porter ou mettre des bas. — *Hài tát* 鞋 ○, hautes chaussures, bottes.

Tau 蚤. Je, moi (arrogant). Voir *tao*.
(En S. A., nom d'insecte; se pron. *táo*.)

Táu 奏. Mesure; mot euphonique.
(En S. A., présenter; se pron. *tấu*.)

Cái táu 吁 ○, mesure pour le grain (demi *giạ*, environ 15 kilog.). — *Láu táu* 老 ○, impudent, impertinent.

Tàu 艚. Vaisseau, navire, jonque.
(Du S. A. *tào*, même car., même signification.)

Tàu trận 陣 ○, navire de guerre. — *Tàu buôn* 奔 ○, bateau de commerce. — *Tàu đò* 渡 ○, paquebot, transport. — *Tàu thơ* 書 ○, courrier. — *Tàu khói* 煨 ○, navire à vapeur. — *Tàu lửa* ○ 焰, id. — *Tàu bịt sắt* ○ 銅 鉄, navire blindé. — *Tàu buồm* ○ 帆, voilier. — *Một chiếc tàu lớn* 沒 隻 ○ 客, un grand vaisseau. — *Tàu thơ mới tới* ○ 書 買 細, le courrier vient d'arriver. — *Đóng tàu* 揀 ○, construire un navire. — *Bạn tàu* 伴 ○, matelot. — *Nước tàu* 渚 ○, le pays des vaisseaux, la Chine. — *Ngươi nước tàu* 俾 渚 ○, homme du pays des vaisseaux, un Chinois [1]. — *Hàng tàu* 行 ○, marchandises chinoises. — *Vũng tàu* 溁 ○, baie ou estuaire servant de mouillage aux navires; nom donné à la baie du cap Saint-Jacques (Cochinchine).

Tâu 奏*. Présenter un rapport au souverain, faire connaître verbalement ou par écrit (en s'adressant au roi seulement).

Tâu vua ○ 帚, parler au roi. — *Tâu bệ hạ* ○ 陛 下, sire, Votre Majesté. — *Tâu vi tướng phúc thẩm* ○ 為 將 履 審, soumettre à l'examen du roi en dernier ressort (jugement).

Tâu 奏*. Même définition que ci-dessus; introduire, faire entrer; présenter; commencer, entonner (chants, cantiques).

Ông cai tâu 翁 該 ○, introducteur, ordonnateur, maître des cérémonies. — *Tâu nhạc* ○ 樂, entonner un chant, commencer un morceau de musique. — *Cửu tâu* 九 ○, les neuf

---

[1] Cette coutume de désigner la Chine et les Chinois par le mot *tàu* navire doit être très ancienne; elle date sans doute du temps des premières invasions des Célestes. Ceux-ci arrivant presque toujours dans de grandes jonques, on disait : voilà les hommes des bateaux! De là, sauf erreur, le sobriquet qui leur est encore donné aujourd'hui, en bonne part d'ailleurs.

principaux morceaux des musiques de la cour.

Tẩu 叟*. Terme de respect employé pour parler aux vieillards.

Tẩu 瞍*. Yeux sans pupilles; ne pas voir clair, être aveugle.

Tẩu 藪*. Plante de marais; herbes folles, ronces, broussailles.

> Hoang nhàn lâm tẩu 荒閒林〇, en friche, inculte, couvert d'herbes et de broussailles. — Lâm tẩu 林〇, bois, forêt.

Tẩu 嗽*. Faire du bruit (bouche).

> Khái tẩu 咳〇, tousser beaucoup, être fortement enrhumé.

Tẩu 嗾*. Lancer, exciter (chien).

Tẩu 走*. Aller, marcher, se mettre en route, partir en voyage; courir, fuir, se hâter. Car. radical.

> Tẩu khứ 〇去, s'enfuir. — Tẩu sứ 〇使, un messager. — Tẩu thủy 〇水, courir les mers. — Tẩu mã 〇馬, course de chevaux. — Bôn tẩu 奔〇, prendre la fuite, se sauver en courant.

Tẩu 婢*. Femme réduite à l'état d'esclave; servante; pronom d'humilité, je, moi, que prend quelquefois une femme.

Tẩu 撒*. Secouer, exciter, stimuler.

Te 卑. Déchiré, en lambeaux; engin de pêche; mot complémentaire. (En S. A., bas, commun; se pron. ti.)

> Chạy te 趍〇, courir à toutes jambes. — Đi te 趍〇, aller à la pêche avec ledit engin.

Té 細. Tomber, faire une chute; il ressort, il résulte, par suite. (En S. A., mince, délié; se pron. tế.)

> Té xuống 〇胆, tomber (de haut). — Té ngựa 〇馭, tomber de cheval. — Té cây 〇核, tomber d'un arbre. — Té ra 〇囉, conséquemment, il en résulte que.

Tè 齊. Plein de déférence pour. (Du S. A. tề, même car., très correct.)

> Tè nhường tè bái 〇讓〇拜, qui consent volontiers, qui cède facilement et avec complaisance.

Tè 粞. Grain maigre, peu fourni en farine; triste, chagrin, affligé. (Du S. A. tì, même car., même signification.)

> Khi tè 欺〇, époque de malheur. — Cơm tè 舔〇, riz commun.

Tê 犀*. Rhinocéros; dur. Voir tây.

> Giác tê 角〇, corne de rhinocéros (employée en empirisme)[1].

Tẹ 西*. Ouest, occident. Voir tây.

Tê 儕*. Du même rang, du même ordre, de même espèce; groupe, catégorie; celui-ci, celui-là.

---

[1]. Une maison dans laquelle se trouve une corne de rhinocéros ne sera jamais incendiée (croyances populaires).

Người tế 得 ○, cet homme-là. — *Nơi tế* 尼 ○, cet endroit-ci.

Tế 痺*. Fatigue, lassitude; sans force, sans énergie; engourdi, paralysé, stupéfié.

Tế mỏi ○ 痹, las, dolent, fatigué. — *Sự tế mê* 事 ○ 迷, engourdissement, torpeur. — *Làm cho tế mê* 濫 朱 ○ 迷, éreinter. — *Tế thấp* ○ 濕, rhumatisme.

Tệ 獘 et 弊*. Méchant, pervers, mauvais, ingrat; gâté, ruiné, vicié, corrompu.

Tệ lậu ○ 漏, c'est très malheureux ! — *Làm sự tệ* 濫事 ○, commettre une mauvaise action.

Tệ 幣*. Une belle pièce de soie; riches étoffes, fourrures.

Nạp tệ 納 ○, le rite de l'offrande des étoffes (cérémonie du mariage).

Tế 壻 et 婿*. Beau-fils, gendre.

Nữ tế 女 ○, belle-fille. — *Á tế* 婭 ○, parents par alliance; nom ou titre aimable que se donnent entre eux les gendres d'un même beau-père. — *Nghĩa tế* 義 ○, id.

Tế 細*. Tissu doux; fin, délicat, mince, petit, menu, frêle.

Tế tiểu ○ 小, petit, mesquin. — *Tế tâm* ○ 心, méticuleux. — *Bất tế* 不 ○, qui n'est pas mince. — *Tử tế* 仔 ○, convenable, correct, soigné, bien élevé. — *Nước tế* 渃 ○, le trot. — *Ngựa đi nước tế* 馭 迻 渃 ○, cheval allant au trot.

Tế 際*. Ligne de démarcation, point de jonction; terme, limite; lieu où l'on se rencontre; circonstance, occasion.

Tế giao ○ 交, amitié, liaison.

Tế 濟*. Aider, assister, soulager, rendre service, se montrer secourable; faire avancer une affaire, la mener à bonne fin; augmenter, accroître; adroit, capable.

Tế thế ○ 世, adoucir l'existence des gens, travailler au bien du pays. — *Tương tế* 相 ○, s'aider les uns les autres, se rendre mutuellement service. — *Bất tế sự* 不 ○ 事, ne pas être capable de faire aboutir une affaire. — *Tế tướng* ○ 將, connétable.

Tế 祭*. Présenter des offrandes, offrir un sacrifice, immoler des victimes.

Tế thiên ○ 天, offrir au ciel. — *Tế sanh* ○ 牲, immoler une victime. — *Tế thần* ○ 神, sacrifier aux esprits. — *Tế tửu* ○ 酒, un maître des libations. — *Tế lễ* ○ 禮, offrir selon les rites. — *Tế thờ* ○ 祿, adorer. — *Chánh tế* 正 ○, un grand sacrificateur.

Tề 齊*. Uni, égal, régulier, correct; couper, tailler, égaliser; distinguer; pur, net; ornement, arrangement. Car. radical.

Tề chỉnh ○ 整, orné, arrangé, bien disposé. — *Tề lại* 吏, corriger, égaliser. — *Tề cho bằng* ○ 朱 朋, id. — *Tề đại tiểu* 大 小, faire une distinction entre les grands et les petits. — *Bất tề* 不〇, inégal, sans ordre, irrégulier; séparément. — *Tự tu tề chí bình trị* 自修〇至平治, en se corrigeant soi-même, en établissant le bon ordre dans une maison, on arrive à bien savoir gouverner (*Tam tự kinh*).

Tề 劑*. Couper, rogner, égaliser; qui est bien combiné, bien dosé, bien proportionné.

Thuốc tề 藥〇, médicament convenablement dosé; sorte de pilules.

Tề 宰*. Agir à sa guise, gouverner, diriger despotiquement; régir, administrer.

Tề tướng 〇相, homme d'État, ministre. — *Đại tề* 大〇, chef suprême. — *Chúa tề* 主〇, Dieu. — *Tề trị dân* 〇治民, administrer les populations avec sévérité.

Tề 滓*. Eaux dormantes, corrompues; boue, vase; sale, malpropre, impur, souillé.

Tề 眥*. Le tour des yeux; froncer les sourcils; regard courroucé.

Téch 昔. Crête inférieure du coq. (En S. A., temps passé; se pron. *tích*.)

Mồng téch 夢〇, crête supérieure et crête inférieure. — *Cười téch* 唭〇, rire à gorge déployée.

Tém 偺. Réunir des objets épars; mettre en tas, amasser, accumuler.

(En S. A., rusé, fourbe; se pron. *tiếm*.)

Tém vào 〇包, entasser.

Tèm 潛. Syllabe complémentaire. (En S. A., passer l'eau; se pron. *tiềm*.)

Tèm lem 〇淋, boueux, malpropre, dégoûtant. — *Tèm luốc* 〇緣, sale, crasseux, sordide.

Tẹo 勒. Pensée inavouable, idée tortueuse (entreprises galantes). (En S. A., faire effort; se pron. *tiễu*.)

Lẹo tẹo 僚〇, être pris, empêché, contrarié. — *Có ý tẹo* 固意〇, avoir une mauvaise intention.

Tém 楔. Préparer (chique de bétel). (Formé des S. A. *mộc* 木, bois, et *tiêm* 尖, pointe.)

Tém trầu 〇樓, préparer la chique de bétel (enduire de chaux la feuille de bétel, y placer le quartier de noix d'arec, et rouler le tout en forme de petit paquet carré).

Ten 銑. Composé qui se forme sur les métaux exposés à l'humidité. (En S. A., dur, rugueux; se pron. *tiển*.)

Ten xanh nơi đồng 〇樣尼銅, vert-de-gris. — *Ten sắt* 〇鉄, rouille. — *Ten rét* 〇洌, rouillé.

Tên 箭. Dard, flèche (en bambou). (Du S. A. *tiễn*, même car., même signification.)

Bắn tên 弹〇, lancer une flèche.

Tên 筅 [1]. Nom, prénom. Voir *danh*. (En S. A., bambous liés; se pron. *tiển*.)

---

[1] Se transcrit aussi par le car. 先名.

Tên thánh ○ 聖, nom de baptème. — *Tên họ* ○ 戶, noms et prénoms. — *Đặt tên* 達, donner un nom. — *Mầy tên gì* 眉 ○ 之, quel est ton prénom? — *Kêu tên* 叫 ○, faire l'appel. — *Sổ tên* 數 ○, liste d'appel. — *Hỏi tên* 唏 ○, demander le nom, s'informer du nom.

Teo 消. Se contracter, se rider; rétréci, desséché, racorni, rabougri. (Du S. A. *tiêu*, même car., anéanti.)

Teo lại ○ 吏, desséché, contracté, ridé. — *Ốm teo* 瘡 ○, maigre, décharné, anémique.

Tép 鰕. Crevette (petite espèce). (Formé des S. A. *ngư* 魚, poisson, et *tập* 耳, parler à l'oreille.)

Ăn tép 咹 ○, manger des crevettes. — *Tôm tép* 魟 ○, petits crustacés en général. — *Có gan tép* 固肝 ○, avoir un foie de crevette: manquer totalement de courage.

Tẹt 截. Onomatopée (bruit strident d'étoffe déchirée); mettre en pièces. (Du S. A. *triệt*, même car., couper.)

Rách tẹt 禮 ○, mettre en morceaux. — *Măng tẹt* 摒 ○, insulter grossièrement, réduire un adversaire.

Tét 節. Fendre en deux, partager, déchirer; cri aigu de l'éléphant. (En S. A., temps, époque; se pron. *tiết*.)

Voi tét 獁 ○, l'éléphant crie, barète. — *Bánh tét* 餅 ○, un gâteau de riz qui se sert enveloppé dans des feuilles tendres de bananier.

Tết 節. Les fêtes du jour de l'an. (Pour le car. en S. A., voir ci-dessus.)

Tết an nam ○ 安南, le jour de l'an annamite. — *Ăn tết* 咹 ○, fêter le jour de l'an. — *Lễ tết* 禮 ○, la fête du jour de l'an, les présents offerts à l'occasion de cette fête. — *Đi tết* 移 ○, porter les présents d'usage. — *Lãnh của tế* 領貼 ○, recevoir les cadeaux du jour de l'an.

Tha 赦. Pardonner, absoudre, faire grâce, exonérer, mettre en liberté. (Du S. A. *xá*, même car., même signification.)

Tha lỗi ○ 磊, passer sur une infraction. — *Tha tội* 罪, pardonner une faute. — *Tha nợ* ○ 女, remettre une dette. — *Tha vạ* ○ 禍, exonérer d'une amende. — *Xin ông tha tôi* 嗔翁 ○ 碎, veuillez, monsieur, me pardonner. — *Không chịu tha* 空召 ○, refuser de pardonner. — *Hay tha lỗi* 哈 ○ 磊, se montrer habituellement indulgent pour les fautes commises.

Tha 他 *. Lui, il, elle; celui-ci, celui-là; autre, différent.

Tha nhơn ○ 人, cet homme. — *Tha niên* ○ 年, une autre année. — *Tha điền* ○ 田, cette rizière. — *Tha hương* ○ 鄉, une autre patrie. — *Tha thên* ○ 請, prendre, emporter (en s'en allant).

Tha 磋 *. Polir en frottant sur la pierre, user par le frottement; travailler, perfectionner.

Thiết tha 切 ○, tailler, limer, polir.

Thá 世. Le siècle, le monde, la vie. (Du S. A. *thế*, même car., même signification.)

Thá sự ○ 事, les affaires de ce monde, les choses de la vie.

Thà 他. Plutôt, meilleur; il vaut mieux que, il est préférable de. (En S. A., celui-là; se pron. *tha*.)

Chẳng thà 庄 ○, plutôt que. — *Thà chịu nghèo cực, chẳng thà ăn ở xấu* ○ 召 饒 極 庄 ○ 陂 於 丑, il est préférable d'être dans la misère plutôt que de se mal conduire. — *Thật thà* 實 ○, vrai, simple, naturel, sincère, naïf, ingénu. — *Thà cho người ở cho ấm cúng, chẳng thà bỏ đất hoang* ○ 朱 停 於 朱 蔭 供 庄 ○ 補 坦 荒, la bonté de l'homme importe plus que la richesse de la terre (proverbe).

Thà 且*. Et, aussi; de plus, en outre; si, cependant, pourtant; supposé que; aussitôt, de suite.

Kim thà 今 ○, et maintenant. — *Thà như* ○ 如, comme si.

Thà 且. Quitter, lâcher, relâcher; mettre en liberté, donner l'essort, laisser fuir, jeter, abandonner. (Pour le car. en S. A., voir ci-dessus.)

Thà nó đi ○ 奴 迻, lâchez-le, donnez-lui la liberté. — *Thà ra* ○ 囉, donner la clef des champs. — *Thong thà* 通 ○, indépendant. — *Sự thong thà* 事 通 ○, la liberté.

Thà 阻*. Pris par les pieds; ne pas pouvoir avancer; arrêt, obstacle.

Thạc 碩. Grand, fort, vigoureux; hauteur, élévation, éminence.

Thác 柝*. Crécelle (instrument en bois creux ou en bambou sur lequel on bat les veilles de nuit).

Thác 託*. Prier, demander; confier, remettre, recommander.

Phú thác 付 ○, charger quelqu'un de. — *Thác tài* ○ 財, donner des biens en garde. — *Bái thác* 拜 ○, demander poliment et en s'excusant.

Thác 托*. Porter quelque chose sur la main ouverte, comme un plateau par exemple; aider, soutenir, supporter.

Tương thác 相 ○, s'aider mutuellement. — *Thất thác* 失 ○, perdu, disparu, évanoui.

Thác 尭. Périr, mourir, décéder. (Formé des S. A. *tử* 死, mourir, et *thác* 托, supporter.)

Thác an ○ 安, mourir en paix. — *Thác oan* ○ 冤, mourir injustement; périr de mort violente.

Thác 橐*. Sac ouvert des deux bouts qui se porte en bandoulière comme une besace.

Thác 錯*. Écarté, dispersé; désordre, confusion, débandade.

Thác thứ ○ 次, mettre le trouble dans les rangs, rompre les lignes.

Thác 貸*. Emprunter à intérêt; faire de grosses dépenses.

Thác 忒*. Se douter, soupçonner; erreur, oubli; écart de conduite.

Thăc đại ○ 大, faute immense. — *Ba thắc* 巴 ○, nom de lieu (Cochinchine). — *Bàn thắc* 盤 ○, instrument à forer.

Thắc 慝 *. Âme basse et vile, cœur dépravé; infâme, ignoble.

Thắc 狇. Mâle (chez les éléphants). (Formé des S. A. *khuyển* 犬, quadrupède, et *thức* 式, modèle.)

Voi thắc 猠 ○, éléphant mâle.

Thạch 石 *. Pierre, marbre, granit; dur, ferme, insensible; mesure de capacité. Car. radical. Voir *đá*.

Ngọc thạch 玉 ○, pierre précieuse. — *Cẩm thạch* 錦 ○, marbre veiné. — *Thạch hôi* ○ 灰, pierre à chaux. — *Thạch tín* ○ 信, arsenic. — *Thạch lựu* ○ 榴, grenade. — *Thạch y* ○ 衣, végétation qui pousse sur les pierres : mousse, fougère, algue. — *Thạch hoa* ○ 花, id. — *Kim tinh thạch* 金星 ○, lapis-lazuli.

Thạch 妬 *. Femme stérile; ferme, dur; insensible, sans entrailles.

Thạch 祏 *. Inscription lapidaire, tablette de pierre (pour consacrer les mérites d'un mort).

Thách 適. Vexer, agacer, stimuler, exciter, provoquer, défier, braver. (Du S. A. *thích*, même car., tendre à.)

Thách thức ○ 式, provoquer au combat. — *Thách người ta* ○ 得些, agacer les gens. — *Thách giao chiến riêng* ○ 交戰貞, provoquer en combat singulier, proposer un duel.

— *Thách giá* ○ 價, hausser le prix, surfaire.

Thai 台 *. Le degré le plus élevé, le plus haut point; éminemment, excellemment; appellation honorifique : vous, il, lui.

Thai lão ○ 老, respectable vieillard. — *Thai đài* ○ 臺, éminentissime. — *Thai ông* ○ 翁, vous, monsieur. — *Thiên thai* 天 ○, ciel! — *Tam thai tinh* 三 ○ 星, le nom de trois étoiles.

Thai 哈 *. Rire bruyamment, dire des plaisanteries, s'amuser.

Thai 胎 *. Semence génératrice; embryon, fœtus; esquisse, ébauche; commencement, début.

Thai y ○ 衣, placenta. — *Đầu thai* 頭 ○, les débuts d'une grossesse; être enceinte pour la première fois. — *Có thai* 固 ○, concevoir, être enceinte. — *Thai sanh* ○ 生, enfanter. — *Thai dựng* ○ 孕, porter un enfant dans son sein. — *Thạch thai* 石 ○, stérile.

Thai 猜 *. Doute, soupçon. Voir *xai*.

Thại 貸 *. Emprunt; emprunter; prêt; prêter (avec intérêts); confier, donner. Voir *thải*.

Thái 太 *. Très haut, très puissant (appellation respectueuse); grand, vaste, large, étendu. Voir *thới*.

Hoàng thái tử 皇 ○ 子, prince héritier (l'aîné de la femme du premier rang). — *Thái sư* ○ 師, le grand précepteur du roi. — *Thái phó* ○ 傅, le grand gouverneur du roi (en cas de minorité). — *Thái quá* ○ 過, dépassant toutes limites, excessif. — *Thống thái* 通 ○, très instruit, très savant. — *Thái thượng* ○ 上, éminent, suprême. — *Thái bình dương* ○ 平洋, océan Pacifique. — *Thái bình* ○ 平, paix profonde; le nom d'une province du Tonkin. — *Thái nguyên* ○ 原, haute origine; le nom d'une province du Tonkin. — *Thái bộc tự* ○ 僕寺, un service de transport et d'escorte du souverain.

Thái 汰 *. Laver, nettoyer, purifier; faire un choix entre ce qui est bon et ce qui est mauvais, séparer le bien du mal; glisser sur une mauvaise pente; se mal conduire.

Thái 泰 *. Prospérité, abondance; à un haut degré; prodigue, fastueux, orgueilleux. Voir *thới*.

Thái quốc ○ 國, nation riche et prospère. — *An thái* 安 ○, paisible, et florissant. — *Thành thái* 成 ○, grandir et prospérer; le nom de règne du roi d'Annam actuel. — *Hoành thái* 宏 ○, immenses richesses.

Thái 態 *. Tournure, démarche, air extérieur; façon de faire, manière d'agir; mœurs, usages.

Tiểu nhơn thái 小人 ○, tournure de pauvre homme, façons de rustre. — *Ý thái* 意 ○, manifestation de la pensée.

Thái 柴. Chanter des cantiques. (En S. A., lié en fagot; se pron. *sài*.)

Thài lai ○ 來, avachi, fatigué. — *Nằm thài lai* 覷 ○ 來, étendu sur le sol les jambes écartées.

Thải 貸 *. Prêter ou emprunter de l'argent; passer sur une faute, pardonner une offense; élargir, libérer, congédier, mettre en liberté. Voir *thại*.

Thải đi ○ 拸, laisser aller. — *Thải binh* ○ 兵, libérer les soldats, renvoyer la classe.

Thay 台. Changer (personnes ou choses contre d'autres de même nature); alternatif; remplacer; sentir; syllabe finale exclamative. (En S. A., éminent; se pron. *thai*.)

Thay áo ○ 襖, changer de vêtements. — *Thay mặt* ○ 靣, remplacer quelqu'un. — *Thay vì* ○ 位, à la place ou en remplacement de. — *Thay phiên* ○ 番, alternativement. — *Phải năng thay áo* 沛能○襖, il faut souvent changer de chemise. — *Khoan thay* 寬 ○, attendez donc un peu! — *Tốt thay* 卒 ○, comme c'est bien! — *Ghê thay* 稽 ○, mais c'est affreux!

Thảy 汰. Tout (sans la plus petite réserve), tous (sans aucune exception). (En S. A., laver, purifier; se pron. *thái*.)

Thảy thảy ○ ○, tout (ou tous) sans exception. — *Hết thảy* 歇 ○, tous, jusqu'au dernier; il n'en reste plus du tout. — *Cả thảy* 舒 ○, id.

Thảy 屍. Un mort, un cadavre; ne pas s'occuper de, laisser faire.

(Du S. A. *thi*, même car., même signification.)

Thấy ma o 魔, un mort. — *Hôi thấy ma* 灰 o 魔, odeur cadavérique. — *Thấy nó* o 奴, ne vous occupez pas de lui. — *Thấy kệ tao* o 偈蚤, cela m'est égal, laissez-moi tranquille.

Thấy 覓. Voir. (Formé des S. A. *kiến* 見, voir, et *bổn* 体, grossier, commun.)

Ngó thấy 晤 o, apercevoir, découvrir. — *Không thấy gì hết* 空 o 之 歇, ne rien voir du tout. — *Anh có thấy không* 嬰 固 o 空, voyez-vous ou non? — *Coi mà không thấy* 䁯 麻 空 o, regarder et ne point voir. — *Tôi chưa thấy* 碎 渚 o, je n'ai pas encore vu. — *Nó đã thấy rồi* 奴 佗 o 耒, il a déjà vu.

Thầy 柴. Maître; appellatif des lettrés et hommes de science comme instituteurs, professeurs, secrétaires, interprètes, médecins, avocats, prêtres, bonzes, sorciers, etc. (En S. A., lié en fagot; se pron. *sài*.)

Ông thầy dạy 翁 o 䏾, monsieur le professeur. — *Học với thầy giỏi* 學 貝 o 烺, suivre les leçons d'un bon maître. — *Thầy thuốc* o 葉, médecin. — *Thầy kiện* o 件, avocat, défenseur. — *Thầy chùa* o 廚, bonze. — *Thầy sãi* o 士, id. — *Thầy bói* o 貝, devin. — *Thầy nham* o 岩, un maître en gribouillages, c.-à-d. un sorcier.

Tham 貪*. Avide, cupide, rapace; envier, désirer, convoiter.

Tham tài o 財, désirer vivement la richesse. — *Tham tâm* o 心, cœur rapace. — *Tham tiền* o 前, ambitieux. — *Tham ăn* o 唆, vorace, gourmand. — *Tham lam* o 藍, avare, cupide. — *Lòng tham* 悉 o, cœur qui convoite (ce qui est aux autres). — *Tham của người ta* o 貼 俚 些, désirer ardemment le bien d'autrui. — *Gian tham* 奸 o, un vilain jaloux.

Tham 參*. Association ou réunion de trois personnes; donner des avis; prendre part à une audience; dépendre de; assister, inspecter, administrer.

Tham bái o 拜, saluer un supérieur. — *Tả tham tri* 左 o 知, assesseur de gauche dans un ministère. — *Hữu tham tri* 右 o 知, assesseur de droite. — *Quan chánh tham biện* 官 正 o 辨, titre du premier administrateur d'un arrondissement (en Cochinchine). — *Quan phó tham biện* 官 副 o 辨, deuxième administrateur. — *Tham luận* o 論, discuter, délibérer.

Tham 趁*. Accourir; se porter avec empressement au-devant de; se rendre à une convocation.

Thám 探*. Tâter avec la main, chercher à se rendre compte; fouiller, explorer, espionner; aller aux renseignements; sonder les intentions; visiter.

Đi thám 移 o, aller aux informations. — *Kẻ đi thám* 几 移 o, espion. — *Thám thính* o 聽, chercher à savoir, essayer de connaître. — *Thí thám* 試 o, expérimenter, éprouver. — *Thám mã* o 馬, éclaireur à cheval.

Thăm 噷*. Bruit de gens qui mangent et boivent ensemble.

    Mách thăm 覔 ○, tumultueusement. — *Nói thăm* 吶 ○, langage téméraire, paroles imprudentes.

Thăm 滲*. Eau qui coule avec force; creuser, transpercer.

Thăm 糝*. Nom d'une préparation culinaire à base de riz.

Thăm 慘*. Amour, tendresse; regret, chagrin, tristesse, affliction; aigri par le malheur; blessé, froissé.

    Thăm thương ○ 傷, prendre en pitié. — *Thăm nhiên* ○ 然, cruellement éprouvé par la souffrance; angoissé, attristé.

Thăm 探. Aller s'informer, rendre visite; voir, expérimenter, tâter la chance, chercher la destinée. (Du S. A. *thám*, même car., même signific.)

    Đi thăm bà con 移 ○ 妣 昆, aller voir ses parents. — *Chừng nào đến thăm tôi* 澄 芇 典 ○ 碎, quand viendrez-vous me voir? — *Kẻ đi thăm* 几 移 ○, visiteur. — *Hỏi thăm* 唏 ○, s'informer de, prendre des nouvelles. — *Gởi lời thăm* 改 夙 ○, envoyer des nouvelles; adresser des compliments. — *Bắt thăm* 抔 ○, tirer au sort.

Thăm 審. Couleur rouge foncé. (En S. A., scruter, peser; se pron. *thẩm*.)

    Màu thăm 牟 ○, couleur rouge foncé. — *Đỏ thăm* 赭 ○, rougeâtre.

— *Áo da lợn thăm* 襖 胯 猪 ○, habit en peau de cochon.

Thẳm 深 [1]. Profond, lointain; caché, mystérieux, insondable; air imposant, digne, grave, sérieux. (Pour le car. en S. A., voir ci-dessous.)

    Thẳm sâu ○ 㴱, profond. — *Nước thẳm* 渃 ○, eaux profondes. — *Cách dầm thẳm* 格 潭 ○, contenance digne, air imposant.

Thâm 深*. Eaux profondes; enfoncé, noir, sombre; caché, secret, mystérieux.

    Thâm thủy ○ 水, la profondeur des eaux. — *Thâm lâm* ○ 林, le mystère des forêts. — *Thâm giao* ○ 交, intimement lié. — *Thâm ý* ○ 意, pensée secrète, idée personnelle. — *Tình thâm* 情 ○, union intime. — *Màu thâm* 牟 ○, couleur noire. — *Áo thâm* 襖 ○, vêtement de couleur foncée.

Thâm 侵*. Avancer graduellement et en secret; envahir peu à peu; s'emparer injustement; empiéter, usurper.

    Thâm vào ○ 𢭲, pénétrer peu à peu, s'insinuer. — *Thâm phạm* ○ 犯, transgresser, violer.

Thậm 甚*. Grande jouissance, plaisir extrême; dépasser, excéder; beaucoup, très (superlatif).

    Thậm hảo ○ 好, extrêmement beau. — *Thậm đại* ○ 大, immense. — *Thậm tiểu* ○ 小, très petit, trop

---

[1] Se transcrit aussi par le car. 潘.

peu. — *Thậm qui* ○ 貴, précieux au plus haut degré. — *Thái thậm* 太 ○, tout à fait exceptionnel. — *Thậm dễ* ○ 易, tout ce qu'il y a de plus facile. — *Thậm khó* 苦, on ne peut plus difficile. — *Thậm phải* ○ 沛, c'est bien cela !

Thậm 葚*. Le fruit du mûrier.

Thấm 浸. Humecté, imbibé; macérer, tremper, mouiller, graisser, huiler; un rien, qui ne compte pas. (Du S. A. *tầm*, même car., même signification.)

    Làm cho thấm vào 濫朱 ○ 侸, imprégner. — *Thấm ý* ○ 意, être imbu. — *Thấm lòng* ○ 悉, id. — *Thấm nước* ○ 渚, tremper dans l'eau, mouiller. — *Một thấm chi* 沒 ○ 之, cela ne compterait pas, cela n'y ferait rien.

Thẩm 諶*. Paroles loyales et sincères; être digne de foi, inspirer de la confiance; honnêteté, probité, droiture, fidélité.

    Thẩm thật nhơn ○ 實人, un homme honnête et loyal. — *Thẩm thỉ* ○ 呎, parler tout bas.

Thẩm 審*. Examiner avec le plus grand soin; s'informer minutieusement; étudier à fond; scruter, sonder, peser; confronter.

    Thẩm phán ○ 判, prononcer un jugement. — *Thẩm đoán* ○ 斷, rendre une sentence. — *Thẩm xét* ○ 察, juger clairement. — *Xin quan lớn thẩm xét cho tôi* 唭官客 ○ 察朱碎, je prie votre excellence d'examiner à fond l'affaire qui me concerne (formule de pétition). — *Thẩm ý* ○ 意, content, satisfait. — *Quan bồi thẩm* 官培 ○, juge d'instruction.

Thẩm 潘*. Liquide épais et coloré; jus de viande, bouillon.

Thẩm 嬸*. Tante (la femme d'un frère cadet du père).

Thẩm 諗*. Faire des remontrances, adresser des représentations, signaler des écarts de conduite.

Than 炭*. Charbon; noir, funeste; malheur, calamité, misère.

    Mộc than 木 ○, charbon de bois. — *Than củi* ○ 檜, id. — *Thạch than* 石 ○, charbon minéral. — *Than đá* ○ 砑, id. — *Than lửa* ○ 焑, charbon allumé, braise. — *Nướng than lửa* 爌 ○ 焑, griller sur la braise. — *Nếp than* 糑 ○, espèce de riz gluant noirâtre. — *Dĩa bàn than* 碟盤 ○, plat de métal. — *Đồ than* 塗 ○, grande misère.

Than 嘆*. Se plaindre, pousser des gémissements, soupirer, se lamenter; respiration pénible.

    Khóc than 哭 ○, pleurs et soupirs. — *Trường than* 長 ○, long gémissement. — *Than van* 唄, se plaindre. — *Than thở* ○ 咀, bruit de soupirs. — *Than tiếc* ○ 惜, amers regrets. — *Than đất trách trời* ○ 坦責旲, se plaindre à la terre et accuser le ciel : jurer, blasphémer.

Thán 嘆 et 歎*. Gémir, se plaindre; bruit de respiration pénible; essoufflé, hors d'haleine. Voir *than*.

Thăn 坦*. Vaste, large, étendu; sur le même plan; uni comme une plaine; calme, paisible.

 Nhứt lộ bằng thăn 一路平 ○, route unie, facile à parcourir (se dit en parlant de gens qui ont continuellement de la chance).

Thăn 腞*. La partie graisseuse des reins. A. V. Rate.

Thăn 蜳*. Petit lézard familier (très commun dans les pays annamites). (Formé des S. A. *trùng* 虫, reptile, et *thăn* 吞, avaler.)

 Con thăn lằn 昆 ○ 蜳, margouilla.

Thăn 吞*. Avaler avec voracité, manger gloutonnement, bâfrer.

Thăn 申*. Étendre, prolonger; de rechef, de nouveau; recommencer, une autre fois; exposer un plan, parler à un supérieur; caractère horaire et 9ᵉ lettre du cycle duodénaire (singe).

 Thăn thị ○ 示, promulguer, proclamer. — *Thăn mạng* ○ 命, réitérer un ordre de l'autorité suprême. — *Thăn ngoạt* ○ 月, le 9ᵉ mois. — *Thăn lạy quan lớn* ○ 禠官客, je m'adresse respectueusement à Votre Excellence (formule). — *Năm thăn* 酛 ○, l'année qui correspond à cette lettre cyclique. — *Giờ thăn* 唹 ○, la 9ᵉ heure annamite.

Thăn 訷*. Faire connaître; rendre compte d'une affaire, présenter un rapport, exprimer son opinion.

Thăn 呻*. Lire en récitatif; faire (selon l'usage) une lecture chantée.

Thăn 紳*. La ceinture officielle des gradués, des mandarins.

 Hương thăn 鄉 ○, principal notable d'un village (celui qui est chargé des actes, des registres).

Thăn 身*. Corps humain; corps d'un animal; un tronc, une souche; ce qui est personnel, je, moi, moi-même. Car. radical.

 Thăn tử ○ 子, le corps d'un être organisé. — *Thăn mình* ○ 命, son propre corps. — *Thăn thể* ○ 體, le corps tout entier; certaines parties du corps, les parties génitales. — *Thuyền thăn* 船 ○, coque de navire, carène ou quille de bateau. — *Thăn phận gái* ○ 分妈, la condition de la femme, le sexe féminin. — *Cô thăn* 孤 ○, orphelin. — *Đồng thăn* 童 ○, vierge. — *Thăn phàm* ○ 凡, le genre humain. — *Thăn dưới* ○ 㡀, les parties inférieures du corps (parties génitales). — *Thuế thăn* 稅 ○, l'impôt de capitation. — *Thăn tiền* ○ 錢, les sommes versées pour cet impôt.

Thăn 姌 et 娠*. État de grossesse; femme enceinte; nom de divinité.

Thăn 親*. Affection, amour, tendresse, attachement; parenté, consanguinité; alliance par mariage; proche, voisin.

Thân thích ○ 戚, la parenté. — *Phụ thân* 父 ○, père. — *Mẫu thân* 母 ○, mère. — *Tử thân* 子 ○, fils. — *Thân gia* ○ 家, la famille. — *Thân quyến* ○ 眷, les alliés. — *Thân cận* ○ 近, les voisins, les proches. — *Giao thân* 交 ○, liens de famille ou d'amitié.

Thận 腎 *. Reins, rognons, rate; viscères sécréteurs de l'urine.

Ngoại thận 外 ○, testicules. — *Thủy thận* 水 ○, rein gauche. — *Hỏa thận* 火 ○, rein droit. — *Nội thận* 內 ○, les rognons.

Thận 慎 *. Être attentif à ce que l'on fait; agir ou parler avec soin et précaution; prudent, soigneux, avisé, méticuleux.

Thận ngôn ○ 言, s'exprimer avec circonspection, parler avec prudence. — *Người cẩn thận* 伴 謹 ○, homme prudent, soigneux, appliqué.

Thẩn 哂 *. Rire en montrant les dents; faire la grimace en riant; s'étendre démesurément. Voir *thẩn*.

Vui thẩn thẩn 盃 ○ ○, hilarité. — *Thẩn tới* ○ 細, s'approcher, s'avancer, s'ouvrir un passage.

Thẩn 氽 *. Flotter sur l'eau.

Thần 臣 *. Homme soumis à la domination d'un autre: vassal, sujet; grand serviteur d'un prince ou d'un gouvernement. Car. radical.

Quân thần 君 ○, roi et sujet. — *Đại thần* 大 ○, éminent sujet, grand serviteur, haut dignitaire, grand ministre. — *Trung thần* 忠 ○, sujet fidèle. — *Loạn thần* 乱 ○, sujet rebelle. — *Thần dân* ○ 民, le peuple. — *Toàn quyền đại thần* 全權大 ○, haut dignitaire muni de pleins pouvoirs (formule officielle).

Thần 神 *. Pouvoir supérieur; puissance occulte; essence divine; spirituel, incorporel; esprits, génies et autres êtres imaginaires; merveilleux, mystérieux, caché.

Thần thánh ○ 聖, les saints. — *Thiên thần* 天 ○, les anges. — *Thờ thần* 徐 ○, rendre un culte aux esprits. — *Miếu thần* 廟 ○, petit temple dédié aux esprits. — *Quỉ thần* 鬼 ○, l'esprit malin; diables, diablotins. — *Thần dữ* ○ 輿, génie malfaisant. — *Thần nông* ○ 農, dieu de l'agriculture; nom donné à l'empereur chinois qui mit l'agriculture en honneur. — *Neo thần* 錨 ○, ancre de salut. — *Thần tiên* ○ 仙, génie, immortel.

Thần 辰 *. Mouvement des astres, marche des corps célestes; temps, jour, heure; mettre en mouvement, agiter, remuer, étendre. Car. radical. Voir *thìn*.

Bắc thần 北 ○, étoile polaire. — *Tinh thần* 星 ○, planètes. — *Sanh thần* 生 ○, jour de naissance.

Thần 娠 *. Une femme enceinte.

Thần 晨 *. Le moment où le jour commence à poindre; crépuscule du matin.

Thanh thần 清 ○, l'aurore, l'aube.

Thẳn 矧*. S'allonger, se raccourcir; s'étendre, se contracter; faire la grimace. Voir *thắn*.

 Lẩn thẩn 吝 ○, lambiner, traînasser; vaguer, flâner. — *Thơ thẩn* 疎 ○, errer, vagabonder (enfant).

Thang 湯*. Flots soulevés; bouillonnement des eaux; surface tumultueuse d'un liquide; ébullition; eau chaude; le nom d'un empereur de la dynastie des *Thượng* 商. A. V. Échelle, escalier; terme numéral des préparations médicamenteuses.

 Thủy thang 水 ○, bouillon maigre. — *Nhục thang* 肉 ○, bouillon de viande. — *Bắc thang* 北 ○, appliquer une échelle. — *Bậc thang* 北 ○, degré, échelon. — *Lên thang* 遷 ○, monter l'échelle, gravir l'escalier. — *Thang mây* 遥, nuages. — *Một thang thuốc* 沒 ○ 葉, une potion.

Thang 趟*. Aller franchement droit devant soi; traverser l'eau à pied; passer une rivière à gué.

Tháng 膅. Mois lunaire. Voir *ngoạt*. (Formé des S. A. *ngoạt* 月, mois, lune, et *thượng* 尙, honorer[1].)

 Tháng giêng ○ 胚, premier mois. — *Tháng hai* ○ 台, deuxième mois. — *Tháng chạp* ○ 臘, douzième mois. — *Tháng nhuận* ○ 潤, mois intercalaire. — *Đầu tháng* 頭 ○, commencement du mois. — *Cuối tháng* 檜 ○, fin du mois. — *Tháng thiếu* ○ 少, mois incomplet (de 29 jours). — *Tháng đầy* ○ 苦, mois complet (de 30 jours). — *Nửa tháng* 姅 ○, demi-mois. — *Một tháng rưởi* 沒 ○ 祀, un mois et demi.

Thẳng 倘*. S'arrêter net; soudain, tout à coup, inopinément. Voir *toãn*.

 Thẳng mảng ○ 莽, retenu par, empêché de.

Thăng 升*. Monter, gravir, s'élever; mesure (poids, capacité = la 10ᵉ partie du *hộc*). Voir *thưng*.

 Cân thăng bằng 斤 ○ 平, balance. — *Cái thăng* 吁 ○, boisseau.

Thăng 陞*. Monter en grade, s'élever en dignité; hausser, augmenter.

 Thăng thượng ○ 上, haute situation. — *Thăng chức* ○ 職, être promu au grade supérieur. — *Thăng quyền* ○ 權, augmenter son autorité. — *Thăng giá* ○ 價, hausser les prix.

Thặng 剩*. Reste, excédent, surplus; en plus, en trop, superflu.

 Thặng xuất ○ 出, ce qui reste.

Thăng 昇*. Le soleil à son point le plus élevé, au zénith; calme, repos; mourir (en parlant du roi).

 Vua mới thăng 牽 買 ○, le roi vient de mourir.

Thắng 勝*. Avoir la force de; être supérieur à; vaincre, surpasser; orner, harnacher; réduire.

---

[1] Les mois sont désignés par des numéros d'ordre, sauf le premier et le douzième qui ont de noms particuliers.

Thắng trận ○ 陣, remporter une victoire, gagner la bataille. — *Thắng quá nhơn* ○ 過人, au-dessus des hommes; dépasser les autres. — *Thắng thế* ○ 勢, l'emporter sur. — *Hoa thắng* 花○, ornement. — *Thắng ngựa* ○ 馭, harnacher un cheval. — *Thắng xe* ○ 車, atteler la voiture. — *Đồ thắng ngựa* 圖 ○ 馭, harnachement. — *Thắng lại* ○ 更, réduire, congeler, figer, solidifier.

Thẳng 愯*. Méfiant, soupçonneux, inquiet; se tenir sur ses gardes.

Thẳng 繩*. Lien, corde, cordeau; la ligne droite; ce qui est normal; droiture, honnêteté, sincérité.

    Thẳng phép ○ 法, règle, loi. — *Thẳng nhơn* ○ 人, la ligne droite que tout homme doit suivre. — *Thẳng mực* ○ 墨, cordeau, ligne de charpentier.

Thẳng 塍*. Talus entourant une rizière; ligne de démarcation; rigole d'arrosage.

Thẳng 倘 (1). Individu; appellatif pour gens de peu, satellites, jeunes domestiques et enfants (ne s'applique qu'aux mâles, et, selon les usages du pays, n'est jamais employé vis-à-vis des vieillards, si misérables qu'ils puissent être). (En S. A., soudain; se pron. *thẳng*.)

    Thẳng nầy ○ 尼, cet individu-ci. — *Thẳng kia* ○ 箕, cet individu-là;

eh! toi, là-bas! — *Thẳng nhỏ ấy* ○ 馳意, cet enfant. — *Thẳng dầy tớ tôi* ○ 苦四碎, mon domestique.

Thẳng 倘. En droite ligne; allongé, étendu; direct, sans aucun détour. (En S. A., soudain; se pron. *thẳng*.)

    Ngay thẳng 証 ○, tout droit, rectiligne. — *Sự ngay thẳng* 事証 ○, droiture, loyauté. — *Đường thẳng* 唐 ○, route directe, voie droite. — *Đi thẳng* 移 ○, aller tout droit. — *Bằng thẳng* 平 ○, uni, égal; sur le même plan, en équilibre. — *Ngày thẳng* 時 ○, tout le long du jour.

Thăng 升*. Mesure, boisseau (grain). Voir *thăng*.

Thắng 勝. Soulever, faire monter. (Du S. A. *thẳng*, même car., surpasser.)

    Thắng lên ○ 遷, élever (avec effort). — *Nói thắng lên* 吶 ○ 遷, élever la voix.

Thanh 青*. Bleu clair, vert tendre, nuance azurée du ciel, couleur glauque de la mer; jeune, tendre, frais, verdoyant. Car. radical.

    Thanh thiên ○ 天, le ciel bleu. — *Thanh thảo* ○ 草, vert gazon, herbe tendre. — *Thanh xuân* ○ 春, printanier; jeunes années. — *Thanh yên* ○ 燕, le nom d'une grosse orange verte. — *Thanh mông thạch* ○ 蒙石, antimoine. — *Thanh phàn* ○ 礬, vitriol bleu. — *Thanh trước* ○ 竹, bambou vert. — *Thanh trước thổ* ○

---

(1) Se transcrit aussi par le car. 倘.

竹土, terrain planté de bambous. — *Chim bào thanh* 鴇雹 ○, autruche.

Thanh 清*. Eau claire, limpide, transparente; calme, paisible, tranquille; pur, net, immaculé; probe, chaste, vertueux. Voir *thinh*.

Trời thanh 夆 ○, temps clair, ciel serein. — *Thanh lưu* ○ 流, courant d'onde pure; au fig., honnête, intègre. — *Thủy thanh* 水 ○, transparence de l'eau; cristallin. — *Thanh bạch* ○ 白, immaculé, sans tache, non souillé. — *Quan thanh* 官 ○, fonctionnaire honnête, irréprochable. — *Cảnh thanh* 景 ○, lieu pittoresque, site enchanteur. — *Ở thanh vắng* 於 ○ 永, vivre loin du monde, dans le calme et la solitude. — *Thanh triều* ○ 朝, la pure dynastie (la dynastie mandchoue). — *Đại thanh* 大 ○, la Chine. — *Thanh nhơn* ○ 人, un Chinois. — *Trai thanh* 㜸 ○, un jeune homme chaste. — *Thất thanh* 失 ○, perdre la pureté.

Thanh 聲*. Ce qui frappe l'oreille, bruit, son, voix; ce que l'on entend dire, bruit public, renommée, réputation; spirituel, surnaturel; terme employé dans la rédaction des inscriptions tombales. Voir *thinh*.

Tiếng thanh 嗜 ○, son pur, voix sonore. — *Thanh bai* ○ 悲, harmonieux. — *Thanh danh* ○ 名, réputation, célébrité. — *Nói liền thanh* 吶 連 ○, ne pas cesser de parler. — *Phong thanh* 風 ○, bruits apportés par le vent, rumeur publique.

Thạnh 盛*. Abondance, intensité, plénitude; florissant, riche, prospère; plein, serré, épais, dru.

Thạnh đức ○ 德, haut degré de vertu. — *Thạnh đa* ○ 多, énormément. — *Thạnh lợi* ○ 利, florissant, prospère. — *Được thạnh lợi* 特 ○ 利, prospérer. — *Nước thạnh* 渚 ○, nation florissante. — *Thạnh trị* ○ 治, bon gouvernement. — *Buôn bán thạnh lợi* 奔 半 ○ 利, le commerce fleurit. — *Cảnh thạnh* 景 ○, brillant et florissant; nom de dynastie.

Thạnh 晟*. Soleil dans toute sa splendeur; grand jour; pleine et entière lumière.

Thánh 聖*. Le degré le plus élevé de la perfection morale; haute sagesse, grande vertu; éminemment perspicace; essentiellement bon; pur, vertueux, sage, saint, sacré.

Thánh nhơn ○ 人, un homme parfait, un saint, un sage. — *Thánh thần* ○ 神, divin. — *Đạo thánh* 道 ○, sainte religion. — *Thánh kinh* ○ 經, les saints livres. — *Nước thánh* 渚 ○, eau bénite. — *Thánh thủy* 水, id. — *Thánh giá* ○ 架, la sainte croix. — *Đất thánh* 坦 ○, cimetière. — *Thánh vật* ○ 物, objets sacrés. — *Thánh giáo* ○ 敎, la doctrine de Confucius. — *Thánh môn* ○ 門, l'école de Confucius. — *Tòa thánh* 座 ○, le saint-siège. — *Thánh thiên tử* ○ 天子, le sacré fils du ciel (l'empereur de la Chine). — *Thánh thượng* ○ 上, le saint des saints (id.).

Thành 成*. Mener à bonne fin; achever, compléter, finir; devenir, parvenir, réussir, résoudre.

Thành sự ○ 事, terminer une affaire. — *Thành công* ○ 功, se créer des titres. — *Bất thành* 不 ○, ne pas réussir; n'est-ce pas? — *Thành nhơn* ○ 人, devenir homme. — *Thành danh* ○ 名, parvenir à la renommée. — *Sanh tành* 生 ○, créer. — *Hoàn thành* 完 ○, achevé, fini, accompli; parfait.

Thành 城*. Remparts, retranchements, enceinte fortifiée, forteresse, citadelle; ville, chef-lieu. capitale.

Thành trì ○ 池, murs et fossés entourant un ville. — *Thành thủ hủy* ○ 守尉, le commandant d'une forteresse. — *Kinh thành* 京 ○, capitale d'un pays. — *Tỉnh thành* 省 ○, chef-lieu de province. — *Quan thành thủ* 官 ○ 守, commandant de place. — *Thành phố* ○ 舖, municipalité. — *Việc thành phố* 役 ○ 舖, affaires municipales. — *Ông giám thành* 翁監 ○, monsieur le maire de la ville. — *Thành hoàng* ○隍, dieux lares, fétiches locaux. — *Thành hoàng miễu* ○隍廟, temple dédié au culte de ces fétiches.

Thành 誠*. Paroles sincères; témoignage authentique; intentions pures; vrai, réel, parfait; sans fraude, sans mélange.

Thành thật ○ 實, simple, naturel, vrai. — *Lòng thành* 悉 ○, âme fidèle, cœur sincère. — *Thành tín* ○ 信, croire fermement. — *Thành kính* ○ 敬, honorer, vénérer en toute sincérité.

Thành 請*. Demander, prier, inviter; s'excuser, déclarer, confesser, reconnaître. Voir *thỉnh*.

Thành mạng ○ 命, se mettre à la disposition de l'autorité supérieure. — *Thành mảnh* ○ 萌, délié, dégagé; dispos, prompt. — *Thành thoi* ○ 台. libre, sans entraves.

Thao 慆*. Belle humeur, franche gaieté, joie sans contrainte; licencieux, déréglé.

Thao tâm ○ 心, dissolu, débauché.

Thao 縚*. Cordon tressé avec des fils de soie; gland, torsade, frange, cordonnet.

Mía thao 樸 ○, le nom d'une espèce de canne à sucre.

Thao 韜*. Fourreau de sabre ou d'épée; étui pour l'arc; gaine de drapeau; sac, enveloppe, couverture; être habile.

Thao 鍒*. Métal dur; fer, acier.

Thao 幨*. Coiffure de deuil; serre-tête, bande d'étoffe pour retenir les cheveux.

Thạo 操. Habile, expert, capable. (Pour le car. en S. A., voir ci-dessous.)

Tháo 操*. Se saisir de, prendre avec la main; diriger, exercer; enlever, soulever, ôter.

Tháo đao ○ 刀, tirer l'épée du fourreau, mettre sabre au clair. — *Tháo luyện* ○ 鍊, faire l'exercice militaire. — *Tháo ra* ○ 囉, ôter, enlever, découvrir.

Tháo 蹴. Retourner en arrière, revenir sur ses pas (en se pressant). (Du S. A. *táo*, même car., aller vite.)

Tháo trút ○ 律, éviter, s'écarter.

Tháo 套*. Long, étendu; enveloppe, fourreau, gaine, étui, couverture; lot, collection, assemblage (livres).

Thơ tháo 書○, bibliothèque. — *Ngoại tháo* 外○, enveloppe extérieure, vêtement de dessus. — *Tháo y* ○ 衣, id. — *Năm tháo sách* 五○ 册, cinq lots de livres.

Tháo 造*. Créer, fonder, établir, instituer; bâtir, construire; ramasser, moissonner.

Tháo thức ○ 次, en désordre, dispersé; troublé, ému. — *Tháo thức* ○ 式, ne pas pouvoir dormir.

Tháo 滔*. Crue subite des eaux; inondation, débordement; monter, grossir, s'étendre, se répandre.

Tháo thiên ○ 天, déluge. — *Lào tháo* 牢○, négligemment. — *Đổ lào tháo* 堵牢○, verser un liquide n'importe comment, sans aucun soin. — *Người thều tháo* 俦韶○, homme trop bon, trop faible, débonnaire.

Thảo 艸*. Les plantes. Car. radical.

Thảo 草*. Herbes, plantes (cultivées ou sauvages); première pousse; première épreuve; avec précipitation et négligence, vite et sans soin.

Thảo mộc ○ 木, plantes et arbres. — *Hoa thảo* 花○, plantes et fleurs.

— *Thảo điền* ○ 田, rizière herbeuse (1re classe). — *Thảo tự* ○ 字, écriture expédiée, caractères cursifs. — *Đái thảo* 帶○, petit cursif où la moitié du caractère reste carré. — *Thảo bổn* ○ 本, original, minute (document écrit). — *Chánh thảo* 正○, id. — *Viết thảo* 曰○, écrire vite, préparer une minute, faire un brouillon.

Thảo 討*. Examiner soigneusement, chercher à se rendre compte; gouverner, diriger; punir, châtier, exterminer.

Thinh tội trí thảo 聲罪致○, la faute sera expliquée (au coupable) avant la punition. — *Thảo phạt* ○ 伐, appliquer une peine, réprimer une faute, punir un manquement. — *Thảo bảo* ○ 保, répondre de, garantir, endosser.

Thảo 討. Bon, doux, bienveillant, généreux; se montrer reconnaissant et pieux envers les parents. (Pour le car. en S. A., voir ci-dessus.)

Con thảo 昆○, fils pieux, qui respecte ses parents. — *Hiếu thảo cha mẹ* 孝○吒媄, honorer ses père et mère. — *Thảo thuận* ○ 順, bonne entente dans la famille. — *Thảo ăn* ○ 咹, qui donne souvent de quoi manger.

Thảo 懆*. Souci, peine, tristesse; malaise, incommodité, inquiétude, préoccupation.

Thạp 塔. Espèce de pot en terre. (Pour le car. en S. A., voir ci-dessous.)

Tháp 塔*. Amoncellement de terre; pyramide, tour, mirador, aiguille, flèche; pointu, aigu.

Xây tháp 搽 ○, ériger une pyramide, construire une tour. — *Hoa tháp* 花 ○, tourelle à clochetons superposés, clocher de pagode.

Tháp 榻*. Lit de camp, couchette; une grossière étoffe de coton.

Tháp 扱*. Saisir, prendre; réunir; abaisser les mains croisées (pour le salut de cérémonie).

Tháp 插*. Broyer le grain dans un mortier; fouler, piler, écraser.

Tháp 歃*. Jurer, faire un serment. A. V. Joindre, réunir; succéder.

Cái tháp viết 吗 ○ 曰, petite boîte dans laquelle on serre les pinceaux à écrire. — *Tháp chon* ○ 蹟, joindre les jambes.

Thắp 燭. Allumer, enflammer. Voir *đốt*. (Formé des S. A. *hỏa* 火, feu, et *tháp* 濕, humide.)

Thắp đèn ○ 畑, allumer la lampe. — *Thắp giăng giăng* ○ 扛扛, allumer des feux de distance en distance. — *Thắp điếu thuốc* ○ 釣菜, allumer une cigarette.

Thập 十*. Le nombre dix; chiffre rond; entier, complet, parfait; désigne les objets ou les choses en forme de croix. Car. radical.

Thập lục ○ 六, seize. — *Thập ngũ nhựt* ○ 五日, quinzième jour. — *Thập tự thánh giá* ○ 字聖架, la sainte croix. — *Thập túc* ○ 足, complet, parfait; suffisant. — *Vàng thập* 鑌 ○, or pur.

Thập 什*. Dix hommes; fraction de compagnie, section, escouade.

Thập vật tiền ○ 物錢, petit supplément d'impôt pour compenser les pertes de sapèques.

Thập 拾*. Rassembler, réunir, recueillir, ramasser, mettre en tas: s'emploie comme forme compliquée du nombre dix.

Thấp 濕*. Plaines basses et marécageuses, terrains humides; mouillé, trempé; placé bas, court, petit, mesquin, modeste, humble, abattu, humilié.

Thấp khí ○ 氣, air humide, miasmes. — *Phong thấp* 風 ○, mauvais air, vent malsain. — *Chỗ thấp* 挂 ○, lieu bas, endroit marécageux, paludéen. — *Tế thấp* 痹 ○, maladie causée par l'humidité. — *Nhỏ thấp* 軛 ○, courte taille. — *Thấp thỏi* ○ 耀, humble, modeste. — *Thấp hèn* ○ 賢, vil, bas, méprisable. — *Thấp trí* ○ 智, petite intelligence, esprit mesquin. — *Thấp cao* ○ 高, petit et grand; ton bas et ton haut (pour la rime).

Thạt 碩*. Gros, grand; bien plein.

Thát 獺*. Loutre. Voir *lại* et *rái*.

Hải thát 海 ○, phoque. — *Sơn thát* 山 ○, castor.

Thát 達*. Pénétrer dans, arriver à; s'étendre, se propager. Voir *đạt*.

Thắt 撻*. Battre, frapper, châtier; donner du rotin (fautes légères).

Thắt 紩. Serrer avec un lien, lier avec une corde; tresser; effilocher. (Du S. A. *trật*, même car., repriser.)

 Thêm thắt 添 ○, augmenter. — *Nói thắt mắt* 吶 ○ 䖈, dire des mots blessants. — *Thắt cổ* ○ 古, serrer le cou. — *Thắt riết* ○ 綱, étrangler net. — *Thắt cổ kẻ trộm* ○ 古 几 濫, pendre un voleur. — *Án xử thắt cổ* 案 處 ○ 古, condamné à la strangulation. — *Thắt lưng* ○ 腰, se serrer la ceinture, se ceindre les reins. — *Dây thắt lưng* 綵 ○ 腰, ceinture. — *Thắt vòng* ○ 綏, tresser un filet. — *Thắt tụi* ○ 緣, faire des franges.

Thật 實 et 寔*. Complet, rempli; vrai, réel; dur, solide, ferme, inébranlable. Voir *thiệt*.

 Thật sự ○ 事, chose vraie, réalité. — *Sự thật* 事 ○, la vérité. — *Thật giá* ○ 價, prix réel, prix irrévocablement fixé. — *Thật thì* ○ 時, réellement, certainement. — *Lấy làm thật* 𥙩 濫 ○, considérer comme vrai, tenir pour certain. — *Ngay thật* 証 ○, sincère, véridique. — *Thật thà* ○ 他, simple, naturel, naïf. — *Phải khai cho thật* 沛 開 朱 ○, il faut déclarer la vérité. — *Tôi đã nói thật* 碎 乜 吶 ○, j'ai dit la vérité. — *Nói ngay thật* 吶 証 ○, s'exprimer avec l'accent de la vérité. — *Cách thật* 格 ○, véritablement. — *Có phước thật* 固 福 ○, être véritablement heureux. — *Có lòng thật* 固 懇 ○, d'un cœur sincère, bien intentionné. — *Thật mực* ○ 墨, correctement, régulièrement. — *Quả thật* 果 ○, absolument exact; affirmation absolue.

Thất 失*. Perdre, laisser, manquer, échouer; égaré, perdu, en défaut; laisser périr; manquer le but, avoir un échec.

 Quá thất 過 ○, faute, manquement. — *Thất vật* ○ 物, égarer un objet. — *Thất tâm* ○ 心, forfaire à l'honneur. — *Thất thân* ○ 身, se manquer à soi-même. — *Thất hiếu* ○ 孝, manquer aux devoirs de piété filiale, être ingrat envers ses parents. — *Thất ngãi* ○ 義, manquer à l'amitié, à la fidélité, à la justice. — *Thất ngôn* ○ 言, ne pas tenir sa parole; laisser échapper un mot malsonnant. — *Thất lễ* ○ 禮, oublier la politesse; incivil. — *Thất thác* ○ 托, cesser de vivre. — *Thất lý* ○ 理, être à court d'arguments, avoir le dessous dans un plaidoyer. — *Thất ước* ○ 約, violer un traité. — *Thất lạc* ○ 落, égaré, perdu, qui a quitté son village pour aller dans un autre. — *Thất bát* ○ 撥, année stérile, récolte perdue. — *Thất sắc* ○ 色, changer de couleur, pâlir. — *Thất kinh* ○ 驚, être tout à coup très effrayé, tressaillir, sursauter. — *Thất trận* ○ 陣, perdre une bataille. — *Thất thứ* ○ 次, désordre, déroute, débandade. — *Tôi thất* 碎 ○, j'ai perdu, j'ai manqué, j'ai échoué.

Thất 室*. Toit, maison, demeure, famille, foyer; gynécée, parenté.

 Gia thất 家 ○, la famille, les parents. — *Ông tôn thất* 翁 宗 ○, un membre de la famille royale.

Thât 漆. Laque, vernis, siccatif. (Du S. A. *tât*, même car., même signif.)

Màu kim thât 牟金 ○, couleur jaune d'or.

Thât 匹*. Correspondre; couple, paire; apparier, assortir, accoupler, comparer (surtout des animaux).

Thât phu ○ 夫, époux, mari. — *Thât thê* ○ 婦, épouse, femme (chez les Annamites se dit presque toujours en mauvaise part). — *Mã nhựt thât* 馬 一 ○, un cheval.

Thât 七*. Nombre sept (caractère simple).

Đệ thât chương 第 ○ 章, septième leçon. — *Nhị thập thât nhựt* 二十 ○ 日, le vingt-septième jour (du mois). — *Thât chánh* ○ 政, les sept grands corps célestes, savoir : *nhựt* 日, Soleil; *nguyệt* 月, Lune; *kim* 金, Vénus; *mộc* 木, Jupiter; *thủy* 水, Mercure; *hỏa* 火, Mars; *thổ* 土, Saturne.

Thât 柒*. Suc végétal; vernis; le nombre sept (forme compliquée).

Thât 叱*. Commander avec rudesse, donner des ordres sur un ton de colère; crier, tempêter, menacer.

Thât 疋*. Pièce d'étoffe, rouleau de toile; terme numéral des pièces ou des rouleaux. Car. radical.

Thau 鐃. Cuivre; laiton, fil de fer. (Du S. A. *thao*, même car., métal dur.)

Mâm thau 槞 ○, plateau en cuivre (pour servir les mets). — *Thau rửa tay* ○ 洿 抐, lavabo en cuivre. — *Chậu thau* 招 ○, bassine, chaudron, cuvette. — *Thép thau* 鐃 ○, fil de laiton, fil d'archal. — *Chỉ thau* 織 ○, idem.

Thảu 草. Écrire vite; écriture courante, rapide; caractères cursifs[1]. (Du S. A. *thảo*, même car., même signification.)

Viết thảu 日 ○, écrire en cursifs.

Thâu 鍮*. Métal de couleur jaune.

Thâu 輸*. Autrefois un char pour transporter le tribut; acquitter les impôts; offrir des présents.

Thâu 偷*. Négligent, nonchalant; se livrer à l'oisiveté; agir en sous-main; prendre, dérober, voler. A. V. Pénétrer, traverser.

Thâu an ○ 安, faire le paresseux. — *Thâu sanh* ○ 生, soustraire sa vie au danger, éviter la mort (par des moyens lâches). — *Thâu đạo* ○ 盗, voler, piller (sans risques). — *Thâu qua* ○ 戈, passer au travers de, traverser de part en part.

Thâu 收 et 収*. Prendre, accepter, recevoir; recueillir, percevoir,

---

[1] Ces car. abrégés peuvent être employés dans les rapports privés et dans les affaires commerciales; mais il est défendu de s'en servir pour la rédaction des documents officiels ou administratifs, cahiers d'impôts, pétitions, demandes, etc.

encaisser. A. V. Raccourcissement, contractilité.

Thâu đơn ○ 單, accepter une supplique, recevoir une plainte. — *Thâu thuế* ○ 稅, percevoir l'impôt. — *Quan thâu thuế* 官 ○ 稅, percepteur. — *Thâu lễ* ○ 禮, accepter un présent. — *Bạc tiền thâu* 溥 錢 ○, recette. — *Sổ thâu phát* 數 ○ 發, le budget des dépenses et des recettes. — *Thâu góp* ○ 給, réunir des cotisations. — *Thâu lại* ○ 吏, se raccourcir, se contracter.

Thâu 遙*. S'enfuir au delà; passer au travers de; pénétrer, traverser.

Thông thâu 通 ○, traverser de part en part, communiquer. — *Thâu quí* ○ 過, transpercer. — *Thâu vào* ○ 包, pénétrer, s'enfoncer. — *Thâu minh* ○ 明, transparent. — *Thâu vô đươc* ○ 無 特, pénétrable. — *Chẳng thâu* 庄 ○, impénétrable.

Thâu 訐*. Propos séditieux; pousser les gens à mal faire.

Thâu 黃*. Enlever de force, prendre d'autorité; piller, mettre à sac.

Thâu 湊*. Nom de cours d'eau; couler abondamment; grande quantité; provisions, aliments.

Thâu gói ○ 膾, viandes séchées, poissons salés, conserves.

Thâu 哺. Avaler avec voracité. (Formé des S. A. *khâu* 口, bouche, et *thâu* 吞, bâfrer.)

Thâu vào ○ 包, introduire dans, faire entrer, ingurgiter. — *Thâu đi* ○ 移, avaler d'un trait.

Thầu 土. Opium brut; suc, résine. (En S. A., terre; écorce; se pron. *thổ*.)

Trái thầu 粳 ○, boule d'opium brut. — *Thầu trái* ○ 粳, opium en boule (pour la vente en gros).

The 施. Saveur âcre, goût piquant; un tissu très fin; mot euphonique. (En S. A., développer; se pron. *thi*.)

The the ○ ○, un peu âcre. — *Giẻ the* 綵 ○, espèce de soie. — *Le the* 離 ○, qui a de la peine à se développer, à s'étendre. — *Thuốc the* 藥 ○, le nom d'un remède. — *Mùng the* 幪 ○, moustiquaire.

Thé 呰. Aigre, mordant; criard. (Du S. A. *duệ*, même car., crier fort.)

Chua thé 珠 ○, très acide, très aigre. — *Tiếng thé lè* 嘈 ○ 漓, voix aiguë, criarde.

Thè 施. Étendu; très gros, obèse. (Du S. A. *thi*, même car., déployé.)

Bụng thè lè 膝 ○ 漓, qui a un gros ventre (se dit vulgairement en parlant d'une femme enceinte).

Thẻ 筴. Tablettes en bambou sur lesquelles on écrivait; lettre testimoniale; insigne, signal. Voir *hốt*. (Formé des S. A. *trước* 竹, bambou, et *bổn* 体, grossier.)

Cái thẻ 丐 ○, tablette, fiche, insigne. — *Thẻ đề* ○ 題, inscription, titre. — *Giao thẻ* 繳 ○, insigne du grade (porté par les mandarins). — *Đi một thẻ* 移 沒 ○, aller droit devant soi. — *Cấm thể* 攛 ○, planter un signal, enfoncer une fiche en terre.

Thê 妻*. Femme mariée, épouse.

Phu thê 夫 ○, mari et femme. — *Thê tử* ○ 子, femme et enfants. — *Thê thiếp* ○ 妾, l'épouse légitime et les concubines.

Thê 悽*. Triste, chagrin, affligé; tristesse, mélancolie.

Thê 淒 et 凄. Froid, glacial; hiver.

Thê 萋*. Belle végétation, herbe luxuriante; touffu, épais; beaucoup, nombreux.

Thê 棲 et 栖. Juché, perché, arrêté; demeurer provisoirement chez quelqu'un.

Thê 秭*. Grain entassé; grand nombre, chiffre très élevé.

Một thê 沒 ○, cent millions.

Thê 梯*. Manière de faire, mode de conduite, moyen de réussir.

Anh khéo thì thôi thê 嬰窖時崔 ○, vous avez une drôle de manière d'agir. — *Thật thì thôi thê* 實時崔 ○, vraiment, vous n'en avez plus? vous êtes bien aimable! (ironique).

Thệ 逝*. S'en aller, partir, passer; laisser tout, quitter la vie.

Thệ thê ○ 世, abandonner le monde, quitter la terre, mourir. — *Nhựt thệ* 日 ○, les jours passés.

Thệ 筮*. Dévoiler l'avenir, faire un sortilège, consulter les sorts.

Thệ nhơn ○ 人, devin, sorcier.

Thệ 噬*. Mordre, ronger, dévorer.

Thệ 誓*. Jurer, prêter serment; engagement, promesse. Voir *thê*.

Thỉ thệ 矢 ○, jurer. — *Đang thiên minh thệ* 當天明 ○, prendre le ciel à témoin. — *Văn thệ* 文 ○, formule officielle ou légale du serment.

Thế 替*. A la place de, au lieu de; changer, substituer, remplacer.

Thế mạng ○ 命, donner sa vie pour un autre. — *Thế công* ○ 工, faire le travail d'un autre. — *Lính thế* 另 ○, soldat remplaçant. — *Thế người ta* ○ 僾些, se substituer à d'autres. — *Thế lại* ○ 吏, remplacer, compenser. — *Sự đặt thế* 事達 ○, substitution, remplacement. — *Làm thế* 濫 ○, faire à la place de. — *Thế lấy* ○ 祂, succéder.

Thế 涕*. Larmes qui coulent; se lamenter en versant des pleurs.

Thế 剃*. Raser, tondre. Voir *thí*.

Thế đầu ○ 頭, raser la tête. — *Thế phát* ○ 髮, couper les cheveux.

Thế 勢*. Force, pouvoir, puissance, autorité; qualité, condition, état; propriété, moyen, ressource.

Quyền thế 權 ○, pouvoir, autorité. — *Thế lực* ○ 力, force, puissance. — *Thế tâm* ○ 心, énergie. — *Sự thế* 事 ○, causes déterminantes. — *Thì thế* 時 ○, circonstances de temps.

— *Hay ý thế* 哈倚 ○, autoritaire. — *Yếu thế* 要 ○, peu de pouvoir, peu d'influence. — *Hết thế* 歇 ○, perdre tout crédit, à bout de moyens. — *Thất thế rồi* 失 ○ 来, toute influence a cessé. — *Anh lấy thế ai* 嬰 祕 ○ 埃, sur qui vous appuyez-vous? — *Tôi lấy thế riêng mình* 碎 祕 ○ 貞 命, je procède de ma propre autorité, de mon pouvoir personnel.

Thế 世 *. Monde, vie, siècle; suite, génération, descendance, postérité.

Thế nhơn ○ 人, les hommes, les humains. — *Thế gia* ○ 家, généalogie. — *Thế đời* ○ 代, siècle de 30 ans. — *Thế giái* ○ 界, l'univers. — *Bá thế* 百 ○, cent siècles, c.-à-d. tous les siècles. — *Thế phép* ○ 法, règles de la vie; expérience. — *Quá thế* 過 ○, trépasser. — *Tiên thế* 前 ○, les siècles passés. — *Hậu thế* 後 ○, les temps futurs. — *Thế sự* ○ 事, les choses de ce monde. — *Hạ thế* 下 ○, ce bas monde. — *Năm phương thế gian* 瓵 方 ○ 間, les cinq parties du monde. — *Thế giái mới* ○ 界 買, le nouveau monde, l'Amérique.

Thế 貰 *. Offre ou don volontaire, prêt gracieux; vendre à crédit.

Thề 誓 *. Prêter serment. Voir *thệ*.

Thề đi ○ 移, jurez-le, prêtez serment. — *Bắt thề* 抔 ○, faire prêter serment, assermenter. — *Thông ngôn có bắt thề* 通 言 固 抔 ○, interprète assermenté. — *Thề dối* ○ 嘴, prêter un faux serment, se parjurer. — *Thề ở trung tín* ○ 於 忠 信, prêter serment de fidélité. — *Thề nói thật* ○ 吶 實, promettre de dire toute la vérité. — *Bứt tóc mà thề* 抔 髻 麻 ○, s'arracher violemment quelques cheveux pour affirmer la sincérité d'un serment (comme le font les enfants du pays).

Thể 采 *. Orné, bariolé; cueillir, ramasser; trier, choisir, distinguer. Voir *biện*. Car. radical.

Ngũ thể 五 ○, les cinq couleurs. — *Thể diện* ○ 面, aspect du visage, couleur de la peau. — *Lễ nạp thể* 禮 納 ○, cérémonie des présents avant le mariage.

Thể 彩 *. De différentes couleurs. (Se prend parfois pour le précédent et réciproquement.)

Văn thể 文 ○, orné, beau, élégant. — *Quang thể* 光 ○, éclatant, resplendissant. — *Vật thể* 物 ○, la couleur des objets, la nuance ou l'aspect des choses.

Thể 綵 *. Étoffe bariolée, soie à ramages, assemblage de plusieurs couleurs.

Thể 體 *. Le corps, la charpente humaine, tous les membres; substance; adjoindre, incorporer; incarner; forme, mode, manière.

Tứ thể 四 ○, les quatre membres. — *Hình thể* 形 ○, structure; composition. — *Thân thể người ta* 身 ○ 得 些, le corps humain. — *Thể nào* ○ 苒, de quelle manière, comment? — *Thể nầy* ○ 尼, de cette façon, ainsi. — *Giả thể* 假 ○, supposé que. — *Như thể* 如 ○, comme si. —

18

Một người một thể 沒得沒 ○, un homme une manière. — *Nhiều người nhiều thể* 饒得饒 ○, plusieurs hommes plusieurs manières (d'être ou de faire). — *Luôn thể* 輪 ○, continuer le même procédé, partir du même principe; tout au long. — *Trọng thể* 重 ○, pompeux, solennel. — *Cách trọng thể* 格重 ○, solennellement, magnifiquement. — *Cả thể* 舒 ○, sublime. — *Lễ thể* 禮 ○, politesse, urbanité. — *Thể lệ* ○ 例, coutumes, usages.

Thể 体 *(1)*. De mauvaise qualité, qui vaut peu; grossier, ignorant. Voir *bổn*.

Thếch 適. Syllabe complémentaire. (En S. A., tendance; se pron. *thích*.)

Lớn thếch 客 ○, très grand. — *Lạt thếch* 濑 ○, fade, sans saveur.

Thèm 嚪. Avoir grande envie de; désir violent, immodéré, maladif. (En S. A., divaguer; se pron. *thiếm*.)

Thèm lắm ○ 虞, désir excessif, envie folle. — *Thèm muốn* ○ 悶, vouloir absolument (comme font les petits enfants). — *Uống đã thèm* 吽 匄 ○, avoir contenté sa soif. — *Chết thèm* 折 ○, mourir d'envie de. — *Không thèm* 空 ○, refus dédaigneux. — *Không thèm làm* 空 ○ 濫, ne pas vouloir se donner la peine de faire. — *Không thèm nói* 空 ○ 吶, refuser dédaigneusement de parler. — *Không thèm coi* 空 ○ 襘, ne pas même vouloir regarder. — *Ai thèm* 埃 ○, qui daignerait?

Thêm 添 *. Augmenter, surajouter, adjoindre, accroître; supplément. (Du S. A. *thiêm*, même car., même signification.)

Gia thêm 加 ○, davantage; surplus. — *Thêm của cải* ○ 貼 改, augmenter ses biens. — *Thêm giàu* ○ 朝, augmenter sa fortune. — *Thêm vô nữa* ○ 無 女, surajouter, adjoindre. — *Thêm quyền phép* ○ 權 法, accroître son autorité. — *Nói thêm* 吶 ○, exagérer, amplifier. — *Làm thêm* 濫 ○, faire davantage. — *Cách nói thêm* 格 吶 ○, hyperbole. — *Tiếng thêm* 嘈 ○, expression hyperbolique. — *Phụ thêm* 附 ○, supplément, appendice, rallonge.

Thềm 擔. Galerie extérieure et couverte, véranda; un chien de garde. (Du S. A. *thiềm*, même car., même signification.)

Thềm chung quanh nhà ○ 終 逑 茹, galerie couverte autour d'une maison.

Then 杆. Barre de fermeture de porte, d'enclos; traverse, verrou. Voir *thoen*. (Formé des S. A. *mộc* 木, arbre, et *thiên* 千, mille.)

Then cửa ○ 閶, fermeture transversale de porte. — *Gài then lại* 抾 ○ 吏, remettre la barre, refermer, barricader de nouveau.

Thẹn 嗜. Honte, pudeur, confusion. (Formé des S. A. *khẩu* 口, bouche, et *thiện* 善, bon, excellent.)

Hổ thẹn 虎 ○, rougir de honte. —

---

(1) Ce car. s'emploie souvent, mais à tort, pour le précédent.

Thẹn mặt ○ 靦, id. — *Làm thẹn* 濫 ○, faire honte. — *Không biết thẹn* 空 別 ○, ne pas connaître la honte. — *Sự thẹn thò* 事 ○ 收, pudeur, confusion, timidité.

Thển 請. Syllabe complémentaire. (En S. A., inviter; se pron. *thỉnh*.)

Tha thển 他 ○, prendre, enlever, emporter. — *Thòng thển* 桶 ○, pendre lamentablement, pendiller.

Theo 蹺. Suivre; poursuivre; selon, suivant, d'après, conformément. (En S. A., lever les pieds; se pron. *kiệu*.)

Đi theo chủ 移 ○ 主, suivre son maître. — *Đi theo đường* 移 ○ 唐, suivre un chemin. — *Chạy theo* 趂 ○, poursuivre. — *Rượt theo* 趂 ○, donner la chasse. — *Theo phép an nam* ○ 法 安 南, selon les usages annamites. — *Theo thói xứ nầy* ○ 退 處 尼, d'après les mœurs de ce pays. — *Theo lời nghị ngày* ○ 㕧 議 昑, suivant décision en date du… (formule administrative). — *Theo lời nó nói* ○ 㕧 奴 吶, d'après son dire. — *Làm theo ý* 濫 ○ 意, faire conformément au désir.

Thẹo 劭. Trace, cicatrice, balafre. (En S. A., s'efforcer de; se pron. *thiệu*.)

Thẹo cổ ○ 古, écrouelles. — *Có thẹo mặt* 固 ○ 靦, avoir des cicatrices au visage.

Thèo 蹺. Syllabe complémentaire. (En S. A., lever les pieds; se pron. *kiệu*.)

Thèo lẻo ○ 汀, ne pas pouvoir tenir sa langue, bavarder, cancaner.

Théo 少. Tranche mince et longue. (En S. A., incomplet; se pron. *thiếu*.)

Cắt théo 割 ○, couper en tranches. — *Mấy théo* 買 ○, combien de tranches ?

Thẹp 捷. Rond, cercle; ouverture. (En S. A., rapidité; se pron. *thiệp*.)

Thẹp lớn ○ 膤, ouverture du vagin, pubis de la femme. — *Thọp thẹp* 哈 ○, riposte prompte.

Thép 鎈. Métal ductile; détrempé. (Formé des S. A. *kim* 金, métal, et *thiếp* 妾, concubine.)

Dây thép 綵 ○, fil de fer, fil de laiton; se dit des fils télégraphiques et même du télégraphe. — *Việc dây thép* 役 綵 ○, le service télégraphique. — *Làm việc dây thép* 濫 役 綵 ○, être employé au télégraphe. — *Cột dây thép* 樾 綵 ○, poteau télégraphique. — *Đánh dây thép* 打 綵 ○, télégraphier, passer un télégramme. — *Cái thép tre* 丐 ○ 椥, éclisse en bambou.

Thép 㖟. Syllabe complémentaire. (En S. A., calomnier; se pron. *tráp*.)

Ăn thép 㖟 ○, s'attribuer la part d'autrui, vivre aux dépens de quelqu'un. — *Nói thép* 吶 ○, se mêler des affaires des autres.

Thép 鎈. Enduire, plaquer. V. *trét*. (Formé des S. A. *kim* 金, métal, et *thiếp* 妾, concubine.)

Thép vàng ○ 鑽, dorer. — *Thép bạc* ○ 薄, argenter. — *Sơn thép* 山 ○, enduit.

18.

Thét 鉄. Purifier, purger (métal); crier, hurler, rugir; rapidement. (En S. A., métal dur; se pron. *thiết*.)

Thét vàng ○ 鑛, purger l'or. — *Mắng thét* 罵 ○, injurier. — *Làm thét* 濫 ○, faire vivement. — *Hùm thét* 給 ○, les fauves rugissent.

Thét 設. Placer en ordre, disposer. (Du S. A. *thiết*, même car., arranger.)

Thét đãi ○ 待, préparer un festin. — *Thét khách* ○ 客, recevoir des hôtes, traiter des invités.

Thêu 繞. Brodé; fleuri, orné (style). (Du S. A. *nhiễu*, même car., enrouler.)

Thợ thêu 署 ○, brodeur. — *Thêu dệt* ○ 織, broder. — *Lời thêu dệt* 裥 ○ 織, phrases recherchées, paroles fleuries, style élégant.

Thêu 韶. Syllabe complémentaire. (En S. A., plaisant; se pron. *thiều*.)

Thêu thảo ○ 滔, laisser aller; peu sévère, trop faible, débonnaire.

Thểu 少. Syllabe complémentaire. (En S. A., peu, petit; se pron. *thiểu*.)

Thểu thảo ○ 討, large, libéral. — *Người thểu thảo* 得 ○ 討, homme généreux, libéral. — *Ý thểu thảo* 意 ○ 討, pensée hardie, esprit large.

Thi 尸 *. Le corps d'une personne morte, un cadavre. Car. radical.

Thi vị tô xang ○ 位素餐, mandarin incapable, fonctionnaire qui ne sait pas administrer. — *Tam thi* 三 ○, trois personnages légendaires.

Thi 屍 *. Cadavre étendu sur un lit, dépouille mortelle. Voir *thấy*.

Thi thủ ○ 首, tête de mort, tête coupée. — *Thân thi* 身 ○, corps mort, cadavre; homme inutile. — *Hàng thi* 行 ○, id.

Thi 絁 *. Le nom d'une étoffe de soie à trame grossière.

Thi 施 *. Déployer, développer, étendre, propager; long, flottant, étendu. Voir *thí*.

Thi nhon ○ 仁, étendre sa bienveillance, témoigner sa bonté. — *Thi ân* ○ 恩, accorder une faveur.

Thi 詩 *. Exprimer sa pensée (verbalement ou par écrit) avec ordre et méthode; aligner des mots, faire des vers; poésie, versification.

Thi nhon ○ 人, un poète. — *Thi kinh* ○ 經, poème, poésie; livre en vers de Confucius. — *Theo phép văn thi* 曉法文 ○, selon les règles de la versification. — *Thi phú* ○ 賦, une épreuve en vers donnée aux concours littéraires. — *Thi thơ* ○ 書, le nom d'une autre épreuve.

Thi 試 *. Examiner et comparer; éprouver, expérimenter; concourir, passer un examen, disputer un prix. Voir *thí*.

Khoa thi 科 ○, épreuve, concours. — *Khảo thi* 考 ○, faire passer des examens. — *Lập thi* 立 ○, établir un concours. — *Đi thi* 移 ○, aller passer des examens, se présenter au concours. — *Thi đậu* ○ 杜, être reçu à un examen. — *Trường thi* 場 ○,

la salle où a lieu un concours. — *Thi hành* ○ 行, mener une affaire à bonne fin, faire exécuter une mesure prise par l'autorité.

Thị 䶜, 齝 et 呞*. Ruminer.

Thị 侍*. Assister un supérieur; recevoir des instructions; aider, servir, seconder.

Cận thị 近 ○, qui se tient près du roi. — *Thị vệ* ○ 衛, officier-garde. — *Thị lang* ○ 郎, conseiller de ministère. — *Thị nữ* ○ 女, jeunes servantes attachées à la personne du souverain. — *Nội thị* 內 ○, eunuque de la cour, gardien du harem.

Thị 恃*. Compter sur, se confier à, espérer en; appui, soutien.

Thất thị 失 ○, perdre son appui. — *Vô mẫu hà thị* 無母何 ○, privé de mère, où est le soutien? — *Thị nhờ* ○ 洳, espérer en, compter sur. — *Một người thị* 沒得 ○, un homme plein de prétentions.

Thị 是*. Vrai, réel; droit, correct; bon, équitable; affirmer, certifier; appuyer sur, confirmer; verbe être; pron. démonstratif.

Bất thị 不 ○, pas vrai, pas bien. — *Thị phi* ○ 非, faux, mensonger. — *Thị thật* ○ 實, appuyer sur une certitude, affirmer. — *Quả thị* 果 ○, assurément, indubitablement.

Thị 市*. Lieu où se faisaient les échanges; foire, marché, place publique. Voir *chợ*.

Thị giá ○ 價, les prix courants du marché. — *Lấy thị* 祀 ○, percevoir le prix des places d'un marché. — *Người thị thành* 得 ○ 城, habitant des villes, des marchés. — *Cai thị* 該 ○, petit notable chargé de maintenir l'ordre aux heures où se tient le marché. — *Dán thị* 演 ○, afficher (avis officiel, proclamation) au marché.

Thị 柿*. Nom d'arbre (diospyros, larmes de Job); le fruit à pulpe tendre de cet arbre (jaune, rouge).

Thị 示 et 礻*. Esprit, génie; ce qui vient du ciel ou des dieux; dire, déclarer, manifester, avertir. Car. radical.

Địa thị 地 ○, le dieu de la terre. — *Chỉ thị* 指 ○, indiquer, guider. — *Yết thị* 謁 ○, décret, proclamation. — *Ra yết thị* 囉謁 ○, faire paraître une proclamation. — *Thị hạ* ○ 下, faire connaître aux inférieurs, porter à la connaissance des foules, informer le public.

Thị 睨*. Jeter un coup d'œil de temps en temps; regarder, observer, veiller à, prendre soin de.

Thị 視*. Voir, observer, regarder; surveiller, prendre soin (se prend parfois pour le précédent).

Thị sự ○ 事, examiner une affaire. — *Giám thị* 監 ○, inspecteur, préposé, gardien, surveillant. — *Cận thị* 近 ○, observer de près; myope. — *Thập mục sở thị* 拾目所 ○, un endroit où dix yeux vous observent: être vu de tout le monde.

Thị 諡*. Titre décerné aux défunts méritants, dignité posthume, épitaphe. Voir *thụy*.

Thị 氏*. Race; branche de famille, descendance, postérité; mot intercalaire indiquant le féminin dans les noms de personnes; femme, fille. Car. radical.

Thị Hoa ○ 花, la femme Hoa. — *Nguyễn thị Phước* 阮 ○ 福, le nom complet d'une femme (*Nguyễn* est le nom de famille, *thị* le mot intercalaire indiquant qu'il s'agit d'une personne du sexe féminin, et *Phước* le prénom).

Thí 屁*. Lâcher un vent. Voir *sí*.

Thí 譬*. Faire des comparaisons, citer des exemples, donner des explications.

Thí như ○ 如, par exemple. — *Thí dụ* ○ 諭, supposons que. — *Nói thí* ○ 吶, supposer, comparer.

Thí 施*. Déployer, étendre, développer; faire des largesses. Voir *thi*.

Bố thí 布 ○, faire l'aumône. — *Thí của* ○ 貼, donner son bien. — *Một thí* 沒 ○, un peu.

Thí 剃*. Raser, tondre. Voir *thế*.

Thí phát ○ 髮, couper, tailler.

Thí 弒*. Assassiner un supérieur, tuer un prince, un souverain.

Thí quân ○ 君, régicide. — *Thí phụ* ○ 父, parricide. — *Tử thí kì phụ* 子 ○ 其 父, un fils a assassiné son père. — *Thí nhánh cây* ○ 梗核, couper la cime des arbres, émonder.

Thí 試*. Expérimenter, faire des essais; lutter, concourir, disputer, rivaliser. Voir *thi*.

Thí sai ○ 差, délégué à l'essai (se dit des employés stagiaires ou surnuméraires). — *Thí sai cai tổng* ○ 差該總, chef de canton non encore pourvu de brevet. — *Hương thí* 鄉 ○, examens littéraires triennaux. — *Ân thí* 恩 ○, examens de faveur ou examens supplémentaires (que le roi accorde toutes les fois qu'il se produit un événement heureux pour la dynastie).

Thì 時*. Saison, époque, temps, heure; moment favorable, occasion, opportunité; quand, alors, donc, ainsi; particule conjonctive. Voir *thời*.

Thập nhị thì 十二 ○, les douze heures. — *Tứ thì* 四 ○, les quatre saisons. — *Thì xuân xanh* ○ 春樘, époque printanière, temps de jeunesse. — *Thì giờ* ○ 除, le temps. — *Chờ thì* 除 ○, temporiser. — *Thì vận* ○ 運, les révolutions du temps, le cours des événements; sort, condition. — *Thì thạnh* ○ 盛, temps prospères. — *Thì cơm* ○ 餇, le moment du repas. — *Thì trà* ○ 茶, l'heure du thé. — *Sanh thì* 生 ○, renaître. — *Làm sao thì làm* 濫牢 ○ 濫, faites comme vous l'entendrez. — *Thì thôi* ○ 崔, c'est bon, ça suffit (souvent ironique). — *Anh không chịu thì thôi* 嬰空召 ○ 崔, vous me refusez, c'est très bien! — *Như vậy thì thôi* 如丕 ○ 崔, alors n'en parlons plus. — *Vậy thỉ* 丕 ○, donc, alors. — *Thề thỉ làm được* 誓 ○ 濫 特, je promets de faire aboutir, je jure d'arriver à mes fins.

Thỉ 榯*. Arbre bien droit; poteau, mât, perche, pieu (planté en terre).

Thỉ 呎. Syllabe complémentaire. (Formé des S. A. *khẩu* 口, bouche, et *thỉ* 矢, flèche.)

    Nói thầm thỉ 吶 諶 ○, parler tout bas. — *Hay thủ thỉ* 咍 取 ○, avoir l'habitude de se plaindre, soupirer continuellement, gémir sans cesse.

Thỉ 豕*. Porc, cochon, sanglier; se vautrer. Car. radical.

Thỉ 矢*. Flèche, dard; passer comme un trait; atteindre rapidement et directement le but; affirmation, serment. Car. radical.

    Cung thỉ 弓 ○, l'arc et les flèches. — *Trước thỉ* 竹 ○, flèche en bambou. — *Thỉ chí* ○ 志, se proposer de. — *Thỉ thề* ○ 誓, faire un serment, affirmer quelque chose.

Thỉ 弛*. Détendre l'arc; relâche, repos, quiétude, abandon.

Thỉ 始*. Tête, principe, origine, début, commencement; alors, à ce moment.

    Thỉ chung ○ 終, commencement et fin. — *Bổn thỉ* 本 ○, en principe. — *Thỉ sơ* ○ 初, dès le début. — *Thỉ mạt* ○ 末, avant et après. — *Vô thỉ*

vô chung 無 ○ 無 終, qui n'a eu ni commencement ni fin, éternellement. — *Thỉ khả độc* ○ 可 讀, commencer à pouvoir lire. — *Thỉ thục* ○ 續, nouvellement ajouté, récemment annexé.

Thia 鰶 [1]. Un tout petit poisson de marais très batailleur; nom de lieu. (Formé des S. A. *ngư* 魚, poisson, et *thê* 妻, épouse.)

    Cá thia thia 鮴 ○ ○, le poisson thia thia. — *Cuộc đá cá thia thia* 局 碌 鮴 ○ ○, jeu qui consiste à assortir des poissons de combat et à les faire battre dans un bocal (on parie comme pour les combats de coqs).

Thía 譬. Syllabe complémentaire. (En S. A., comparer; se pron. *thí*.)

    The thía 施 ○, exclamation : quelle chance ! quel bonheur !

Thịch 辟. Bruit de pas sur la terre. (En S. A., règle, loi; se pron. *tịch*.)

    Đi thịch thịch 移 ○ ○, le bruit confus d'une foule en marche.

Thích 刺*. Transpercer; blesser, tuer; blâmer, vexer, humilier, piquer; la marque pénale sur l'épaule d'un condamné.

    Thích tự ○ 字, marquer (criminels). — *Miễn thích* 免 ○, qui a été dispensé de la marque.

Thích 適*. Se rendre à, se diriger vers; avoir un but bien défini; se

---

[1] Se transcrit aussi par le car. 施.

plaire avec, se convenir; tendance, propension; tout à coup. Voir *dich*.

Thích lai ○ 來, qui se présente naturellement. — *Thích nhiên* ○ 然, soudainement. — *Thích kiến tiểu thoàn nhứt sưu* ○ 見小船壹艘, aussitôt on vit une petite barque. — *Ưa thích* 於 ○, plaire, convenir. — *Thích ý* 意 ○, plaisant, avenant. — *Thích đẹp* ○ 愜, id. — *Thích trung* ○ 中, modéré, moyen. — *Thích gia* ○ 家, se dit d'une nouvelle mariée se rendant cérémonieusement à la maison de son époux.

Thích 戚 *. Hache d'armes; triste, mécontent, ému, soucieux, préoccupé; avoir pitié de, montrer de l'intérêt pour.

Thân thích 親 ○, parents, alliés.

Thích 釋*. Délier, relâcher, détacher, laisser aller; renoncement.

Thích hồi ○ 回, revenir après avoir été délivré. — *Thích nghĩa* ○ 義, interpréter, traduire. — *Thích gia* ○ 迦, l'un des noms du Bouddha. — *Thích môn* ○ 門, les bonzes.

Thích 霹*. Grondement du tonnerre; bruit, choc, tremblement, déchirement.

Thích 倜*. Grand, haut; fière attitude; autoritaire, sans frein.

Thích nhiên ○ 然, se dit d'un fonctionnaire ferme, d'un homme fait pour occuper les hautes situations.

Thích 奭*. Haut en couleur; rouge, coloré; abondant, florissant; riche, heureux, prospère.

Đỏ thích 赭 ○, très rouge.

Thiếc 錫. Étain. (Du S. A. *tích*, même car., même signification.)

Bằng thiếc 朋 ○, en étain. — *Hàn thiếc* 釺 ○, souder avec de l'étain. — *Thiếc lá* ○ 蘿, étain en feuilles.

Thiêm 添*. Ajouter, augmenter; accroissement; additionnel.

Thiêm 沾*. Mouillé, imbibé; rosée, petite pluie fine; bienfait, grâce, faveur. Voir *triêm*.

Thiêm 僉*. En même temps, avec unanimité, tous à la fois.

Thiêm 詹*. Parler beaucoup, être très loquace; surveiller, contrôler; nom de fonctions.

Thiêm sự ○ 事, titre à la cour.

Thiêm 噡 et 譫*. Paroles obscures, sens manquant de précision; langage incohérent (comme celui d'un esprit malade, par exemple).

Thiêm 蟾*. Un crapaud de forme étrange que l'on dit exister dans la lune; la face de la lune.

Thiêm quang ○ 光, clair de lune.

Thiêm 墡*. Abri en terre; galerie couverte; couvrir, protéger.

Thiêm 閃*. Traverser une porte en regardant à droite et à gauche;

sortir rapidement, fuir en se cachant; ruse, artifice; égoïsme.

Người thiểm 倅 ○, homme fourbe, trompeur, astucieux. — *Thiểm móng* ○ 薎, rusé, finaud. — *Làm thiểm* 濫 ○, agir durement, sans loyauté.

Thiểm 睒 *. Coup d'œil de côté, regard rapide et louche; espionner.

Thiểm 忝 *. Honte, opprobre, déshonneur; abaissement, indignité.

Thiên 天 *. Voûte céleste, ciel, firmament; le lieu élevé où réside le pouvoir suprême. Voir *trời*.

Thiên địa ○ 地, ciel et terre. — *Thiên hạ* ○ 下, le monde, les gens. — *Thiên đàng* ○ 堂, le paradis (des chrétiens). — *Thiên thần* ○ 神, génies du ciel, anges. — *Thiên mạng* ○ 命, la destinée. — *Thiên hạ nhứt gia* ○ 下一家, le monde ne forme qu'une seule et même famille. — *Phép thiên văn* 法 ○ 文, la science astronomique. — *Thiên chúa* ○ 主, le maître des cieux, Dieu. — *Thiên trước* ○ 竺, l'Inde. — *Thiên lý* ○ 理, droite raison. — *Triều thiên* 朝 ○, couronne, diadème. — *Thiên tử* ○ 子, le fils du Ciel (titre que prend l'empereur de la Chine et que se donnait aussi, par imitation, le souverain de l'Annam). — *Thiên triều* ○ 朝, dynastie céleste (empire chinois). — *Thiên xuân* ○ 春, temps printanier. — *Thiên địa hội* ○ 地會, une société chinoise dite du Ciel et de la Terre.[(1)]

Thiên 偏 *. Qui penche plus d'un côté que de l'autre; incliné vers, porté à; partial, injuste, égoïste; mauvais, dépravé.

Thiên cao ○ 高, plus haut d'un côté. — *Thiên phong* ○ 房, appartements des concubines. — *Thiên tây* ○ 私, commettre des injustices. — *Tính thiên* 性 ○, mauvais naturel, caractère mal équilibré.

Thiên 篇 *. Tablettes en bambou sur lesquelles, jadis, on écrivait; livre, document.

Thiên sách ○ 冊, tablettes reliées.

Thiên 瘋 *. Côté du corps paralysé.

Thiên 千 *. Le nombre mille; beaucoup, considérablement.

Thiên tổng ○ 總, un grade militaire. — *Một thiên* 沒 ○, un millier. — *Thiên lúa* ○ 稻, 100 *gia* de paddy. — *Thiên lý* ○ 里, mille stades. — *Thiên trùng* ○ 重, mille multitudes. — *Thiên hộ* ○ 戶, titre décerné aux anciens chefs de canton méritants.

Thiên 阡 *. Chemin, sentier; petit talus séparant les rizières.

Đàng thiên 唐 ○, talus, chemin.

Thiên 迁 *. Monter et descendre, aller et venir; changer souvent

---

[(1)] Dite aussi Société des *Hùng* 雄 (braves, vaillants), association politique et secrète existant non seulement en Chine, mais aussi parmi les Chinois qui habitent les colonies européennes de l'Extrême-Orient.

de place, passer fréquemment d'un endroit à un autre; changer, modifier, transférer.

Thiện 禪*. Approprier un terrain sur lequel on doit faire des sacrifices ou des offrandes rituelles; emplacement où l'on dresse un autel; méditation, contemplation.

   Thiện pháp ○ 法, le bouddhisme. — *Thiện sư* ○ 師, un bonze. — *Thiện lâm* ○ 林, forêt contemplative, couvent de bonzes.

Thiện 亶*. Augmenter, grossir; beaucoup, énormément, très nombreux, grande quantité.

Thiện 擅*. Agir de sa propre volonté, faire selon son bon plaisir, commander despotiquement; usurper le pouvoir.

   Thiện vị ○ 位, s'emparer d'un trône. — *Thiện quờn* ○ 權, s'arroger des droits. — *Thiện dụng* ○ 用, employer des moyens arbitraires.

Thiện 善*. Bon, doux, affable; sage, vertueux; utile, avantageux; capable, habile, adroit.

   Thiện nhơn ○ 人, un excellent homme. — *Thiện sự* ○ 事, une bonne action. — *Diện thiện tâm ác* 面 ○ 心 惡, bonne figure, mauvais cœur. — *Thiện tài* ○ 才, habile, capable, industrieux. — *Dự thiện* 譽 ○, louer la bonté. — *Bất thiện* 不 ○, sans bonté; incapable.

Thiện 繕*. Raccommoder, rapiécer; arranger, exposer, disposer, polir.

   Thiện tu ○ 修, réparer, corriger. — *Thiện tả* ○ 寫, préparer un écrit, copier, transcrire. — *Thiện giáp qua* ○ 甲 戈, faire des préparatifs pour la guerre, s'armer pour la défensive et l'offensive.

Thiện 膳*. Apprêter des viandes: plats savoureux, mets exquis; approvisionnements de bouche.

   Thiện đại phu ○ 大 夫, chef des cuisines royales. — *Lý thiện* 理 ○, id. — *Thượng thiện* 上 ○, id. — *Sanh thiện* 牲 ○, les animaux de boucherie en général.

Thiến 倩*. Jeune, beau, gracieux. A.V. Châtrer, couper; castration [1].

   Thiến chó ○ 狂, châtrer un chien. — *Thiến bò tơ* ○ 牸 絲, châtrer un jeune taureau. — *Ngựa thiến* 馭 ○, cheval hongre. — *Một con gà thiến* 沒 昆 鶡 ○, un chapon.

Thiến 蟬*. Grillon, cigale, espèce de grande sauterelle. Voir *thuyền*.

Thiến 嬋*. Les grâces de la femme; beauté, élégance, belles manières; aimable, distingué. Voir *thuyền*.

   Thiến quyên ○ 娟, joli, gracieux.

Thiến 淺*. Eaux basses, peu profondes; un gué; superficiel; peu difficile, peu important; clair (en parlant des couleurs). Voir *siển*.

---

[1] Le car. 騙, (châtrer un cheval), est quelquefois employé.

Thiền trí ○ 智, petit esprit, peu intelligent. — *Thiền tài* ○ 才, manquer de talents. — *Thiền hồng* ○ 紅, rouge clair.

Thiêng 聲. Spirituel, surnaturel. (Du S. A. *thanh*, même car., même signification.)

Thiêng liêng ○ 灵, prodigieux. — *Thiêng mạnh* ○ 孟, d'une force extraordinaire. — *Thuốc thiêng* 菜 ○, remède d'une grande efficacité.

Thiêng 城. Remparts, fortifications. (Du S. A. *thành*, même car., même signification.)

Thiềng thị ○ 市, ville et marché.

Thiệp 涉*. Traverser un cours d'eau à la nage; passer, traverser, parcourir; s'occuper de, s'intéresser à.

Cai đẳng khí thoàn thiệp giang tẩu thoát 該等棄船○江走脫, abandonnant leur pirogue, ils passèrent le fleuve à la nage et disparurent. — *Thiệp sự* ○ 事, s'intéresser à une affaire, s'occuper de quelque chose.

Thiệp 楪*. Plier, replier; certains calculs pour les sorts. Voir *điệp*.

Thiệp 捷*. Triompher, surpasser; hâter le pas; aller avec empressement au-devant de; rapidité, célérité, vitesse.

Thiệp 帖*. Ruminer, mâcher; goûter; bas, vil, commun, grossier.

Thiệp 跕*. Tomber lentement sur, descendre du haut des airs.

Thiếp 帖*. Cœur apaisé, âme soumise; sans nul désir, sans aucune ambition.

Thiếp 帖*. Billet d'invitation, carte de visite (de couleur rouge).

Thiếp 貼*. Donner ou prendre en gage; accorder ou recevoir quelque chose; attachement, sympathie.

Thiếp 妾*. Qui vient après; épouse de second rang, concubine, suivante; je, moi (pron. d'humilité des épouses non légitimes).

Thê thiếp 妻○, femme légitime et concubines. — *Tiểu thiếp* 小○, petite épouse, c.-à-d. concubine. — *Thiếp thân* ○ 身, je, moi, votre servante. — *Đồng thiếp* 童○, diseuse de bonne aventure.

Thiệt 實 et 寔*. Vrai, sincère, véridique, réel, exact, conforme, authentique. Voir *thật*.

Nói thiệt 吶○, dire la vérité. — *Thiệt tích* ○ 跡, histoire véridique. — *Cách thiệt* 格○, véritablement, réellement. — *Thiệt tình* ○ 情, sentiments sincères.

Thiệt 舌*. Langue, organe de la parole; parler trop, bavarder; tort, perte, dommage, détriment. Car. radical. Voir *lưỡi*.

Thiệt đầu ○ 頭, le bout de la langue. — *Thiệt phụ* ○ 婦, femme bavarde. — *Thiệt minh* ○ 命, nuire à soi-même. — *Thiệt hại* ○ 害, tort, dommage, perte. — *Hơn thiệt* 欣○,

gain ou perte; plus ou moins; avantageux ou désavantageux.

Thiết 窃*. Vol furtif, clandestin; prendre en sous-main, dérober.

Thiết 切*. Couper, trancher; ardeur, véhémence; sans exception.

Thiết yếu ○ 要, très urgent. — *Anh em thiết nghĩa* 嬰俺 ○ 義, étroitement unis d'amitié. — *Thiết thay* ○ 台, au plus haut degré. — *Chí thiết* 志 ○, volonté formelle, désir violent. — *Thảm thiết* 慘 ○, plaindre quelqu'un de tout son cœur.

Thiết 設*. Donner des ordres, procéder à des arrangements, prendre des dispositions (pour une réception, par exemple).

Thiết đãi ○ 待, recevoir avec honneur. — *Thiết yến* ○ 宴, banquet, festin.

Thiết 鉄 et 鐵*. Le fer; qui est dur comme du fer; ferme, solide, inflexible, insensible.

Thiết bảng ○ 榜, barre de fer. — *Lim thiết* 檨 ○, bois très dur employé pour la construction. — *Thiết tâm* ○ 心, cœur dur, âme insensible.

Thiêu 燒*. Mettre le feu, enflammer; faire bouillir; brûler, griller, torréfier, rôtir; distiller.

Chết thiêu 折 ○, mourir brûlé. — *Thiêu hương* ○ 香, allumer des baguettes odoriférantes (pour les défunts). — *Thiêu hỏa* ○ 火, faire flamber. — *Giàn thiêu* 欄 ○, bûcher.

Thiệu 紹*. Joindre, relier; succéder, suivre, continuer; guider, diriger, gouverner.

Thiệu trị ○ 治, succéder dans le gouvernement; nom de règne d'un souverain de l'Annam (fils de *Minh Mạng* et père de *Tự Đức*). — *Thụng thiệu* 統 ○, relâché; déteindre.

Thiệu 邵*. Nom de ville; éminence.

Thiệu 袑*. Partie antérieure d'un vêtement, devant d'habit.

Thiệu 劭*. Faire des efforts; pousser, exciter, stimuler, encourager.

Thiếu 少*. Manquer, échouer; faire défaut; trop court, trop peu, pas assez, incomplet. Voir *thiểu*.

Còn thiếu nhiều lắm 群 ○ 饒廩, il en manque encore beaucoup. — *Thiếu đồ ăn* ○ 圖咹, manquer de vivres. — *Thiếu bạc* ○ 薄, manquer d'argent. — *Niên thiếu* 年 ○, jeune d'âge. — *Thiếu nợ* ○ 女, avoir des dettes. — *Anh thiếu gì* 嬰 ○ 之, que vous manque-t-il? — *Tháng thiếu* 腑 ○, mois incomplet (de 29 jours).

Thiều 韶. Voix agréable, son harmonieux; joli, plaisant, élégant.

Nhạc thiều 樂 ○, la musique. — *Cửu thiều* 九 ○, les neuf sortes d'instruments. — *Thiều quang* ○ 光, splendide. — *Thiều hoa* ○ 花, fleuri. — *Cá thiều* 𩶰 ○, nom de poisson.

Thiểu 少*. Très peu, petite quantité; incomplet, insuffisant, très médiocre. Voir *thiếu*.

Thiểu sức ○ 觔, faible, débile. — *Thiểu tài* ○ 才, talent médiocre. — *Thiểu trí* ○ 智, peu intelligent. — *Đa thiểu* 多○, peu ou beaucoup; quelle quantité?

Thím 嬸. Appellation pour jeunes femmes de la classe moyenne; tante; employé souvent pour parler aux femmes annamites qui vivent avec des Chinois riches. (Du S. A. *thẩm*, même car., même signification.)

Chú thím 注○, oncle et tante. — *Ai là vợ chệc mà kêu bằng thím* 埃羅蠻隻麻叫朋○, suis-je donc une femme de Chinois pour que vous me traitiez de *thím*?

Thìn 長*. Temps, jour, heure; lettre du cycle duodénaire et car. horaire. Car. radical. Voir *thần*. A. V. Réparer, approprier; se corriger, se surveiller.

Thìn lại ○ 更, s'amender. — *Thìn lòng* ○ 悉, se garder pur, honnête.

Thinh 声*. Bruit que l'on fait en parlant, timbre de la voix; s'exprimer à haute et intelligible voix; terme pour épitaphes.

Thinh danh ○ 名, renommée, célébrité. — *Tứ thinh* 四○, les quatre tons, signes ou accents chinois. — *Ngũ thinh* 五○, les cinq principales notes de la musique.

Thinh 聲*. Bruit, son; ton, signe, accent, prononciation (se prend pour le précédent, et réciproquement). Voir *thanh*.

Thinh nễ ○ 你, silencieux, taciturne. — *Làm thinh* 濫○, garder le silence; acquiescer, tolérer, laisser faire. — *Hòa thinh* 和○, corps de musique officielle à la cour.

Thinh 清*. Pur, clair, serein; paix, repos, tranquillité. Voir *thanh*.

Thịnh 盛*. Abondant, florissant, fertile; riche, prospère. Voir *thạnh*.

Gia thịnh 家○, riche famille.

Thính 聽*. Écouter; être attentif, obéissant; attentionné, prévenant; entendre, obéir. Voir *thinh*.

Phụ mẫu chi mạng thính 父母之命○, se conformer aux ordres de son père et de sa mère. — *Y thuận thính* 伊順○, il prêta une oreille complaisante. — *Hảo thính* 好○, soumis, obéissant, aimable, conciliant. — *Thính mạng* ○命, se soumettre à son sort. — *Bất thính* 不○, refuser d'entendre, d'écouter. — *Thám thính* 探○, explorer, espionner.

Thính 咱*. Consentir, acquiescer, accorder, accepter.

Thính cải trước ○ 改著, la mutation est acceptée (formule administrative qu'on écrit ordinairement en caractères cursifs).

Thính 籸. Riz et maïs torréfié et broyé en farine (pour saumures). (Formé des S. A. *mễ* 米, grain, et *ngận* 听, entendre.)

Bột thính 粽○, farine de riz et maïs. — *Rang thính* 燂○, torréfier du maïs. — *Mắm thính* 鰻○, saumure préparée avec cette farine.

Thỉnh 清 ⁽¹⁾, Syllabe complémentaire. (En S. A., pur, net; se pron. *thinh*.)

Thỉnh lên ○ 遷, se gonfler, se tuméfier. — *Thỉnh lình* ○ 靈, par surprise, subitement, tout d'un coup. — *Xảy tới thình lình* 侈細 ○ 靈, surgir à l'improviste, se présenter tout à coup. — *Lớn thình thình* 客 ○ ○, immense, très grand.

Thỉnh 請*. Demander, prier; inviter, convier; faire bon accueil; syllabe complémentaire.

Thỉnh tọa ○ 坐, prier de s'asseoir. — *Thỉnh trà* ○ 茶, inviter à prendre du thé. — *Thỉnh an* ○ 安, demander des nouvelles de la santé. — *Thỉnh khách* ○ 客, accueillir poliment un hôte. — *Lễ thỉnh kì* 禮 ○ 期, les présents de noces qui engagent définitivement les deux familles. — *Thǎng thỉnh* 倘 ○, attendre un peu, ne pas se presser, lentement, peu à peu.

Thíp 湦. Passable, convenable; verser de l'eau (quantité suffisante). (Formé des S. A. *thủy* 水, eau, et *thiếp* 妾, suivre.)

Uóng chưa thíp 旺渚 ○, ne pas avoir bu à sa soif. — *Mới thíp ngủ* 買 ○ 眜, qui vient de s'endormir.

Thịt 陁 et 胋. Chair, viande; pulpe. (Formé des S. A. *nhục* 肉 ou 月, chair, et *thiệt* 舌, langue.)

Xương thịt 昌 ○, os et chair. — *Máu thịt* 卯 ○, sang et chair. — *Xác thịt* 殼 ○, le corps. — *Thịt người* 得, chair humaine. — *Thịt bò* ○ 牰, viande de bœuf. — *Ăn thịt bò* 唆 ○ 牰, manger du bœuf. — *Thịt chó* ○ 狂, viande de chien. — *Người an nam hay ăn thịt chó* 得安南哈唆 ○ 狂, les Annamites mangent la viande de chien. — *Làm thịt* 濫 ○, tuer un animal pour le manger; triturer la viande. — *Người làm thịt* 得濫 ○, un boucher. — *Thịt xương sườn* ○ 昌肋, côtelette. — *Thịt vật rừng* ○ 物稜, venaison. — *Con thịt* 昆 ○, une pièce de gibier.

Thiu 燒. Brûlé, carbonisé; fétide. (Du S. A. *thiêu*, même car., même signification.)

Cơm thiu 餂 ○, riz brûlé, gâté. — *Đồ ăn thiu* 圖唆 ○, provisions avariées, vivres gâtés.

Thiu 少. Syllabe complémentaire. (En S. A., peu de chose; se pron. *thiểu*.)

Đen thiu 顛 ○, très noir.

Tho 萩. Syllabe complémentaire. (Du S. A. *thu*, même car., armoise.)

Thơm tho 蕡 ○, odorant, suave. — *Mĩ tho* 美 ○, doux, parfumé; nom vulgaire d'une grande province de la Cochinchine dont le nom officiel est *Định tường* 定祥, présage confirmé.

Thọ 售*. Trafiquer, faire du commerce; vendre, acheter; payer, s'acquitter.

Thọ 受*. Obéir, subir, se soumettre;

⁽¹⁾ Se transcrit aussi par le car. 成.

recevoir, accepter, prendre; consentir, supporter, assumer.

Lãnh thọ 領 ○, se charger de. — *Thọ hình* ○ 刑, subir une peine. — *Thọ tử* ○ 死, subir la mort. — *Thọ tang* ○ 喪, prendre le deuil. — *Thọ phước* ○ 福, jouir du bonheur. — *Thọ pháp* ○ 法, se soumettre aux lois, se plier aux règles.

Thọ 授*. Nommer à un emploi, confier un poste; accorder, conférer; informer, faire connaître.

Giáo thọ 教 ○, directeur des études dans une préfecture.

Thọ 樹*. Arbre; pousser, croître; semer, planter; instituer, établir.

Thọ mộc ○ 木, arbres et plantes en général. — *Thọ lâm* ○ 林, forêt. — *Lão thọ* 老 ○, un vieux tronc d'arbre. — *Thọ thành* ○ 成, la pousse est terminée; au fig., l'œuvre est achevée, le travail est fini.

Thọ 壽*. Grand âge, longévité.

Trường thọ 長 ○, grand âge. — *Phước lộc thọ* 福祿 ○, bonheur, fortune, longue vie (formule de souhaits). — *Hạ thọ* 下 ○, plus de soixante ans. — *Thọ mộc* ○ 木, cercueil.

Thố 錯. Faire semblant de, simuler; faux, erroné; rude, grossier. (Du S. A. *thố*, même car., même signification.)

Roi thố 櫓 ○, bâton, trique. — *Đánh thố* 打 ○, donner des coups de bâton. — *Kẻ làm thố* 几濫 ○, simulateur, faussaire.

Thố 收 [1]. En avant, en arrière; raccourcir, contracter; introduire. (En S. A., recueillir; se pron. *thâu*.)

Thố tay vào ○ 掏包, introduire la main. — *Thố đầu ra* ○ 頭囉, passer (ou sortir) la tête. — *Sự thẹn thố sự* 事嗜 ○, honte, pudeur.

Thố 兎. Lièvre, lapin; la lune (dans laquelle on croit voir un lapin couché). (Du S. A. *thố*, même car., même signification.)

Hang thố 窠 ○, terrier de lapin. — *Thố bạch* ○ 白, lapin blanc; lune. — *Thố ngọc* ○ 玉, lapin en diamant; lune. — *Bóng thố* 倈 ○, l'ombre d'un lapin (dans la lune).

Thố 粗*. Graines de mauvaise qualité; riz pas encore nettoyé; grossier, vulgaire, banal, commun; impoli, brutal, inconvenant.

Thố tục ○ 俗, rustique. — *Chè thố* 茶 ○, thé commun. — *Vải thố* 繩 ○, cotonnade grossière. — *Cách thố* 格 ○, de façon incivile. — *Thố vật* ○ 物, objets de rebut (ou sans valeur). — *Thố thực* ○ 食, nourriture commune. — *Lời thố* 俐 ○, expressions banales, propos indécents, paroles choquantes.

Thố 厝. Caisse, boîte (pour le thé). (Pour le car. en S. A., voir ci-dessous.)

Trà thố 茶 ○, thé en caisse.

---

[1] Se transcrit aussi par le car. 授

Thổ 唇*. Pierre de taille; levée du corps (cérémonie d'enterrement).

An thổ 安 ○, reposer en paix (dans la tombe).

Thổ 錯*. Faux, trompeur, erroné; rude, grossier. Voir *thố*.

Cái thổ 吒 ○, sorte de vase à couvercle pour servir le riz cuit.

Thổ 措*. Ranger, mettre en ordre.

Thổ 兔*. Lièvre, lapin. Voir *thố*.

Gia thổ 家 ○, lapin domestique. — *Sơn thổ* 山 ○, lapin sauvage.

Thổ 土*. Terre, pays, territoire (employé dans les rôles d'impôt avec la signification de terre, par opposition à rizière); écorce de racine. Car. radical.

Hương thổ 鄉 ○, patrie, sol natal. — *Thổ sản* ○ 產, les produits du sol. — *Thổ địa* ○ 地, territoire; l'esprit de la terre. — *Điền thổ* 田 ○, rizières et autres terres (cultivées). — *Thổ trạch* ○ 宅, terrain d'habitation, et aussi champ sur terrain sec où l'on cultive le coton, l'indigo, le tabac, etc. — *Thủy thổ* 水 ○, le climat. — *Người đằng thổ* 㝵 驕 ○, Cambodgien. — *Bổn thổ nhơn* 本 ○ 人, naturel, aborigène.

Thổ 肚*. Estomac, ventre, abdomen; siège des sentiments.

Ngã thổ 餓 ○, ventre affamé. — *Hạ thổ* 下 ○, le bas-ventre.

Thổ 吐*. Rejeter par la bouche, cracher, vomir; déclarer, avouer.

Thổ huyết ○ 血, vomir du sang. — *Thổ tả* ○ 瀉, vomir et aller à la selle. — *Dịch thổ tả* 疫 ○ 瀉, peste, choléra. — *Thổ lộ* ○ 露, découvrir ses intentions.

Thơ 詩. Poésie, ouvrage en vers. (Du S. A. *thi*, même car., même signif.)

Thơ phú ○ 賦, une pièce de vers. — *Làm thơ* 濫 ○, faire des vers. — *Phép làm thơ* 法 濫 ○, les règles de la versification. — *Kẻ làm thơ* 几 濫 ○, poète, versificateur. — *Bài thơ* 排 ○, composition en vers. — *Văn thơ* 文 ○, littérature (prose et vers). — *Thơ đàng* ○ 堂, lettré, poète, littérateur.

Thơ 書*. L'art épistolaire, l'écriture; écrire, rédiger, composer; écrit, lettre, document; cahier, livre, ouvrage.

Văn thơ 文 ○, document littéraire. — *Quốc thơ* 國 ○, papier d'État, lettre officielle. — *Thơ phòng* ○ 房, cabinet de travail, bibliothèque. — *Thơ kinh* ○ 經, annales. — *Thơ thảo* ○ 草, minute, brouillon. — *Thơ ký* ○ 記, secrétaire, rédacteur. — *Thơ lại* ○ 吏, copiste, commis, comptable militaire, fourrier. — *Tứ thơ* 四 ○, les quatre livres classiques (de Confucius). — *Thơ sanh* ○ 生, écolier, étudiant. — *Viết một cái thơ* 曰 沒 丐 ○, écrire une lettre. — *Gởi thơ* 改 ○, envoyer des lettres. — *Được thơ* 特 ○, recevoir des lettres. — *Nay thơ* 呢 ○, voici la lettre (formule finale). — *Nhà thơ* 茹 ○, la poste aux lettres. — *Tàu thơ* 艚 ○, courrier, paquebot. — *Người đi thơ* 㝵 珍 ○, porteur de lettres, planton, chasseur. — *Người phát thơ* 得發 ○, distributeur de lettres, facteur.

Thơ 姐 *. Sœur aînée; orgueilleux, arrogant, sans respect.

Thơ 疽 *. Gonflement, boursouflure, tumeur, ulcère, cancer.

Thơ 疎. Un tout jeune enfant; errer, vagabonder; libre, sans gêne. (En S. A., large, ouvert; se pron. *sơ*.)

Con thơ 昆 ○, un tout jeune enfant. — *Thơ dại* ○ 曳, sans expérience (en parlant d'un enfant). — *Thơ thần* ○ 矧, errer, vagabonder. — *Lơ thơ* 瞄 ○, insignifiant, négligeable; paresseux, nonchalant.

Thơ 舒 *. Ouvrir, délier, défaire, déployer, dérouler; sans gêne, à l'aise, heureux, content, satisfait.

Thợ 署 *. Un tout complet formé avec des éléments différents; administration publique, tribunal; arrangement, disposition. V. *thự*. A. V. Artiste, artisan, ouvrier.

Thợ vẽ ○ 厰, peintre. — *Thợ lấy hình* ○ 祿形, photographe. — *Thợ bạc* ○ 薄, bijoutier, orfèvre. — *Thợ mộc* ○ 木, charpentier, menuisier. — *Thợ may* ○ 埋, tailleur. — *Thợ nhuộm* ○ 染, teinturier. — *Thợ giày* ○ 鞋, cordonnier. — *Thợ cả* ○ 笴, maître ouvrier. — *Thợ chánh* ○ 正, id. — *Tay thợ* 捬 ○, habileté de main, savoir-faire.

Thớ 次. Paraître joyeux, content; vert, tendre, frais (arbres, plantes).

(En S. A. ordre, rang; se pron. *thứ*.)

Thớ thớ ○ ○, gaiement. — *Thớ lỡ* ○ 呂, trompé dans ses espérances; déception, méprise.

Thờ 祭. Respecter grandement, honorer, adorer, rendre un culte. (Formé des S. A. *thị* 示, esprit, et *dư* 余, je, moi.)

Kính thờ 敬 ○, vénérer. — *Thờ lạy* ○ 禮, se prosterner. — *Thờ phượng* ○ 奉, adorer. — *Nhà thờ* 茹 ○, église, temple. — *Sự thờ phượng chúa* 事 ○ 奉 主, culte divin. — *Sự thờ phượng ông bà* 事 ○ 奉 翁 妃, culte des ancêtres. — *Bàn thờ* 槃 ○, autel.

Thở 咀. Aspirer l'air, respirer. (En S. A. mâcher, ruminer; se pron. *trở*.)

Than thở 嘆 ○, soupirer, gémir. — *Thở than* ○ 嘆, respirer péniblement. — *Thở dài* ○ 畏, aspirer fortement. — *Thở lấy khí tốt* ○ 祿 氣 卒, respirer un bon air. — *Hơi thở ra* 唏 ○ 囉, soupir, gémissement. — *Thở è è* ○ 咳 咳, râler.

Thoa 搽 *. Serrer dans la main. A. V. Passer et repasser la main sur; enduire, barbouiller, crépir, badigeonner.

Thoa sơn ○ 山, mettre une couche de vernis. — *Thoa vách* ○ 壁, crépir un mur. — *Thoa thuốc* ○ 藥, étendre un onguent. — *Thoa tay* ○ 捬, prendre tout, faire rafle complète.

Thóa 唾 *. Expulser par la bouche; vomir, cracher, saliver.

Thóa khí ○ 器, vase pour cracher

Thóa 睡*. Dormir profondément.

Kiến gia nội lưu đăng vị thóa 見家內留燈未〇, ayant regardé, on vit que la lumière avait été laissée et qu'on ne dormait pas encore dans la maison.

Thòa 鍐*. Travailler les métaux; buriner, ciseler; ornementation. A. V. Alliage de cuivre et d'or.

Thỏa 䜣. Gai, content, satisfait. (Du S. A. *khỏa*, même car., égaliser.)

Thỏa lòng 〇 悆, avoir le cœur à l'aise, être heureux et satisfait.

Thỏa 妥*. Bien établi, bien constitué; solide, ferme; calme, repos, tranquillité.

Thoại 瑞*. Bonne conjecture, pronostic agréable, présage heureux; suivre, se conformer à.

Thoan 梭*. Navette de tisserand; aller et venir; vif et alerte.

Thoạn 順. Accord, harmonie, union. (Du S. A. *thuận*, même car., même signification.)

Thoạn ý 〇 意, à volonté, selon les désirs. — *Thoạn lòng* 〇 悆, id.

Thoán 篡. Prendre avec violence. (Du S. A. *soán*, même car., même signification.)

Thoán vị 〇 位, usurper des droits. — *Thoán ngôi* 〇 嵬, s'emparer du trône.

Thoán 攛*. Jeter avec force, lancer avec violence; pousser, renverser.

Thoàn 船*. Barque, bateau, navire. Voir *thuyền*.

Thoàn 瓚*. Sorte de bâton de commandement, espèce de sceptre garni de pierres précieuses.

Thoàn 馴. Très doux; bien exercé. (Du S. A. *thuần*, même car., docilité.)

Thoàn tánh 〇 性, apprivoisé.

Thoảng 倘*. Tout à coup, rapidement, soudainement; peut-être. Voir *thảng*.

Thành thoảng 清 〇, pas si vite, lentement; librement. — *Thoảng qua* 〇 戈, qui ne fait que passer.

Thoảng 倘. Syllabe complémentaire. (Pour le car. en S. A., voir ci-dessus.)

Nhỏ thoảng 𩲢 〇, menu, très fin.

Thoát 蛻*. Dépouille de reptile, peau de serpent.

Thoát 脫*. Décharné, maigre, sec, fluet; ôter ses habits; fuir, s'évader; éviter, esquiver.

Thoát khỏi 〇 塊, échapper à, se soustraire. — *Thoát ra* 〇 囉, s'en tirer indemne. — *Bảo tang đào thoát* 拘贓逃 〇, se sauver en emportant le butin. — *Thoát thai* 〇 胎, avorter.

Thoát 脫. Syllabe complémentaire. (Pour le car. en S. A., voir ci-dessus.)

Thoát chúc 〇 祝, tout à coup.

Thọc 搑*. Tirer, arracher; pousser, exciter; sonder, explorer, piquer.

Thóc 秀*. Céréales en fleurs; se développer, grandir; plantureux, florissant, riche, beau, élégant. Voir *tú*.

    Lúa thóc 穭 ○, riz à beau grain et non décortiqué. — *Thóc nữ* ○ 女, femme élégante, jolie fille.

Thóc 禿*. Un homme sans cheveux; chauve, rasé, dénudé, dépouillé.

Thóc 嗽. Manger gloutonnement. (En S. A., sucer, aspirer; se pron. *chuy*.)

    Thóc cám ○ 糠, manger du son (cochons). — *Thóc chó* ○ 狂, appeler les chiens pour la nourriture.

Thoen 栓. Traverse de fermeture, barre transversale (porte), verrou. (Du S. A. *thuyên*, même car., même signification.)

    Thoen sắt ○ 鉄, traverse en fer.

Thoét 說. Fortement, avec vigueur. (Du S. A. *thuyết*, même car., exciter.)

    Thoét đi ○ 挼, allons, vivement!

Thoi 梭. Navette de tisserand; objet ayant la forme d'une navette; vif, alerte; passer et repasser, aller et venir, traverser; pointer, piquer. (Du S. A. *thoan*, même car., même signification.)

    Thoi cửi ○ 緻, navette à tisser. — *Thoi bạc* ○ 薄, demi-barre d'argent. — *Thoi một cái* ○ 沒丐, un coup de pointe, un coup de bec.

Thói 退. Mœurs, usages, coutumes. (Du S. A. *thối*, même car., rétrograde.)

    Thói tục ○ 俗, mœurs et coutumes. — *Thói phép* ○ 法, lois et coutumes. — *Thói quen* ○ 涓, habitude, accoutumance. — *Theo thói xứ này* 蹺 ○ 處 尼, suivant les mœurs de ce pays. — *Thói tốt* ○ 卒, bonnes coutumes, bonnes mœurs.

Thòi 雀. Syllabe complémentaire. (Pour le car. en S. A. voir ci-dessous.)

    Thiệt thòi 舌 ○, tort, dommage. — *Chịu thiệt thòi* 召 舌 ○, subir un tort, souffrir un dommage.

Thỏi 㷉. Morceau, bout, éclat, motte; syllabe complémentaire. (Pour le car. en S. A., voir ci-dessous.)

    Thỏi đất ○ 坦, motte de terre. — *Thấp thỏi* 濕 ○, petit, humble.

Thôi 崔*. Haute montagne, lieu élevé; haut, grandiose, éminent. A. V. Assez, suffisamment; faire cesser l'action; c'est bon! cela suffit! en voilà assez!

    Mà thôi 麻 ○, seulement. — *Thôi vậy* ○ 丕, cela suffit. — *Thôi làm* 濫, cesser de faire. — *Thôi chèo* ○ 橺, cesser de ramer. — *Như vậy thì thôi* 如 丕 時 ○, s'il en est ainsi, c'est très bien!

Thôi 㷉*. S'écrouler, s'ébouler, tomber en lambeaux.

Thôi 催 et 摧*. Pousser, repousser; exiger, comprimer, opprimer; vexation, oppression.

19.

Thôi thúc ○ 促, presser vivement. — *Thôi thế* ○ 替, exiger le remplacement.

Thôi 退*. Reculer, revenir en arrière; faire reculer, repousser; doux, obéissant, commode, facile. A.V. Puant, infect. Voir *thúi*.

Thôi binh ○ 兵, battre en retraite. — *Thôi nhiên* ○ 然, accommodant. — *Thôi lại* ○ 更, rétrograder. — *Thôi hồi* ○ 回, restituer. — *Thôi chí* ○ 志, céder, plier. — *Thôi tha* ○ 他, puer, sentir mauvais.

Thôi 腿*. Partie charnue des jambes; haut des cuisses; quartier de viande, jambon.

Thôi hỏa ○ 火, jambon fumé. *Bàn thôi* 盤 ○, fesses, postérieur.

Thôi 噲. Souffler; siffler, sonner. (Formé des S. A. *khẩu* 口, bouche, et *thôi* 退, reculer.)

Gió thôi hung 逾 ○ 兇, le vent fait rage. — *Thôi lửa* ○ 焰, souffler le feu. — *Thôi đèn* ○ 畑, souffler la bougie. — *Thôi quyền* ○ 卷, jouer de la flûte. — *Thôi kèn* ○ 鎧, sonner de la trompette (ou du clairon). — *Lính thôi kèn* 另 ○ 鎧, soldat sonneur de trompette, de clairon.

Thôi 台. Syllabe complémentaire. (En S. A., haut degré; se pron. *thai*.)

Thành thôi 請 ○, tout à fait libre, tranquille, heureux. — *Làm lơi thôi* 濫 來 ○, faire très lentement, avec soin, sans se presser.

Thôi 態*. Manière d'être. Voir *thái*.

Thới 太*. Très élevé, excessivement grand; vaste, large, étendu. Voir *thái*.

Thới 泰*. Riche, prospère, abondant, florissant. Voir *thái*.

Thời 時*. Temps; moment favorable, heure propice; quand, alors. Voir *thì*.

Vậy thời 丕 ○, ainsi donc. — *Theo thời* 跤 ○, selon les circonstances. — *Thiên thời* 天 ○, fléau, calamité.

Thom 參. Syllabe complémentaire. (En S. A., réunion; se pron. *tham*.)

Thom lôm ○ 鑒, changeant. — *Con mắt thom lôm* 昆 相 ○ 鑒, yeux changeants, regard fureteur.

Thòm 諶. Syllabe complémentaire. (En S. A., sincère; se pron. *thầm*.)

Lòm thòm 藍 ○, courbé, voûté.

Thỏm 潘. Cave, enfoncé, profond. (En S. A., épais, coloré; se pron. *thẩm*.)

Thỏm vào ○ 邙, creux, concave.

Thơm 薘. Odorant, suave, parfumé, plaisant, agréable; ananas. (Formé des S. A. *thảo* 艸, plante, et *tham* 貪, envier.)

Bông thơm 蒚 ○, fleurs odorantes. — *Thuốc thơm* 荥 ○, parfum suave. — *Làm cho thơm* 濫 朱 ○, parfumer. — *Người mùi thơm* 曦 昧 ○, respirer une odeur agréable. — *Những bông hoa nầy thơm lắm* 仍 蒚 花 尼 ○ 廩, ces fleurs sentent très bon. — *Danh thơm* 名 ○, bon renom. — *Trái thơm*

鞭 ○, l'ananas. — *Ăn trái thơm* 哈 鞭 ○, manger de ce fruit.

Thơm 探. Syllabe complémentaire. (En S. A., s'informer; se pron. *thám*.)

Thắng thơm 倘 ○, d'aplomb, bien droit, qui ne penche d'aucun côté.

Thơm 貪. Syllabe complémentaire. (En S. A., envier; se pron. *tham*.)

Lờm thơm 林 ○, sans aucun soin, négligemment, maladroitement.

Thon 村. Syllabe complémentaire. (En S. A., village; se pron. *thôn*.)

Thon von ○ 文, danger, péril.

Thôn 忖. Malade, faible, épuisé. (En S. A., méditer; se pron. *thôn*.)

Thôn môn ○ 呵, sans forces.

Thôn 村 et 邨 *. Village, commune.

Hương thôn 鄉 ○, pays d'origine. — *Thôn trưởng* ○ 長, chef de village, maire. — *Thôn phu* ○ 夫, villageois. — *Bổn thôn* 本 ○, notre commune. — *Thôn hội* ○ 會, le conseil des notables d'une commune. — *Thôn tục* ○ 俗, grossier, impoli.

Thôn 寸 *. Pouce; mesure (10e partie du pied ou *xích* 尺); au fig., petite quantité, très peu de chose. Car. radical.

Thôn thiếu ○ 少, manquer, faire défaut. — *Nhứt thôn* 一 ○, un pouce.

Thôn 吞. Manger trop, se bourrer. (Du S. A. *thân*, même car., même signif.)

Thôn no ○ 飯, manger avec excès,
dévorer. — *Thôn vào bao* ○ 包包, remplir un sac, bourrer une sacoche.

Thôn 忖 *. Penser, réfléchir, juger, méditer, supputer, conjecturer.

Thôn đạc ○ 度, approfondir.

Thong 通. Bien ouvert, dégagé: non occupé, disponible, vacant; communiquer, être en relation. (Du S. A. *thông*, même car., pénétrer.)

Thong thả ○ 且, libre. — *Phép thong thả* 法 ○ 且, la liberté. — *Bộ thong thả* 步 ○ 且, air dégagé. — *Thong dong* ○ 容, inoccupé. — *Thong qua* ○ 戈, pénétrer.

Thòng 桶. Pendre, retomber, traîner; être suspendu, à la traîne. (En S. A., boisseau; se pron. *dòng*.)

Thòng thòng dưới đất ○ ○ 甄坦, traîner ou pendre jusqu'à terre.

Thổng 桶 *. Allée, galerie, corridor; traverser, passer.

Trình thổng 埕 ○, un certain vase à puiser de l'eau.

Thông 通 *. Passer au travers de, communiquer, pénétrer, approfondir, transmettre.

Thông quang ○ 光, transparent, lucide. — *Trí thông* 智 ○, esprit pénétrant. — *Thông thái* ○ 太, savant. — *Thông biệt* ○ 別, bien connaître. — *Thông sự* ○ 事, interprète; intermédiaire, négociateur. — *Thông ngôn* ○ 言, interprète. — *Thông phán* ○ 判, secrétaire général; interprète principal. — *Thông dụng* ○ 用, usuel, ordinaire. — *Thông tin*

○ 信, transmettre une nouvelle. — *Thông hành* ○ 行, dégagé, ouvert, libre. — *Giấy thông hành* 紙 ○ 行, permis, passeport, sauf-conduit, feuille de route. — *Ống thông* 甕 ○, canal de communication, tuyau.

Thông 桶. Pin à longues feuilles.
(En S. A., boisseau; se pron. *đụng*.)

Nhựa thông 枷 ○, suc, résine.

Thông 桐*. Nom d'un arbre à huile.

Thông 葱*. Nom générique des plantes à racines bulbeuses.

Thông đầu ○ 頭, oignon. — *Tế hương thông* 細香 ○, ciboule.

Thông 聰*. Avoir l'oreille fine, percevoir facilement, entendre clairement.

Thông minh ○ 明, perspicace, vif, délié. — *Thiên thông* 天 ○, dons du ciel. — *Phép thông linh* 法 ○ 靈, haute influence, puissance supérieure.

Thông 痛*. Douleur morale ou physique; peine, souffrance, chagrin.

Tâm thông 心 ○, peines de cœur. — *Thông hối* 悔, se repentir. — *Đầu thông* 頭 ○, avoir mal à la tête.

Thông 縂 et 統*. Les deux extrémités d'un fil; commencement et fin; ensemble d'une chose; règle, loi, principe; gouverner, diriger, commander.

Chánh thông 正 ○, chef suprême, roi légitime. — *Quan tổng thông* 官 總 ○, gouverneur, commandant en chef. — *Thông binh* ○ 兵, être à la tête d'une armée. — *Thông quân* ○ 管, officier général. — *Thông lãnh* ○ 領, autre grade militaire.

Thọp 哈. Syllabe complémentaire.
(En S. A., rire très fort; se pron. *hạp*.)

Thọp thẹp lỗ miệng ○ 捷魯咄, faire des grimaces avec la bouche en parlant.

Thóp 塔. Se soulever (avec peine).
(Formé des S. A. *thổ* 土, terre, et *đáp* 答, répondre.)

Thoi thóp 梭 ○, être essoufflé.

Thộp 拾. Empoigner, tenir ferme.
(En S. A., unir, réunir; se pron. *thập*.)

Thộp quách ○ 郭, saisir tout à coup, empoigner vigoureusement.

Thọt 揆. Repousser brutalement.
(Du S. A. *đột*, même car., heurter.)

Đâm thọt 銃 ○, pousser, renverser. — *Nhảy thọt* 跳 ○, sauter lestement, bondir vivement.

Thót 束. Se retirer, se contracter.
(En S. A., piquer; se pron. *thể*.)

Thót lại ○ 吏, se rétrécir.

Thót 說. Dire, parler, discourir.
(Du S. A. *thuyết*, même car., même signification.)

Thót nói ○ 吶, s'exprimer, raconter. — *Thót đoạn* ○ 斷, après avoir parlé.

Thót 達. Billot; pièce, morceau, bloc; terme numéral (terres, jardins, trains de bois, éléphants).

(Formé des S. A. *mộc* 木, arbre, et *thật* 達, pénétrer dans.)

Thớt đất ○ 坦, pièce de terre. — *Thớt voi* ○ 獉, un éléphant. — *Thớt tượng* ○ 象, id.

Thu 秋*. L'époque de la moisson, l'automne; mûr, à point. parfait.

Mùa thu 務 ○, saison d'automne. — *Đầu mùa thu* 頭務 ○, commencement de l'automne. — *Thu phong* ○ 風, vents automnaux. — *Mấy thu* 買 ○, combien d'automnes? c.-à-d. combien d'années? — *Trung thu* 中 ○, milieu de la saison d'automne; une fête qui a lieu le 15ᵉ jour du 8ᵉ mois.

Thu 鞦 et 緧*. Courroie ou lien qui passe sous la queue du cheval.

Hậu thu 後 ○, croupière. — *Bắc hậu thu* 北後 ○, mettre la croupière.

Thu 鰍*. Anguille de mer, congre; un poisson qui vit dans la vase.

Cá thu 鮂 ○, le poisson *thu*.

Thu 楸 et 萩*. Catalpa; armoise.

Thu 收. Amasser, réunir; recevoir. (Du S. A. *thâu*, même car., même signif.)

Thu thập ○ 拾, amasser. — *Thu lại* ○ 吏, rétrécir, resserrer, réduire. — *Thu trữ* ○ 貯, cacher.

Thụ 竪*. Droit, debout, vertical; ficher en terre, planter.

Hạ thụ mộc giái 下 ○ 木界, planter des piquets, tracer des limites.

Thụ 壽*. De longue durée. V. *thọ*.

Thú 娶*. Se marier légitimement (se dit de l'homme seulement).

Thú nữ ○ 女, prendre une femme légitime. — *Thú thê* ○ 妻, id. — *Thú thê mãi thiếp* ○ 妻買妾, épouser la première femme, acheter les autres (adage coutumier). — *Lễ giá thú* 禮嫁 ○, cérémonie du mariage. — *Sổ giá thú* 數嫁 ○, registre des mariages. — *Hôn thú* 婚 ○, se marier entre veufs.

Thú 狩*. Les grandes chasses, les battues; chasser avec une meute.

Đông thú 冬 ○, chasse d'hiver. — *Tuần thú* 巡 ○, inspecter le royaume (ne se dit que des tournées royales).

Thú 守*. Remplir des fonctions, exercer une charge. Voir *thủ*.

Thái thú 太 ○, grand dignitaire.

Thú 首*. Avouer une faute, faire sa soumission, se dénoncer. V. *thủ*.

Đầu thú 投 ○, s'incliner, se soumettre à son sort. — *Ra thú* 曜 ○, faire sa soumision, se livrer.

Thú 戍*. Veiller à la frontière, tenir garnison en un poste éloigné.

Đi thú 移 ○, aller à la frontière (garnison, bannissement). — *Lính thú* 另 ○, soldat servant à la frontière. — *Tàu thú* 艚 ○, navire garde-côtes.

Thú 獸*. Quadrupèdes (autres que les animaux domestiques, dont le nom générique est *súc* 畜); bête féroce, animal sauvage; gardien vigilant; cruel, féroce, brutal.

Cầm thú 禽 ○, oiseaux et quadrupèdes, tous les animaux. — *Thú vật* ○ 物, les bêtes en général.

Thú 趣*. Marcher vite, avancer rapidement; se hâter vers, se rendre avec empressement à; porter son attention sur; sort, condition.

Hảo thú 好 ○, plaisant. — *Tứ thú* 四 ○, les quatre conditions.

Thù 讎 et 讐*. Raisonner, répliquer, répondre, controverser; détester, haïr; ennemi, adversaire.

Thù oán ○ 怨, se venger. — *Kẻ báo thù* 几報 ○, vengeur. — *Kẻ nghịch thù* 几逆 ○, ennemi. — *Hờn thù* 恨 ○, garder rancune; haine secrète. — *Trả thù* 呂 ○, se venger. — *Không thèm trả thù* 空嘹呂 ○, dédaigner de se venger.

Thù 殳*. Bâton, trique; perche, pieu; arme de guerre; battre, frapper. Car. radical.

Thù 侏*. Homme de petite taille.

Thù 蛛*. L'araignée. Voir *nhện*.

Thù 酬*. Boire à ses hôtes, porter la santé de quelqu'un; faire raison, tenir tête, rendre la pareille.

Thù 雔*. Oiseaux qui vont par couples; deux oiseaux; couple, paire; pareil, semblable.

Thủ 取*. Prendre pour soi; tenir, retenir; recevoir, accepter.

Thủ quá ○ 過, prendre trop, usurper. — *Lược thủ* 掠 ○, s'emparer de force. — *Miêu thủ* 描 ○, enlever. — *Thủ thê* ○ 妻, prendre femme, se marier.

Thủ 手*. Main; dextérité, adresse, habileté. Car. radical.

Cao thủ 高 ○, main habile. — *Hạ thủ* 下 ○, mettre la main à. — *Thủ hạ* ○ 下, dépendre de. — *Thủ túc* ○ 足, mains et pieds. — *Thủ ký* ○ 記, signer de sa propre main.

Thủ 守*. Garder, défendre, préserver, protéger; remplir des fonctions; veiller à, prendre soin de. Voir *thú*.

Thành thủ 城 ○, la garnison d'une place forte. — *Thành thủ húy* 城 ○ 尉, commandant de place (ayant la garde des clefs des portes). — *Thủ thành* ○ 城, protéger une ville. — *Thủ bổn phận* ○ 本分, veiller aux devoirs de sa condition. — *Quan thủ ngữ* 官 ○ 禦, capitaine de port; chef de poste militaire. — *Trấn thủ* 鎮 ○, gouverner. — *Canh thủ* 更 ○, monter la garde.

Thủ 首*. Tête; commencement, origine; chef, principal; se soumettre. Voir *thú*. Car. radical.

Thủ tùng ○ 從, chef et complices.

Thư 雌*. Femelle d'oiseau; faible, inférieur, secondaire; opérations magiques, pratiques de sorcellerie.

Thư hoàng ○ 黃, clinquant, faux.
— *Phép thư* 法○, envoûtement.

Thư 書*. Lettre, épître. Voir *thơ*.

Thư 署*. Service public, cour de justice, administration, bureau, agence. Voir *thơ*.

Thứ 次*. Classe, rang, ordre, série; sorte, espèce; qui vient après le premier; la note « bien » aux examens; particule numérale ordinale.

Đầu thứ 頭○, première fois. — *Tuong thứ* 相○, selon le rang, d'après la série. — *Thứ hạng* ○項, classe de ceux qui ont obtenu le deuxième rang aux examens semestriels des provinces. — *Thứ tự* ○序, disposé en ordre. — *Thứ nhứt* ○壹, le premier, premièrement. — *Ngày thứ năm* 日○耗, le cinquième jour (de la semaine), le jeudi. — *Mấy thứ* 買○, combien de sortes? — *Thứ mấy* ○買, quantième. — *Các thứ người* 各○得, toute sorte de gens, toutes les catégories de personnes.

Thứ 庶*. La totalité, l'ensemble, le tout, au complet; grand nombre, multitude; pour que, afin de.

Thứ dân ○民, les peuples. — *Thứ nhơn* ○人, les gens.

Thứ 恕*. Bon, doux, indulgent, bienveillant, miséricordieux.

Trung thứ 忠○, clément. — *Thứ tội* ○罪, excuser une faute. — *Thứ cho* ○朱, pardonner. — *Thứ tha* ○赦, absoudre. — *Thứ mạng* ○命, faire grâce de la vie.

Thứ 庇*. Protéger, abriter, couvrir; assister, secourir, défendre.

Thứ dân ○民, aider le peuple.

Thứ 束*. Arbre épineux, plante à piquants; irriter, blesser, offenser.

Thứ 刺*. Attacher, lier, gerber, botteler.

Thứ 鼠*. Animaux rongeurs, comme rats, souris, écureuils; au fig., peureux, craintif. Car. radical.

Hoàng thứ lang 黃○狼, espèce de belette au ventre jaune.

Thử 此*. Ce, ceci; ce dont on vient de parler, tout ce qui est présent; ici, maintenant.

Bỉ thử 彼○, cela, celui-là. — *Như thử* 如○, de la sorte, ainsi de suite. — *Thử sự* ○事, cette affaire. — *Khâm thử* 欽○, respectez ceci.

Thử 黍*. Le millet (en herbe ou en épi). Car. radical.

Thử 試. Expérimenter, éprouver, essayer, tâter, sonder, examiner. (Du S. A. *thi*, même car., même signif.)

Thử ý ○意, scruter les intentions. — *Thử lòng* ○悉, mettre à l'épreuve. — *Anh làm thử coi* 嬰濫○視, faites pour voir, essayez un peu. — *Cái thử đầu* 丐○頭, essai, première épreuve. — *Thử nón* ○藏, essayer un chapeau. — *Thử lòng trung người nào* ○悉忠得苧, éprouver la fidélité de quelqu'un. — *Thử ý ngưới nào* ○ 意得节, chercher à connaître les idées de quelqu'un.

Thử 暑*. L'éclat des rayons solaires; été, chaleur, canicule.

Thua 收. Avoir le dessous, subir la défaite; battu, vaincu, inférieur à. (En S. A., percevoir; se pron. *thâu*.)

Chịu thua 召○, s'avouer vaincu. — *Thua sức* ○ 飭, être moins fort. — *Ai ăn ai thua* 埃唆埃○, qui a gagné? qui a perdu? — *Thua hết bạc* ○ 歇薄, avoir perdu tout son argent. — *Không ăn không thua* 空唆空○, n'avoir ni gagné ni perdu.

Thùa 縱. Espèce de broderie fine. (Formé des S. A. *mịch* 糸, fils de soie, et *thâu* 收, réunir.)

Thưa 疎. Exposer à un supérieur; répondre avec respect; terme d'entrée en matière correspondant à pardon, faites excuse, sauf votre respect, etc., et qui s'emploie pour parler aux fonctionnaires ou agents subalternes, tandis que *bẩm* 禀 est plutôt réservé aux fonctionnaires supérieurs; rare, relâché, élargi. (Du S. A. *sơ*, même car., même signification.)

Thưa thầy ○ 柴, pardon, maître. — *Thưa ông* ○ 翁, faites excuse, monsieur. — *Thưa ông tôi về nhà* ○ 翁碎衛茹, souffrez, monsieur, que je rentre chez moi. — *Phải thưa quan* 沛○官, il faut vous plaindre à l'autorité. — *Thưa có* ○ 固, oui, cela est. — *Thưa không* ○ 空, non, cela n'est pas. — *Nó thưa rằng* 奴○浪,

il dit que... — *Lược thưa* 畧○, peigne à dents écartées, démêloir. — *Thưa rác* ○ 落, peu serré, espacé. — *Vải thưa* 縋○, tissu à larges mailles, cotonnades communes.

Thứa 次. Linéament, ligne, trait. (Du S. A. *thứ*, même car., ordre, série.)

Da thứa 胗○, fibre ligneuse.

Thừa 丞*. Aide, second, adjoint, suppléant; aider, seconder, assister.

Huyện thừa 縣○, suppléant de sous-préfet. — *Quang lộc tự thừa* 光祿寺○, titre d'agents subalternes à la cour des sacrifices.

Thừa 承*. Prendre des ordres, recevoir des instructions; obéir, se soumettre; servir, honorer; offrir à un supérieur; flatter en exagérant les marques de respect.

Phụng thừa 奉○, par obéissance. — *Thừa thiên* ○ 天, soumis aux volontés du ciel. — *Thừa mạng* ○ 命, obéir à un mandat, recevoir des ordres de l'autorité supérieure. — *Thừa lệnh* ○ 令, id. — *Thừa thiên đề đốc* ○ 天提督, titre du général commandant les troupes de la capitale et le territoire militaire de la province royale. — *Thừa thiên phủ doãn* ○ 天府尹, le préfet de la capitale, chef du territoire de la province dite soumise aux volontés du Ciel.

Thừa 餘. Surabondance de vivres; excédent, surplus, superflu, rebut. (Du S. A. *dư*, même car., même signification.)

Ăn thừa 唆○, manger des restes.

— Đồ thừa 圖 ○, choses de rebut. — Phần thừa ra 分 ○ 囉, reste, excédent. — Có thừa 固 ○, il reste, il y en a plus. — Nói thừa 吶 ○, calomnier (pour de petites choses), rapporter (pour des mesquineries).

Thừa 乘*. Monter en voiture, conduire un char, diriger une barque; monter, s'élever; l'emporter sur, dépasser; capable, expert, habile; gouverner, administrer, régir.

 Thừa mã ○ 馬, monter à cheval. — Thừa xa ○ 車, aller en voiture. — Thừa cơ ○ 機, saisir l'occasion. — Nói thừa 吶 ○, dire des banalités. — Thừa thắng ○ 勝, être vainqueur.

Thừa 所 [1]. Ce que, ce qui; quel, lequel; adj. poss. son, sa, ses. (Du S. A. sở, même car., même signification.)

 Đặt thừa 達 ○, donner son opinion sur quelque chose, apprécier la valeur ou la qualité. — An thừa phận 安 ○ 分, satisfait de sa condition. — Có thừa việc 固 ○ 役, avoir des plans sur une affaire. — Biết thừa lòng 別 ○ 悉, connaître les sentiments (de quelqu'un).

Thuận 順*. Eau qui coule librement; ne pas résister; aller (ou se trouver) du même côté; accord, harmonie, complaisance, condescendance; suivre, obéir; soumis, pacifique, accommodant, facile, conciliant.

 Hòa thuận 和 ○, accord complet. — Bất thuận 不 ○, ne pas s'accorder; sans complaisance. — Thuận ý ○ 意, consentant. — Thuận lòng ○ 悉, doux, affable, accommodant. — Nhu thuận 柔 ○, qui cède volontiers. — Thuận hiệp ○ 合, unis, d'accord. — Thuận phong ○ 風, bon vent. — Thuận thủy ○ 水, marée favorable. — Bình thuận 平 ○, paix et accord; le nom d'une province de l'Annam moyen. — Cửa thuận an 闗 ○ 安, le port de Huế. — Thuận kiều ○ 橋, une ancienne position stratégique des environs de Saigon.

Thuấn 舜*. Haute sagesse, grande vertu; doux, bienveillant, complaisant (fréquemment employé dans les épitaphes); le nom d'un sage empereur de la Chine.

 Nghiêu thuấn 堯 ○, les noms de deux empereurs dont les grandes vertus sont proverbiales.

Thuấn 舜*. Hibiscus (plante, fleur).

Thuấn 瞬*. Mouvement des paupières; clignoter, papilloter.

Thuần 淳*. Répandre de l'eau, arroser, asperger; pur, net, limpide; simple, sincère, loyal, honnête.

Thuần 馴*. Cheval dompté; docile, sage, doux, obéissant, apprivoisé.

 Thuần thục ○ 熟, exercé, habitué. — Thuần tánh ○ 性, bons sentiments, douce nature. — Ngựa thuần 馭 ○, cheval bien dressé.

---

[1] Se transcrit aussi par le car. 使.

Thuần 鶉 et 鵪*. Caille; rapiécé.

 Thuần y ○ 衣, habit rapiécé.

Thuần 純*. Fils de soie; pur, sans mélange; parfait, entier, complet.

 Thuần thần ○ 神, esprit pur, réel; vertu efficace. — *Thuần thiện* ○ 善, bonté, douceur. — *Thuần đức* ○ 德, vertu solide, sagesse éprouvée.

Thuẫn 盾*. Bouclier; se tenir caché, se mettre à l'abri, se garantir.

 Mâu thuẫn 矛 ○, lances et boucliers, armes offensives et armes défensives. — *Bánh thuẫn* 餅 ○, espèce de gâteau.

Thuẫn 楯*. Balustrade, chapiteau, corniche, moulures en saillie.

Thuẫn 揗*. Toucher avec la main, caresser, tapoter; encourager, consoler, soulager, adoucir.

Thuật 述*. Marcher sur les talons de quelqu'un, suivre des traces; se conformer à, imiter, relater, rapporter, raconter.

 Thuật lại ○ 吏, faire passer, transmettre. — *Thuật minh* ○ 明, mettre au net, tirer au clair. — *Thuật dữ y vị* ○ 與伊謂, lui racontant que.

Thuật 術*. Moyens dits surnaturels, procédés merveilleux, enchantements, artifices; secret, mystérieux.

 Phép thuật 法 ○, puissance occulte, magie. — *Kẻ làm phép thuật* 几濫法 ○, magicien, prestidigitateur. — *Yêu thuật* 妖 ○, sortilège, maléfice.

Thuật 秫*. Riz ou millet glutineux.

Thục 贖*. Racheter, donner rançon; reprendre ce qui a été engagé ou vendu, dégager un bien hypothéqué.

 Lai thục 來 ○, racheter. — *Thục điền* ○ 田, dégager une rizière. — *Mại lai thục từ* 賣來 ○ 詞, contrat de vente à réméré. — *Tuyệt mại vĩnh bất hồi thục* 絕賣永不回 ○, vente définitive, sans condition de rachat. — *Thục tội* ○ 罪, racheter une peine. — *Bẩm vi khất nạp thục sự* 稟為乞納 ○ 事, demande de versement pour un rachat de peine (formule administrative). — *Thục thân* ○ 身, racheter sa vie (avec de l'argent). — *Thục mạng* ○ 命, id.

Thục 續*. Lier, joindre, attacher; mettre en commun; ajouter, allonger, continuer.

 Thục huyền ○ 絃, mettre une rallonge; se remarier. — *Tĩ thục* 始 ○, nouvellement ajouté (formule de cahier d'impôt).

Thục 熟*. Bien cuit, mûr, à point; maturité, perfection, expérience.

 Thục nhơn ○ 人, un homme d'expérience. — *Thành thục* 成 ○, parfait. — *Thuần thục* 馴 ○, exercé. *Thục địa* ○ 地, un remède cuit. — *Đất thục* 坦 ○, terre bien cultivée, bien entretenue. — *Thục bằng hữu* ○ 朋友, un ami intime.

Thục 淑*. Pur, clair, limpide; bon, doux, sage, honnête, vertueux.

 Thục nữ ○ 女, femme honnête.

— *Thục nhơn* ○ 人, homme sage et vertueux.

Thục 蜀*. Nom d'insecte; un ancien royaume dont il est fait mention dans les annales annamites.

Thúc 促*. Très serré, comprimé, à l'étroit; urgent, pressé; pousser, exciter, insister.

Thúc tới ○ 細, faire avancer, pousser à, exciter. — *Thôi thúc* 摧 ○, pousser fort, presser vivement. — *Thúc nợ* ○ 女, réclamer instamment le paiement d'une dette. — *Thúc lính* ○ 另, pousser à fournir des soldats. — *Thúc thuế* ○ 税, presser les gens pour le paiement des impôts.

Thúc 叔*. Oncle (frère cadet du père); beau-père; beau-frère (frère cadet du mari); joindre, unir.

Thúc bá ○ 伯, oncle paternel. — *Thúc giao* ○ 交, tous les oncles en général. — *Thúc mẫu* ○ 母, tante. — *Thúc qui* ○ 季, le plus jeune des oncles. — *Quốc thúc* 國 ○, l'oncle du roi. — *Thúc thế* ○ 世, la fin d'une génération.

Thúc 束*. Amasser, mettre en tas; lier en botte; empaqueter, envelopper; attacher, assujettir; serrer, presser, resserrer; botte, fagot.

Thúc hòa ○ 禾, mettre le blé en gerbe. — *Thúc thủ* ○ 手, assujettir; cesser d'agir; faire sa soumission (les mains liées). — *Giản thúc* 揃 ○, froisser, vexer, importuner. — *Nhận lãnh quản thúc* 認領管 ○, recevoir des gens dangereux pour les surveiller. — *Mắc quản thúc* 縛管 ○, être sous la surveillance de l'autorité.

Thúc 踖*. Marcher lentement et en traînant les pieds. Voir *túc*.

Đi thúc thúc 踱 ○ ○, avancer lentement, peu à peu, avec précaution.

Thúc 倏*. Soudain, brusquement, inopinément, tout à coup.

Thúc 矗*. S'élever très haut; un pic, le sommet d'un grand arbre; élevé, éminent.

Thực 食*. Les aliments en général; mets, provisions, nourriture; manger, boire, se nourrir, se sustenter. Car. radical.

Tửu thực 酒 ○, vin et mets solides. — *Hảo thực* 好 ○, mets succulents. — *Ẩm thực* 飲 ○, manger et boire. — *Cầm thực* 擒 ○, prendre son repas. — *Lương thực* 糧 ○, provisions de bouche, denrées alimentaires.

Thực 蝕*. Manger peu à peu (à la manière des rongeurs), grignoter; éclipse.

Nhựt thực 日 ○, éclipse de soleil. — *Nguyệt thực* 月 ○, éclipse de lune.

Thực 殖*. Croître, augmenter; se propager, se multiplier; s'enrichir.

Thực 植*. Placer, déposer; planter, enfoncer (arbres, pieux, poteaux).

Canh thực 耕 ○, cultiver et planter.

Thực 湜*. Eau claire et limpide; pur, net, propre, sans tache.

Thức 識*. Connaître, savoir; avoir la notion ou la pratique de; être connaisseur, expérimenté.

Kiến thức 見 ○, savoir distinguer. — *Trí thức* 知 ○, bien connaître. — *Quán thức* 慣 ○, id. — *Nhận thức* 認 ○, reconnaître, apercevoir. — *Bất thức* 不 ○, ignorant, inhabile, incapable, inexpérimenté.

Thức 式*. Règle, exemple, forme, modèle, spécimen, échantillon. A. V. Veiller, réveiller; couleur.

Cách thức 格 ○, mode, manière. — *Trung thức* 中 ○, uniforme, semblable. — *Lễ thức* 禮 ○, rites, cérémonies. — *Thức dậy* ○ 跂, se réveiller. — *Thức dậy sớm* ○ 跂 斂, se réveiller de bonne heure, se lever matin. — *Thức khuya* ○ 房, veiller tard. — *Thức vàng* ○ 鑛, la couleur jaune.

Thức 拭 et 拭*. Épousseter, brosser, nettoyer, essuyer, frotter, faire reluire.

Thức mục ○ 目, se frotter les yeux, essuyer ses larmes.

Thức 軾*. Barre d'appui placée transversalement sur le devant d'un char; diriger, guider, conduire.

Thuê 綀. Prendre à louage. V. *mướn*. (Formé des S. A. *khẩu* 口, bouche, et *thuế* 税, impôt, tribut.)

Thuê ghe ○ 艃, louer une barque. — *Thuê nhà* ○ 茹, louer une maison. — *Thuê người ta* ○ 俦 些, louer des gens. — *Kẻ đi thuê* 几 移 ○, celui qui se loue.

Thuế 帨*. Torchon, essuie-main, tablier de cuisine.

Thuế 蛻*. Dépouille de reptile, enveloppe de coléoptère.

Thuế 說. Dire, parler, discourir. (Du S. A. *thuyết*, même car., même signification.)

Thuế khách ○ 客, un médiateur.

Thuế 税*. Autrefois, tribut payé en grain; aujourd'hui, impôts, taxes, droits, contributions.

Đánh thuế 打 ○, lever un tribut, imposer, taxer. — *Đóng thuế* 揀 ○, payer l'impôt. — *Nạp thuế* 納 ○, id. — *Thâu thuế* 收 ○, recueillir l'impôt. — *Quan thâu thuế* 官 收 ○, percepteur. — *Thuế thân* ○ 身, impôt personnel. — *Thuế nhà* ○ 茹, impôt des maisons. — *Thuế ghe* ○ 艃, impôt des barques. — *Thuế điền thổ* ○ 田 土, impôt des rizières et autres terres. — *Thuế sanh ý* ○ 生 意, impôt des patentes. — *Thuế cửa* ○ 閼, taxes d'entrée, droits de douane. — *Thuế chánh ngạch* ○ 正 額, contributions directes. — *Thuế ngoại ngạch* ○ 外 額, contributions indirectes. — *Người chịu thuế* 俦 召 ○, un homme qui paye les impôts, un contribuable. — *Thuế nặng* ○ 曩, lourds impôts. — *Thuế nhẹ* ○ 珥, légères contributions.

Thui 燺*. Griller légèrement, rôtir à demi, roussir, flamber.

Thui đốt ○ 焠, griller, rôtir. — *Thui ghe* ○ 䑽, flamber la carène d'un bateau (pour préserver des tarets). — *Đen thui* 黰 ○, brûlé, hâlé, bruni, noirci.

Thui 退. Battre, frapper; pousser. (Du S. A. *thôi*, même car., même signification.)

Thúi nó một cái đi ○ 奴·沒 丐 扅, donnez-lui donc une poussée.

Thúi 退. Puer; fétidité, puanteur. (Pour le car. en S. A., voir ci-dessus.)

Thúi tha ○ 他, répandre une mauvaise odeur. — *Hôi thúi thúi* 灰 ○ ○, sentir un peu mauvais.

Thùi 退. Se reculer, rétrograder. (Pour le car. en S. A., voir ci-dessus.)

Thùi lui ○ 蹪, en arrière.

Thụy 謚*. Titre posthume. Voir *thị*.

Thúy 翠*. Le martin-pêcheur.

Thúy 邃*. Loin, éloigné, écarté; seul, isolé, solitaire; profond.

Thùy 垂*. Pendu, suspendu; tomber de haut; s'étendre, se répandre.

Thùy 錘*. Mesure de poids; pesant.

Thùy 搥*. Frapper avec un bâton; battre, aplatir, mortifier.

Thùy 陲*. Abrupt, escarpé; murs en terre, défenses, fortifications. — *Biên thùy* 邊 ○, limite, frontière.

Thùy 誰*. Qui, que; quoi, lequel, laquelle; à qui, de qui, pour qui.

Thủy 水*. Eau (l'un des cinq grands éléments); mer, fleuve, rivière; aquatique, maritime. Car. radical.

Thủy hỏa ○ 火, l'eau et le feu. — *Sơn thủy* 山 ○, mers et montagnes. — *Đại thủy* 大 ○, les hautes eaux. — *Thủy xa* ○ 車, roue hydraulique. — *Thủy ngân* ○ 銀, vif-argent. — *Minh thủy* 明 ○, eau claire (l'eau des sacrifices). — *Thánh thủy* 聖 ○, eau sainte (l'eau bénite). — *Binh thủy* 兵 ○, armée de mer. — *Lính thủy* 另 ○ marin, matelot. — *Bộ thủy* 部 ○ ministère de la marine. — *Quan binh thủy* 官兵 ○, officier de marine. — *Phong thủy* 風 ○, vent et eau; climat. — *Bệnh thủy* 病 ○, hydropisie. — *Phù thủy* 符 ○, sorcier, devin. — *Thủy tinh* ○ 晶, cristal. — *Thủy tinh* ○ 星, Mercure (planète). — *Thủy trác* ○ 卓, castor.

Thuyên 銓*. Peser, estimer; évaluer le mérite, considérer la valeur.

Thuyên quan ○ 官, estimer les mérites d'un fonctionnaire. — *Thuyên chức* ○ 職, apprécier les services en vue d'un avancement.

Thuyên 痊*. Se guérir d'une maladie, entrer en convalescence.

An thuyên 安 ○, guéri, rétabli, remis. — *Thuyên bệnh* ○ 病, id.

Thuyên 筌*. Nasse, engin de pêche.

Thuyên 栓*. Traverse de fermeture; barrer, verrouiller. Voir *thoen*.

Thuyên 拴*. Choisir soigneusement, prendre un à un et mettre en botte.

Thuyền 船*. Bateau, barque, jonque, vaisseau, navire. Voir *ghe*, *giang* et *tàu*.

Thuyền chủ ○ 主, patron de barque. — *Đi thuyền* 移 ○, aller en barque. — *Thuyền hải* ○ 海, jonque de mer. — *Phong thuyền* 風 ○, vaisseau à voiles. — *Hỏa thuyền* 火 ○, navire à vapeur.

Thuyên 蟬*. Grillon; cigale. V. *thiền*.

Thuyên 嫺*. Distinction, élégance (féminines); joli, gracieux; décent, séant, convenable. Voir *thiền*.

Thuyên quyên ○ 娟, d'une distinction parfaite, d'un caractère élevé (correspond à *người đờn bà có tài*).

Thuyết 說*. Parler, dire; exciter par des paroles, émouvoir par des discours; tromper, duper, mentir.

Thuyết đạo ○ 盜, menteur et voleur (marque au fer rouge que l'on applique sur l'épaule droite des criminels).

Thum 深. Cachette où le chasseur se tient pour attendre le gibier. (Du S. A. *thâm*, même car., bien caché, secret.)

Thợ bắn ngồi rình trong thum 署 弞 毄 偵 冲 ○, le chasseur était à l'affût dans sa cachette.

Thủm 潘. Sentir mauvais; se gâter. (En S. A., bouillon; se pron. *thảm*.)

Nước mắm thủm 渚 鱟 ○, saumure qui sent trop fort, qui commence à se gâter.

Thun 村. Se retirer, se contracter. (En S. A., village; se pron. *thôn*.)

Thun lại ○ 更, se raccourcir.

Thùn 屯. Rentrer, retirer, cacher. (En S. A., rassembler; se pron. *đồn*.)

Con rùa thùn đầu 昆 鱉 ○ 頭, la tortue rentre la tête, se cache la tête.

Thung 舂*. Battre le grain, piler le riz; décortiquer, nettoyer.

Thung 蹐*. Écraser avec les pieds, fouler aux pieds, piétiner, broyer.

Thung 椿*. Un arbre qui vit très longtemps et qui a de nombreuses ramifications; épais, feuillu; père, parents, famille.

Thung đàng ○ 堂, chef de famille. — *Nhà thung* 茹 ○, les parents. — *Thung huyên* ○ 檀, la famille. — *Rừng thung* 棱 ○, forêt épaisse.

Thung 從*. Suivre; s'accorder; air dégagé, démarche aisée. Voir *tùng*.

Thung dung ○ 容, allure nonchalante, façons de désœuvré.

Thụng 綎. Relâché, détendu, flou. (En S. A., règle, loi; se pron. *thống*.)

Thụng lại ○ 更, se détendre. — *Thụng thiệu* ○ 紹, flasque, mou.

Thúng 箭*. Tube en bambou pour liquides. A. V. Panier, corbeille.

Thúng khẩu ○ 口, rince-bouche. — *Một thúng trái cây* 沒○ 鞕核, un panier de fruits. — *Đan thúng* 單○, tresser des corbeilles. — *Thúng cái* ○ 丐, grande corbeille.

Thùng 桶*. Grand coffre en bois; caisse, barrique, tonneau.

Thùng chứa ○ 貯, cuve. — *Thùng rượu nho* ○ 醑蘖, barrique de vin. — *Đáy thùng* 底○, le fond d'un tonneau.

Thũng 瘇*. Tuméfié, boursouflé.

Thủy thũng 水○, hydropique. — *Bệnh thũng* 病○, hydropisie.

Thũng 腫*. Enflure, tumeur, abcès (se prend pour le précédent et réciproquement).

Thũng vun ○ 扝, enfler, grossir. — *Thũng chon* ○ 蹞, avoir les jambes enflées.

Thẳng 倘. Syllabe complémentaire. (En S. A. soudain; se pron. *thảng*.)

Thủng thảnh ○ 請, petit à petit, lentement, doucement. — *Nói thủng thỉnh mà* 吶 ○ 請 麻, mais parlez donc plus lentement.

Thưng 升*. Les balances. V. *thăng*.

Thuở 課. Temps passés, époques lointaines; anciennement, jadis. (En S. A. examiner; se pron. *khỏa*.)

Thuở nay ○ 尼, de tout temps, jusqu'à présent. — *Thuở xưa* ○ 初, autrefois. — *Thuở trước* ○ 畧, au temps passé. — *Thuở đời tam quốc* ○ 代 三 國, autrefois, jadis; litt.

à l'époque des trois royaumes (pour parler des temps très reculés).

Thuộc 屬*. Subordonné à, dépendant de; qui concerne, qui revient à; attenant, afférent; tanner.

Thuộc quốc ○ 國, nation subordonnée, état vassal, pays tributaire. — *Thuộc quan* ○ 官, fonctionnaire subordonné à un autre. — *Thuộc về* ○ 衛, relativement à. — *Thuộc viên* ○ 員, membre d'un conseil, d'une commission. — *Thành thuộc* 成 ○, parfaitement assimilé. — *Học bài thuộc lòng* 學 排 ○ 懣, apprendre une leçon par cœur. — *Thuộc da* ○ 胺, tanner une peau. — *Tiệm thuộc da* 漸 ○ 胺, tannerie.

Thuốc 藥. Terme général pour les préparations chimiques et pharmaceutiques; poudres, tabacs. (Formé des S. A. *thảo* 艸, plantes, et *thúc* 束, lier.)

Tiệm bán thuốc 漸 半 ○, pharmacie. — *Thầy chế thuốc* 柴 製 ○, pharmacien. — *Phép chế thuốc* 法 製 ○, pharmacopée. — *Phép thuốc* 法 ○, médecine. — *Thầy thuốc* 柴 ○, médecin. — *Quan thầy thuốc* 官 柴 ○, médecin militaire. — *Cỏ làm thuốc* 靬 濫 ○, herbe médicinale. — *Uống thuốc* 旺 ○, prendre un médicament, avaler un remède. — *Bài thuốc* 排 ○, ordonnance de médecin. — *Thuốc bắc* ○ 扡, médecines du nord, c.-à-d. chinoises (très prisées par les Annamites). — *Thuốc nam* ○ 南, remèdes du sud, c.-à-d. annamites (moins prisés). — *Thuốc mê* ○ 迷, narcotique; philtre d'amour. — *Thuốc thang* ○ 湯, potion. — *Thuốc dán* ○

演, onguent, emplâtre, thapsia. — *Thuốc hoàn* ○ 丸, pilules. — *Thuốc mửa* ○ 嗎, vomitif. — *Thuốc xổ* ○ 醜, purgatif, laxatif. — *Thuốc độc* ○ 毒, poison. — *Đi rước thầy thuốc* 迻遶柴 ○, aller chercher le médecin. — *Thuốc thơm* ○ 蓍, parfumerie. — *Nước thuốc* 渃 ○, eau de toilette. — *Thuốc súng* ○ 銃, poudre à fusil, à canon. — *Kho thuốc súng* 庫 ○ 銃, poudrière. — *Thuốc hút* ○ 噁, tabac à fumer. — *Thuốc hít* ○ 歇, tabac à priser. — *Thuốc ăn* ○ 咹, tabac à chiquer (qui entre en composition dans la chique de bétel). — *Thuốc điếu* ○ 釣, tabac roulé en cigare ou en cigarette. — *Thuốc lá* ○ 蘿, tabac en feuille, cigare. — *Trồng thuốc* 櫳 ○, planter du tabac. — *Đất trồng thuốc* 坦櫳 ○, plantation de tabac. — *Thuốc ngon* ○ 唔, bon tabac, tabac fort.

Thược 勺*. Grande cuiller (pour puiser des liquides); mesure de capacité (10ᵉ partie du *hiệp*).

Thược 芍*. Pivoine; une herbe employée en médecine,

Thược dược ○ 藥, pivoine femelle.

Thược 籥*. Flûte; sorte de mesure qui contient douze cents grains de millet. Car. radical.

Thược 爍*. Éclat du feu; clarté, lumière; splendide, magnifique.

Thược 鑠*. Métal uni, poli, lisse; métal en fusion; brillant, rutilant.

Thước 鵲*. Pie, geai, merle (et autres oiseaux du même genre).

Hắc thước điểu 黑 ○ 鳥, merle noir. — *Hi thước* 喜 ○, pie grise.

Thước 托. Le mètre annamite (environ 60 centimètres français). (En S. A., supporter; se pron. *thác*.)

Thước mộc ○ 木, coudée. — *Thước tây* ○ 西, mètre français. — *Phép đo thước* 法度 ○, système métrique. — *Năm thước vuông* 舐 凧, cinq mètres carrés. — *Mực thước* 墨 ○, correct, régulier, conforme.

Thước 㗩*. Parler haut, s'exprimer avec arrogance. Voir *tá*.

Quắc thước 嚄 ○, insolent, grossier; rigide, sévère, hautain.

Thuần 純. Parfait, entier, complet. (Du S. A. *thuần*, même car., même signification.)

Thuần vào ○ 𠓨, introduire complètement, faire entrer en entier.

Thuồng 通. Passer au travers de. (Du S. A., *thông*, même car., même signification.)

Thuồng đuổi ○ 𧿨, expulser.

Thương 倉*. Abri pour les céréales; vivres secs, provisions de bouche.

Thương 嗆*. Tousser; avoir la gorge embarrassée.

Thương 槍*. Long bâton pointu aux deux extrémités (pour combattre à l'escrime); lutter, se défendre, se débattre, résister.

Thương 鎗*. Arme portative; fusil, lance, pistolet; le son des cloches.

 Súng điểu thương 銃鳥 ○, fusil de chasse. — *Phong thương* 風 ○, fusil à vent. — *Đao thương* 刀 ○, armes blanches.

Thương 滄*. Grande étendue d'eau; le large, la haute mer.

 Thương hải ○ 海, vaste mer; le nom que les Annamites donnent à la ville de Shang-hai.

Thương 蒼*. La couleur verte de l'herbe et des plantes; verdure; le bleu de l'atmosphère; azur.

 Thương thiên ○ 天, ciel azuré. — *Thương sanh* ○ 生, rustique, champêtre, campagnard.

Thương 鶬*. Oiseau du genre grue.

Thương 搶*. Prendre de force, arracher violemment; battre, frapper, maltraiter.

 Thương cướp ○ 刼, piller, pirater, voler ouvertement.

Thương 商*. Former des projets, tirer des plans, combiner des arrangements; réfléchir, se consulter; commercer, trafiquer; transporter des marchandises; l'un des cinq tons de la musique chinoise.

 Ngoại quốc thương nhơn 外國 ○ 人, un trafiquant étranger. — *Thương khách* ○ 客 id. — *Thương nhơn* ○ 人, marchand. — *Thương mãi* ○ 買, faire du commerce. — *Thông thương* 通 ○, la liberté de faire du commerce. — *Quan thương bạc* 官 ○ 泊, mandarin du commerce des grands navires (ce titre était porté, avant l'occupation française, par le ministre des relations extérieures à Hué).

Thương 傷*. Faire du tort, causer du dommage, léser, blesser, nuire; chagriner, contrister; être triste, avoir du regret; penser avec douleur à, éprouver du chagrin de. A. V. Aimer, affectionner; avoir pitié, être compatissant, se montrer miséricordieux.

 Thương hại ○ 害, causer de la peine; avoir du chagrin. — *Thương ôi* ○ 㥜, ô misère! quel malheur! — *Thương cha mẹ mình* ○ 吒 媄 命, aimer son père et sa mère. — *Thương con* ○ 昆, aimer ses enfants. — *Thương cho roi cho vọt ghét cho ngọt cho bùi* ○ 朱㯲朱㧡恄朱呍朱裴, aimer c'est donner des claques et du fouet, détester c'est donner des douceurs et des gourmandises (qui aime bien châtie bien). — *Anh có thương tôi không* 嬰固碎空, m'aimez-vous? — *Thương yếu* ○ 㦖, aimer tendrement, chérir. — *Thương xót* ○ 咄, avoir pitié. — *Lấy làm thương* 㧅 濫 ○, prendre en commisération. — *Nhà thương* 茹 ○, maison de miséricorde, hôpital.

Thương 殤*. Quitter le monde de bonne heure, mourir jeune (avant d'avoir atteint l'âge d'homme).

Thượng 上*. En haut, au-dessus; suprême, supérieur, parfait; aller, s'élever, monter; présenter, remettre; superlatif.

Thượng hạ ○ 下, haut et bas, dessus et desssous, supérieur et inférieur. — *Thượng đầu* ○ 頭, sommet de la tête. — *Thượng đế* ○ 帝, l'empereur. — *Thượng hoàng* ○ 皇, id. — *Thượng phẩm* ○ 品, le degré le plus élevé, le sommet de la hiérarchie. — *Thượng trí* ○ 智, intelligence supérieure. — *Thượng khứ* ○ 去, monter, gravir. — *Thượng hảo* ○ 好, très beau, excellent. — *Dĩ thượng* 以 ○, en montant, en remontant. — *Thượng nguyên* ○ 元, suprême origine; une cérémonie annuelle pour les défunts (le 15e jour du 1er mois).

Thượng 尙*. Grand, éminent; honorable, estimable; être à la tête de, gouverner; ajouter, surmonter; encore, en outre, de plus.

Hòa thượng 和 ○, supérieur des bonzes. — *Quan thượng thơ* 官 ○ 書, sécrétaire d'État, ministre. — *Lại bộ thượng thơ* 吏 部 ○ 書, ministre de l'Intérieur. — *Thượng đức* ○ 德, haute sagesse, grande vertu.

Thưởng 賞*. Donner, encourager, récompenser. Voir *thường*.

Thường 徜*. Incertain, changeant, douteux, indécis, irrésolu.

Thường 常. Règle constante, loi immuable; toujours, longtemps; ordinaire, usuel, habituel, commun; régulier.

Ngũ thường 五 ○, les cinq règles constantes (qui sont : *nhơn* 仁, humanité; *ngãi* 義, justice; *lễ* 禮, politesse; *trí* 智, intelligence des choses; *tín* 信, confiance). — *Thường nhơn* ○ 人, homme commun. — *Như thường* 如 ○, comme d'habitude. — *Phi thường* 非 ○, qui n'est pas ordinaire. — *Thường lệ* ○ 例, habituel. — *Thường năm* ○ 南, tous les ans, chaque année. — *Thường ngày* ○ 時, tous les jours. — *Thường dùng* ○ 用, usuel. — *Trí tầm thường* 智 尋 ○, esprit ordinaire, peu ingénieux. — *Thường thường* ○ ○, ordinairement, habituellement.

Thường 嫦*. Un personnage féminin de la mythologie chinoise (la femme changée en crapaud).

Thường 裳*. Vêtement inférieur, pantalon, jupe, pagne, langouti.

Y thường 衣 ○, habillement complet. — *Việt thường* 越 ○, l'un des anciens noms du royaume annamite.

Thường 瑺*. Une pierre précieuse.

Thường 償*. Payer ce qu'on doit, rendre, restituer, compenser, dédommager, indemniser.

Bồi thường 培 ○, rendre, restituer. — *Thường lại* 吏, faire réparation. — *Bắt thường* 抔 ○, contraindre à restituer, obliger à payer une indemnité.

Thường 嘗 et 甞*. Jeter un coup d'œil sur le passé, regarder en arrière; essayer, goûter; offrir.

Tiên thưởng 先 ○, sacrifier sur l'autel des ancêtres (anniversaires).

Thưởng 賞*. Récompenser, féliciter, encourager, accorder, donner, décerner, conférer; fêter, s'amuser, se réjouir de, prendre plaisir.

Thưởng phạt ○ 罰, peines et récompenses. — *Thưởng thiện* ○ 善, encourager les bons. — *Thưởng công* ○ 功, récompenser le mérite. — *Được thưởng* 特 ○, obtenir une récompense. — *Phần thưởng* 分 ○, récompense. — *Của thưởng* 貼 ○, id. — *Thưởng phong* ○ 封, conférer un titre. — *Thưởng ngân bài* ○ 銀牌, décerner une médaille. — *Thưởng một trăm đồng bạc* ○ 沒森銅薄, donner une prime de cent piastres. — *Thưởng giết cọp* ○ 折狳, prime accordée pour la destruction des tigres. — *Phát phần thưởng* 發分 ○, distribution des récompenses. — *Đáng thưởng* 當 ○, mériter d'être récompensé. — *Thưởng nguyệt* ○ 月, fêter la lune (se livrer à la débauche). — *Thưởng hoa* ○ 花, fêter les fleurs (s'amuser avec des femmes).

Thưởng 晌*. Soleil splendide, midi plein, milieu de la journée.

Thượt 碩. Syllabe complémentaire. (Du S. A. *thạt*, même car., gros, grand.)
Dài thượt 駴 ○, très long.

Thụt 律. Faire entrer et retirer, pousser et repousser; se contracter. (En chinois, saisir avec la main [1].)

Thụt cổ ○ 古, retirer la tête, contracter le cou (comme font certains animaux); timide. — *Thụt lui thụt lại* ○ 躇 ○ 吏, reculer et avancer; pomper. — *Ống thụt* 瓷 ○, pompe, seringue.

Ti 卑*. Bas, petit, vil, commun, vulgaire; humble, modeste.

Tôn ti 尊 ○, noblesse et ignominie, honneur et déshonneur. — *Cao ti* 高 ○, haut et bas. — *Ti tiện* ○ 賤, méprisable, vil, mesquin. petit.

Ti 婢*. Femme esclave, fille de la basse classe, servante.

Ti 痺*. Paralysie, rhumatisme, goutte; endolori, engourdi.

Ti 司*. Régir, diriger, présider; administration, service, tribunal, bureau; compagnie, entreprise. Voir *tư*.

Văn tuyển ti 文選 ○, le bureau du personnel (au ministère de l'intérieure à *Huế*). — *Thuế hạng ti* 稅項 ○, le bureau de l'impôt foncier et des produits divers (au ministère des finances). — *Án sát ti* 按察 ○, le service judiciaire dans une province. — *Công ti* 公 ○, service public, régie; association commerciale, compagnie d'exploitation. — *Công ti nha phiến* 公 ○ 芽片, régie (ou ferme) de l'opium. — *Công ti rượu* 公 ○ 酒, régie (ou ferme) des alcools ou vins de riz.

---

[1] Ce car., inconnu en S. A., se trouve dans le Dictionnaire chinois du P. Couvreur, avec le sens qui lui est donné ici.

Tị 巳*. Cesser, prendre fin; éviter, fuir; marque de temps au passé; la 6ᵉ lettre du cycle duodénaire (serpent).

Tị 汜*. Cours d'eau qui se séparent et se réunissent ensuite.

Tị 避*. Éviter; finir; s'abstenir.

Đào tị 逃 ○, s'enfuir. — *Vô tị thì* 無 ○ 時, temps qui ne finira jamais. — *Tị không làm* ○ 空 濫, s'abstenir de faire, éviter d'agir.

Tí 子*. Première lettre du cycle duodénaire et caractère horaire (rat).

Giờ tí 睎 ○, de onze heures de la nuit à une heure du matin.

Tì 脾*. Partie inférieure de l'estomac, organe digestif, ventricule, rate; état d'esprit, humeur, caractère, tempérament.

Tì vị ○ 胃, estomac. — *Tì khí* ○ 氣, suc gastrique. — *Tì khí bất hảo* ○ 氣 不 好, mauvais caractère, fâcheuses dispositions.

Tì 裨*. Avantages, profits; retirer des bénéfices; utile, avantageux; donner, aider, assister, seconder.

Tì 貔*. Félin de la grande espèce, tigre, panthère, léopard.

Tì 吡*. Long, large, ample; libéral, généreux; aider, seconder.

Tì 疵*. Maladie, infirmité, vice de conformation, défaut, tare, tache.

Tì 砒*. Le sulfure d'arsenic.

Tì swong ○ 霜, sulfure rouge.

Tì 紕*. Fils embrouillés; étoffe mal tissée; confusion, désordre; méchant, mauvais, pervers.

Tì 秕*. Grain très maigre, presque vide, qui n'a guère que l'écorce.

Tỉ 比*. Examiner et comparer; assimiler, établir un rapport, mettre en parallèle. Car. radical.

Tỉ phương ○ 方, apologue. — *Tỉ như* ○ 如, si cela était.

Tỉ 姊 et 姉*. Une sœur plus âgée.

Tỉ 秭*. Nombre considérable de grains de riz, de blé; grande quantité, grand poids, très lourd: cent millions.

Tỉ 鼻*. Nez, narines, museau; qui commence, qui pointe, qui est en avant; origine, début. Car. radical.

Tỉ 蹝*. Chaussures légères, savates en paille, sandales, pantoufles.

Tỉ 匕*. Grande cuiller, spatule. Car. radical.

Tỉ thủ ○ 首, espèce de poignard.

Tỉ 俾*. Occuper une charge; pour que, afin que, de manière à; permettre, laisser faire, laisser aller.

Tía 紫. Couleur indécise, mal définie; rouge foncé, sorte de violet. (Du S. A. *tử*, même car., même signif.)

Sắc tía 色 ○, couleur rouge foncé. — *Cây tía tô* 核 ○ 蘇, mélisse. — *Ngựa tía* 馼 ○, cheval bai. — *Con cóc tía* 昆蛞 ○, le crapaud rouge (titre d'un conte annamite).

Tía 爹*. Papa, petit père. Voir *da*.

Tía má ○ 媽, papa et maman (dans la bouche des enfants). — *Tía tôi đã cho bánh* ○ 碎㐌朱䬫, mon petit papa m'a donné du gâteau.

Tía 宰. Couper, tailler (arbres, plantes), arracher (pour replanter). (En S. A., à sa guise; se pron. *tẻ*.)

Tịch 夕*. Moment où le soleil se couche, déclin du jour; soir, nuit, obscurité. Car. radical.

Tịch 席*. Natte sur laquelle on s'asseoit, sur laquelle on mange; recevoir des convives, festoyer. Toir *tiệc*.

Tịch thượng ○ 上, soudainement.

Tịch 辟*. Règle, exemple, précepte, loi; faire un exemple, punir.

Tịch 癖*. Appétit insatiable, faim maladive; envie démesurée.

Tịch 籍*. Tablettes en bambou qui servaient à prendre des notes; inscrire; enregistrer; livre, registre.

Thơ tịch 書 ○, annales. — *Bộ tịch* 簿 ○, catalogue, rôle. — *Tịch dân* ○ 民, habitant porté sur les rôles. — *Tịch điền* ○ 田, champ dont le revenu est affecté au culte des esprits.

Tịch 寂*. Pays abandonné, lieu solitaire; calme, repos, silence.

Tích 闢*. Se montrer, s'épanouir; ouvrir, découvrir, développer.

Tích 脊*. Épine du dos, colonne vertébrale; sommet, arête, faîte (montagne, toit).

Tích 錫*. Étain; informer, aviser, donner des renseignements.

Xà tích 蛇 ○, chaîne en métal.

Tích 績*. Fils tressés ou tordus, liens entrelacés, corde, câble.

Phưởng tích 紡 ○, entrelacer des fils, tordre des liens.

Tích 積*. Mettre en tas, réunir, amasser, accumuler; acquérir; recueillir, conserver, cacher.

Tích phước ○ 福, faire une provision de bonheur. — *Tích niên* ○ 年, accumuler les années. — *Tích tài* ○ 財, cacher ses richesses. — *Tích trữ* ○ 貯, conserver, mettre en réserve. — *Bình tích* 瓶 ○, cafetière, théière. — *Bình tích thủy* 瓶 ○ 水, pot à eau.

Tích 惜*. Émotion, attendrissement, compassion; regretter, épargner; avare, parcimonieux. Voir *tiếc*.

Tích 跡*. Trace de pas, empreinte de pied; vestige, indice, marque, signe apparent, preuve.

Dấu tích 斗 ○, marque, cicatrice. — *Vít tích* 曰 ○, blessure. — *Bị tích*

被 ○, être blessé. — *Vô tích* 無 ○, sans aucun indice. — *Tang tích số số* 贓 ○ 疎 疎, il y a des preuves; c'est très clair, c'est évident.

Tích 昔 *. L'ancien temps, le passé, jadis, autrefois, antérieurement.

Tích thì ○ 時, les époques passées. — *Cổ tích* 古 ○, temps anciens.

Tích 霹 *. Le bruit du tonnerre; grondement, tapage, vacarme.

Tiệc 席. Recevoir à sa table, donner un festin, fêter, banqueter. (Du S. A. *tịch*, même car., même signif.)

Làm tiệc 濫 ○, donner un grand repas. — *Dọn tiệc* 揎 ○, préparer un festin. — *Ăn tiệc* 唉 ○, prendre part à un festin. — *Mời ăn tiệc* 𠿂 唉 ○, inviter à un festin. — *Kẻ ngồi tiệc* 几 䥯 ○, convive. — *Tiệc hội hữu* ○ 會 友, banquet d'amis. — *Tiệc cưới* ○ 媿, repas de noces.

Tiếc 悛. Éprouver des regrets. (Du S. A. *tích*, même car., même signif.)

Thương tiếc 傷 ○, regretter vivement. — *Đáng tiếc* 當 ○, regrettable. — *Tiếc công* ○ 功, regretter sa peine. — *Tiếc của* 貼 ○, regretter ses biens. — *Tiếc ôi là tiếc* 喂 羅 ○, combien c'est regrettable! — *Không tiếc gì hết* 空 ○ 之 歇, ne rien regretter du tout. — *Chẳng tiếc* 庄 ○, sans regret.

Tiếm 籤 *. Végétaux sauvages; une plante à racine bulbeuse.

Tiếm 籤 *. Fine baguette de bambou, petit bâtonnet pointu (pour consulter les sorts); percer, trouer.

Tiêm 纖 *. Mince, délié, petit, menu; jeune, tendre, délicat.

Tiêm 鐵 *. Pointu, aigu; buriner, ciseler; poinçon, ciseau.

Tiêm tế ○ 細, avec soin. — *Tiêm lại* ○ 吏, curer, récurer, aiguiser. — *Tiêm la* ○ 羅, syphilis. — *Mắc tiêm la* 縺 ○ 羅, être atteint du mal vénérien.

Tiêm 瀸 *. Couler, suinter; mouiller, humecter, imbiber; par intervalles, intermittent.

Tiêm 尖 *. Conique, pyramidal; pointu, acéré; pointe, sommet.

Thiệt tiêm 舌 ○, langue acérée. — *Sơn tiêm* 山 ○, pic montagneux.

Tiệm 店. Mauvais lieu, maison de jeu; taverne, cabaret, débit, boutique. (Du S. A. *điếm*, même car., même signification.)

Khai tiệm 開 ○, ouvrir boutique, établir un débit. — *Tiệm rượu* ○ 醋, cabaret, buvette. — *Tiệm thuốc* ○ 葉, débit de tabac, fumerie d'opium. — *Lập tiệm mẹ* 立 ○ 楣, monter une maison de jeux.

Tiệm 潮 *. Eau qui se déverse; mouiller, humecter; pénétrer peu à peu, successivement.

Tiếm 僭 *. Usurper; mentir, médire, calomnier; douteux, incertain.

Tiêm 潜 *. Passer un gué, traverser l'eau; prudent, réservé; caché, secret; furtivement.

Tiêm tâm ○ 心, prudent, circonspect. — *Tiêm thủ* ○ 取, prendre furtivement. — *Tiêm vãng* ○ 往, partir secrètement.

Tiêm 槧*. Planches sur lesquelles on grave des inscriptions.

Tiên 仙 et 僊*. Immortel, génie; dieux familiers; merveilleux, féerique, admirable.

Tiên nhơn ○ 人, homme devenu immortel. — *Tiên thần* ○ 神, ange. — *Cõi tiên* 堺 ○, séjour des immortels.

Tiên 先*. Premièrement; avant, devant, antérieur; commencer, de bonne heure, devancer; ceux qui ne sont plus, les ancêtres.

Tiên tổ ○ 祖, ancêtres. — *Tiên thì* ○ 時, précédemment. — *Tiên tri* ○ 知, prophète. — *Tiên hậu* ○ 後, passé et futur. — *Phân biệt tiên hậu* 分別 ○ 後, considérer ce qui précède et ce qui suit. — *Tiên thường* ○ 嘗, un certain rite qui consiste à offrir des mets aux parents défunts.

Tiên 鞭*. Fouet, verge, houssine, bâton; fouetter, fustiger, stimuler.

Bồ tiên 蒲 ○, herbe servant à tresser des sandales. — *Mã tiên thảo* 馬 ○ 艸, verveine.

Tiện 賤*. De peu de valeur; vil, méprisable, abject; humble.

Bần tiện 貧 ○, pauvre. — *Tiện thiếp* ○ 妾, je, moi, votre servante. — *Tiện công* ○ 工, travail mal fait. — *Tiện tạn* ○ 羨, avare, chiche, regardant. — *Hà tiện* 苟 ○, id.

Tiện 便*. Simple, commode, avantageux, favorable, opportun, propice, agréable.

Hảo tiện 好 ○, facile, agréable. — *Tiện an* ○ 安, en toute tranquillité. — *Làm cho tiện việc* 濫朱 ○ 役, faciliter l'exécution d'un travail.

Tiện 羨*. Souhaiter ardemment; désirer (biens), envier (richesses); excéder, dépasser; surplus, reste, excédent; louer, exalter, flatter.

Tiện 踐*. Aller, marcher; suivre les pas de, imiter; disposer par rangées, par séries.

Tiện 帨*. Bande de linge pour retenir les cheveux, serre-tête blanc, coiffure de deuil.

Tiện 荐*. Nom d'herbe; répéter, réitérer, refaire, recommencer; s'y prendre à plusieurs fois.

Tiện 栫*. Haie, palissade, barrage.

Tiện 進*. Progresser; être promu. (Du S. A. *tấn*, même car., même signif.)

Tiện sĩ ○ 士, un docteur.

Tiện 薦*. Verts pâturages; herbe, foin, paille; adorer, sacrifier; présenter, offrir.

Tiện cử ○ 舉, élever, offrir. — *Thượng tiện* 上 ○, présenter (à un supérieur). — *Tiện vương* ○ 王, offrir au roi.

Tiện 次*. Eau qui coule toujours; sans interruption, sans arrêt.

Tiền 錢*. Pièce de monnaie trouée au milieu, sapèque; 10ᵉ partie de l'once ou *lượng* 兩; réunion de 60 sapèques en zinc.

Đồng tiền 銅 ○, pièce de monnaie; fossette. — *Má núng đồng tiền* 胭農銅 ○, joues creusées de fossettes. — *Tiền bạc* 簿, sapèques et piastres. — *Có nhiều tiền bạc* 固饒○簿, avoir beaucoup d'argent. — *Một đồng tiền* 沒銅 ○, une sapèque. — *Một tiền* 沒 ○, une réunion de 60 sapèques. — *Hai quan tiền* 仁貫 ○, deux ligatures. — *Tiền kēm* ○鈆, monnaie de zinc. — *Tiền đồng* ○銅, monnaie de cuivre. — *Mẫn tiền* 緡 ○, petite redevance (sorte de centimes additionnels) imposée aux contribuables pour compenser la perte des sapèques.

Tiền 前*. Avant, devant, auparavant; passé, lointain.

Tiền phiên ○番, précédemment. — *Tiền binh* ○兵, troupes d'avant-garde. — *Tiền đàng* ○堂, parvis, vestibule. — *Nhãn tiền* 眼 ○, devant les yeux, qui est présent. — *Tiền nhơn* ○人, un homme d'autrefois, un ancien. — *Tiền giang* ○江, le fleuve antérieur.

Tiền 筅*. Espèce d'arme formée de bambous réunis en faisceau; balai.

Tiền 銑*. Métal brillant; lisse, poli.

Tiền 箭*. Flèches en bambou.

Tiền 箋*. Tablettes en bambou sur lesquelles on écrivait; un document.

Long tiền 龍 ○, une lettre du dragon, c.-à-d. une lettre de l'empereur. — *Hoa tiền* 花 ○, écrit avec des ornements.

Tiền 鮮*. Poisson fraîchement pêché; frais, jeune, beau, tendre.

Tiền hoa ○花, fleurs fraîches. — *Bất tiền* 不 ○, pas frais, pas beau. — *Triều tiền quốc* 朝 ○國, le pays du frais matin, la Corée.

Tiền 剪*. Égaliser, rogner, couper, tailler, diminuer.

Tiền phát 髮 ○, tailler les cheveux. — *Tiền thảo* ○草, couper l'herbe. — *Ó tiền* 鶻 ○, espèce de jarre.

Tiền 綫*. Terme collectif pour les fils; indice, trace, piste; chance de sortir d'embarras.

Tiền 餞*. Nourriture préparée pour des invités; faire cuire des mets; offrir, présenter (à des convives).

Tiếng 嗆* Bruit, son, résonnance; voix, rumeur, renommée, réputation; idiome, dialecte, langage. (Formé des S. A. *khẩu* 口, bouche, et *tỉnh* 省, province.)

Lớn tiếng 客 ○, à haute voix. — *Khan tiếng* 看 ○, voix rauque. — *Tiếng chim* ○鳥, ramage des oiseaux. — *Tiếng chuông* ○鐘, son des cloches. — *Tiếng trống* ○皷 bruit du tam-tam. — *Tiếng vong* ○ 望, écho. — *Nghe tiếng* 喧 ○, entendre du bruit. — *Danh tiếng* 名 ○ renom, réputation. — *Tiếng tốt* 卒, bonne renommée. — *Tiếng xấu* ○丑, mauvaise réputation. — *Tiếng nói* ○ 吶, le langage, la parole. — *Học tiếng an nam* 學 ○ 安南, étudier la langue annamite.

Tiếp 接. Uni, joint; qui s'accorde. (Pour le car. en S. A., voir ci-dessous.)

   Tiếp nhau ○ 饒, se plaire ensemble, s'accorder, se convenir.

Tiếp 接*. Tirer vers soi; tenir à la main; joindre, lier; suivre, succéder; rapport, relation.

   Tiếp theo ○ 蹊, succéder. — *Tiếp cận* ○ 近, limitrophes. — *Tiếp rước* ○ 遌, aller poliment au-devant de quelqu'un. — *Tiếp khách* ○ 客, aller au-devant de ses hôtes, recevoir des invités. — *Con tiếp* 昆 ○, carène.

Tiếp 婕*. Beau, aimable, gracieux.

   Tiếp dư ○ 予, concubines royales, femmes du harem.

Tiếp 楱*. Greffer un arbre.

Tiếp 攝*. Prendre, saisir; conduire, maintenir; disposer, mettre de l'ordre; administrer, régir, diriger. Voir *nhíp*.

   Tiếp sự ○ 事, régler une affaire.

Tiếp 楫*. Rame, aviron; ramer.

Tiết 絕. Fils rompus, liens brisés. (Du S. A. *tuyệt*, même car., même signification.)

   Tiết tộc ○ 族, famille qui s'éteint, race qui disparaît.

Tiết 卩 et 㔾*. Entre-nœuds; division, article, paragraphe; couper; cacheter. Car. radical.

Tiết 袺 et 襞*. Robe de chambre, vêtement d'intérieur.

Tiết 渫*. Tomber goutte à goutte; couler, fuir, échapper. Voir *duệ*.

Tiết 絏*. Entourer de liens; lier, attacher, enchaîner; corde, attache.

Tiết 節*. Nœud de bambou; jointure, articulation; temps, moment, époque; opportunité, mode, circonstance; sobriété, modération; fidélité, chasteté, vertu, modestie.

   Trinh tiết 貞 ○, virginité. — *Tiết dụng* ○ 用, économie domestique, usage modéré des choses. — *Tiết kiệm* ○ 儉, tempérance. — *Thủ tiết* 守 ○, garder le veuvage.

Tiêu 焦*. Qui a été trop près du feu: brûlé, roussi, noirci, desséché; peine, malheur, infortune.

   Tâm tiêu 心 ○, peine de cœur, inquiétude, angoisse, détresse.

Tiêu 膲*. Les principaux organes de la digestion (au nombre de trois).

   Thượng tiêu 上 ○, œsophage. — *Trung tiêu* 中 ○, estomac. — *Hạ tiêu* 下 ○, bas ventre.

Tiêu 標*. Poteau d'alignement; guider; élever un signal. Voir *bêu*.

   Hoa tiêu 花 ○, signal; pilote. — *Tiêu danh* ○ 名, proclamer un nom.

Tiêu 簫*. Flûte formée d'un grand

nombre de tubes en bambou réunis et de longueur inégale.

Tiêu 椒*. L'arbuste qui produit le poivre; le poivre.

 Vườn tiêu 園 ○, plantation de poivre. — *Viên tiêu thổ* 園 ○ 土, id. (formule du rôle d'impôts). — *Hồ tiêu* 胡 ○, un poivre très fort.

Tiêu 髟*. Longs poils, abondante chevelure. Car. radical. Voir *sam*.

Tiêu 哨*. Sonner, siffler, corner; proclamer; bouche de travers.

 Ống tiêu 甖 ○, cor, conque, corne.

Tiêu 消*. Fondu, liquéfié; détruire, anéantir; affaiblir, diminuer; dissiper, digérer.

 Tiêu hóa ○ 化, se fondre, se dissiper, se perdre. — *Tiêu dùng* ○ 用, user, dépenser. — *Nhà tiêu* 茹 ○, latrines. — *Đi tiêu* 挓 ○, aller faire ses besoins. — *Thuốc tiêu* 葉 ○, remède digestif, laxatif. — *Bịnh tiêu khát* 病 ○ 渴, boulimie.

Tiêu 逍*. Aller sans but déterminé: flâner, rôder, errer, vagabonder.

Tiêu 硝*. Salpêtre, sel de nitre.

Tiêu 宵*. La nuit; obscur, nocturne.

 Thanh tiêu 清 ○, nuit claire.

Tiêu 霄*. Menue grêle; vapeur, brume; l'atmosphère, les hautes régions de l'air.

 Cửu tiêu 九 ○, les neuf régions du ciel. — *Tiêu nhưỡng* ○ 壤, ciel et terre.

Tiêu 銷*. Fondre les métaux; fondu, dissous; dissipé, éclairci.

 Tiêu xưng ○ 稱, déclarer, exposer.

Tiêu 勦*. Faire tous ses efforts pour aboutir; travail, labeur, peine, fatigue.

Tiêu 肖*. La chair et les os; uni, intime; du même sang, de la même race; égal, semblable.

Tiêu 笑 et 咲*. Rire, causer, plaisanter, s'amuser, être content, se réjouir.

 Kiến tiêu 見 ○, risible à voir. — *Đàm tiêu* 覃 ○, se moquer des gens. — *Làm tiêu liễu* 濫 ○ 了, confondre.

Tiêu 醮*. Présenter une coupe, offrir du vin; don, présent, offrande (rites du mariage).

 Tiêu nữ ○ 女, offrir du vin à la jeune fille, à la fiancée. — *Việc tiêu* 役 ○, sacrifice propitiatoire.

Tiêu 瞧*. Regarder furtivement, jeter un coup d'œil à la dérobée.

 Tiêu bất kiến ○ 不見, regarder et ne pas voir. — *Tiêu mục* ○ 目, surveillant, gardien.

Tiêu 樵*. Arbre sec, bois à brûler, branches mortes.

 Lão tiêu 老 ○, un vieux bûcheron. — *Tiêu nhom* ○ 人, id.

Tiểu 小*. Petit, chétif, menu, exigu; bas, mesquin, vil; peu important, terme d'humilité. Car. radical.

Tiểu nhơn ○ 人, petites gens, bas peuple; moi chétif; nous gens de peu. — *Đại tiểu* 大○, grands et petits. — *Tiểu trí* ○ 智, petite intelligence, esprit mesquin. — *Tiểu tâm* ○ 心, peureux, craintif. — *Tiểu nhi* ○ 兒, petit enfant. — *Tiểu thơ* ○ 姐, petite fille. — *Gia tiểu* 家○, jeune servante; concubine. — *Tiểu sai* ○ 差, petit courrier, page. — *Tiểu đầu* ○ 斗, Petite-Ourse. — *Tiểu sự* ○ 事, affaire peu importante, travail insignifiant. — *Cái tiểu* 吗 ○, cercueil d'enfant.

Tiểu 燹*. Allumer des feux dans la campagne (chasse), incendier les maisons (guerre).

Tim 脡. Cœur (viscère); ce qui est au milieu, ce qui est caché; moelle de jonc (employée comme mèche). (Formé des S. A. *nhục* 月, chair, et *tâm* 心, cœur.)

Trái tim 粳○, le cœur. — *Trái tim còn nhảy* 粳○ 羣跦, le cœur bat encore. — *Tim đèn* ○ 畑, mèche de lampe. — *Hồng tim* 紅○, le rouge de la cible; les fesses. — *Tim la* ○ 羅, mal vénérien (voir *tiêm la*).

Tim 店*. Débit, boutique. V. *tiệm*.

Tím 偺*. Douteux, vague, incertain. A. V. Rouge foncé, violet, bleuâtre.

Màu tím 牟 ○, la couleur rouge foncé; bleu, violet. — *Sắc tím* 色 ○, id. — *Tím trong lòng* ○ 冲 悉, avoir du vague à l'âme, éprouver des inquiétudes, ne pas être rassuré.

Tìm 尋. Faire des recherches, procéder à des investigations. (Du S. A. *tầm*, même car., même signification.)

Tìm kiếm ○ 劍, chercher, rechercher. — *Tìm phương* ○ 方, chercher les moyens de. — *Tìm tới* ○ 細, chercher à arriver, à aboutir. — *Đi tìm giặc mà đánh* 迻○賊麻打, se mettre à la recherche de l'ennemi pour lui livrer combat. — *Tìm không ra* ○ 空 囉, chercher sans trouver.

Tin 信*. Vrai, sincère, véridique, digne de foi; croire, avoir la foi (l'une des cinq vertus proclamées par Confucius); nouvelle, avis.

Tin cậy ○ 忌, espérer en, compter sur, avoir confiance dans. — *Tin tưởng* ○ 想, penser que. — *Người đáng tin* 停當○, homme qui mérite d'être cru, qui inspire confiance. — *Hay tin người ta* 哈○停柴, crédule, qui croit tout le monde. — *Tin ma* ○ 魔, croire aux fantômes, aux revenants. — *Tôi không tin nó* 碎空○奴, je n'ai pas confiance en lui, je ne le crois pas. — *Được chủ tin cậy* 特主○忌, qui jouit de la confiance de son maître. — *Đức tin* 德○, la foi. — *Thơ tin* 書○, annonce, missive, lettre, avis. — *Được tin bà con* 特○妣昆, avoir reçu des nouvelles de sa famille. — *Gởi tin* 改 ○, envoyer des nouvelles. — *Truyền tin* 傳○, annoncer une chose, transmettre un avis. — *Vắng tin bà con* 永○妣昆, sans nouvelles de la famille. — *Viết ít chữ làm tin* 日丞字濫○, écrire quelques mots pour donner des nouvelles (ou pour servir de témoignage).

Tín 信*. Même signif. que ci-dessus.

Đầy tớ trung tín 苦四忠 ○, domestique de confiance, serviteur loyal et fidèle.

Tín 井. Une jarre pour saumure. (En S. A., source, puits; se pron. *tỉnh*.)

Tinh 晶*. Grand éclat de lumière provenant du soleil, rayons lumineux; briller, resplendir; pur, net.

Thủy tinh 水 ○, cristal, quartz. — Viết cho tinh 曰朱 ○, écrire nettement, lisiblement.

Tinh 星*. Astre, étoile, planète.

Tinh thần ○ 辰, les étoiles en général. — Kinh tinh 經 ○, étoiles fixes. — Tinh tú ○ 宿, astres, constellations. — Ngũ tinh 五 ○, les cinq planètes, savoir : kim tinh 金 ○, Vénus (métal); mộc tinh 木 ○, Jupiter (bois); thủy tinh 水 ○, Mercure (eau); Hỏa tinh 火 ○, Mars (feu); thổ tinh 土 ○, Saturne (terre). — Hà tinh 河 ○, voie lactée. — Tuệ tinh 彗 ○, comète. — Thuộc về cảnh tinh 屬衛境 ○, météorologie.

Tinh 腥*. Viandes crues sentant mauvais, odeurs de graisse rance; puant, fétide, gâté, impur.

Tinh 精*. Grain de belle qualité, riz de choix; naturel, pur, sans mélange, propre, bien décortiqué; bon, beau, joli, gracieux; honnête, intègre.

Tinh thần ○ 神, esprit. — Hảo tinh 好 ○, beau, élégant, vif; enjoué. — Tinh quái ○ 怪, apparition, monstre. — Tinh minh ○ 明, clairvoyant. — Tinh thông ○ 通, perspicace. — Bổn tinh 本 ○, la minute d'un cahier d'impôt revue et approuvée par l'autorité supérieure.

Tinh 睛*. Prunelle de l'œil, iris.

Tinh giao ○ 交, regards qui se croisent; se regarder dans le blanc des yeux. — Tinh manh ○ 盲, aveugle dont les yeux restent ouverts.

Tịnh 淨*. Pur, propre, sans tache, sans souillure; simple, naturel; approprier, mettre en état.

Tịnh thủy ○ 水, eau lustrale des bonzes. — Tịnh tâm ○ 心, âme pure, cœur sans tache. — Tịnh nữ ○ 女, femme chaste.

Tịnh 靜*. Calme, quiétude, repos; calmer, apaiser, tranquilliser.

Tịnh ngôn ○ 言, paroles de paix. — Bình tịnh 平 ○, parfaite tranquillité. — An tịnh 安 ○, quiétude complète, adoucissement.

Tịnh 並*. Face à face, vis-à-vis, côte à côte; comparer; copulatif: et, avec; de plus, en outre.

Tỉnh 醒*. Reprendre l'usage de ses sens après l'ivresse, recouvrer la raison. Voir *tánh* et *tỉnh*.

Tính 性*. Nature, caractère, tempérament. Voir *tánh*.

Tính khí ○ 氣, le naturel. — Tính

xấu ○ 丑, mauvaise nature, vilain caractère. — *Tính hay giận* ○ 哈悻, caractère irascible. — *Tính hay hờn* ○ 哈恨, tempérament sournois, caractère vindicatif. — *Tính tình* ○ 情, tendance, propension. — *Tính trời phú* ○ 孟付, instinct. — *Tính tự nhiên* ○ 自然, id.

Tính 姓*. Nom générique, nom de famille. Voir *tánh*.

    Bá tính 百○, les cent familles, le peuple. — *Tính thị* ○ 氏, parenté.

Tính 倂*. De niveau, sur le même plan; ranger, mettre de l'ordre; placer en rang, disposer en bataille (troupes). A. V. Calculer, compter, combiner, supputer; s'inquiéter de, songer à, envisager.

    Tính trận ○ 陣, livrer combat. — *Tính mạng* ○ 命, risquer sa vie. — *Toán tính* 筭○, combiner. — *Cộng tính* 共○, résumer, totaliser. — *Sự tính toán* 事○筭, le calcul. — *Tính toán* ○ 筭, calculer, compter. — *Tính lại* ○ 吏, recompter, vérifier. — *Tính phỏng* ○ 訪, évaluer, conjecturer. — *Tính lầm* ○ 林, avoir fait un faux calcul, une mauvaise combinaison. — *Tính nhằm* ○ 任, avoir fait un calcul exact, avoir atteint le but qu'on s'était proposé. — *Tính cho biết xa gần* ○ 朱別賒貯, calculer les distances. — *Tính lợi hại* ○ 利害, envisager les avantages et les désavantages. — *Anh tính làm sao* 嬰○濫牢, que comptez-vous faire? — *Tôi tính đi làm việc* 碎○㣇濫役, je me propose d'aller travailler.

Tình 晴*. Ciel pur, temps clair, horizon sans nuages.

    Xuân tình 春○, clair printemps. — *Tình nhựt* ○ 日, une belle journée, un jour de bonheur.

Tình 情*. Sentiments humains (ou naturels), passions du cœur (ou de l'âme); affection, inclination, penchant, tendance. Voir *tành*.

    Tình tây ○ 私, sentiment privé, affection particulière. — *Tình ngãi* ○ 義, amitié, fidélité. — *Tình ý* ○ 意, intention. — *Tình lý* ○ 理, raison. — *Có tình ý cố* ○ 意, sensé, raisonnable. — *Tình cờ* ○ 棋, par aventure, par hasard, à l'improviste, accidentellement. — *Vô tình* 無○, sans cœur, déraisonnable; idiot, imbécile. — *Thất tình* 七○, les sept penchants: *hỉ* 喜, joie; *nộ* 怒, colère; *ai* 哀, tristesse; *cụ* 懼, crainte; *ái* 愛, amour; *ố* 惡, haine; *dục* 欲, désir. — *Hoa tình* 花○, obscénité. — *Ngoại tình* 外○, adultère. — *Tội ngoại tình* 罪外○, le crime d'adultère. — *Hạ tình* 下○, vil, bas. — *Bất tri tình* 不知○, ignorant les sentiments humains. — *Có lòng thật tình* 固悉實○, être animé de sentiments sincères. — *Thông tình với nhau* 通○貝饒, se pénétrer réciproquement, se comprendre, correspondre.

Tỉnh 井*. Puits, source. Voir *giếng*.

    Tỉnh thủy ○ 水, eau de source. — *Khai tỉnh* 開○, creuser un puits. — *Điền tỉnh* 田○, rizière dont la neuvième partie du revenu appartenait à la couronne.

Tĩnh 阱 et 穽*. Fosse, piège à fauves; tanière, trou de bête.

Tĩnh 省*. Comprendre, discerner, s'expliquer; s'enquérir, s'informer; examiner soigneusement; province.

Tĩnh sát ○ 察, examiner en soi-même. — *Tĩnh tâm* ○ 心, faire un examen de conscience, se consulter. — *Tĩnh mồ* ○ 墓, passer l'examen des tombeaux de famille (cérémonie qui a lieu une fois tous les ans). — *Tĩnh thành* ○ 城, chef-lieu de province. — *Các tĩnh trong* 各 ○ 冲, les provinces intérieures. — *Quảng đức tĩnh* 廣德 ○, province royale. — *Hà nội tĩnh* 河內 ○, province de Hà nội. — *Lục tĩnh nam kỳ* 六 ○ 南圻, les six provinces qui forment la Cochinchine. — *Quan tĩnh* 官 ○, mandarin provincial.

Tĩnh 醒*. Sortir du sommeil de de l'ivresse; recouvrer la raison. Voir *tánh* et *tính*.

Tĩnh lại ○ 更, revenir à soi. — *Tô tĩnh* 穌 ○, id. — *Tĩnh thức* ○ 式, se réveiller. — *Bất tĩnh nhơn sự* 不 ○ 人事, perdre connaissance. — *Làm tĩnh* 濫 ○, faire le modeste. — *Tĩnh khô* ○ 枯, froideur. — *Tĩnh ngôn* ○ 言, paroles propres à stimuler. — *Ngủ tĩnh* 眰 ○, dormir debout.

Tịt 節. Honte, pudeur, confusion. (Du S. A. *tiết*, même car., modeste.)

Mất tịt 秩 ○, être confus. — *Có tịt* 固 ○, éprouver de la honte, avoir de la pudeur.

Tít 節. Petite écrevisse de mer. (Pour le car. en S. A., voir ci-dessus.)

Tiu 銷. Sorte de cymbale dont les bonzes font usage dans les pagodes. (En S. A., métal fondu; se pron. *tiêu*.)

Tiu 消. Fondu, dissous, liquéfié. (Du S. A. *tiêu*, même car., même signification.)

Tiu tiu ○ ○, mouillé, humide.

Tiu 紗. Espèce de soie très fine. (Formé des S. A. *mịch* 糸, fils de soie, et *tiểu* 小, petit, menu.)

Thêu tiu 紗 ○, broder. — *Gấm tiu* 錦 ○, soie ornée de ramages — *Làm thu về* 濫 ○ 啟, s'occuper de menus travaux, de choses infimes.

To 穌 [1]. Grand, gros, épais, lourd. (En S. A., moissonner; se pron. *tô*.)

To lắm ○ 廬, très grand, énorme. — *Ngựa to* 馭 ○, grand cheval. — *Người to* 得 ○, homme grand, gros homme. — *Người to mập* 得 ○ 胖, homme très gros, très gras. — *Nỉ to* 絕 ○, drap épais. — *Nợ to* 女 ○, dette lourde. — *Nói cho to* 吶 朱 ○, parler à haute voix. — *To gan* 胖, grand courage. — *Người to gan* 得 ○ 胖, homme magnanime. — *Làm to việc* 濫 ○ 役, entreprendre de grosses affaires, faire de grands travaux.

Tọ 聚. Syllabe complémentaire. (En S. A., réuni, assemblé; se pron. *tụ*.)

Tọ mọ ○ 暮, par groupes. — *Ji*

---

[1] Se transcrit aussi par le car. 粗.

Tọ mọ 扷 ○ 暮, aller par groupes. — *Tọ mọ theo* ○ 暮 蹺, suivre à une certaine distance.

Tó 榛. Sorte de monture en bois; affût, soutien, support, chevalet. (En S. A., croquis, esquisse; se pron. *tổ*.)

Tó xe ○ 車, chevalet pour le timon d'une voiture. — *Tó súng* ○ 銃, affût de canon. — *Ngồi chổng tó* 墼 撡 ○, être mal assis, les mains appuyées sur le sol.

Tó 俎. Syllabe complémentaire. (En S. A., persévérer; se pron. *tổ*.)

Theo tò tò 蹺 ○ ○, suivre continuellement. — *Tò le* ○ 離, se vanter, se faire valoir.

Tỏ 訴. Clair, évident, manifeste; comprendre clairement, nettement; montrer, exposer, dévoiler. (Du S. A. *tỏ*, même car., faire savoir.)

Tỏ lòng ○ 悉, montrer ses sentiments, dévoiler ses intentions. — *Tỏ bày* ○ 排, exposer clairement. — *Tỏ ra* ○ 囉, manifester, déclarer. — *Tỏ con mắt* ○ 昆 相, clairvoyant. — *Tỏ tường* ○ 詳, évidemment.

Tô 穌*. Mettre en gerbe, moissonner, récolter le grain; cesser l'action, se mettre à l'aise, respirer.

Tô 蘇*. Nom de plante; revivre, renaître, ressusciter. A. V. Crépir, blanchir à la chaux.

Tô tỉnh ○ 醒, se remettre, revenir à soi. — *Tô mộc* ○ 木, bois de sappan. — *Cái tô* 吁 ○, grand bol. — *Tô vách* ○ 壁, crépir un mur.

Tô 租*. Tribut ou impôt payé en grains, taxes acquittées en nature; fermages, droits, impôts.

Thuế điền tô 稅田 ○, l'impôt foncier. — *Điền tô* 田 ○, rizière affermée. — *Tô túc* ○ 粟, paddy d'impôt (se payait sous l'ancien régime à raison d'un *hộc* par *mẫu* pour compenser les pertes de grains pendant le transport de l'impôt en nature).

Tô 酥*. Boissons fermentées.

Tô 櫯*. Arbre dont on tire une couleur rouge foncé.

Tô 厝. Une coupe à bords repliés. (En S. A., grande pierre; se pron. *thô*.)

Tộ 祚*. Bonheur; longévité; fortune, avantages, profits; honneurs, dignités.

Tố 訴*. Annoncer, dénoncer, faire savoir, informer; répondre nettement, exposer clairement.

Tố cáo ○ 告, accuser. — *Tố minh oan* ○ 明 冤, se disculper. — *Phàm tố phát ngoại lậu điền thổ* 凡 ○ 發 外 漏 田 土, quiconque découvrira des rizières ou terres non inscrites, non déclarées...

Tố 愬*. Porter plainte; protester contre une fausse accusation; accuser à tort, calomnier. A. V. Tempête, ouragan, bourrasque.

Tố bẩm ○ 稟, plaider, défendre.

Tố 飍*. Vent violent, tempête,

ouragan, bourrasque, cyclone, typhon.

Tô 素*. Étoffe de soie pure, unie; sans ornements, qui n'a reçu aucune préparation.

 Tô bổn ○ 本, primitif, naturel.
 — *Tô chát* ○ 質, sincère, loyal.

Tô 榡*. Ébauche, croquis, esquisse.

Tô 愫*. Cœur sincère; honnête, loyal; intentions droites, pures.

Tô 徂*. Sortir, se présenter, aller en avant, attaquer; soumettre; continuer, persévérer.

Tô 祖*. Principe, origine, début, commencement; ce qui est la base de la famille, les aïeux, les ancêtres; nid, essaim. Voir *ổ*.

 Tiên tô 先 ○, premiers ancêtres.
 — *Cao tô* 高 ○, grands-parents. —
 Tô phụ ○ 父, grand-père paternel.
 — *Tô mẫu* ○ 母, grand'mère maternelle. — *Sự thờ phượng tô tiên* 事 祿奉 ○ 先, le culte des ancêtres.
 — *Tô chim* ○ 鴡, nid d'oiseau. —
 Tô ong ○ 蜂, essaim d'abeilles.

Tô 組. Tisser de la soie; cordons, franges, pendants, ornements.

Tơ 絲*. La soie telle qu'on la retire du cocon; fin, doux, tendre, souple, jeune, délicat. Voir *tư*.

 Tơ chỉ ○ 織, fil de soie. — *Tơ lụa* ○ 縷, soie en étoffe, soieries. —
 Tuổi còn tơ 歲群 ○, d'âge encore tendre. — *Trai tơ* 豩 ○, garçonnet.

 — *Gái tơ* 妈, fillette. — *Một con gà tơ* 沒昆鵲 ○, un jeune poulet. — *Ăn thịt bò tơ* 唵肉䏧 ○, manger de la viande de veau. — *Tơ mành* ○ 萌, mince, frêle. — *Ông tơ* 翁 ○, un génie qui préside aux destinées des jeunes filles et des garçons (en vue du mariage).

Tơ 司. Régir, administrer; veiller. (Du S. A. *tì*, même car., même signif.)

 Nhà tơ 茹 ○, service, administration. — *Người nhà tơ* 得茹 ○, agent d'un service public, employé d'administration.

Tơ 飪. Table garnie de mets; les délices de la table, la bonne chère. (Du S. A. *tộ*, même car., bonheur, fortune.)

 Tơ tiền ○ 錢, table chargée de sapèques (présents de noces).

Tơ 似*. Égal, pareil, semblable, de même apparence; qui peut se comparer à; comme si.

 Vô tơ 無 ○, inégal, dissemblable.
 — *Hảo tơ* 好 ○, égal en beauté. —
 Tương tơ 相 ○, pouvant aller de pair. — *Tơ mặt* ○ 靣, comme si on était présent. — *Xem tơ* 怗 ○, paraître semblable.

Tớ 佴. Élève, disciple; domestique, serviteur; je, moi (pronom d'humilité). (Formé des S. A. *nhơn* 人, homme, et *tứ* 四, quatre.)

 Thầy tớ 柴 ○, professeur et élève, maître et disciple. — *Làm tôi tớ* 濫碎 ○, servir. — *Một thằng đầy tớ* 沒倘苦 ○, un domestique. — *Đầy tớ trung tín* 苦 ○ 中信, serviteur fidèle. — *Tớ gái* ○ 媽, servante. — *Ngươi tớ* 俲 ○, vous et moi.

Tờ 詞. Feuille, feuillet, écrit, lettre. (Du S. A. *tư*, même car., même signif.)

Một tờ giấy 沒 ○ 紙, une feuille de papier. — *Tờ sách* ○ 冊, feuillet de livre. — *Lật tờ sách* 栗 ○ 冊, tourner les feuillets d'un livre. — *Tờ tư* ○ 司, lettre de service, écrit officiel. — *Tờ văn khế* ○ 文契, acte, titre, contrat. — *Lập tờ văn khế* 立 ○ 文契, établir un contrat, passer un acte. — *Tờ giả* ○ 假, faux papier. — *Tờ khai* ○ 開, déclaration écrite. — *Tờ phúc bẩm* ○ 覆禀, rapport, compte rendu. — *Làm tờ cớ* 濫 ○ 據, établir la preuve par un procès-verbal de constat.

Tờ 左. Syllabe complémentaire. (Du S. A. *tả*, même car., côté gauche.)

Tớ mở ○ 攟, avec agilité, avec adresse, lestement. — *Bợn tớ* 胖 ○, avec effronterie, avec audace.

Toa 單. Note, facture, prospectus. (En S. A., exposé, requête; se pron. *đơn*.)

Toa thuốc ○ 葉, liste de remèdes, ordonnance de médecin.

Toa 唆 *. Crier, appeler (enfants); ruse, attrape, tromperie; pousser à mal faire.

Toa sứ ○ 使, semer la zizanie. — *Toa rập* ○ 立, cabaler, intriguer; faire une mauvaise farce. — *Điệu toa* 刁 ○, menées séditieuses.

Tọa 坐 *. S'asseoir; être assis; situé à; siéger, juger; condamner; pris, retenu, empêché.

Tọa lạc ○ 落, situé à. — *Tọa lạc tại bổn thôn địa phận* ○ 落在本村地分, situé sur le territoire de notre commune. — *Tọa đàng* ○ 堂, siéger officiellement. — *Tọa tội* ○ 罪, comparaître pour être jugé.

Tọa 座 *. Un siège élevé : fauteuil, chaire, trône, piédestal. (Se prend parfois pour le précédent, et réciproquement.)

Tóa 瑣. Syllabe complémentaire. (En S. A., menu, petit; se pron. *tỏa*.)

Coi típ tóa 視 匝 ○, ne pas bien distinguer. — *Chạy tóa họa* 趍 ○ 禍, courir de tous côtés, fuir en désordre, à la débandade.

Tòa 大. Grand, haut. Voir *đại* et *lớn*. (Du S. A. *đại*, même car., même signif.)

Tòa hia ○ 鞾, grandes bottes; pirates, révoltés (cette expression vient du dialecte des *Triều châu*). — *Tòa khang* ○ 康, distingué, élégant. — *Nói tòa khang* 呐 ○ 康, parler avec élévation, s'exprimer avec distinction et élégance.

Tòa 座 *. Estrade, bureau; siéger.

Ông chánh tòa 翁 正 ○, chef de bureau. — *Tòa thứ nhứt* ○ 次壹, premier bureau. — *Tam tòa* 三 ○, tribunal. — *Tòa sơ* ○ 初, tribunal de première instance.

Tõa 剉 et 銼 *. Couper, hacher; polir, user par le frottement; lime, râpe, polissoir.

21.

Tỏa 鎖*. Fermer, boucler, enchaîner, enserrer; fermeture, serrure, cadenas.

Tỏa môn ○ 門, fermer une porte. — *Thiết tỏa* 鐵 ○, chaîne en fer. — *Tỏa tử giáp* ○ 子甲, armure, cuirasse.

Tỏa 瑣*. Menus morceaux de pierres précieuses, poussière de diamant; petit, mesquin.

Toác 嘆. Se fendre, s'entr'ouvrir. (En S. A., crier fort; se pron. *hoạch*.)

Cây toác ra 核 ○ 囉, bois fendu. — *Cọp hả toác miệng* 狢阿 ○ 呬, le tigre ouvrait sa large gueule.

Toại 遂*. Suivre, succéder; se convenir, s'accorder; achevé, accompli; libre, content, à l'aise.

Toại ý ○ 意, au comble de ses vœux, entièrement satisfait. — *Chung toại* 終 ○, complètement terminé. — *Toại lòng* ○ 慈, content, heureux, avoir le cœur à l'aise. — *Toại thay* ○ 台, très content. — *Rất toại* 慄 ○, excessivement heureux. — *Bất toại* 不 ○, qui ne s'accorde pas; contre son gré, malgré soi.

Toại 隧*. Chemin couvert, passage souterrain, tunnel.

Toại 璲*. Pierres précieuses pour orner la ceinture des mandarins.

Toái 碎*. Broyer la pierre; briser en menus morceaux, mettre en pièces, pulvériser; rognure, débris.

Toái ngân ○ 銀, rognures d'argent. — *Toái ngọc* ○ 玉, débris de pierres précieuses. — *Tế toái* 細 ○, petit, minime, infime. — *Việc tế toái* 役 細 ○, une affaire insignifiante.

Toái 啐*. Mâcher, ruminer; goûter.

Toái 淬*. Tremper le fer; teindre, mouiller, humecter; souiller.

Toái 焠*. Tremper le fer; aciérer, durcir; éteignoir. Voir *trui*.

Toái 誶*. Dire des mots blessants, tenir des discours injurieux; blâmer, blesser, outrager.

Toan 酸*. Vin aigre, acide, âcre, piquant; nom d'arbre.

Tân toan 辛 ○, amertume, chagrin, affliction. — *Tâm toan* 心 ○, pitié, commisération, compassion. — *Toan tao* ○ 棗, espèce de jujubier.

Toan 痠*. Fatigue générale; las, brisé, rompu, endolori.

Toan 筭*. Calculer, conjecturer, supputer, estimer, considérer; délibération, consultation. Voir *toán*.

Toan tính ○ 併, combiner. — *Toan định* ○ 定, statuer. — *Toan làm* ○ 濫, se proposer de faire. — *Toan lượng* ○ 量, penser à, s'occuper de. — *Toan đi* ○ 拕, se décider à partir, estimer qu'il faut s'en aller. — *Toan trí* ○ 智, se montrer prudent, réservé, circonspect.

Toán 筭 et 算*. Compter, calculer, estimer, combiner, conjecturer.

Toán pháp ○ 法, la science du calcul. — *Bàn toán* 盤 ○, table de calcul, abaque. — *Con toán* 昆 ○, boule de l'abaque. — *Phép toán* 法 ○, l'arithmétique. — *Tính toán* 併 ○, calculer. — *Toán số mạng* ○ 數 命, calculs pour les sorts, horoscope. — *Thơ toán* 書 ○, comptable, calculateur. — *Kẻ thông phép toán* 几 通 法 ○, mathématicien. — *Học phép toán* 學 法 ○, apprendre les mathématiques.

Toán 蒜 et 蒜*. L'ail. Voir *tỏi*.

Toán 篹*. Claie pour nettoyer le grain; corbeille, panier.

Toàn 全 et 仝*. Complet, entier, plein; intact, intègre. Voir *tuyền*.

Toàn sự ○ 事, affaire terminée. — *Toàn hảo* ○ 好, c'est parfait. — *Toàn gia* ○ 家, toute la famille. — *Thành toàn* 成 ○, achevé, fini. — *Toàn năng* ○ 能, capable, habile. — *Toàn quyền đại thần* ○ 權 大 臣, haut dignitaire muni de pleins pouvoirs.

Toản 攢*. Réunir, rassembler; tas.

Toản 欑*. Touffe d'arbres; couvert.

Toản 篡*. Violenter ouvertement, prendre de force, s'emparer par révolte, usurper. Voir *soán*.

Toát 撮*. Prendre du bout des doigts; pincée, petite quantité, peu de chose; joindre, unir.

Tọc 族. Syllabe complémentaire. (En S. A., descendance; se pron. *tộc*.)

Tọc mạch ○ 脉, curieux, indiscret.

Tóc 髮. Cheveux, chevelure. (Formé des S. A. *tiêu* 髟, cheveux, et *tốc* 速, vif, prompt.)

Tóc dài ○ 髲, cheveux longs. — *Tóc cụt* ○ 梳, cheveux ras. — *Tóc bạc* ○ 薄, cheveux blancs; litt., cheveux d'argent. — *Tóc quăn* ○ 鬈, cheveux crépus. — *Cắt tóc* 割 ○, couper les cheveux. — *Bứt tóc mà thề* 拔 ○ 誓, s'arracher quelques cheveux pour jurer (comme font les enfants). — *Bới tóc* 捀 ○, lier les cheveux en chignon. — *Để tóc dài* 底 ○ 髲, porter les cheveux longs. — *Một sợi tóc* 没 絲 ○, un cheveu.

Tộc 族*. Lignée directe, descendance, branche mâle, parents consanguins; clan, tribu; espèce.

Bổn tộc 本 ○, parenté, famille. — *Tông tộc* 宗 ○, les ancêtres. — *Gia tộc* 家 ○, généalogie. — *Trưởng tộc* 長 ○, le premier (ou le plus âgé) de plusieurs familles ayant le même ancêtre; un chef de tribu. — *Bá tộc* 百 ○, les cent espèces, toutes les races, tout ce qui vit.

Tộc 鷟*. Canard sauvage à belles plumes (oiseau de bon augure).

Tốc 速*. Vif, prompt; pressé, urgent; vite, rapidement; inviter.

Tốc tốc 即 ○, aussitôt, tout à coup. — *Làm tốc đi* 濫 ○ 扐, faire lestement. — *Tốc tác* ○ 作, disperser, détruire. — *Bất tốc* 不 ○, tranquillement, posément, sans se hâter.

Tốc 㩱*. Touffu, épais, dru, serré.

Tóc 觫*. Cornes menaçantes; avoir peur, trembler, tressaillir.

Hộc tốc 觳 ○, éprouver subitement une grande frayeur. — *Chạy hộc tốc* 趉觳 ○, se lancer sur, se précipiter contre.

Toi 瘴. Une maladie épizootique. (Formé des S. A. *nịch* 疒, maladie, et *toái* 碎, broyer, briser.)

Chết toi 折 ○, mourir de maladie (animaux). — *Trâu toi* 犢 ○, épizootie de buffles. — *Mắc toi* 縸 ○, pris par la maladie.

Toi 籱. Engin de pêche; claie, van. (Formé des S. A. *trước* 竹, bambou, et *tối* 摧, pousser.)

Cái toi 丐 ○, nasse ordinaire. — *Toi nhà* ○ 茹, grande nasse.

Tối 繬. Liens, entraves, attaches. (Formé des S. A. *mịch* 糸, fil, lien, et *tối* 最, très.)

Lòi tối 捷 ○, chaîne. — *Đòi tối* 隊 ○, attaches (pour criminels).

Tỏi 蒜. Ail. (Du S. A. *toán*, même car., même signification.)

Ăn tỏi 陵 ○, manger de l'ail. — *Một củ tỏi* 没矩 ○, une gousse d'ail. — *Hơi tỏi* 灰 ○, sentir l'ail.

Tôi 碎. Sujet, serviteur, domestique; pronom je, moi (employé entre égaux et d'inférieur à supérieur). (En S. A. fragment; se pron. *toái*.)

Làm tôi tớ 濫 ○ 佃, servir comme domestique. — *Làm tôi nhà nước* 濫 ○ 茹 渃, servir le gouvernement, être employé de l'État. — *Tôi mọi* ○ 每, esclave. — *Của tôi* 貼 ○, mon bien, ma chose. — *Cái nhà của tôi* 丐 茹 貼 ○, ma maison. — *Vợ con tôi* 嬬昆 ○, ma femme et mes enfants. — *Chúng tôi* 衆 ○, nous.

Tội 罪*. Un engin pour la pêche; manquement, délit, faute, crime.

Tội lỗi ○ 磊, fautes et délits. — *Định tội* 定 ○, fixer la peine. — *Phạm tội* 犯 ○, commettre un crime. — *Tội nhơn* ○ 人, criminel, prisonnier. — *Trị tội* 治 ○, punir un crime, réprimer un délit. — *Tội ác* ○ 惡, crime abominable. — *Tội trọng* ○ 重, faute grave. — *Chuộc tội* 贖 ○, racheter une peine. — *Giảm tội* 減 ○, commuer une peine. — *Tha tội* 赦 ○, pardonner une faute, absoudre les péchés. — *Làm tội* 濫 ○, incriminer. — *Xưng tội* 稱 ○, avouer un crime. — *Xin tội* 嗔 ○, confesser ses péchés, demander pardon. — *Kẻ có tội ăn năn tội mình* 几 固 ○ 咹 嚥 ○ 命, pécheur repentant. — *Rửa tội* 洿 ○, laver les péchés. — *Làm phép rửa tội* 濫 法 洿 ○, baptiser.

Tối 最*. Excessivement nombreux; beaucoup, serré, épais; superlatif. A. V. Obscur, sombre, ténébreux.

Tối hảo ○ 好, très beau. — *Tối thiện* ○ 善, très bon, excellent. — *Tối sơ* ○ 初, avant tous les autres. — *Tối tăm* ○ 沊, nuit, ténèbres. — *Tối mù* ○ 霎, très obscur. — *Trời tối* 坙 ○, ciel noir. — *Ban tối* 班 ○, pendant la nuit. — *Làm cho tối* 濫 朱 ○, obscurcir. — *Tức tối* 息 ○, suffoqué d'indignation, poussé à bout. — *Tối giận* ○ 悻, ne pouvant retenir sa colère.

Tôi 推*. Exciter, pousser; forcer, contraindre; repousser, retenir; s'opposer, empêcher.

Tôi 頹. Brisé, détruit, anéanti. (Du S. A. *đôi*, même car., même signif.)

    Tôi tàn ○ 殘, ruiné, dispersé.

Tôi 哉. Syllabe complémentaire. (Du S. A. *tai*, même car., surprise.)

    Tôi bôi ○ 排, surgir, se dresser.

Tôi 簑*. Planter, soigner, abriter.

    Áo tơi 襖○, manteau de feuillage, capuchon pour la pluie.

Tới 細. Arriver, parvenir, aboutir. (En S.A., tissu léger; se pron. *tế*.)

    Giáp tới 夾○, atteindre. — *Tới nơi* ○ 尼, arriver à l'endroit. — *Tới nhà* ○ 茹, arriver à la maison. — *Tới cửa* ○ 閘, atteindre le port. — *Đi tới* 移○. avancer. — *Càng ngày càng tới* 強時強○, s'avancer tous les jours. — *Gần tới* 斯○, près d'arriver, sur le point d'atteindre; imminent.! — *Tới lui* ○ 躇, aller et venir, avancer et reculer; fréquenter. — *Nói tới* 吶○, en arriver à parler de, faire allusion à. — *Nhớ tới* 汝 ○, se rappeler de, songer à.

Tom 穋. Assembler, relier, réunir. (En ch., franges de drapeau(1).)

    Cột tom 梆○, lier, attacher. — *Dây tom* 絿○, corde à nœuds.

Tóm 穋. Réunir, résumer, abréger. (Pour le car. en ch., voir ci-dessus.)

    Tóm lại ○ 吏, résumé, sommaire; recueillir, serrer. — *Tóm lại mà kết* ○ 吏 麻 結. se résumer. — *Tóm sạch trơn* ○ 灑 瀾, faire une rafle.

Tóm 鯦. Crustacés (nom collectif). (Formé des S. A. *ngư* 魚, poisson, et *tâm* 心, cœur.)

    Tóm biển ○ 瀺, langouste, homard. — *Tóm sông* ○ 瀧, écrevisse. — *Ăn tóm tép* 唆 ○ 鰓, manger des écrevisses et des crevettes.

Ton 敦. Syllabe complémentaire. (En S. A., forcer, obliger; se pron. *đôn*.)

    Ton lót ○ 律, suborner, contraindre, exercer une pression sur.

Tòn 存. Syllabe complémentaire. (En S. A., être présent; se pron. *tôn*.)

    Tòn ten ○ 銑, pendre, pendiller; se balancer dans l'espace. — *Đưa tòn ten con* 迻○銑昆, bercer tout doucement un petit enfant.

Tồn 損. Bruit d'un petit tam-tam. (En S. A., frais, dépenses; se pron. *tổn*.)

Tôn 尊*. Haut, éminent; respectable, honorable; important, supérieur; appellation respectueuse.

    Tôn kính ○ 敬, vénérer, respecter. — *Tôn trưởng* ○ 長, ceux à qui on doit le respect, les supérieurs, les aînés. — *Gia tôn* 家○, un père, un chef de famille. — *Tôn sư* ○ 師, vénérable maître.

Tôn 樽*. Vase pour offrir du vin

---

(1) Se trouve avec cette signification dans le Dict. chinois du P. Couvreur.

aux esprits, coupe pour les libations rituelles.

Tôn 孫*. Neveu, petit-fils; suite, postérité, descendance.

 Tử tôn 子 ○, descendants mâles. — Nữ tôn 女 ○, descendants féminins. — Tôn tử ○ 子, petit-fils. — Tôn nữ ○ 女, petite-fille. — Đích tôn 嫡 ○, l'aîné des descendants. — Quan tôn thất 官 ○ 室, fonctionnaire membre (par les femmes) de la famille royale.

Tôn 巽*. S'arrêter, faire une halte; doux, docile, soumis, humble; l'un des signes du Bát quái 捌怪.

 Hướng tôn 向 ○, le sud-est. — Tôn nhập ○ 入, pénétrer, s'insinuer. — Tôn ngôn ○ 言, paroles doucereuses, langage insinuant.

Tôn 噀*. Agiter un liquide dans sa bouche et le rejeter avec force.

Tôn 損*. Causer du dommage, faire du tort, nuire; amoindrir, diminuer. Voir tốn.

 Tôn đức ○ 德, nuire à la morale, outrager la vertu. — Tôn công ○ 功, se donner inutilement de la peine, perdre son temps. — Hao tôn 耗 ○, dépenser, dilapider. — Tôn của ○ 貼, gaspiller son bien. — Của tôn 貼 ○, frais, dépenses.

Tôn 存*. Continuer à vivre; être encore présent; prendre soin de, garder, veiller, préserver, garantir.

Tốn 損*. Nuire, faire du tort, causer du dommage; dépenser, diminuer. Voir tôn.

 Tốn hại người ta ○ 害 得 些, causer un dommage à autrui. — Tốn hao ○ 耗, dépenser. — Làm cho tốn hao 濫 朱 ○ 耗, occasionner des frais, faire faire des dépenses. — Tốn tiền nhiều lắm ○ 錢 饒 廩, beaucoup de frais, grandes dépenses. — Chịu tiền sở tốn 召 錢 所 ○, supporter les frais. — Tốn của vô ích ○ 貼 無 盈, dépenser son bien inutilement. — Cam thọ sở tốn 甘 受 所 ○, consentir à dédommager. — Tốn thất ○ 失, en pure perte.

Tốn 遜*. Obéir de bonne grâce; céder, condescendre; docilité, douceur, soumission.

 Tốn nhượng ○ 讓, céder volontiers.

Tợn 羨. Dépasser toutes limites. (Du S. A. tiện, même car., même signif.)

 Dữ tợn 與 ○, très cruel, excessivement féroce. — Làm dữ tợn 濫 與 ○, agir très méchamment, faire rage. — Người dữ tợn 得 與 ○, un homme horriblement méchant.

Tốn 散. Syllabe complémentaire. (En S. A., jeter, répandre; se pron. tán.)

 Bốn tốn 牟 ○, troublé, confus.

Tốn 散 (1). Craindre, appréhender. (Pour le car. en S. A., voir ci-dessus.)

 Tốn đòn ○ 枇, avoir reçu une correction, une bonne leçon. — Tốn

---

(1) Se transcrit aussi par le car. 贊.

đến chết ○ 典折, avoir une peur terrible de quelqu'un. — *Chưa tồn chớ* ○, n'avoir pas encore reçu de correction.

Tong 宗. Syllabe complémentaire. (En S. A., souche, race; se pron. *tông*.)

Con cà tong 昆榻 ○, variété de gazelle à poil roux moucheté de blanc. — *Cá lòng tong* 鮂弄 ○, nom de poisson. — *Ôm tong* 癆 ○, très maigre.

Tòng 松*. Pin, sapin. Voir *tùng*.

Dây kim tòng 縤金 ○, ornement de métal, chaîne, pendeloque.

Tòng 叢*. Bois, taillis; épais, serré.

Tông 宗*. Souche, source; origine de famille, commencement de race; ancêtres, aïeux; respectable, vénérable, honorable.

Tông tộc ○ 族, race, lignée, descendance. — *Tổ tông* 祖 ○, les premiers parents, les ancêtres. — *Tông miếu* ○ 廟, pagode dédiée au culte des ancêtres. — *Tông nhơn phủ* ○ 人府, assemblée des princes du sang (chargée d'administrer et de surveiller les membres de la famille royale). — *Tông đồ* ○ 徒, les apôtres.

Tông 棕*. Arbres du genre palmier.

Tông trước ○ 竹, variété de bambou.

Tông 綜*. Disposer des fils, tisser, entrelacer; la trame d'un tissu.

Tông chạm ○ 摣, se heurter à.

Tống 宋*. Demeure, habitation; une dynastie chinoise.

Tống Triều ○ 朝, la dynastie de ce nom. — *Tống ngọc* ○ 玉, id. — *Tống công* ○ 公, id.

Tống 送*. Accompagner un visiteur, conduire un hôte à sa place; convoyer, escorter; emmener, éconduire; présenter, offrir.

Tống táng ○ 塟, porter en terre, suivre un enterrement.

Tổng 總*. Réunir ce qui est épars, former un tout complet; assembler, resserrer; maintenir sous une même règle; gouverner, administrer, diriger; un canton.

Tổng cộng ○ 共, totaliser. — *Quan tổng đốc* 官 ○ 督, gouverneur général (indigène). — *Tổng binh* ○ 兵, général commandant supérieur des troupes. — *Tổng lý* ○ 理, diriger un service. — *Đông dương thuộc địa tổng thống khâm mạng đại thần* 東洋屬地 ○ 統欽命大臣, titre officiel du gouverneur général de l'Indo-Chine française; litt., grand serviteur investi par ordre suprême du commandement en chef des possessions des mers orientales. — *Cai tổng* 該 ○, chef de canton. — *Phó tổng* 副 ○, sous-chef de canton. — *Làng tổng* 廊 ○, communes et cantons. — *Làng tổng tới chào quan lớn* 廊 ○ 細嘲官客, les villages et les cantons viennent saluer Votre Excellence.

Tóp 朒. Se contracter, se rider; petit, menu, chétif, maladif, sec. (Formé des S. A. *nhục* 月, chair, et *tráp* 匝, tour, circuit.)

Tóp riết ○ 綱, réduit à très peu de chose. — *Tóp khô lắm* ○ 枯縻, très maigre, très sec. — *Nó có cái mặt tóp riết quá* 奴固吗麵○綱過, il a un pauvre petit visage flétri.

Tóp 榁*. Arbre dont il ne reste que le tronc; sommet de colonne.

Tóp 咄. Réunion, troupe, bande. (En S. A., mâcher; se pron. *tráp*.)

Một tóp 沒○, une troupe, une bande. — *Đi một tóp* 拸沒○, aller en bande. — *Nói hớp tóp* 吶噏○, parler imprudemment. — *Làm hớp tóp* 濫噏○, faire trop vite, travailler sans soin.

Tot 突. Syllabe complémentaire. (En S. A., tout à coup; se pron. *đột*.)

Nó chạy tọt vào nhà 奴趁○佝茹, il entra précipitamment dans la maison.

Tót 捽. Tirer l'épée; l'emporter sur. (Pour le car. en S. A., voir ci-dessous.)

Tót gươm ○ 劍, dégainer, mettre flamberge au vent. — *Tót khỏi* ○ 塊, éviter, échapper; exceller.

Tột 卒. Parvenir, atteindre; se heurter à, se cogner contre; choc. (En S. A., mourir, décéder; se pron. *tốt*.)

Tột chức lớn hơn hết ○ 職客欣歇, parvenir au grade le plus élevé. — *Tột phẩm* ○ 品, toucher au sommet de la hiérarchie. — *Cùng tột* 窮 ○, fin, terme; épuisé, fini.

Tót 捽*. Saisir, empoigner; prendre de force, arracher violemment; attaquer, lutter, se battre.

Tót gươm ○ 劍, tirer l'épée.

Tót 踁*. Donner des coups de pied: heurter, frapper, se débattre.

Tốt 殚*. Mourir tout d'un coup.

Tốt 卒*. Finir, terminer; mourir; pressant, urgent; soldat; domestique; aide, adjoint. A. V. Bon, bien, beau, joli, convenable.

Chung tốt 終○, mourir, décéder. — *Binh tốt* 兵○, satellite, agent, soldat. — *Tốt lành* ○ 苓, bon, doux, sage, bienveillant. — *Tiếng tốt* 嘈 ○, bonne réputation. — *Đất tốt* 坦 ○, bonne terre. — *Làm tốt* 濫 ○, faire le beau, se parer. — *Lấy làm tốt* 祇濫 ○, trouver bon. — *Tốt lắm* ○ 縻, très bien; c'est bien fait! — *Trời tốt* 圣 ○, beau temps. — *Ngày tốt* 暊 ○, belle journée, jour faste. — *Đờn bà xinh tốt* 彈妃檸 ○, belle femme, jolie femme. — *Béo tốt* 膆 ○, beau, gras, bien en chair. — *Chữ viết tốt* 字曰 ○, belle écriture. — *Tốt số* ○ 數, bonne chance, heureux sort. — *Cái nhà này rất tốt* 丐茹尼慄 ○, cette maison est excessivement belle. — *Tốt nết* ○ 涅, bonnes mœurs. — *Tốt trí* ○ 智, belle intelligence. — *Tốt chí* ○ 志, bonnes intentions. — *Tốt hơn* ○ 欣, bien meilleur, plus joli. — *Đồ tốt* 圖 ○, jolies choses, beaux objets. — *Không tốt* 空 ○, pas bien, pas bon. — *Làm vậy thì không tốt* 濫丕時空 ○, agir ainsi n'est pas convenable.

Tra 查*. Se renseigner, s'enquérir;

s'informer; scruter, examiner, rechercher, questionner (surtout par des moyens inquisitoriaux); nom d'arbuste et de poisson.

Tra xét ○ 察, examiner. — *Tra hỏi* ○ 誨, questionner. — *Tra khảo* ○ 考, mettre à la question. — *Sự tra khảo* 事 ○ 考, torture. — *Tra việc* ○ 役, instruire une affaire. — *Tra án* ○ 案, instruire une cause criminelle. — *Quan coi tra án* 官 視 ○ 案, juge d'instruction. — *Cây tra* 核 ○, guimauve. — *Cá tra* 鮊 ○. un poisson d'eau douce.

Tra 楂*. Flotter sur l'eau; radeau.

Tra 嗻*. Syllabe complémentaire, particule euphonique et finale.

Tra 渣*. Lie, vase, résidu, dépôt; épluchures, choses de rebut.

Trá 詐*. Fallacieux, frauduleux, clandestin, mensonger; tromperie, fourberie, ruse; feindre, simuler.

Trá ngôn ○ 言, paroles mensongères. — *Dối trá* 對 ○, trompeur, menteur. — *Giả trá* 假 ○, simulateur, hypocrite. — *Trá thiện* ○ 善. id. — *Trá mưu* ○ 謀, artificieux, rusé. — *Trí trá* 智 ○, ingénieux, inventif. — *Quỉ trá* 詭 ○, malin.

Trà 茶*. Thé. Voir *chè*.

Trà thô ○ 粗, thé commun. — *Hắc trà* 黑 ○, thé noir. — *Lục trà* 綠 ○, thé vert. — *Trà tàu* ○ 艚, thé de Chine. — *Trà huế* ○ 化, thé de Huế. — *Nước trà* 渃 ○, thé préparé en boisson. — *Uống nước trà* 旺 渃 ○, boire du thé. — *Nấu nước trà* 燒 渃 ○, faire du thé. — *Thì trà* 時 ○, l'heure du thé.

Trà 搽*. Étendre, appliquer; frotter, masser, frictionner.

Trà thuốc ○ 藥, appliquer un remède, étendre un onguent.

Trà 瘥*. Maladie scrofuleuse, plaie qui ne se ferme pas.

Trà 奲*. Antre profond, excavation, caverne, trou de bête.

Trã 埪. Marmite en terre, bassine. (Formé des S. A. *thổ* 土, terre, et *lữ* 呂, épine dorsale.)

Trã lớn ○ 吝, grande bassine.

Trã 呂. Rendre, acquitter, payer; répliquer, riposter, répondre. (En S. A., épine dorsale; se pron. *lữ*.)

Trã lại ○ 吏, rendre, restituer. — *Trã bạc* ○ 薄, rendre l'argent. — *Trã nợ* ○ 女, payer une dette. — *Trã tiền công* ○ 錢 功, payer un travail. — *Thiếu bạc mà không chịu trã* 少 薄 麻 空 呂 ○, devoir de l'argent et refuser de s'acquitter. — *Anh phải trã* 嬰 沛 ○, vous devez payer. — *Trã cho hết* ○ 朱 歇, s'acquitter intégralement. — *Trã ơn* ○ 恩. rendre un bienfait. — *Trã thù* ○ 讐, se venger. — *Trã lời* ○ 唎, répondre. — *Trã lời lại* ○ 唎 吏, riposter. — *Nói trã đi trã lại* 吶 ○ 移 ○ 吏, répliquer; dire sans cesse qu'on paiera.

Trạc 擢*. Tirer à soi; arracher, déraciner; soutenir, maintenir.

Trạc 擢 ⁽¹⁾. Un instrument aratoire. (Formé des S. A. *trước* 竹, bambou, et *trạc* 擢, rejeter.)

Trạc đất ○ 坦, égaliser la terre.

Trạc 濯 *. Nettoyer à grande eau, laver, purifier, assainir.

Trác 啄 *. Donner des coups de bec.

Trác thực ○ 食, piquer sa nourriture avec son bec.

Trác 琢 *. Tailler les pierres précieuses; façonner, perfectionner.

Điêu trác 彫 ○, polir, orner; raboter. — *Ngọc bất trác bất thành khí, nhơn bất học bất tri lý* 玉不○不成器人不學不知理, une pierre précieuse non travaillée n'est pas un objet d'usage, l'homme qui ne s'instruit pas ne peut arriver à la perfection (passage du *Tam tự kinh*).

Trác 卓 *. Haut, élevé; dresser, ériger, construire. A. V. Ferme, dur, solide; tromper, attraper.

Trác trác ○○, fermement. — *Cứng trác* 亙○, très dur, très solide. — *Thủy trác* 水○, le castor.

Trác 啅 *. Cris nombreux, appels répétés; ramage des oiseaux.

Trác 趞 et 逪 *. Aller vers, se hâter de, accourir.

Trắc 側 ⁽²⁾. Luxé, déboîté; démettre. (Du S. A. *trắc*, même car., recourbé.)

Trặc chơn ○ 蹱, déboîter le pied. — *Làm cho trặc xương* 濫朱○昌, luxer un membre. — *Té trặc vai đi tế* 細○騙拸, se déboîter l'épaule en faisant une chute. — *Trặc tay* ○栖, se luxer la main. — *Trặc cánh tay* ○ 翻栖, se démettre le bras.

Trắc 仄 *. Oblique, incliné, courbe; de côté, de biais; le ton bref en prosodie.

Trắc 昃 *. Le soleil à son déclin; employé aussi pour le ton bref en prosodie.

Trắc ảnh ○ 影, cadran solaire.

Trắc 側 *. Penché, incliné, oblique, de côté; courbé, tordu; pencher vers le mal.

Trắc mục ○ 目, coup d'œil de côté, regard oblique. — *Trắc nết* ○ 涅, immodeste, corrompu. — *Gỗ trắc* 棋○, le nom d'un bois très dur, rouge foncé, employé pour les meubles incrustés.

Trắc 陟 *. Monter plus haut; avancer en grade, arriver aux honneurs.

Trắc 測 *. Pénétrant, perspicace, profond; combiner, mesurer.

Trắc đạc ○ 度, se livrer à des conjectures. — *Trắc lượng* ○ 量, calculer, mesurer.

Trắc 惻 *. S'apitoyer sur le malheur d'autrui, compatir aux maux de ses semblables.

⁽¹⁾ Se transcrit aussi par le car. 笔. — ⁽²⁾ Se transcrit aussi par le car. 跌.

Trắc ẩn 隱, miséricordieux, compatissant. — *Vô trắc* 無○, sans pitié, sans rémission.

Trạch 澤*. Pièce d'eau, lac, étang, mare, marais; mouillé, humide; riche, fertile (terres).

Trạch thất hoa ○漆花, espèce d'herbe. — *Đức trạch* 德○, bonheur. — *Ơn trạch* 恩○, grâce, faveur, bienfait, avantage.

Trạch 擇*. Aimer mieux, préférer; choisir, élire, distinguer.

Trạch nhựt ○日, faire choix d'un jour propice. — *Trạch địa* ○地, choisir un emplacement. — *Tuyển trạch* 選○, élire. — *Thể trạch* 采○, choisir (présents de mariage).

Trạch 宅*. Abri, maison, demeure; demeurer, résider, habiter.

Gia trạch 家○, famille. — *Thổ trạch* 土○, terrain d'habitation.

Trách 責*. Faire des remontrances, adresser des reproches, blâmer, réprimander, morigéner, critiquer.

Quở trách 㗂○, gronder. — *Lời quở trách* 唎㗂○, blâme, réprimande. — *Phụ tử bất trách* 父子不○, le père et le fils ne doivent pas se reprendre (à propos de rien). — *Sự trách tội* 事○罪, répression des délits. — *Trách phạt* ○罰, punir, corriger. — *Chê trách* 吱○, critiquer. — *Đáng trách* 當○, blâmable. — *Oán trách* 怨○, maltraiter, injurier.

Trách 垞. Petite marmite en terre,

pot pour poisson salé. (Formé des S. A. *thổ* 土, terre, et *trạch* 宅, maison.)

Trách trả ○塔, marmites et pots.

Trách 託*. Remettre, recommander, confier, charger de, donner à garder.

Trách ngân ○銀, confier de l'argent. — *Trách tử* ○子, confier son fils. — *Trách thê* ○妻, charger quelqu'un de veiller sur sa femme (pendant une absence).

Trai 璆. Coquille perlière (espèce). (Formé des S. A. *ngọc* 玉, précieux, et *lai* 來, venir.)

Một hột trai tốt lắm 沒紇○卒廩, une très belle perle.

Trai 倈. Jeune homme, garçonnet. (Formé des S. A. *nam* 男, homme, et *lai* 來, venir.)

Con trai tôi 昆○碎, mon fils, mon garçon. — *Anh có mấy con trai* 嬰固買昆○, combien avez-vous de fils? — *Trai mới lớn lên* ○買吝遴, adolescent. — *Đang trai* 當○, pendant la jeunesse. — *Trai gái* ○妈, garçon et fille; faire la cour, faire l'amour, avoir des rapports sexuels. — *Trai đua mạnh gái đua mềm* ○都孟妈都饅, l'homme rivalise de force et la femme de douceur (proverbe). — *Trai tài gái sắc* ○才妈色, à l'homme le talent, à la femme la beauté (proverbe). — *Trai chê vợ như của đổ xuống sông, gái chê chồng của một mà hai* ○𡛔如貼堵甌瀧妈吱重貼沒麻缸, le jeune homme qui refuse sa fiancée (après les présents d'usage), jette en quelque sorte son bien dans le fleuve (fait abandon de tout ce qu'il a donné); pour la jeune fille, refuser l'époux, c'est rendre deux pour un (c'est-à-dire le double de ce qu'elle a reçu).

Trai 齋*. Pur, net; chaste; jeûner, garder l'abstinence. Voir *chay*.

Trai thực ○ 食, s'abstenir de nourriture. — *Trai tuần* ○ 旬, temps de jeûne, époque d'abstinence.

Trai 瘵*. Petit, chétif, rabougri.

Trại 豸*. Vers, reptiles; se tordre, ramper. Car. radical. Voir *trĩ*.

Nói trại 吶 ○, se tromper de ton en parlant. — *Trại miệng* ○ 呬, défaut de prononciation; faire un lapsus linguæ.

Trại 寨*. Baraquement, campement; barrage, palissade, retranchement; tente, abri; hangar, remise; atelier, chantier, parc.

Trại lính ○ 另, camp, caserne, quartier. — *Trại quân* ○ 軍, id. — *Đóng trại* 揀 ○, monter les tentes, établir un camp. — *Trại pháo thủ* ○ 砲手, parc de l'artillerie. — *Chủ trại* 主 ○, chef de poste, chef d'atelier. — *Trại đóng ghe* ○ 揀艖, chantier de construction de barques. — *Trại chiên* ○ 羝, parc à moutons. — *Trại sách* ○ 柵, poste militaire entouré de palissades.

Trái 瘵*. Amaigrissement, dépérissement, consomption lente, phtisie.

Trái 債*. Devoir de l'argent, avoir des dettes; être responsable de. A. V. Contraire, inverse, opposé; de travers, à l'envers; la gauche.

Trái nhom ○ 人, débiteur. — *Trái chủ* ○ 主, créancier. — *Trái lí* ○ 理, contraire à la raison. — *Phải trái* 沛 ○, pour et contre, vrai et faux. — *Làm trái đi* 濫 ○ 移, faire l'inverse, se tromper. — *Bề trái* 皮 ○, l'envers. — *Tay trái* 栖 ○, main gauche. — *Trái ý* ○ 意, contre la volonté. — *Trái tình* ○ 情, contre nature. — *Trái tai* ○ 聰, qui blesse l'oreille, qui est choquant.

Trái 馃. Fruit; terme numéral des fruits et de certains objets de forme arrondie; boutons de rougeole. (Formé des S. A. *quả* 果, fruit, et *lại* 吏, fonction, emploi.)

Trái trăng ○ 蘆, les fruits en général. — *Hoa trái* 花 ○, fleurs et fruits. — *Ra trái* 囉 ○, donner des fruits, produire, fructifier. — *Cây có trái* 核固 ○, arbre fruitier. — *Trái chín* ○ 捨, fruit mûr. — *Trái muồi* ○ 煤, fruit trop mûr. — *Trái sống* ○ 弄, fruit vert. — *Những trái này chưa chín* 仍 ○ 尼渚捨, ces fruits ne sont pas encore mûrs. — *Trồng trái* 櫳 ○, vacciner. — *Trái đất* ○ 坦, globe terrestre. — *Trái cầu* ○ 裘, sphère. — *Trái phá* 破 ○, obus. — *Trái lăn* ○ 鄰, bille, boule. — *Trái tim* ○ 肫, cœur (viscère).

Trái 歷. Étendre, étaler; éprouvé, expérimenté; savoir, connaissance. (Formé des S. A. *lịch* 歷, essayer, passer, et *lại* 吏, emploi.)

Trái chiếu ra ○ 詔囉, étendre

une natte. — *Trải nệm* ○ 禋, étaler un matelas. — *Trải qua* ○ 戈, passer, traverser. — *Trải tới* ○ 細, arriver, parvenir. — *Trải việc* ○ 役, se connaître en affaires. — *Trải khăn cho bằng* ○ 巾朱朋, bien étendre une nappe, sans plis. — *Từng trải* 曾 ○, expert, connaisseur. — *Đã từng trải* 㐌曾 ○, avoir déjà de l'expérience. — *Trống trải* 𢳚 ○, ouvert, découvert; vague, vacant.

Trạy 緇. Syllabe complémentaire. (Du S. A. *tri*, même car., soie noire.)

Đen trạy 顛 ○, d'un beau noir.

Trảy 傝. Peuplades montagnardes de la province de *Khánh hòa* (en Annam). (Formé des S. A. *nhơn* 人, homme, et *trỉ* 豸, reptile.)

Trảy 洗. Tailler (arbres, plantes). (Du S. A. *tẩy*, même car., approprier.)

Trảy nhánh ○ 梗, ébrancher. — *Trảy ngọn* 𠏮 ○, couper la cime.

Trảy 籮. Bambou tendre, flexible. (Formé des S. A. *trước* 竹, bambou, et *trỉ* 稚, tendre, délicat.)

Tre trảy 梸 ○, bambou (espèce).

Trảy 淶. Enduire; salir, souiller. (En S. A., cours d'eau; se pron. *lai*.)

Trảy tra ○ 楂, crépir, barbouiller; choses sales, ordures. — *Làm trảy* 濫 ○, agir honteusement. — *Nói trảy* 吶 ○, dire des obscénités.

Trảy 池 (1). Égratigner, écorcher; balafre, écorchure, égratignure. (Du S. A. *tri*, même car., creusé.)

Trảy da ○ 膠, écorchure à la peau. — *Vít trảy* 曰 ○, égratignure. — *Làm trảy* 濫 ○, s'écorcher. — *Trảy ra* 囉, griffer, égratigner.

Trảy 𧿨. Partir, se mettre en route. (Formé des S. A. *khứ* 去, s'éloigner, et *lễ* 礼, cérémonie.)

Trảy đi ○ 迻, s'en aller. — *Trảy ra* ○ 囉, id. — *Trảy bộ* ○ 步, partir à pied. — *Trảy ghe* ○ 艖, s'en aller en bateau.

Trạm 站 *. Debout, ferme, inébranlable; s'arrêter; retenir; mesures itinéraires, relais de poste, station de repos; courrier, estafette.

Trạm lập ○ 立, s'arrêter net. — *Trạm binh* ○ 兵, étape. — *Lính trạm* 另 ○, courrier militaire. — *Ngựa trạm* 馭 ○, cheval de poste. — *Mã trạm* 馬 ○, l'endroit où l'on change les chevaux. — *Cung trạm* 宮 ○, relais de la poste officielle. — *Đi trạm* 迻 ○, porter le courrier, aller en poste. — *Trạm nghỉ* ○ 擬, lieu de repos pour les voyageurs. — *Trạm lại* ○ 吏, faire une halte, stationner.

Trạm 湛 *. S'enfoncer dans l'eau, plonger; disparaître; mouillé, humide; clair, net, pur, frais.

Trâm 簪 (2). Boucher un trou, fermer une ouverture; enclouer; nom d'arbre. (En S. A., épingle de tête; se pron. *trâm*.)

---

(1) Se transcrit aussi par le car. 持. — (2) Se transcrit aussi par le car. 薝.

Trám lại ○ 㪇, boucher, obstruer. — *Trám kháu* ○ 口, id. — *Trám lỗ ngòi súng* ○ 魯燧銃, boucher le trou à feu d'un canon. — *Gỗ trám* 棋 ○, un bois résineux.

Trăm 欖. Nom d'arbre et de liane. (Formé des S. A. *mộc* 木, arbre, et *lam* 藍, nom de plante.)

Cây trám 栳 ○, le mélaleuque à bois blanc. — *Trám hương* ○ 香, bois d'aigle. — *Nấm trám* 蕵 ○, champignon (espèce).

Trảm 斬*. Couper, trancher, séparer; interrompre, mettre fin à; la peine de la décapitation.

Trảm thủ ○ 首, trancher la tête. — *Trảm tội* ○ 罪, crime emportant la peine capitale. — *Án trảm giam hậu* 案 ○ 監後, condamnation à la décapitation avec sursis. — *Trảm quyết* ○ 決, décapitation immédiate, sans sursis, sans appel. — *Trảm phạt thảo mão* ○ 伐草莽, couper les herbes et les broussailles, défricher.

Trăm 橻. Le nombre cent; beaucoup, nombreux; depuis longtemps. (Formé des S. A. *bá* 百, cent, et *lâm* 林, forêt.)

Một trăm 沒 ○, un cent. — *Trót trăm* 律 ○, centaine. — *Năm trăm* 冚 ○, cinq cents. — *Hai trăm lần* 㐌 ○ 吝, deux cents fois. — *Trăm lạy quan lớn* ○ 禮官客, se prosterner cent fois devant l'autorité supérieure (formule de supplique). — *Trăm hộ* ○ 戶, les cent familles, tout le peuple. — *Trăm tuổi* ○ 歲, cent ans; souhaiter à quelqu'un de vivre longtemps. — *Trăm năm* ○ 秊, cent ans; depuis bien longtemps.

Trăm 啉. Parler avec volubilité. (Du S. A. *lăm*, même car., bavarder.)

Nói trăm 吶 ○, parler trop vite. — *Trăm hay không bằng tay quen* ○ 哈空朋擒涓, main exercée vaut mieux que langue bien pendue (proverbe).

Trăm 欑. Syllabe complémentaire. (En S. A., touffe d'arbres; se pron. *toàn*.)

Ống trăm 甕 ○, tube d'alambic.

Trầm 沈. Syllabe complémentaire. (En S. A., sombrer; se pron. *trầm*.)

Nói trăm trớ 吶 ○ 徂, mal articuler les mots, parler en balbutiant comme font les petits enfants.

Trâm 篸*. Épingle à cheveux; fixer, maintenir, attacher, barrer; piquer, enfoncer dans.

Trâm nỉa ○ 鈮, peigne pour retenir le chignon. — *Trâm vào* ○ 包, enfoncer dans. — *Trâm đường* ○ 唐, barrer le chemin.

Trăm 欑. Un arbre au bois noir employé pour la construction. (En S. A., touffe d'arbres; se pron. *toàn*.)

Trăm 站. Syllabe complémentaire. (En S. A., relais de poste; se pron. *trạm*.)

Trâm trầy ○ 池, mollement, sans énergie, sans soin. — *Học trâm trầy* 學 ○ 池, étudier mollement, sans ardeur.

Trăm 譖*. Porter des accusations fausses, calomnier, médire, déblatérer, diffamer.

Trăm ngôn ○ 言, paroles blessantes, discours diffamatoires. — *Trăm nhơn* ○ 人, calomniateur. — *Trăm nhau* ○ 饒, se diffamer les uns les autres.

Trăm 沈*. Disparaître sous l'eau, sombrer; submergé, englouti, noyé, perdu; plonger, enfoncer; ruiner, détruire.

Trăm luân ○ 淪, perdu à jamais, enfoncé dans la ruine. — *Trăm nịch* ○ 溺, immerger. — *Chết trăm nịch* 折 ○ 溺, se noyer (volontairement). — *Bán phù bán trăm* 半浮半○, moitié flottant, moitié submergé; hésiter. — *Trăm thuyền phá phủ* ○ 船 破撫, couler les jonques, détruire les abris (correspondant à «brûler ses vaisseaux»).

Trăm 霃*. Temps noir, ciel nuageux; brumeux, sombre, obscur.

Trăm 朕*. Je, moi (ne peut être employé que par le roi).

Trăm an ○ 安, notre royale personne est en paix. — *Triệu trăm* 兆 ○, augure, présage.

Trăm 浸. Plongé dans l'eau, noyé. (Du S. A. *tâm*, même car., même signif.)

Trăm mình ○ 命, se plonger dans l'eau, se noyer. — *Giống trăm* 種 ○, semences avariées (par l'eau).

Tran 庄*. Maison, chaumière; abri provisoire pour les récoltes.

Điền tran 田 ○, ferme; grange. — *Điền tran nhơn* 田 ○ 人, la maison rustique d'un paysan.

Tran 欄. Espèce d'étagère pour le culte (faite d'une planche et fixée au mur par deux cordelettes). (En S. A., tablier, parapet; se pron. *lan*.)

Cái tran 丐 ○, tablette, étagère. — *Tran thờ* ○ 祦, id.

Trán 頣. Le front; très serré, épais. (Formé des S. A. *dán* 旦, clair, et *đầu* 頁, tête.)

Sói trán 鬢 ○, front découvert, calvitie. — *Nhăn trán* 頤 ○, plisser le front. — *Trán đi* ○ 挼, encombrement.

Trăn 籣. Tamis; passer, tamiser. (En S. A., carquois; se pron. *lang*.)

Trăn 瀾. Eaux qui se répandent; couler, monter, déborder. V. *rệu*. (Du S. A. *lan*, même car., même signif.)

Sóng đã trăn hai lần 瀧𠄩○台 客, le fleuve a débordé deux fois. — *Trăn ra* ○ 囉, s'écouler par-dessus. — *Sự trăn* 事○, débordement. — *Trăn trề* ○ 池, se répandre, déborder.

Trăn 盞*. Bol, tasse, calice, coupe; godet ou soucoupe pour lumignon.

Tửu trăn 酒 ○, tasse à vin.

Trăn 鄰. Rouler, tourner. Voir *lăn*. (En S. A., proche, voisin; se pron. *lân*.)

Trăn trở ○ 阻, se tordre, se tortiller, se tourner dans tous les sens.

Trăn 蟒. Reptiles à grosse tête. (Du S. A. *tần*, même car., même signif.)

Rắn trăn 蛇 ○, serpent boa. — *Con trăn* 昆 ○, id. — *Trăn núi* ○ 岩, un grand reptile qui vit (dit-on) dans les hautes montagnes.

Trăn 鎮. S'élancer, se précipiter. (Du S. A. *trấn*, même car., conquérir.)

Trăn nước ○ 渃, se jeter à l'eau. — *Trăn vào lửa* ○ 𠓨焒, se précipiter dans les flammes. — *Trăn trấu* ○ 打, s'attacher à, se coller contre, adhérer. — *Đau trăn* 疠 ○, douleurs d'entrailles.

Trằn 陳. Se rouler dans, se vautrer. (Du S. A. *trận*, même car., combattre.)

Trằn trọc ○ 濁, se tourner et se retourner. — *Trằn mình dưới bùn* ○ 命𪛗坌, se vautrer dans la vase (buffle, cochon).

Trân 珍*. Précieux, rare, beau; bon, noble, excellent; faire grand cas de, attacher de l'importance à.

Trân châu ○ 珠, perles fines. — *Trân quí* ○ 貴, de haut prix, de grande valeur; exquis, délicieux (en parlant de mets).

Trận 陣*. Disposer, mettre en ordre; placer des troupes en bataille, aligner des soldats; livrer combat; coup de vent, averse, accès, crise.

Lập trận 立 ○, ranger l'armée. — *Ra trận* 囉 ○, se présenter devant l'ennemi, engager la bataille. — *Đánh trận* 打 ○, se battre, lutter. — *Đặng trận* 鄧 ○, être victorieux. — *Thắng trận* 勝 ○, id. — *Bị trận* 被 ○, perdre la bataille. — *Thất trận* 失 ○, id. — *Chết trận* 折 ○, mourir sur le champ de bataille. — *Tử trận* 死 ○, id. — *Trận thủy* ○ 水, combat naval. — *Tập trận* 習 ○, manœuvres de guerre, exercices militaires. — *Trường tập trận* 場習 ○, champ de manœuvres. — *Phong trận* 風 ○, terrible bourrasque. — *Hỏa trận* 火 ○, grand incendie. — *Giàn trận* 棡 ○, estrade, échafaudage; les tréteaux d'un théâtre en plein air.

Trấn 鎮 et 鎭*. Peser lourdement sur, comprimer, opprimer; réprimer, soumettre; gouverner, diriger; désignait autrefois les provinces conquises et les fonctionnaires qui les administraient.

Trấn thủ ○ 守, gouverneur de province (anciennement). — *Trấn giữ* ○ 㝐, maintenir dans l'ordre, tenir sous sa domination, garder, défendre. — *Phan trấn* 藩 ○, province à la frontière, territoire militaire.

Trần 塵*. Poudreux, poussiéreux; émanations, odeurs, senteurs.

Bụi trần 培 ○, la poussière des chemins, boue, fange. — *Trần thế* ○ 世, le monde, la vie. — *Trần ai* ○ 埃, poudreux, poussiéreux; atome. — *Trần tục* ○ 俗, les mœurs du siècle. — *Lục trần* 六 ○, les six émanations (bouddhisme), savoir: oreilles, nez, yeux, bouche, corps, et, au moral, volonté.

Trần 陳*. Mettre en ligne, placer en ordre; ranger, disposer; étalé, à découvert, à nu, déshabillé; nom de famille.

Trần hành ○ 行, aligner. — *Trần mễ* ○ 米, grain dépouillé de son enveloppe; vieux paddy. — *Xe trần* 車 ○, voiture découverte. — *Ở trần* 於 ○, nu de la tête à la ceinture (comme font les pauvres gens du pays). — *Trần truồng* ○ 中, complètement nu. — *Đầu trần* 頭 ○, nu-tête. — *Cỡi ngựa trần* 騎馭 ○, monter un cheval à poil. — *Lột trần ra* 撺 ○ 曜, ôter ses habits, se mettre tout nu. — *Họ Trần* 戶 ○, le nom de famille *Trần*.

Trần 蔯 *. Une plante aromatique (armoise ou herbe de la Saint-Jean) dont on fait un remède contre la fièvre.

Trần 展. Hésiter; venir le dernier. (Du S. A. *triển*, même car., être à l'aise.)

Trần lại ○ 吏, tergiverser.

Trần 紉 *. Corde, attache, collier.

Trang 裝 *. Lier, attacher; couvrir, cacher; envelopper, emballer; habits, robes; mode, manière.

Hành trang 行 ○, bagages, provisions de route. — *Trang đầu* ○ 頭, modèle, catégorie, espèce.

Trang 莊 *. Végétation luxuriante, hautes tiges, belles plantes.

Nghiêm trang 嚴 ○, digne, imposant, rigide. — *Trang kính* ○ 敬, qui commande le respect. — *Nha trang* 衙 ○, nom ancien d'une province de l'Annam moyen (nom moderne *Khánh hòa*).

Trang 裝 et 妝 *. Ornements de femme; parures, bijoux; fards, poudres; se parer, se farder.

Trang điểm ○ 點, paré, orné. — *Đồ nữ trang* 圖女 ○, bijoux de noce, parures et objets de toilette de la femme.

Trang 張 *. Bander un arc, tendre des cordes, accorder un instrument; déployer, étendre, étaler; ce qui s'étend, qui se déplie; les pages ou les feuillets d'un livre, d'un cahier. Voir *trương*.

Trang khai ○ 開, largement ouvert. — *Trang đại* ○ 大, grand étalage. — *Lật trang* 栗 ○, tourner la page. — *Số trang sách* 數 ○ 典, pagination. — *Trang mặt* ○ 靦, recto. — *Trang sau* ○ 叓, verso.

Trạng 狀 *. Forme, figure, apparence; exposer, accuser, se plaindre, réclamer, pétitionner.

Trạng như ○ 如, paraissant être, ressemblant à. — *Hình trạng* 形 ○, apparence extérieure des choses. — *Vô trạng* 無 ○, sans forme, sans relief; dépourvu de caractère. — *Trạng cáo* ○ 告, acte d'accusation. — *Đơn trạng* 單 ○, plainte, pétition, supplique. — *Trạng sư* ○ 事, avocat, défenseur. — *Trạng nguyên* ○ 元, docteur du premier degré (le plus élevé des grades littéraires).

Tráng 壯 *. Fort, robuste; solide,

ferme; bien portant, en parfaite santé. A. V. En tranches minces.

Tráng lực ○ 力, vigoureux, vaillant. — *Tráng thạnh* ○ 盛, florissant, prospère. — *Tráng đỉnh* ○ 丁, adulte. — *Tráng tâm* ○ 心, âme virile, cœur intrépide. — *Tráng chí* ○ 志, désir formel. — *Tráng sĩ* ○ 士, courageux, magnanime. — *Tráng hạng* ○ 項, classe des hommes à la force de l'âge (bons pour les corvées et le service militaire). — *Đồ tráng miệng* 圖 ○ 咀, le dessert. — *Tráng bánh* ○ 餅, faire de la galette. — *Bánh tráng* 餅 ○, espèce de gâteau.

Tràng 場*. Grande salle; école, gymnase, collège. Voir *trường*.

Tràng 長*. Longueur. Voir *trường*.

Trên tràng 展 ○, étendu, tout du long; honteux, confus.

Tràng 裝. Ornement, garniture; guirlande, couronne, chapelet. (Formé des S. A. *y* 衣, vêtement, et *trường* 長, longueur.)

Tràng hoa ○ 花, guirlande de fleurs. — *Tràng hột* ○ 紇, collier de grains. — *Áo tràng* 襖 ○, longue robe à larges manches, vêtement de cérémonie. — *Cá tràng* 魚 ○, un poisson de rivière.

Tràng 浪 (1). Découvert, en plein air; terrain vague, plaine déserte. (Du S. A. *lãng*, même car., net, clair.)

Tràng lòng ○ 悉, avoir du vague

à l'âme; distrait, inconscient. — *Dĩa tràng lòng* 杷 ○ 悉, assiette plate. — *Tràng bàng* ○ 傍, une contrée de l'arrondissement de *Tây ninh* (Cochinchine).

Trăng 朘 (2). Lune. Voir *ngoạt* et *nguyệt*. (Formé des S. A. *ngoạt* 月, lune, et *lăng* 夌, lieu élevé.)

Mặt trăng 沫 ○, la face de la lune. — *Con trăng* 昆 ○, lunaison. — *Thuộc về mặt trăng* 屬衞沫 ○, lunaire. — *Trăng tròn* ○ 論, pleine lune. — *Sáng trăng* 創 ○, clair de lune. — *Đi chơi trăng* 移制 ○, aller se promener au clair de lune; courir la prétantaine, aller s'amuser avec des femmes. — *Trời sáng trăng tốt lắm* 歪創 ○ 卒廩, il fait un clair de lune magnifique.

Trăng 綾. Ceps, liens, entraves. (Du S. A. *lăng*, même car., soie brochée.)

Trăng cùm ○ 柑, les ceps, les fers. — *Đóng trăng lại* 揀 ○ 吏, mettre quelqu'un aux fers. — *Trăng trói* ○ 纏, liens, chaînes. — *Mang trăng* 芒 ○, avoir les entraves, être aux fers.

Trăng 皚. Blanc; propre; délicat. (Formé des S. A. *bạch* 白, blanc, et *tráng* 壯, fort.)

Sắc trăng 色 ○, couleur blanche. — *Nước da trăng* 渃膠 ○, teint blanc. — *Trăng trăng* ○○, tirant sur le blanc, blanchâtre. — *Trăng nõn* ○ 嫩, très blanc; beau, délicat. — *Làm cho trăng* 濫朱 ○, rendre blanc. — *Ưa mặc đồ trăng* 於默

---

(1) Se transcrit aussi par le car. 蓋. — (2) Se transcrit aussi par le car. 朘.

Trắng 圖 ○, aimer à se vêtir de blanc. — *Trắng tay* ○ 栖, mains propres.

Trắng 懲. Syllabe complémentaire. (Du S. A. *trừng*, même car., sévèrement.)

    Coi trắng trắng 视 ○ ○, regarder fixement, avec grande attention. — *Nhìn trắng trắng* 認 ○ ○, id.

Trắng 脹. Enflure, boursouflure. (Du S. A. *trướng*, même car., même signification.)

    Trắng má ○ 腸, joufflu. — *Trắng bầu* ○ 瓢, gros ventre; litt., ventre de citrouille.

Trắng 卵壯. Œuf; testicules. V. *trứng*. (Formé des S. A. *noãn* 卵, œuf, et *tráng* 壯, fort, robuste.)

    Trắng gà ○ 鷄, œuf de poule. — *Trắng cá* ○ 魚, œuf de poisson. — *Đẻ trắng* 胚 ○, pondre.

Trắng 浪 (1). Immoral, immodeste. (Du S. A. *lãng*, même car., débauché.)

    Trắng thai ○ 胎, inconvenant, indécent. — *Trắng giỡn* ○ 簡, jeux immodestes.

Tranh 爭 *. Tenir ferme, faire face à; lutter, débattre, disputer, rivaliser. Voir *giành*.

    Đấu tranh 鬭 ○, se battre. — *Đua tranh* 都 ○, lutter à outrance. — *Tranh công* ○ 功, rivaliser de zèle, se disputer le mérite. — *Phần tranh* 分 ○, défendre sa part avec acharnement.

Tranh 睜 *. Guigner; porter ses vues sur, s'intéresser à, briguer.

Tranh 爭. Herbes longues servant à recouvrir les cases, les maisons. (Formé des S. A. *thảo* 艸, plantes, et *tranh* 爭, lutter.)

    Tranh cỏ ○ 秸, herbes sèches, chaume. — *Bồn tranh* 稟 ○, jeunes tiges de chaume. — *Nhà tranh* 茹 ○, chaumière. — *Mái tranh* 覆 ○, toit de chaume.

Tranh 箏 *. Un instrument de musique à cordes et à table horizontale.

    Đờn tranh 彈 ○, sorte de harpe. — *Gảy đờn tranh* 撥彈 ○, pincer de cet instrument.

Tranh 挣 *. Enfoncer, piquer; faire des efforts, pousser en avant; fort, robuste, vigoureux.

Tranh 貞. Store en bambou; lattes formant treillis (et généralement avec dessins en couleurs); tableau. (En S. A., pur, chaste; se pron. *trinh*.)

    Bức tranh 幅 ○, jalousie, écran; tableau. — *Vẽ một bức tranh* 啟沒 幅 ○, peindre un store. — *Treo bức tranh* 撩 幅 ○, suspendre un store, accrocher un tableau.

Tranh 擲. Morceau de bois taillé en angle pour fixer un soc de charrue. (En S. A., jeter, pousser; se pron. *trịch*.)

Tranh 鼇. Grande tortue de mer.

---

(1) Se transcrit aussi par le car. 朗.

(Formé des S. A. *mạnh* 黽, batracien, chélonien, et *trình* 呈, offrir.)

Tránh 諍*. Faire des observations, adresser des remontrances.

Tránh 弰*. Arc lançant une flèche.

Tránh 另. Se retirer, s'écarter, se garer, éviter, se mettre à l'abri de. (Du S. A. *lánh*, même car., même signification.)

 Trốn tránh 遁 ○, fuir. — *Tránh ra* ○ 囉, se mettre à l'écart. — *Tránh đi* ○ 迻, gare-toi ! rangez-vous ! — *Tránh sự hiểm nghèo* ○ 事險僥, éviter un danger. — *Tránh khỏi* ○ 塊, à l'écart, à l'abri. — *Không chịu tránh xe* 空召 ○ 車, refuser de se garer d'une voiture. — *Tránh trút* ○ 律, décliner. — *Tránh tiếng* ○ 嗜, éviter de parler.

Tránh 瞪*. Regard fixe; avoir l'air courroucé, chercher à en imposer. Voir *trừng*.

Tránh 錚*. Son métallique; gong, cimbale, clochette.

 Dao tránh 刀 ○, couteau sans manche. — *Tránh tròn* ○ 論, gronder, reprendre, admonester.

Trao 捁. Donner de la main à la main; remettre, livrer, confier. (Formé des S. A. *thủ* 手, main, et *lao* 牢, tenir enfermé.)

 Trao cho ○ 朱, transmettre. — *Trao lại* ○ 吏, rendre, repasser. — *Trao tay người* ○ 拪 俾, livrer ou remettre en mains propres.

Trạo 棹*. Rame, aviron. Voir *chèo*.

Trạo 掉*. Agiter, secouer, remuer; frapper; trouble, agitation; ramer.

 Trạo trực ○ 逐, avoir des nausées. — *Nói trệu trạo* 吶 眺 ○, s'exprimer sottement, dire des absurdités.

Tráo 篧*. Nasse, claie, treillage.

Tráo 到. Changer, modifier; donner une chose pour une autre. (Du S. A. *đáo*, même car., contraire.)

 Tráo trở ○ 阻, chercher des détours. — *Tráo đấu* ○ 斗, tromper sur la mesure. — *Con mắt tráo tráo* 昆 相 ○ ○, yeux moqueurs.

Trào 朝. Cour impériale, palais de roi; règne, régime, gouvernement. (Du S. A. *triều*, même car., même signif.)

 Tân trào 新 ○, nouveau régime. — *Cựu trào* 舊 ○, ancien régime, ancienne cour.

Trào 潮. Écume, bouillon; bouillir. (Du S. A. *triều*, même car., flux, flot.)

 Nước trào ra 渃 ○ 囉, liquide qui se répand en bouillonnant.

Trảo 爪*. Ongles, griffes, serres; griffer, se débattre, se défendre. Car. radical.

Trảo 抓*. Égratigner; chatouiller, gratter doucement, caresser.

Trảo 找*. Approvisionner, fournir, procurer, subvenir; procéder à des échanges.

Tráp 喥*. Flatter bassement; médire en dessous, calomnier.

Tráp 匝*. Mouvement circulatoire; tour, rond, circuit, révolution.

Tráp 咂*. Bouchée, morceau; goûter, sucer; mâcher, mastiquer.

Tráp 咱*. Je, moi; écouter, accorder. Se pron. aussi *thinh*.

Tráp 匣 (1). Boîte, coffret, cassette. (Formé des S. A. *phương* 匚, contenir, renfermer, et *hiệp* 合, réunir.)

Tráp 蟄*. Trou de reptiles, retraite de petits animaux; endroit retiré, lieu solitaire. A. V. Pendre, pendiller; cacher, recouvrir.

 Tráp tai ○ 聰, oreilles pendantes. — *Mũ tráp* 帽 ○, une coiffure qui cache les oreilles.

Tráp 汁*. Jus de viande, suc des plantes, liqueur des fruits; eaux grasses, liquides épais.

 Thủy tráp 水 ○, humide, mouillé.

Tráp 戢*. Faire des provisions d'armes; réunir, recueillir, amasser.

Trạt 擢. Élever, remonter; épais. (Du S. A. *trạc*, même car., soutenir.)

 Dày trạt 苦 ○, très épais, très abondant. — *Mọc trạt* 木 ○, pousser serré (herbes, plantes). — *Trạt cây* ○ 核, arbre chargé de fruits.

---
(1) Se transcrit aussi par le car. 劄.

Trát 扎*. Piquer, percer, enfoncer; arracher, déraciner, extirper; envoyer un ordre écrit.

 Trát cho ○ 朱, envoyer un ordre à. — *Sức trát* 飭 ○, id.

Trát 札*. Tablettes en bois ou en bambou sur lesquelles on écrivait autrefois; missive officielle, ordre écrit; plissé, replié.

 Viết trát 曰 ○, rédiger un ordre. — *Vì trát tri sự* 爲 ○ 知事, à l'effet de donner des instructions.

Trật 秩*. Disposition, symétrie, arrangement; ordre, rang, série, classe, degré. A. V. Manquer, ne pas réussir, échouer.

 Bình trật 平 ○, correct, régulier. — *Trật thứ* ○ 次, disposé en ordre. — *Phẩm trật* 品 ○, hiérarchie. — *Trật đi* ○ 迭, se tromper, manquer. — *Bắn trật* 弽 ○, manquer le but en tirant.

Trật 挟*. Fouetter, fustiger; ôter.

Trật 袟*. Coudre, raccommoder, repriser, ravauder.

Trát 桎*. Entraves, fers, ceps, menottes, poucettes.

Trát 窒*. Boucher, combler, obstruer; barrage, obstacle.

Trát 銍*. Faucille de moissonneur.

Trát 秷*. Épi, tige; pointu, aigu, acéré (comme les dards des ronces).

Trau 捯. Frotter, faire reluire. (Formé des S. A. *thủ* 手, main, et *lao* 牢, enfermer.)

Trau giồi ○ 抹, polir, orner, parer. — *Trau lời* ○ 㗂, paroles doucereuses. — *Trau ăn trau mặc* ○ 咹 ○ 默, s'habiller élégamment, avoir une mise recherchée.

Trâu 朝. Un poisson d'eau douce. (En S. A., cour, palais; se pron. *triều*.)

Trâu 爪*. Ongles, griffes. Voir *trảo*.

Dầu trâu 油 ○, espèce d'huile. — *Chim trâu trâu* 鳩 ○ ○, nom d'oiseau.

Trâu 㹥. Le buffle. (Formé des S. A. *ngưu* 牛, buffle, et *lâu* 婁, fréquent.)

Trâu bò ○ 牤, buffles et bœufs. — *Trâu rừng* ○ 棱, buffle sauvage. — *Trâu nghé* ○ 犧, buffletin. — *Chăn trâu* 慎 ○, faire paître les buffles. — *Thằng chăn trâu* 倘 慎 ○, gardien de buffles. — *Da trâu* 膠 ○, peau de buffle. — *Thịt trâu* 䏧 ○, viande de buffle. — *Thịt trâu cứng lắm* 䏧 ○ 亘 廩, la viande de buffle est très dure. — *Cá lưỡi trâu* 鮒 祖 ○, espèce de sole; litt., poisson langue de buffle. — *Trâu béo kéo trâu ốm* ○ 膝 搞 ○ 瘩, le buffle gras (en labourant) traîne le buffle maigre (le fort doit aider le faible) [proverbe]. — *Trâu cày ngựa cỡi* ○ 拱 馭 騎, au buffle le labour, au cheval le cavalier (à chacun son métier). — *Trâu đồng nào ăn cỏ đồng nấy* ○ 仝 苈 咹 秸 仝 乃, le buffle doit paître dans la plaine où il se trouve (proverbe). — *Trâu tìm cột, cột chẳng tìm trâu* ○ 尋 橛 橛 庄 尋 ○, le buffle dépend du poteau (auquel il est attaché), le poteau ne dépend pas du buffle [proverbe].

Trấu 漉 [1]. Écorce de céréales; épluchures, pelures, ordures ménagères. (Formé des S. A. *thảo* 艸, plantes, et *lậu* 漏, s'écouler, se perdre.)

Đổng trấu nhà chẳng để gà bươi 棟 ○ 茹 庄 底 鷳 撥, ne pas laisser les poules disperser çà et là les ordures de la maison (proverbe annamite correspondant à « il faut laver le linge sale en famille »).

Trầu 樓. Bétel (plante et feuille). (Formé des S. A. *mộc* 木, arbre, et *lâu* 蔞, feuilles de bétel.)

Vườn trầu 園 ○, jardin à bétel. — *Trồng trầu* 櫳 ○, planter du bétel. — *Lá trầu* 蘿 ○, feuilles de bétel. — *Ăn trầu* 咹 ○, mâcher le bétel. — *Trầu cau* ○ 槟, bétel et arec (les deux éléments principaux de la chique). — *Hãy cho tôi một miếng trầu* 唉 朱 碎 没 咖 ○, donnez-moi donc une chique de bétel. — *Hộp trầu* 匣 ○, boîte à bétel.

Tre 栵. Bambou. Voir *trúc* et *trước*. (Formé des S. A. *mộc* 木, arbre, et *tri* 和, connaître.)

Mắt tre 耕 ○, nœud de bambou. — *Lóng tre* 弄 ○, entre-nœud. —

---

[1] Se transcrit aussi par le car. 簍.

Cật tre 腈 ○, écorce. — *Có nhiều thứ tre* 固饒次 ○, il y a de nombreuses espèces de bambous.

Trẹ 滯. Syllabe complémentaire. (En S. A., épaissi, figé; se pron. *trệ*.)

Trọ trẹ 住 ○, s'arrêter net, demeurer coi; se dit en Cochinchine de la prononciation grave, dure et saccadée des habitants de *Huế*.

Tré 智. Cardamome, sésame. V. *ré*. (En S. A., intelligent; se pron. *trí*.)

Trẻ 祂. De côté, à part; détourné. (Formé des S. A. *phần* 分, partie, et *lễ* 礼, rite.)

Đàng trẻ 唐 ○, route privée; chemin de traverse, petit sentier. — *Đi trẻ* 逶 ○, faire des détours.

Trẻ 祂. Enfant, gamin, garçonnet, jeune homme; petit domestique; se vanter. (Formé des S. A. *thiếu* 少, peu, incomplet, et *lễ* 礼, rite.)

Còn trẻ 群 ○, être encore bien jeune. — *Biểu trẻ dọn bàn* 表 ○ 抾 盤, dites au petit domestique de mettre la table. — *Trẻ của* ○ 賭, se vanter d'être riche.

Trê 鯷. Petit poisson d'eau douce (plusieurs espèces). (Formé des S. A. *ngư* 魚, poisson, et *tri* 甾, en friche.)

Trẻ 緇. À vil prix, à bon marché. (Du S. A. *tri*, même car., noirci, sali.)

Mua trẻ 膜 ○, acheter à bon marché. — *Bán trẻ* 牢 ○, vendre à vil prix, céder au rabais.

Trệ 滯*. Congelé, épaissi, figé, engourdi; arrêt, obstacle, empêchement, obstruction.

Ngưng trệ 凝 ○, se coaguler. — *Thực trệ* 食 ○, lourdeur d'estomac, mauvaise digestion. — *Trệ khí* ○ 氣, obstruction intestinale. — *Trệ trập* ○ 蟄, hébété.

Trè 池. Déborder, se répandre. (Du S. A. *tri*, même car., flaque d'eau.)

Tràn trè 瀾 ○, déborder, se répandre; surabondamment.

Trè 遲. Contourner; contracter. (Du S. A. *tri*, même car., détour.)

Trè môi ○ 枚, contracter les lèvres, faire la moue, grimacer. — *Trè miệng* ○ 吅, id. — *Nhăn trè* 閏 ○, faire des contorsions.

Trễ 祂 (1). Retarder, négliger; lent, tardif; prendre des écrevisses. (Formé des S. A. *đãi* 怠, distrait, et *lễ* 礼, rite.)

Người trễ nải 俾 ○ 乃, traînard, lambin. — *Trễ việc* ○ 役, négliger un travail, laisser une affaire en souffrance. — *Tới trễ* 細 ○, arriver en retard; tarder d'arriver. — *Cách trễ nải* 格 ○ 乃, négligemment. — *Trễ nải việc bổn phận* ○ 乃 役 本 分, négliger ses devoirs. — *Sự trễ ra* 事 ○ 曜, retard, lenteur. — *Kẻ chậm trễ* 几 躇 ○, retardataire.

---

(1) Se transcrit aussi par le car. 祂.

Trệch 擲. S'écarter, se déranger; à son aise; entr'ouvert, entre-bâillé. (Du S. A. *trịch*, même car., rejeter.)

 Trệch di ○ 移, qu'on s'écarte! qu'on se dérange! — *Trệch áo* ○ 襖, entr'ouvrir son habit.

Trèm 炶*. Brûler tout doucement.

 Lửa cháy trèm trèm 焁 炾 ○ ○. flamme vacillante, traînée de lumière.

Trèn 繵. Un poisson d'eau douce. (En S. A., lier, ceindre; se pron. *triền*.)

 Trèn trâu ○ 犌, poisson *trèn* de la grande espèce. — *Trèn bầu* ○ 瓢, autre espèce. — *Trèn giấy* ○ 紙, autre espèce.

Trển 展. Étendu, étalé; découvert. (Du S. A. *triền*, même car., même signification.)

 Trển tràng ○ 長, étendu dans toute sa longueur. — *Trển mặt* ○ 面, posture indécente; qui blesse la pudeur; honteux, confus.

Trên 蓮. Dessus, haut, supérieur. (Formé des S. A. *thượng* 上, dessus, et *liên* 蓮, unir, lier.)

 Ở trên 於 ○, se trouver au-dessus, être en haut. — *Bậc trên* 北 ○, degré supérieur. — *Quan trên* 官 ○, autorité supérieure. — *Bề trên* 皮 ○, partie supérieure. — *Thầy bề trên* 柴 皮 ○, maître supérieur (se dit principalement des chefs des communautés religieuses chrétiennes). — *Trên ấy* ○ 意, là-dessus, là-haut. — *Trên cây* ○ 核, sur l'arbre. — *Trên nhà* ○ 茹, sur la maison. — *Trên núi* ○ 嵬, sur la montagne. — *Trên hết* ○ 歇, au-dessus de tout, suprême. — *Lên trên* 蓮 ○, monter sur, gravir. — *Trên dưới* ○ 𢁑, haut et bas, dessus et dessous; supérieurs et inférieurs, tous grands et petits. — *Ở trên không không* 於 ○ 空 空, dans l'immensité des airs; dans les cieux.

Trềnh 楨. Poutre de charpente. (Du S. A. *trình*, même car., même signif.)

 Trềnh nhà ○ 茹, poutre, moise.

Treo 撩. Suspendre, accrocher. (Du S. A. *liêu*, même car., prendre, saisir.)

 Treo kẻ ăn cướp ○ 几 唆 刦, pendre des pirates. — *Treo lên* 蓮, pendu, suspendu. — *Treo ngành* ○ 梗, en suspens. — *Cột để treo* 樕 底 ○, potence.

Trẹo 召. Qui gêne, qui contraint. (En S. A., convoquer; se pron. *triệu*.)

 Trặc trẹo 側 ○, démis, dérangé. — *Trẹo cổ* ○ 古, avoir le torticolis. — *Trẹo chơn* ○ 蹞, pied luxé. — *Nói trặc trẹo* 吶 側 ○, tergiverser, ne pas parler franchement.

Tréo 跠. Croiser, replier; pliant. (Formé des S. A. *túc* 足, pied, et *liễu* 了, évident, certain.)

 Chơn tréo 蹞 ○, jambes croisées. — *Tréo chơn lại* ○ 蹞 吏, croiser les jambes. — *Cái tréo* 丐 ○, siège pliant.

Trèo 蹽. Monter, gravir, ramper, grimper; escarpé, abrupt. V. leo. (Formé des S. A. *túc* 足, pied, et *liêu* 寮, allumer le feu.)

Trèo lên trên ngọn cây ○ 遷連院核, grimper sur le sommet d'un arbre. — *Trèo núi* 岗, gravir une montagne (en s'aidant des mains). — *Đàng trèo* 唐○, chemin escarpé, sentier abrupt.

Trẹt 徹. Peu profond, presque plat. (Du S. A. *triệt*, même car., uni, simple.)
Dĩa trẹt lòng 㫾○悉, assiette plate. — *Mặt trẹt* 㫾○, visage aplati, face déprimée. — *Chiếc trẹt* 隻○, espèce de barque.

Trét 捌. Enduire, crépir, calfater. (En S. A., tourner, tordre; se pron. *lẹ*.)
Trét vôi ○砢, enduire de chaux. — *Trét vách* ○壁, crépir une muraille. — *Trét ghe* ○籛, calfater une barque.

Trệt 徹. Aplati, déprimé. Voir *trẹt*. (Du S. A. *triệt*, même car., uni, simple.)
Ngồi trệt 跭○, s'asseoir par terre; être commodément assis.

Trét 哲. Qui adhère fortement. (En S. A., savoir, sagesse; se pron. *triết*.)

Trêu 嘹. Se moquer, plaisanter. (Du S. A. *liêu*, même car., cris, clameurs.)
Trêu chọc ○祝, provoquer, agacer. — *Trêu người ta* ○得些, tourner les gens en ridicule. — *Kẻ hay trêu chọc* 几哈○祝, quelqu'un qui a l'habitude de se moquer, de railler, de ridiculiser.

Trệu 眺. Syllabe complémentaire. (Formé des S. A. *khẩu* 口, bouche, et *triệu* 兆, million.)
Nói trệu trạo 吶○掉, faire le facétieux; parler à tort et à travers.

Trếu 叮. Risible, comique, plaisant; burlesque, absurde, ridicule, outré. (Formé des S. A. *khẩu* 口, bouche, et *liễu* 了, particule explétive.)
Nói trếu 吶○, dire des choses ridicules. — *Hay nói trếu* 哈吶○, aimer à plaisanter, à faire rire.

Trều 朝. Syllabe complémentaire. (En S. A., cour, palais; se pron. *triều*.)
Nói trều trào 吶○潮, parler sans retenue, s'exprimer sottement.

Tri 甾*. Champ couvert de ronces, sol inculte, terre abandonnée.

Tri 菑*. Terre en friche mise en valeur, sol nouvellement cultivé.

Tri 緇*. Soie teinte en noir; noirci, souillé; sorte d'enduit jaunâtre pour crépir les murs.
Tri lại ○更, badigeonner.

Tri 知*. Connaître, savoir; apte à, capable de, habile dans; compétence, capacité; apprendre, faire connaître.
Tri nhơn ○人, connaître les hommes. — *Tiên tri* 先○, prophète. — *Tri chánh* ○正, apte à gouverner. — *Tri bộ* ○簿, comptable militaire. — *Tri huyện* ○縣, sous-préfet. — *Tri phủ* ○府, préfet. — *Quan tham tri* 官參○, assesseur d'un ministre. — *Bất tri* 不○, inapte, incapable. — *Vô tri* 無○, sot, stupide, inintelligent.

Tri 蜘*. Araignée. Voir *nhện* et *thu*.

Tri 柂*. Un bois dur et résistant; fendre du bois.

Trị 值*. Arriver juste, rencontrer à point; dépendre de, concerner.

    Phận trị 分 ○, celui que l'affaire concerne (ou intéresse).

Trị 治*. Diriger, gouverner, administrer, régir, commander; réprimer, réduire, soumettre.

    Trị nhơn ○ 人, conduire les hommes. — *Trị dân* ○ 民, gouverner le peuple. — *Trị quốc* ○ 國, gouverner une nation. — *Tiên trị kì gia, hậu trị kì quốc* 先 ○ 其 家 後 ○ 其 國, pour bien administrer son pays, il faut savoir gouverner sa maison (dicton). — *Tiên tự trị nhi hậu trị nhơn* 先 自 ○ 而 後 ○ 人, sachez d'abord vous gouverner vous-même et vous serez digne ensuite de gouverner vos semblables (autre dicton). — *Trị loạn* ○ 亂, réprimer une révolte. — *Trị tội* ○ 罪, châtier. — *Sửa trị* 使 ○, corriger. — *Trị bệnh* ○ 病, guérir une maladie. — *Bình trị* 平 ○, gouverner en paix. — *Trị nước* ○ 渃, id. — *Cai trị tỉnh lớn* 該 ○ 省 窖, administrer une grande province. — *Quảng trị* 廣 ○, région bien gouvernée; le nom d'une province de l'Annam moyen. — *Chánh chung chi trị* 政 終 之 ○, gouvernement républicain.

Trí 久*. Venir après, suivre; postérieurement. Car. radical.

Trí 致*. Arriver, parvenir; viser haut; atteindre le plus haut degré; s'offrir, se donner, se dévouer.

    Trí mạng ○ 命, donner sa vie; chercher la mort. — *Trí lực* ○ 力, montrer sa vigueur; s'efforcer d'atteindre. — *Trí sĩ* ○ 仕, quitter ses fonctions (par esprit de sacrifice).

Trí 緻*. Tissu serré, étoffe solide; fort, ferme, durable; bon, beau, parfait; secret, caché.

Trí 智*. Compréhension exacte des choses, esprit éclairé, intelligence vive; sagesse, prudence, discernement, perspicacité.

    Thượng trí 上 ○, grand esprit, haute intelligence. — *Cao trí* 高 ○, id. — *Có trí khôn* 固 坤, avoir du tact, de la prudence. — *Trí hiểu* ○ 曉, comprendre facilement, saisir vite. — *Trí vẽ* ○ 啟, imagination. — *Bày vẽ trong trí* 排 啟 冲 ○, imaginer. — *Tài trí* 才 ○, facultés intellectuelles. — *Trí trá* ○ 詐, ingénieux, inventif; rusé. — *Sáng trí* 創 ○, clairvoyant, perspicace. — *Vô trí* 無 ○, inintelligent. — *Bất trí* 不 ○, id. — *Thấp trí* 濕 ○, petit esprit. — *Lãng trí* 浪 ○, trouble d'idées, aberration d'esprit. — *Người nầy thật có trí* 碍 尼 實 固 ○, cet homme est réellement intelligent. — *An trí* 安 ○, se reposer l'esprit.

Trí 置*. Placer, disposer, établir; bâtir, construire; acquérir.

Trí 寘*. Mettre à part, laisser de côté; abandonner, délaisser.

Trì 池*. Eau stagnante, étang,

bassin, réservoir, mare, fossé; creusé; inégal.

Ngư trì 魚 ○, vivier. — *Thành trì* 城 ○, les fossés pleins d'eau qui entourent une ville forte.

Trì 遲 *. Aller lentement, ne pas se presser en marchant; faire des détours, prendre le chemin le plus long; lent, tardif.

Mạch trì 脉 ○, pouls faible et lent. — *Trì hoãn* ○ 緩, traîner en longueur, être en retard.

Trì 墀 *. Allée, avenue; passage, entrée; galerie, corridor, vestibule.

Thành trì 城 ○, ville. — *Đơn trì* 丹 ○, palais; litt., entrée rouge.

Trì 馳 *. Cheval lancé au grand galop; poursuivre, pourchasser.

Trì 趁 *. Courir à toutes jambes, fuir rapidement; fuite, déroute.

Trì 持 *. Prendre en main, avoir la direction; maintenir, garder; fermement, résolument.

Trì lại ○ 吏, retenir, conserver. — *Hộ trì* 護 ○, protéger, assister. — *Phù trì* 扶 ○, garder, défendre. — *Trì ý* ○ 意, imposer sa volonté, maintenir son opinion. — *Trì pháp* ○ 法, faire respecter l'autorité.

Trì 痔 *. Abcès, furoncle, tumeur, ulcère.

Trì sang ○ 瘡, hémorroïdes. —

Nội trì 內 ○, hémorroïdes internes. — *Ngoại trì* 外 ○, hémorroïdes externes. — *Bệnh trì* 病 ○, maladies de l'anus.

Trĩ 雉 *. Faisan; mur, parapet, embrasure; bois de palissade.

Trĩ 稚 *. Tiges nouvelles; jeune, tendre, délicat, mou, flexible.

Trĩ 黹 *. Broder, tresser, orner. Car. radical.

Trĩ 豸 *. Vers, reptiles. Car. radical.

Tría 嗾. Vivement, promptement. (Formé des S. A. *khẩu* 口, bouche, et *trí* 致, parvenir.)

Làm tría ○, agir vivement, faire promptement. — *Nói tría* 吶 ○, parler avec volubilité. — *Viết tría* 曰 ○, écrire vite. — *Sự tría lia* 事 ○ 離, prestesse, agilité. — *Tría lia mà* ○ 離 麻, allons, prestement.

Tría 捽 [1]. Semer des graines une à une; espacer les jeunes plants. (Formé des S. A. *thủ* 手, main, et *tể* 宰, gouverner.)

Trồng tría 櫳 ○, planter; semer. — *Tría giống* ○ 種, semer le grain. — *Việc trồng tría* 役 櫳 ○, les semailles. — *Tría bắp* ○ 株, espacer les plants de maïs (par l'opération du repiquage).

Trịch 擲 *. Jeter, lancer; rejeter, renverser, repousser, déplacer; refuser.

---

[1] Se transcrit aussi par le car. 捭.

Trich 蹢*. Allure lente, démarche compassée; avancer pas à pas.

 Đi trục trich 移逐 ○, marcher lentement, lourdement (comme un homme obèse).

Trích 摘*. Cueillir, prendre, arracher; distraire de. Voir *dịch*.

 Trích ra một phần ruộng ○ 囉沒分瞳, disposer d'une part de rizière (en faveur de quelqu'un).

Trích 謫*. Blâmer sévèrement, reprocher, réprimander, reprendre.

 Trích phạt ○ 罰, infliger une punition, appliquer une peine.

Trích 鷫. La poule sultane; son cri. (Formé des S. A. *điểu* 鳥, oiseau, et *trách* 責, blâmer.)

Trích 鰿*. Nom de poisson de mer.

 Cá trích 魪 ○, espèce de hareng.

Trích 箶*. Carquois en bambou, étui à flèches; panier, corbeille.

Triêm 沾*. Plonger dans l'eau, immerger; humide, mouillé, trempé. Voir *thiêm*.

 Triêm ơn ○ 恩, rosée bienfaisante; obtenir une faveur. — *Triêm nhuận* ○ 潤, pénétré de, attendri.

Triện 篆*. Caractères spéciaux employés pour les cachets officiels; petit cachet; ornements qui sont à l'extérieur des cloches.

 Đóng triện 揀 ○, apposer le petit cachet. — *Ấn triện* 印 ○, grand sceau et petit cachet.

Triền 練. Lestement, rapidement; sans arrêter, sans interruption. (En S. A., pratiquer; se pron. *luyện*.)

 Triền mối ○ 縋, bien ajusté; arriver à ses fins, aboutir. — *Triền trang* ○ 莊, très vite. — *Làm triền tay* 濫 ○ 栖, faire lestement. — *La triền miệng* 囉 ○ 呬, crier sans cesse.

Triền 旋*. Parcourir un cercle, tourner en rond; changer de direction, virer.

 Ghe triền 艇 ○, barque ballottée par les flots (ou qui n'obéit pas au gouvernail).

Triền 廛*. Maison de vente, bazar, boutique; terrain de marché.

 Gia triền 家 ○, pagode. — *Đất triền* 坦 ○, emplacement.

Triền 纏*. Lier autour; enserrer, entourer, enrouler, ceindre.

 Triền thủ ○ 手, envelopper, lier, attacher, maintenir.

Triền 躔*. Marcher sur; traces de pas, sentier, piste; suivre, imiter.

Triển 展*. Étendu, déplié, déroulé; ouvert, à nu; s'étendre, se mettre à l'aise; ouvrir, découvrir.

 Triển khai ○ 開, ouvrir, déployer.

Triển 輾*. Tourner en cercle, courir en rond; rouler de côté et d'autre, aller et venir.

Triếng 槙. Syllabe complémentaire. (Du S. A. *trinh*, même car., pieu, étai.)

— *Đòn triếng* 梃 ○, levier; bâton à porter des fardeaux.

Triệng 偵 (1). Se soustraire, décliner. (En S. A., voir, épier; se pron. *trinh*.)

— *Triệng qua* ○ 戈, éviter, détourner. — *Triệng mình* ○ 命, échapper personnellement.

Triệp 輒 et 輙 *. Soudain, à la hâte; sans préparation aucune; sans s'excuser au préalable.

— *Triệp cảm phúc bẩm* ○ 敢覆禀, j'ose rendre compte respectueusement.

Triệt 徹 *. Praticable, accessible; facile à comprendre, aisé à faire; enlever la peau; écorché, pelé.

Triệt 澈 *. Eaux claires et transparentes; se livrer à des investigations.

— *Triệt tâm* ○ 心, cœur sincère, âme simple et candide.

Triệt 截 *. Tailler, couper, scier; section, portion, division.

Triệt 撤 *. Rejeter, écarter, enlever; retirer de la circulation.

— *Triệt khứ* ○ 去, ôter, mettre de côté. — *Triệt xuất* ○ 出, faire sortir; exonérer, dispenser.

Triệt 屮 *. Plantes qui poussent; herbe tendre, végétation nouvelle. Car. radical.

Triết 哲 *. Esprit net, raison saine.

— *Hiền triết* 賢 ○, fin, sagace. — *Triết minh* ○ 明, connaître à fond.

Triệu 趙 *. Marcher vite, se hâter; montrer de l'empressement.

— *Triệu đà* ○ 陀, le nom d'un général chinois qui devint roi de *Việt nam*.

Triệu 召 *. Faire venir, convoquer, citer, faire comparaître; appeler, évoquer (esprits).

— *Triệu lại* ○ 吏, faire venir. — *Phụ triệu tử* 父 ○ 子, le père fit comparaître son fils. — *Triệu vệ* ○ 衛, rappeler pour une communication. — *Triệu thần* ○ 臣, convoquer les hauts dignitaires du royaume. — *Triệu hồn vệ* ○ 魂衛, évoquer l'âme d'un défunt.

Triệu 肇 *. Créer, fonder, établir, instituer; projet, plan, base.

— *Phủ triệu phong* 府 ○ 豐, préfecture royale. — *Triệu chánh* ○ 正, premières dispositions, plan d'origine.

Triệu 兆 *. Consulter l'avenir (en examinant les dessins formés sur la carapace d'une tortue); prédire, pronostiquer; augure, présage; million.

— *Tiên triệu* 先 ○, connaître d'avance. — *Năm triệu* 萬五 ○, un million.

Triều 朝 *. Le matin, de bonne heure; palais où ont lieu les audiences royales; cour; dynastie.

---

(1) Se transcrit aussi par le car. 旋.

Triều tịch ○ 夕, matin et soir. — *Triều tiển quốc* ○ 鮮國, le pays du frais matin, la Corée. — *Triều đình* ○ 廷, la cour, le gouvernement. — *Tân triều* 新 ○, nouvelle dynastie. — *Tọa triều* 坐 ○, audience royale. — *Triều đình quan* ○ 廷官, fonctionnaire attaché à la cour. — *Mũ triều thiên* 帽 ○ 天, couronne. — *Hưng triều* 興 ○, nom de dynastie.

Triều 潮*. Flux de la mer, flot, marée montante.

Trinh 貞*. Observer les règles de la morale, être attaché aux bons principes; vertueux, pur, chaste; intègre, loyal, droit.

Trung trinh 忠 ○, fidèle. — *Trinh nữ* ○ 女, femme chaste. — *Sự trinh tiết* 事 ○ 節, chasteté, virginité. — *Trinh khiết* ○ 潔, id. — *Con gái đồng trinh* 昆 妈 童 ○, jeune fille vierge.

Trinh 禎*. Chercher à connaître l'avenir (en se servant de coquillages), pratiquer la divination.

Trinh lễ ○ 禮, cérémonies divinatoires. — *Trinh tường* ○ 祥, heureux présage, bon augure.

Trinh 偵*. Espion, éclaireur; épier, explorer; reconnaître, découvrir.

Trinh 檉*. Saule pleureur (espèce).

Trinh 鄭*. Diligent, zélé, empressé; nom de famille et nom de dynastie.

Họ Trịnh 戶 ○, le nom générique de *Trịnh*. — *Nhà Trịnh* 茹 ○, dynastie des anciens vice-rois du Tonkin.

Trình 楨*. Bois dur employé pour les charpentes; pieu pour mur de soutènement; étai, appui, soutien. Voir *trểnh*.

Trình nhà ○ 茹, poutre, moise; étai, soutien. — *Cái trình* 丐 ○. id.

Trình 呈*. Rendre compte à un supérieur, soumettre respectueusement; rapport, exposé; visa.

Trình bẩm ○ 禀, exposer une affaire, présenter une pétition. — *Trình thượng* ○ 上, s'adresser à un supérieur. — *Trình biện* ○ 辨. soumettre à l'examen (de l'autorité). — *Tiểu trình* 銷 ○, id. — *Kinh trình* 經 ○, id. — *Trình từ* ○ 詞, soumettre une pièce; demander un visa. — *Tới quan mà trình giấy* 細 官 麻 ○ 紙, se présenter devant l'autorité pour faire viser un papier.

Trình 埕*. Grand vase en terre pour les liquides. Voir *chỉnh*.

Trình tửu ○ 酒, jarre à vin. — *Trình thống* ○ 捅, vase à puiser de l'eau. — *Cá trình* 魿 ○, nom de poisson.

Trình 裎*. Enlever les vêtements, mettre le corps à nu, se découvrir.

Trình 程*. Petite partie; mesure: route, chemin; itinéraire, étape.

Nhựt trình 日 ○, compte rendu journalier, feuille publique, journal, gazette. — *Thượng trình* 上 ○, partir en voyage. — *Công trình* 功 ○, travail, labeur.

Trịt 徹. Plat, pelé; gercé, écorché;

qui est aplati, qui ne dépasse pas. (Du S. A. *triệt*, même car., même signif.)

Trịt mũi ○ 鼻, nez pelé, écorché. — *Trịt mặt* ○ 面, face aplatie, écrasée.

Trít 瞎. Clore, fermer; baisser. (Formé des S. A. *mục* 目, œil, et *triết* 哲, intelligent.)

Nhắm trít 旺 ○, clore les paupières, fermer les yeux. — *Trít tai* ○ 聰, baisser les oreilles.

Triệu 召. Syllabe complémentaire. (En S. A., faire venir; se pron. *triệu*.)

Nặng triệu 曩 ○, pesant, lourd.

Triu 扚. Être fortement attaché à (surtout en matière de sentiments). (Formé des S. A. *thủ* 手, main, et *liễu* 了, manifeste.)

Triu mến ○ 勉, aimer tendrement. — *Trần triu* 鎮 ○, s'attacher à, se coller contre. — *Người hay triu chơn* 得呵 ○ 蹟, un individu qui ne vous quitte pas, un personnage collant. — *Triu vú sữa* ○ 乳 㵛, ne pas quitter le sein de sa nourrice.

Tro 爐. Cendre, poussière; cendré. (En S. A., fourneau; se pron. *lô* et *lư*.)

Lửa tro 煉 ○, faire cuire sous la cendre. — *Lửa vùi tro* 焐 培 ○, feu recouvert de cendres. — *Sắc tro* 色 ○, couleur cendrée. — *Nước tro* 渃 ○, lessive de cendres. — *Lễ tro* 禮 ○, le mercredi des Cendres.

Trọ 住 *. Cesser l'action. Voir *trú*.

Trò 徒. Élève, écolier, disciple;

puéril, enfantin, futile, frivole; jouer, s'amuser, errer, vagabonder. (Du S. A. *đồ*, même car., même signif.)

Học trò 學 ○, élève, écolier, collégien. — *Học trò nghe sách* 學 ○ 諠 冊, étudiant. — *Thầy trò* 柴 ○, maître et disciple. — *Làm trò* 濫 ○, faire des gamineries, s'occuper de futilités; trait d'habileté, tour d'adresse. — *Nói trò nói truyện* 吶 ○ 吶 傳, dire des riens. — *Nhà trò* 茹 ○, filles de comédie, chanteuses; comédiens ambulants, saltimbanques.

Trỏ 擼. Montrer avec le doigt, indiquer ou désigner avec la main. (Formé des S. A. *thủ* 手, main, et *lỗ* 魯, commun, vulgaire.)

Ngón trỏ 艜 ○, index. — *Chỉ trỏ* 指 ○, indiquer. — *Thỏ vẽ* ○ 戠, peindre une situation, faire connaître l'état d'une chose.

Trỏ 露. Écarquiller, faire saillir. (Du S. A. *lộ*, même car., se montrer.)

Trỏ trạo ○ 掉, faire saillir les yeux, se donner l'air terrible.

Trở 徂. Syllabe complémentaire. (En S. A., persévérer; se pron. *tồ*.)

Trầm trở 沈 ○, parler avec hésitation, balbutier. — *Con mới trầm trở* 昆 買 沈 ○, l'enfant commence à parler, à gazouiller.

Trổ 擼. Pousser, germer, fleurir; faire éclore des fleurs; ouvrager. (Formé des S. A. *thủ* 手, main, et *lộ* 魯, vulgaire.)

Lúa trổ 稻 ○, les épis se montrent. — *Lúa trỗ sinh* 穐○生, le riz germe. — *Cây cối trỗ bông* 核檜○藭, floraison des arbres et des plantes. — *Trỗ hoa* ○花, fleurir. — *Chạm trỗ* 剗○, orner, graver. — *Trỗ ý* ○意, dévoiler ses intentions, faire connaître son sentiment.

Trỗ 擼. Creuser; faire dériver. (Pour la décomp. du car., voir ci-dessus.)

Trỗ đàng nước ○唐渚, creuser une rigole. — *Trỗ nước* ○渚, détourner l'eau. — *Trỗ nước sông vô ruộng* ○渚瀧無疇, faire dériver l'eau du fleuve dans les rizières.

Trơ 猪. Immobile, comme hébété. (Du S. A. *trư*, même car., porc, cochon.)

Trơ trơ ○○, stupide, inerte; sans ressort, sans activité.

Trợ 助*. Venir en aide, porter secours, assister; force, effort.

Phù trợ 扶○, aider, protéger. — *Tá trợ* 佐○, id. — *Tương trợ* 相○, aide réciproque, défense mutuelle. — *Trợ lực* ○力, déployer toutes ses forces. — *Trợ ngôn* ○言, paroles d'encouragement. — *Trợ quốc khanh* ○國卿, titre princier; litt., intelligent défenseur du royaume. — *Trợ quốc lang* ○國郎, autre titre princier.

Trợ 筯*. Bâtonnets ou baguettes pour manger. Voir *đũa*.

Trớ 詛*. Lancer des imprécations, dire des grossièretés; maudire, injurier; tromper, attraper; détourner, esquiver, faire dévier.

Nói trớ 吶○, tromper. — *Đi trớ* 移○, errer. — *Trớ qua* ○戈, éviter, esquiver. — *Trớ trinh* ○貞, retors, qui ne dit pas la vérité; farces et paroles pour faire rire. — *Ngựa hay trớ* 馭哈○, cheval qui fait souvent des écarts.

Trớ 徐. Inopinément, tout à coup. (Du S. A. *từ*, même car., air dégagé.)

Trớ tới ○細, se montrer tout à coup, arriver à l'improviste. — *Đi trớ* 移○, partir subitement. — *Nói trớ* 吶○, parler à la légère. — *Nó nói trớ ra* 奴吶○囉, il s'est laissé aller à dire que…

Trớ 咀*. Mâcher, ruminer, broyer.

Trở 阻*. Arrêter, barrer; empêcher, s'opposer, mettre obstacle; obstruction, empêchement; tourner, virer, changer de direction.

Ngăn trở 垠○, barrer, empêcher, se mettre en travers de. — *Trở về* ○衛, revenir, rétrograder. — *Trở lại* 吏, retourner. — *Trở lòng* ○悉, faire défection, abandonner son parti. — *Trở lòng về nghịch* ○悉衛逆, passer à l'ennemi. — *Trở mặt lại* ○靦吏, faire volte-face, se retourner contre. — *Trở nên* ○年, redevenir convenable, s'amender. — *Trở lui* ○踚, reculer. — *Trở dáo* ○倒, tergiverser. — *Trở lưng* ○腰, tourner le dos. — *Trở giận làm vui* ○悷濫盃, changer sa colère en gaîté. — *Sơn trở* 山○, défilé dans les montagnes. — *Chỗ trở xe* 𡊲○車, tournant pour les voitures. — *Mấy con chim đã làm ổ trên cây này không có trở về* 買昆鴣㝵

濫塢連核尼空固 ○ 衛, les oiseaux qui firent leur nid sur cet arbre ne sont pas revenus.

Trở 齟*. Dents mal plantées; au fig., incorrect, inconvenant, malséant, grossier.

Troän 傳*. Relater, raconter; notes, récits, contes, fables. Voir *truyền*.

Trọc 秃. Rasé, dénudé, dépouillé. (Du S. A. *thóc*, même car., chauve.)

Trọc đầu ○ 頭, tête chauve. — *Trọc trọi* ○ 磊, arbre qui a perdu ses feuilles. — *Thằng trọc nầy* 倘 ○ 尼, ce tondu-là (injure [1]).

Trọc 濁*. Eau trouble; liquide sale, boueux, corrompu. Voir *đục*.

Tróc 捉*. Serrer dans la main, tenir ferme; prendre, saisir.

Tróc thủ ○ 手, empoigner. — *Câu tróc* 抱 ○, arrêter. — *Tróc ná* ○ 拏, mettre quelqu'un en état d'arrestation.

Tróc 斯*. Couper, tailler, rogner, racler, éplucher, écailler, écorcher.

Tróc ra ○ 囉, se dépouiller, se peler. — *Tróc vỏ* ○ 補, enlever l'écorce. — *Tróc da* ○ 膟, enlever la peau. — *Tróc tron* ○ 瀾, nettoyer complètement, faire place nette.

Tróc 築*. Battre à grands coups, frapper très fort; fracas, tempête.

Tróc gốc ○ 格, arraché, déraciné.

— *Tróc neo* ○ 錨, chasser sur les ancres. — *Gió tróc* 逾 ○, cyclone.

Trọi 磊. Abandonné, inhabité; pelé, dépouillé, dénudé, aride; mot complémentaire. Voir *trụi*. (En S. A., cailloux; se pron. *lỗi*.)

Trọi tron ○ 瀾, vide, sans rien. — *Trọi lỗi* ○ 磊, id. — *Núi trọi* 岿 ○, montagne aride. — *Sự trần trọi* 事陣 ○, dénûment, pauvreté.

Trói 繑. Attacher, lier, garrotter (prisonniers, voleurs, malfaiteurs). (Formé des S. A. *mịch* 糸, liens, et *lỗi* 磊, pierreux, cailloux.)

Trói tay ○ 搷, lier les mains. — *Trói ké lại* ○ 寄吏, lier (à quelqu'un) les bras derrière le dos (un peu au-dessus du coude, selon la coutume des indigènes). — *Trói nó lại đi* ○ 奴吏迻, qu'on le garrotte. — *Dây trói tay* 繰 ○ 搷, menottes, poucettes. — *Mở trói* 搗 ○, détacher, enlever les liens. — *Trăng trói* 綾 ○, entraves et liens en général.

Trói 繑. Étayer, appuyer, soutenir. (Pour la décomp. du car., voir ci-dessus.)

Chống trói 擦 ○, consolider, raffermir. — *Trói lại* ○ 吏, rafistoler, arranger. — *Trói nhà* ○ 茹, étayer les murs d'une maison.

Trôi 潘. Emporté par les eaux, roulé par le courant; flotter. (Formé des S. A. *thủy* 水, eau, et *lôi* 雷, pluie sur un champ.)

Trôi sông ○ 瀧, entraîné par le

---

[1] Chez les Annamites, avoir la tête rasée est une marque infamante.

fleuve, aller à la dérive. — *Trôi nổi* ○ 浽, surnager. — *Trôi theo nước* ○ 蹺渃, à vau-l'eau. — *Chết trôi* 折 ○, le corps d'un noyé flottant sur l'eau.

Trội 搖. Enfoncer; faire ressortir. (Formé des S. A. *thủ* 手, main, et *lội* 磊, tas de pierres.)

 Trội đinh ○ 釘, enfoncer une pointe, river un clou. — *Trội giá* ○ 價, augmenter de prix. — *Phần trội* 分 ○, ce qui dépasse, ce qui est en plus, un excédent.

Trối 囋. Faire connaître ses dernières volontés, tester, léguer. (Formé des S. A. *khẩu* 口, bouche, et *lội* 磊, tas de pierres.)

 Lời trối 祸 ○. dispositions testamentaires. — *Làm tờ trối* 濫詞 ○, faire un testament écrit. — *Trối lại* ○ 更, léguer. — *Trối cho* ○ 朱, id. — *Kẻ trối* 几 ○, testateur. — *Kẻ được của trối lại* 几特貼 ○ 更, légataire. — *Tờ trối tay mình viết ra hết* 詞 ○ 捃命曰囋歇, testament olographe.

Trồi 跦. Monter plus haut; surgir. (Formé des S. A. *túc* 足, pied, et *lội* 耒, charrue.)

 Trồi lên ○ 遷, s'élever, se hausser. — *Cái trồi lại* 丐 ○ 更, surplus, excédent. — *Trồi ra* ○ 囉, apparaître, se montrer.

Trổi 昧 (1). Être au-dessus de, avoir la supériorité sur; plus capable.

(Formé des S. A. *khẩu* 口, bouche, et *lội* 耒, charrue.)

 Trổi hơn ○ 欣, exceller, dépasser, l'emporter sur. — *Trổi chúng* ○ 衆, être au-dessus de tous, dominer tout le monde.

Trới 魃. Hallucination, illusion. (Formé des S. A. *quỉ* 鬼, démon, et *thai* 台, haut.)

 Ma trới 魔 ○. feu follet.

Trới 智. Clairvoyant. perspicace. (Du S. A. *trí*, même car., même signif.)

 Trới huệ ○ 惠, esprit éclairé.

Trới 致. Atteindre le point visé. (Du S. A. *trí*, même car., même signif.)

Trời 盃. Ciel, firmament; le temps, la température. (Dans quelques contrées de l'Annam on prononce *lời*.) (Formé des S. A. *thiên* 天, ciel, et *thượng* 上, haut, supérieur.)

 Trời thanh ○ 清, temps clair, ciel serein. — *Trời tốt* ○ 卒, beau temps. — *Trời xấu* ○ 丑, mauvais temps. — *Trời mưa* ○ 霄, il pleut. — *Đức chúa trời* 德主 ○, seigneur du ciel (dieu des chrétiens). — *Trời ơi là trời* ○ 陵羅 ○, ô ciel! — *Trời đất ơi* ○ 坦喂, appeler le ciel et la terre à son secours (exclamation de douleur). — *Vòng trời* 綏 ○, la voûte céleste. — *Mặt trời* 面 ○, l'astre du jour, le soleil. — *Trời nắng lắm* ○ 曘 糜, il fait très chaud (en parlant de la chaleur qui provient directement

---

(1) Se transcrit aussi par le car. 磊.

des rayons solaires). — *Trời lạnh quá* ○ 冷過, il fait trop froid.

Trom 攢. Syllabe complémentaire. (En S. A., rassembler; se pron. *toàn*.)

Giữ trom trom 伫 ○ ○, garder avec soin, surveiller avec vigilance.

Tròm 攢. Syllabe complémentaire. (Pour le car. en S. A., voir ci-dessus.)

Tròm trèm ○ 玷, avec mesure, sans excès; économie, modération.

Tròm 瞰. Creux, enfoncé, profond. (Formé des S. A. *mục* 目, œil, et *lãm* 覽, voir.)

Con mắt tròm 昆相○, yeux caves.

Tròm 欖. Nom d'arbre. Voir *trâm*. (En S. A., touffe, fourré; se pron. *toàn*.)

Trái tròm 騋○, le fruit de cet arbre (une graine oléagineuse).

Trộm 濫. Furtivement, en secret, en cachette, à la dérobée; fureter. (En S. A., déborder (eau); se pron. *lạm*.)

Ăn trộm 唆 ○, prendre furtivement, dérober. — *Ăn trộm trâu* 唆 ○ 犎, voler des buffles. — *Kẻ ăn trộm* 几 唆 ○, un voleur. — *Đi ăn trộm* 移 唆 ○, aller voler. — *Trộm lấy* ○ 祂, enlever en secret. — *Nói trộm* 吶 ○, parler en secret. — *Trộm phép* ○ 法, abuser d'un droit, dépasser une permission, transgresser.

Trọm 湛. Syllabe complémentaire. (En S. A., immergé; se pron. *trạm*.)

Trí trọm 遲 ○, brave, courageux.

Tròm 漸. Syllabe complémentaire. (En S. A., peu à peu; se pron. *tiệm*.)

Tròm ra ○ 囉, dépasser. — *Tròm tới* ○ 細, se hâter vers, aller jusqu'au bout, atteindre le but.

Tron 掄. Introduire, faire entrer. (Du S. A. *luân*, même car., prendre.)

Tron tay vào ○ 挮㗂, introduire la main, passer le doigt. — *Tron mình vào chỗ nào* ○ 命㗂挂荷, se cacher dans un endroit quelconque.

Trọn 論. Achevé, complet, parfait, entier, intégral, absolu, intact. (En S. A., parler, causer; se pron. *luận*.)

Trọn vẹn ○ 援, intégralement. — *Làm cho trọn* 濫朱○, finir, achever, compléter. — *Trọn năm* ○ 醉, toute l'année. — *Trọn đời* ○ 代, toute la vie, tout le siècle. — *Trọn việc* ○ 役, affaire achevée. — *Trọn công* ○ 功, travail entièrement fini. — *Trọn lành* ○ 荅, parfaitement bon. — *Cách trọn* 格 ○, absolument. — *Nên trọn* 年 ○, perfectible. — *Giữ trọn* 伫 ○, se garder pur, intact.

Tròn 論. En rond, en cercle; plein. (Pour le car. en S. A., voir ci-dessus.)

Xây tròn 搓 ○, tourner en rond. — *Vòng tròn* 綏 ○, en cercle. — *Hình tròn* 形 ○, de forme ronde. — *Tròn tròn* ○ ○, arrondi. — *Vẽ vòng tròn* 啟綏 ○, décrire un cercle, tracer une circonférence. — *Trăng tròn* 麤 ○, pleine lune.

Trôn 腀. Anus, fesses, postérieur. (Formé des S. A. *nhục* 肉, chair, et *luân* 倫, ordre, série.)

Bàn trồn 盤 ○. fondement. — *Trồn kim* ○ 針, trou d'aiguille.

Trộn 論. Choses mêlées ensemble. (En S. A., parler, causer; se pron. *luận*.)

Làm cho trộn trạo 濫朱 ○ 掉, mêler, mélanger; brasser. — *Trộn đi trộn lại* ○ 拸 ○ 吏, remuer dans tous les sens, bien mélanger.

Trốn 遁. Se soustraire à, se cacher, s'évader, s'échapper, s'esquiver. (Du S. A. *độn*, même car., même signif.)

Trốn tránh ○ 另, fuir, se mettre à l'abri. — *Nó trốn* 奴 ○, il est parti, il se cache. — *Không biết trốn đâu* 空別 ○ 兜, ne pas savoir où se cacher. — *Trốn thuế* ○ 稅, se soustraire à l'impôt. — *Trốn lính* ○ 另, éviter le service militaire, déserter. — *Lính trốn* 另 ○, déserteur. — *Trốn biệt* ○ 別, s'éclipser, disparaître.

Trơn 瀾. Glissant, poli, uni, clair, net; absolument, définitivement. (En S. A., se répandre; se pron. *lan*.)

Trơn trợt ○ 跌, glisser. — *Đường trơn* 唐 ○, chemin glissant. — *Trơn tru* 誅, luisant. — *Lụa trơn* 縷 ○, soie unie. — *Nói trơn* 吶 ○, parler carrément, sans broncher. — *Hết trơn* 歇 ○, absolument fini. — *Ráo trơn* 燥 ○, sec, glacé, poli, lisse. — *Nói cho trơn* 吶 朱 ○, parler correctement. — *Chưa trơn* 渚 ○, pas encore net, pas encore assez clair.

Trợn 瞋. Écarquiller les yeux. (Formé des S. A. *mục* 目, œil, et *triển* 展, déplié, ouvert.)

Trợn con mắt ○ 昆相. rouler des yeux menaçants.

Trớn 鎮. Caresser en passant la main sur; jouer, cajoler; arriver par la vitesse acquise (barque). (En S. A., gouverner; se pron. *trấn*.)

Trớn con nít ○ 昆𥚇, jouer avec un petit enfant. — *Được trớn* 特 ○, avoir assez de force pour arriver. — *Tàu cầm máy mà cũng trớn tới* 艚擒槙麻拱 ○ 細, la machine était arrêtée, mais le navire toucha quand même. — *Hết trớn* 歇 ○, qui n'a plus assez de force pour arriver.

Trong 冲. Clair, pur, transparent, limpide, diaphane; dans, intérieur. (Du S. A. *xung*, même car., eaux claires.)

Trong sạch ○ 㴿, pur, net. — *Nước trong* 渃 ○, eau claire, transparente. — *Sự trong lẻo* 事 ○ 了, limpidité, transparence. — *Trong nhà* ○ 茹, dans la maison. — *Nhà trong* 茹 ○, les appartements privés d'une maison. — *Ở trong* 於 ○, être dans. — *Ở trong thành* 於 ○ 城, être en ville. — *Nội trong ba năm* 內 ○ 㕧䄜, dans l'espace de trois ans. — *Trong ngoại* ○ 外, dedans et dehors, intérieur et extérieur. — *Ở trong dân* 於 ○ 民, parmi le peuple. — *Đàng trong* 唐 ○, partie intérieure; l'Annam moyen. — *Tôi ở trong tay người ấy* 碎於 ○ 搹得 意, je suis dans la main de cet homme (je suis à sa discrétion).

Trọng 仲*. Frère cadet; le deuxième, celui qui vient après les autres.

Trọng xuân ○ 春, second mois du printemps. — *Trọng ni* ○ 尼, petit nom de Confucius. — *Bá trọng* 伯〇. frères aînés et cadets; beaucoup d'amis; presque égaux.

Trọng 重*. Lourd, pesant; important, sérieux, digne, noble, grave; ajouter, doubler. Voir *trụng*.

Việc trọng 役〇, affaire importante. — *Trọng tiền* 〇錢, beaucoup de sapèques. — *Cao trọng* 高〇, éminent, imposant. — *Sang trọng* 郎〇, noble, illustre. — *Cách sang trọng* 格郎〇, noblement, dignement. — *Quí trọng* 貴〇, précieux, de haut prix. — *Trọng hảo* 〇好, excellent. — *Trọng hình* 〇刑, punition sévère, châtiment grave. — *Trọng kính* 〇敬, honorer, vénérer, respecter (formule de respect en écrivant à un supérieur).

Tróng 梇. Espèce de bâton qui sert à tenir les chiens à l'attache. (Formé des S. A. *mộc* 木, bois, et *lọng* 弄, jouer.)

Chó mang tróng 狂芒〇, chien retenu au moyen de ce bâton.

Tròng 瞳. La pupille de l'œil; passer dans, faire entrer, introduire. (Du S. A. *đồng*, même car., même signif.)

Tròng trắng 〇𦥑, blanc d'œuf. — *Tròng đỏ* 〇赭, jaune d'œuf. — *Tròng bia* 〇碑, le rond ou le point qui se trouve au milieu d'une cible. — *Tròng vào cổ* 〇伵古, passer (quelque chose) autour du cou.

Tróng 籠. Désirer vivement; voir,

regarder; attente, expectative. (Du S. A. *lung*, même car., même signif.)

Ngóng tróng 顒〇, être dans l'attente de. — *Tróng đợi* 〇待, s'attendre à. — *Đang tróng đợi* 當〇待, pendant l'attente. — *Sự ước tróng* 事約〇, souhait; attente, expectative. — *Tróng cậy* 〇忌, espérer en, compter sur. — *Tôi tróng cậy ông* 碎〇忌翁, je compte sur vous, monsieur. — *Tróng cho mau rồi* 〇朱毛耒, désirer vivement la fin, se dépêcher tant qu'on peut pour finir. — *Tróng lên tróng xuống* 〇蓮〇𡮈, attendre impatiemment, espérer dans l'anxiété.

Trộng 重 (1). Un peu fort, assez gros. (Du S. A. *trọng*, même car., important.)

Nói trộng lớn 吶〇㕵, parler fort. — *Hát trộng* 嘔〇, chantonner. — *Trộng tiếng* 〇嗒, commencer à donner de la voix. — *Ăn cơm trộng* 唆䬺〇, se dit d'un petit enfant qui commence à manger seul, sans l'aide de sa mère. — *Hột gạo đã trộng* 紇糙𨭿〇, les grains de riz sont assez gros.

Tróng 俸. Le mâle chez les oiseaux. (En S. A., esprit borné; se pron. *lộng*.)

Con gà tróng 昆鶻〇, le coq. — *Tróng mái* 〇𩵜, mâle et femelle (oiseaux).

Tróng 鼙. Tambour, tam-tam; vacant, vague, à vide, non abrité, ouvert, à découvert; clairière. (Formé des S. A. *bì* 皮, peau, et *lọng* 弄, s'amuser.)

---

(1) Se transcrit aussi par le car. 哞.

Trống lớn ○ 吝, grand tam-tam. — *Trống phách* ○ 魄, tam-tam ordinaire. — *Trống chầu* ○ 朝, un tambour pour applaudir les comédiens. — *Trống chiến* ○ 戰, tambour de guerre. — *Trống canh* ○ 更, tambour de veille. — *Trống cơm* ○ 餂, tambourin. — *Trống dá* ○ 綾, timbale. — *Đánh trống* 打 ○, battre le tam-tam, tambouriner. — *Một dặm trống* 沒琰 ○, l'espace de chemin au bout duquel on ne perçoit plus le son du tambour qui bat la veille (pour apprécier les distances). — *Trống trải* ○ 歷, à découvert, bien étalé; patent. — *Đất trống* 坦 ○, terrain vague. — *Trống không có cây* ○ 空固核, sans aucun arbre. — *Trống trong rừng* ○ 冲棱, une clairière dans la forêt. — *Nhà trống* 茹 ○, case délabrée, sans toiture; maison ouverte à tous les vents.

Trồng 櫳. Planter, semer; enfoncer. (En S. A., haie, barrière; se pron. *lung*.)

Trồng trĩa ○ 摔, semer, planter (mot double). — *Trồng cây* ○ 核, planter des arbres; enfoncer un pieu. — *Việc trồng* 役 ○, action de planter. — *Trồng lại* ○ 吏, replanter. — *Cây mới trồng* 核買 ○, plants nouveaux. — *Nọc trồng* 楮 ○, plantoir. — *Vun trồng* 抆 ○, cultiver. — *Trồng trái* ○ 粳, vacciner. — *Thuốc trồng trái* 葉 ○ 粳, vaccin.

Trổng 哢. Vague, incertain, douteux; indéterminé, indéfini; en général. (Du S. A. *lộng*, même car., gazouiller.)

Nói trổng 吶 ○, dire généralement, parler indirectement. — *Cách trổng* 格 ○, abstractivement. —

Đánh trổng 打 ○, un certain jeu d'adresse.

Trớp 蕗. Épi maigre, vide. V. *lớp*. (Formé des S. A. *thảo* 艸, plantes, et *lạp* 鼠, chevelure.)

Trót 律. Achevé, parfait, complet. (En S. A., loi, règle; se pron. *luật*.)

Trót năm ○ 醉, l'année entière, toute l'année. — *Trót trăm năm* ○ 焦 醉, une centaine d'années. — *Trót thể* ○ 体, complet, parfait; absolument, intégralement. — *Ăn trót* 咹 ○, manger tout.

Trợt 跌. Glisser, tomber (faux pas). (Du S. A. *điệt*, même car., même signif.)

Trợt chơn ○ 蹎, faire un faux pas. — *Chạy trợt* 趄 ○, courir tout droit, filer vite, disparaître. — *Đi trợt tới* 趁 ○ 細, arriver par hasard. — *Trơn trợt* 瀾 ○, glissant.

Trớt 札. Tordu, recourbé, replié. (Du S. A. *trát*, même car., même signif.)

Trớt môi ○ 枚, avancer les lèvres, faire la moue.

Trou 嚠. Avaler d'un trait au moyen d'un peu d'eau (comme on fait d'une pilule). (Formé des S. A. *khẩu* 口, bouche, et *lưu* 留, laisser aller.)

Tru 誅 *. Rechercher des coupables; s'enquérir des fautes commises; punir, détruire, exterminer.

Thiên tru 天 ○, punition du ciel. — *Trời tru đất diệt* 兲 ○ 坦 烕, que le ciel te tue! que la terre t'écrase! (malédiction, imprécation).

Trụ 嗽*. Parler beaucoup; crier très fort, brailler, hurler.

Hét trụ 嗽 ○, hurler, rugir. — *Tiếng chó trụ* 嗜狂 ○, hurlements prolongés des chiens.

Trụ 蛛*. Araignée. Voir *nhện* et *tri*.

Trụ 筅*. Instrument pour tendre les cordes d'un violon, d'un luth.

Trụ 胄 et 胃*. Postérité, lignée, descendance; casque de guerrier.

Mũ trụ 帽 ○, coiffure militaire.

Trụ 宙*. Abriter sous un toit; de tout temps, jusqu'à présent.

Vũ trụ 宇 ○, l'univers, le monde.

Trụ 紂*. Harnachement de soie; croupière; le nom d'un mauvais souverain; cruel, injuste.

Trụ 酎*. Vin de bonne qualité, liqueur fortifiante; réconfortant.

Trụ 住*. Ne plus agir, s'arrêter, ne plus avancer. Voir *trọ* et *trú*.

Trụ 柱*. Colonne, poteau, pilier; appui, support; soutien, défenseur.

Trụ quốc ○ 國, celui qui soutient l'État, un premier ministre. — *Tứ trụ* 四 ○, les quatre colonnes de l'Empire (hauts fonctionnaires chargés de recevoir les dernières volontés du souverain et de pourvoir à la succession au trône). — *Trụ đá* ○ 磲, colonne de pierre. — *Súng trụ* 銃 ○, canon de gros calibre.

Trú 住*. Cesser l'action, ne plus travailler, s'arrêter; demeurer coi. Voir *trọ* et *trụ*.

Cư trú 居 ○, demeure fixe. — *Trú chỉ* ○ 止, s'arrêter quelque temps, séjourner momentanément. — *Tạm trú* 暫 ○. id. — *Trú ngụ* ○ 寓, id.

Trú 晝*. Soleil qui éclaire; le jour (par opposition à la nuit).

Bạch trú 白 ○, pleine clarté du jour, milieu de la journée. — *Trú dạ* ○ 夜, jour et nuit. — *Nguyệt quang như trú* 月光如 ○, la lune brille comme le soleil.

Trù 詶*. Adjuration des bonzes, invocation aux esprits; imprécations, vociférations, malédictions.

Trù nhau ○ 饒, se maudire les uns les autres, se disputer.

Trù 廚*. Cuisine; garde-manger, buffet, armoire à provisions.

Quân tử viện bào trù 君子遠庖 ○, le philosophe se tient éloigné de la cuisine. — *Thơ trù* 書 ○, armoire à livres, bibliothèque.

Trù 疇*. Champ cultivé; travailler la terre, labourer; cultivateur, laboureur; classe, série; les temps passés.

Điền trù 田 ○, rizière en culture. — *Trù nhơn* ○ 人, agriculteur.

Trù 籌*. Bâtonnet, taille (pour marquer); compter, calculer; billet, tablette (pour les sorts).

Trù 儔*. Réunion de quatre personnes; compagnie, groupe, classe, catégorie.

Trù 躊*. Avancer et reculer; être indécis, hésitant, perplexe.

Trù 稠*. Épais, serré, compact; abondant, nombreux, fertile.

Trù 絧. Chaîne en bourre de soie. (Formé des S. A. *mịch* 糸, soie, et *trù* 冑, lignée.)
> *Dây lưng trù* 絧腰 ○, une de ces chaînes servant de ceinture aux travailleurs.

Trư 㧖*. Opposer de la résistance, se défendre; battre, frapper.
> *Trư ngữ* ○ 語, se défendre par la parole, nier, protester.

Trư 猪*. Pourceau, porc, cochon; nom de plante médicinale.
> *Mẫu trư* 母 ○, truie. — *Trư công* ○ 公, verrat. — *Son trư* 山 ○, sanglier. — *Trư linh* ○ 苓, le nom d'un médicament.

Trư 渚*. Endroit dans lequel se vautrent les cochons; bauge, fange, mare, flaque d'eau.

Trư 字. Pièce de monnaie, sapèque. (Du S. A. *tự*, même car., mot, lettre.)
> *Một trư* 沒 ○, une pièce de monnaie, une sapèque. — *Người ấy không có một trư* 得意空固沒 ○, cet homme n'a pas une sapèque (n'a pas un sou vaillant).

Trứ 著*. Faire exécuter, donner des ordres; particule pouvant donner à un verbe la forme impérative. Voir *trước*.
> *Trứ lịnh* ○ 令, prescrire l'exécution d'un ordre supérieur.

Trứ 翥*. S'élever dans les airs; se montrer, manifester, dévoiler.

Trừ 除*. Ôter, soustraire, déduire, retrancher; exclure, éloigner, expulser, expurger, supprimer.
> *Trừ phi* ○ 非, défalquer, excepter; hors de question; mettre de côté. — *Trừ ra* ○ 囉, soustraire; supprimer, détruire. — *Trừ di* ○ 移, id. — *Khử trừ* 去 ○, faire sortir, rejeter, extirper. — *Trừ quỉ* ○ 鬼, chasser les diables, exorciser. — *Trừ ma* ○ 魔, chasser les revenants, éloigner les fantômes. — *Phép trừ* 法 ○, la soustraction. — *Trừ bệnh* ○ 病, chasser la maladie. — *Trừ cho hết* ○ 朱歇, supprimer totalement.

Trừ 篨*. Roulé dans une natte (comme un mort ou un malade).

Trừ 儲*. Aider, secourir; prêt à défendre; muni du nécessaire.
> *Trừ quân* ○ 君, le successeur légitime d'un prince, l'héritier présomptif de la couronne.

Trừ 佇 et 竚*. Rester longtemps debout; demeurer en expectative, attendre, veiller.

Trừ 貯*. Tas; réunir, amasser, accumuler; contenir, recéler, cacher. Voir *chứa*.

Tích trữ 積 ○, amassé, serré; de côté. — *Trữ dưỡng* ○ 養, rassembler des provisions de bouche.

Trữ 杼*. Espèce de chêne; morceau de bois long et mince; navette de tisserand.

Trữ 仔*. Conduire par la main, guider; écarter les obstacles, aplanir les difficultés, ouvrir les voies.

Trwa 㿖. Le milieu de la journée (entre onze heures et une heure). (Formé des S. A. *nhựt* 日, jour, et *lư* 盧, obscur.)

Ban trwa 班 ○, à midi. — *Hồi trwa* 回 ○, id. (en parlant au passé). — *Đã trwa* 㐌 ○, il va être midi; il se fait tard. — *Bữa ăn trwa* 𩛖 晗 ○, le repas de midi. — *Nghỉ trwa* 擬 ○, se reposer au milieu du jour. — *Ngủ trwa* 眝 ○, faire la sieste.

Truần 屯*. Assembler, réunir; partager pour joindre, unir, grouper (en parlant de soldats). Voir *đồn*.

Truần nhau ○ 饒, se réunir, s'assembler (par petits groupes égaux). — *Truần môi* ○ 縖, joindre deux bouts de corde.

Truần 迍*. Ne pas pouvoir avancer; faire d'inutiles efforts pour réussir.

Truật 朮*. Plante amère produisant une graine oléagineuse employée en médecine.

Bạch truật 白 ○. le nom d'une drogue astringente. — *Thương truật* 蒼 ○, autre préparation médicinale.

Truật 怵*. Troublé, confus, affecté; timide, peureux, craintif.

Truất 黜*. Réprimander, adresser des reproches; renvoyer, chasser, révoquer, casser, rétrograder.

Truất chức ○ 職, déchoir de son rang; perdre sa dignité, son grade. — *Truất xuống* ○ 𠁑, être rétrogradé. — *Truất giá* ○ 價, abaisser le prix, diminuer de valeur.

Trục 逐*. Chasser devant soi, pousser en avant, exciter; choisir et prendre un à un.

Trục khứ ○ 去, renvoyer, pousser dehors brutalement. — *Trục theo* ○ 跷, suivre, poursuivre, donner la chasse. — *Trục vào sổ* ○ 𠓨 數, mettre sur une liste, inscrire au catalogue, immatriculer.

Trục 軸*. Essieu, pivot, cylindre, rouleau, cabestan, tourniquet.

Quây trục 㧣 ○, mettre un rouleau en mouvement, tourner un treuil. — *Quây trục neo* 㧣 ○ 錨, virer le cabestan pour lever l'ancre. — *Trục ghe* ○ 艒, tirer la barque à terre au moyen de rouleaux. — *Cái trục* 丐 ○, rouleau pour aplanir la terre, rouleau compresseur.

Trục 岫*. Grotte ou caverne dans les montagnes; tanière, repaire, trou de bête.

Trực 妯*. Affecté, ému, troublé; inquiétude, émotion, agitation.

Trúc 竹*. Bambou, roseau. Car. radical. Voir *tre* et *trước*.

Trúc 竺*. Bambou (espèce); nom de pays. Voir *trước*.

Trúc 筑*. Un certain instrument de musique en bambou.

Trúc 築*. Entasser, accumuler; battre la terre pour faire des remparts, des digues, des remblais.

Trực 直*. Droit, juste, honnête, intègre, sincère, vrai; mode, manière; mesure, quantité, qualité.

   Chánh trực 正 ○, très droit, parfaitement juste. — *Trung trực* 忠 ○, fidèle, loyal. — *Cứ một trực* 據沒 ○, partir d'un commun principe, tenir une même ligne de conduite. — *Trực ấy* ○ 意, de cette manière. — *Trực nầy* ○ 尼, de telle façon; de cette qualité.

Trui 焠*. Tremper le fer. Voir *toái*.

   Trui vào lửa ○ 㚃焅, soumettre à l'action du feu, rougir au feu.

Trụi 磊. Dénudé, dépouillé, pelé; incomplet; manquer de. Voir *trọi*. (En S. A., caillouteux; se pron. *lội*.)

   Trọc trụi 禿 ○, sans cheveux; sans feuilles. — *Trụi tay* ○ 抴, rien dans les mains; indigent. — *Trụi trơn* ○ 瀾, vide, à sec; mutilé.

Truy 追*. Suivre pas à pas, marcher derrière quelqu'un; assister, escorter; faire des recherches, se livrer à des investigations.

Truy 墜*. Tomber en ruine, rouler à terre; s'écrouler, glisser, tomber; suspendre.

   Truy hạ ○ 下, faire une chute. — *Truy thai* ○ 胎, avorter. — *Biếm truy* 貶 ○, causer du dommage, faire du tort; détruire, renverser, ruiner.

Truyện 傳*. Relater, rapporter; histoire, annales; préceptes, traditions; histoires, récits, contes, fables, légendes. Voir *chuyện*.

   Kinh truyện 經 ○, annales, histoire. — *Liệt truyện* 列 ○, notes chronologiques. — *Truyện phong thần* ○ 風神, mythes et légendes. — *Truyện phong thần An nam* ○ 風神安南, mythes et légendes de l'Annam. — *Truyện các bụt thần* ○ 各孛神, mythologie. — *Nói truyện* 吶 ○, raconter des histoires; parler, causer, s'entretenir.

Truyền 傳*. Publier, raconter; rapporter, transmettre; promulguer.

   Truyền lịnh ○ 令, transmettre un ordre de l'autorité suprême, publier un édit. — *Truyền ngôi* ○ 嵬, transmettre le trône. — *Truyền tin* ○ 信, faire parvenir des nouvelles. — *Lời truyền* 唎 ○, avis, annonce. — *Nói truyền ra* 芮 ○ 羅, propager, répandre. — *Truyền phép* ○ 法, faire passer le pouvoir, transmettre une science, publier une méthode.

Trụm 拴 ⁽¹⁾. Tout ou tous ensemble, en totalité, en entier, au complet. (Formé du S. A. *thủ* 手, main, et du C. V. *trùm* 仝, couvrir.)

Bắt trụm 抔 ○, prendre tout, faire une rafle complète. — *Đất nó ăn trụm hết* 坦奴咹 ○ 歇, il s'est emparé de tout le terrain.

Trúm 篕. Sorte de nasse en bambou. (Formé des S. A. *trước* 竹, bambou, et *thậm* 甚, beaucoup.)

Đánh trúm 打 ○, prendre du poisson avec cet engin de pêche.

Trùm 仝. Autrefois ancien de village, chef de hameau; aujourd'hui simple agent d'exécution du maire dans une commune. (Formé des S. A. *nhơn* 人, homme, et *thượng* 上, grand.)

Trùm họ ○ 戶, chef de communauté. — *Trùm việc* ○ 役, petit notable chargé de communiquer les ordres du maire (corvées, impôts).

Trùm 簽. Sorte de chapeau en bambou tressé qui abrite toute la tête et qui est porté surtout par les matelots des jonques de mer. (Formé du S. A. *trước* 竹, bambou, et du C. V. *trùm* 仝, agent communal.)

Trùm mình ○ 命, se couvrir, s'envelopper, s'abriter.

Trụn 蒥. Se contracter, se tortiller, se replier (comme font les reptiles). (Formé des S. A. *thảo* 艸, plantes, et *luân* 侖, ordre, rang.)

Trụn cổ lại ○ 古吏, contracter le cou, rentrer la tête; timide, craintif. — *Đau đầu trụn* 疠頭 ○, panaris, mal blanc.

Trun 蜦. Espèce de petit serpent prétendu venimeux. (Formé des S. A. *trùng* 虫, reptile, et *luân* 侖, ordre.)

Trùn 蚖. Ver de terre; se tordre. (Formé des S. A. *trùng* 虫, insecte, reptiles, et *đồn* 屯, réunir, assembler.)

Mọt trùn 蝐 ○, vers et poux de bois. — *Trùn ruột* ○ 膵, douleurs d'entrailles.

Trung 中 *. Dedans, intérieur; milieu, centre; bien partagé en deux; qui ne penche ni d'un côté ni d'un autre; moyen, ordinaire, médiocre.

Trung chánh ○ 正, juste milieu. — *Trung quốc* ○ 國, l'empire du Milieu. — *Trung quốc nhơn* ○ 國人, un Chinois. — *Trung niên* ○ 年, ni vieux ni jeune. — *Trung nhơn* ○ 人, intermédiaire, médiateur; homme de capacité moyenne. — *Nội trung* 內 ○, à l'intérieur de, au dedans de; dans le nombre, parmi. — *Thượng trung* 上 ○, au-dessus de la moyenne. — *Hạ trung* 下 ○, au-dessous de la moyenne. — *Trung giá* ○ 價, prix moyen. — *Trung cân* ○ 斤, équilibre; juste balance. — *Trung môn* ○ 門, porte centrale. — *Sách trung dung* 冊 ○ 庸, le livre du juste milieu (classique chinois). — *Cái trung* 丐 ○, une jarre de moyenne grandeur.

Trung 忠 *. Cœur droit, âme loyale;

⁽¹⁾ Se transcrit aussi par le car. 湛.

droiture, loyauté, fidélité; sincère, honnête, dévoué.

Trung ngãi ○ 義, juste et loyal. — *Trung thần* ○ 臣, ministre patriote, serviteur fidèle de l'État. — *Trung hiếu* ○ 孝, piété filiale. — *Trung trinh* ○ 貞, chaste. — *Trung ngôn* ○ 言, paroles loyales. — *Trung thần* ○ 臣, serviteur fidèle. — *Trung thần bất sự nhị quân, liệt nữ bất giá nhị phu* ○ 臣不事二君烈女不嫁二夫, un ministre loyal ne peut servir deux princes, une femme honnête ne peut avoir deux maris.

Trung 衷*. Vêtement intérieur, habit de dessous, chemise; intime, privé; bon, droit, loyal, juste.

Trung tâm ○ 心, pensées intimes. — *Bất trung* 不○, qui manque de loyauté, de sincérité. — *Hòa trung* 和○, doux, facile, accommodant, bienveillant.

Trụng 重*. Pesant; grave, sérieux, digne; important, précieux; noble. Voir *trọng*. A. V. Tremper dans l'eau bouillante, dans l'eau chaude.

Quan trụng 官○, fonctionnaire digne, sérieux, représentant bien. — *Trụng nước nóng* ○渚燶, jeter dans l'eau bouillante. — *Trụng rau* ○蔞, faire cuire des légumes. — *Trụng thịt nước sôi* ○膡渚濆, faire cuire de la viande dans l'eau.

Trúng 中*. Viser, estimer, évaluer; toucher le centre, frapper au milieu, atteindre; contracter, gagner.

Trúng bia ○ 碑, toucher la cible. — *Đánh trúng* 打○, frapper juste.

— *Nói trúng* 吶○, dire exactement ce qu'il faut dire. — *Trúng ý* ○意, selon l'idée, conformément à l'intention. — *Trúng cách* ○格, ceux qui ont atteint le but (se dit des lauréats des grands concours littéraires qui peuvent se présenter aux examens de la Cour ou *Thí đình* 試庭). — *Trúng thực* ○食, attraper une indigestion. — *Trúng gió* ○逾, contracter une maladie (peste, choléra). — *Trúng phong* ○風, id.

Trùng 虫*. Ver, reptile, insecte. Car. radical.

Trùng 蟲*. Tous les vers; insectes, reptiles, batraciens, crustacés.

Bá trùng 百○, les cent insectes, tous les petits animaux qui rampent (y compris colimaçons, grenouilles, petits crustacés). — *Trùng sán* ○疝, ver intestinal. — *Trùng độc* ○毒, bêtes cruelles, animaux malfaisants.

Trùng 重*. Refaire, redire, répéter, redoubler; de nouveau, de rechef; tour, fois; degré, échelon.

Tam trùng 三○, trois fois. — *Canh trùng* 更○, renouveler, faire ou dire à plusieurs reprises. — *Trùng số* ○數, un nombre considérable de fois. — *Thiên trùng* 千○, illimité, indéfiniment. — *Trùng danh* ○名, du même nom. — *Cửu trùng* 九○, le palais impérial; Votre Majesté. — *Cửu trùng thiên* 九○天, les neuf degrés du ciel.

Trũng 冢*. Couvrir, cacher; amas de terre, monticule, tertre, colline; haut, éminent, respectable. Voir *mỏng*.

Sơn trừng 山 ○, le sommet d'une colline. — *Trừng quân* ○ 君, roi. — *Trừng phụ* ○ 婦, première épouse, femme légitime. — *Trừng trình* ○ 呈, lentement, tardivement. — *Trừng nào* ○ 芇, où cela? en quel lieu? à quel endroit?

Trừng 塚*. Synonyme du précédent; hauteur, éminence.

Trưng 徵*. Citer, convoquer; faire agir, amener l'action; taxer, imposer; recevoir; examiner; présager.

Trưng tích ○ 跡, signe, présage; citer. — *Trưng chứng* ○ 証, preuve, témoignage, attestation. — *Cai trưng* 該 ○, collecteur d'impôts, percepteur de taxes. — *Trưng thuế* ○ 税, frapper des impôts, établir des droits.

Trưng 癥*. Engorgement d'un conduit organique, obstruction des entrailles, constipation, coliques hépatiques.

Trừng 𪉵. OEuf, frai. Voir *tráng*. (Formé des S. A. *noãn* 卵, œuf, et *tráng* 壯, fort, robuste.)

Trứng vịt ○ 撻, œuf de canne. — *Trứng dái* ○ 曳, les testicules. — *Nói chuyện mèo đẻ trứng* 吶 傳 猫 臁 ○, dire des balivernes, raconter des histoires qui n'ont ni queue ni tête; litt., dire que les chats font des œufs.

Trừng 懲 et 征*. Donner des ordres, des avis; commander, gouverner; châtier, punir, corriger, réprimer, soumettre, dompter.

Trừng trị ○ 治, réprimer sévèrement, gouverner avec fermeté. — *Khuyên trừng* 勸 ○, donner des ordres sur un ton sévère. — *Định trừng* 定 ○, affirmer son autorité.

Trừng 澄*. Clair, limpide; pur, sans mélange; calme, tranquille.

Nguyệt trừng minh 月 ○ 明, un beau clair de lune.

Trừng 瞪*. Regarder quelqu'un dans les yeux d'un air sévère; paraître mécontent, avoir l'air furieux. Voir *trành*.

Trừng mắt ○ 䀹, regarder d'un air menaçant, fixer quelqu'un d'un air farouche. — *Trừng mắt lên* ○ 䀹 遷, regarder fixement en l'air sans bouger la tête.

Trược 濁*. Eau vaseuse, liquide trouble; sale, boueux, corrompu, vicieux, impur. V. *đục*.

Trọng trược 重 ○, dépôt de vase, tas de boue. — *Trược ý* ○ 意, pensées impures, intentions mauvaises.

Trước 竹*. Bambou, roseau. Car. radical. Voir *tre* et *trúc*.

Trước hoa ○ 花, fleur de bambou. — *Lục trước* 綠 ○, bambous verts. — *Trước tơ* ○ 絲, fibres de bambou. — *Trước lịch* ○ 瀝, sève de bambou. — *Trước nhục* ○ 茹, écorce de bambou. — *Trước bố* ○ 布, une toile grossière. — *Trước khí* ○ 器, ustensiles en bambou. — *Trước ỷ* ○ 椅, siège en bambou.

Trước 竺*. Bambou (espèce); nom de pays. Voir *trúc*.

Thiên trước 天 ○, l'Inde, le berceau du bouddhisme. — *Thiên trước hoàng* 天 ○ 黃, une poudre jaune qui se trouve dans le bambou et dont on fait un remède.

Trước 著*. Droit, direct, conforme; mettre, placer, disposer, inscrire; faire exécuter; mode, manière; particule de transition. Voir *trứ*.

Trước danh ○ 名, se faire valoir, se vanter, se glorifier. — *Trước mạng* ○ 令, faire exécuter un ordre de l'autorité suprême. — *Thổ trước* 土 ○, avoir une demeure fixe.

Trước 畧. Avant, devant, autrefois. (En S. A., passer, visiter; se pron. *lược*.)

Năm trước 酨 ○, l'année passée. — *Trước nữa* ○ 女, plus avant. — *Nói trước* 吶 ○, dire avant. — *Nói trước người ta* 吶 ○ 得柴, parler avant les autres. — *Đi trước* 移 ○, marcher devant. — *Trước hết* ○ 歇, avant tout, tout d'abord. — *Trước khi* ○ 欺, avant que. — *Trước khi mưa* 欺 霤, avant la pluie. — *Trước mặt* ○ 靣, devant le visage, en face de, en présence de. — *Tới trước* 細 ○, devancer. — *Khi trước* 欺 ○, autrefois, dans le temps, jadis. — *Trước ngày ấy* ○時意, antérieurement à cette date. — *Việc trước đã qua* 役 ○ 包 戈, faits antécédents. — *Đằng trước* 唐 ○, en avant, par-devant; partie antérieure, façade. — *Phía trước* 費 ○, id. —

Trước sau ○ 曳, avant et après, devant et derrière, antérieurement et postérieurement. — *Đời trước* 代 ○, les siècles passés, les générations antérieures. — *Làm sao mầy không nói trước* 濫 牢 眉 空 吶 ○, pourquoi ne l'as-tu pas dit avant? — *Phải dọn nhà trước khi khách tới* 沛 扡 茹 ○ 欺 客 細, il faut préparer la maison avant l'arrivée des invités.

Trườn 陳. S'avancer en rampant, se faufiler, pénétrer secrètement. (En S. A., rangé, disposé; se pron. *trần*.)

Trườn tới ○ 細, s'approcher en se traînant à terre. — *Con nít nầy mới biết trườn bò* 昆 渥 尼 買 別 ○ 㹺, cet enfant commence à se traîner (avant de savoir marcher). — *Rắn trườn* 蟒 ○, le serpent rampe, se faufile. — *Nằm trườn* 顝 ○, couché de tout son long; se tortiller, se tordre (étant allongé sur le sol).

Trường 梔[1]. Chemin dans la forêt, sentier de montagne; col, défilé. (En S. A., un arbuste; se pron. *xuân*.)

Trường mây ○ 迷, col des nuages; nom de lieu; endroit couvert de ronces et d'épines, de buissons et de fourrés. — *Qua trường* 戈 ○, passer un défilé; traverser un endroit dangereux.

Truồng 中*. Bas du corps découvert, tout nu des pieds à la ceinture. (En S. A., milieu; se pron. *trung*.)

Ở truồng 於 ○, sans pantalon. — *Ở truồng ở trần* 於 ○ 於 陳, com-

---

[1] Se transcrit aussi par le car. 柛.

plètement nu, sans pantalon et sans chemise. — Đầu truồng 頭 ○, nu-tête. — Đi đầu truồng 迻頭 ○, aller nu-tête. — Nó hay đi đầu truồng 奴哈迻頭 ○, il a l'habitude d'aller nu-tête.

Trương 張*. Bander un arc, tendre les cordes d'un instrument; étirer, étendre, étaler, déployer; exhiber, montrer; ce qui peut s'étendre, s'étaler; page, feuille; l'une des 28 constellations zodiacales; nom de famille. Voir *trang*.

Khai trương 開 ○, déplier, étaler. — *Trương y* ○ 椅, siège pliant. — *Chủ trương* 主 ○, diriger un déploiement (de forces militaires, par exemple). — *Trương cờ* ○ 旗, déployer les enseignes. — *Trương đại* ○ 大, faire grand étalage de. — *Hư trương thinh thố* 虛 ○ 聲勢, prendre un air important, faire le grand seigneur. — *Trương giấy* ○ 紙, montrer ses papiers, exhiber son passeport. — *Họ Trương* 戶 ○, le nom générique de Trương. — *Trương phi* ○ 飛, nom propre. — *Trương thủ chỉ* ○ 手止, id.

Trương 漲*. Débordement, inondation; vaste étendue d'eau; s'étendre, se répandre, se propager.

Thủy trương 水 ○, déborder, se répandre, inonder.

Trương 莊*. Hautes plantes, belles tiges; grave, digne, imposant; égal; contemporain. Voir *trang*.

Trương tác ○ 索, du même âge,

de même taille. — *Trương lữa* ○ 侶, compagnon, camarade, collègue.

Trượng 丈*. Mesure de longueur (dix *thước*); appellatif respectueux pour personnes âgées.

Dài một trượng 𨱽沒 ○, long de dix *thước*. — *Trượng lượng* ○ 量, mesurer. — *Trượng lượng phép* 量法, géométrie. — *Trượng nhơn* ○ 人, un grand; un vieillard. — *Trượng phu* ○ 夫, mari, époux. — *Quốc trượng* 國 ○, beau-père du souverain.

Trượng 杖*. Bâton de vieillesse; trique, gourdin; instrument pénal.

Trượng tín ○ 信, compter sur, avoir confiance dans. — *Hành trượng* 行 ○, bastonnade, raclée. — *Trượng nhựt bá* ○ 一百, donner cent coups de bâton (le maximum légal). — *Xử trượng* 處 ○, condamner à la peine du bâton. — *Đánh trượng* 打 ○, appliquer la bastonnade. — *Tích trượng* 錫 ○, la crosse d'un chef de bonzerie.

Trượng 仗*. Armes de guerre (offensives); lever les yeux vers, chercher un appui en; livrer combat. Voir *giượng*.

Tá trượng 打 ○, se battre. — *Binh trượng* 兵 ○, armes de soldat. — *Nội trượng* 內 ○, la garde intérieure du palais.

Trượng 重. Grave, lourd, pesant; important, qui est considérable. (Du S. A. *trọng*, même car., même signif.)

Bệnh trượng 病 ○, grave maladie.

— *Trương giá* ○ 價, prix élevé. — *Trương ngãi khinh tài* ○ 義輕財, la vertu passe avant la richesse.

Trướng 倀*. Insensé, fou, furieux; extravagance, violence.

Trướng 悵*. Chagrin, tourment; déçu, froissé, contrarié, désappointé, déconcerté.

　　Trù trướng 惆 ○, ennuyé, fâché.

Trướng 帳*. Rideau, tenture, dais, ciel de lit, garniture; abri provisoire, pavillon, tente; couvrir, abriter.

　　Trướng cẩm ○ 錦, rideau orné de fleurs. — *Hổ trướng* 虎 ○, tenture faite avec la peau d'un tigre. — *Trướng phòng* ○ 房, abri, pavillon.

Trướng 脹*. Ventre gonflé; enflure, gonflement, dilatation.

　　Thủy trướng 水 ○, hydropisie. — *Trướng lên* ○ 蓬, se gonfler, s'enfler. — *Trướng nước* ○ 渃, gargouillement d'entrailles.

Trướng 賬*. Livre de comptes; dette, titre; calculer, supputer.

　　Trướng mục ○ 目, compte, facture. — *Khai trướng* 開 ○, ouvrir un compte. — *Tá trướng* 打 ○, supputer, calculer, combiner.

Trường 長*. Long, étendu; droit, direct; qui dure longtemps; toujours, sans cesse, continuellement, à jamais, éternel. Car. radical.

　　Bề trường 皮 ○, la longueur. — *Trường sanh* ○ 生, longue vie.

Trường thương ○ 鎗, armes longues: lance, pique. — *Nằm trường trường* 䠆 ○ ○, complètement allongé. — *Trường an* ○ 安, résidence du souverain. — *Niên trường* 年 ○, qui a beaucoup d'années.

Trường 萇*. Nom d'arbre (espèce de carambolier).

Trường 腸 et 膓*. Intestins, viscères, boyaux, entrailles; sentiment, affection. Voir *ruột*.

　　Tiểu trường 小 ○, petit intestin. — *Đại trường* 大 ○, gros intestin. — *Can trường* 肝 ○, foie et entrailles; courage, vaillance. — *Hảo tâm trường* 好心 ○, bon cœur, sentiments humains.

Trường 場 et 塲*. Terrain plat, uni; aire, lieu des sacrifices; champ préparé pour les exercices; bâtiment affecté à un service public; école, collège, gymnase, académie.

　　Pháp trường 法 ○, lieu en plein air où se font les exécutions capitales. — *Trường hát* ○ 喝, théâtre en plein vent. — *Trường tập binh* 習兵, champ de manœuvres. — *Trường đua ngựa* ○ 都馭, champ de courses. — *Trường án* ○ 案, cour de justice, tribunal. — *Trường thuế* ○ 稅, salle de perception d'impôts. — *Nhà trường* 茹 ○, école, collège. — *Trường học* 學, id. — *Đi nhà trường* 移茹 ○, aller à l'école. — *Trường thi* ○ 試, salle d'examen, endroit où se passent les concours littéraires. — *Văn trường* 文 ○, camp des lettrés. — *Chánh trường* 正 ○, première épreuve. — *Nhà trường các tiếng phương đông* 茹 ○ 各唶方東, l'École des Langues orientales. — *Nhà trường các quản hạt* 茹 ○ 各管轄, l'École coloniale.

Trường 長*. Le plus grand, l'aîné; très âgé, vieux; chef, supérieur; croître, grandir, augmenter, avancer, prospérer.

Trường ấu ○ 幼, vieux et jeunes. — *Trưởng tử* ○ 子, fils aîné. — *Quân trưởng* 君 ○, grand prince. — *Trưởng thượng* ○ 上, les supérieurs. — *Bá phu trưởng* 百夫 ○, chef de cent hommes. — *Thiên phu trưởng* 千夫 ○, chef de mille hommes. — *Trưởng dân* ○ 民, gouverner le peuple. — *Trưởng quốc* ○ 國, administrer l'État. — *Xã trưởng* 社 ○, le maire d'une commune (grande). — *Thôn trưởng* 村 ○, id. (moyenne). — *Lý trưởng* 里 ○, id. (petite). — *Ấp trưởng* 邑 ○, chef de hameau. — *Hương trưởng* 鄉 ○, notable majeur. — *Gia trưởng* 家 ○, chef de famille, maître de maison. — *Trưởng tộc* ○ 族, chef de parenté. — *Bang trưởng* 郡 ○, chef de corporation des marchands chinois (dans les pays annamites).

Truột 捽. Glisser, couler; laisser échapper, laisser tomber. V. *tuột*. (Formé des S. A. *thủ* 手, main, et *duật* 聿, pinceau à écrire.)

Trut 律. Même signif. que ci-dessus. (En S. A., loi, règle; se pron. *luật*.)

Trụt xuống ○ 甑, se défoncer.

Trút 律. Verser, répandre; rejeter. (Pour le car. en S. A., voir ci-dessus.)

Trút lại ○ 吏, reverser. — *Trút sang* ○ 郎, transvaser, décanter. — *Trút lấy* ○ 祇, déverser, rejeter sur. — *Trút gánh* ○ 挭, id. — *Tránh trút* 另 ○, se tenir à l'écart, éviter tout travail, fuir les responsabilités.

Trút 䶂. Pangolin; se contracter. (Formé des S. A. *trùng* 虫, reptile, et *duật* 聿, pinceau à écrire.)

Vảy con trút 鯤昆 ○, les écailles du pangolin (dont on fait un remède). — *Trút cổ* ○ 古, contracter le cou.

Trừu 蔫. Syllabe complémentaire. (En S. A., balai végétal; se pron. *trừu*.)

Trái hột trừu trừu 粳絟 ○○, fruit à grand noyau. — *Ngậm trừu trừu* 唫 ○○, avoir la bouche pleine.

Trừu 抽*. Tirer, retirer, extraire, enlever, arracher, extirper, faire sortir de; prélever, recueillir, percevoir.

Trừu xuất ○ 出, déraciner, arracher. — *Trừu hồi* ○ 回, ramener. — *Trừu thuế* ○ 稅, prélever des impôts. — *Trừu đinh* ○ 丁, lever des hommes, recruter des soldats. — *Mọi thập phần trừu* 每十分 ○, percevoir un dixième. — *Trừu thân* ○ 身, se retirer, s'en aller, sortir.

Trừu 紬*. Dévider les cocons; disposer les fils de soie; étoffe grossière, sorte de droguet; se livrer à des recherches, recueillir des documents. A. V. Mouton. V. *chiên*.

Hàng trừu 行 ○, lustrine. — *Trừu sử ký* ○ 史記, recueil de documents historiques. — *Trừu con* ○ 昆,

agneau. — *Ăn thịt trừu* 唆胖 ○, manger de la viande de mouton.

Trừu 帚, 菷 et 篲*. Différents arbustes dont on fait les balais; un balai végétal.

Trừu 肘*. Jointure du bras, coude; prendre quelqu'un par le bras, le retenir; quartier de viande.

Trừu thủ ○ 手, le poignet. — *Trư trừu* 猪 ○, jambon de porc. — *Xiết trừu* 掣 ○, retenir, empêcher.

Tu 修*. Refaire, réparer, changer, réformer; parer, orner, embellir; arranger, régler; se perfectionner, se purifier.

Tu bổ ○ 補, réparer, restaurer. — *Tu bộ* ○ 簿, refaire les cahiers d'impôts. — *Đại tu* 大 ○, grand recensement de la population (qui se fait tous les cinq ans). — *Tiểu tu* 小 ○, petit recensement (qui a lieu tous les ans). — *Tu thân* ○ 身, se corriger, se contraindre. — *Tu thành chánh quả* ○ 成正果, s'être complètement corrigé. — *Tu hảo* ○ 好, embelli. — *Lý tu* 理 ○, diriger, régler. — *Thầy tu* 柴 ○, religieux, ermite, ascète. — *Tu sĩ* ○ 仕, id. — *Đi tu* 移 ○, s'en aller dans un monastère, aller faire son salut. — *Tu đức* ○ 德, cultiver la vertu. — *Đức chi bất tu* 德之不 ○, la vertu n'est pas cultivée. — *Nhà tu* 茹 ○, couvent, monastère, bonzerie.

Tu 須*. Attendre; lent, tardif; ce qui est urgent, nécessaire.

Tu du ○ 臾, court moment, petit instant, minute. — *Vô tu* 無 ○, inutile. — *Tu yếu* ○ 要, nécessaire. — *Liên tu* 連 ○, pressé, urgent.

Tu 鬚*. Barbe au menton, poils du visage; moustache des animaux; barbillons, filaments.

Hoa tu 花 ○, étamines d'une fleur. — *Lưu tu* 留 ○, laisser pousser toute la barbe. — *Nam tu nữ nhũ* 男 ○ 女 乳, les hommes ont la barbe, les femmes ont les seins (comme avantages physiques).

Tu 羞*. Nourriture de choix, mets succulents; offrir, présenter; rougir de honte.

Thanh tu 清 ○, viandes fraîches, mets savoureux. — *Trân tu* 珍 ○, id. — *Tu sỉ* ○ 耻, honte, confusion.

Tụ 聚*. Centre, lieu de réunion; amasser, collectionner; penchant, tendance; nom de pays (Tonkin).

Tụ hội ○ 會, convoquer une assemblée. — *Tụ lại* ○ 吏, se réunir. — *Hương tụ* 鄉 ○, une réunion de communes, un grand centre. — *Tụ tài* ○ 財, richesses amassées. — *Tụ tắc dân tán tài tán tắc dân tụ* 財則民散財散則民 ○, si les biens sont amassés (accaparés) le peuple se disperse, si les biens sont dispersés (divisés) le peuple s'assemble (se réunit en communes). — *Bả tụ* 把 ○, un certain jeu cantonnais. — *Tụ tam tụ ngũ* ○ 三 ○ 五, se réunir pour bavarder, faire des clubs, former des coteries.

Tú 秀*. Belles tiges, jolies fleurs; fleuri, prospère; beau, splendide, magnifique; élégant, distingué.

Mạch miêu tú 麥苗 ○, les blés sont en pleine floraison. — *Thanh tú* 清 ○, joli, charmant, gracieux. — *Tú nữ* ○ 女, femme élégante. — *Tuấn tú* 俊 ○, sage, prudent. — *Tú tài* ○ 才, talents distingués; premier degré littéraire, grade de bachelier. — *Tú sĩ* ○ 士, élève capable. — *Đậu tú tài* 杜 ○ 才, être reçu bachelier.

Tú 銹*. Rouille, vert-de-gris.

Tú 绣*. Broderies, ornements.

Tú 宿*. Astres, étoiles. Voir *túc*.

Tú 酋*. Vin, liqueur; terminé, accompli, parfait.

 Tú nhơn ○ 人, homme arrivé à la perfection. — *Tú trưởng* ○ 長, grand personnage. — *Đại tú* 大 ○, id.

Tú 遒*. Pousser, presser; réunir.

Tú 酒*. Lie de boisson fermentée.

Tù 囚*. Homme enfermé, détenu, captif; criminel; prison, geôle; lier les mains, emprisonner.

 Tù phạm ○ 犯, un coupable en prison. — *Tù tử* 死 ○, criminel condamné à mort. — *Giam tù* 監 ○, incarcérer. — *Cầm tù* 擒 ○, maintenir en prison. — *Tù tội* ○ 罪, prisonnier. — *Kẻ tù* 几 ○, id. — *Nhà tù* 茹 ○, prison. — *Tù rạc* ○ 絡, cachot. — *Bỏ nhà tù* 補茹 ○, jeter en prison. — *Tù và* ○ 吧, cor de chasse. — *Cái miệng tù lu* 丐 咂 ○ 盧, une bouche énorme.

Tủ 厨 (1). Armoire, commode, bahut; couvrir en entier, envelopper. (En S. A., tasse, coupe; se pron. *dũ*.)

 Một cái tủ lớn 沒丐 ○ 吝. une grande armoire. — *Tủ áo quần* ○ 襖裙, armoire à vêtements. — *Tủ sách* ○ 冊, armoire à livres, bibliothèque. — *Hộc tủ* 斛 ○, les tiroirs d'une armoire. — *Tủ lại* ○ 吏, enfermer, cacher. — *Tủ khăn* ○ 巾, cacher ou envelopper avec un linge. — *Khóa tủ lại* 銬 ○ 吏, fermer l'armoire.

Tư 咨 et 諮*. Persuader, dissuader; délibérer seul ou en conseil, se renseigner ou donner son avis; document officiel, pièce administrative; soupirer, se plaindre.

 Tờ tư 詞 ○, lettre officielle. — *Tư văn* ○ 文, id. — *Tư tờ* ○ 詞, envoyer une lettre officielle. — *Tư hành* ○ 行, notifier aux inférieurs. — *Tư trình* ○ 呈, faire un rapport, rendre compte. — *Tư hội* ○ 會, donner son avis dans un conseil. — *Tư ta* ○ 嗟, pousser des soupirs.

Tư 資*. Biens, richesses; objet matériel; compter sur, espérer en.

 Tư bổn ○ 本, capital, avoir. — *Tư sanh* ○ 生, ressources pour vivre, moyens d'existence. — *Gia tư* 家 ○, biens de famille. — *Thiên tư* 天 ○, ce que le ciel a donné. — *Vô kim hà dĩ vi tư* 無金何以為 ○, sans argent, sur qui peut-on compter?

---
(1) Se transcrit aussi par le car. 箱.

Tư 思*. Penser, méditer, réfléchir; souhaiter, désirer, se proposer de; considération, méditation. Voir *tứ*.

Tâm tư 心 ○, pensée intime. — *Hảo tư* 好 ○, belle pensée, bon dessein. — *Tư tưởng* ○ 想, considérer. — *Tư lượng* ○ 量, peser mûrement dans son esprit. — *Hồi tư* 回 ○, réfléchir à nouveau, reporter sa pensée en arrière. — *Tương tư* 相 ○, penser les uns aux autres. — *Bệnh tương tư* 病相 ○, sorte de maladie de langueur. — *Ý tư* 意 ○, pensée, désir, souvenir. — *Bất hảo ý tư* 不好意 ○, intentions inavouables; à contre-cœur, avec répugnance.

Tư 司*. Diriger, présider, régler; avoir la direction ou la surveillance d'un service public; division administrative. Voir *ti*.

Tư sự ○ 事, diriger une affaire. — *Tư lý* ○ 理, président; diriger. — *Các tư kì sự* 各 ○ 其事, les chargés d'affaires en général. — *Tư viên* ○ 員, commis et écrivains. — *Hữu tư* 有 ○, avoir une charge, occuper des fonctions. — *Quốc trung chư đại viện tịnh phủ tư* 國中諸大院並府 ○, grands corps de l'État et services spéciaux (à Huế). — *Tam tư ngũ quan* 三 ○ 五官, les trois facultés de l'âme et les cinq sens. — *Tư thiên* ○ 天, astronome officiel.

Tư 罒. Quatre (employé surtout comme nombre ordinal). Voir *bốn*. (Formé des S. A. *tứ* 四, quatre, et *tư* 司, diriger.)

Thứ tư 次 ○, quatrième. — *Canh tư* 更 ○, quatrième veille. — *Ngày thứ tư* 日次 ○, quatrième jour; le mercredi. — *Tháng tư* 腦 ○, quatrième mois. — *Con thứ tư* 昆次 ○, quatrième enfant. — *Tư bề* ○ 皮, quatre côtés, quatre faces; partout.

Tư 厶*. Pervers, vicieux. Voir *mổ*. Car. radical.

Tư 私*. Propre, privé, personnel, particulier; dépravé, vicieux; faux, mensonger; illégal, illicite.

Tư tâm ○ 心, partial, égoïste. — *Tư gia* ○ 家, maison particulière. — *Tư địa* ○ 地, lieu secret. — *Tư riêng* ○ 貞, propre, individuel. — *Làm tư riêng* 濫 ○ 貞, travailler pour soi, agir en vue de son propre intérêt. — *Của tư* 貼 ○, biens propres, propriété personnelle. — *Tư sự* ○ 事, affaire privée. — *Việc tư* 役 ○, id. — *Hội nghị tư* 會議 ○, conseil privé. — *Tư ý* ○ 意, volonté propre. — *Ở tư riêng* 於 ○ 貞, vivre à part. — *Vô tư* 無 ○, impartial. — *Chí công vô tư* 至公無 ○, tout à la justice, rien à la faveur. — *Thiên tư* 偏 ○, faire acception de personnes, accorder des faveurs injustes. — *Tư tà* ○ 邪, méchant, pervers.

Tư 玆*. Épais, touffu, serré; ici, maintenant, à présent; pron. démonstratif : ce, cet, ceci, celui-ci.

Tư thơ ○ 書, maintenant, voici la lettre (formule finale). — *Tư bẩm* ○ 禀, voici le rapport (id.). — *Tư trát* ○ 札, voici l'ordre (id.). — *Tư nhựt* ○ 日, ce jour. — *Tư ngoạt* ○ 月, ce mois. — *Tư niên* ○ 年, cette année. — *Tại tư* 在 ○, ici même; dedans. — *Như tư* 如 ○, sur ces entrefaites, alors. — *Tư thị* ○ 恃. c'est ce que nous espérons (formule finale de demande).

Tư 絲*. La soie du cocon. Voir *tơ*.

Tư 斯*. Couper, fendre, séparer; élaguer, émonder; à un haut degré; pratiquer une ouverture, ouvrir un passage; il, elle; ceci, cela. celui-ci, celui-là; syllabe complémentaire.

 Đại mộc tư 大木○, grand arbre coupé. — *Tư văn* ○ 文, littérature, poésie. — *Tư văn nhơn* ○ 文人. savant éminent. — *Tư tu* ○ 須, un instant. — *Tư thi* ○ 時, alors, à ce moment.

Tự 自*. Origine, commencement, début; cause déterminante; soi-même, je, moi; réfléchir, considérer. Voir *từ*. Car. radical.

 Tự hữu ○ 有, exister de par soi-même. — *Tự hữu sanh nhơn dĩ lai* ○ 有生人以來, depuis que les hommes existent. — *Tự nhiên* ○ 然, naturel, de principe. — *Tự thành* ○ 成, arriver par soi-même. — *Tự dụng* ○ 用, se servir soi-même. — *Tự ý* ○ 意, sciemment, d'après son idée. — *Tự thánh tự thần* ○ 聖神, se faire passer pour un saint, pour un génie (se croire plus que les autres). — *Tự vận* ○ 刎, se suicider. — *Tự do* ○ 由, libre, indépendant. — *Tự nhiên đồng* ○ 然銅, cuivre natif, pierre d'airain. — *Tự thị* ○ 恃, avoir pleine confiance en soi.

Tự 祀 et 祀*. Offrande aux dieux, aux esprits, aux génies, aux défunts; adorer, vénérer; sacrifier. Voir *thờ*.

 Tự hoàng địa ○ 皇地, sacrifier au dieu de la terre. — *Tự thần* ○ 神, sacrifier aux esprits. — *Tự tiên nhơn* ○ 先人, sacrifier aux ancêtres. — *Tự phượng* ○ 奉, adorer, vénérer (les mânes des parents défunts). — *Phụng tự* 奉○, id. — *Ngũ tự* 五○, les cinq offrandes rituelles, savoir: *hộ* 戶, de la maison; *táo* 竈, du foyer; *môn* 門, de la porte; *hành* 行, des allées; *trung* 中, du centre. — *Tự thượng đế* ○ 上帝, sacrifice offert à l'Empereur. — *Tự sản* ○ 產, biens du culte. — *Tự điền* ○ 田, offrir une rizière dont le revenu sera consacré à l'entretien du culte.

Tự 寺*. Service public, maison de fonctionnaire; cour de justice, chambre du conseil; temple bouddhiste, pagode, bonzerie.

 Quang lộc tự 光祿○, service spécial pour l'organisation des sacrifices officiels. — *Thái thường tự* 太常○, service spécial pour l'organisation des cérémonies rituelles. — *Thái bộc tự* 太僕○, service chargé de pourvoir aux moyens de transport et aux escortes du souverain. — *Hồng lô tự* 鴻臚○, service chargé de prendre les dispositions nécessaires et d'assurer le cérémonial d'État lors des sessions d'examens littéraires. — *Phủ tự* 府○, tribunal, préfecture. — *Tự môn* ○ 門, pagode de Bouddha. — *Sơn tự* 山○, un temple dans la montagne. — *Tự nhơn* ○ 人, eunuque.

Tự 似*. Semblable, pareil, égal;

apparence, aspect; qui offre de la ressemblance; comme si. Voir *tợ*.

Vô tự 無 ○, sans aucune ressemblance, qui ne peut être comparé. — *Tự thị* ○ 是, paraissant vrai. — *Tự phi* ○ 非, sembler faux. — *Tương tự* 相 ○, tout à fait pareil, qui ne diffère en rien.

Tự 緒*. Extrémité de fil de soie; bout qui se rattache; lier, joindre; série, suite; métier, profession.

Tự sự ○ 事, la suite d'une affaire. — *Tìm sự tự* 尋事 ○, démêler une situation. — *Đầu tự* 頭 ○, préliminaires. — *Điều tự* 條 ○, loi, précepte.

Tự 嗣*. Qui vient après, qui continue; unir, joindre, succéder; lignée, descendance; successeur, héritier.

Tự tử ○ 子, fils héritier. — *Tự vị* ○ 位, succéder au trône. — *Tự vương* ○ 王, héritier de la couronne. — *Tự đức* ○ 德, hériter de la vertu; nom de règne d'un souverain de l'Annam. — *Tự tôn chức* ○ 宗職, succéder aux ancêtres dans leurs charges et dignités. — *Tự hậu* ○ 後, succéder, continuer; à partir de ce moment, à l'avenir, désormais. — *Hậu tự* 後 ○, descendants, successeurs. — *Vô tự tử* 無子 ○, sans héritiers. — *Tuyệt tự* 絕 ○, sans postérité. — *Tự tuế* ○ 歲, l'année prochaine. — *Cô quả tuyệt tự* 孤寡絕 ○, veuve, seule, sans enfants, sans neveux. — *Cơ tự* 基 ○, patrimoine, héritage.

Tự 叙 et 敍*. Ordre, série, rang, degré, classe, grade; fixer un rang, assigner un poste; employer selon son mérite; arranger, disposer, exposer, présenter, détailler.

Tự bá vật ○ 百物, mettre toutes choses en ordre. — *Tự luận* ○ 論, converser, discourir. — *Tương tự* 相 ○, causer ensemble. — *Quan phủ chi lục tự* 官府之六 ○, les six premiers degrés du mandarinat. — *Vĩnh bất tự dụng* 永不 ○ 用, qui n'est plus bon à rien, que l'on renvoie (employés, fonctionnaires). — *Trình tự* 呈 ○, exposer avec ordre et méthode (rapports).

Tự 序*. Constructions latérales placées à l'est et à l'ouest de la cour d'un bâtiment; ordre, rang; disposition, arrangement; asile, école, collège.

Đông tự 東 ○, appartements situés à l'est. — *Tây tự* 西 ○, appartements situés à l'ouest. — *Thứ tự* 次 ○, en ordre, par rang. — *Tự sự* ○ 事, ordre régulier des choses.

Tự 字*. Enfant sous un toit; aimer, nourrir, élever; amour, sollicitude; se reproduire, se propager; reproduction de la pensée, lettre, mot, caractère, écriture.

Tự đầu ○ 頭, lettre initiale. — *Danh tự* 名 ○, un nom. — *Tự mẫu* ○ 母, lettre mère, caractère radical, clef. — *Tự pháp* ○ 法, art d'écrire, règles de l'écriture. — *Lập tự* 立 ○, former un caractère, écrire un mot, rédiger un document, établir un contrat. — *Tự điển* ○ 典, recueil de mots, nomenclature de caractères;

dictionnaire. — *Tự vị* ○ 彙, id. — *Đại nam quốc âm tự vị hiệp giải đại pháp quốc âm* 大南國音○彙合解大法國音, dictionnaire annamite-français. — *Hoa tự* 花○, caractères cursifs. — *Thảo tự* 草○, id. — *Văn tự* 文○, les lettres, la littérature. — *Thập tự* 十○, en forme de croix. — *Tích tự cánh tay hữu* 跡○翅挴右, la marque infamante des voleurs imprimée au fer rouge sur l'épaule droite (*thuyết đạo* 說盜, menteur et voleur).

Tự 四*. Le nombre quatre. V. *bốn*.

Thập tự 十○, quatorze. — *Tự thập* ○十, quarante. — *Bất tam bất tự* 不三不○, ni trois, ni quatre; obscur, embrouillé. — *Tự phương* ○方, les quatre régions, les quatre points cardinaux. — *Tự hướng* ○向, id. — *Tự hải* ○海, les quatre mers, le monde entier. — *Tự thơ* ○書, les quatre livres classiques (ouvrage de Confucius).

Tự 駟*. Quatre chevaux attelés de front à un même char.

Thượng tự 尙○, le chef des écuries impériales. — *Thiên tự* 天○, quadrige céleste; les étoiles du Scorpion.

Tự 賜*. Accorder une faveur; donner, conférer, gratifier; don, bienfait, récompense.

Tự trước ○爵, conférer une dignité, accorder un titre. — *Thưởng tự* 賞○, récompenser. — *Ân tự* 恩○, grâce, bienfait, faveur; pardonner. — *Bệnh thiên tự* 病天○, maladie incurable.

Tự 思*. Méditer, réfléchir; idée, pensée, préoccupation. Voir *tư*.

Ý tự 意○, attention. — *Cách có ý tự* 格固意○, attentivement. — *Nó không có ý tự* 奴空固意○, il n'est pas attentif. — *Hãy cho có ý tự* 唉朱固意○, soyez donc attentif. — *Lao tâm tiêu tự* 勞心焦○, fatigue de l'esprit. — *Sanh tự* 生○, créer des soucis, occasionner des ennuis.

Tự 肆*. Étalé, étendu, déployé, exposé; illégal, illicite; excès, faute, manquement; forme compliquée du nombre quatre.

Tự lực ○力, déployer sa force. — *Tự tai* ○哉, qui ne connaît pas de frein; haut les cœurs! courage! — *Tự thị* ○市, les étalages d'un marché. — *Phóng tự* 放○, donner pleine carrière à ses mauvais penchants.

Tự 慈*. Bonté, amour, tendresse, affection, sollicitude (des parents envers les enfants); faire le bien, compatir aux souffrances d'autrui; une plante grimpante symbolisant l'attachement.

Mẫu tự 母○, l'amour maternel. — *Tự mẫu* ○母, une tendre mère. — *Tự hòa* ○和, accommodant, conciliant. — *Nhơn tự* 仁○, humain, clément, bienveillant. — *Tự hậu* ○厚, id. — *Khoai tự* 芌○, tubercule (espèce).

Tự 徐*. Marcher lentement; air grave, démarche imposante; lent, tardif; peu à peu, graduellement.

An từ 安 ○, calme, tranquille. — *Từ từ cái miệng* ○ ○ 吗 咄, ne parlez pas trop, calmez-vous un peu.

Từ 自*. Depuis lors, à partir de; début, origine; distinguer, séparer; particulier, à part. Voir *tự*.

Từ ngày ○ 時, depuis le jour. — *Từ ấy* ○ 意, depuis lors. — *Từ nầy về sau* ○ 尼 衛 夔, désormais, dorénavant. — *Kể từ ngày nầy* 計 ○ 時 尼, à compter d'aujourd'hui. — *Từ nhiên* ○ 然, nécessairement, naturellement. — *Từ ngăn* ○ 垠, graduellement. — *Từ khi nào* ○ 欺 前 depuis quand ? — *Từ khi tôi gặp nó* ○ 欺 碎 及 奴, depuis que je l'ai vu.

Từ 辭, 辞 et 辞*. Mot, parole, expression; s'exprimer, discourir; refuser en s'excusant poliment; partir, quitter, abandonner, résigner, renoncer.

Trợ từ 助 ○, mot complémentaire. — *Tu từ* 修 ○, polir le style, travailler les mots, arranger les expressions. — *Hảo từ* 好 ○, beau style, jolies tournures de langage. — *Từ biệt* ○ 別, dire adieu, se séparer. — *Cáo từ* 告 ○, demander à partir. — *Từ tạ* ○ 謝, saluer, prendre congé. — *Từ giã* ○ 啫, id. — *Từ nhau* ○ 饒, prendre congé les uns des autres. — *Từ đi* ○ 移, se déclarer incompétent, se récuser, décliner la responsabilité. — *Từ con* ○ 昆, ne pas reconnaître un enfant. — *Tâm từ* 心 ○, antipathie, répugnance. — *Từ khứ* ○ 去, renoncer à. — *Từ*

ngôi ○ 嵬, renoncer au trône, abdiquer la royauté.

Từ 磁*. Pierre d'aimant; faïence.

Từ khí ○ 器, objets usuels en faïence, en porcelaine; poteries.

Từ 祠 et 祠*. Offrande aux parents défunts[1], sacrifice aux mânes des ancêtres.

Nhơn từ 仁 ○, temple, pagode. — *Từ đường* ○ 堂, salle des ancêtres. — *Sanh từ* 生 ○, rendre un culte à l'image d'un homme encore vivant. — *Từ thần* ○ 神, temple dédié aux esprits. — *Ông từ* 翁 ○, gardien de temple, sacristain. — *Lão từ* 老 ○, id.

Từ 鉏*. Remuer la terre avec une houe, enlever les mauvaises herbes; punir, châtier.

Từ 詞*. Parole, discours; écrit, rédaction; acte, document; style, composition.

Thơ từ 書 ○, lettre, missive. — *Đơn từ* 單 ○, plainte, supplique, pétition. — *Từ trát* ○ 札, ordre écrit. — *Văn từ* 文 ○, littérature. — *Hảo từ* 好 ○, bon style. — *Ngôn từ* 言 ○, parole, expression. — *Khẩu từ* 口 ○, expression verbale.

Từ 儲*. Réunir, amasser; aider, seconder; adjoint, suppléant.

Thực từ 食 ○, amasser des vivres, réunir des provisions. — *Từ quân* ○ 君, celui qui vient après le prince,

---

[1] Ce rite a lieu au printemps.

qui doit lui succéder. — *Tử hoàng* ○ 皇, l'héritier du trône impérial.

Tử 茨*. Plantes à piquants; toit de chaume, maison de paysan.

Tử 子*. Fils, enfant, garçon; petit d'animal; semence, graine, fruit, pépin; sage, vertueux (appellatif); point, marque; suffixe, sorte de terminaison (verbes, substantifs). Car. radical.

Trưởng tử 長 ○, fils aîné. — *Thứ tử* 次 ○, fils cadets. — *Đồng tử* 童 ○, petit enfant. — *Tiểu tử* 小 ○, id. (pronom d'humilité). — *Phụ tử* 父 ○, père et fils. — *Mẫu tử* 母 ○, mère et enfant; principal et intérêts. — *Nam tử* 男 ○, jeune homme. — *Nữ tử* 女 ○, jeune fille. — *Tử tôn* ○ 孫, neveux, descendants. — *Đức không tử* 德孔 ○, le vertueux Confucius. — *Tử lộ* ○ 路, disciple de Confucius. — *Mạnh tử* 孟 ○, le sage Mentius. — *Lão tử* 老 ○, vieillard enfant; nom d'un sage fondateur de secte. — *Quả tử* 菓 ○, les graines, les fruits. — *Tử đạo* ○ 道, les devoirs d'un fils. — *Tử bất giáo phụ chi quá* ○ 不教父之過, si un fils ne reçoit pas d'enseignement, c'est la faute du père. — *Viên tử* 員 ○, les fils d'un fonctionnaire. — *Thiên tử* 天 ○, le fils du Ciel, l'Empereur de la Chine. — *Bán tử* 半 ○, gendre. — *Quốc tử* 國 ○, le fils aîné du souverain. — *Công tử* 公 ○, fils de prince. — *Đích tử* 嫡 ○, celui à qui est dévolu le *hương hỏa*, c'est-à-dire celui qui est chargé dans une famille du culte des ancêtres (offrandes, anniversaires, entretien des sépultures, etc.). — *Phu tử* 夫 ○, maître enseignant. — *Tử qui* ○ 規, nom d'oiseau.

Tử 狂. Syllabe complémentaire. (Formé des S. A. *khuyển* 犬, bête fauve, et *tử* 子, fils.)

Con sư tử 狻 獅 ○, le lion. — *Sư tử cái* 獅 ○ 吗, lionne. — *Sư tử con* 獅 ○ 昆, lionceau.

Tử 仔*. Porter; supporter, subir; avoir la charge, supporter le poids; obligations, devoirs.

Tử tế ○ 細, avec grand soin. — *Làm cho tử tế* 濫朱 ○ 細, agir avec prudence et sagesse, faire soigneusement, convenablement. — *Nói cho tử tế* 吶朱 ○ 細, s'appliquer à parler. — *Tử tế tư lường* ○ 細思量, profonde méditation, grande application. — *Biệc tử* 幅 ○, soudainement, subitement. — *Làm biệc tử* 濫 幅 ○, faire avec précipitation, agir inconsidérément.

Tử 秄*. Beaux plants, hautes tiges.

Tử 紫*. Soie colorée en rouge foncé; rougeâtre, de couleur douteuse. Voir *tía*.

Tử anh ○ 嬰, une couleur rouge-violet. — *Tử hồng* ○ 紅, pourpre. — *Tử hoa bố* ○ 花布, cotonnades de Nankin. — *Tử thảo* ○ 草, plante tinctoriale. — *Nhứt đối tử kim xuyến* 壹對 ○ 金釧, une paire de bracelets en métal doré. — *Tử vi* ○ 微, nom de constellation.

Tử 死*. Mourir, décéder; se fondre,

se dissoudre, s'éteindre; fixe, raide, immobile, inerte. Voir *thác*.

Tử mạng ○ 命, perdre la vie. — *Yểu tử* 殀○, mourir prématurément, mourir jeune. — *Tử đạo* ○ 道, mourir pour la foi. — *Người tử đạo* 得○道, un martyr. — *Tử trận* ○ 陣, mourir au combat. — *Tử tù* ○ 囚, mourir en prison. — *Hảo tử* 好○, belle mort, mort naturelle. — *Tử bất minh* ○ 不明, mort peu claire, peu explicable. — *Sanh tử* 生○, la vie et la mort, naître et mourir. — *Tử nhựt* ○ 日, le jour du décès. — *Khai tử* 開○, faire une déclaration de décès. — *Bộ sanh tử* 簿生○, registre de l'état civil. — *Xử tử* 處○, condamner à mort. — *Nhơn sanh hữu tử như nhựt dạ chi đương nhiên* 人生有○如日夜之當然, la vie et la mort chez les hommes peut se comparer au jour et à la nuit : après le jour vient la nuit, après la vie vient la mort. — *Tử sanh hữu mạng* ○生有命, la vie et la mort dépendent du destin.

Tua 須. Le nécessaire, ce qui est indispensable; on doit, il faut. (Du S. A. *tu*, même car., même signif.)

Tua kíp ○ 急, pressé, urgent. — *Xá tua* 舍○, il est indispensable de. — *Tua giữ* ○ 忤, il est nécessaire de surveiller.

Tua 綉. Ornement de soie, frange. (Du S. A. *tú*, même car., même signif.)

Cái tua 丐○, gland, pendant. — *Có tua* 固○, qui a des franges. — *Tua giẻ* ○ 綵, loque, guenille, chiffon.

Túa 訴. Affluer; venir en foule. (En S. A., faire savoir; se pron. *tố*.)

Túa tới ○ 細, se présenter en grand nombre, arriver en foule. — *Túa đến* ○ 典, id. — *Túa ra* ○ 囉, sortir en masse; couler abondamment.

Tùa 遒. Assemblé, réuni; pressé. (Du S. A. *tù*, même car., même signif.)

Tùa lua ○ 盧, gonflé, tuméfié. — *Cái miệng tùa lua* 丐呱○盧, avoir la bouche trop pleine.

Tủa 絺. Déployer, étendre. V. *bủa*. (Formé des S. A. *mịch* 糸, fils, et *bố* 布, arranger, disposer.)

Tủa ra ○ 囉, se disperser. — *Chạy tủa ra* 赵○囉, courir dans toutes les directions, se déployer en courant. — *Lúa tủa* 穭○, riz trop mûr (dont les grains tombent).

Tưa 糸糸. Déchiré, fendillé, gercé. (En S. A., fils de soie; se pron. *tơ*.)

Tưa lưỡi ○ 𦜗, langue gercée.

Tựa 序*. Disposition, arrangement. (Du S. A. *tự*, même car., même signif.)

Tựa sách ○ 册, préface de livre.

Tựa 似. Égal, pareil, semblable. (Du S. A. *tự*, même car., même signif.)

Tựa tựa ○○, se ressembler beaucoup, presque de même aspect.

Tựa 好. Vers de viande, asticots. (Formé des S. A. *trùng* 虫, ver, et *tử* 子, enfant.)

Bầy tựa 悲○, amas de vers.

Tuẩn 遵*. Suivre une route, marcher dans la bonne voie; céder, se conformer à, obéir.

Tuẩn hải ○ 海, suivre les bords de la mer. — *Tuẩn mạng* ○ 命, accepter son sort. — *Tuẩn phép* ○ 法, se conformer aux lois. — *Không tuẩn* 空 ○, ne pas suivre, ne pas se soumettre. — *Khâm phụng khâm tuẩn* 欽奉欽 ○, respectez, obéissez (formule finale d'un décret).

Tuẩn 徇*. Aller par voies et par chemins pour porter des ordres; s'étendre, parcourir; vivement, rapidement; suivre.

Tuẩn 俊*. Grandes qualités, talents remarquables; excellent, éminent, supérieur, distingué.

Anh tuẩn 英 ○, un héros. — *Tuẩn kiệt* ○ 傑, id. — *Tuẩn sĩ* ○ 士, savant, lettré, docteur. — *Tuẩn tú* ○ 秀, sage, prudent. — *Tuẩn đức* ○ 德, éminemment vertueux. — *Tuẩn tài* ○ 才, très capable.

Tuẩn 巡 et 逡*. Faire le tour, circuler, parcourir, aller partout, faire des rondes, voir, surveiller, inspecter.

Tuẩn thủ ○ 守, patrouille, ronde; poste de douane. — *Lính tuẩn thủ* 另 ○ 守, soldat de ronde. — *Lính tuẩn* 另 ○, veilleur, vigie, guetteur. — *Quân tuẩn* 軍 ○, id. — *Tuẩn thuyền* ○ 船, navire croiseur. — *Đi tuẩn* ○ 由, aller faire une ronde. — *Tuẩn do* ○ 由, explorer. — *Quan tuẩn phủ* 官 ○ 撫, gouverneur d'une province. — *Tương tuẩn* 相 ○, se succéder.

Tuẩn 旬*. Une période de dix jours; décade, semaine; égal, uniforme.

Thượng tuẩn 上 ○, première décade (du mois). — *Trung tuẩn* 中 ○, deuxième décade. — *Hạ tuẩn* 下 ○, troisième décade. — *Lục tuẩn* 六 ○, six décades (ou soixante jours). — *Tuẩn lễ* ○ 禮, la semaine chrétienne proprement dite. — *Một tuẩn lễ* 沒 ○ 禮, une semaine. — *Tuẩn tự* ○ 祀, offrande rituelle, sacrifice.

Tuẩn 循*. Suivre, se conformer à, se plier à, céder, obéir; faire une tournée d'inspection.

Tuẩn phép ○ 法, se conformer aux règles établies, suivre les usages. — *Nhơn tuẩn* 因 ○, s'opposer au progrès, être partisan des choses du passé. — *Tuẩn tự nhi tấn* ○ 序而進, qui progresse, qui avance. — *Tuẩn lương* ○ 良, doux, docile, obéissant.

Tuất 戌*. Car. horaire et onzième lettre du cycle duodénaire (le chien). Voir *giáp* et *tí*.

Tuất 哦*. Souffler, siffler (bouche).

Tuất 恤 et 卹*. Peine, chagrin, souci, souffrance, angoisse; avoir de la compassion pour, prendre en pitié; ému, touché; honneurs posthumes.

Tương tuất 相 ○, s'aimer les uns les autres; affection réciproque. — *Tuất bần* ○ 貧, aimer les pauvres. — *Tuất cô* ○ 孤, avoir pitié des abandonnés. — *Phủ tuất* 撫 ○, soulager, adoucir. — *Bất tuất kì dân* 不 ○ 其民, ne pas avoir pitié des souffrances du peuple. — *Tuất dưỡng* 〇 養, nourrir les indigents, soigner les infirmes. — *Tiền tuất* 錢 〇, argent destiné à des œuvres de bienfaisance.

Tục 俗*. Les mœurs publiques; grossier, commun, vulgaire, sans élégance; usages, coutumes.

Hương tục 鄉 〇, usages du pays. — *Thế tục* 世 〇, mœurs du siècle. — *Phong tục* 風 〇, coutumes locales. — *Nhập gia tùy tục* 入 家 隨 〇, on doit se conformer aux usages de la maison dans laquelle on entre. — *Tục ngữ* 語, adage, proverbe. — *Tiếng tục ngữ* 嗒 〇 語, expression proverbiale. — *Tục nhơn* 〇 人, homme vulgaire. — *Ăn tục* 咹 〇, manger grossièrement. — *Nói tục* 吶 〇, dire des grossièretés. — *Tập tục* 習 〇, être fait à, être au courant de. — *Tên tục* 筅 〇, surnom, sobriquet.

Tục 續*. Lier, joindre; continuer; successivement. Voir *thục*.

Tục siếc 〇 飭, faire un nouvel effort; réitérer un ordre.

Túc 足 et 趾*. Pied, jambe; plein, rempli, complet, rassasié; assez, abondamment, suffisamment; content, satisfait.

Thủ túc 手 〇, les mains et les pieds, les quatre membres. — *Thất túc* 失 〇, manquer du pied, glisser, tomber. — *Túc tích* 〇 跡, traces de pas, vestiges. — *Phú túc* 富 〇, très riche, opulent. — *Túc ý* 〇 意, très content. — *Túc dụng* 〇 用, satisfaisant. — *Túc tín* 〇 信, digne de foi. — *Bất túc tín* 不 〇 信, qui n'est

guère croyable. — *Bất túc thực* 不 〇 食, qui offre peu de ressources (pour la bouche). — *Tự dĩ vi túc* 自 以 爲 〇, se faire illusion sur soi-même, se croire plus que les autres.

Túc 肅*. Crainte respectueuse; révérer, vénérer, honorer; contracté, congelé; digne, grave, solennel. A. V. Cri de certains animaux.

Oai túc 威 〇, imposant, majestueux. — *Nghiêm túc* 嚴 〇, sévère, inspirant une crainte mêlée de respect. — *Túc bái* 〇 拜, saluer profondément. — *Túc thơ* 〇 書, envoyer une lettre. — *Túc thỉnh* 〇 請, convoquer. — *Phụng túc* 奉 〇, profond respect. — *Mang túc* 猺 〇, le cerf crie. — *Gà kêu túc túc* 鵲 叫 〇〇, la poule fait *túc túc*.

Túc 粟*. Grain de céréale, de millet; riz en gousse, paddy.

Túc tử 〇 子, grain, paddy. — *Kim túc* 金 〇, grain pour semences. — *Túc xác* 〇 殼, résidu d'opium.

Túc 宿*. Se reposer, faire une halte; loger momentanément; passer la nuit; maison de repos, auberge; étoiles. Voir *tú*.

Kinh túc 經 〇, passer la nuit en un endroit. — *Lưu túc* 留 〇, demander à loger. — *Nhứt thiên hữu nhị thập bát túc* 一 天 有 二 十 八 〇, les 28 constellations zodiacales des Chinois correspondant aux Pléiades, savoir: sept situées entre le midi et l'orient: *giác* 角, corne; *cang* 亢, traverser; *đê* 氐, arriver à; *phòng* 房, chambre; *tâm* 心, cœur; *vĩ* 尾, queue; *cơ* 箕, carquois; — sept entre l'orient et le nord : *dâu* 斗, boisseau; *ngưu* 牛, buffle; *nữ* 女, femme; *hư* 虛, vacant; *nguy* 危, escarpé; *thất* 室, maison; *bích* 壁, cloison; — sept entre le nord et l'ouest : *khuê* 奎, milieu; *lâu* 婁, nombreux; *vị* 胃, estomac; *mẹo* 昴, étoile; *tất* 畢, achevé; *cháy* 觜, nom d'oiseau; *sâm* 參, racine; — sept entre l'ouest et le sud : *tỉnh* 井, puits; *quỉ* 鬼, diable; *liễu* 柳, saule pleureur; *tinh* 星, étoile; *trương* 張, étendu, déployé; *dực* 翼, ailes, flancs; *chẩn* 軫, traverse de char.

Túc 蹜*. Marcher sans se presser, aller lentement, s'approcher avec précaution. Voir *thúc*.

Túc 夙*. Le matin, de bonne heure.

   Túc dạ ○ 夜, soir et matin.

Tức 即 et 卽*. A l'instant même, sur-le-champ, tout de suite, immédiatement; alors, bientôt; approcher, arriver.

   Tức thì ○ 時, subitement, aussitôt; le moment est venu de. — *Tức nhựt* ○ 日, le jour est arrivé de. — *Tức như* ○ 如, si. — *Lập tức* 立 ○, immédiatement; pressé, urgent. — *Tức hiện ngân* ○ 現銀, argent comptant. — *Tức vị* ○ 位, monter sur le trône. — *Tức thị* ○ 是, réellement, véritablement. — *Nó tới tức thì* 奴細 ○ 時, il arrive à l'instant même.

Tức 息*. Respirer; principe de vie, influence, battement; calme, repos; cesser l'action, s'arrêter.

   Bất tức 不 ○, ne pas respirer. —

Sanh tức 生 ○, produit, bénéfice. — *Lợi tức* 利 ○, profit, intérêt de l'argent. — *Nhựt nguyệt tuy đa bất quá nhứt tức nhứt bổn* 日月雖多不過一 ○ 一本, si nombreux que soient les jours et les mois, les intérêts ne peuvent jamais dépasser le capital (article du code). — *Chỉ tức* 止 ○, cesser, arrêter. — *An tức* 安 ○, reprendre haleine, se reposer. — *Tức binh* ○ 兵, arrêter les opérations militaires. — *Tức ngực* ○ 臆, avoir mal à la poitrine, éprouver de l'oppression. — *Tức giận* ○ 恨, étouffer de colère. — *Tức mình* ○ 命, vexé, indigné. — *Tức gan* ○ 肝, dépité. — *Tức tối* ○ 最, suffoqué d'indignation, n'y tenant plus. — *Tức cười* ○ 唭, éclater de rire.

Tuệ 彗*. Un arbuste dont on fait des balais; balai; nom d'étoile.

   Tuệ tinh ○ 星, étoile balai, comète (signe néfaste, mauvais indice).

Tuế 歲*. Année, âge; temps qui passe; franchir, dépasser.

   Tam thập tuế 三十 ○, trente ans. — *Tân tuế* 新 ○, la nouvelle année. — *Khứ tuế* 去 ○, l'année dernière. — *Sơ tuế* 初 ○, l'année passée. — *Niên tuế* 年 ○, années d'âge. — *Tuế thì* ○ 時, les années qui s'écoulent, le temps qui passe. — *Tuế nguyệt* ○ 月, mois et années. — *Thiên tuế* 千 ○, mille années (formule de souhaits). — *Vạn tuế* 萬 ○, dix mille années (formule de souhaits en s'adressant au souverain). — *Tuế tinh* ○ 星, planète Jupiter. — *Sơn tuế* 山 ○, nom d'arbre, espèce de cycas.

Tuế 碎. Broyer, réduire en poudre. (Du S. A. *toái*, même car., même signif.)

Đâm tuế 銑 ○, briser, pulvériser.

Tui 碎. Je, moi. Voir *tao* et *tôi*. (Pour le car. en S. A., voir ci-dessus.)

Tui 焠. Tremper le fer, aciérer. (Du S. A. *toái*, même car., même signif.)

Tui dao ○ 刀, tremper un couteau.

Tụi 對. Groupe, bande, troupe. (En S. A., face à face; se pron. *đôi*.)

Một tụi 沒 ○, un groupe, une bande. — *Đi cả tụi* 扔帑 ○, aller par groupes.

Tụi 縫. Cordon, frange, torsade. (Du S. A. *tuy*, même car., même signif.)

Tụi vàng ○ 鑛, franges d'or, épaulettes d'or. — *Tụi bạc* ○ 薄, franges d'argent, épaulettes d'argent. — *Có tụi* 固 ○, qui a des pendants, des franges. — *Một cái tụi* 沒丐 ○, un gland, une houpette.

Túi 最. Sombre, obscur. Voir *tối*. (En S. A., nombreux; se pron. *tối*.)

Túi tăm ○ 沁, ténébreux. — *Túi trời* ○ 歪, temps couvert, nuit sombre. — *Túi ngày* ○ 時, toute la journée.

Túi 最 ⁽¹⁾. Bourse, blague, pochette. (Pour le car. en S. A., voir ci-dessus.)

Một cái túi đựng bạc 沒丐 ○ 鄧 薄, une bourse renfermant de l'argent. — *Túi thuốc* ○ 葉, blague à tabac. — *Túi áo* ○ 襖, poche d'habit. — *Túi quần* ○ 裙, poche de pantalon. — *Đầy túi* 苔 ○, plein les poches. — *Túi cơm* ○ 餅, sachet à riz cuit (pour emporter). — *Ráo túi* 燥 ○, tout raflé, plus rien. — *Nghèo cháy túi* 饞烟 ○, très pauvre, tout à fait sans le sou.

Túi 辟. Se lamenter en secret, pleurer silencieusement; honte. (Formé des S. A. *khẩu* 口, bouche, et *toái* 碎, broyer.)

Túi phận ○ 分, déplorer son sort; avoir honte de sa condition. — *Túi mặt* ○ 柄, confus, honteux. — *Túi hổ* ○ 虎, se sentir humilié. — *Ngậm túi* 吟 ○, subir un affront sans se plaindre, souffrir en secret, ronger son frein.

Tuiến 線 *. Fil; trait fin. Voir *tuyến*.

Bức tuiến 幅 ○, rayon de cercle. — *Kim tuiến* 金 ○, de l'or en fils.

Tuy 雖 *. Nom d'insecte; quoique, bien que, en admettant, à supposer que. Voir *dầu*.

Tuy nhiên ○ 然, alors même que, néanmoins. — *Tuy là* ○ 羅, quoi qu'il en soit. — *Tuy anh nói* 嬰 吶, quoique vous disiez. — *Tuy rằng* ○ 浪, bien qu'on ait dit que.

Tuy 夊 *. Marcher sans se presser, aller lentement, posément, tranquillement. Voir *suy*. Car. radical.

Tuy 綏 *. Corde d'appui; sécurité

⁽¹⁾ Se transcrit aussi par le car. 襊.

confiance, quiétude; calme, paisible, tranquille.

 Vĩnh tuy dân 永 ○ 民, garantir la paix et le bonheur du peuple. — *Phủ tuy* 撫 ○, assurer le repos. — *Phước tuy* 福 ○, tranquillité et bonheur; préfecture de la province de *Biên hòa* (Cochinchine).

Tuy 萃*. Végétation touffue, plantes serrées, épaisses; assemblé, amassé; foule, troupe, bande; réunion, collection.

 Tuy quần ○ 群, troupe nombreuse.

Tuy 悴*. Triste, affligé; inquiet.

Tuy 誶*. Faire des reproches, blâmer, adresser des remontrances; crier, insulter, injurier.

Tuy 繸*. Ornement en soie, cordon, frange, gland, torsade.

Túy 倅*. Aider, assister; second, adjoint; celui qui doit hériter d'un rang, d'une charge.

Túy 醉*. L'influence des liqueurs alcooliques; ivresse, ébriété.

 Túy tửu ○ 酒, pris de boisson. — *Cốt túy* 骨 ○, complètement adonné au vin, alcoolique; litt., ivre jusque dans les os.

Tùy 隨*. Suivre, venir immédiatement après, se toucher presque; suivant, selon, conformément à; céder, obéir, se plier à.

 Tùy phong ○ 風, suivre le vent. — *Tùy thì* ○ 時, d'après le temps.

— *Tùy thói tục* ○ 退俗, se conformer aux us et coutumes. — *Tùy theo* ○ 曉, selon, conformément. — *Tùy ý* ○ 意, selon l'intention; suivre la volonté de. — *Tùy cơ* ○ 機, selon les circonstances, suivant l'occasion. — *Của tùy thân* 貼 ○ 身, avoir le nécessaire. — *Tùy tài lục dụng* ○ 才 錄 用, à chacun selon ses capacités. — *Có tùy* 固 ○, cela dépendra de.

Tủy 髓 et 骴*. La moelle des os; pénétrer profondément; réfléchir, examiner.

 Ngưu cốt tủy 牛骨 ○, graisse de bœuf. — *Tủy thân* ○ 身, se livrer à un examen de soi-même. — *Tủy lại* ○ 吏, examiner de nouveau.

Tuyên 宣*. Faire circuler; étendre, répandre, disperser; publier, proclamer.

 Tuyên dương ○ 揚, répandre au loin. — *Tuyên dụ* ○ 諭, promulguer. — *Khẩu tuyên* 口 ○, colporter partout de vive voix. — *Tuyên phủ sứ* ○ 府 使, titre d'un fonctionnaire civil, sorte de préfet général.

Tuyến 線*. Fils tordus, liens tressés; chaîne et trame. Voir *tuiến*.

 Bổ tuyến 布 ○, mèche de lampe.

Tuyền 全 et 仝*. Accompli, achevé; entier, parfait, intact. V. *toàn*.

 Tuyền sự ○ 事, chose terminée. — *Tuyền vẹn* ○ 援, pur, intègre. — *Tuyền mạng* ○ 命, sain et sauf. — *Tuyền công* ○ 功, travail fini. — *Tuyền hảo* ○ 好, très joli. — *Hoàn tuyền* 完 ○, parfait. — *Tuyền năng*

○ 能, pleins pouvoirs; très puissant. — *Thánh nhơn vô tuyên năng* 聖人無○能, un saint ne peut pas tout. — *Tuyên thiện* ○ 善, infiniment bon.

Tuyền 泉*. Source d'eau, fontaine; origine; argent, monnaie.

Tỉnh tuyền 井○, puits. — *Cửu tuyền* 九○, les neuf fontaines (de l'enfer mythologique). — *Tại cửu tuyền* 在九○, au sépulcre, dans la tombe. — *Sơn tuyền* 山○, fontaine dans la montagne. — *Thanh tuyền* 清○, source d'eau pure. — *Huỳnh tuyền* 黃○, fontaine jaune. — *Lâm tuyền* 林○, la forêt mystérieuse. — *Tuyền phúc hoa* ○ 覆花, mouron.

Tuyển 選*. Choisir, élire; bon, beau, qui est du meilleur choix; tourner; énumérer, calculer.

Tuyển cử ○ 舉, choisir et nommer (à un poste officiel). — *Việc tuyển cử* 役○舉, le travail des élections. — *Tuyển lại* ○ 吏, faire un nouveau choix, procéder à de nouvelles élections. — *Tuyển sĩ* ○ 士, promouvoir des fonctionnaires civils. — *Tuyển trạch* ○ 擇, faire un choix raisonné. — *Tuyển tài nhơn* ○ 才人, choisir des hommes capables. — *Lính tuyển phong* 另○封, militaires de choix, soldats d'élite. — *Tuyển binh* ○ 兵, faire la conscription.

Tuyệt 絕*. Lien rompu, fil coupé; briser, trancher, détruire, abattre, exterminer; tout à fait perdu, entièrement ruiné; superlatif excessif.

Tận tuyệt 盡○, entièrement détruit. — *Tuyệt giao* ○ 交, rompre les liens (d'amitié), ne plus avoir de rapports. — *Miên miên bất tuyệt* 綿綿不○, qui tient solidement, qui ne se détachera jamais. — *Sát tuyệt* 殺○, exterminer tout le monde, tuer tout. — *Chết tuyệt* 折○, tous morts. — *Tuyệt lộ* ○ 路, route coupée; plus d'espérance. — *Tuyệt tộc* ○ 族, famille entièrement éteinte. — *Tuyệt tự* ○ 嗣, sans postérité. — *Phần tuyệt tự* 分○嗣, part des morts sans postérité. — *Tuyệt sắc* ○ 色, beauté incomparable. — *Tuyệt hảo* ○ 好, extrêmement bon, tout ce qu'il y a de meilleur. — *Tuyệt cao* ○ 高, on ne peut plus grand.

Tuyết 雪*. Neige; laver, blanchir.

Sương tuyết 霜○, gelée blanche. — *Tuyết bạch* ○ 白, blanc comme de la neige. — *Trắng như tuyết* 皚如○, id. — *Tuyết hoa* ○ 花, flocons de neige. — *Xuống tuyết* 甀○, neiger. — *Núi đầy những tuyết* 峐苦仍○, montagne couverte de neige. — *Tuyết hận* ○ 恨, laver une offense.

Tum 埲. Grand vase en terre; boîte de roue; mot euphonique. (Formé des S. A. *thổ* 土, terre, et *tâm* 心, cœur.)

Cái tum xe 丐○車, boîte de roue de voiture. — *Lùm tum* 林○, serré, touffu, épais. — *Bụi lùm tum* 蓓林○, épais buisson. — *Làm lùm tum* 濫林○, travailler bruyamment, faire mille embarras.

Túm 摻. Appliquer les mains sur; retirer, extraire; serré, lié; resserrer, ramasser; enlever, emporter. (Formé des S. A. *mịch* 糸, soie, et *tham* 參, réunion.)

Túm mình lại ○ 命吏, se replier

sur soi-même. — *Túm miệng* ○ 咄, pincer les lèvres; serrer l'ouverture (d'un sac, par exemple). — *Túm giò* ○ 跈, entraver les jambes, les pieds, les pattes. — *Buộc túm lại* 紏 ○ 吏, attacher le tout ensemble. — *Túm trọi* ○ 磊, emporter tout (en une brassée). — *Sự túm* 事 ○, rassemblement, réunion.

Tùm 尋. Syllabe complémentaire. (En S. A., rechercher; se pron. *tầm*.)

Tùm lùm ○ 林, épais, serré; beaucoup, nombreux. — *Bắt tùm lùm* 扙 ○ 林, prendre en grand nombre. — *Bụi tùm lùm* 蓓 ○ 林, taillis, fourrés.

Tun 尊. Syllabe complémentaire. (En S. A., honorable; se pron. *tôn*.)

Tun hút ○ 嗂, petit trou.

Tung 縱*. Longitudinal; étendu, espacé; tomber, s'abandonner; nonchalant, licencieux; donner libre essor à, élargir.

Phương tung 放 ○, faire à sa guise. — *Tung tù* ○ 囚, élargir des prisonniers. — *Tung mã* ○ 馬, lâcher les rênes à un cheval. — *Tung hoành* ○ 橫, en travers; de long en large. — *Tứ tung ngũ hoành* 四 ○ 五 橫, certaines lignes tracées pour les incantations. — *Tứ tung* 四 ○, quatre côtés; partout. — *Đi tứ tung* 迻 四 ○, aller de tous côtés. — *Tung ra* ○ 囉, se dégager de liens.

Tung 嵩 et 崧*. Montagne très haute, lieu élevé, pic, pointe, cime.

Tung hô ○ 呼, crier très fort, proclamer, acclamer. — *Tung sơn* ○ 山, nom de montagne.

Tụng 誦*. Lire en chantonnant, réciter des prières; fredonner, psalmodier; raconter, discourir, expliquer.

Tụng ngôn ○ 言, chants, prières. — *Thầy chùa đương tụng kinh* 柴 廚 當 ○ 經, le bonze était en train de réciter des prières. — *Tụng rí* ○ 哩, incantation pour les sorts (formule de sorcellerie). — *Tụng tập* ○ 習, apprendre des chants par cœur. — *Tụng thi* ○ 詩, lire des vers en chantant. — *Tụng chí* ○ 志, expliquer les intentions, éclaircir la pensée, commenter. — *Tụng nhon* ○ 人, commentateur.

Tụng 訟*. Contestation, querelle, litige; lutter, discuter, plaider; accuser, porter plainte; reprocher, réprimander. A. V. Sac, valise.

Cáo tụng 告 ○, porter une accusation. — *Tụng thượng* ○ 上, accuser devant l'autorité supérieure. — *Quan tụng* 官 ○, litige officiel. — *Tự tụng* 自 ○, intenter un procès. — *Kiện tụng* 健 ○, porter plainte. — *Một cái tụng bằng da* 沒 丐 ○ 朋 胶, un sac en cuir.

Tụng 頌*. Face, visage; féliciter, complimenter, louer, célébrer.

Túng 慫*. Pousser, presser, exciter, stimuler; alarmé, effrayé.

Túng dùng ○ 慂, pousser au mal. — *Túng dục* ○ 欲, exciter à la débauche. — *Túng tứ* ○ 恣, se laisser aller à ses penchants vicieux.

Túng 縱. Cerné, entouré; à l'étroit, gêné. embarrassé; pénurie. extrémité; mettre en liberté, élargir. (En S. A., longueur; se pron. *tung*.)

Túng thâu ○ 紗. circonvenu de toutes parts, dans le plus grand embarras. — *Nghề túng* 藝 ○, à bout d'expédients de son métier. — *Túng lắm* ○ 廩, très embarrassé. — *Túng cực* ○ 極, réduit à la dernière extrémité. — *Túng thế* ○ 勢, sans aucun moyen, dénué de toute ressource. — *Tù tùng* 囚 ○, à l'étroit, comme enfermé. — *Túng tiền* ○ 錢, être gêné, avoir besoin d'argent. — *Cùng túng* 窮 ○, très pauvre, très misérable. — *Túng ngặt* ○ 歹, manquer du nécessaire. — *Túng nước* ○ 渚, entouré d'eau de tous côtés. — *Lúng túng* 龍 ○, ne plus savoir à quel saint se vouer. — *Nói túng* 吶 ○, donner des raisons futiles. se trouver (dans une discussion) à court d'arguments.

Tùng 松*. Pin, sapin; fermeté, constance, longévité. Voir *tòng*.

Tùng bá ○ 栢, pin et cyprès. — *Tùng chi* ○ 脂, résine de sapin. — *Lâm tùng* 林 ○, forêt de pins.

Tùng 從*. Suivre, marcher après, être attaché à; démarche aisée; obéir, imiter, approuver, adhérer; aide, second, adjoint, suppléant; commencement, point de départ.

Tùng sư ○ 師, suivre un maître. — *Tùng theo* ○ 曉, se conformer à. — *Tùy tùng* 隨 ○, id. — *Nguyệt chi tùng tinh* 月之 ○ 星, la marche de la lune à travers les étoiles. — *Tùng chánh* ○ 正, premier et second. — *Tùng tứ phẩm* ○ 四品, le second du 4ᵉ rang, c.-à-d. la 2ᵉ classe du 4ᵉ degré (mandarinat). — *Tam tùng* 三 ○, les trois soumissions (de la femme). — *Bất tùng giáo hóa* 不 ○ 敎化, ne pas se conformer à l'enseignement reçu. — *Tùng hành* ○ 行, faire route avec quelqu'un.

Tưng 曾. Porter, élever. Voir *tăng*. (En S. A.. déjà, passé; se pron. *tăng*.)

Tiếng 憎. Syllabe complémentaire. (En S. A., se dénigrer; se pron. *tăng*.)

Tiếng lưng ○ 朝, ardemment.

Tùng 曾. Avoir expérimenté, avoir éprouvé; déjà connaître. être au fait de; vu, su, connu. Voir *tăng*. (Du S. A. *tăng*, même car., déjà, passé.)

Chưa tùng 渚 ○, qui ne connaît pas encore. — *Chẳng tùng* 庄 ○, sans expérience. — *Ai tùng* 埃 ○, jamais personne.

Tùng 層. Degré, gradin, échelon; un à un, les uns après les autres. (Du S. A. *tầng*, même car., même signification.)

Tùng lớp ○ 律, tour, ordre. rang. couche, étage. — *Cái nhà năm tùng* 丐 茹 瓶 ○, maison à cinq étages. — *Tùng trên* ○ 蓮, degré supérieur. — *Tùng dưới* 𦡚, degré inférieur. — *Tùng trời* ○ 丕, les degrés du ciel. — *Từ tùng* 自 ○, graduellement. — *Đặt tùng* 達 ○, étager. — *Tùng món* ○ 們, chaque chose en son temps, chaque objet à sa place.

— *Tiếng người* ○ 得, les uns après les autres, chacun son tour.

Tược 削. Plantation, propriété. (En S. A., rogner, racler; se pron. *tước*.)

Vườn tược 園 ○, jardin, verger.

Tước 雀*. Nom de petits oiseaux.

Tước gia ○ 家, moineau. — *Én tước* 燕 ○, hirondelle. — *Sơn ma tước* 山麻 ○, alouette. — *Huỳnh tước* 黃 ○, chardonneret, serin, canari. — *Châu tước* 朱 ○, nom d'étoile.

Tước 爵*. Vase ou coupe à trois pieds pour les libations; rang, dignité, situation; conférer un titre.

Tước hoàn ○ 浣, préparer un banquet. — *Quờn tước* 權 ○, titres, grades et dignités en général. — *Chức tước* 職 ○, id. — *Ngũ tước* 五 ○, les cinq dignités : *nam* 男, *tử* 子, *bá* 伯, *hầu* 侯 et *công* 公. — *Tước lộc* ○ 祿, solde, traitement. — *Tước quan* ○ 官, rang de fonctionnaire, grade d'officier. — *Tước hữu đức* ○ 有德, titre décerné aux hommes vertueux.

Tước 削*. Couper, diviser; tailler, amincir; rogner, gratter, racler, raser; raturer, effacer; enlever, retrancher, priver de.

Tước chỉ ○ 紙, couper du papier. — *Cắt tước* 割 ○, retrancher, soustraire; casser, révoquer. — *Tước chức* ○ 職, enlever une dignité, diminuer le grade. — *Tước địa phận* ○ 地分, enlever une portion de territoire. — *Cải tước* 改 ○, raturer, effacer, changer, modifier. — *Tước xé ra* ○ 㰸囉, fendre en deux, écarteler. — *Tước lá* ○ 蘿, écorcer les feuilles. — *Tước tre* ○ 柳, fendre le bambou. — *Rách tước* 禮 ○, fendu, déchiré. — *Bị tước chức* 被 ○ 職, avoir subi la révocation. — *Tước đi* ○ 移, casser, révoquer. — *Quét tước* 抉 ○, balayé. — *Tước ngạch* ○ 額, placer hors cadre.

Tuổi 歲. Les années, l'âge des gens. (Du S. A. *tuế*, même car., même signif.)

Tuổi tác ○ 索, l'âge, les années. — *Lớn tuổi* 客 ○, âgé. — *Tuổi cao tác lớn* ○ 高索客, qui a beaucoup d'années. — *Ông ấy đã lớn tuổi* 翁意㐌客 ○, ce monsieur est déjà âgé. — *Nhỏ tuổi* 馳 ○, jeune. — *Tuổi trẻ* 祂, id. — *Nó còn nhỏ tuổi* 奴群馳 ○, il est encore jeune. — *Mừng tuổi* 㥪 ○, souhaiter la bonne année, complimenter à l'occasion d'un anniversaire de naissance. — *Coi tuổi* 視 ○, observation du jour et de l'heure de la naissance (par laquelle un devin prétend préjuger les événements de la vie d'une personne). — *Đánh tuổi* 打 ○, calculer l'âge. — *Tính tuổi* 併 ○, id. — *Mấy tuổi* 買 ○, quel âge? — *Anh có mấy tuổi* 嬰固買 ○, quel âge avez-vous? — *Tôi mới có ba mươi một tuổi* 碎買固㐌迻沒 ○, je viens d'avoir trente et un ans.

Tươi 鮮. Nouveau, jeune, tendre; fraîchement tué, récemment pris. (Du S. A. *tiên*, même car., même signification.)

Tươi tốt ○ 卒, frais, jeune, brillant, luisant. — *Tươi màu* ○ 牟, belles couleurs. — *Thịt tươi* 胒 ○,

viande fraîche. — *Cá twơi* 鮮 ○, poisson frais. — *Cây twơi* 核 ○, arbre jeune, verdoyant. — *Nwóc da twơi tốt* 渃膠 ○ 卒, teint frais. — *Sự twơi* 事 ○, fraîcheur. — *Mặt twơi* 靦 ○, figure jeune, visage frais. — *Chết twơi* 折 ○, mourir jeune; mourir subitement.

Twới 洒. Arroser; vite. Voir *rwới*.
(Formé des S. A. *thủy* 水, eau, et *tái* 再, réitérer.)

Twới rwới ○ 洒, arroser, asperger (mot double). — *Twới cây* ○ 核, arroser un arbre. — *Twới vwòn* ○ 園, arroser un jardin. — *Twới đàng* ○ 唐, arroser la rue, la route. — *Kẻ twới* 几 ○, celui qui arrose. — *Bình twới* 瓶 ○, arrosoir. — *Xe twới* 車 ○, voiture d'arrosage. — *Twới lửa* ○ 焜, jeter de l'eau sur le feu, éteindre un incendie. — *Làm twới đi* 濫 ○ 迻, allons, vivement !

Twởi 載. Syllabe complémentaire.
(En S. A., porter, subir; se pron. *tải*.)

Tát twởi 必 ○, sans aucun appui, délaissé, abandonné.

Twởm 慚. Syllabe complémentaire.
(Du S. A. *tàm*, même car., sali, souillé.)

Twởm luôm ○ 淋, malpropre, ordurier, dégoûtant. — *Cái miệng twởm luôm* 丐咀 ○ 淋, une sale gueule.

Twơm 瀸. Suinter, transpirer; imbibé, imprégné, humecté, trempé.
(Du S. A. *tiêm*, même car., même signification.)

Twơm nwóc ○ 渃, imbibé d'eau. — *Vách nầy twơm nwóc ra* 壁尼 ○ 渃 囉, ce mur suinte. — *Giấy twơm dầu* 紙 ○ 油, papier imbibé d'huile.

Tuôn 潺. Couler, affluer; en foule.
(Formé des S. A. *thủy* 水, eau, et *tôn* 孫, descendance.)

Nwóc mạch tuôn ra 渃脈 ○ 囉, l'eau sortait de la source et se répandait. — *Tuôn nwóc mắt* ○ 渃耶, larmes qui coulent, pleurs qui se répandent. — *Mưa tuôn* 霄 ○, pleuvoir à verse. — *Tuôn rơi* ○ 淶, couler en abondance. — *Tuôn ra* ○ 囉, se répandre. — *Tuôn tới* ○ 細, arriver en foule.

Twơn 散. Promptement, lestement.
(Du S. A. *tan*, même car., finir, rompre.)

Làm twơn đi 濫 ○ 迻, allons, vivement, lestement ! — *Chối twơn* 唑 ○, nier carrément, effrontément.

Tuông 嵩. Se précipiter, se ruer.
(En S. A., pic élevé; se pron. *tung*.)

Tuông pha ○ 葩, envers et contre tous. — *Đi luồng tuông* 迻弄 ○, faire irruption dans, pénétrer de force, envahir. — *Đạp tuyết tuông mây* 踏雪 ○ 邌, piétiner la neige et fendre les nuages (faire feu des quatre pieds, remuer ciel et terre).

Tuồng 從. Mode, manière; aspect, air, apparence; comédie, tragédie.
(En S. A., démarche; se pron. *tùng*.)

Tuồng cách ○ 格, forme, manière. — *Tuồng nhà* ○ 茹, aspect d'une maison. — *Coi tuồng* 䙹 ○, se rendre compte de l'apparence (pour en tirer des présages). — *Coi như tuồng* 䙹 如 ○, ressembler au modèle, comme fait au moule. — *Làm tuồng* 濫 ○, faire une comédie. — *Tuồng tập* ○ 習, pièce de théâtre. — *Tuồng tích* ○ 昔, drame historique. — *Tấn tuồng* 進 ○, scène de comédie. — *Kẻ làm tuồng hát* 几 濫 ○ 喝, auteur dramatique. — *Buông tuồng* 攊 ○, passionné, dévoyé, effréné.

Tương 相 *. OEil regardant au loin à travers les arbres; se livrer à des investigations, examiner, considérer; veiller sur, prendre soin de; deux par deux, ensemble; en même temps, simultanément; réciproquement, mutuellement.

Tương hình bất tri tương tâm ○ 形 不 知 ○ 心, considérer le visage plutôt que le cœur. — *Tương thì* ○ 時, observer le temps. — *Tương tề* ○ 齊, en même temps. — *Tương cận* ○ 近, voisin, proche, contigu. — *Tánh tương cận* 性 ○ 近, la nature est à peu près la même. — *Tương đồng* ○ 同, égaux, pareils. — *Bất tương thượng hạ* 不 ○ 上 下, ni au-dessus ni au-dessous, s'équivaloir. — *Tương hảo* ○ 好, se plaire ensemble. — *Ghen tương* 慳 ○, se jalouser, se détester. — *Làm tương phần* 濫 ○ 分, se partager les biens. — *Tương kính* ○ 敬, se respecter les uns les autres, s'estimer mutuellement. — *Tương tiếp* ○ 接, aller au-devant l'un de l'autre. — *Tương phương* ○ 方, se rencontrer.

Tương 湘 *. Fondre; faire cuire, faire bouillir; nom de fleuve et nom de pays (en Chine).

Kim tương 金 ○, or en fusion. — *Vàng tương* 鑛 ○, id. — *Ngân tương* 銀 ○, argent fondu. — *Tương quân* ○ 君, une divinité (mâle). — *Tương phu nhơn* ○ 夫 人, autre divinité (femelle).

Tương 箱 *. Boîte, caisse, malle, coffre, panier. Voir *sương*.

Trước tương 竹 ○, panier en bambou. — *Khai tương* 開 ○, défoncer une caisse, ouvrir une malle.

Tương 廂 *. Maisons qui se font face, chambres latérales, appartements de côté. Voir *sương*.

Đông tương 東 ○, bâtiment latéral situé à l'est. — *Tây tương* 西 ○, bâtiment latéral situé à l'ouest.

Tương 将 *. Prendre, enlever; porter, présenter, soumettre; aider, assister, suivre; sur le point de.

Kinh tương 經 ○, conduire, diriger. — *Kinh tương nội vụ* 經 ○ 內 務, porter une affaire devant l'autorité. — *Tương tử* ○ 死, sur le point de mourir. — *Tương an* ○ 安, procurer la tranquillité, amener la paix.

Tương 醬 *. Saumures, condiments; une sauce au riz gluant pour la conservation des légumes et des viandes.

Tương dầu ○ 油, certaine préparation à base d'huile. — *Tương rau* ○ 荽, espèce de salade commune. — *Tương chua muối mặn* ○ 珠 挴 漫, nourriture grossière.

Tương 象 *. Éléphant; forme, figure; empreinte, ressemblance; représenter, comparer.

Tượng nha ○ 牙, défenses d'éléphant, ivoire. — *Tượng bì* ○ 皮, peau d'éléphant. — *Răng tượng* 鯪 ○, dent d'éléphant. — *Võ tượng* 武 ○, éléphant de guerre. — *Binh tượng* 兵 ○, id. — *Tế tượng* 犀 ○, rhinocéros et éléphants. — *Ruột tượng* 胖 ○, sac sans fond, sorte de besace à l'usage des soldats. — *Bát chơn tượng* 鉢 蹟 ○, espèce de grand bol (de la dimension d'un pied d'éléphant). — *Tứ tượng* 四 ○, les quatre saisons. — *Long tượng* 龍 ○, l'un des nombreux noms du Bouddha. — *Tượng giáo* ○ 敎, la doctrine bouddhiste.

Tượng 橡 *. Chêne (espèce); gland. Voir *triv*.

Tượng 像 *. Image, forme, figure, effigie, portrait, statue; semblable, pareil, égal; imiter, représenter.

Thần tượng 神 ○, la statue d'un génie, l'image d'une divinité. — *Tượng nhỏ* ○ 鈕, statuette, figurine. — *Tượng bụt thần* ○ 孛 神, idole. — *Hình tượng* 形 ○, forme, figure. — *Tạc tượng* 鑿 ○, figurer, représenter. — *Thợ tạc tượng* 署 鑿 ○, statuaire. — *Mới tượng* 買 ○, qui commence à apparaître, qui vient de se montrer. — *Tượng nên* ○ 年, devenir. — *Liên tượng* 聯 ○, panneaux d'ornement (par paires) avec images peintes. — *Tượng tượng* ○ ○, semblable, pareil. — *Tượng hình* ○ 形, retracer l'image, faire ressemblant. — *Tượng sanh* ○ 生, comme si c'était vivant. — *Tượng ảnh* ○ 影, tableau, image. — *Tượng ảnh vây* ○ 影 鯢, petite médaille (objet religieux) pour le cou, scapulaire.

Tượng 匠 *. Artisan, ouvrier; gens de métier. Voir *thợ*.

Công tượng 工 ○, homme de métier. — *Tượng nhơn* ○ 人, id. — *Tượng đầu* ○ 頭, maître ouvrier. — *Đại tượng* 大 ○, grand artisan, maître de l'univers. — *Mộc tượng* 木 ○, charpentier, menuisier. — *Ngân tượng* 銀 ○, orfèvre. — *Tiểu tượng* 小 ○, petit apprenti.

Tướng 將 *. Faire avancer, pousser en avant; prendre le commandement, être à la tête de; guider, diriger, exciter, encourager; chef, guide.

Tướng đại xa ○ 大 車, faire avancer le grand char. — *Vũ tướng* 武 ○, chef militaire. — *Tướng quân* ○ 軍, général en chef. — *Đại tướng quân* 大 ○ 軍, maréchal. — *Tướng tá* ○ 佐, id. — *Tướng soái* ○ 帥, commandant en chef. — *Danh tướng* 名 ○, un nom fameux dans les fastes militaires. — *Dõng tướng* 勇 ○, un héros. — *Tướng sĩ* ○ 仕, les chefs militaires et civils en général, les hauts fonctionnaires. — *Nhứt tướng công thành vạn cốt khô* 一 ○ 功 成 萬 骨 枯, il faut dix mille carcasses sèches (dix mille morts) pour faire un chef victorieux. — *Tướng quốc* ○ 國, un grand serviteur de l'État, un grand ministre. — *Nó không ra ống tướng gì* 奴 空 囉 翁 ○ 之, il ne sera jamais un grand homme.

Tướng 相 *. OEil qui cherche à se rendre compte; regarder, examiner; l'aspect des choses; physiognomonie, chiromancie, divination; aider, assister, secourir.

Tướng diện ○ 面, prédire d'après les lignes du visage, l'aspect de la physionomie. — *Coi tướng* 覝 ○, se livrer à un examen en vue de la divination, voir pour en tirer des pronostics. — *Xem tướng* 觇 ○, id. — *Phước tướng* 福 ○, qui sera heureux, qui aura de la chance. — *Tốt tướng* 卒 ○, bon aspect, bonne mine. — *Tài tướng* 才 ○, habile dans l'art de deviner. — *Nói tướng* 吶 ○, parler comme quelqu'un qui sait tout.

Tường 詳*. Parler clairement, expliquer avec soin; examiner, scruter, rechercher; clair, net; facile à dire, aisé à comprendre.

Tường minh kì sự ○ 明其事, tirer une affaire au clair. — *Tường tâm* ○ 心, prudent, soigneux, méticuleux. — *Tường văn* ○ 文, rapport administratif, exposé officiel. — *Tỏ tường* 訴 ○, très clair, bien établi. — *Tường tận* ○ 盡, id. — *Tường ngôn* ○ 言, paroles nettes, claires. — *Đã tường* 㐌 ○, c'est entendu, c'est compris; avéré; entièrement éclairci, très bien expliqué. — *Tường biết* ○ 別, connaître par expérience.

Tường 祥 et 祥*. Chance, fortune, bonheur, félicité; bon, agréable, avantageux; présage, augure; offrande aux parents défunts.

Trinh tường 禎 ○, bons indices. — *Bất tường* 不 ○, mauvais présage, signe de malheur. — *Tiểu tường* 小 ○, cérémonie dite de la petite offrande (un an après le décès). — *Đại tường* 大 ○, cérémonie dite de la grande offrande (deux ans après le décès).

Tường 庠*. École publique; hospice ou asile pour les vieillards et les anciens serviteurs de l'État; nourrir, élever, enseigner.

Tường tự ○ 序, école, collège. — *Tường sanh* ○ 生, élève diplômé.

Tường 強*. Fort, robuste; violent.

Tường đạo ○ 盜, prendre, voler, piller avec force et violence.

Tường 墻*. Mur, muraille, cloison.

Tường thành ○ 城, les remparts d'une ville. — *Vách tường* 壁 ○, mur, muraille. — *Chiếu tường* 照 ○, sorte d'écran en maçonnerie construit devant le seuil d'une maison. — *Xuyên tường* 穿 ○, faire un trou dans un mur.

Tưởng 牉*. Tablette, planchette, plaque; bois de lit. Car. radical.

Tưởng 戕*. Nuire, maltraiter, tuer.

Tưởng 想*. Penser, réfléchir; idée, intention; désir, souhait.

Tưởng gia ○ 家, penser à sa maison, songer à ses parents. — *Tư tưởng* 思 ○, méditer. — *Tưởng gẫm* ○ 吟, id. — *Tưởng bất lai* ○ 不來, ne pas pouvoir se rappeler. — *Suy tưởng* 推 ○, considérer. — *Tưởng tới* ○ 細, penser à. — *Tưởng đến* ○ 典, id. — *Tưởng là* ○ 羅, pensant que. — *Tưởng lại* ○ 吏, se souvenir, se rappeler. — *Lo tưởng* 盧 ○, s'inquiéter de. — *Tưởng nhớ* ○ 汝, penser avec attendrissement à. — *Tưởng thầm* ○ 諶, réfléchir en son for intérieur. — *Tưởng ước*

○ 約, souhaiter vivement. — *Anh tưởng về người nầy làm sao* 嬰○衛 得尼濫牢, que pensez-vous de cet homme? — *Người đờn bà anh thấy tưởng mình là xinh tốt lịch sự* 得彈 妣嬰覽○命羅檣卒歷事, la femme que vous voyez se croit jolie et distinguée. — *Ai tưởng* 埃○, qui aurait pensé que. — *Tưởng sự không nên* ○事空年, penser à des choses inconvenantes. — *Tưởng đầu tử* ○頭子, gland (fruit).

Tuột 崒 [1]. Laisser glisser; tomber. (En S. A., heurter du pied; se pron. *tốt*.)

Tuột xuống ○𩨂, glisser, s'échapper (par en bas). — *Tuột quần ra* ○裙囉, laisser tomber son pantalon. — *Bạch tuột* 白○, indiscret, mais incapable (se dit de quelqu'un qui veut se mêler de tout et qui n'est bon à rien).

Tuốt 捽. Dépouiller; se répandre. (En S. A., prendre, saisir; se pron. *tốt*.)

Tuốt da ○胗, enlever la peau. — *Tuốt máu* ○卯, baignant dans le sang. — *Tuốt qua* ○戈, passer rapidement. — *Đi tuốt* 扔○, s'en aller tout droit, partir comme un trait.

Tược 削. Nouvelle pousse, bouton. (En S. A., couper, tailler; se pron. *tược*.)

Cây nầy có nhiều tược non 核尼固饒○嫩, cet arbre a de nombreux bourgeons.

Tược 削. Surmonter. Voir *lược*. (Pour le car. en S. A., voir ci-dessus.)

Tuớt tới ○細, s'efforcer d'atteindre, se hâter vers. — *Làm tuớt* 濫○, faire avec précipitation. — *Làm tuớt đi* 濫○扔, allons, vivement!

Tựu 就. Venir, parvenir; terme, but; accompli, fini, achevé.

Thành tựu 成○, complètement terminé. — *Tựu hảo* ○好, c'est très bien, c'est parfait. — *Tựu lai* ○來, approcher. — *Tựu tới* ○細, parvenir à. — *Tựu tại* ○在, arriver à un endroit. — *Tựu dân* ○民, réunir les populations. — *Tựu hội* ○會, se réunir, s'assembler. — *Tựu đồng* ○東, venir en foule. — *Tương tựu* 相○, se convenir, se plaire ensemble. — *Giao tựu* 交○, livrer à, remettre à. — *Tựu đầy* ○苦, plein, complet.

Tựu 鷲*. Grand vautour, espèce de condor; rapacité, voracité.

Tựu sơn ○山, la montagne du vautour.

Tựu 僦*. Prendre en location.

Tửu 酒*. Les boissons fermentées en général; l'influence du vin, les effets de l'alcool.

Tửu sắc ○色, beauté et vin; ivresse et luxure. — *Chước tửu* 酌○, verser à boire. — *Tửu nhơn* ○人, homme adonné à la boisson. — *Tế tửu* 祭○, offrir du vin rituellement. — *Chánh tế tửu* 正祭○, maître des libations, maître des banquets. — *Tửu bất túy nhơn nhơn tự túy* ○不

---

[1] Se transcrit aussi par le car. 捽.

醉人人自醉, le vin n'enivre pas l'homme, c'est l'homme qui s'enivre lui-même. — *Tửu sắc tài khí* ○ 色 財 氣, le vin, la luxure, l'amour des richesses et le manque de respect, voilà quatre motifs de perdition. — *Nhập tửu ngôn xuất* 入 ○ 言 出, le vin entre, les paroles sortent : l'ivresse délie les langues, fait trop parler. — *Tửu nhập tâm như hổ nhập lâm* ○ 入 心 如 虎 入 林, le vin pénètre dans le cœur comme un tigre entre dans la brousse : l'homme ivre devient féroce et ne se connaît plus.

U

U 幽*. Obscur, sombre, ténébreux; caché, secret, retiré, solitaire; profond, mystérieux, loin des regards. A. V. Cri prolongé; enfler, se gonfler.

U minh ○ 冥, obscurci; peu compréhensible. — *U môn* ○ 門, la porte des sombres régions, l'enfer. — *U tù* ○ 囚, enfermé, emprisonné. — *U nhơn* ○ 人, un solitaire. — *U ám* ○ 暗, ténébreux. — *U mê* ○ 迷, stupide, idiot. — *U muội* ○ 昧, id. — *Thằng u mê* 倘 ○ 迷, un pauvre imbécile, un crétin. — *U ơ* ○ 於, cri étouffé, vagissement. — *Nói u ơ* 吶 ○ 於, balbutier. — *Cái u* 丐 ○, enflure, grosseur, abcès.

U 呦*. Le cri prolongé du cerf.

U 怮*. Se maîtriser, se contenir.

U 塢*. Ouvrage en terre, petite digue, talus. A. V. Bassin, dock.

U tàu ○ 艚, bassin pour navires. — *Vét u* 扣 ○, curer un bassin. — *Ghe mới vào u* 篸 買 亇 ○, la barque vient d'entrer au bassin.

Ú 糯. Une préparation farineuse; gras, gros, épais; mot euphonique. (Formé des S. A. *mễ* 米, riz, grain, et *ô* 烏, noir.)

Bánh ú 飳 ○, espèce de gâteau. — *Mập ú* 胈 ○, qui a des bourrelets de graisse. — *Ú nú* ○ 孥, très gras, très gros, énorme; incohérent. — *Nói ú nú* 吶 ○ 孥, bredouiller, parler d'une manière incohérente.

Ù 糯. Syllabe complémentaire. (Pour le car. en S. A., voir ci-dessus.)

Chùa ù 廚 ○, trop gras, bouffi.

Ủ 塢*. Levée de terre, mur, talus, digue. A. V. Couvrir, recouvrir; faire vaporiser, laisser fermenter; mot complémentaire.

Ủ lại ○ 吏, renfermer, recouvrir. — *Làm ra cho ủ* 濫 囉 朱 ○, faire fermenter. — *Ủ dột* ○ 突, sombre, triste. — *Trời ủ dột* 圣 ○ 突, temps couvert, ciel nuageux. — *Mặt ủ* 面 ○, figure triste, visage sombre. — *Ủ thuốc* ○ 菜, couvrir le tabac (pour le faire jaunir). — *Ủ trà* ○ 茶, couvrir le thé.

Ủ 黝*. Noir, sombre; une couleur vert foncé; sali, noirci.

Ư 施*. Dans, à, sur; pour, au sujet de; devenir, parvenir; demeurer, être dans, occuper; marque l'accusatif, le datif et est quelquefois instrumental.

Ư thị ○ 是, c'est pour cela, ainsi, là-dessus. — Ư thị hồ lai ○ 是乎來, c'est à cause de cela que je viens. — Bát ư kì sự 不○其事, ne vous occupez pas de cette affaire. — Ư thử ○ 此, ici. — Ư thiên ○ 天, dans le ciel. — Tương ư 相○, être ensemble. — Ư thập tứ niên ○ 十四年, il y a quatorze ans. — Ư ngã ác giả, ngã diệc thiện chi ○ 我惡者我亦善之, soyons bons même pour ceux qui nous font du mal.

Ư 瘀*. La coagulation du sang; contusion, meurtrissure.

Ư máu ○ 㴵, sang figé. — Ư huyết ○ 血, caillot de sang.

Ư 淤*. Eau sale, vase, boue, fange; barré par un dépôt de vase.

Ư lại ○ 㴱, obstrué. — Ư nước ○ 渚, barrage ou dépôt d'immondices empêchant l'eau de couler. — Địa ư 地○, terrain d'alluvion.

Ư 閼*. Obstruction, empêchement; arrêter, obstruer, boucher.

Ư 飫*. Manger beaucoup; repu, saturé, blasé, dégoûté, écœuré.

Ư 唹. Oui; consentir, approuver, accepter (de supérieur à inférieur). (En S. A., éclat de rire; se pron. ợ.)

Ư è ○ 咉, interjection d'assentiment. — Ư hử ○ 許, accorder, permettre; promettre, laisser espérer. — Ông không thèm ư hử 翁空添○許, Monsieur ne daigne pas répondre.

Ua 咼. Exclamation d'étonnement. (En S. A., bouche tordue; se pron. oa.)

Ua 噁*. Bouche largement ouverte.

Ấp ụa 喦○, faire des efforts pour vomir. — Ụa mửa ○ 嗎, rendre, vomir. — Ụa nhơn ○ 唎, nausées, dégoûts, écœurements.

Úa 蕅. Devenir jaune, se flétrir. (Formé des S. A. thảo 艸, plantes, et ố 惡, sali, taché.)

Lá cây úa úa 蘿核○○, les feuilles des arbres jaunissent. — Nước da úa rửa 渚胙○泻, teint flétri.

Ùa 咼. Interjection d'étonnement. (En S. A., bouche tordue; se pron. oa.)

Ủa 咼. Exclamation de surprise. (Pour le car. en S. A., voir ci-dessus.)

Ưa 於. Plaire, agréer, convenir. (En S. A., dans, à; se pron. ư.)

Ưa ý ○ 意, conforme au désir; plaisant. — Ưa nhau ○ 饒, se convenir mutuellement. — Ưa hạp ○ 合, se plaire ensemble. — Anh có wa đi xe không 嬰固○㩷車空, aimez-vous à aller en voiture? — Tôi wa đi xe mà tôi wa hơn đi ngựa 碎○㩷麻碎○欣㩷馭, j'aime à aller en voiture, mais je préfère aller à cheval. — Chẳng wa 庄○, ne pas aimer, ne pas plaire, ne pas convenir. — Ưa lắm ○ 廩, aimer beaucoup;

— *Việc không wa* 役空 ○, affaire ou chose qui ne convient pas.

Ứa 瘀. Couler; cracher, rejeter. (En S. A., sang figé; se pron. *w*.)

Ứa nước mắt ○ 渚相, verser des larmes. — *Ứa máu* ○ 㖿, cracher le sang. — *Giận ứa gan* 悗○肝, furieux à cracher le foie (se mettre dans une colère terrible).

Uất 蔚. Sombre, obscur, profond. (Du S. A. *uỷ*, même car., même signif.)

Chốn sâm uất 準岑○, lieu caché, retraite profonde.

Uất 欝 et 鬱*. Arbres serrés les uns contre les autres; obstruction, embarras; dru, touffu, serré, épais; prunier sauvage; chagrin, oppression, abattement, découragement.

Can uất 肝○, soucieux, anxieux; irritation. — *Uất kim hương* ○金香, plante odorante (sert à aromatiser les liqueurs). — *Uất khí* ○氣, vapeurs étouffées (colère contenue). — *Máu uất lên* 㖿○遷, sang qui remonte et suffoque. — *Uất tích* ○積, chagrin intime, tristesse intérieure. — *Uất trắc* ○側, empêchement. — *Ức uất* 臆○, oppression.

Ục 澳. Syllabe complémentaire. (Pour le car. en S. A., voir ci-dessous.)

Ục ục ○○, harmonie imitative (bruit d'un liquide s'échappant d'une bouteille, glouglou). — *Ục ịch* ○厄, grognement du cochon.

Úc 澳*. Anse, crique, baie, estuaire.

Thuyền nhập úc 般入○, navire pénétrant dans une baie. — *Úc môn* ○門, le port de Macao.

Úc 鱀*. Un poisson d'eau douce; syllabe complémentaire.

Cá úc 魰○, espèce de perche. — *Úc núc* ○咄, très gros, très gras.

Ực 吃. Bruit de déglutition; vomir. (Du S. A. *ngật*, même car., même signif.)

Ực đồ ăn ra ○唆曜, rejeter les aliments, débagouler. — *Nuốt ực* 訥○, avaler gloutonnement.

Ức 抑*. Mettre la main sur; presser, comprimer, contenir; réprimer, opprimer, forcer, contraindre, violenter; oppression, vexation, injustice; en cas que, pourvu que.

Ức hiếp ○脇, abuser de la force, vexer, opprimer, intimider. — *Ức hoặc* ○或, si par hasard, si par contre, autrement. — *Thậm ức* 甚○, vexatoire, oppressif. — *Oan ức* 冤○, très injuste. — *Bẩm quan lớn tôi bị oan ức lắm* 禀官窖碎被冤○廑, pardon, Votre Excellence, j'ai été victime d'une grande injustice. — *Ức trong lòng* ○冲悲, avoir des peines de cœur, être accablé.

Ức 億*. Cent mille; indéterminé; calme, repos, tranquillité; content, heureux, satisfait. Voir *vẹo*.

Tâm ức 心○, cœur content. — *Cung ức* 供○, procurer des satisfactions, fournir le nécessaire.

Ức 臆*. Poitrine; pensée, désir, volonté, sentiment, intention.

Ức cu ○俱, le thorax. — *Ức kiến*

○ 見, opinion, jugement. — *Ức con gà* ○ 昆 鶪, poitrine de poulet (l'os saillant du sternum). — *Ức đoán* ○ 斷, exprimer sa volonté, décider, fixer, déterminer.

Ức 憶*. Se rappeler, se souvenir; pensée, réflexion; souhait, désir.

   Tương ức 相 ○, penser les uns aux autres. — *Ức ký* ○ 記, noter un souvenir. — *Ức muốn lắm* ○ 悶 廩, vouloir absolument. — *Âm ức ẩm ước* 蔭 ○ 蔭 餲, désirer ardemment, souhaiter vivement.

Ức 纓*. Cordon, frange, gland, ornement en soie.

Uế 濊*. Eau sale, liquide trouble; épais; malsain, impur; sordide, malpropre, immonde, obscène.

   Uế khí ○ 氣, température malsaine, air corrompu. — *Dơ uế* 汙 ○, sale, malpropre, ordurier. — *Ố uế* 汙 ○, dégoûtant, ignoble. — *Nhơ uế* 洳 ○, id.

Uế 穢*. Mauvaises herbes, plantes parasites; désordre, confusion, licence; pourri, corrompu; lubrique, débauché. (Se prend pour le précédent et réciproquement.)

   Mộc uế 木 ○, bois pourri. — *Uế sự* ○ 事, choses inavouables, affaires honteuses. — *Uế ngôn* ○ 言, mots licencieux, paroles impudiques.

Uế 噦*. Bruit d'éructation; roter.

Uế 薈*. Abriter, protéger, couvrir.

Uí 暡. Modéré, supportable (parlant de la fièvre, de la température). (Formé des S. A. *nhựt* 日, soleil, et *úy* 畏, craindre.)

   Nắng uí uí 暡 ○ ○, chaleur modérée, température supportable. — *Rét uí uí* 洌 ○ ○, la fièvre continue (sans augmentation de violence).

Úi 畏. Agité par petites secousses. (Du S. A. *úy*, même car., crainte, peur.)

   Úi ên ○ 嘊, frissonner, grelotter (forte fièvre). — *Run úi úi* 敦 ○ ○, petites secousses, tremblements répétés.

Ũi 熨*. Rendre lisse, unir, aplanir, repasser (avec un fer chaud); pousser, presser, faire avancer.

   Ũi đẩu ○ 斗, fer à repasser [1]. — *Bàn ũi* 槃 ○, le fer européen. — *Ũi áo* ○ 襖, repasser des chemises. — *Ũi khăn* ○ 巾, repasser des mouchoirs. — *Thợ ũi* 署 ○, repasseur. — *Ũi tới* ○ 細, pousser, faire avancer, faire arriver. — *Ũi đến* ○ 典, id. — *Ũi chó* ○ 狂, chasser un chien. — *Heo ũi* 獵 ○, le cochon fouille la terre.

Ũi 瘣*. Enflure, tumescence; gonflement des jambes, rhumatisme.

---

[1] Le fer à repasser des Annamites, comme celui des Chinois, est une sorte de casserole à fond plat et épais dans laquelle on entretient des charbons ardents.

Ủi 慰*. Soulager, calmer, adoucir, réconforter. Voir *hủy* et *ủy*.

An ủi 安 ○, paix, repos, tranquillité. — *Ủi an* ○ 安, apaiser, calmer. — *Ủi tâm* ○ 心, calmer le cœur, consoler l'âme, apaiser l'esprit. — *Ủi mẫu tâm* ○ 母心, consoler le cœur d'une mère. — *Đau ủi ủi* 疚 ○ ○. à peine remis de maladie, encore un peu souffrant.

Uy 喂*. Cri pour appeler certains animaux domestiques. Voir *ơ*.

Uy 威*. Grave, solennel. Voir *oai*.

Úy 尉*. Observer, épier; calmer, apaiser, adoucir, tranquilliser; titre donné à certains fonctionnaires militaires. Voir *húy*.

Thành thủ úy 城守 ○, commandant de place. — *Phòng thủ úy* 防守 ○, chef d'un poste à la frontière. — *Đình úy* 廷 ○, un emploi à la cour impériale. — *Đô úy* 都 ○, autre nom de fonctions.

Úy 蔚*. Plante à feuillage épais; sombre, obscur, profond; dru. serré, dense; beaucoup, nombreux.

Nhơn dân úy 人民 ○, nombreux habitants, population dense.

Úy 畏*. Craindre, respecter, avoir peur; aversion, antipathie. V. *húy*.

Úy kính ○ 敬, respecter, vénérer. — *Úy cụ* ○ 懼, redouter; exclamation de frayeur. — *Sự úy kị* 事忌, répugnance, dégoût; crainte superstitieuse. — *Úy tử tham sanh* ○ 死貪生, craindre la mort aimer la vie (se dit d'un lâche, d'un poltron). — *Úy thiên mạng* ○ 天命, craindre et respecter les décrets du ciel.

Úy 諱*. Ne pas broncher, se taire: s'abstenir par crainte ou respect; cacher une chose, éviter de prononcer certains noms. Voir *húy*.

Úy 委*. Supporter une lourde charge; remplir des fonctions; remettre, renvoyer; confier, déposer; avoir confiance dans. Voir *húy*.

Úy thác ○ 託, mettre aux mains de. — *Úy nhơn* ○ 人, charger quelqu'un d'un travail. — *Úy giao* ○ 交, confier, remettre. — *Úy cho* ○ 朱, id. — *Úy khử* ○ 去, retourner, renvoyer. — *Sai úy* 差 ○, charger quelqu'un d'une mission. — *Úy khúc* ○ 曲, tortueux. — *Nói úy khúc* 吶 曲, s'exprimer par détours, parler par métaphores. — *Úy à* ○ 阿, exclamation de surprise.

Úy 溾*. Eau sale, liquide trouble.

Úy 慰*. Calmer, apaiser, adoucir; consolé, fortifié. Voir *húy* et *ủi*.

Uyên 淵*. Eau profonde; tournant. remous, abîme, gouffre, précipice.

Thâm uyên 深 ○, gouffre insondable. — *Uyên nguyên* ○ 源, source; cause, origine. — *Thiên uyên* 天 ○. très loin (les uns des autres). — *Uyên thiên* ○ 天, incommensurable.

Uyên 鴛*. Canard sauvage. V. *oan*.

Uyên 宛*. Caché sous les feuilles,

immobile dans l'herbe; souple, docile; repos, inertie.

Uyển nhiên ○ 然, comme, selon. — *Uyển chuyển* ○ 轉, plier, se montrer accommodant.

Uyển 蜿*. La marche des reptiles, les mouvements du dragon.

Uyển 婉*. Joli, gracieux, séduisant; souplesse, charme, douceur, amabilité, complaisance.

Uyển 挽*. Tordre le poignet; forcer, faire violence; résister, s'opposer, défendre.

Uyển 苑*. Beaux herbages, grasses prairies. Voir *oản*.

Uinh 塋*. Amas de terre; tombeau, sépulture, cimetière.

Tiên uinh 先 ○, tombes d'ancêtres. — *Uinh huyệt* ○ 穴, trou, fosse. — *Uinh mả* ○ 瑪, mur entourant un tombeau. — *Uinh uinh* ○ ○, courbé, arrondi.

Uinh 熒*. La flamme d'une torche; lumineux, éclatant, étincelant.

Uinh hoặc tinh ○ 惑星, la planète Mars. — *Uinh minh* ○ 明, briller, éclairer; splendide, magnifique.

Uinh 螢*. Ver luisant, luciole.

Uinh 嫈*. Beau, soigné, distingué, gracieux, charmant, élégant.

Um 燴. Cuire à l'étouffée; bruit de vapeur qui s'échappe. Voir *chưng*.

(Formé des S. A. *hỏa* 火, feu, et *âm* 音, bruit, son.)

Um gà ○ 鵝, faire cuire une poule dans un pot hermétiquement fermé. — *Um sùm* ○ 岑, bruit, tapage (voir *om sòm*). — *Khói um sùm* 煨 ○ 岑, la fumée obscurcit tout, emplit tout. — *Khói ra um sùm* 煨 囉 ○ 岑, la fumée s'échappe par flocons.

Úm 憎. Serrer dans ses bras. V. *ôm*. (Pour la décomp. du car., v. ci-dessus.)

Úm con ○ 昆, étreindre son enfant, le réchauffer sur son sein. — *Úm ấp* ○ 邑, réchauffer, couver; soigner avec tendresse et affection.

Úm 潘. Onomatopée (bruit d'un corps lourd tombant dans l'eau). (Formé des S. A. *thủy* 水, eau, et *âm* 音, bruit, son.)

Nghe ùm, là nó té xuống sông 喧 ○ 羅 奴 細 甋 瀧, on entendit *ùm*, c'était lui qui tombait dans le fleuve.

Úm 飲. Bas, sans air; noir, sombre. (En S. A., boire, avaler; se pron. *ẩm*.)

Úm thùm ○ 潘, serré, à l'étroit, mal à l'aise. — *Ở nhà úm thùm* 於 茹 ○ 潘, demeurer dans une maison basse, obscure, sans air, où l'on n'a pas l'espace nécessaire.

Un 熅*. Feu bas, couvert, étouffé; fumée épaisse; vapeur, brouillard; enfumer (pour chasser les insectes).

Un đống ○ 棟, amonceler, entasser. — *Un lại* ○ 吏, mettre en pelote, agglomérer. — *Mây un trên trời*

溼 ○ 遷歪, les nuages s'amoncelaient dans les airs. — *Un khói* ○ 煨, faire du feu sans flamme pour obtenir de la fumée (afin de chasser les moustiques et autres insectes). — *Un muỗi* ○ 蜅, chasser les moustiques au moyen de la fumée.

Ún 摁*. Tenir sous la main; violenter, presser, comprimer; force, impétuosité. Voir *ôn*.

Đánh ún 打 ○, frapper violemment. — *Làm ún* 濫 ○, s'efforcer de, faire effort pour. — *Ún tới* ○ 細, s'efforcer d'atteindre, se presser d'arriver.

Ùn 摁*. Même signif. que ci-dessus.

Gió ùn ùn 逾 ○○, vent qui souffle avec violence. — *Ún tới* ○ 細, arriver en masse, se présenter en force. — *Ùn đến* ○ 典, id. — *Ùn vào* ○ 伍, pénétrer avec impétuosité, faire irruption dans.

Ủn 穩*. Faire sortir le grain (en pressant ou en marchant dessus); récolter, mettre de côté. Voir *ôn*.

Ung 癰*. Abcès, furoncle, tumeur; ulcéreux, gangreneux, pourri, gâté.

Ung độc ○ 毒, cruel abcès, mauvais furoncle. — *Đau một cái ung lớn dưới bắp vế, nó đi không được* 疼 沒 丐 ○ 吝 軬 㭲 髀 奴 扯 空 特, souffrant d'un gros abcès au-dessous de la cuisse, il ne pouvait marcher. — *Trứng ung* 蒜 ○, œuf pourri.

Ung 饔*. Préparation culinaire.

Ung 臃*. Inflammation de la peau; grossir, gonfler, enfler.

Ung 雍*. Harmonie, concorde; bon, doux, affable, bienveillant.

Úng 雍. Se gâter, s'aigrir (fruits). (Pour le car. en S. A., voir ci-dessus.)

Trái úng 䭃 ○, fruit devenant acide. — *Chín úng* 捻 ○, trop mûr, presque gâté. — *Chua quá úng* 珠 過 ○, trop acide, qui ne vaut plus rien. — *Thừa chua quá úng* 餘 珠 過 ○, gâté, pourri; astucieux, rusé.

Ủng 甕 et 盦*. Cruche, jarre; ouverture ronde; tuyau en terre cuite. Voir *óng*.

Ủng 壅*. Clore, boucher, obstruer, endiguer; retenir, arrêter; défendre, protéger; butter les plantes; prendre soin de.

Ủng tắc ○ 塞, barrer, fermer. — *Ủng thượng* ○ 上, ne pas laisser arriver à la connaissance des supérieurs. — *Lộ ủng* 路 ○, barrer la route, obstruer une voie. — *Ngủ ủng* 五 ○, les cinq manières de dissimuler (ou de détourner).

Ưng 應*. Raisonnable, convenable; bien, juste, méritant; consentement, accord, harmonie.

Lý ưng 理 ○, ce qui convient, ce qui doit être. — *Bất ưng* 不 ○, le contraire du bien. — *Chẳng ưng* 庒 ○, ne pas accepter, ne pas consentir. — *Ưng ý* ○ 意, conforme à l'intention; consentir, accepter. — *Ưng lòng* ○ 衷, content, satisfait. —

Ựng bụng 膝 ○, id. — *Hô lên mà ựng* 呼遷廡 ○, nommer par acclamation. — *Anh có ựng không* 嬰固 ○ 空, acceptez-vous? consentez-vous? — *Tôi ựng lắm chớ* 碎 ○ 廩渚, mais je consens très volontiers.

Ựng 膺*. La poitrine; soi-même, sa propre personne; accepter une responsabilité; lien, attache, sangle.

   Ựng thân 親 ○, personnellement. — *Mã ựng* 馬 ○, la sangle d'un cheval.

Ựng 鷹*. Terme collectif pouvant s'appliquer aux grands oiseaux de proie, tels que aigle, vautour, milan, faucon, épervier, etc.

   Cột ựng 檝 ○, mât d'artimon. — *Buồm ựng* 帆 ○, voile brigantine.

Ựng 膺 et 雍*. Donner une réponse, faire connaître.

Ựng 應*. Répondre, correspondre.

   Ứng đối ○ 對, réponse. — *Ứng tiếng* ○ 嗜, répondre à haute voix. — *Ứng đáp* ○ 答, répondre, répliquer. — *Ứng lại* ○ 吏, id. — *Ứng trường* ○ 塲, répondre à une convocation. — *Ứng thí* ○ 試, répondre à un examen. — *Ứng vụ* ○ 務, attendre une charge. — *Ứng hiện* ○ 現, surgir, apparaître. — *Thử tứ phương, ứng hồ trung* 此四方 ○ 乎中, ces quatre régions correspondent au centre de la terre (*Tam tự kinh*).

Ước 約*. Lier avec une corde, serrer avec un lien; lier, obliger, astreindre; contrat, convention, traité, pacte; arrangement, promesse; fixer, déterminer; retenir, arrêter, modérer; résumé, abrégé, succinct; désirer, souhaiter.

   Tương ước 相 ○, liant deux parties. — *Giao ước* 交 ○, se lier par un traité, faire un pacte. — *Ước tín* ○ 信, promesse formelle; serment. — *Thất ước* 失 ○, ne pas tenir une promesse. — *Bất thất ước* 不失 ○, ne pas manquer à un engagement. — *Hiệp ước* 合 ○, convention liant plusieurs parties. — *Hòa ước* 和 ○, traité de paix. — *Thương ước* 商 ○, traité de commerce. — *Lập hiệp ước* 立合 ○, établir une convention, passer un contrat. — *Ước đơn* ○ 單, la convention, le contrat. — *Ước chỉ* ○ 止, arrêter, empêcher, retenir. — *Ước văn* ○ 文, style concis. — *Quân tử ước ngôn* 君子 ○ 言, le philosophe est bref dans ses discours. — *Đại ước* 大 ○, abrégé, résumé, sommaire; ordinairement, en général. — *Phỏng ước* 放 ○, conjecturer, évaluer. — *Ước ao* ○ 淘, souhaiter vivement. — *Trông ước* 籠 ○, espérer, attendre. — *Chí ước ngũ canh bán* 至 ○ 五更半, ayant attendu jusqu'au milieu de la 5ᵉ veille. — *Ước chừng* ○ 澄, environ, à peu près. — *Tôi ước ao ở cho bình yên mà thôi* 碎 ○ 淘 於朱平安廩萑. je n'aspire qu'à vivre en paix.

Ước 葯*. Nom de plante; feuille d'iris; remèdes, médicaments.

   Thực ước 食 ○, avaler un remède, prendre un médicament. — *Ước thơ* ○ 書, livre de médecine.

Ươi 埃. Syllabe complémentaire.

(En S. A., poussière fine; se pron. *ai*.)

Lười wơi 唉 ○, homme des bois.

Uởi 偶. Inepte, incapable; sans aptitude, sans aucune habileté. (En S. A., mets gâtés; se pron. *ngái*.)

Uởi hình ○ 形, paraître dépourvu de tout talent, avoir l'air d'un incapable. — *Uơn wởi* 胺 ○, qui ne dit rien qui vaille.

Uơm 淹. Tirer la soie des cocons. (En S. A., mouillé, inondé; se pron. *yểm*.)

Uơm tơ ○ 絲, dévider la soie. — *Uơm tằm* ○ 蠶, id. — *Uơm chao* ○ 洲, id. — *Ván wơm* 板 ○, ais, solive (pour radoub). — *Uơm vào* ○ 包, appliquer, adapter. — *Uơm xảm* ○ 摠, radouber, calfater.

Uỏm 襘. Cache-poitrine, cuirasse. (Du S. A. *yểm*, même car., même signif.)

Mang wỏm 芒 ○, porter un plastron, être protégé par une cuirasse.

Uỏm 厭. Éprouver, tenter, essayer. (En S. A., suffisamment; se pron. *yểm*.)

Uỏm thử ○ 試, faire l'essai de. — *Uỏm sức* ○ 飭, essayer les forces, lutter, concourir. — *Uỏm lòng* ○ 悉, éprouver les cœurs, soumettre à l'épreuve; sonder les intentions. — *Nói wỏm* 吶 ○, parler pour éprouver.

Uốn 捥. Fléchir, ployer, courber; forcer, presser, redresser, amener. (Du S. A. *uyển*, même car., même signif.)

Uốn khúc ○ 曲, sinueux, tortueux. — *Uốn éo* ○ 要, se courber; presser de demandes, importuner. — *Uốn lại* ○ 吏, recourber. — *Uốn cây lại* ○ 核 吏, recourber un arbre. — *Uốn mình* ○ 命, ployer le corps (peut signifier aussi s'étirer, se redresser). — *Uốn lời* ○ 唎, flatter, aduler. — *Uốn câu sao vừa miệng cá* 鉤 牢 皮 唎 鮒, pourquoi un croc recourbé convient-il à la bouche d'un poisson? (il est impossible de faire selon le goût de chacun).

Uơn 胺. Qui commence à se gâter, qui n'est plus frais; faible, débile. (Formé des S. A. *nhục* 肉, chair, et *an* 安, calme, repos.)

Cá wơn 鮒 ○, poisson qui commence à sentir. — *Uơn mình* ○ 命, se sentir faible, mal à l'aise. — *Uơn hình* ○ 形, mauvaise mine. — *Uơn ớt* ○ 遏, débile, maladif, languissant. — *Uơn ẻ* ○ 饐, id. — *Cá không ăn muối là cá wơn* 鮒 空 陜 堁 羅 鮒 ○, un poisson qui ne prend pas le sel (quand on le sale) est un poisson pourri; au fig., un enfant qui n'écoute pas les conseils de son père est un enfant perdu.

Uổng 尢*. Jambes tordues; courbé, bossu; faible, épuisé, chétif, maladif. Car. radical.

Uống 旺. Boire, avaler un liquide. (Formé des S. A. *khẩu* 口, bouche, et *vương* 王, roi, prince.)

Ăn uống 陜 ○, manger et boire. — *Ăn uống vô độ* 陜 ○ 無 度, manger et boire outre mesure. — *Uống nước* ○ 渚, boire de l'eau. — *Uống nước trà* ○ 渚 茶, boire du thé. — *Uống rượu* ○ 酤, boire du vin, des alcools. — *Hay uống rượu*

26.

哈 ○ 醅, adonné à la boisson. — *Uống rượu như hũ chìm* ○ 醅如壺沉, s'emplir de vin comme une jarre qui sombre s'emplit d'eau : boire comme un trou. — *Uống cho đã thèm* ○ 朱𪞫隀, boire à satiété. — *Uống ráo* ○ 燥, boire sec. — *Đồ uống* 圖 ○, la boisson. — *Đồ uống nhứt là nước lã* 圖 ○ 壹羅渃呂, la meilleure boisson c'est l'eau. — *Uống chơi* ○ 制, boire pour s'amuser, pour passer le temps. — *Uống thuốc* ○ 萗, avaler une potion, prendre un médicament.

Uổng 枉*. Tordre, courber, déprimer, forcer, contraindre; usurpation de pouvoir, gouvernement despotique, vexation, oppression, injustice; daigner, condescendre; sans nécessité, inutilement, en vain, regrettable.

Uổng đạo ○ 道, route tortueuse, voie détournée, fausse doctrine. — *Bất uổng nhơn* 不 ○ 人, homme sans droiture. — *Uổng phép* ○ 法, contraire aux lois, opposé aux usages. — *Uổng danh* ○ 名, perdre son honneur, sa réputation. — *Uổng công* ○ 功, perdre son temps, se donner inutilement de la peine. — *Uổng của* ○ 貼, perdre inutilement ses biens. — *Uổng tiền* ○ 錢, regretter son argent. — *Ép uổng* 押 ○, opprimer, vexer. — *Uổng mạng* ○ 命, quel dommage! — *Uổng quá* ○ 過, id. — *Uổng lắm* ○ 廩, id. — *Uổng thì thôi* ○ 時催, comme c'est regrettable! — *Bỏ uổng* 補 ○, rejeter contre son gré; quel dommage de jeter (ou d'abandonner).

Uơng 央*. Centre, milieu; divisé, séparé, partagé; grand, large, vaste; le point le plus haut, le degré le plus élevé.

Uơng 秧*. Petit rejeton d'arbre, jeune pousse de plante. Voir *giâm*.

Uơng 殃*. Grand malheur, calamité; châtiment d'en haut, punition du ciel.

Tai ương 災 ○, fléau, désastre. — *Ương ách* ○ 厄, id. — *Bá ương* 百 ○, les cent fléaux; tous les maux.

Uơng 泱*. Eaux profondes; vaste espace, immense étendue.

Uơng 鴦*. Cane sauvage; le mâle, qui ne se sépare jamais de la femelle, est appelé *oan*.

Oan ương 鴛 ○, canard et cane; emblème de fidélité conjugale.

Uổng 怏*. Esprit inquiet; acerbe, hargneux, revêche, rétif, arrogant.

Uổng nhiên ○ 然, insolent, arrogant. — *Tánh uổng* 性 ○, caractère irascible, nature revêche.

Ướp 浥*. Tremper, humecter. A. V. Confire, saler, faire mariner (avec herbes, oignons, piment).

Ướp cá ○ 鮓, saler du poisson. — *Cá ướp* 鮓 ○, poisson salé. — *Ướp hương* ○ 香, assaisonner avec des épices.

Ướt 汜. Mouillé, trempé, humide. (Formé des S. A. *thủy* 水, eau, et *ất* 乙, car. cyclique.)

Ướt át ○ 乙, tout mouillé, complètement trempé. — *Ướt mem* ○ 溲, id. — *Ướt mê* ○ 迷, id. — *Đất ướt* 坦 ○, terre humide. — *Làm ướt* 濫 ○, mouiller, humecter. — *Áo quần ướt* 襖裙 ○, linge humide. — *Còn ướt* 群 ○, encore humide, encore mouillé. — *Sự ướt* 事 ○, humidité. — *Ướt mệt* ○ 末面, incapable de quoi que ce soit, bon à rien. — *Tôi ướt mình hết trọi* 碎 ○ 命欸磊, je suis tout trempé. — *Ướt nhà* ○ 茹, mouiller une maison; mais, par antiphrase, signifie aussi et surtout : incendie d'une maison (les Annamites redoutent tellement les incendies qu'ils évitent souvent de se servir du mot propre).

Up 挹 *. Prendre, retirer; puiser, ramasser; répandre, transvaser.

Đổ up 堵 ○, répandre tout, rejeter en bloc. — *Lọt up* 擢 ○, tomber dans. — *Té up xuống* 細 ○ 𠲖, tomber à la renverse.

Úp 挹 *. Même signif. que ci-dessus.

Úp lại ○ 吏, retourner. — *Úp sấp* ○ 胙, renverser. — *Lật úp* 栗 ○, chavirer. — *Úp xuống* ○ 𠲖, placer sens dessus dessous. — *Úp lấy* ○ 祂, recouvrir. — *Úp nắp lại* ○ 蒳吏, replacer le couvercle. — *Úp ghe lại* ○ 艖吏, retourner une barque (la quille en l'air). — *Lấy thúng mà úp voi* 祂 箐 麻 ○ 𤝞, recouvrir un éléphant avec une corbeille (mal cacher ses ruses).

Ụt 丞 [1]. Grognement du cochon.

(Formé des S. A. *ụt* 乙, crochu, recourbé, et *tiểu* 小, peu, petit.)

Ụt ịt ○ 丞, grogner. — *Con ụt* 昆 ○, la bête qui fait *ụt*, c.-à-d. un cochon, un pourceau. — *Chim ụt* 鴆 ○, nom d'oiseau.

Út 丞 [2]. Le plus jeune enfant d'une même famille, le dernier né.
(Pour la décomp. du car., v. ci-dessus.)

Con út 昆 ○, dernier enfant. — *Tôi là con út* 碎 羅 昆 ○, je suis le dernier enfant. — *Nó là em út tôi* 奴 羅 媕 ○ 碎, c'est mon plus jeune frère (ou ma plus jeune sœur). — *Áp út* 押 ○, avant-dernier, presque le dernier. — *Đậu áp út* 杜 押 ○, être reçu des derniers à un examen. — *Ngón út* 蔗 ○, le plus petit doigt, l'auriculaire.

Ưu 憂 *. Peine, chagrin, tristesse, affliction, mélancolie; inquiet, soucieux, anxieux; penser avec sollicitude à.

Ưu tâm ○ 心, peines de cœur, chagrin intime. — *Ưu phú quí* ○ 富貴, envier la richesse, les honneurs. — *Bất ưu* 不 ○, qui n'est jamais triste, qui ne s'inquiète de rien. — *Vô sự vô ưu* 無事無 ○, qui ne se soucie de rien, qui se moque de tout. — *Cẩn tắc vô ưu* 謹則無 ○, id. — *Ưu sầu* ○ 愁, triste, morose. — *Ưu phiền* ○ 煩, id. — *Ưu lự* ○ 慮, id. — *Đinh ưu* 丁 ○, le grand deuil de trois ans (qui oblige les fonctionnaires à cesser leurs fonctions). — *Ưu ái* ○ 愛, aimer avec tendresse, s'inquiéter avec sollicitude.

---

[1] Se transcrit aussi par le car. 乳. — [2] Se transcrit aussi par le car. 乳.

Ưu 優*. Vaste, large; excéder, dépasser; intense, excessif; superflu, surabondant; la note d'excellence aux examens littéraires[1]; jeux trop libres, amusements immodestes.

    Ưu liệt ○ 劣, fort et faible, capable et incapable, surabondance et déficit.

Ưu 耰*. Recouvrir les sillons après avoir semé le grain.

Ưu 櫌*. Instrument aratoire, houe.

V

Va 挖*. Fendre, défoncer, ouvrir. A. V. Se heurter à; pousser contre; il, lui, elle; ce, cet, cette; celui-ci, celui-là, celle-là.

    Va vào ○ 伇, donner contre; pousser dans. — Va đầu vào cây ○ 頭伇 核, donner de la tête contre un arbre. — Va đầu vào vách ○ 頭伇 壁, se cogner la tête contre un mur. — Va vào cột ○ 伇 㭾, se heurter à une colonne. — Anh va 嬰 ○, il, lui, ce frère aîné. — Chú va 注 ○, il, lui, cet oncle. — Chàng va 撞 ○, notre homme. — Nhà va 茄 ○, id. — Lão va 老 ○, ce vieux-ci, ce type-là. — Chị va 姉 ○, la bonne femme en question.

Vạ 禍*. Malheur, calamité, fléau; faire de la peine aux gens. V. họa. A. V. Peine pécuniaire, expiation.

    Tội vạ 罪 ○, expiation. — Tai vạ 災 ○, grande calamité, fléau. — Tiền vạ 錢 ○, amende. — Bắt vạ 抔 ○, infliger une amende. — Phạt vạ 罰 ○, id. — Mắc phạt vạ 縳 罰 ○, être condamné à l'amende. — Vạ heo ○ 猲, amende d'un cochon (trois ligatures). — Vạ trâu ○ 犢, amende d'un buffle (cinq ligatures). — Vạ voi ○ 獱, amende d'un éléphant (dix ligatures) [locutions populaires]. — Phải vạ 沛 ○, mis à l'amende. — Ra tiền vạ 囉錢 ○, la payer. — Chạy vạ 趈 ○, id. — Chịu vạ 召 ○, subir une amende; supporter un malheur. — Thằng tai vạ 偡災 ○, un être nuisible, un individu dangereux, un fléau. — Bỏ vạ 補 ○, calomnier. — Nằm vạ 楓 ○, se coucher par terre (en manière de protestation, ou bien encore pour provoquer et chercher à se faire battre) [femmes méchantes, enfants rageurs].

Vá 播. Réunir, ajuster (en cousant), raccommoder, rapiécer; morceaux d'étoffe de diverses couleurs cousus ensemble; bigarré, tacheté, moucheté; pelle, grande cuiller; touffe de cheveux sur le haut de la tête (le reste étant rasé); seul, veuf; bouffon de comédie, paillasse. (En S. A., disséminer; se pron. bá.)

    May vá 埋 ○, coudre. — Vá lại ○ 吏, rapiécer. — Vá áo ○ 襖, raccommoder un habit. — Kẻ vá lại 几 ○ 吏, raccommodeur. — Thợ vá giày

---

[1] Bình 平, la note bien. — Thứ 次, la note passable. — Liệt 劣, la note faible.

署○鞋, raccommodeur de chaussures. — *Vá ván* ○ 版, ajuster des planches. — *Vá ghe* ○ 艤, mettre des pièces à un bateau. — *Vá quàn* ○ 權, changer un seul côté d'un vêtement. — *Áo vá quàn* 襖○權, habit neuf d'un côté, vieux de l'autre. — *Áo vá trăm cập* 襖○毳及, un habit cent fois rapiécé, une vraie loque. — *Mèo vá* 猫○, chat tacheté. — *Có vá* 固○, qui a des taches, qui a des pièces. — *Một cái vá lớn* 没丐○客, une grande pelle. — *Cái vá múc* 丐○沭, cuiller à pot. — *Vá cân* ○斤, plateau de balance. — *Ở vá* 於○, vivre seul, être veuf. — *Đờn bà vá* 彈妃○, femme veuve. — *Son vá* 嵩○, célibataire. — *Trong nước An nam có ít người ở son vá* 冲渚安南固丞得於嵩○, dans le pays d'Annam, il y a peu de personnes vivant seules, peu de célibataires.

Và 吧*. Grande bouche; crier fort. A. V. Conjonction copulative: et, avec, ensemble; quelque, petite quantité; faire entrer les aliments dans la bouche (au moyen de bâtonnets); syllabe complémentaire.

Cả và 擧○, tout, tous, en entier. — *Cả và hai* 擧○奁, tous les deux. — *Anh và tôi* 嬰○碎, vous et moi, tous les deux. — *Nó mừng quá, và cười và khóc* 奴惘過○哄○哭, il était excessivement heureux, et il riait et il pleurait (en même temps). — *Và nói và khóc* ○呐○哭, et parlant et pleurant (tout à la fois). — *Và lần* ○吝, quelquefois. — *Và lời* ○俐, quelques mots. — *Chuối và hương* 桎○香, espèce de banane parfumée. — *Chà và* 㮻○, Java. — *Người chà và* 得㮻○, un Javanais, un Malais. — *Nước chà và* 渃㮻○, le pays des Javanais. — *Tù và* 囚○, cor, corne, clairon, trompette. — *Và cơm* 䬸○, porter le manger à la bouche. — *Và một miếng cơm* 没吅䬸, faire entrer une bouchée de riz.

Vã 涹. Oindre, frotter, graisser. (Formé des S. A. *thủy* 水, eau, et *vĩ* 尾, bout, queue.)

Vã đầu ○頭, frictionner la tête, se pommader les cheveux. — *Vã thuốc* ○葉, frictionner avec un onguent, appliquer un remède. — *Vật vã* 㘝○, se rouler en tous sens, se tourner de tous côtés. — *Dầu vã* 油○, huile pour frictions. — *Vã vẻ* 滃, graisseux, huileux; libidineux.

Vã 毘. En effet, de plus, en outre. (Formé des S. A. *thả* 且, quitter, lâcher, et *vĩ* 尾, extrémité.)

Vã lại ○吏, or, donc. — *Vã chăng* ○庄, toutefois, cependant.

Và 把. Frapper (la main ouverte); ôter, enlever, rogner, équarrir, dégrossir, diminuer; nom d'arbre. (En S. A., empoigner; se pron. *bả*.)

Cái và 丐○, gifle, soufflet, claque. — *Và mặt* ○𩈘, envoyer une gifle en pleine figure. — *Và tai* ○聰, donner une claque. — *Nó mới bị và một cái mạnh lắm* 奴買被○没丐孟廩, il vient de recevoir un énorme soufflet, une maîtresse gifle. — *Và kép* ○甲, donner des gifles (à droite et à gauche). — *Xi và* 吡○, injurier, outrager. — *Ăn và* 咹○, manger un morceau, goûter. — *Quạt và* 撅○, un éventail en feuilles. —

Vè vả 潙 ○, désirer ardemment. — *Nói chuyện vả* 吶傳 ○, causer, dire des riens, des banalités, mais ne rien offrir (à des visiteurs). — *Cây vả* 核 ○, figuier. — *Trái vả* 粳 ○, figue.

Vạc 鳥蒦*. Un oiseau nocturne; le cri de ce même oiseau (se pron. aussi *hoạch*).

Ăn như vạc 唉如 ○, manger comme l'oiseau *vạc* (la nuit, sans avoir d'heure fixe pour les repas).

Vạc 鑊*. Marmite, chaudron, cuve, chaudière, bouilloire; forer, trouer (se pron. aussi *hoạch*).

Vạc dầu ○ 油, chaudière à huile bouillante (instrument de supplice d'autrefois). — *Vạc vỏ* ○ 補, enlever l'écorce. — *Vạc giàng* ○ 牀, planches de lit de camp.

Vác 搏. Porter sur les épaules. (En S. A., ample, large; se pron. *bác*.)

Vác súng ○ 銃, porter un fusil sur l'épaule. — *Vác bao gạo* ○ 包糕, porter un sac de riz. — *Kẻ vác* 几 ○, porteur. — *Một vác* 沒 ○, une charge sur les épaules. — *Anh vác giống gì trong cái bao* 嬰 ○ 種之冲 丐包, que portez-vous dans le sac? — *Vác không nổi* 空浚 ○, ne pas pouvoir porter; trop lourd. — *Xóc vác* 觸 ○, enlever lestement, avec énergie. — *Con vác* 昆 ○, lance, pique. — *Vác mặt* ○ 靦, tenir la tête droite, regarder bien en face.

Vạc 域. Syllabe complémentaire. (En S. A., région, limite; se pron. *vạc*.)

Vạc vạc ○ ○, superlatif. — *Sáng vạc vạc* 創 ○ ○, très clair. — *Tươi vạc vạc* 鮮 ○ ○, très frais, très jeune. — *Vạc vạc lòng son* ○ ○ 悉崙, cœur le plus pur. — *Mới vạc vạc* 買 ○ ○, tout à fait récent, très nouveau, tout neuf. — *Vở chung vạc vạc* 無終 ○ ○, à perpétuité, à l'infini.

Vác 閾. Syllabe complémentaire. (En S. A., seuil de porte; se pron. *vác*.)

Vúc vắc 卜 ○, porter les yeux à droite et à gauche. — *Coi vúc vắc* 覻 ○ 卜, regarder curieusement de tous côtés. — *Vúc vắc cái mặt* 卜 ○ 丐 靦, air dissipé; manières peu convenables, façons indiscrètes.

Vạc 域*. Borne, limite, frontière; ce qui est sacré, ce qu'il faut défendre: le pays, la nation. V. *vực*.

Đông vạc 東 ○, l'orient. — *Mồ vạc* 墓 ○, limites de sépultures. — *Thánh vạc* 聖 ○, limites sacrées; la tombe d'un saint. — *Binh vạc* 兵 ○, défendre, protéger. — *Vạc nhau* ○ 饒, se secourir les uns les autres, s'entr'aider. — *Cầu ai binh vạc* 求 埃兵 ○, solliciter la protection de quelqu'un. — *Kẻ được binh vạc* 几 特兵 ○, protégé. — *Kẻ binh vạc* 几兵 ○, défenseur. — *Kẻ vạc nước* 几 ○ 渚, défenseur de la patrie.

Vác 域*. Même signification que ci-dessus. Voir *vực*.

Quê vác 圭 ○, pays des ancêtres, contrée d'origine, patrie.

Vạch 畫. Tracer des lignes avec la pointe d'un couteau, avec l'ongle; rayer, érailler; séparer, diviser, écarter; guider, montrer, indiquer; instrument pour tracer, règle. (Du S. A. *hoạch*, même car., tracer.)

Đàng vạch 唐 ○, raie, ligne, éraillure. — Vạch đàng chỉ 唐 指, indication; séparation. — Vạch ra ○ 囉, écarter, entailler. — Nói vạch ra 吶 ○ 囉, désigner spécialement en parlant, dévoiler. — Vạch vách ○ 壁, pratiquer une brèche à un mur. — Vạch rào ○ 橑, s'ouvrir un passage à travers une palissade. — Vạch quần ○ 裙, dénouer le pantalon. — Vạch áo ○ 襖, ouvrir l'habit. — Chỉ trời vạch đất 指 夻 ○ 坦, prendre le ciel et la terre à témoins. — Cái vạch 丐 ○, marqueur.

Vách 壁*. Mur, muraille, cloison. Se pron. aussi *bích*.

Vách thành ○ 城, remparts, fortifications. — Phên vách 幡 ○, store servant de cloison. — Gian vách 間 ○, mur de séparation. — Vách ngăn giữa ○ 垠 艵, mur mitoyen. — Thổ vách 土 ○, mur en terre, mur de boue. — Vách đất ○ 坦, id. — Vách ngăn bằng gạch ○ 垠 朋 礤, cloison en briques. — Vách dừng bằng lá ○ 停 朋 蘿, cloison en feuilles. — Vách ván ○ 版, cloison en planches. — Trét vách 捌 ○, crépir un mur. — Xây vách tường 搓 ○ 墻, construire un mur en briques. — Đá vách 移 ○, nom de lieu. — Cai vách 該 ○, un ancien titre.

Vai 髇. Épaule; rang, condition. (Formé des S. A. *kiên* 肩, épaule, et *vi* 為, faire.)

Xương bả vai 昌 把 ○, omoplate. — Kề vai 稽 ○, épauler. — Kề bả súng vô vai mà bắn 稽 柏 銃 無 ○ 麻 眘, épauler un fusil pour tirer. — Vai hữu ○ 右, l'épaule droite. — Vác súng vai hữu 搏 銃 ○ 右, porter l'arme sur l'épaule droite. — Nghiêng vai 迎 ○, incliner les épaules, se baisser. — Ghé vai 臍 ○, avancer les épaules (pour recevoir un fardeau). — Trên vai 連 ○, sur l'épaule. — Rùa vai 鼇 ○, dos en forme de tortue, un peu voûté. — Đồng vai nhau 同 ○ 饒, égaux, de même force. — Vai trên ○ 連, condition supérieure. — Vai dưới ○ 鄙, condition inférieure. — Vai anh ○ 嬰, rang de frère aîné. — Vai em ○ 俺, rang de frère cadet. — Vai tuồng ○ 從, rôle, personnage (de théâtre). — Làm vai tuồng 濫 ○ 從, jouer un rôle, figurer un personnage. — Ra vai tuồng 囉 ○ 從, donner une représentation. — Nó làm được các vai tuồng 奴 濫 特 各 ○ 從, il peut jouer tous les rôles, il est apte à tout.

Vái 呢. Invoquer, faire des vœux. (Formé des S. A. *khẩu* 口, bouche, et *vĩ* 尾, bout, extrémité.)

Khấn vái 懇 ○, prière votive; prononcer des vœux. — Sự khấn vái 事 懇 ○, invocation. — Vái niệm ○ 念, prier pour. — Vái van 唄 ○, gémir, soupirer en priant. — Van vái 唄 ○, id. — Vái Trời 夻 ○, invoquer le Ciel. — Vái cha ○ 吒, invoquer son père (défunt). — Khấn vái một cái nhà thờ cho Chúa 懇 ○ 沒 丐 茹 祔 朱 主, vouer un temple à Dieu.

Vài 吧*. Grande bouche; crier fort. A. V. Deux ou trois, quelques.

Một vài 沒 ○, un ou deux. —

Vài cái ○ 丐, quelques-uns. — *Vài ngươi* ○ 得, quelques personnes. — *Vài mươi ngươi* ○ 避得, une vingtaine d'hommes. — *Vài phen* ○ 番, quelques tours, deux ou trois fois. — *Ăn vài miếng bánh* 唆 ○ 皿 飿, manger quelques bouchées de pain. — *Uống vài hớp nước* 旺 ○ 吸 渚, avaler quelques gorgées d'eau.

Vãi 伲. Prêtresse du dieu *Phật*. (Formé des S. A. *nhơn* 人, personne, et *vĩ* 尾, bout, extrémité.)

Bà vãi 妣 ○, bonzesse. — *Sãi vãi* 仕 ○, bonzes et bonzesses (titre d'un ouvrage connu).

Vãi 捤. Lancer de divers côtés. (Formé des S. A. *thủ* 手, main, et *vĩ* 尾, bout, extrémité.)

Vãi ra ○ 囉, répandre, éparpiller, disperser. — *Gieo vãi* 招 ○, semer le grain. — *Vãi chài* ○ 紂, jeter l'épervier. — *Nói vãi chài* 吶 ○ 紂, parler n'importe comment, s'exprimer sans aucune élégance. — *Bỏ vãi* 補 ○, lancer, rejeter (sans prendre garde aux conséquences). — *Bỏ vãi cho ai* 補 ○ 朱 埃, rejeter la faute sur quelqu'un.

Vải 尾. Premiers venus, ancêtres. (En S. A., queue, bout; se pron. *vĩ*.)

Ông bà ông vãi 翁 妣 翁 ○, les grands parents, les ancêtres. — *Con cháu đẻ ông vãi* 昆 招 胝 翁 ○, les fils ont donc engendré les ancêtres ? (se dit ironiquement et en manière de reproche aux enfants qui voudraient régenter leurs parents).

Vải 緄. Étoffe de coton; le litchi. (Formé des S. A. *mịch* 糸, fils, et *vĩ* 尾, bout, extrémité.)

Vải sợi ○ 紕, étamine; chaîne de tisserand. — *Vải thô* ○ 粗, cotonnade grossière, étoffe épaisse. — *Vải canh* ○ 庚, trame. — *Vải điền* ○ 演, toile légère, étoffe fine. — *Vải sưa* ○ 疏, gaze. — *Vải tây* ○ 西, cotonnades d'Europe. — *Vải hồng mao* ○ 江 毛, cotonnades anglaises. — *Vải bông* ○ 蕊, cotonnades à ramages (indiennes). — *Vải hoa* ○ 花, id. — *Vải buồm* ○ 帆, toile à voile. — *Miếng vải* 皿 ○, morceau d'étoffe. — *Áo vải* 襖 ○, habit de coton. — *Dệt vải* 織 ○, tisser du coton. — *Kéo vải* 播 ○, ourdir. — *Vải cây* ○ 核, coton en pièce (en rouleau). — *Một cây vải* 沒 核 ○, une pièce (ou un rouleau) d'étoffe de coton. — *Trái vải* 觥, le fruit litchi.

Vay 爲. Emprunter avec intérêts. (En S. A., faire, agir; se pron. *vi*.)

Vay mượn ○ 曼, emprunter avec intérêts et sans intérêts (se dit des emprunts en général). — *Hay đi vay* 哈 移 ○, emprunteur. — *Người ấy hay vay mượn* 得 意 哈 ○ 曼, cet homme est un emprunteur. — *Vay bạc* ○ 薄, emprunter de l'argent. — *Vay tiền* ○ 錢, emprunter des sapèques. — *Vay lúa* ○ 稻, emprunter du paddy. — *Cho vay* 朱 ○, prêter (à intérêt). — *Sự vay* 事 ○, emprunt. — *Kẻ cho vay ăn lời quá phép* 几 朱 ○ 唆 利 過 法, quelqu'un qui prête à intérêts illégaux, un usurier. — *Vậy vay* 丕 ○, est-ce bien cela ?

Vay 肌. Crispé, noueux, convulsé,

tortueux, contourné, déformé. (Formé des S. A. *khúc* 曲, courbe, et *vĩ* 尾, bout, extrémité.)

Vạy vò ○扝, oblique. — *Cây vạy* 核○, arbre tortu, déformé. — *Vạy lại* ○吏, tortiller. — *Làm cho vạy* 濫朱○, contourner. — *Đàng vạy* 唐○, chemin tortueux. — *Đạo vạy* 道○, mauvaise voie, fausse doctrine. — *Nói vạy* 吶○, parler sans franchise, sans loyauté. — *Lời vạy* 夻○, discours trompeur. — *Gian vạy* 奸○, pervers. — *Tà vạy* 邪○, id.

Váy 裩. Pagne, langouti. V. *chăn*. (Formé des S. A. *y* 衣, vêtement, et *vĩ* 尾, bout, extrémité.)

Váy 葿. Mauve à feuilles rondes. (Formé des S. A. *thảo* 艸, plantes, et *vĩ* 尾, bout, extrémité.)

Váy 捰. Curer, enlever, nettoyer (avec la pointe d'un instrument). (Formé des S. A. *thủ* 手, main, et *vĩ* 尾, bout, extrémité.)

Váy tai ○聰, curer les oreilles. — *Cái váy tai* 丐○聰, cure-oreilles. — *Váy lại* ○吏, retirer. — *Váy lại cho sạch* ○吏朱瀝, récurer proprement, nettoyer avec soin. — *Váy thuốc đạn* ○葯磾, retirer la charge d'un fusil, d'un canon.

Vảy 撯. Frotter, froisser, chiffonner; attacher, assembler; ferme; penne; espèce de dévidoir. (Formé des S. A. *thủ* 手, main, et *vĩ* 韋, cuir tanné.)

Vảy lại ○吏, user par le frottement. — *Vảy vò* ○扝, emmêler, embrouiller. — *Vảy nùi* ○𢬣, chiffonner. — *Vảy níu đầu* ○㧖頭, prendre par les cheveux. — *Vảy nhà* ○茹, ferme de maison, chevrons d'un comble. — *Vảy tên* ○笔, pennes de la flèche.

Vẩy 捰. Jeter, envoyer, lancer, agiter, remuer; frétillement. (Formé des S. A. *thủ* 手, main, et *vĩ* 尾, bout.)

Vẩy qua vẩy lại ○戈○吏, jeter, rejeter; envoyer, renvoyer. — *Vẩy lên* ○遷, lancer en l'air. — *Vẩy cờ* ○旗, agiter un drapeau. — *Chó vẩy đuôi* 狌○𣬒, le chien remue la queue. — *Vẩy nước* ○渃, rejeter de l'eau (avec la main). — *Gàu vẩy nước* 篝○渃, écope. — *Vẩy nước ghe* ○渃𦪈, vider l'eau de la barque. — *Vẩy nước mạ* ○渃稨, arroser les jeunes plants de riz.

Vẩy 鯤. Écaille; taie; guillochis. (Formé des S. A. *ngư* 魚, poisson, et *vĩ* 尾, bout, extrémité.)

Vẩy cá ○鯂, écailles de poisson. — *Vẩy trùng* ○虫, écailles de reptile. — *Vẩy đồi mồi* 玳瑁, écaille de tortue. — *Lược vẩy đồi mồi* 署○玳瑁, peigne de chignon en écaille de tortue. — *Tróc vẩy* 捰○, s'écailler, se craqueler, se fendiller. — *Vẩy đồng* ○銅, ornements en cuivre (en relief sur un coffret, par exemple). — *Ánh vẩy* 影○, médaille. — *Có vẩy cá trong con mắt* 固○鯂沖昆相, avoir une taie dans l'œil.

Vây 圍. Entourer, bloquer, cerner. (Du S. A. *vi*, même car., même signif.)

Vây chung quanh ○終逃, entourer de tous côtés. — *Vây tứ phía* ○四費, entièrement bloqué. — *Phủ vây* 撫 ○, assiéger. — *Vây phủ* ○ 撫, id. — *Vây thành* ○ 城, faire le siège d'une ville, entourer une place forte. — *Bịnh vây* 兵 ○, les assiégeants. — *Bịnh bị vây* 兵 被 ○, les assiégés. — *Giải vây* 解 ○, repousser les assiégés. — *Sự vây* 事 ○, siège, blocus. — *Vây nhà* 茹 ○, cerner une maison. — *Doàn lũ vây lấy nó* 團 屡 ○ 祀 奴, une foule nombreuse l'entourait. — *Những thằng ăn cướp vây nhà tôi* 仍 倘 咹 劫 ○ 茹 碎, les pirates cernèrent ma maison.

Vây 不. Ainsi, de cette manière; troubler, taquiner; faire rebondir. (En S. A., grand, vaste; se pron. *phi*.)

Vây thì ○ 時, alors, ainsi. — *Ấy vậy* 意 ○, ainsi donc. — *Làm vậy* 濫 ○, faire ainsi. — *Nói vậy* 吶 ○, parler de la sorte. — *Phải như vậy* 沛 如 ○, c'est bien cela. — *Vây sao* ○ 牢, vraiment? — *Sao anh làm vậy* 牢 嬰 濫 ○, pourquoi avez-vous agi de la sorte? — *Gì vậy* 之 ○, qu'est-ce donc? — *Thể vậy* 體 ○, de cette façon. — *Vây mà* ○ 麻, cependant... — *Có khi vậy* 固 欺 ○, peut-être en est-il ainsi. — *Đâu vậy* 兜 ○, où cela? où donc? — *Dầu vậy* 油 ○, quoi qu'il en soit... — *Bởi vậy* 罷 ○, c'est pour cela; par suite, par conséquent. — *Nếu vậy* 㝵 ○, s'il en est ainsi. — *Thôi vậy* 崔 ○, cela suffit, c'est assez. — *Đã vậy thì thôi* 㐌 ○ 時 崔, puisqu'il en est ainsi... c'est fort bien. — *Vây vạ* ○ 禍, désordre, trouble, confusion. — *Vây bùn lên* 盆 蓮 ○, faire rejaillir de la boue. — *Cây vây* 核 ○, nom d'arbre.

Vây 涓. Tache, souillure; salir. (Du S. A. *vị*, même car., eaux sales.)

Vây vá ○ 播, malpropre, crasseux, sordide. — *Vây dơ* ○ 汙, salir, souiller, commettre une indécence. — *Làm vây* 濫 ○, tacher, salir. — *Vây áo* ○ 襖, salir son habit. — *Vây mực* ○ 墨, se salir avec de l'encre. — *Chỗ vây mỡ* 拄 ○ 䐗, tache de graisse. — *Nói vây* 吶 ○, dire des insanités. — *Tầm vây* 燖 ○, indécences, saletés, malpropretés. — *Làm tầm vây* 濫 燖 ○, faire des saletés; agir de façon inconvenante, se mal conduire.

Vây 不. Ainsi, de la sorte. V. *vây*. (En S. A., grand, vaste; se pron. *phi*.)

Như vây 如 ○, comme ceci, de cette manière. — *Anh phải làm vây* 嬰 沛 濫 ○, vous devrez faire ainsi. — *Nếu hay vây ta không có làm* 𩨹 哈 ○ 些 空 固 濫, si nous avions su qu'il en était ainsi, nous ne l'aurions pas fait. — *Kẻ làm vây, người làm khác* 几 濫 ○ 得 濫 恪, les uns agissent ainsi, les autres autrement.

Vây 圍. Ensemble, réunis; autour. (Du S. A. *vi*, même car., même signif.)

Vây lại ○ 吏, se mettre ensemble, se grouper. — *Vây hiệp* ○ 合, se réunir. — *Có nhiều người vây nhau* 固 饒 得 ○ 饒, des gens se réunissent en grand nombre. — *Doàn lũ vây lấy tôi* 團 屡 ○ 祀 碎, la foule m'entourait de tous côtés. — *Vui vây* 盃 ○, se réjouir ensemble, s'amuser en commun.

Vây 浘. Syllabe complémentaire. (Formé des S. A. *thủy* 水, eau, et *vĩ* 尾, bout, extrémité.)

Vây vùng ○ 瀜, agiter brusquement, secouer durement. — *Vùng vẫy* 汎 ○, désordonné, sans frein; instable, sans trêve ni repos; confusion, agitation.

Vàm 汎. Embouchure d'un fleuve.
(En S. A., voguer; se pron. *phiếm*.)

Vàm sông cái ○ 瀧丐, l'embouchure d'un grand fleuve. — *Vàm rạch* ○ 瀝, bassin d'entrée d'un arroyo. — *Khi tàu vô vàm* 欺艚無 ○, lorsque le navire entrait dans l'embouchure... — *Ghe chưa ra ngoài vàm* 艤渚囉外 ○, la barque n'était pas encore sortie de l'embouchure... — *Còn ở ngoài vàm* 群於外 ○, être encore à l'entrée; au fig., n'avoir encore obtenu aucun résultat sérieux. — *Nói không ra vàm* 吶空囉 ○, ne pas dire le fin mot, parler à mots couverts. — *Vàm cỏ* ○ 䑓, un grand affluent du *Lôi rạp* (province de Saigon).

Vàm 運. Syllabe complémentaire.
(En S. A., sort, destin; se pron. *vận*.)

Vàm vỡ ○ 㞍, gros, fort, vigoureux; énorme, massif.

Vàm 鏄. Couper par morceaux.
(Formé des S. A. *kim* 金, métal, et *bầm* 禀, donner, nourrir.)

Vàm thịt ○ 胗, couper la chair par morceaux, hacher de la viande. — *Thịt vàm* 胗 ○, hachis de viande. — *Vàm cá* ○ 䰳, hacher du poisson. — *Chết vàm* 折 ○, mourir coupé en morceaux (imprécation). — *Vàm đầu* ○ 頭, hacher la tête (menace). — *Vàm mặt* ○ 沬, baisser la tête.

Vàm 臊. Syllabe complémentaire.

(Formé des S. A. *nhục* 肉, chair, et *bầm* 禀, donner, nourrir.)

Mác vàm 鏌 ○, sorte de pique. — *Mặt vàm* 沬 ○, figure énorme.

Van 喧. Soupirer, se plaindre.
(Formé des S. A. *khẩu* 口, bouche, et *viên* 員, rond, en boule.)

Kêu van 叫 ○, gémir. — *Van ri* ○ 尾, id. — *Than van* 嘆 ○, id. — *La van* 囉 ○, se plaindre en poussant des cris. — *Van siếc* ○ 咮, pousser de grands gémissements. — *Sự than van* 事嘆 ○, plaintes, soupirs. — *Tiếng than van* 啫嘆 ○, cris de détresse, sons plaintifs. — *Vía van* 㑸 ○, esprit vital.

Vạn 蔓. Bande, troupe, réunion.
(Du S. A. *mạn*, même car., s'étendre.)

Vạn trưởng ○ 長, chef de bande. — *Vạn lưới* ○ 繈, bande (ou association) de pêcheurs (avec filets). — *Vạn chài* ○ 紂, id.

Vạn 萬*. Un essaim d'abeilles; dix mille; énormément, considérablement; très haut, très grand; tout, tous, entièrement.

Thập vạn 十 ○, cent mille. — *Nhứt bá vạn* 一百 ○, un million. — *Vạn dân* ○ 民, tous les peuples. — *Vạn quốc* ○ 國, tous les pays, tous les royaumes. — *Vạn vật* ○ 物, tous les êtres. — *Vạn hảo* ○ 好, tout ce qu'il y a de meilleur. — *Vạn tuế* ○ 歲, dix mille années d'âge (vœux de longue vie). — *Vạn niên* ○ 年, dix mille ans. — *Vạn sự* ○ 事, beaucoup d'affaires, énormément de choses. — *Vạn phước* ○ 福, dix mille bonheurs, toutes les chances (souhaits). — *Thiên vạn* 千 ○, innombrable. — *Vạn vị* ○ 彙, toutes les classes, toutes les séries. — *Vạn thọ* ○ 壽, fêter le jour de naissance du souverain. — *Lễ vạn thọ* 禮 ○ 壽, cérémonie en l'honneur du souverain. — *Thiên tử nhứt nhựt vạn cơ* 天子一日 ○ 機, chaque jour le fils du Ciel a dix mille affaires à régler (l'Empereur a d'innombrables soucis). — *Vạn điệp* ○ 疊, dix mille fois répété; quantité considérable. — *Tin vạn sự* 信 ○ 事, ajouter foi à tout ce que l'on dit, être très crédule. — *Vạn bất* ○ 不, dix mille fois non, jamais; en aucun cas, sous aucun prétexte.

Ván 版. Planche, planchette, ais. (Du S. A. *bản*, même car., même signif.)

Ván phên ○ 籓, planche (expression composée). — *Ván rầm* ○ 橃, plancher, parquet. — *Lót ván rầm* 律 ○ 橃, établir un plancher, un parquet. — *Một tấm ván lớn* 沒怂 ○ 客, une grande planche. — *Ván khép thùng* ○ 怯 桶, douve. — *Bằng ván* 朋 ○, en planches. — *Tôi có một cái nhà bằng ván* 碎固沒丐茹朋 ○, j'ai une maison en planches.

Vạn 萬. Dix mille; innombrable. (Du S. A. *vạn*, même car., même signif.)

Muôn vàn 閩 ○, incalculable. — *Muôn vàn lạy* 閩 ○ 禮, se prosterner un nombre considérable de fois, faire force salutations. — *Giàu tám xe mười vàn* 朝椮車逊 ○, riche à millions.

Văn 婉 *. Douceur, soumission, do-cilité, complaisance; louer, flatter, chercher à plaire.

Ve vãn 蠉 ○, flatter, caresser, aduler, faire l'aimable.

Vãn 挽 *. Prendre, saisir; retenir, tirer à soi; tendre (arc); rapsodies tristes, psaumes de deuil, mélopées plaintives (ordinairement en langue vulgaire) pour célébrer les mérites d'un mort.

Vãn lưu ○ 留, tirer en arrière, empêcher d'avancer (le char funèbre). — *Chuyện vãn* 傳 ○, élégie. — *Vãn ca* ○ 歌, chants tristes (aux enterrements). — *Ca vãn* 歌 ○, chanter des vers élégiaques. — *Vãn hồi* ○ 回, retenir, rappeler, rétablir. — *Vãn cung* ○ 弓, bander l'arc. — *Vãn lên* ○ 遷, raccourcir. — *Vãn hồi* ○ 回, rétrograder. — *Cách vãn hồi* 格 ○ 回, rétroactivement.

Vãn 晚 *. Déclin du jour, coucher du soleil; vers le soir, à la nuit; tard, après, en arrière, le dernier.

Vãn thì ○ 時, temps du soir, soirée. — *Tảo vãn* 早 ○, matin et soir. — *Vãn kiểng* ○ 景, très tard; très triste. — *Hối chi dĩ vãn* 悔之已 ○, il est temps de se repentir. — *Vãn sanh* ○ 生, dernier né; jeunesse, jeune homme. — *Vãn niên* ○ 年, dernières années, vieillesse. — *Vãn thành* ○ 成, finir tard, aboutir tard. — *Vãn xuân* ○ 春, fin du printemps. — *Vãn hạ* ○ 夏, fin de l'été.

Văn 文 *. Ligne, strie, raie, trait; tracer des lignes, dessiner; représentation, ornement, broderie;

bigarré, veiné; mot, caractère, écriture; belles-lettres, littérature; élégance, beauté; gracieux, orné; doux, poli, humain; civil (par opposition à « militaire »); adoucir, modérer; terme numéral des monnaies; formule pour les prières. Car. radical.

Mộc văn 木 ○, veines du bois. — *Thạch văn* 石 ○, veines dans la pierre. — *Văn tự* 字, caractères de l'écriture; lettres, littérature; contrat, titre. — *Văn võ* ○ 武, civil et militaire. — *Quan văn* 官 ○, fonctionnaire civil, mandarin lettré. — *Văn nhơn* ○ 人, littérateur, homme de lettres. — *Văn học* ○ 學, id. — *Văn nói* ○ 呐, parler avec distinction, s'exprimer avec élégance. — *Bài văn* 排 ○, composition littéraire. — *Văn chương* ○ 章, id. — *Thi văn* 詩 ○, vers, poésie. — *Văn phép* ○ 法, règles du style. — *Thiên văn* 天, astronomie. — *Nhứt văn tiền* 一 ○ 錢, une pièce de monnaie, une sapèque. — *Văn khế* ○ 契, titre, contrat; reçu. — *Văn thệ* ○ 誓, formule de serment. — *Văn chúc* ○ 祝, formule de prière (supplique aux ancêtres à l'occasion d'un mariage). — *Văn cáo* ○ 告, sorte d'imprécation. — *Văn lang* ○ 郎, l'un des anciens noms du royaume annamite.

Văn 絞*. Dessins, figures; plissé, tuyauté, contourné; fleurs ou ramages représentés sur une étoffe.

Văn 聞*. Entendre, percevoir; ce que l'on entend, ce qui se dit; bruit, rumeur, renommée.

Văn danh ○ 名, bonne réputation. — *Tân văn* 新 ○, nouvelle récente. — *Phong văn* 風 ○, bruits apportés par le vent (rumeur publique). — *Nghe phong văn* 瞠 風 ○, savoir par ouï-dire. — *Quảng kiến văn* 廣 見 ○, bien voir et bien entendre; se rendre exactement compte de, connaître à fond. — *Tái văn* 再 ○, entendre de nouveau. — *Văn thượng* ○ 上, exposer à un supérieur, rendre compte au souverain.

Vặn 紊*. Fils mélangés; confus, mêlé, embrouillé, en désordre. A. V. Tordre, tortiller; tourner, visser; remonter (montre, mécanisme).

Vặn loạn ○ 亂, complètement embrouillé, tout à fait en désordre. — *Vặn lại* ○ 吏, visser, remonter. — *Vặn qua vặn lại* ○ 戈 吏, visser et revisser. — *Vặn dây* ○ 縳, tordre des liens, tortiller une corde. — *Vặn cổ* ○ 古, tordre le cou. — *Vặn đinh ốc* ○ 釘 沃, enfoncer une vis. — *Vặn đồng hồ lại* ○ 銅 壺 吏, remonter une montre, une pendule. — *Cái vặn* 丐 ○, tournevis.

Vắn 問. Bref, court; qui manque. (En S. A., questionner; se pron. *vấn*.)

Vắn xuân ○ 春, très court. — *Vắn lắm* ○ 廩, très bref. — *Vắn quá* ○ 過, trop court, trop bref. — *Lời nói vắn* 俰 呐 ○, discours bref. — *Câu vắn* 句 ○, verset. — *Vần vắn* 韻 ○, syllabe brève. — *Giữ vần dài vần vắn* 悸 韻 毀 韻 ○, observer les longues et les brèves. — *Sự vui vắn vỏi chẳng bao lâu* 非 盉 ○ 培 庄 包 婁, joie de courte durée. — *Cái áo này vắn quá* 丐襖尼○過, cet habit est beaucoup trop court. — *Vắn dây* ○縷, corde pas assez longue. — *Vắn cỏ kêu không thấu trời* ○古叫空透奎, avoir le cou trop court pour pouvoir être entendu du Ciel (ne savoir à qui se plaindre d'une injustice).

Vằn 紋 (1). Rayé; de couleur variée. (Du S. A. *văn*, même car., même signif.)

Vằn vện ○院, moucheté. — *Có vằn có vện như da cọp* 固○固院如胯猞, bigarré, tacheté comme la peau d'un tigre. — *Vải vằn vện* 緄○院, étoffes à ramages, cotonnades bariolées. — *Vằn vọt* ○捽, toucher, palper.

Vân 云*. Dire, parler; aller et venir, circuler, se mouvoir; mot explétif et syllabe euphonique.

Hữu vân 有○, il est dit que... — *Cổ ngữ vân* 古語○, un ancien adage dit. — *Vân vi* ○爲, énoncer clairement. — *Vân vĩ* ○尾, dire tout, du commencement à la fin; se plaindre sans rien omettre. — *Vân vân* ○○, dire ceci et cela; ainsi de suite, etc. — *Tứ thì vân* 四時○, les saisons changent.

Vân 紜*. Entortillé, embrouillé; confusion, trouble, désordre; mêlé, troublé, confondu.

Phân vân 紛○, dans le plus grand désordre. — *Phân phân vân vân* 紛紛○○, pêle-mêle. — *Vạn binh phân vân* 萬兵紛○, troupe nombreuse marchant en désordre.

Vân 芸*. Plantes odoriférantes.

Vân 耘*. Arracher les mauvaises herbes, détruire ce qui est nuisible ou malfaisant.

Hạ vân 夏○, sarcler en été.

Vân 雲*. Vapeurs atmosphériques; brume, brouillard, nuages; couvert, nuageux; ondé, moiré; nom de lieu.

Vân thiên ○天, temps couvert, ciel nuageux. — *Thanh vân* 青○, nuages azurés; grand, haut, éminent. — *Vân vũ* ○雨, nuages d'orage. — *Phong vân* 風○, nuages de vent. — *Vân sa* ○紗, une étoffe de soie moirée. — *Vân nam* ○南, la province chinoise du *Yun nan*. — *Ải vân* 隘○, le col des Nuages (défilé sur la route de Tourane à *Huế*). — *Vân đài* ○臺, palais à clochetons, château, tour, observatoire.

Vân 橒*. Les veines du bois.

Vân 澐*. Mouvements des ondes, rides à la surface de l'eau.

Vân 匀*. Petit; égal, uni, lisse.

Vân 筠*. L'écorce lisse du bambou.

Vận 韻 et 韵*. Rimer, s'accorder; sons et tons pour l'harmonie des phrases; accord musical. Voir *vần*.

Hạn vận 限○, fixer l'accord, déterminer la rime. — *Bộ vận* 部○, euphonie, harmonie. — *Âm vận* 音

---

(1) Se transcrit aussi par le car. 玟.

o, syllabe. — *Chữ âm vận* 字 音 o, lettre euphonique. — *Lạc vận* 落 o, sons discordants; enfreindre les règles de la versification. — *Áp vận* 押 o, rimer. — *Bình vận* 平 o, rimer dans le ton uni. — *Bất hiệp vận* 不 合 o, défaut d'accord, dissonnance. — *Thi vận* 詩 o, poésie, versification. — *Vận thơ* o 書, vocabulaire dans lequel les mots sont placés suivant les tons.

Vận 暈 *. Anneau, cercle, disque; s'enrouler autour. Voir *quầng*.

Vận 刎 *. Couper en travers, scier; trancher la tête, ouvrir la gorge. Voir *vẫn*.

Tự vận 自 o, se couper le cou. — *Vận mình* o 命, se suicider, se tuer. — *Nó nghèo lắm cho nên nó tự vận* 奴 饒 窶 朱 年 奴 自 o, se voyant très pauvre, il se tua.

Vận 運 *. Tourner en cercle, se mouvoir en rond, faire le tour de; tour, cercle, circuit; mouvoir, tourner, parcourir, transporter; chance, fortune; certains calculs pour les sorts.

Nhựt vận 日 o, marche du soleil à travers l'espace. — *Nguyệt vận* 月 o, trajet que fait la lune. — *Thiên vận* 天 o, mouvements des corps célestes en général; le cours des événements. — *Thiên địa vận* 天 地 o, le ciel et la terre tournent. — *Vận như xa* o 如 車, tourner comme les roues d'une voiture. — *Tốt vận* 卒 o, sort heureux. — *Xấu vận* 丑 o, sort malheureux. — *Lỡ vận* 呂 o, infortuné. — *Vận mạng* o 命, décret du ciel, volonté du destin. — *Vận hệ* o 係, sort, chance, fortune. — *Gặp vận* 及 o, heureuse chance, bonne occasion. — *Thì vận* 時 o, temps de bonheur. — *Vận dụng* o 用, influence qui s'exerce. — *Vận lương thực* o 粮 食, fournir des aliments; transporter la solde et les rations. — *Vận mao* o 毛, touffe de poils tournant en rond (sur le corps de certains animaux). — *Chuyển vận* 轉 o, successivement; révolution des choses, roue de la fortune. — *Nước vận* o 渚, tournant, remous. — *Vận áo* o 襖, retrousser un habit (en le nouant autour des reins). — *Vận quần* o 裙, attacher (ou nouer) la ceinture du pantalon.

Vấn 問 *. Demander, questionner, s'enquérir, s'informer, rechercher; enquête, instruction, interrogatoire; ordonner, commander; prononcer (sentence). A. V. Entourer, envelopper, rouler autour.

Vấn hảo o 好, demander des nouvelles de la santé. — *Vấn tánh* o 姓, demander le nom (cérémonie du mariage). — *Vấn đáp* o 答, demandes et réponses. — *Vấn lược* o 掠, mettre à la question. — *Vấn tội* o 罪, faire une enquête au sujet d'un coupable, interroger un accusé. — *Vấn tử* o 死, condamner à la peine capitale. — *Vấn lấy* o 祉, attacher, empaqueter. — *Vấn vít* o 日, id. — *Vấn con* o 昆, emmailloter un enfant. — *Vấn dây* o 綟, ficeler, corder. — *Vấn khăn* o 巾, enrouler un turban. — *Vấn giấy* o 紙, envelopper dans du papier. — *Vấn xung quanh* o 衝

浼, entortiller. — *Lấy rơm mà vấn cái ve* 祕蒢麻 ○ 丐碌, entourer une bouteille de paille. — *Điếu thuốc vấn* 釣菜 ○, cigarette. — *Vấn cho tôi một điếu thuốc* 朱碎沒釣菜, faites-moi donc une cigarette.

Vần 運. Tourner en rond; remuer. (Du S. A. *vận*, même car., même signif.)

Vần chuyền ○ 轉, se mouvoir autour de, tourner à la ronde; monde renversé. — *Vần vũ* ○ 雨, temps pluvieux. — *Vần đi vần lại* ○ 迻 ○ 吏, tourner et retourner, remuer dans tous les sens. — *Vần cơm* ○ 䭉, remuer le riz dans la marmite (en tournant lentement dans le même sens). — *Chần vần* 眞 ○, ample, large. — *Mặt chần vần* 𩈎 眞 ○, figure large. — *Xây vần* 搓 ○, tourner, circuler. — *Của đời là của xây vần* 貼代羅貼搓 ○, les biens de ce monde sont des biens qui circulent (périssables, ou qui passent des uns aux autres). — *Làm vần công* 濫 ○ 功, travailler les uns pour les autres. — *Chái bắt vần* 屋抔 ○, galerie couverte autour d'une maison, véranda.

Vần 韻*. Harmonie des sons; accord, rime; syllabe. Voir *vận*.

Đánh vần 打 ○, épeler. — *Luần vần* 輪 ○, id. — *Sách vần* 冊 ○, syllabaire. — *Nhập chữ làm vần* 入字濫 ○, assembler les lettres (ou les caractères) par syllabes.

Vắn 吻*. Les coins de la bouche, le bord des lèvres.

Vắn hiệp ○ 合, pincer les lèvres.

Vấn 刎*. Couper, trancher. V. *vận*.

Vấn kình giao ○ 頸交, amis très intimes, unis jusqu'à donner leur vie les uns pour les autres.

Vấn 刎. Syllabe complémentaire. (Pour le car. en S. A., voir ci-dessus.)

Vấn là ○ 羅, en principe c'était, originairement il était. — *Vấn theo* ○ 曉, se conformer toujours à… — *Vấn chơn* ○ 蹎, suivre sans cesse.

Vấn 溷. Troublé, agité, confus (ne s'emploie qu'en composition). (Formé des S. A. *thủy* 水, eau, et *vấn* 問, demander.)

Dục vấn 濁 ○, eau trouble, sale.

Vang 榮*. Pousse d'arbre, fleur de plante; arbre à vernis, à teinture rouge (bois de sapan); glorieux, illustre. Voir *vinh*.

Quang vang 光 ○, éclatant, splendide. — *Vang quang* ○ 光, glorifier, honorer. — *Đại vang* 大 ○, haute distinction, grande élégance. — *Vang hoa* ○ 華, glorieux, célèbre. — *Vang hoa phú qui* ○ 華富貴, honneurs et richesses. — *Vang danh* ○ 名, renommée, illustration. — *Nam vang* 南 ○, la capitale du Cambodge.

Vang 嗒*. Résonner, retentir; cris. (Formé des S. A. *khẩu* 口, bouche, et *vang* 榮, pousse d'arbre.)

Tiếng vang 嚌 ○, voix résonnante. — *La vang* 囉 ○, pousser des cris. — *Vang cả lên* 哥 遷 ○, résonner de tous côtés, retentir partout. — *Vang đầu* ○ 頭, avoir la tête cassée par le bruit. — *La vang óc* 囉 ○ 腥, crier à fendre le crâne.

Vạng 往*. Partir; passer. Voir *vãng*.

Vạng mặt ○ 㸔, passer devant quelqu'un. — *Chạng vạng* 顛 ○, à la nuit tombante.

Váng 維. Tissu léger, toile mince, membrane fine, pellicule; voilé, vertigineux. (Formé des S. A. *mịch* 糸, fils, et *vạng* 往, passer, traverser.)

Váng nhện ○ 蛐, toile d'araignée. — *Đóng váng* 揀 ○, tisser une toile (araignée), se former une pellicule (sur la crème par exemple). — *Con nhện đóng váng* 昆 蛐 揀 ○, l'araignée tisse sa toile. — *Váng trứng* ○ 蒜, tégument de l'œuf. — *Váng cháo* ○ 紹, pellicule surnageant sur un ragoût, sur une bouillie. — *Chóng váng* 㨪 ○, être pris de vertige, avoir un éblouissement.

Vàng 鑛. Or (métal précieux); jaune (couleur réservée au souverain). (Formé des S. A. *kim* 金, métal, et *hoàng* 黃, jaune.)

Vàng ròng ○ 泂, or pur, premier titre. — *Vàng thập* ○ 十, id. — *Vàng mươi* ○ 迣, id. — *Vàng nước* ○ 渚, or liquide, en fusion. — *Vàng lá* ○ 蘿, or en feuille. — *Vàng nén* ○ 鑲, or en lingot. — *Thoi vàng* 梭 ○, or en barre. — *Luyện vàng* 煉 ○, purifier l'or. — *Thét vàng* 鐵 ○, id. — *Bẳng vàng* 朋 ○, en or. — *Một cái tượng bằng vàng* 沒 丐 像 朋 ○, une statue en or. — *Nhiều cái hộp bằng vàng* 饒 丐 匣 朋 ○, plusieurs boîtes en or. — *Vàng bạc* ○ 薄, or et argent. — *Có nhiều vàng bạc* 固 饒 ○ 薄, avoir beaucoup d'or et beaucoup d'argent. — *Mỏ vàng* 某 ○, mine d'or. — *Có vàng* 固 ○, aurifère. — *Đất có vàng* 坦 固 ○, terrain aurifère. — *Thếp vàng* 鋑 ○, dorer. — *Mạ vàng* 鑰 ○, id. — *Vàng thật chẳng sợ chi lửa* ○ 實 庄 怍 之 焰, l'or véritable ne craint pas le feu (l'homme au cœur droit et loyal ne doit avoir peur de rien). — *Ác vàng* 鵶 ○, soleil (expression poétique). — *Nhà vàng* 茹 ○, palais royal; ciel intérieur du lit funèbre. — *Sắc vàng* 色 ○, la couleur jaune. — *Màu vàng* 牟 ○, id. — *Mùi vàng* 味 ○, id. — *Vàng vàng* ○ ○, tirant sur le jaune, jaunâtre. — *Vàng như nghệ* ○ 如 艾, jaune comme du safran. — *Võ vàng* 痒 ○, livide, jaune, maladif. — *Vàng ra* ○ 囉, jaunissant. — *Làm cho vàng da* 濫 朱 ○ 胵, qui rend la peau jaune. — *Nhuộm vàng* 染 ○, teindre en jaune. — *Không ai được mặc đồ sắc vàng, ông vua được mặc sắc ấy mà thôi* 空 埃 特 默 圖 色 ○ 翁 希 特 默 色 意 麻 崔, nul n'a le droit de porter des vêtements jaunes, le roi seul peut porter cette couleur.

Vàng 傍. Syllabe complémentaire. (En S. A., près, proche; se pron. *bàng*.)

Vội vàng 倍 ○, avec empressement, en hâte. — *Vững vàng* 凭 ○, fermement; solide, durable. — *Lòng vàng đá* 悉 ○ 砑, constance, fermeté.

Vãng 往 et 徃*. Partir, s'en aller; passer, s'avancer, apparaître; jadis, autrefois, auparavant; fini, terminé. Voir *vạng*.

Vãng qua ○ 戈, traverser, passer

devant quelqu'un; passer outre à. — *Văng lai* ○ 來, aller et venir, passer et repasser. — *Quá văng* 過 ○, passé depuis longtemps; mort, décédé. — *Cổ văng kiếm lai* 古 ○ 今 來, depuis les temps anciens, de tout temps. — *Văng niên* ○ 年, les années passées. — *Hướng văng* 向 ○, jusqu'ici. — *Kỉ văng* 其 ○, à l'avenir. — *Tự kiếm dĩ văng* 自 今 以 ○, désormais, dorénavant. — *Hữu lai văng* 有 來 ○, avoir des rapports, des relations. — *Đi văng* 拸 ○, aller en visite. — *Văng khứ* ○ 去, s'en aller, quitter, partir. — *Văng hành* ○ 行, aller en voyage. — *Văng tuồng* ○ 從, pièce finie, comédie jouée. — *Văng hát* ○ 喝, chants terminés. — *Bất văng* 不 ○, qui dure encore. — *Văng dân* ○ 民, inspecter un peuple. — *Tuần văng* 巡 ○, partir en inspection; mourir (roi, mandarins).

Văng 榮. Jaillir, sauter, projeter. (Du S. A. *vang*, même car., même signif.)

Văng ra ○ 囉, se répandre. — *Văng đóm lửa* ○ 拈 焑, jaillir des étincelles. — *Bắn văng óc người nào* 弾 ○ 腥 得 尼 荷, brûler la cervelle à quelqu'un. — *Làm văng* 濫 ○, faire vite, faire sans aucune hésitation. — *Chăng văng* 庄 ○, courir de tous côtés.

Vắng 永. Solitaire, retiré, isolé, désert; silencieux; cesser, finir. (En S. A., perpétuel; se pron. *vĩnh*.)

Thanh vắng 清 ○, isolé, tranquille. — *Vắng vẻ* ○ 尾, retiré, désert. — *Nhà vắng* 茹 ○, maison abandonnée; demeure lointaine, isolée. — *Nơi vắng* 尼 ○, lieu solitaire. — *Chốn vắng* 準 ○, id. — *Đàng vắng* 唐 ○, chemin peu fréquenté. — *Đi vắng* 拸 ○, être parti. — *Vắng mặt* ○ 裲, être absent. — *Vắng chủ nhà gà bươi bếp* ○ 主 茹 鶤 撼 烂, le maître de la maison absent, les poules éparpillent les cendres du foyer (correspond à : le chat absent, les souris dansent). — *Bặt vắng* 拔 ○, profonde solitude, retraite absolue, grand silence. — *Vắng tiếng* ○ 噌, n'entendre aucun bruit. — *Vắng tin* ○ 信, être sans nouvelles. — *Đã lâu tôi vắng tin anh* 匓 斐 碎 ○ 信 嬰, depuis longtemps je suis sans nouvelles de vous. — *Vắng mưa* ○ 雹, sans pluie; la pluie a cessé.

Vẳng 鎊. Espèce de faux; s'agiter. (Formé des S. A. *kim* 金, métal, et *bàn* 旁, par côté.)

Vùng vẳng 瀇 ○, s'agiter, se démener. — *Trâu vùng vẳng* 犪 瀇 ○, buffle qui frappe furieusement de ses cornes.

Vẳng 咏. Bruit lointain, rumeur. (En S. A., dire, chanter; se pron. *vịnh*.)

Nghe rên vẳng vẳng 喧 嘻 ○ ○, entendre des gémissements. — *Chúng ta nghe la vẳng vẳng* 衆 些 喧 囉 ○, nous entendions des cris dans le lointain.

Vâng 邦. Obtempérer à, se soumettre, obéir, être aux ordres de. (Du S. A. *bàng*, même car., pays vassal.)

Vâng lệnh ○ 令, se soumettre à un ordre supérieur. — *Vâng mạng* ○ 命, id. — *Vâng lời* ○ 唎, obéir. — *Vâng nghe* ○ 喧, écouter, obtempérer. — *Vâng theo* ○ 蹺, se conformer à. — *Vâng ý* ○ 意, faire selon le désir, se conformer à l'intention. — *Vâng phép* ○ 法, se soumettre aux lois. — *Vâng lời chịu lụy* ○ 碗召累, se soumettre complètement, se mettre à la discrétion de quelqu'un. — *Tôi xin vâng* 碎噴○, je vous en prie, disposez de moi. — *Sự vâng lời* 事○碗, obéissance, soumission. — *Hay vâng lời* 哈○碗, obéissant. — *Chẳng vâng* 庄○, refuser d'obéir. — *Không vưng* 空○, id.

Vầng 暈. Anneau, cercle; ce que peuvent contenir les deux bras; bloc, masse, motte. Voir *vừng*. (Du S. A. *vận*, même car., rond, disque.)

Vầng hồng ○ 紅, soleil (expression poétique). — *Vầng ô* ○ 烏, id. — *Vầng nguyệt* ○ 月, lune. — *Vầng thỏ* ○ 兔, id. — *Vầng đất* ○ 坦, motte de terre. — *Một vầng* 沒○, une brassée. — *Cây vầng* 核○, un arbre dont les feuilles tendres se mangent en salade.

Vanh 攃. Couper autour, en rond. (Formé des S. A. *thủ* 手, main, et *vang* 榮, pousses de plante.)

Vanh vùm ○ 鑛, rogner, retrancher, arrondir ou égaliser en coupant. — *Cắt vanh* 割○, couper, tailler. — *Vanh tay* ○ 抌, couper les doigts (supplice). — *Vanh kiền chim* ○ 翃鳥, rogner les ailes d'un oiseau. — *Ăn vanh ăn vùm* 唵○唵鑛, retrancher à quelqu'un une partie de ce qui lui appartient. — *Phép vanh da* 法○胯, le rite de la circoncision.

Vành 永. Syllabe complémentaire. (En S. A., perpétuel; se pron. *vĩnh*.)

Chóng vành 㯮○, avec célérité; vivement, promptement.

Vành 鑅 [1]. Cercle, cerceau, anneau; bordure (panier); qui fait le tour, roulé en spirale; rouleau, bracelet. Voir *khoang*, *niền* et *vòng*. (Formé des S. A. *kim* 金, métal, et *vang* 榮, pousses de plante.)

Vẽ vành 啟○, tracer un cercle. — *Vành tròn* ○ 論, circonférence. — *Đánh vành chơi* 打○制, jouer au cerceau. — *Vành nón* ○ 黴, bordure de chapeau. — *Vành thùng* ○ 䈽, bordure de panier. — *Vành thùng* ○ 桶, cercle de barrique. — *Chiếc vành* 隻○, bracelet. — *Vành vàng* ○ 鑽, galons en or (insignes de grade autour du cou, autour des manches). — *Giặc ba vành* 賊㠯○, le nom d'une guerre qui désola les provinces du Tonkin sous le règne de *Minh Mạng* 明命.

Vảo 報. Syllabe complémentaire. (En S. A., faire savoir; se pron. *báo*.)

Vểu vảo 表○, tortu, tourné, contourné. — *Vểnh vảo* 榮○, retors, rusé, artificieux.

Vào 匏. Entrer, pénétrer. Voir *vô*. (Formé des S. A. *nhập* 入, joindre, et *bao* 包, enveloppe.)

Vào trong ○ 冲, entrer dans. — *Vào trong nhà* ○ 冲茹, entrer dans la maison. — *Thấu vào* 透○, traver-

---

[1] Se transcrit aussi par le car. 標.

ser, pénétrer. — *Lọng vào* 弄 ○, s'introduire furtivement. — *Lọt vào* 律 ○, tomber dans. — *Vào phần* 分 ○, prendre part à. — *Vào hùn* 魂 ○, former une association (commerciale). — *Vào phần đấu xảo* ○ 分 鬪巧, se présenter à un concours, prendre part à une exposition. — *Vào hội* ○ 會, entrer dans une société. — *Vào đạo* ○ 道, embrasser la religion (se dit de la religion chrétienne). — *Đem vào* 宪 ○, apporter dedans. — *Đem vào nhà* 宪 ○ 茹, apporter dans la maison. — *Vào sổ* ○ 數, être inscrit sur le registre. — *Đem vào sổ* 宪 ○ 數, immatriculer, inscrire dans le catalogue. — *Nói vào* 吶 ○, engager à. — *Nói vào nói ra* 吶 ○ 吶 囉, parler à tort et à travers; se contredire en parlant. — *Vào ra* ○ 囉, entrer et sortir. — *Ăn vào* 陂 ○, passer, traverser, pénétrer. — *Tàu đã vào cửa* 艚包 ○ 閘, le navire est entré dans le port. — *Ghe chưa vào sông* 艭渚 ○ 瀧, la barque n'est pas encore entrée dans le fleuve. — *Mời ông vào nhà tôi* 呰翁 ○ 茹碎, veuillez, Monsieur, entrer dans ma maison.

Vấp 及. Frapper sur, se heurter à. (Du S. A. *cập*, même car., atteindre.)

Vấp mặt xuống đất ○ 面 甔 坦, donner du visage contre terre. — *Té vấp mặt* 細 ○ 面, tomber la face en avant. — *Ngồi vấp mặt xuống* 墾 ○ 面 甔, être assis la tête baissée.

Vấp 跋. Heurter du pied, butter. (Formé des S. A. *túc* 足, pied, et *cập* 及, atteindre.)

Vấp chơn ○ 䟴, trébucher. — *Vấp phải* ○ 沛, se butter contre, se heurter à. — *Ngựa hay vấp* 馭 呤 ○, cheval sujet à butter. — *Vấp đá* ○ 移, butter contre une pierre. — *Nói vấp* 吶 ○, parler en hésitant, bégayer; tenir des propos stupides. — *Nói lắm cũng phải vấp* 吶 廩 拱 沛 ○, si on parle beaucoup, on finit toujours par dire des bêtises. — *Gò vấp* 堀 ○, une localité importante située aux environs de Saigon.

Vạt 剮. Couper, tailler; dégrossir en coupant; écraser, comprimer. (Formé des S. A. *dao* 刀, couteau, et *việc* 粤, voir, regarder.)

Vạt cho nhọn ○ 朱 猷, tailler en pointe. — *Vạt nêm* ○ 楠, tailler un coin (à fendre). — *Vạt giẹp* ○ 甲, comprimer en pressant. — *Đừng nói nữa tao vạt miệng mầy* 停 吶 女 蚤 ○ 吅 眉, tais-toi ou je t'écrase la bouche.

Vạt 襫. Basque (ou pan) d'habit; coin, partie, portion, parcelle. (Formé des S. A. *y* 衣, vêtement, et *việc* 粤, voir, regarder.)

Vạt áo ○ 襫, partie croisée d'un vêtement. — *Vạt hò* ○ 呼, partie du vêtement qui croise en dessus. — *Áo vạt dài* 襫 ○ 曳, robe à longues basques. — *Nắm vạt áo* 捻 ○ 襫, tenir (quelqu'un) par les pans de son habit. — *Một vạt đất* 沒 ○ 坦, une parcelle de terrain. — *Vĩ vạt* 尾 ○, du commencement à la fin. — *Nói cho vĩ vạt* 吶 朱 尾 ○, dire tout, s'expliquer une bonne fois.

Vát 越. Passer, sauter, franchir. (Du S. A. *việt*, même car., même signif.)

Chạy vát 趂 ○, courir de travers. — *Thuyền chạy vát* 船趂 ○, naviguer au plus près, aller à voiles obliques, louvoyer. — *Chạy một vát* 趂沒 ○, prendre une bordée. — *Vát leo* ○ 蹽, changer d'amures (pour louvoyer). — *Vát qua vát lại* ○ 戈 ○ 更, naviguer par-ci, naviguer par-là. — *Vát lời vát lỗ* ○ 利 ○ 魯, gagner d'un côté, perdre de l'autre.

Vặt 吻. Menus objets, choses de peu d'importance; vétilles, minuties. (En S. A., bord des lèvres; se pron. *vắn*.)

Ăn vặt 唆 ○, manger un morceau. — *Nói vặt* 吶 ○, dire des riens, conter des fables. — *Trộm vặt* 濫 ○, filouter, faire de petits larcins. — *Giở vặt* 哇 ○, crachoter. — *Làm vặt mắt* 濫 ○ 粗, agir durement, se montrer intraitable. — *Lặt vặt* 栗 ○, rechercher minutieusement. — *Hàng vặt* 行 ○, menues marchandises. — *Đồ vặt* 圖 ○, objets quelconques. — *Thù vặt* 讐 ○, se venger à propos de vétilles. — *Tiền mua đồ vặt* 錢謨 圖 ○, argent pour les menus besoins, monnaie de poche.

Vắt 汋. Exprimer (eau, suc, jus); tordre (linge); qui pend, qui retombe. (En S. A., profond, caché; se pron. *vặt*.)

Vắt nước ○ 渚, exprimer l'eau. — *Vắt sữa* ○ 𤁕, traire le lait. — *Vắt cơm* ○ 𦞼, exprimer l'eau du riz cuit (pour le former en boule). — *Vắt áo* ○ 襖, tordre un habit (pour le porter sur l'épaule). — *Vắt chày ra nước* ○ 杵 𤁕 渚, tordre le pilon pour en exprimer le jus (très chiche, extrêmement avare). — *Vắt khăn* ○ 巾, tordre le linge (pour le rincer). — *Vắt khăn vai* ○ 巾 𦄅, une certaine manière de porter le turban (les extrémités retombant sur les épaules); se donner un air crâne. — *Tật vắt khăn* 疾 ○ 巾, écrouelles.

Vặt 勻*. Non, ne pas; n'allez pas, gardez-vous de; ardeur, zèle.

Nhơn phi hiền vặt giao 人非賢 ○ 交, ne vous liez pas avec un homme sans sagesse. — *Vặt vặt* ○ ○, ardemment, vivement. — *Gió vặt* 逾 ○, ouragan, bourrasque. — *Vặt mình* ○ 命, se mettre en colère. — *Chắp vặt* 執 ○, prompt à se fâcher, facile à irriter. — *Đua vặt* 都 ○, lutter.

Vật 汋*. Profond, lointain, caché.

Vật 物*. Objet matériel; affaire, occupation; essence, nature; homme, animal, créature en général; aspect, image; comparaison, allégorie; article, sorte, espèce; bannière, drapeau, pavillon.

Vạn vật 萬 ○, tous les objets, tous les êtres. — *Hóa vật* 貨 ○, articles de commerce, marchandises. — *Đồng vật* 同 ○, de même espèce. — *Thực vật* 食 ○, provisions de bouche, comestibles. — *Phẩm vật* 品 ○, les différentes catégories d'êtres. — *Sự vật* 事 ○, choses et affaires en général (morales et matérielles). — *Vật địa* ○ 地, aspect du sol. — *Nhơn vật* 人 ○, tous les êtres créés. — *Loài vật* 類 ○, les animaux. — *Đại vật* 大 ○, les grands animaux (bœuf, buffle). — *Tam vật* 三 ○, les trois animaux (coq, chien, cochon). — *Thịt vật rừng* 腊 ○ 棱, venaison. — *Quí vật* 貴 ○, objet précieux. — *Vật hèn* ○ 賢, chose vile, objet sans valeur. — *Tài vật* 財 ○, biens, richesses. — *Khí vật* 器 ○, ustensiles, objets usuels. — *Vật qui cổ chủ* ○ 歸古主, un objet perdu appartient toujours au dernier possesseur (dicton). — *Dưng ba vật* 對呂 ○, offrir trois présents. — *Vật chi* ○ 之, quoi? qu'est-ce? quelle espèce? quelle sorte? — *Vật gi* ○ 之, id. — *Chẳng vật chi* 庒 ○ 之, ce n'est rien. — *Cách vật* 格 ○, la science philosophique. — *Cách vật cùng lý* 格 ○ 窮理, la raison des choses. — *Học cách vật* 學格 ○, étudier la philosophie. — *Người cách vật* 僅格 ○, homme versé dans la science philosophique.

Vát 匂. Syllabe complémentaire.
(En S. A., non, ne pas; se pron. *vật*.)

Vát vơ ○ 搞, hébété, ahuri. — *Nói vát vơ* 吶 ○ 搞, dire des absurdités, parler sottement. — *Đi vát vơ* 迻 ○ 搞, aller à l'aventure, errer, flâner; marcher comme un idiot.

Vậu 剖. Lever, dresser, chauvir.
(En S. A., couper; se pron. *phẫu*.)

Vậu tai ○ 腮, dresser les oreilles.

Váu 搆. Griffes, ongles, serres; griffer; objet en forme de crochet.
(En S. A., tirer, traîner; se pron. *câu*.)

Giương váu 張 ○, sortir les griffes, montrer les ongles. — *Bị cọp váu* 被 狪 ○, avoir été griffé par un tigre.

Ve 礪 (1). Bouteille, carafe, flacon.

Ve chai ○ 𢈱, bouteille de verre. — *Ve sành* ○ 砡, bouteille en terre cuite, cruchon. — *Ve thủy tinh* ○ 水晶, carafe de cristal. — *Ve chè* ○ 茶, carafon à thé. — *Ve nước thơm* ○ 渚葢, flacon d'odeurs. — *Ve rượu* ○ 酹, bouteille de vin. — *Ve mực* ○ 墨, bouteille d'encre; encrier européen. — *Bầu ve* 瓢 ○, flacon à long col, bouteille en forme de gourde. — *Ve không* ○ 空, bouteille vide. — *Miếng ve chai* 磋 ○ 𢈱, tesson de bouteille. — *Nút ve* 鎳 ○, bouchon de bouteille. — *Đóng nút ve lại* 揀 鎳 ○ 吏, boucher une bouteille. — *Mở nút ve ra* 搗 鎳 ○ 囉, déboucher une bouteille. — *Dỡ đồ bịt miệng ve ra* 㪇 圖 鉚 呬 ○ 囉, enlever la capsule d'une bouteille. — *Uống hết một ve rượu* 旺 歇 沒 ○ 酹, boire entièrement le contenu d'une bouteille de vin.

Ve 蟬. Cigale; espèce de mouche; léger bourdonnement, doux murmure. (Formé des S. A. *trùng* 虫, ver, insecte, et *vi* 爲, faire.)

Con ve ngâm nga 昆 ○ 吟 哦, la cigale chante. — *Ve chó* ○ 狂, mouche de chien. — *Ve ve* ○ ○, amadouer. — *Ve vãn* ○ 挽, caresser, flatter. — *Đạn ve* 彈 ○, un certain jeu d'enfants.

Vẹ 位. Place élevée; personnage.
(Du S. A. *vị*, même car., même signif.)

Lão vẹ 老 ○, un noble vieillard.

---

(1) Considéré à tort par les Annamites comme car. vulgaire. Se trouve dans le Dict. chinois du P. Couvreur comme variante de *huỷ* 毀, casser, détruire.

Vé 派. Billet, note; liste; écrire; (Du S. A. *phái*, même car., même signif.)

Vé mời ○ 𫞩, billet d'invitation. — *Vé ba chữ* ○ 𠀧字, écrire quelques mots, prendre quelques notes.

Vè 圍. Vers, poésies (que l'on chante pour critiquer ou pour vanter); suivre, se tenir du même côté; poteau; cercle, tour, bordure. (En S. A., cerner, enclore; se pron. *vi*.)

Đặt vè 達 ○, composer des chants populaires. — *Vè lại* 吏, s'approcher; se ranger du même côté. — *Tò vè muốn ăn* 齊 ○ 悶 咹, se tenir avec envie auprès de ceux qui mangent. — *Vò vè* 扜 ○, tourner autour, aller et venir; s'agiter, s'animer. — *Ngựa vò vè đá* 馭扜○砀, le cheval veut ruer.

Vé 揘. Couper, séparer, détacher avec les bâtonnets (poisson, viande). (Formé des S. A. *thủ* 手, main, et *vĩ* 尾, queue.)

Vé ra ○ 𠚢, fractionner les mets.

Vẽ 厥. Peindre, colorier, dessiner. (Formé des S. A. *văn* 文, ligne, trait, et *vĩ* 尾, queue.)

Vẽ sơn thủy ○ 山水, peindre des paysages. — *Vẽ cảnh* ○ 景, id. — *Vẽ người* ○ 𠊛, peindre des hommes. — *Ảnh vẽ* 影 ○, portrait, peinture. — *Tranh vẽ* 𢂰 ○, tableau. — *Nghề vẽ* 藝 ○, l'art de peindre. — *Phép vẽ* 法 ○, id. — *Học nghề vẽ* 學藝 ○, apprendre le métier de peintre. — *Thợ vẽ* 署 ○, peintre, dessinateur. — *Nước vẽ* 渃 ○, couleur (matière colorante). — *Lời nói vẽ viên* 𠳒吶 ○ 圓, langage fleuri, expression élégante. — *Vẽ viên* ○ 圓, tracer des plans, donner des instructions. — *Vẽ vời* ○ 𤗈, prendre des dispositions. — *Bày vẽ* 排 ○, id. — *Chỉ vẽ* 指 ○, montrer, indiquer, faire comprendre. — *Vẽ tỏ* ○ 訴, démontrer clairement, expliquer nettement. — *Vẽ tài* ○ 財, la beauté.

Vẽ 厥. Couleur; mot euphonique. (Pour la décomp. du car., voir ci-dessus.)

Vẽ vang ○ 榮, couleurs variées; brillant, éclatant, resplendissant. — *Trở vẽ* 阻 ○, changer de couleur; modifier ses façons d'agir. — *Vẽ kia vẽ nọ* 箕 ○ 奴, faire tantôt d'une manière et tantôt d'une autre. — *Một người một vẽ* 沒 𠊛 沒 ○, chacun a ses façons d'agir. — *Vẽ hùm* ○ 𤞻, taches du tigre. — *Vui vẽ* 盃 ○, gai, joyeux, content.

Vệ 濊 *. Nom de rivière en Chine.

Vã vệ 㳻 ○, libertin, débauché.

Vệ 衛 *. Garder, surveiller; tenir garnison, protéger, défendre; un régiment de 500 hommes (se dit des forces militaires régulières de la capitale et de la marine).

Thị vệ 侍 ○, gardes du corps (à la cour du roi). — *Vệ sanh* ○ 生, protéger l'existence, défendre la vie. — *Tương vệ* 相 ○, se défendre mutuellement. — *Bằng hữu tương vệ* 朋友相 ○, les amis se protègent les uns les autres. — *Hộ vệ* 護 ○, garder, défendre. — *Một vệ* 沒 ○, un régiment des troupes royales. — *Lính vệ* 另 ○, soldat d'un régiment de la capitale. — *Chánh vệ* 政 ○, le colonel d'un de ces régiments. — *Phó vệ* 副 ○, lieutenant-colonel. — *Quan vệ húy* 官 ○ 尉, autre grade militaire.

Vế 骱. Os coxal, fémur, cuisse; côté, partie; branche, division. (Du S. A. *tí*, même car., même signif.)

Trái vế 䐑 ○, la cuisse. — *Bắp vế* 楳 ○, le gras de la cuisse. — *Một vế* 没 ○, un côté, une partie, une division. — *Vai vế* 䯒 ○, épaule et cuisse; représentation théâtrale. — *Một vế tuồng* 没 ○ 從, un acte de comédie. — *Làm ra hai vế* 濫 囉 台二 ○, établir en deux parties, disposer en deux branches. — *Vế kéo* ○ 撟, branche de ciseaux. — *Vế kềm* ○ 鉗, branche de tenailles, de pinces.

Về 衛. Retourner, revenir; se replier, s'agglomérer; dépendre de. (En S. A., garder, défendre; se pron. *vệ*.)

Đi về 拶 ○, retourner, revenir (au lieu de départ). — *Trở về* 阻 ○, id. — *Về trời* ○ 𡗶, retourner au ciel; mourir. — *Không trở về* 空 阻 ○, sans retour. — *Về lòng* ○ 惢, se ranger à l'avis de. — *Về nhà* ○ 茹, revenir à la maison. — *Tôi đi về nghé* 碎 拶 ○ 犠, je m'en vais, je m'en retourne, hein? (façon familière de saluer lorsqu'on s'en va). — *Về quê quán* ○ 圭 貫, rentrer dans ses foyers. — *Về kinh* ○ 京, rentrer à la capitale. — *Anh đi đâu về* 嬰 拶 兜 ○, d'où venez-vous? — *Tôi đi Hà nội về* 碎 拶 河 吶 ○, je reviens de *Hà nội*. — *Tôi đi chợ mới về* 碎 拶 𢄂 買 ○, je reviens du marché. — *Ông mới về nhà* 翁 買 ○ 茹, Monsieur rentre à l'instant. — *Thuộc*

về 屬 ○, dépendre de. — *Việc nầy thuộc về ai* 役 尼 屬 ○ 埃, de qui dépend cette affaire? — *Tự nầy về sau* 自 尼 ○ 𦄼, à partir de ce moment, dorénavant, désormais. — *Tóm về* 綜 ○, abréger. — *Về đất* ○ 坦, agglomération de terre, motte de terre.

Về 浘. Syllabe complémentaire. (Formé des S. A. *thủy* 水, eau, et *vĩ* 尾, bout, queue.)

Câu về 鉤 ○, une certaine manière de pêcher à la ligne (en faisant monter et descendre l'appât).

Vệch 畫. Se déplacer, se déranger; recourbé, de travers. Voir *vịch*. (En S. A., dessiner; se pron. *họa*.)

Vệch đi ○ 拶, pas droit, tout de travers. — *Vệch vạc* ○ 鑊, contrefait.

Vếch 擗. Soulever (avec un levier); jeter en l'air, lancer. Voir *vích*. (Formé des S. A. *thủ* 手, main, et *bích* 辟, règle, loi.)

Vếch lên ○ 遷, élever, soulever. — *Vếch cho mạnh* ○ 朱 孟, lancer avec force. — *Trâu vếch sừng* 犦 ○ 䘆, le buffle menace de ses cornes.

Vẹm 螊. Coquille (huître, moule); cuiller pour servir le riz cuit. (Formé des S. A. *trùng* 虫, mollusque, et *viêm* 炎, flamme.)

Cái vẹm 丐 ○, ustensile de table. — *Ghe mui vẹm* 艍 梅 ○, barque dont la toiture mobile est arrondie en forme de coquille.

Ven 邊. Près, proche, à proximité. (Du S. A. *biên*, même car., côté, limite.)

Ven côi ○ 墣, sur les confins de, dans le voisinage de la frontière. — *Ven tai* ○ 聰, près de l'oreille. — *Nói ven tai* 吶○聰, parler à l'oreille. — *Ven màn* ○ 幔, près du rideau, c'est-à-dire près du roi [1].

Vẹn 援. Complet, intact, intégral. (En S. A., aider, guider; se pron. *viện*.)

Vẹn vẽ ○ 戟, disposé avec soin, bien arrangé. — *Vẹn sạch* ○ 灑, propre, net; pur, chaste. — *Giữ vẹn* 怚○, se conserver intact, se garder pur de toute souillure. — *Trọn vẹn* 論○, intégralement, entièrement. — *Nguyên vẹn* 原○, id. — *Còn toàn vẹn* 群全○, encore entier, qui n'a pas été entamé. — *Làm cho trọn vẹn* 濫朱論○, compléter.

Vén 援. Élever, soulever, relever. (Pour le car. en S. A., voir ci-dessus.)

Vén lên ○ 遷, lever en l'air. — *Vén quần* ○ 裙, remonter le pantalon. — *Vén áo* ○ 襖, relever l'habit. — *Vén màn* ○ 幔, soulever le voile, écarter le rideau. — *Vén lại* ○ 更, déplacer (objet).

Vèn 爰. Syllabe complémentaire. (En S. A., conduire; se pron. *viên*.)

Vòn vèn 盈○, près d'aboutir.

Vện 援. Syllabe complémentaire. (En S. A., aider, guider; se pron. *viện*.)

Vện vang ○ 榮, bien arrangé, disposé avec art, charmant. — *Mặc áo quần vện vang lắm* 默襖裙○榮廩, avoir une mise très élégante.

Vện 榮. Nom d'arbre à bois blanc. (En S. A., nom d'arbre; se pron. *vang*.)

Cây vện vện 核○○, bois blanc (employé pour les cercueils). — *Muốn vện vện* 悶○○, qui désire le bois blanc des cercueils, qui veut mourir (plaisanterie, menace).

Vện 院. Tacheté, moucheté, tigré. (En S. A., entourage; se pron. *viện*.)

Có vắn có vện 固紋固○, bigarré, tigré. — *Chó vện* 紸○, chien dont la peau est tigrée.

Vênh 榮. Courbé, renversé; retors. (En S. A., nom d'arbre; se pron. *vang*.)

Vênh vang ○ 榮, avec ostentation, en paradant. — *Ngó vênh lên* 眤○遷, regarder fièrement en l'air. — *Đi vênh mặt* 移○粝, marcher la tête renversée en arrière. — *Vênh váo* ○ 報, recourbé; fin, rusé.

Vênh 榮. Synonyme du précédent. (Pour le car. en S. A., voir ci-dessus.)

Vênh cướng ○ 強, vantardise. — *Nói vênh cướng* 吶○強, parler avec ostentation, s'exprimer avec jactance. — *Đừng nói vênh cướng vậy* 停吶○強丕, ne vous vantez donc pas ainsi, ne faites pas le malin.

Veo 漂. Syllabe complémentaire. (En S. A., lavé, blanchi; se pron. *phiêu*.)

---

[1] Le souverain, qui, d'après les rites, ne doit jamais montrer son auguste face au public, se tient, pendant les audiences, derrière un rideau.

Trong veo 冲 ○, net, propre; clair, limpide, transparent.

Veo 表. Cent mille; tours, lacets. (En S. A., vêtement; se pron. *biểu*.)

Một veo đồng bạc 没 ○ 銅薄, cent mille piastres. — *Một veo lính* 没 ○ 另, cent mille soldats. — *Veo vọ* ○ 鵁, sinueux, tortueux, fluctueux. — *Veo quanh* ○ 逃, contourné, détourné. — *Hỏi veo quanh* 啀 ○ 逃, s'informer indirectement. — *Đàng veo* 唐 ○, chemin en lacets; voie tortueuse.

Véo 喴. Pincer avec l'extrémité des doigts; élevé; criard, discordant. (Formé des S. A. *khẩu* 口, bouche, et *biểu* 表, vêtement.)

Véo ngắt ○ 扻, pincer fort. — *Chéo véo* 招 ○, aigu, perçant. — *Véo von* ○ 文, sonore. — *Nói véo* 吶 ○, bavarder sans discontinuer. — *Véo ghe* ○ 簊, bordage plus élevé placé à l'avant et à l'arrière d'une barque.

Vèo 瓢. Syllabe complémentaire. (Du S. A. *bầu*, même car., citrouille.)

Vì vèo 偉 ○, trop plein, débordant; énormément, considérablement. — *Ăn vì vèo* 咹 偉 ○, se bourrer de nourriture, s'empiffrer.

Vẻo 溁. Syllabe complémentaire. (Formé des S. A. *thủy* 水, eau, et *biểu* 表, vêtement.)

Trong vẻo 冲 ○, clair, limpide, net, pur. — *Nước trong vẻo* 渃 冲 ○, eau très claire, transparente.

Vẹt 越. Séparer, écarter, rejeter. (Du S. A. *việt*, même car., passer outre.)

Vẹt ra ○ 囉, se mettre à l'écart. — *Đi vẹt đi* 移 ○ 移, allons, qu'on s'écarte! — *Vẹt đường* ○ 唐, s'ouvrir un passage. — *Ngồi vẹt* 䟆 ○, assis par terre; assis mollement. — *Cây vẹt* 核 ○, nom d'arbre.

Vẹt 鸄. Espèce d'oiseau siffleur. (Formé des S. A. *điểu* 鳥, oiseau, et *việt* 越, passer entre.)

Chim vẹt 鴿 ○, merle; perroquet.

Vét 蟚. Animalcule (chique, ciron). (Formé des S. A. *trùng* 虫, ver, et *việt* 越, passer entre.)

Con vét cắn và đeo cứng 昆 ○ 限 吧 习 亘, la chique mord et s'incruste fortement (dans les chairs).

Vét 抇. Curer, draguer; épuiser complètement; prendre en grattant. (Formé des S. A. *thủ* 手, main, et *việt* 曰, discourir.)

Vét nước ○ 渃, épuiser l'eau entièrement. — *Vét nước giếng* ○ 渃 汼, mettre un puits à sec. — *Vét kinh* ○ 涇, curer un canal. — *Mảy vét sông* 槑 ○ 瀧, drague. — *Lòng vét* 弄 ○, sentine, fond de cale. — *Vét nồi* ○ 炳, prendre en grattant le riz resté au fond de la marmite. — *Vét ót* ○ 呌盈, raser les cheveux à la nuque. — *Vét sạch* ○ 瀝, faire un nettoyage complet, rafler tout.

Vêu 搖. Remuer; pencher de côté. (Du S. A. *diêu*, même car., agiter.)

Đi vêu vêu 移 ○ ○, aller de travers, marcher avec un balancement trop marqué des hanches. — *Vêu dít* ○ 膤,

remuer les hanches (en marchant), se trémousser. — *Véu mổng* 〇 朦, id.

Véu 表. Syllabe complémentaire. (En S. A., vêtement; se pron. *biểu*.)

Véu váo 〇 報, contourné, courbé, replié. — *Nói véu váo* 吶 〇 報, parler avec des détours, chercher des subterfuges.

Vi 口*. Enclos, enceinte, clôture; entourer, enfermer. Car. radical.

Vi 韋*. Peau tannée, préparée; cuir, courroie, lanière; mou, souple. Car. radical.

Vi đà 〇 陀, divinité bouddhiste.

Vi 匴*. Boîte à parfums, sachet.

Vi 幃*. Garniture de lit, rideau.

Vi 闈*. La porte intérieure d'un palais, d'un temple, d'un édifice public.

Vi 違*. S'en aller, s'éloigner; laisser, quitter, abandonner; décliner, refuser; contraire, opposé; transgresser, violer.

Vi nhơn đức 〇 仁 德, quitter l'humanité et la vertu, s'éloigner de la bonne voie. — *Vi lệnh* 〇 令, violer un mandat, transgresser des ordres. — *Vi pháp* 〇 法, manquer à la loi, aller contre les usages. — *Vi phạm* 〇 犯, commettre un sacrilège. — *Quai vi* 乖 〇, faux, erroné. — *Vi ước* 〇 約, violer un pacte, manquer à une convention. — *Vi hòa ước* 〇 和 約, violer un traité de paix.

Vi 圍*. Entourer, enfermer, cerner, bloquer, assiéger; circonscrire, limiter; défendre, garder, garantir. Voir *vây*. A. V. Nageoires; mesure d'une ligature (espèce de règle creuse en forme de moule).

Châu vi 周 〇, périphérie; partout, tout autour. — *Vi thành* 〇 城, investir une place de guerre, assiéger une citadelle. — *Tứ vi* 四 〇, cerné de toutes parts. — *Vi tả* 〇 打, faire une battue, cerner le gibier. — *Vi cá* 〇 魦, nageoires de poisson. — *Vi tiền* 〇 錢, placer des sapèques dans la mesure (pour en connaître le nombre et les enfiler de manière à former une ligature).

Vi 微*. Petit, menu, mince, exigu; modique; léger, subtil, délicat; cacher, voiler, déguiser, dissimuler.

Tiểu vi 小 〇, tout petit, de mince valeur, de peu d'importance. — *Chuyện tế vi* 傳 細 〇, une petite anecdote. — *Vi vật* 〇 物, très petites choses, menus objets. — *Vi phong* 〇 風, brise légère. — *Vi tiện* 〇 賤, de basse condition; commun, vulgaire. — *Vi diệu* 〇 妙, caché, secret, mystérieux; ineffable. — *Ẩn vi* 隱 〇, id. — *Vi nhược* 〇 弱, dépérir.

Vi 薇*. Herbes comestibles; le nom d'un médicament.

Vi 爲*. Faire, agir, effectuer; engager l'action, exercer, pratiquer, conduire au but, mener à bonne fin; à cause de, parce que; afin de, pour que; au commencement d'une phrase peut tenir lieu des verbes substantifs avoir et être; subir, souffrir, supporter, endurer.

Dĩ vi 以 ○, pour faire. — *Dĩ thử vi tiên* 以 此 ○ 先, faire exécuter d'urgence. — *Sở vi* 所 ○, ce qui fut fait. — *Vô vi* 無 ○, sans urgence, sans nécessité. — *Vi thiện* ○ 善, bien agir. — *Vi quan* ○ 官, agissant comme fonctionnaire. — *Vi phép* ○ 法, en vertu des pouvoirs. — *Vi lễ vi nhơn* ○ 禮 ○ 仁, observer les règles, pratiquer la vertu. — *Vi nhơn trung hậu* ○ 人 忠 厚, étant homme, on doit se conduire noblement. — *Vi bằng* ○ 憑, apporter un témoignage, présenter une preuve. — *Vi tùng* ○ 從, complices. — *Vi thử phục khất* ○ 此 伏 乞, et pour cela, je me prosterne (formule finale de pétition).

Vi 媯 *. Mal assuré; qui branle, qui menace de tomber en ruine.

Vi 蒍 *. Nom de plantes odorantes.

Vị 胃 *. Estomac; digérer; nom de constellation (la 17ᵉ du zodiaque).

Tì vị 脾 ○, estomac (mot double). — *Vị nhược* ○ 弱, estomac malade, faible. — *Vô vị* 無 ○, ne pas digérer; sans appétit. — *Yếu tì vị* 要 脾 ○, avoir l'estomac délabré.

ʼVị 渭 *. Nom de cours d'eau en Chine; sale, trouble, fangeux.

Vị 謂 *. Dire quelque chose, faire une communication; désigner, appeler, dénommer.

Vị chi ○ 之, cela signifie que. —

Vô vị 無 ○, qui ne peut s'expliquer, qui n'a pas de sens. — *Vô sở vị* 無 所 ○, sans aucune communication à faire. — *Hữu vị* 有 ○, qui a quelque chose à dire, qui a besoin de s'expliquer.

Vị 未 *. Car. horaire et 8ᵉ lettre du cycle duodénaire; part. négative: pas encore, pas pour l'instant. Voir *mùi*.

Vị nhập lưu thơ lại ○ 入 流 書 吏, un comptable auxiliaire (ou surnuméraire); litt., qui n'est pas encore entré dans le courant.

Vị 味 *. Saveur, goût; ingrédient, sauce; bon, agréable. Voir *mùi*.

Mĩ vị 美 ○, savoureux, exquis. — *Ngũ vị* 五 ○, les cinq saveurs, qui sont: *đắng* 荎 (amer), *cay* 茭 (piquant), *chua* 珠 (acide), *ngọt* 呧 (doux), *mặn* 漫 (salé). — *Đồ gia vị* 圖 加 ○, assaisonnement, ingrédient. — *Vị thuốc* ○ 葉, remède, médicament. — *Vị sang* ○ 瘡, arsenic. — *Đạo vị* 道 ○, bonne religion, belle doctrine.

Vị 位 *. Debout, droit; digne, correct; siège, trône; état, condition; grade, dignité; terme numéral pour personnes de rang élevé.

Vị nhơn ○ 人, homme droit, correct. — *Đại vị* 大 ○, haute position, grande dignité. — *Đại địa vị* 大 地 ○, un grand de la terre. — *Thiên vị* 天 ○, trône céleste, trône impérial. — *Tòa vị* 坐 ○, siéger, régner. — *Thượng vị* 上 ○, monter sur le trône. — *Nhượng vị* 讓 ○, céder le trône.

— *Kế vị* 繼 ○, succéder au trône. — *Nói vị* 蒂 ○, joindre la lignée royale. — *Bài vị* 排 ○, tablettes de famille. — *Chính vị* 正 ○, royauté légitime.

Vị 彙 *. Petit mammifère: hérisson, porc-épic; classe, séric, genre, espèce, sorte; classer, ranger, collectionner.

Vạn vị 萬 ○, toutes les classes, toutes les espèces, la nature entière. — *Đẳng vị* 等 ○, tous les degrés, toutes les conditions. — *Tự vị* 字 ○, recueil de mots, collection de caractères; un dictionnaire.

Vị 爲 *. À l'égard de; la cause, la raison; veiller à, s'occuper de, diriger; soutenir, défendre, aider, protéger.

Vị kỉ 己 ○, à cause de soi, pour l'amour de soi-même. — *Tây vị* 私 ○, faire acception de personnes. — *Vị tây* 私, affaires privées. — *Vị công* ○ 公, affaires publiques. — *Bình vị* 兵 ○, défendre, protéger.

Vi 圍. Cerner, entourer, assembler. (Du S. A. *vi*, même car., même signif.)

Vi lưới ○ 罟, envelopper d'un coup de filet. — *Vi cọp* ○ 圡, cerner un tigre (dans une battue). — *Vi rọ* ○ 櫓, prendre dans un piège (fauves). — *Vi xe* 車, essieu de voiture. — *Sự vi lại* 事 ○ 束, réunion, assemblage. — *Vi lấy* ○ 禠, entourer (pour prendre).

Vi 沓. Si (conj. conditionnelle); marque rapport et comparaison. (Formé des S. A. *khẩu* 口, bouche, et *dịch* 亦, aussi.)

Vi bằng ○ 朋, si... — *Vi dầu* ○ 油, id. — *Vi như* ○ 如, comme si. — *Vi có* ○ 固, si cela était, si oui. — *Lời vi* 喩 ○, comparaison. — *Nói vi* 吶 ○, comparer. — *Vi với* 貝, par rapport à, en comparaison de. — *Vi dụ* ○ 諭, par exemple. — *Có lẽ vi* 固理 ○, comparable. — *Không vi được* 空 ○ 特, qui ne peut être comparé. — *Vi hai cái lại với nhau* ○ 丠 丂 束 貝 饒, faire une comparaison entre deux choses, deux objets. — *Cách nói vi* 格 吶 ○, comparativement, allégoriquement.

Vị 位 *. Siège, trône; lieu, endroit; personne de haut rang. Voir *vi*.

Trị vị 治 ○, régner, gouverner. — *Thần vị* 神 ○, tablettes des défunts. — *Thay vị* 台 ○, tenant lieu de, à la place de. — *Vị sao* ○ 暈, constellation.

Vị 爲 *. À l'égard de, à cause de; le motif, la raison. A. V. Estimer, respecter, craindre.

Vị nể ○ 你, crainte respectueuse. — *Chẳng vị nể ai hết* 庄 ○ 你 埃 歇, ne craindre personne, n'avoir d'égards pour personne. — *Vị nhau* ○ 饒, se respecter (ou se craindre) les uns les autres. — *Kính vị* 敬 ○, avoir de grands égards pour. — *Ai vị* 埃 ○, allons donc! qui fait cas de? — *Vị ai* 埃, de qui? par qui? à cause de qui? — *Bởi vị* 罷 ○, parce que, à cause de. — *Nhơn vị* 因 ○, id. — *Vị sao* ○ 牢, pourquoi? comment? — *Vị có nào* ○ 據 芇, à cause de quoi? pour quelle raison? pour quel motif? — *Vì ý gì* ○ 意之, dans quel esprit? dans quelle intention?

Vị 味*. Savoureux, exquis. Voir *vị*.

   Đồ ăn mĩ vị 圖唉美 ○, mets savoureux, nourriture exquise.

Vị 渭*. Nom de cours d'eau; sale, boueux, malpropre. Voir *vị*.

   Nhà vị 茹 ○, lieux d'aisances, latrines.

Vĩ 尾*. Queue, bout, extrémité; la fin, le superflu, ce qui reste; arrière de navire; s'accoupler (animaux); terme numéral des poissons.

   Thủ vĩ 首 ○, tête et queue, commencement et fin. — *Long vĩ* 龍 ○, queue du dragon. — *Điểu vô vĩ* 鳥無 ○, oiseau sans queue. — *Vĩ lai* ○ 來, arriver le dernier, venir après tous les autres. — *Vĩ số* ○ 數, la fin d'un compte, ce qui reste encore dû. — *Xương vĩ* 苴 ○, une herbe médicinale. — *Vĩ hành* ○ 行, fiche à marquer (jeu). — *Nói cho ra vĩ* 吶朱囉 ○, dire tout, s'expliquer complètement. — *Vĩ đại bất trạo* ○ 大不掉, queue trop longue ne remue pas (dicton).

Vĩ 偉*. Haut, grand, éminent.

Vĩ 煒*. Couleur de flamme; beau, splendide, grandiose, magnifique.

Vĩ 緯*. Lignes transversales; tissu, trame; tracer, disposer, combiner.

   Đồ vĩ 圖 ○, carte géographique. — *Kinh vĩ* 經 ○, chaîne et trame.

Vĩ 瑋*. Pierre précieuse; rare, curieux, extraordinaire; estimer beaucoup, faire grand cas de.

Vĩ 暐*. Vive clarté du soleil.

Vía 魄. Esprit vital, âme sensitive. (Formé des S. A. *bạch* 白, blanc, et *vĩ* 尾, bout, queue.)

   Vía van ○ 唄, âme qui soupire. — *Bóng vía* 俸 ○, souffle, haleine, respiration. — *Thất vía* 失 ○, perdre la respiration. — *Thất kinh hết hồn hết vía* 失驚歇魂歇 ○, être effrayé (tout d'un coup) à en perdre l'âme et l'esprit. — *Tốt vía* 卒 ○, respirer librement; heureux sort. — *Xấu vía* 丑 ○, respirer difficilement; malheureux sort. — *Ba hồn bảy vía* 巴魂罷 ○, les trois âmes et les sept passions. — *Hú hồn hú vía* 嘑魂嘑 ○, rappeler son âme (après une grande frayeur), reprendre ses sens. — *Ngày vía* 暊 ○, anniversaire de naissance. — *Ăn vía* 咃 ○, célébrer (par un festin) cet anniversaire.

Vía 緯. Mesure pour les sapèques. (En S. A., trame, tissu; se pron. *vĩ*.)

   Đóng vía 揀 ○, disposer les sapèques dans la mesure (pour les mettre en ligature). — *Tiền vía* 錢 ○, sapèques enfilées (et formant une ligature ou un chapelet de 600 pièces).

Vịch 畫. Tout de travers. Voir *rệch*. (En S. A., dessiner; se pron. *họa*.)

Vích 蝦. Grande tortue de mer. (Formé des S. A. *trùng* 虫, reptile, et *bích* 碧, pierre précieuse.)

Vích 擗. Lancer au loin. Voir *véch*. (Formé des S. A. *thủ* 手, main, et *bích* 擗, règle, loi.)

Việc 役. Travail, ouvrage, affaire. (Du S. A. *dịch*, même car., même signification.)

Việc quan ○ 官, affaire officielle, travaux publics. — *Việc làng* ○ 廊, affaires communales. — *Chức việc* 職 ○, agent, employé; petit notable. — *Công việc* 工 ○, le travail, l'ouvrage. — *Việc nhà* ○ 茹, affaires de la maison, travaux domestiques. — *Việc tư* ○ 私, choses privées, affaires réservées. — *Việc riêng* ○ 貞, id. — *Có nhiều việc* 固 饒 ○, avoir beaucoup de travail. — *Mắc công việc nhiều lắm* 襪 工 ○ 饒 廩, être pris (ou retenu) par de nombreuses occupations. — *Làm việc* 濫 ○, travailler. — *Giúp việc* 執 ○, aider dans un travail, collaborer à une œuvre. — *Có việc dùng* 固 ○ 用, avoir besoin de. — *Làm việc nhà nước* 濫 ○ 茹 渃, travailler pour le gouvernement, être au service de l'État. — *Nên việc* 年 ○, réussir une affaire, aboutir à un résultat satisfaisant. — *Việc lành* ○ 荅, bonne œuvre. — *Việc phước đức* ○ 福 德, œuvre de piété. — *Tôi có một việc gấp lắm* 碎 固 沒 ○ 急 廩, j'ai une affaire très urgente. — *Việc gì* ○ 之, quoi? quelle affaire? — *Việc làm thì nhác, việc ác thì siêng* ○ 濫 時 嚻 ○ 惡 時 生, indolent à l'ouvrage, plein d'entrain à l'amusement. — *Việc người thì sáng, việc mình thì quáng* ○ 得 時 創 ○ 命 時 光, les affaires des autres nous paraissent brillantes, mais les nôtres sont éblouissantes (dicton).

Việc 粵*. Bon, généreux, libéral; observer, regarder, examiner.

Viêm 炎*. Feu, flamme; éclairer.

Viên 員*. Choses de forme arrondie; terme numéral des agents, des officiers, des fonctionnaires.

Viên thuốc ○ 藥, pilule. — *Viên quan* ○ 官, employés et fonctionnaires. — *Văn võ viên quan* 文 武 ○ 官, mandarins civils et militaires. — *Đại viên* 大 ○, haut personnage. — *Viên ngoại* ○ 外, un grade d'attaché de ministère (5ᵉ degré). — *Viên chức* ○ 職, employé subalterne. — *Phái viên* 派 ○, fonctionnaire délégué. — *Nhất viên* 一 ○, un fonctionnaire, un gradué. — *Sai viên* 差 ○, envoyer un fonctionnaire remplir une mission.

Viên 圓*. Rond, cercle; sphérique, circulaire; arrondir en roulant; aplanir (difficultés); entier, parfait; expliquer, compléter.

Viên quáng ○ 光, cercle lumineux, auréole. — *Đại ngân viên* 大 銀 ○, grande pièce ronde d'argent; piastre, dollar. — *Trung ngân viên* 中 銀 ○, demi-piastre. — *Viên lại* ○ 吏, arrondir, ourler. — *Vò viên* 抒 ○, rouler, arrondir. — *Viên đạn* ○ 彈, balle, boulet, projectile rond. — *Viên cầu* ○ 球, globe, sphère, ballon. — *Viên mãn* ○ 滿, achevé, complet, parfait.

Viên 袁*. Longue robe, vêtement de cérémonie; long, qui traîne.

Viên 圓*. Jardin, verger, plantation. Voir *vườn*.

Điền viên 田 ○, champs et jardins; immeubles. — *Gia viên* 家 ○, maison et verger; les biens d'une famille. — *Viên lang* ○ 榔, plantation d'aréquiers, de cocotiers, etc. — *Phù viên* 芙 ○, plantation de bétel. — *Hoa viên* 花 ○, jardin de fleurs. — *Viên minh viên* 圓 明 ○, jardin rond et splendide (se dit du palais d'été de l'empereur chinois).

Viên 猿 et 猨*. Un quadrumane de la grande espèce, le singe gibbon.

Viên 爰*. Conduire; changement de lieu; afin de, jusqu'à.

Viên 湲*. Eau coulant avec force; bruit de gens qui pleurent.

Viện 援*. Prendre, saisir, arracher; aider, guider, défendre.

Viện binh ○ 兵, troupes de renfort, soldats auxiliaires. — *Viện dụng* ○ 用, aider, secourir, protéger.

Viện 媛*. Joli, charmant, séduisant.

Danh viện 名 ○, beauté célèbre.

Viện 院*. Enceinte fortifiée, maison entourée de murs, résidence de fonctionnaire; tribunal, administration; école, académie; établissement de bienfaisance; couvent, monastère.

Ngũ vương viện 五 王 ○, la salle dite des cinq rois. — *Bộ viện* 部 ○, gouverneur de deux ou plusieurs provinces (correspond à *Tổng đốc* 總 督). — *Phủ viện* 撫 ○, gouverneur d'une province (correspond à *Tuần phủ* 巡 撫). — *Thơ viện* 書 ○, maison des lettres, collège. — *Hàn lâm viện* 翰 林 ○, académie impériale. — *Học viện* 學 ○, direction des études. — *Cung viện* 宮 ○, lieu où les lettrés subissent les examens. — *Thái y viện* 太 醫 ○, direction du service de santé. — *Tập hiền viện* 集 賢 ○, conseil impérial (travaux de cabinet, lecture et explication des textes). — *Đô sát viện* 都 察 ○, conseil des inspecteurs généraux (enquêtes, contrôles, recherches, inspections). — *Cơ mật viện* 機 密 ○, conseil secret (travaux confidentiels et réservés, questions de politique intérieure et extérieure). — *Nội viện* 內 ○, nom de fonction. — *Lão nhơn viện* 老 人 ○, refuge pour les vieillards. — *Phong viện* 瘋 ○, léproserie. — *Tăng viện* 僧 ○, couvent de bonzes. — *Viện tu* ○ 修, moine, cénobite. — *Thánh viện tu* 聖 ○ 修, sanctuaire.

Viền 褑. Faire un ourlet, border. (Formé des S. A. *y* 衣, vêtement, et *viên* 員, rond.)

Viền khăn ○ 巾, ourler des mouchoirs. — *Viền áo* ○ 襖, border un habit. — *Viền giày* ○ 鞋, border des chaussures.

Viễn 遠*, Distant, lointain; grand intervalle, long espace (lieu, temps); éloigner, chasser.

Dao viễn 遙 ○, très éloigné. — *Huyền viễn* 懸 ○, id. — *Viễn vọng* ○ 望, id. — *Lộ viễn* 路 ○, longue route. — *Viễn niên* ○ 年, à de longues années d'intervalle. — *Vĩnh viễn* 永 ○, éternellement, à perpétuité, à tout jamais. — *Viễn sơn viễn thủy* ○ 山 ○ 水, séparé par une grande distance; litt., par les montagnes et les eaux. — *Viễn phương* ○ 方, régions lointaines. — *Viễn thiên lý* ○ 千 里, à mille stades de distance; très loin, très loin. — *Xa viễn* 賒 ○, lointain. — *Nó ở xa viễn quá* 奴 於 賒 ○ 過, il demeure beaucoup trop loin. — *Diêu viễn* 遙 ○, à une grande distance; rarement. — *Viễn dụng* ○ 用, d'un usage rare, qui est peu employé. — *Nhứt cận nhị viễn* 一 近 二 ○, un est près, deux est loin (faire ce qui est urgent d'abord et le reste ensuite, progressivement). — *Viễn sắc* ○ 色, chasser de son esprit des idées de luxure. — *Viễn thủy nan cứu cận hỏa* ○ 水 難 救 近 火, l'eau lointaine ne peut éteindre l'incendie proche (un simple voisin vaut mieux, en cas de malheur, qu'un parent éloigné).

Viễn 蘤*. Bourgeon, pousse tendre.

Viếng 永. Voir, visiter (par civilité). (En S. A., perpétuel; se pron. *vĩnh*.)

Thăm viếng 探 ○, visiter (mot double). — *Đi viếng* 移 ○, aller en visite. — *Thăm viếng nhau* 探 ○ 饒, se visiter les uns les autres. — *Viếng thăm kẻ khó khăn* 探 儿 苦 巾, visiter les malheureux. — *Khắp viếng* 泣 ○, tout autour. — *Cùng viếng* 窮 ○, à la ronde. — *Đi cùng viếng* 移 窮 ○, faire une tournée.

Việp 睢*. Grande flamme; éclairer, illuminer.

Việt 戉 et 鉞*. Hache militaire; insigne, dignité; nom d'étoile.

Phủ việt 斧 ○, sorte de massue.

Việt 越*. Bondir, sauter; franchir des obstacles, passer par-dessus, aller au delà; éviter, échapper; dépasser, transgresser.

Việt pháp ○ 法, dépasser les règles. — *Việt lễ* ○ 禮, enfreindre les usages, aller plus loin que les coutumes ne le permettent. — *Việt phận* ○ 分, se placer au-dessus de sa condition. — *Việt đẳng* ○ 等, dépasser son rang, sauter une classe, franchir un grade. — *Việt mạng* ○ 命, passer outre à un ordre de l'autorité suprême. — *Việt thường* ○ 裳, ancien nom du royaume annamite. — *Bá việt* 百 ○, id. — *Nam việt* 南 ○, nom que l'on donne encore à l'Annam. — *Đại việt* 大 ○, id.

Việt 曰*. Parler, discourir; exposer lentement, expliquer avec soin; dénommer, énumérer. Car. radical. A. V. Écrire, rédiger.

Thơ viết 書 ○, les livres disent. — *Tử viết* 子 ○, le philosophe dit. — *Viết chữ* ○ 字, écrire des mots, tracer des caractères. — *Viết nham* ○ 岩, faire des gribouillis (avant d'écrire, pour essayer le pinceau). — *Viết thơ* ○ 書, écrire une lettre, rédiger un document. — *Viết đơn* ○ 單, écrire une pétition, rédiger un placet. — *Viết thảo* ○ 艸, écrire un brouillon. — *Viết chữ quốc ngữ* ○ 字 國 語, écrire de l'annamite en caractères latins. — *Viết chữ nhu* ○ 字 儒, écrire en caractères littéraires (sino-annamites). — *Học viết* 學 ○, ap-

28.

prendre à écrire. — *Tập viết* 習 ○, s'exercer à écrire. — *Chữ viết* 字 ○, écriture. — *Phép viết chữ* 法 ○ 字, art d'écrire, règles de l'écriture. — *Cây viết* 核 ○, porte-plume, pinceau à écrire. — *Cây viết chì* 核 ○ 鉛, crayon. — *Ngòi viết* 燧 ○, plume à écrire. — *Ngòi viết sắt* 燧 ○ 鐵, plume métallique.

Vịn 埌 *. Immense étendue de terre; un pot à large ouverture.

Vin 援. Syllabe complémentaire. (Du S. A. *viện*, même car., saisir, tirer.)

Vớ vin 播 ○, tirer à soi. — *Vin dấu* ○ 跙, suivre les traces. — *Vin nhánh cây* ○ 梗 核, abaisser (en tirant) les branches d'un arbre.

Vịn 援. Tenir, serrer; s'attacher à. (Du S. A. *viện*, même car., même signif.)

Vịn theo ○ 蹺, suivre (en se tenant à quelque chose). — *Vịn nương* ○ 娘, s'appuyer sur. — *Vịn noi* ○ 跤, s'attacher à. — *Vịn theo người nào* ○ 蹺 得 荷, s'attacher au pas de quelqu'un. — *Vịn lấy* ○ 礼, tenir ferme, s'accrocher à. — *Vịn cho nhau* ○ 朱 饒, se tenir ensemble, s'attacher les uns aux autres, faire la chaîne (dans un but d'aide mutuelle). — *Tay vịn* 柄 ○, rampe d'appui.

Vin 圓. Syllabe complémentaire. (Du S. A. *viên*, même car., rond, boule.)

Tròn vin 論 ○, tout à fait rond.

Vinh 瑩 *. Belle pierre lustrée; clair, brillant, lumineux, éclatant.

Vinh 榮 *. Célèbre, illustre; fleuri, prospère. Voir *vang*. A. V. Recourbé.

Vinh hoa ○ 花, florissant. — *Vinh hiển* ○ 顯, noble. — *Vinh sen* 蓮, courbe, sinueux. — *Vinh tẻ* ○ 痹, tortu. — *Vinh vang* ○ 榮, montrer sa prospérité avec ostentation, avec orgueil. — *Vinh mặt* ○ 面, lever fièrement la tête.

Vinh 詠 et 咏 *. Chanter des vers en traînant la voix, psalmodier des hymnes sur un ton triste.

Vịnh 泳 *. Marcher dans l'eau; nager. A. V. Golfe, baie, anse, rade; anfractuosité.

Khúc vịnh 曲 ○, anse; sinueux, tortueux; contour, tournant. — *Vịnh sông* ○ 瀧, coude de rivière.

Vính 榮 *. Syllabe complémentaire. (En S. A., prospérité; se pron. *vinh*.)

Tàm vính 燂 ○, gâché, gâté. — *Nói tầm vính* 吶 燂 ○, parler à tort et à travers, dire des absurdités.

Vĩnh 永 *. Eau coulant sans cesse; toujours, éternellement, à l'infini; durer longtemps, se prolonger indéfiniment.

Vĩnh viễn ○ 遠, long, durable, éternel. — *Vĩnh phước* ○ 福, bonheur perpétuel; nom de plusieurs localités. — *Vĩnh long* ○ 隆, prospérité sans fin; nom d'une grande province de la Cochinchine. — *Vĩnh hảo* ○ 好, éternelle beauté. — *Vĩnh kế* ○ 計, orgueil, prétention. — *Nói vĩnh kế* 吶 ○ 計, parler avec fierté, s'exprimer avec hauteur et arrogance. — *Làm vinh kế* 濫 ○ 計, faire l'important, prendre de grands airs.

Vịt 鶩. Canard; panier à poisson. (Formé des S. A. *điểu* 鳥, oiseau, et *việt* 越, passer entre.)

Vịt trống ○ 俸, canard (mâle). — *Vịt mái* ○ 厡, canc. — *Vịt ta* ○ 些, canard du pays. — *Vịt xiêm* ○ 暹, canard dit du Siam (grosse espèce). — *Vịt ngàn* ○ 岸, canard sauvage. — *Vịt nước* ○ 渚, sarcelle (grosse espèce). — *Gà vịt* 鴲○, poules et canards, la volaille en général. — *Đầu gà đít vịt* 頭鴰膣○, tête de poule, cul de canard (métis, race croisée). — *Mẹ gà con vịt* 媄鴰昆○, la mère est une poule, les enfants sont des canards (se dit d'une mère qui ne s'accorde pas avec ses enfants). — *Cái vịt* 丐○, panier à poisson qui a la forme d'un canard. — *Bỏ trong cái vịt* 補冲丐○, mettre dans le panier. — *Chơn vịt* 蹎○, patte de canard. — *Máy chơn vịt* 檳蹎○, hélice. — *Tàu máy chơn vịt* 艚檳蹎○, navire à hélice.

Vít 曰. Blessure, plaie, cicatrice. (En S. A., parler, dire; se pron. *viết*.)

Bị vít 被○, avoir été blessé. — *Tôi bị vít nơi cánh tay* 碎被○尼翅栖, j'ai été blessé au bras. — *Đầy những vít* 苔仍○, couvert de cicatrices. — *Cái vít nhíp miệng* 丐○鈇唭, la blessure se cicatrise, la plaie se referme. — *Dấu vít* 斜○, trace de blessure; stigmate. — *Vít tích* ○ 跡, id. — *Có vít theo* 固○召, où il y a de la honte, de l'infamie, du déshonneur.

Viu 表. Syllabe complémentaire. (En S. A., vêtement; se pron. *biểu*.)

Vỏ viu 補○, dur, rugueux.

Vo 扜. Rouler, tourner en rond. (En S. A., tenir ferme; se pron. *vu*.)

Vo lại ○ 吏, mouvoir en cercle, façonner au tour. — *Tròn vo* 論○, très rond (comme quelque chose qu'on arrondit en boule en roulant dans les mains). — *Vo vo* ○○, vertigineux. — *Kêu vo vo* 叫○○, bruit de quelque chose qui tourne très vite (roue, toupie). — *Chạy vo vo* 趁○○, tourner (ou courir en rond) avec une vitesse vertigineuse.

Vọ 鵡. Espèce d'oiseau parleur. (Du S. A. *võ*, même car., perroquet.)

Mỏ vọ 喋○, le bec (recourbé) de cet oiseau. — *Mác mỏ vọ* 鏌喋○, sorte de pique. — *Làm vọ* 濫○, ainsi, de la sorte, de cette manière. — *Cú rằng có, vọ rằng không* 鴝浪固○浪空, l'oiseau *cú* dit oui, l'oiseau *vọ* dit non (les uns affirment, les autres nient).

Võ 絥. Filet carré à bascule. (Formé des S. A. *mịch* 糸, fils, et *bố* 布, tissu.)

Cất võ 拮○, élever le filet. — *Cuốn võ* 捲○, rouler le filet; rafler tout. — *Cuốn võ đi mất* 捲○迻枺, prendre tout et disparaître.

Vó 跗. Corne du pied du cheval. (Formé des S. A. *túc* 足, pied, et *bố* 布, tissu, toile.)

Vó ngựa ○ 馭, sabot du cheval; trace du pied du cheval. — *Bỏ vó đều* 補○調, poser les sabots avec ensemble, avoir une allure cadencée (cheval).

Vò 圩. Rouler, arrondir; grand vase. (En S. A., bord, digue; se pron. *vu*.)

Vò viên ○ 員, rouler en boule; amasser. — *Vò tròn* ○ 諭, id. — *Vò đầu* ○ 頭, passer et repasser la main sur la tête (pour caresser). — *Giày vò* 鞋 ○, rouler sous les pieds; mépriser. — *Lắp vò* 拉 ○, calfater. — *Vạy vò* 融 ○, oblique, recourbé, contourné, tortueux. — *Ghè vò* 撰 ○, jarres et pots. — *Vò chĩnh* ○ 埕, sorte de vase en terre.

Vò 蚝. Nom d'insectes apiaires. (Formé des S. A. *trùng* 虫, insecte, et *vu* 于, dans, à travers.)

Con ong vò vẽ 昆蜂 ○ 歐, la guêpe. — *Ổ ong vò vẽ* 塢蜂 ○ 歐, un guêpier.

Võ 痒 et 疠 *. Être malade; d'une grande maigreur, décharné.

Võ lắm ○ 虜, très maigre. — *Võ vàng* ○ 鐄, pâle, fatigué, épuisé. — *Trông võ võ* 籠 ○ ○, désirer vivement, souhaiter ardemment. — *Võ một mình* ○ 沒命, être seul, vivre dans la solitude.

Võ 禹 *. Étendu, dilaté, flou; très lâche, à l'aise, libre; le nom d'un fondateur de dynastie chinoise (celle des *Hạ* 夏, 2205 av. J.-C.).

Võ 偊 *. Marcher le corps penché en avant, se tenir courbé.

Võ 瑀 *. Pierre précieuse (espèce).

Võ 踽 *. Marcher en posant les pieds avec cadence; attitude fière, air imposant.

Võ 羽 *. Plumes d'oiseaux, ailes; plumet, panache; note de musique. Car. radical. Voir *vũ*.

Võ mao ○ 毛, poils et plumes. — *Võ bố* ○ 布, étoffe légère, mousseline. — *Võ nhơn* ○ 人, immortel. — *Võ sĩ* ○ 士, prêtre taoïste.

Võ 鵡 *. Gros perroquet. Voir *vũ*.

Võ 舞 *. Prendre des poses, faire des gestes, danser au son de la musique. Voir *vũ*.

Cổ võ 鼓 ○, danser au son du tambour; se donner de l'importance, faire des embarras (en parlant).

Võ 雨 *. La pluie; pleuvoir; tomber du ciel. Car. radical. Voir *vũ*.

Phong võ 風 ○, pluie et vent. — *Hạ võ* 下 ○, la pluie tombe.

Võ 武 *. Art militaire, métier des armes, tactique, stratégie; dur, sévère; fort, brave, belliqueux. Voir *vũ*.

Văn võ 文 ○, les lettres et les armes; civil et militaire. — *Võ quan* ○ 官, officiers, fonctionnaires militaires. — *Quan võ* 官 ○, id. — *Võ khí* ○ 器, armes de guerre. — *Võ công* ○ 功, mérite militaire. — *Phép võ* 法 ○, l'art de la guerre. — *Võ tướng* ○ 將, chef d'armée. — *Võ sĩ* ○ 士, un stratège. — *Võ sanh* ○ 生, élève d'école militaire. — *Bất võ* 不

o, sans capacité militaire, qui n'entend rien au métier des armes.

Võ 字*. Toiture en pente; maison, demeure; couvrir, abriter; endroit, emplacement, territoire.

Thất võ 屋 o, les bas côtés d'une maison. — *Đống võ* 棟 o, maison solide et bien construite, demeure de riche.

Võ 補. Écorce, pelure; fourreau, gaine, étui; cosse, coque, carapace. (En S. A., surajouter; se pron. *bổ*.)

Võ cây o 核, écorce d'arbre. — *Võ chanh* o 柽, écorce de citron. — *Võ cam* o 柑, peau d'orange. — *Võ khoai* o 坛, pelure de pomme de terre. — *Võ non* o 嫩, écorce tendre. — *Lột võ* 律 o, peler. — *Võ tên* o 筅, étui à flèches, carquois. — *Võ ống quyển* o 甕卷, étui de flûte. — *Võ gươm* o 劍, fourreau de sabre, d'épée. — *Võ cua* o 蝴, carapace de crabe. — *Võ trứng* o 鷃, coquille d'œuf. — *Trứng luộc đễ võ* 鷃 燥底 o, œuf cuit à la coque. — *Đập võ trứng* 搭 o 鷃, briser la coquille d'un œuf. — *Nắp võ măng* 鷭 o 笆, couvercle bombé (boîte, cercueil).

Võ 无*. Non, ne pas. Car. radical.

Võ 無*. Non, ne pas; manquer, faire défaut; ne pas être, ne pas exister; rien, le néant; pénurie, dénûment. A. V. Entrer, pénétrer.

Võ sự o 事, sans affaires; désœuvré. — *Võ ích* o 益, inutile. — *Võ dụng* o 用, sans emploi, d'aucun usage. — *Võ vi* o 為, qui n'est bon à rien. — *Võ thực* o 食, n'avoir rien à manger, être dans un dénûment complet. — *Võ dã* o 也, non. — *Hữu võ* 有 o, être ou ne pas être, avoir ou ne pas avoir. — *Võ sở* o 所, il se peut que. — *Võ nãy* o 乃, peut-être que. — *Võ nhựt* o 日, sans jour déterminé. — *Võ tri* o 知, sans aucun savoir, ignorant. — *Võ trí* 智, stupide, inintelligent. — *Võ phép* o 法, sans savoir vivre, impoli, grossier. — *Võ ý* o 意, par étourderie, par inadvertance; inconsidérément. — *Võ ngãi* o 義, ingrat. — *Võ ơn* o 恩, id. — *Võ nhơn* o 仁, inhumain. — *Võ tình* o 情, sans savoir, sans se douter; sot, inepte. — *Võ tài* o 才, sans talent; gauche, maladroit. — *Võ cùng* o 窮, sans fin, éternellement. — *Võ số* 數, innombrable, incalculable. — *Võ đậu bất thành nhơn* o 痘不成人, sans variole, l'homme n'est pas corporellement parfait (dicton)⁽¹⁾. — *Võ tiễu nhơn bất thành quân tữ* o 小人不成君子, s'il n'y avait pas de petites gens, il n'y aurait pas non plus de grands hommes (dicton). — *Đi võ trong cái nhà* 挼 o 冲丐茹, entrer dans la maison. — *Ngã võ* 我 o, entrée, passage. — *Đem võ* 宼 o, faire entrer. — *Đút võ* 挵 o, introduire, fourrer dans. — *Võ ra* o 囉, entrer et sortir.

Võ 毋*. Négation prohibitive : ne

⁽¹⁾ Les Annamites croient que la variole tue les faibles et consolide les forts. De là le peu d'enthousiasme qu'ils ont toujours montré pour la vaccination.

faites pas, gardez-vous de; particule impérative. Car. radical.

Vỏ 鉧. Maillet de cornac (pointu d'un côté, contondant de l'autre); piquer, frapper; pipe à opium; dé à jouer. (Formé des S. A. *kim* 金, métal, et *bỏ* 布, tissu.)

Vỏ đót ○ 楔, stimuler, frapper. — *Vỏ một cái* ○ 沒丐, donner un coup de maillet (à l'éléphant). — *Đánh vỏ* 打 ○, jouer aux dés. — *Xây hột vỏ* 搓紇 ○, jeter le dé.

Vỏ 撫. Masse, marteau, maillet, massue, pilon; nom de poisson. (En S. A., calmer, apaiser; se pron. *phủ*.)

Dùi vỏ 椎 ○, massue. — *Vỏ nọc* ○ 桄, maillet et piquets (instruments de torture). — *Vỏ trán* ○ 頭, front bombé. — *Cá tra vỏ* 鮒查 ○, un poisson d'eau douce à grosse tête.

Vỏ 撫. Passer la main sur; calmer, apaiser; tapoter; battre des mains. (Du S. A. *phủ*, même car., même signif.)

Vỏ lòng ○ 慈, gagner les cœurs, amadouer. — *Vỏ lòng dân* ○ 慈民, calmer le cœur du peuple. — *Vỏ trị* ○ 治, régner, gouverner. — *Vỏ về* ○ 衛, caresser, cajoler. — *Vỏ tay bộp bộp* ○ 捫喋喋, claquer des mains. — *Vỏ tay mà mừng* ○ 捫麻惻, claquer des mains pour applaudir. — *Vỏ tay khen hát bội* ○ 捫呌喝倍, applaudir des acteurs. — *Sự vỏ tay* 事 ○ 捫, applaudissements.

Vỏ 憮 *. Peu éclairé, inintelligent.

Vỏ viu ○ 表, insolent, arrogant. — *Trở vỏ* 阻 ○, montrer de l'humeur, répondre grossièrement.

Vơ 撝 *. Fendre en deux; saisir, attraper; simple, modeste, naïf.

Vơ gậy ○ 棍, saisir le bâton, prendre une trique. — *Vơ lấy* ○ 祂, prendre, enlever. — *Vơ lấy hết* ○ 祂歇, prendre tout, emporter tout, rafler. — *Bơ vơ* 巴 ○, ahuri, ébaubi. — *Vơ vửng* ○ 任, niaisement, sottement. — *Nói vơ vửng* 吶 ○ 任, parler sottement, dire des absurdités. — *Đi vơ vửng* 㐌 ○ 任, marcher sans savoir où l'on va, aller à l'aventure, rôder.

Vợ 嫷 (1). Femme, épouse. V. *thê*. (Formé de S. A. *nữ* 女, femme, et *bỏ* 葡, nom de plante.)

Vợ chồng ○ 重, femme et mari. — *Làm vợ chồng* 濫 ○ 重, être mariés. — *Vợ con* ○ 昆, la femme et les enfants. — *Vợ lớn* ○ 客, femme légitime, première épouse. — *Vợ chính* ○ 正, id. — *Vợ thứ* ○ 次, concubine. — *Vợ bé* ○ 閉, id. — *Vợ mọn* ○ 閉, id. — *Lấy vợ* 祂 ○, prendre femme, se marier. — *Cưới vợ* 嫷 ○, id. — *Vợ một vợ hai* 沒 ○ 台二, qui a plusieurs femmes. — *Vợ chồng như áo bận vào cởi ra* ○ 重如襖彬㧅襘曪, on change de femme ou de mari comme on change de chemise (dicton). — *Nó tới với vợ con nó* 奴細貝 ○ 昆奴, il est venu avec sa femme et ses enfants. — *Người vợ tôi không có ở nhà* 俇 ○ 碎...

---

(1) Se transcrit aussi par le car. 嫷.

空固於茹, mon épouse n'est pas à la maison.

Vớ 播. S'emparer; bas, chaussettes. (En S. A., semer, répandre; se pron. *bá*.)

Vớ lấy ○ 掜, se saisir de, s'emparer de. — *Vớ đặng* ○ 鄧, réussir à s'emparer de. — *Một đôi vớ* 沒堆 ○, une paire de bas. — *Mang vớ* 芒 ○, mettre des bas. — *Đi giày đi vớ* 扐鞋扐 ○, porter des souliers et des chaussettes.

Vờ 為. Syllabe complémentaire. (En S. A., faire, agir; se pron. *vi*.)

Chờ vờ 除 ○, abandonné, délaissé; d'aspect lourd, qui a l'air commun. — *Vật vờ* 物 ○, agité par le vent; chanceler, trébucher, tituber. — *Đi vật vờ* 扐物 ○, aller en titubant (comme un homme ivre).

Vỡ 破. Casser, briser; se disperser. (Du S. A. *phá*, même car., même signif.)

Hay vỡ 哈 ○, fragile, cassant. — *Chán vỡ* 振 ○, casser, briser (avec violence). — *Vỡ đầu* 頭, casser la tête, briser le crâne. — *Vỡ mật* ○ 密, être pris de terreur. — *Vỡ tay làm* ○ 抷濫, se mettre à l'œuvre. — *Vỡ ra* ○ 囉, s'ouvrir, se briser. *Đánh vỡ ra* 打 ○ 囉, défoncer. — *Cày vỡ ra* 棋 ○ 囉, labourer (une terre) pour la première fois. — *Làm vỡ cái ly* 濫 ○ 丐璃, casser un verre. — *Làm vỡ lỡ* 濫 ○ 呂, agir avec violence, faire vigoureusement. — *Vỡ lòng* ○ 悲, ouvrir son cœur. — *Vỡ chạy* ○ 趍, courir en se dispersant, fuir en désordre. — *Đánh đạo binh*

thua vỡ chạy đi mất 打導兵收 ○ 趍趍秩, l'armée fut battue et mise en pleine déroute.

Vở 硾. Tablettes à écrire; cahiers, copies, notes (leçons, examens). (Formé des S. A. *thạch* 石, pierre, et *vĩ,* 尾, bout, extrémité.)

Kiểu vở 稿 ○, modèle de tablettes, composition pour les concours littéraires. — *Sách vở* 典 ○, livres et cahiers, papiers, notes (d'écoliers, d'étudiants). — *Bài vở* 排 ○, id. — *Tập bài vở* 習排 ○, cahiers, leçons (d'un cours). — *Tập bài vở phải viết cho tử tế* 習排沛曰朱子細, les cahiers de cours doivent être tenus avec beaucoup de soin.

Vọc 拂 (1). Agiter, secouer, remuer. (Du S. A. *phất*, même car., même signif.)

Vọc nước ○ 渃, agiter l'eau. — *Văn vọc* 紋 ○, toucher avec la main (pour jouer), agacer, taquiner, importuner.

Vóc 肭. Membrure, structure; une mesure pour les étoffes; soie bleue. (Formé des S. A. *nhục* 肉, chair, et *bóc* 卜, conjecturer.)

Hình vóc 形 ○, stature. — *Vóc giạc* ○ 度, taille. — *Mình vóc* 命 ○, les membres et le corps. — *Lớn vóc* 客 ○, grande taille, haute stature. — *Một vóc hàng* 沒 ○ 行, un *vóc* d'étoffe (de quoi faire un pantalon).

Vóc 卜. Puiser; prendre avec les

---

(1) Se transcrit aussi par le car. 扑.

mains, recueillir par poignées. (En S. A., conjecturer; se pron. *bóc*.)

Hót cả vóc 忽聲 ○, prendre beaucoup, prendre tout. — *Một vóc tiền* 沒 ○ 錢, une poignée de sapèques.

Voi 獢. Éléphant. Voir *tượng* 象. (Formé des S. A. *khuyển* 犬, animal, et *vi* 爲, faire.)

Voi nuôi ○ 餒, éléphant domestique. — *Voi rừng* ○ 棱, éléphant sauvage. — *Voi nàng* ○ 娘, éléphant femelle. — *Voi chà* ○ 搽, éléphant écraseur (pour les supplices). — *Voi qui cho người ta lên lưng* ○ 跪朱㗂些遷腰, l'éléphant s'agenouille pour permettre aux gens de monter sur son dos. — *Tàu voi* 艚 ○, étable à éléphants. — *Mục voi* 牧 ○, gardien d'éléphants. — *Nài voi* 奈 ○, cornac. — *Ngà voi* 牙 ○ défenses d'éléphant. — *Voi chà mày* ○ 搽眉, que l'éléphant t'écrase! — *Cá voi* 魸 ○, la baleine. — *Lấy thúng mà úp voi* 祂箭麻挹 ○, prendre un panier pour recouvrir un éléphant (mal cacher ses ruses). — *Voi thuộc voi, ngựa thuộc ngựa* ○ 屬駁屬駁, l'éléphant connaît l'éléphant, le cheval connaît le cheval (les voleurs se reconnaissent entre eux).

Vọi 嶜. Très élevé; indice, signal. (Formé des S. A. *sơn* 山, montagne, et *bội* 倍, augmenter.)

Cao vọi vọi 高 ○ ○, à une grande hauteur. — *Đèn vọi* 畑 ○, phare. — *Vọi làm hiệu* 濫號, sémaphore. — *Lên vọi* 遷 ○, élever un signal. — *Coi vọi nó muốn đi* 視 ○ 奴 悶 迻, il a l'air de vouloir s'en aller. — *Cá*

ông lên vọi 魸翁遷 ○, le souffleur (cétacé) fait jaillir l'eau.

Vói 捐. Faire signe avec la main. (Formé des S. A. *thủ* 手, main, et *bối* 貝, coquille.)

Vói tay ra ○ 栖囉, avancer la main, allonger le bras (pour prendre). — *Kêu vói* 叫 ○, appeler de loin.

Vòi 胒. Trompe (éléphant), suçoir (insecte); bec d'un vase à verser. (Formé des S. A. *nhục* 肉, chair, et *bối* 盃, vase, pot.)

Vòi voi ○ 獢, trompe d'éléphant. — *Vòi muỗi* ○ 蝒, suçoir de moustique. — *Vòi ấm tích* ○ 蔭積, bec de cafetière. — *Măng vòi* 笁 ○, pousse tendre de bambou (comestible). — *Vòi đòn tàu* ○ 彈艚, mât de beaupré.

Vồi 培. Syllabe complémentaire. (En S. A., remblayer; se pron. *bồi*).

Vắn vồi 問 ○, très court.

Vôi 醞. Chaux; espèce de liane. (Formé des S. A. *thạch* 石, pierre, et *bối* 盃, vase, pot.)

Đá hầm vôi 移培 ○, pierre calcaire. — *Hầm vôi* 焰 ○, faire de la chaux. — *Vôi sống* ○ 𥛭, chaux vive. — *Vôi làm hồ* ○ 濫糊, chaux pour faire du mortier. — *Nung vôi* 燶 ○, calciner. — *Vôi xuống nước thì cứng* ○ 𤄯渚時亘, lait de chaux. — *Vôi đỏ* ○ 赭, chaux rouge (pour la chique de bétel). — *Vôi ăn trầu* ○ 咹蔞, chaux à chiquer le bétel. — *Lò vôi* 爐 ○, four à chaux. — *Bạc luộc hơn vôi* 薄燦欣 ○, sans cœur, excessivement ingrat.

Vội 倍. Pressé, urgent; à la hâte. (Du S. A. *bội*, même car., augmenter.)

Làm vội 濫 ○, faire vite, agir d'urgence. — *Vội vàng* ○ 傍, en hâte, avec empressement; délibérément. — *Đi vội vàng* 扌○ 傍, marcher délibérément; aller en se hâtant. — *Việc vội* 役 ○, affaire urgente. — *Vội giận* ○ 慎, prompt à la colère. — *Vội mừng* ○ 慍, prompt à la joie.

Voi. 濊*. Le nom d'un cours d'eau. A. V. Non plein, qui ne dépasse pas; syllabe complémentaire.

Voi voi ○ ○, qui coule toujours, sans interruption; abondamment. — *Lưng voi* 腰 ○, à moitié plein.

Vơi 濊. Retirer, alléger, soulager. (Pour le car. en S. A., voir ci-dessus.)

Vơi lại ○ 更, diminuer le poids, soulager (d'un fardeau), sauver (d'un naufrage.) — *Vơi hàng tàu* ○ 行 艚, alléger un navire (en débarquant les marchandises).

Với 貝. Et, avec; les bras en l'air. (En S. A., coquillage; se pron. *bối*.)

Anh với tôi 嬰 ○ 碎, vous et moi. — *Đi với nó* 扌○ 奴, aller avec lui. — *Đi với nhau* 扌○ 饒, aller ensemble. — *Giúp với* 執 ○, aider, secourir. — *Ai đi với nó* 埃 扌○ 奴, qui est allé avec lui? — *Chơi với* 制 ○, se débattre. — *Chơi với dưới nước* 制 ○ 齣 渚, prendre ses ébats dans l'eau. — *Một với* 沒 ○, une mesure (la hauteur du bras levé).

Vời 濊. La pleine mer, le large. (En S. A., cours d'eau; se pron. *voi*.)

Ngoài vời 外 ○, en haute mer. — *Ra ngoài vời* 囉 外 ○, prendre la haute mer, gagner le large. — *Tàu chạy giữa vời* 艚 趁 艸 ○, vaisseau naviguant en pleine mer. — *Xa vời* 賒 ○, dans le lointain.

Vời 排. Donner l'ordre de venir. (En S. A., composer; se pron. *bày*.)

Vời thỉnh ○ 請, mander, inviter. — *Vời tới* ○ 細, faire venir. — *Vời lại* ○ 更, requérir, appeler. — *Cái vời* 丐 ○, petite houe.

Vom 砭. Syllabe complémentaire. (En S. A., critiquer; se pron. *biển*.)

Ghe cà vom 舠 箕 樟 ○, barque cambodgienne.

Vòm 蚋. Une espèce de coquillage. (Formé des S. A. *trùng* 虫, mollusque, et *phàm* 凡, vil, abject.)

Nhà vòm 茹 ○, mirador, belvédère.

Von 文. Qui se termine en pointe. (En S. A., littérature; se pron. *văn*.)

Von lên ○ 遴, pointu, aigu (ne peut se dire des épées, des couteaux). — *Mục von* 木 ○, pustule, furoncle. — *Ghẻ von* 疥 ○, id. — *Bút von* 筆 ○, pinceau effilé. — *Tiếng ví von* 嗜 奢 ○, paroles aiguës, mots blessants, allusions injurieuses. — *Thon von* 村 ○, seul, isolé; en ruines, danger.

Vòn 盆. Syllabe complémentaire. (En S. A., courbé, tordu; se pron. *bồn*.)

Vòn vèn ○ 爰, à peu près, presque.

Vốn 本. Syllabe complémentaire. (En S. A., racine, origine; se pron. *bổn*.)

Vốn vẹn ○ 援, entier, achevé.

Vốn 本. De principe, fondamental, essentiel; capital (de rente), fonds. (Du S. A. *bổn*, même car., même signif.)

Vốn nguyên ○ 原, principalement, essentiellement. — *Cái điều vốn nguyên* 丐 條 ○ 原, la clause essentielle, l'article principal. — *Vốn tôi là* ○ 碎 羅, ma condition est... — *Tiền vốn* 錢 ○, somme principale, capital engagé. — *Và vốn và lời* 吧 ○ 吧 利, capital et intérêts. — *Lời quá vốn* 利 過 ○, les intérêts dépassent le capital. — *Ăn hết cả lời cả vốn* 唆 歇 哥 利 哥 ○, manger les intérêts et le capital. — *Vốn xuất ra mà buôn bán* ○ 出 囉 麻 奔 半, capital engagé dans le commerce. — *Lỗ vốn* 魯 ○, entamer le capital. — *Mất vốn* 秩 ○, perdre le capital. — *Đỗ vốn* 杜 ○, rentrer dans ses fonds, reprendre son capital. — *Bán vốn* 半 ○, vendre sans bénéfice. — *Mắng vốn* 骿 ○, remettre vertement quelqu'un à sa place.

Vợn 援. Le cours d'un ruisseau. (Du S. A. *viên*, même car., même signif.)

Nước vợn 渚 ○, eau qui s'écoule en murmurant.

Vờn 運 (1). Syllabe complémentaire. (En S. A., tourner, virer; se pron. *vận*.)

Chờn vờn 眞 ○, s'allonger, s'étirer. — *Chờn vờn muốn nhảy* 眞 ○ 悶 跡, s'apprêter à bondir.

Vờn 往 (2). Aller et venir; agiter. (Du S. A. *váng*, même car., même signif.)

Vợ vờn 摇 ○, plaisanter sottement, s'amuser à des ineptics. — *Vờn vợ* ○ 摇, id. — *Đi vờn vợ* 迻 ○ 摇, aller librement; marcher en se redressant, en se dandinant (pour faire rire). — *Lội vờn vợ* 溜 ○ 摇, nager, prendre ses ébats (poisson). — *Vờn vợ đuôi* ○ 摇 雕, agiter la queue (chien).

Vong 亡*. Perdre, égarer; détruit, anéanti, exterminé, disparu, éteint, mort.

Vong mạng ○ 命, perdre la vie. — *Tử vong* 死 ○, mourir, décéder. — *Bại vong* 敗 ○, renversé, détruit, ruiné. — *Đi vong mạng* 迻 ○ 命, risquer sa vie, s'engager à fond. — *Vong hồn* ○ 魂, l'âme d'un défunt. — *Đưa vong* 逸 ○, accompagner l'âme d'un défunt (cérémonie domestique). — *Rước vong* 違 ○, aller chercher l'âme d'un défunt (id.).

Vong 忘*. Effacé de la mémoire, ne pas se souvenir; manquer d'attention, négliger de faire; laisser échapper.

Vong ký ○ 記, avoir perdu le souvenir de; avoir négligé de prendre note. — *Vong ơn* ○ 恩, oublier un bienfait. — *Vong ơn nhơn* ○ 恩 人, un ingrat. — *Hoang vong* 荒 ○, éperdu, hors de soi; adonné à.

Vọng 妄*. Faux, mensonger, trompeur; désordonné, dissolu; brutal, grossier; insensé, déraisonnable.

Vọng ngôn ○ 言, paroles déraisonnables, discours incohérent. — *Vọng*

---

(1) Se transcrit aussi par le car. 焉. — (2) Se transcrit aussi par le car. 湞.

twỏng 〇 想, mauvaises idées. — *Vọng nhơn* 〇 人, fourbe, trompeur. — *Vọng dụng* 〇 用, faire un mauvais emploi de. — *Mậu vọng* 謬 〇, tromper, frauder.

Vọng 望*. Se tourner vers, regarder au loin, soupirer après; désirer, souhaiter, espérer; vis-à-vis, face à face; jour de pleine lune.

Vô vọng 無 〇, sans espoir. — *Thất vọng* 失 〇, avoir perdu toute espérance; ne plus avoir de désir. — *Hữu vọng* 有 〇, il y a de l'espoir. — *Hậu vọng* 候 〇, désirer vivement, espérer grandement. — *Ngoạt vọng* 月 〇, le 15ᵉ jour du mois lunaire. — *Bái vọng* 拜 〇, attendre avec impatience le moment des saluts d'usage; saluer un absent. — *Sóc vọng* 朔 〇, le 1ᵉʳ et le 15ᵉ jour du mois. — *Viễn vọng* 遠 〇, très éloigné. — *Danh vọng* 名 〇, réputation illustre, nom glorieux.

Vọng 網*. Filet tressé. Voir *võng*.

Vóng 罔. Syllabe complémentaire. (En S. A., embarrassé; se pron. *võng*.)

Cao vóng 高 〇, haut, élevé (arbre). — *Thả vóng* 且 〇, laisser aller, laisser errer (en toute liberté). — *Đi vóng mất* 扯 〇 秩, disparaître tout à fait. — *Đi vóng biệt* 扯 〇 別, se perdre, s'égarer, disparaître.

Vòng 綾. Arrondi, en cercle; boule, sphère, circonférence; bracelet, anneau, cercle; lier, enrouler. (Formé des S. A. *mịch* 糸, fils, et *vọng* 妄, mensonger.)

Làm vòng 濫 〇, faire un rond, décrire un cercle. — *Đi vòng* 扯 〇, marcher en rond. — *Vẽ vòng* 畎 〇, tracer une circonférence. — *Vòng cổ* 〇 古, passer un lien autour du cou. — *Vòng tay* 〇 栖, placer les bras en cercle (pour le salut de cérémonie). — *Quanh vòng ra* 逃 〇 囉, à la ronde. — *Nhảy múa xây vòng tròn* 跡 揲 搓 〇 論, danser une ronde. — *Vào vòng* 伵 〇, entrer dans un cercle. — *Vòng vàng* 〇 鑛, bracelet d'or. — *Vòng bạc* 〇 薄, bracelet d'argent. — *Đeo vòng* 刁 〇, porter des bracelets. — *Vòng trời* 壬, voûte céleste. — *Vòng bán nguyệt* 〇 半月, plein cintre. — *Vòng xích đạo* 〇 赤道, équateur. — *Vòng huỳnh đạo bắc* 黄道北, tropique du Cancer. — *Vòng huỳnh đạo nam* 〇 黄道南, tropique du Capricorne. — *Vòng công danh* 〇 功名, gloire, auréole. — *Vòng lợi lộc* 〇 利祿, abondance de biens, grande richesse. — *Cái cầu vòng* 丐 球 〇, arc-en-ciel. — *Vòng chữ* 〇 字, effacer un mot, biffer un caractère (en l'entourant, selon l'usage, d'une figure circulaire).

Võng 网*. Les mailles d'un filet; pris, retenu, arrêté, embarrassé. Car. radical.

Võng 罔*. Synonyme du précédent.

Võng 惘*. Troublé, confus, ému, effrayé, déconcerté.

Võng 網*. Tissu à claire-voie, filet, réseau; lier, tresser; prendre, attraper; envelopper, impliquer; hamac, litière.

Võng ngư ○ 魚, filet à prendre du poisson. — *Thiên võng* 天○, filet du ciel, providence. — *Pháp võng* 法○, ce par quoi on est retenu : les lois, les règles. — *Võng dá* ○ 綾, litière, palanquin, chaise à porteurs (en forme de filet). — *Võng lọng* ○ 拚, litière et grand parasol (attributs du mandarinat). — *Dù võng* 軸○, id. — *Đi võng* 迻○, aller en hamac, voyager en litière. — *Đưa võng* 逸○, balancer un hamac (pour bercer un enfant, par exemple).

Vóng 楓. Un arbre à piquants. (Formé des S. A. *thảo* 艸, plantes, et *phong* 楓, nom d'arbre.)

Sào tầm vóng 篙尋○, bois (ou bambou) pointu servant de perche ou de lance. — *Tre tầm vóng* 柳尋○, espèce particulière de bambou. — *Trống tầm vóng* 皷尋○, un petit tambour plus long que large.

Vồng 蕌. Terrain relevé en billons. (Formé des S. A. *thảo* 艸, plantes, et *phong* 堸, nid de guêpes.)

Đánh vồng 打○, faire des billons. — *Vồng đàng cày* ○唐棋, les bandes de terre relevées par la charrue. — *Có vồng* 固○, disposé en plates-bandes.

Vổng 棒. Perdre l'équilibre ; trébucher, rebondir ; pièce de bois sur pivot pour soulever les fardeaux. (En S. A., pieu, bâton ; se pron. *bạn*.)

Vổng lên ○ 遷, qui se soulève d'un côté. — *Vập vổng* 及○, osciller, vaciller, chavirer. — *Sự nhảy vổng* 事跧○, rebondissement.

Vọp 蚄. Un coquillage de mer. (Formé des S. A. *trùng* 虫, petits animaux, et *phạp* 乏, avoir besoin.)

Vọp bể ○披, la coquille *vọp* cassée ; torsion des nerfs, contraction convulsive de certains muscles. — *Bị vọp bể chơn* 被○披蹎, avoir des crampes aux pieds, aux jambes.

Vọt 捽. Frotter avec la main, presser avec les doigts ; baguette. (Formé des S. A. *thủ* 手, main, et *bụt* 字, plante.)

Nặn vọt 攤○, exprimer, comprimer ; tirer tout ce que l'on peut de quelqu'un. — *Roi vọt* 櫹○, verge, rotin. — *Đánh vọt* 打○, fustiger.

Vọt 踤. Sauter, bondir, s'élancer. (Formé des S. A. *túc* 足, pied, et *bụt* 字, plante.)

Nước vọt 渚○, eau qui jaillit. — *Nhảy vọt qua* 跧○戈, franchir d'un bond. — *Nhảy vọt tới* 跧○細, atteindre en s'élançant. — *Vọt miệng* ○皿, faire sauter hors de la bouche ; vomir, débagouler ; se presser trop en parlant ; proférer tout d'un coup.

Vót 撵. Gratter, tailler, amincir. (Formé des S. A. *thủ* 手, main, et *bút* 筆, pinceau.)

Vót tre ○柳, racler le bambou. — *Vót mây* ○ 邅, gratter (éplucher) le rotin (avec un couteau). — *Vót nhọn đầu* ○ 軟頭, tailler en pointe.

Vọt 繊. Petit filet, sorte d'épuisette. (Formé des S. A. *mịch* 糸, fils, et *việt* 越, surpasser.)

Vớt 捥. Retirer de l'eau, sauver; enlever une chose qui surnage, écumer, écrémer (très doucement). (Formé des S. A. *thủ* 手, main, et *việt* 越, surpasser.)

Vớt lên ○ 遳, tirer (quelqu'un ou quelque chose) hors de l'eau. — *Cứu vớt* 救 ○, sauver, délivrer (en retirant de l'eau, d'un trou). — *Sự cứu vớt sự* 事救 ○, sauvetage. — *Vớt bọt* ○ 浡, enlever la mousse, écumer. — *Vớt váng sữa* ○ 絓 㵩, écrémer le lait. — *Vớt tôm* ○ 鯦, pêcher des crevettes (avec l'épuisette). — *Vớt dầu* ○ 油, recueillir l'huile (qui surnage). — *Vớt bài* ○ 牌, relever les cartes, ramasser un pli (au jeu). — *Cái vớt giày* 丐 ○ 鞋, chausse-pied. — *Cây vớt* 核 ○, espèce de lance.

Vu 于*. Dans, à; dire, parler; aller, s'éloigner; long, étendu, spacieux; plus que, d'avantage.

Vu 圩 et 圬*. Bord, digue, mur, escarpement; enduire, crépir.

Tầm vu 潯 ○, coude de fleuve et nom de lieu (arrondissement de *Tân an*, Cochinchine).

Vu 扜 et 扝*. Saisir, tenir ferme.

Vu lợi ○ 利, porté au gain, enclin à la rapacité. — *Tiểu nhơn vụ vu lợi* 小人務 ○ 利, les petits esprits sont portés à la rapacité.

Vu 芋*. Une certaine plante dont les racines sont comestibles.

Dạ vu 夜 ○, arum, serpentaire.

Vu 誣*. Ajouter, augmenter, amplifier, inventer des histoires; mentir, tromper; porter de fausses accusations.

Phao vu 抛 ○, calomnier. — *Bổ vu* 補 ○, id. — *Vu vạ* ○ 禍, id. — *Vu nhơn* ○ 人, médisant, calomniateur. — *Vu vong thiện nhơn* ○ 罔善人, faire courir des bruits sur des gens de bien. — *Nói vu* 吶 ○, répandre de faux bruits. — *Hoặc thế vu dân* 惑世 ○ 民, induire le public en erreur, tromper les gens (intriguer de tous côtés).

Vu 蕪*. Plantes parasites, mauvaises herbes, ronces, broussailles; saletés, ordures, décombres.

Hoang vu 荒 ○, délaissé, abandonné, vague, inculte. — *Đất hoang vu* 坦荒 ○, terre inculte, sol abandonné aux ronces. — *Ruộng bỏ hoang vu* 矓補荒 ○, rizière laissée en friche. — *Kêu vu vu* 叫 ○ ○, faire entendre un bourdonnement.

Vụ 雩*. Un sacrifice rituel pour demander de la pluie.

Vụ 務*. Ce à quoi on s'applique avec soin; occupation sérieuse, affaire importante; service public, administration; faire effort pour. A. V. Saison de l'année. Voir *mùa*.

Công vụ 公 ○, affaire officielle, service public. — *Bổn vụ* 本 ○, affaire personnelle. — *Gia vụ* 家 ○, affaire de famille, occupation domestique. — *Bổn quốc vụ sự* 本國 ○ 事, les affaires du pays, les devoirs de l'État. — *Chuyên vụ* 專 ○, application constante. — *Vu kiện* ○

件, affaire litigieuse, plainte, réclamation. — *Nội vụ* 內 ○, les gens de l'affaire, les parties en cause. — *Vụ tu đức* ○ 修 德, s'efforcer de devenir vertueux. — *Vụ lấy* ○ 祓, prendre soin de. — *Vụ dân* ○ 民, avoir soin du peuple, administrer les populations. — *Vụ lấy nhau* ○ 祓 饒, s'aider les uns les autres. — *Tứ vụ* 四 ○, les quatre saisons. — *Úng vụ* 應 ○, moment favorable, temps opportun (se dit surtout de la saison et des récoltes).

Vụ 婺 *. Une étoile du Verseau.

Vụ 騖 *. Cheval qui se cabre, cheval fougueux; s'élancer.

Vụ 霧 *. Vapeur, brume, brouillard; nuageux, obscurci; douteux.

Vụ 樗 *. Ailante glanduleux ou vernis du Japon (bois commun impropre à la construction); inutile, incapable. A. V. Toupie, toton.

Vụ kẻ ○ 鷄, le nom d'un scarabée bourdonnant qui se tient habituellement sur l'ailante [1]. — *Dánh vụ* 打 ○, jouer à la toupie, au toton.

Vú 乳. Seins, mamelles; nourrice. (Du S. A. *nhũ*, même car., même signif.)

Bóp vú 搽 ○, palper les seins, presser les mamelles. — *Mẹ vú* 媄 ○, mère nourricière. — *Vú nuôi* ○ 餒, id. — *Vú sữa* ○ 㵄, mamelle à lait. — *Loại có vú* 類 固 ○, mammifères. — *Vú bò* ○ 牪, pis de vache. — *Nuốm vú bò* 捻 ○ 牪, id. — *Bà vú* 妣 ○, appellatif pour femmes âgées.

Vù 吁. Syllabe complémentaire. (Du S. A. *hu*, même car., plaintes.)

Chù vù 廚 ○, énorme, monstrueux, d'une grosseur disproportionnée. — *Sưng vù* 瘻 ○, très enflé, sur le point de crever.

Vũ 宇 *. Toit, couverture; abriter, protéger; grand, large, vaste, long, étendu; la calotte des cieux, la voûte céleste. Voir *võ*.

Vũ hạ ○ 下, sous le ciel. — *Nhơn vũ hạ* 人 ○ 下, ceux qui vivent sous le ciel, les hommes. — *Vũ trụ* ○ 宙, le monde, les gens.

Vũ 雨 *. Eau tombant des nuages: pluie, averse. Car. radical. V. *võ*.

Vân vũ 雲 ○, ciel nuageux, temps de pluie. — *Vũ kim* ○ 金, pluie d'or (pluie bienfaisante). — *Bình điền vũ* 平 田 ○, pluie bonne pour les champs. — *Hạ vũ* 下 ○, l'eau tombe; il pleut. — *Thạch vũ* 石 ○, pluie de pierres, grêle. — *Phong vũ* 風 ○, pluie et vent, bourrasque. — *Cầu vũ* 求 ○, prier pour avoir la pluie (en temps de sécheresse).

Vũ 武 *. Fort, robuste; ferme, tenace; violent, impétueux; brave, vaillant; militaire. Voir *võ*.

Nghề vũ 藝 ○, art militaire, métier des armes. — *Quan vũ* 官 ○, mandarin militaire. — *Vũ đồng* ○

---

[1] C'est probablement ce qui a fait donner, en langue vulgaire, le nom de *vụ* à la toupie ronflante.

勇, brave, vaillant. — *Vũ tướng* ○ 將, général en chef. — *Vũ sĩ* ○ 士, magnanime. — *Văn vũ* 文 ○, civil et militaire.

Vũ 鵡 et 䳇*. Un oiseau qui siffle ou qui parle; merle, perroquet. Voir *võ*.

Vũ 碔 et 珷*. Pierre précieuse.

Vũ 舞*. Danser, prendre des poses, mimer; mimique, pantomime; jeux d'adresse, tours d'agilité; sauter, gambader, gesticuler, s'amuser. Voir *võ*.

Nhạc vũ 樂 ○, danser au son de la musique. — *Vũ ca* ○ 歌, chanter et danser. — *Nhà vũ ca* 茹 ○ 歌, théâtre. — *Vũ nữ* ○ 女, danseuse. — *Kiếm vũ* 劍 ○, jongler avec des armes; faire de l'escrime. — *Vũ vào* ○ 𠓨, faire irruption dans. — *Vũ lộng* ○ 弄, abuser, duper, tromper.

Vua 𤤰. Roi, souverain. V. *vương*. (Formé des S. A. *vương* 王, roi, et *bố* 布, pièce de toile.)

Vua chúa ○ 主, roi, seigneur. — *Đức vua* 德 ○, sa vertu le roi. — *Ngôi vua* 嵬 ○, trône. — *Làm vua* 濫 ○, exercer la souveraineté, régner. — *Làm vua thiên hạ* 濫 ○ 天 下, régner sur le peuple. — *Vua ngự* ○ 御, action royale. — *Lệnh vua* 令 ○, commandement royal, édit. — *Vua An nam* ○ 安 南, le roi d'Annam. — *Nhà vua* 茹 ○, maison royale, cour, dynastie. — *Vua bếp* ○ 𤇮, esprits du foyer, dieux lares.

Vùa 圩. Vase à boire cambodgien. (En S. A., escarpement; se pron. *vu*.)

Vùa vàng ○ 鐄, vase à boire en or.

Vùa 扶. Aider, secourir, protéger. (Du S. A. *phò*, même car., même signif.)

Vùa nhau ○ 饒, s'aider mutuellement, se soutenir les uns les autres.

Vựa 俻 (1). Espèce de grande manne pour le grain; dépôt de denrées. (Du S. A. *bị*, même car., se munir de).

Vựa lại ○ 吏, entasser les grains, mettre des provisions de bouche en réserve. — *Vựa lúa* ○ 穭, grenier à paddy.

Vứa 播. Se couvrir de son habit sans passer les manches. V. *choàng*. (En S. A., répandre; se pron. *bá*.)

Vừa 皮. Ordinaire, convenable, moyen; ni trop ni trop peu, juste ce qui convient, ce qui correspond. (En S. A., peau, écorce; se pron. *bì*.)

Vừa vừa ○ ○, seyant, assez bien, à peu près. — *Vừa phải* ○ 沛, id. — *Vừa chừng* ○ 澄, suivant l'espace, selon la mesure. — *Vừa khi nó nói* ○ 欺 奴 吶, juste au moment où il parlait. — *Vừa ý* ○ 意, qui cadre avec les idées, qui donne satisfaction. — *Vừa miệng* ○ 𠰘, qui plaît à la bouche, qui flatte le palais. — *Vừa con mắt* ○ 昆 𥉴, qui plaît aux yeux, qui est agréable à voir. — *Phải ăn cho vừa vừa* 沛 咹 朱 ○ ○, on doit manger convenablement (ni trop ni trop peu). — *Vừa đủ* ○ 睹,

(1) Se transcrit aussi par le car. 𢊃.

IMPRIMERIE NATIONALE.

juste assez, suffisamment. — *Vừa rồi* ○ 耒, on vient de finir. — *Không vừa* 空 ○, qui ne va pas bien, qui ne convient pas. — *Chẳng vừa* 庄 ○, id. — *Cái áo nầy không vừa cho tôi* 丐 禩 尼 空 ○ 朱 碎, cet habit ne me va pas. — *Cái nón nầy vừa cho anh lắm* 丐 藏 尼 ○ 朱 嬰 虞, ce chapeau vous va très bien. — *Vừa cặp* ○ 笈, bien assortis; égaux, semblables. — *Vừa tốt* ○ 卒, assez bien.

Vữa 洿. Se décomposer (aliments). (Formé des S. A. *thủy* 水, eau, et *bỉ* 否, non, ne pas.)

Vữa ra ○ 囉, se gâter, s'aigrir. — *Cháo vữa* 稆 ○, soupe aigrie. — *Trứng vữa* 蓊 ○, œuf gâté. — *Vữa mặt* ○ 沫, qui décompose la face; pris de terreur, épouvanté. — *Sợ vữa mặt* 怍 ○ 沫, saisi d'épouvante, glacé d'effroi.

Vục 卜 [1]. Penché en avant; puiser. (Formé des S. A. *thủy* 水, eau, et *bóc* 卜, conjecturer.)

Vục xuống ○ 𩰫, se baisser; puiser au fond. — *Uống vục* 旺 ○, boire le corps penché en avant, boire dans ses mains jointes en conque.

Vúc 卜. Syllabe complémentaire. (En S. A., conjecturer; se pron. *bóc*.)

Vúc vắc ○ 閟, curieux, indiscret. — *Vúc vắc cái mặt* ○ 閟 丐 沫, tourner la tête à droite et à gauche. — *Ngó vúc vắc* 眸 ○ 閟, regarder curieusement de tous côtés.

Vực 域*. Région, frontière. V. *vặc*.

[1] Se transcrit aussi par le car. 撲.

A. V. Creux, renfoncement, profondeur; aider, protéger, défendre; dresser au labour (jeunes buffles).

Vực trung ○ 中, centre des régions, milieu des limites (le monde). — *Mồ vực* 墓 ○, entourage de tombe, limites de cimetière. — *Vực thẳm* ○ 潘, abîme, gouffre. — *Vực sâu* ○ 漊, id. — *Bình vực* 兵 ○, défendre, protéger. — *Kẻ bình vực* 几 兵 ○, défenseur, protecteur. — *Kẻ vực nước* 几 ○ 渃, défenseur de la patrie. — *Vực nghé cày ruộng* ○ 犧 耕 疃, dresser un jeune buffle au labour.

Vực 棫. Un arbrisseau épineux, sorte d'aubépine.

Vực 鱥*. Nom de poisson.

Vực 域*. Région, limite, frontière. Voir *vặc* et *vực*.

Quê vực 圭 ○, pays, patrie.

Vực 淢*. Eau coulant avec force; fossé ou canal autour d'une place de guerre.

Vực 罭*. Espèce de filet de pêche (pour prendre les petits poissons).

Vực 蜮*. Animal fabuleux, très rusé, qui se plaît à tourmenter les gens; cruel, méchant; faux, perfide, fourbe, hypocrite.

Vui 盃. Réjoui, joyeux, content. (Du S. A. *bôi*, même car., tasse, coupe.)

Vui vẻ ○ 欵, heureux et content. — *Vui vẻ lắm* ○ 欵廩, très gai, très content; s'égayer. — *Vui cười* ○ 唭, rire, s'amuser, se divertir. — *Vui chơi* ○ 制, id. — *Vui mừng* ○ 恫, id. — *Vui ý* ○ 意, réjoui, joyeux. — *Vui lòng* ○ 悉, id. — *Vui mặt* ○ 靦, visage gai, figure souriante, face joviale. — *Làm cho người ta vui* 濫 朱得些 ○, amuser les gens. — *Cầu vui* 求 ○, aimer à rire, à plaisanter. — *Vua cầu vui* 希 求 ○, le roi aimait à plaisanter. — *Lấy làm vui* 祕濫 ○, trouver amusant. — *Sự vui* 事 ○, la joie. — *Sự vui mừng* 事 ○ 恫, réjouissance, jubilation. — *Say vui* 醛 ○, un peu ivre, en gaieté. — *Vui đâu chúc đó* ○ 兇 祝 妩, amusez-vous dans les endroits où l'on s'amuse (si vous faites le libertin, que ce ne soit pas chez vous).

Vùi 培. Enfouir (dans le sable ou sous la cendre); couvrir, recouvrir. (Du S. A. *bồi*, même car., remblayer.)

Vùi đất ○ 坦, couvrir de terre. — *Vùi lửa* ○ 焐, couvrir le feu, enfouir sous la braise. — *Vùi tro* ○ 爐, placer sous la cendre, faire cuire sous la cendre. — *Lửa vùi tro* 焐 ○ 爐, feu recouvert de cendre. — *Vùi lại* ○ 更, combler, recouvrir.

Vũm 鏢. Creux, concave. V. *trõm*. (Formé des S. A. *kim* 金, métal, et *bấm* 禀, dire, exposer.)

Đục vũm 鋼 ○, ciseau de charpentier (espèce). — *Cái vũm* 丐 ○, id.

Vun 坟. Mettre en tas, amasser. (Formé des S. A. *thổ* 土, terre, et *văn* 文, lettres.)

Vun lên ○ 遷, remblayer. — *Vun đắp* ○ 塔, accumuler. — *Vun đống* ○ 棟, entasser. — *Vun chơn cây* ○ 蹎 核, enchausser le pied d'un arbre. — *Vun trồng* ○ 橺, cultiver, planter.

Vụn 抺. Miette, morceau, parcelle. (Formé des S. A. *thủ* 手, main, et *bổn* 本, origine.)

Vụn vằn ○ 紋, morceau très menu, débris. — *Lụn vụn* 論 ○, pulvérisé. — *Xắt vụn* 割 ○, couper très fin, hacher menu. — *Bẻ vụn* 披 ○, briser en tout petits morceaux. — *Vụn bánh* ○ 餅, miette de pain.

Vung 攃. En tournoyant, à la volée. (Formé du S. A. *thủ* 手, main, et de l'A. V. *bông* 蒝, coton.)

Vung đi ○ 捗, lancer à la volée. — *Vung vãi* ○ 捤, lancer l'épervier. — *Vung vai* ○ 䯒, s'étirer. — *Vung văng* ○ 榮, très en colère, furieusement.

Vung 壜. Couvercle de marmite. (Formé du S. A. *thổ* 土, terre, et de l'A. V. *bông* 蒝, coton.)

Đậy vung 待 ○, mettre le couvercle.

Vụng 俸. Maladroit, inhabile, incapable; en cachette, secrètement. (En S. A., solde, ration; se pron. *bổng*.)

Vụng lo ○ 慮, qui ne sait pas se débrouiller. — *Vụng làm* ○ 濫, qui fait tout mal. — *Vụng dại* ○ 曳, sot, inintelligent. — *Nói vụng* 吶 ○, murmurer. — *Ăn vụng* 唆 ○, manger en cachette.

Vùng 瀜. Se débattre, s'agiter; tout

29.

à coup, brusquement; trou, gîte. (Formé du S. A *thủy* 水, eau, et de l'A. V. *bông* 蒙, coton.)

Vùng vãy ○ 浘, s'agiter en tous sens, se démener. — *Vùng vàng* ○ 鎊, air furieux. — *Vùng nói ra* ○ 吶 囉, prendre brusquement la parole. — *Đào vùng* 陶 ○, creuser une fosse, un trou (pour les cochons). — *Vùng heo rùng* ○ 獵棱, la bauge d'un sanglier. — *Nằm vùng* 靦 ○, se vautrer. — *Ăn vùng* 唉 ○, manger et dormir à la même place (salement, comme un cochon à l'engrais).

Vũng 溱. Mare, flaque d'eau; baie, crique, golfe, estuaire; coude de fleuve, enfoncement de cours d'eau. (Formé des S. A. *thủy* 水, eau, et *phụng* 奉, avec respect.)

Vũng Hàn ○ 韓, baie de Tourane. — *Vũng Tàu* ○ 艚, baie des Cocotiers (cap Saint-Jacques). — *Vũng vạt* ○ 汋, gouffre, tournant.

Vưng 邦. Obéir, consentir. V. *vâng*. (En S. A., clan, fief; se pron. *bang*.)

Thưa vưng 疎 ○, oui, j'obéirai. — *Tôi xin vưng* 碎嗔 ○, id. — *Hay vưng lời* 哈 ○ 俐, soumis, obéissant. — *Nó không chịu vưng* 奴空 召 ○, il refuse d'obéir. — *Vưng hộ* ○ 護, prendre sous sa protection.

Vựng 暈. Syllabe complémentaire. (En S. A., tour, disque; se pron. *vận*.)

Vựng đảo ○ 倒, avoir un éblouissement, être pris du vertige.

Vựng 暈. Masse, motte. Voir *vầng*. (Pour le car. en S. A., voir ci-dessus.)

Vừng đá ○ 砣, bloc de marbre. — *Một vừng đất lớn* 沒 ○ 坦客, une grosse motte de terre. — *Vừng trăng* ○ 朘, la lune.

Vừng 藶. Sésame (espèce). Voir *mè*. (Formé des S. A. *thảo* 艸, plantes, et *vận* 暈, disque, cercle.)

Vừng 樳. Un petit arbre de marais dont les feuilles sont comestibles. (Formé des S. A. *mộc* 木, arbre, et *vận* 暈, cercle.)

Rau vừng 藭 ○, potage (ou salade) de feuilles de *vừng*. — *Ăn rau vừng* 唉 藭 ○, manger de cette préparation. — *Cái vừng* 丐 ○, le nom d'une localité importante de l'arrondissement de *Châu đốc* (Cochinchine).

Vững 凭. Solide, durable, constant. (Du S. A. *vừng*, même car., même signif.)

Vững vàng ○ 傍, fermement. — *Vững bền* ○ 紤, qui a de la consistance, qui peut résister. — *Vững chí* ○ 志, ferme volonté. — *Vững lòng* ○ 悉, ferme, constant. — *Vững chơn* ○ 蹞, solide sur ses jambes. — *Vững ý* ○ 意, ferme dans ses résolutions. — *Cách vững* 格 ○, fermement, solidement. — *Sự vững* 事 ○, fermeté, solidité.

Vững 任. Syllabe complémentaire. (En S. A., loyal, fidèle; se pron *nhậm*.)

Vơ vững 摣 ○, sottement, stupidement. — *Nói vơ vững* 吶 摣 ○, parler sottement, dire des absurdités. — *Đi vơ vững* 移 摣 ○, errer à l'aventure, marcher sans but déterminé. — *Xỉưng vỉểng* 拯 ○, se trouver mal, perdre connaissance.

Vỉửng 凭*. Ferme appui, solide soutien; compter sur, se fier à, avoir confiance en; preuve, assurance, témoignage.

Vược 鯎. Nom de poisson; ajuster. (Du S. A. *vực*, même car., poisson.)

 Miệng vược 皿 ○, assemblage, ajustage (ais, planches).

Vuội 蓓. Plantes, feuilles, fleurs. (Du S. A. *bội*, même car., même signif.)

 Lá vuội 蘿 ○, certaines feuilles ou fleurs séchées dont on fait des infusions.

Vuối 貝. Et, avec. Voir *cùng* et *với*. (En S. A., coquille; se pron. *bối*.)

 Xin vuối người nào 嗔 ○ 得前, demander (quelque chose) à quelqu'un. — *Anh hãy đi vuối tôi* 嬰咳 拶 ○ 碎, venez avec moi.

Vươn 爰. Tirer, étendre, écarter. (En S. A., changer; se pron. *viên*.)

 Dài vươn 跣 ○, trop tiré, trop élargi. — *Vươn vai* ○ 鬲, écarter les épaules en allongeant les bras, s'étirer fortement.

Vượn 猿. Le grand singe gibbon. (Du S. A. *viên*, même car., même signif.)

 Tay vượn 拪 ○, rampe. — *Vượn hay leo trên cây* ○ 哈 蹽 連 核, le gibbon grimpe sur les arbres.

Vườn 園. Jardin, verger, potager. (Du S. A. *viên*, même car., même signif.)

 Lập vườn 立 ○, faire un jardin. — *Làm vườn* 濫 ○, jardiner. — *Kẻ làm vườn* 几 濫 ○, jardinier. — *Nghề làm vườn* 蓺 濫 ○, métier de jardinier, jardinage. — *Vườn cây trái* ○ 核 粳, jardin d'arbres fruitiers, verger. — *Vườn rau* ○ 薐, jardin de légumes, potager. — *Vườn nho* ○ 𦯳, vigne. — *Vườn cau* ○ 槹, plantation d'aréquiers. — *Vườn trầu* ○ 𦯳, plantation de bétel. — *Đất vườn* 坦 ○, terrain planté en jardin. — *Nhà vườn* 茹 ○, maison de campagne. — *Vườn tược* ○ 削, plantation, propriété.

Vuông 㘇 [1]. Carré, quadrangulaire; mesure pour les grains valant environ trente kilogrammes; entier. (Formé des S. A. *phương* 方, carré, et *phong* 風, vent.)

 Khăn vuông 巾 ○, linge carré, mouchoir de poche. — *Hình vuông* 形 ○, forme carrée, figure carrée. — *Vẽ ra một cái hình vuông* 㵾 囉 沒 丐 形 ○, dessiner un carré. — *Mặt vuông tai lớn* 𩈘 聰 客, face carrée et longues oreilles (visage vulgaire, figure commune). — *Vuông tròn* ○ 論, entier, complet. — *Một vuông vức* 沒 ○ 域, un cube. — *Hình vuông vức* 形 ○ 域, cubique. — *Một thước vuông* 沒 托 ○, un mètre cube. — *Vuông lúa* ○ 稻, mesure pour le paddy. — *Vuông quan* ○ 官, mesure officielle. — *Nhà vuông* 茹 ○, maison carrée (se dit de la maison commune dans un village).

---

[1] Se transcrit aussi par le car. 瓵.

Vương 王*. Prince, roi, souverain.

Thân vương 親 ○, prince du sang. — Quân vương 郡 ○, titre princier. — Vương công ○ 公, autre titre princier. — Pháp vương 法 ○, Bouddha. — Đế vương 帝 ○, empereur. — Vị vương 位 ○, la personne du souverain. — Nhà vương 茹 ○, id. — Dòng vương tướng 洞 ○ 將, race royale. — Đại vương 大 ○, grand roi. — Phong vương 封 ○, conférer la souveraineté. — Phụng vương 奉 ○, recevoir l'investiture royale.

Vượng 旺*. Rayons solaires; éclat, beauté; brillant, glorieux; abondant, florissant, prospère.

Hảo vượng 好 ○, l'éclat de la beauté; magnifique, splendide. — Vượng lại ○ 吏, redevenir prospère; reprendre, regagner (affaires, commerce). — Hình vượng 形 ○, fœtus.

Vương 迋*. Aller, partir, avancer; faire un détour; crainte, peur.

Vướng 紡 [1]. Fin, ténu, filamenteux. (En S. A., demander; se pron. phưởng.)

Chỉ vướng 織 ○, fil très fin. — Vương máu ○ 脈, petit vaisseau sanguin. — Mắc đàm vướng trong cổ 縸 痰 ○ 冲 古, avoir des humeurs aqueuses dans la gorge (grippe, rhume).

Vưởng 紡. Très mince, très léger. (Pour le car. en S. A., voir ci-dessus.)

Vưởng vớt ○ 撻, faible, sans consistance. — Vất vưởng 勿 ○, qui tient à peine.

---

(1) Se transcrit aussi par le car. 紝.

Vuột 燵. Retirer, enlever, écorcher; s'échapper, se détacher, se peler. (Formé des S. A. hỏa 火, feu, et bút 筆, pinceau à écrire.)

Vuột quần ○ 裙, ôter son pantalon. — Vuột da ○ 膠, enlever la peau. — Vuột dây ○ 繂, laisser échapper (des mains) un bout de corde; se détacher (animaux). — Chạy vuột đi mất 趍 ○ 移 秩, s'enfuir à toutes jambes, se sauver et disparaître. — Chẳng vuột 庄 ○, ne pas se détacher.

Vuốt 撶*. Caresser, calmer, flatter.

Vuốt ve ○ 蠵, passer doucement la main sur. — Hay vuốt ve 哈 ○ 蠵, caressant. — Vuốt râu ○ 鬚, caresser sa barbe. — Nói vuốt ve 吶 ○ 蠵, flatter en parlant. — Vuốt giận ○ 悙, calmer la colère, apaiser le courroux. — Vuốt ra ○ 囉, étendre, étaler. — Vuốt da ○ 膠, étaler une peau. — Vuốt nợ ○ 女, éteindre une dette, se libérer définitivement.

Vượt 濊. Passer, franchir; éviter. (Formé des S. A. thủy 水, eau, et việt 越, traverser.)

Vượt biển ○ 瀐, passer les mers, traverser les océans. — Vượt bậc ○ 北, franchir les degrés, avancer en grade sans passer par la filière. — Vượt khỏi tội ○ 塊 罪, échapper à une punition. — Vượt khỏi ngục ○ 塊 獄, éviter la prison. — Vượt vòng ○ 壃, passer outre à, ne faire aucun cas de. — Vượt ý người nào ○ 意 悸 荋, ne tenir aucun compte des désirs de quelqu'un. — Sự vượt phép 事 ○ 法, passe-droit, faveur,

Vụt 撻*. Tout d'un coup, en une seule fois; subitement, rapidement; avec précipitation, avec vigueur, de toutes ses forces.

Vụt chạy ○ 趍, s'enfuir tout à coup. — *Vụt đi* ○ 移, s'en aller subitement. — *Vụt ra* ○ 囉, sortir avec précipitation. — *Ném vụt* 捻 ○, lancer vigoureusement, jeter de toutes ses forces. — *Quăng vụt* 扤 ○, id. — *Vụt vụt* ○ ○, à coups redoublés, avec violence. — *Đánh vụt vụt* 打 ○ ○, frapper à coups redoublés. — *Tôi nghe đánh vụt vụt* 碎 瞳 打 ○ ○, j'entendais frapper à coups redoublés. — *Gió vụt vụt* 逾 ○ ○, le vent fait rage.

Vút 潷*. Eau coulant peu à peu. A. V. Laver, passer à l'eau (grain).

Vút gạo ○ 糙, laver le riz (avant de le faire cuire). — *Ưa ăn cơm vút* 於 唆 餂 ○, aimer à manger du riz préalablement passé à l'eau.

Vút 貄. Ongles, griffes, serres. (Formé des S. A. *khuyển* 犬, chien, et *bút* 筆, pinceau à écrire.)

Vút beo ○ 豹, griffes de panthère. — *Vút mèo* ○ 猫, griffes de chat. — *Có nanh có vút* 固 獰 固 ○, avoir dents et griffes (pour se défendre). — *Nó có nanh có vút* 奴 固 獰 固 ○, il a dents et griffes (il est à craindre, il est terrible). — *Mài răng trỏ vút* 埋 酸 擄 ○, aiguiser ses dents, montrer ses griffes (se disposer à agir terriblement).

Vưu 蚘*. Ver intestinal ou ténia.

Vưu 疣 et 脏*. Tumeur, enflure, gonflement; maladie des ganglions du cou, goitre.

Vưu 訧*. Mauvaise action; erreur; manquement, faute; manquer de respect, blesser, offenser.

X

Xa 車*. Char, chariot, voiture; nom de machines tournantes : moulin, pompe, etc. Voir *xe*.

Đại xa 大 ○, grande voiture. — *Tiểu xa* 小 ○, petite voiture. — *Xa phu* ○ 夫, conducteur de char. — *Binh xa* 兵 ○, char de guerre. — *Mã xa* 馬 ○, voiture à chevaux. — *Ngưu xa* 牛 ○, charrette à buffles. — *Hỏa xa* 火 ○, char à feu (voiture à vapeur). — *Thượng xa* 上 ○, monter en voiture. — *Hạ xa* 下 ○, descendre de voiture. — *Phong xa* 風 ○, moulin à vent. — *Thủy xa* 水 ○, noria. — *Xấu xa* 丑 ○, très laid, affreux. — *Xót xa* 咄 ○, piquer, démanger; fougueux, ardent. — *Xa cừ* ○ 璖, nacré. — *Ốc xa cừ* 沃 ○ 璖, coquille nacrée.

Xa 碑*. Belle pierre précieuse.

Xa 叉*. Bras croisés, mains jointes; croisement, entrelacement.

Xa 挓*. Tenir ou serrer dans ses bras; prendre; pincer, piquer.

Xa 賒*. Sans argent comptant, à crédit; emprunt, prêt; lenteur, négligence; long délai, éloignement, prolongation.

Xa mãi ○ 買, acheter à crédit. — *Xa mại* ○ 賣, vendre à crédit. — *Cận xa* 近○, près et loin. — *Xa cách* ○ 隔, éloigné, lointain; séparé, distinct. — *Ở xa cách nhau* 於○隔饒, être séparés les uns des autres par une grande distance. — *Xa xuôi* ○ 吹, très loin. — *Xa hoặc* ○ 或, excessivement loin. — *Gần xa* 斯○, près et loin; partout. — *Xa chơi* ○ 制, mourir. — *Đi đường xa lắm* 迻唐○麐, marcher longtemps, aller très loin. — *Xa quá, tôi đi không đặng* ○ 過碎迻空鄧, c'est trop loin, je ne puis y aller. — *Xa lánh* ○ 另, à l'écart, à distance; fuir loin de. — *Đi xa về gần* 迻○衛斯, on trouve l'aller plus loin que le retour. — *Ở xa quê quán* 於○圭貫, demeurer ou vivre loin de son pays natal. — *Nói xa gần* 吶○斯, parler dans le vague, ne pas préciser. — *Gần gần xa xa* 斯斯○○, ni trop près ni trop loin. — *Xa tiền* ○ 前, plantain.

Xa 奢*. Faire étalage de son bien, montrer ses richesses; dissiper, prodiguer; faste, luxe, opulence.

Xa xí ○ 侈, dissiper, gaspiller, prodiguer. — *Người xa xí* 得○侈, dissipateur, prodigue. — *Sự xa xí* 事○侈, luxe. — *Kiêu xa* 驕○, orgueil, ostentation. — *Làm kiêu xa* 濫驕○, faire avec ostentation. — *Cơm xa* 拑○, riz noir.

Xạ 射*. Jeter au loin; tirer, lancer (dard, flèche); darder, émettre; combiner, projeter.

Loạn xạ 乱○, tirer à tort et à travers. — *Thiện xạ* 善○, un excellent archer. — *Xạ nhựt* ○ 日, soleil dardant ses rayons. — *Xạ quang* ○ 光, jet de lumière. — *Xạ ngôn* ○ 言, lancer des sarcasmes. — *Xạ cang thảo* ○ 蘭草, aconit. — *Tật quỉ xạ* 疾鬼○, maladie du diable (le nom d'une horrible lèpre asiatique).

Xạ 麝*. Le chevrotain musqué.

Xạ hương ○ 香, musc. — *Con chuột xạ* 昆狖○, rat musqué. — *Xạ can* ○ 干, centinode, traînasse. — *Hôi xạ* 灰○, sentir le musc.

Xá 舍*. Cabane, masure, demeure, maison; boutique, auberge; faire une halte, se reposer un instant. A. V. Il faut, on doit; joindre les mains et saluer respectueusement.

Thảo xá 草○, chaumière. — *Phước xá* 福○, maison de repos, asile, hospice. — *Khách xá* 客○, maison hospitalière. — *Quán xá* 舘○, hôtellerie. — *Phô xá* 舖○, boutique du marché. — *Đàng xá* 唐○, rue des boutiques, route des hôtelleries. — *Xá sai* ○ 差, écrivain du roi. — *Xá nhơn* ○ 人, id. — *Xá lợi* ○ 利, sorte d'amulette. — *Xá hay* ○ 哈, il est indispensable de savoir. — *Xá kíp* ○ 急, il faut absolument, il y a urgence. — *Xá đi* ○ 迻, saluer (les mains jointes et en s'inclinant) et partir. — *Xá về* ○ 衛, id. — *Ông xá ông* ○, esprit du foyer, dieu domestique.

Xá 捨*. Rejeter, abandonner; laisser aller, laisser faire; donner, remettre, accorder; renoncer à, faire le sacrifice de. Voir *xả*.

Xá khứ ○ 去, quitter. — *Xá bổn* ○ 本, rejeter l'essentiel, abandonner le principal. — *Xá công* ○ 工, abandonner un travail. — *Xá sanh* ○ 生, faire bon marché de l'existence, ne pas tenir à la vie. — *Xá sanh nhi thủ ngãi* ○ 生 而 守 義, risquer sa vie pour garder sa foi (ou son honneur).

Xá 赦*. Négliger, oublier; laisser aller, faire grâce, pardonner, remettre une faute, amnistier.

Xá miễn ○ 免, excuser. — *Xá quá* ○ 過, excuser une faute, oublier une offense. — *Ân xá* 恩 ○, grâce, pardon, amnistie, indulgence. — *Đại xá* 大 ○, id. — *Đại xá thiên hạ* 大 ○ 天 下, amnistie générale. — *Tội bất xá* 罪 不 ○, crime sans pardon. — *Ân đại xá* 恩 大 ○, indulgence plénière.

Xá 址*. Base, fondation, origine; surface, emplacement.

Xá 扯 et 撦*. Tirer, couper, déchirer, fendre; faucher, tondre.

Xá khai ○ 開, ouvrir, défoncer, briser. — *Xá thượng* ○ 上, élever, hisser, carguer. — *Xá khứ* ○ 去, arracher, extirper.

Xà 蛇*. Serpent (et autres reptiles); serpenter, ramper. A. V. Poutre, moise; abaisser, faire descendre.

Long xà 龍 ○, dragons et serpents; dessins, ornements, fioritures; belle écriture. — *Con long xà* 昆 龍 ○, le basilic. — *Cá xà* 鯊 ○, squale, chien de mer. — *Xà tâm* ○ 心, cœur de serpent; fourbe, traître, pervers. — *Dẫn xà nhập huyệt* 引 ○ 入 穴, conduire un serpent à son trou (introduire un méchant dans sa maison). — *Xà thoát* ○ 脫, dépouille de serpent. — *Xà tích* ○ 錫, serpent de fer (chaîne). — *Dây xà tích* ○ 錫, chaîne en fer. — *Xà nhà* ○ 茹, poutre de maison.

Xà 駝*. Cheval fabuleux. Voir *đà*.

Lạc xà điểu 駱 ○ 鳥, autruche.

Xã 社*. Esprits (ou dieux) protecteurs des villages et des hameaux; sacrifier aux esprits qui président à la terre et aux moissons; réunion, société; bourg, grand village, commune importante.

Xã nhựt ○ 日, jour de sacrifice. — *Đại xã* 大 ○, grand sacrifice. — *Làng xã* 廊 ○, bourgs et villages. *Thôn xã* 村 ○, id. — *Xã trưởng* ○ 長, chef de village, maire. — *Ông xã ông* ○, monsieur le maire. — *Chính xã* 正 ○, du village même. — *Người chính xã* 得 正 ○, natif du village. — *Bổn xã* 本 ○, notre commune, notre village.

Xã 捨*. Rejeter, repousser; laisser tomber, laisser flotter; lâcher. A. V. Disperser, éparpiller, parsemer; syllabe complémentaire.

Xả xwợi ○ 侈, rejeter comme inutile; superflu. — *Xả rác* ○ 落, éparpiller des ordures; repousser avec mépris. — *Xả buồm* ○ 帆, lâcher l'écoute. — *Xả lèo* ○ 繚, id. — *Xả tóc* ○ 髢, défaire le chignon, laisser flotter les cheveux. — *Tóc xả* 髢 ○, cheveux défaits, épars. — *Xong xả* 衝 ○, achevé, entièrement fini.

Xạc 落. Syllabe complémentaire. (En S. A., dispersé; se pron. *lạc*.)

Xài xạc 支 ○, usé, déchiré, en lambeaux. — *Xào xạc* 炒 ○, tumultueusement, avec agitation. — *Xạc xạc* ○○, onomatopée (grincement, froissement). — *Gãi xạc xạc* 掊 ○○, bruit fait en grattant, en raclant.

Xác 確 *. Quartier de roche; dur, ferme, solide; exact, réel; véritablement, incontestablement.

Xác thật ○ 實, très sincère. — *Xác tri sự* ○ 知事, être absolument certain de quelque chose. — *Xác số* ○ 數, chiffre réel, nombre exact. — *Thuộc xác* 屬 ○, savoir à fond. — *Xác biết* ○ 別, connaître parfaitement. — *Xác mấy* ○ 買, combien?

Xác 壳 et 殼 *. Coquille, écaille; écorce, peau, dépouille, enveloppe. A. V. Corps, ossature, structure; résidu, marc, lie, sédiment; syllabe complémentaire.

Xác đất ○ 坦, structure du corps humain, charpente osseuse d'un homme. — *Thân xác* 身 ○, id. — *Xác thịt* ○ 胙, id. — *Xác chết* ○ 折, cadavre. — *Cất xác* 拮 ○, enlever le corps (d'un trépassé). — *Đưa xác* 迻 ○, accompagner le corps, suivre un enterrement. — *Phần xác* 分 ○, corporel. — *Loài có xác* 類固 ○, les êtres corporels. — *Chết là hồn xác phân rẽ nhau* 折羅魂 ○ 分褐饒, la mort est la séparation de l'âme et du corps. — *Xác nhà* ○ 茄, structure d'une maison. — *Tác xác* 粟 ○, résidu d'opium. — *Xác mía* ○ 樸, résidu de canne à sucre. — *Xao xác* 敲 ○, tapage, vacarme.

Xắc 確. Syllabe complémentaire. (En S. A., dur, ferme; se pron. *xác*.)

Xắc xói ○ 陞, vexer; embarrasser. — *Xắc xói nhau* ○ 陞饒, s'embarrasser les uns les autres. — *Xắc xảo* ○ 巧, trouble, confusion. — *Xa xác* 賒 ○, très éloigné.

Xác 倬 *. Élevé; visible, apparent. A. V. Arrogant, insolent, effronté, impertinent.

Minh xác 明 ○, brillant, manifeste. — *Xác xược* ○ 踔, grossier, insolent. — *Xác lác* ○ 勒, id. — *Nói xác* 吶 ○, parler avec arrogance, dire des impertinences. — *Thằng xác* 倘 ○, un impudent gredin, un polisson. — *Thằng xác chi mấy* 倘 ○ 之眉, pourquoi tant d'insolence?

Xạch 拶. Onomatopée (bruit d'une chose molle, gluante, flasque, qui tombe par terre en s'aplatissant). (Formé des S. A. *thủ* 手, main, et *xích* 赤, rouge foncé.)

Đi xạch xạch 拸 ○○, marcher lourdement; aller en trottinant comme les gens chargés d'un fardeau. — *Nghe xạch xạch* 瞶 ○○, on entendait *xạch xạch*,

Xách 拣. Porter suspendu à la main (le bras pendant); élever, soulever. (Pour le car. en S. A., voir ci-dessus.)

Xách tiền ○ 錢, porter des sapèques (en ligatures). — *Xách đồ nặng lên* ○ 圖 曩 遷, soulever un poids lourd. — *Một xách* 沒 ○, une charge (ce qu'on peut soulever avec la main). — *Quai xách* 乖 ○, anse (de vase, de panier). — *Cái xách* 丐 ○, poignée (servant à porter quelque chose à la main). — *Hút xách* 唿 ○, fumer, aspirer (de l'opium).

Xai 搓*. Tordu, courbé; infléchir. A. V. Être changé de place.

Xai đi ○ 拸, enlever, changer, déplacer. — *Xai trăng* ○ 綾, une certaine façon de torturer.

Xai 猜*. Doute, soupçon. Voir *thai*.

Xại 蠆*. Dard (abeille, scorpion).

Xái 泰. Syllabe complémentaire. (En S. A., prospérité; se pron. *thái*.)

Xăng xái 控 ○, vivement, rapidement. — *Đi xăng xái* 拸 控 ○, marcher vite, presser le pas.

Xái 屎*. Fumier, ordure; résidu.

Xái khanh ○ 坑, dépôt d'ordures, fosse d'aisances. — *Xái nha phiên* ○ 牙 片, résidu d'opium fumé.

Xài 柴 [1]. Employer, dépenser; usé. (En S. A., vouloir mordre; se pron. *say*.)

Tiêu xài 消 ○, user de, se servir de. — *Ăn xài* 唆 ○, dépenser. — *Xài tiền* ○ 錢, dépenser des sapèques. — *Tiền xài* 錢 ○, argent dépensé. — *Tiền xài tiền tiêu* 錢 ○ 錢 消, sapèques enfilées pour les menues dépenses, argent de poche. — *Xài của vô ích* ○ 貽 無 益, dépenser son bien inutilement. — *Người rộng xài* 得 曠 ○, un homme large et généreux, quelqu'un qui met facilement la main à la poche. — *Xài xạc* ○ 落, vieux, usé, déchiré. — *Xạc xài* 落 ○, id. — *Lài xài* 來 ○, déguenillé.

Xay 磋. Moudre; décortiquer (riz). (En S. A., train de bois; se pron. *sạ*.)

Xay bột mì ○ 桴 麵, moudre du blé. — *Xay trà phe* ○ 茶 批, id. du café. — *Máy xay* 楨 ○, moulin. — *Xay lúa* ○ 穭, décortiquer le paddy. — *Cối xay* 檜 ○, moulin à décortiquer le paddy. — *Nghề xay* 藝 ○, meunerie. — *Họng cối xay* 哄 檜 ○, trémie de meule. — *Họng như họng cối xay* 哄 如 哄 檜 ○, criard, braillard; litt., avoir le gosier aussi large que la trémie d'une meule. — *Cây xay* 核 ○, nom d'arbre. — *Cây cối xay* 核 檜 ○, mauve.

Xạy 是. Syllabe complémentaire. (En S. A., vrai, droit; se pron. *thị*.)

Xạy xong ○ 衝, qui peut aboutir. — *Không xạy xong gì hết* 空 衝 之 歇, ne pouvoir arriver à aucun résultat satisfaisant. — *Có xạy xong gì ở đâu* 固 ○ 衝 之 於 兜, allons donc! est-ce qu'il est possible d'arriver à quoi que ce soit?

---

[1] Se transcrit aussi par le car. 支.

Xáy 熾. Piquer, broyer, écraser.
(En S. A., éclat du feu; se pron. *xí*.)

Xót xáy 咄 ○, démanger, piquer, cuire. — *Đâm xáy* 鈗 ○, piler, écraser (doucement). — *Ông xáy* 瓫 ○, petit mortier en forme de tube pour préparer la chique de bétel.

Xảy 侈. Aussitôt, tout à coup, subitement, à l'improviste; arriver par hasard, sur ces entrefaites...
(En S. A., large, étendu; se pron. *xí*.)

Xảy thấy ○ 覓, aussitôt on vit... — *Xảy gặp* ○ 及, tout à coup on rencontra... — *Xảy tới* ○ 細, il arriva que... — *Xảy lại* ○ 吏, sur ces entrefaites, il survint... — *Việc xảy ra* 役 ○ 囉, chose qui arrive, qui se produit. — *Nói xảy* 吶 ○, parler avec assurance. — *Cái mỏ xảy* 丐 喋 ○, un instrument pour remuer la paille.

Xây 搓. Tourner, entourer; bâtir.
(Formé des S. A. *thổ* 土, terre, et *sai* 差, envoyer, déléguer.)

Xây vận ○ 運, enrouler autour. — *Xây quanh* ○ 迯, id. — *Xây mặt* ○ 楲, tourner le visage. — *Cầu xây* 橋 ○, pont tournant. — *Xây tròn* ○ 論, tournoyer. — *Xây vòng* ○ 綏, id. — *Sự xây tròn* 事 ○ 論, tournoiement. — *Cái xáy* 丐 ○, tourniquet. — *Xây đi* ○ 扌, déplacer, retourner. — *Xây đi vận lại* ○ 扌運 吏, faire mouvoir autour, faire tourner dans tous les sens. — *Xây thành* ○ 城, entourer de murailles (ville),

fortifier. — *Xây tháp* ○ 塔, bâtir une tour. — *Xây lập* ○ 立, bâtir, construire, ériger. — *Xây hồ vôi* ○ 糊砈, bâtir à chaux. — *Nhà xây chắc* 茹 ○ 卓, bâtisse solide. — *Đồ xây* 圖 ○, maçonnerie. — *Thợ xây* 署 ○, maçon. — *Xây vách* ○ 壁, construire un mur.

Xẩy 柴. Défectueux, insuffisant.
(En S. A., lié en fagot; se pron. *sài*.)

Cù xẩy 虯 ○, retarder, traîner en longueur. — *Nói cù xẩy* 吶 虯 ○, parler d'une manière évasive, éluder. — *Gạo lứt xẩy* 糙 粟 ○, riz mal décortiqué. — *Làm xẩy xẩy* 濫 ○ ○, faire imparfaitement.

Xam 攙 [1]. Mêlé, confus; désordre.
(En S. A., tuer, percer; se pron. *sàm*.)

Xam lộn ○ 輪, troublé, embrouillé. — *Xam vào* ○ 㑯, se mêler de. — *Xam lại* ○ 吏, s'approcher de. — *Nói xam* 吶 ○, faire l'important (en se mêlant à une conversation). — *Xam trộn lộn lạo* ○ 論 輪 老, mettre le désordre dans (en faisant des cancans).

Xạm 湛. Vil, grossier, méprisable.
(En S. A., être immergé; se pron. *trạm*.)

Đồ xạm 圖 ○, chose vile, objet de rebut. — *Lạm xạm* 濫 ○, rude, âpre; commun, grossier; déplacé, inconvenant. — *Thằng lạm xạm* 倘 濫 ○, malotru, grossier personnage.

Xám 監. Grisâtre, cendré. Voir *tro*.
(En S. A., prendre, saisir; se pron. *lãm*.)

---

[1] Se transcrit aussi par le car. 浸.

Màu xám 牟 ○, couleur cendrée. — *Sắc xám* 色 ○, id. — *Xám tro* ○ 爐, tirant sur le gris.

Xám 譫. Obscur, confus, brouillé. (Du S. A. *thiểm*, même car., même signif.)

Làm xàm 濫 ○, à tort et à travers, follement. — *Nói xàm* 吶 ○, jaser, bavarder. — *Nói làm xàm* 吶 濫 ○, paroles obscures, langage incohérent. — *Chúng nó nói xàm xàm* 衆 奴 吶 ○ ○, ils bavardent à tort et à travers, ils parlent comme des fous.

Xám 揕. Boucher avec du mastic. (En S. A., percer, tuer; se pron. *chăm*.)

Xám trét ○ 捌, calfater, mastiquer. — *Xám ghe* ○ 艥, calfater une barque. — *Đồ xàm* 圖 ○, mastic, enduit. — *Thợ xàm tàu* 署 ○ 艚, ouvrier calfat.

Xăm 駸. Piquer, sonder; piler. (En S. A., cheval rapide; se pron. *xâm*.)

Xăm lủng qua ○ 隴 戈, transpercer, trouer, défoncer. — *Xăm nọc* ○ 榒, broche, sonde, pieu. — *Đi xăm xăm* 迻 ○ ○, se diriger sur, aller tout droit (sans s'inquiéter de rien). — *Đi xăm xúi* 迻 ○ 吹, id. — *Lăm xăm* 林 ○, désordre, confusion. — *Có dấu lăm xăm* 固 斜 林 ○, qui a de nombreuses traces de coups.

Xăm 縵. Toile servant de cible. (En S. A., étoffe rouge; se pron. *xâm*.)

Trúng xăm 中 ○, toucher le but. — *Xăm trù* ○ 綢, espèce de filet.

Xăm 懴. Syllabe complémentaire. (En S. A., remords; se pron. *sám*.)

Xăm rắm ○ 𢥈, se proposer de, se préparer à. — *Xăm rắm đi* ○ 𢥈 迻, se disposer à partir. — *Xăm rắm đi ghe* ○ 𢥈 迻 艥, se disposer à partir en barque. — *Xăm rắm đi nói vợ* ○ 𢥈 迻 吶 嬤, se proposer de faire une demande en mariage.

Xâm 駸*. Coursier rapide; courir très vite, aller au galop, se hâter.

Xâm 縵*. Toile (ou étoffe) rouge.

Xâm 侵*. Empiéter sur, s'emparer de, usurper, envahir. Voir *thâm*.

Xâm lấn ○ 吝, faire main basse sur. — *Xâm vào* ○ 返, pénétrer en secret dans, s'insinuer. — *Xâm nhập* ○ 入, s'introduire peu à peu. — *Xâm chơi* ○ 制, pousser à l'amusement. — *Nói xâm* 吶 ○, piquer, vexer, exciter.

Xâm 浸*. Immergé, submergé; faire macérer dans l'eau. Voir *tắm*.

Xâm 浸. Syllabe complémentaire. (Pour le car. en S. A., voir ci-dessus.)

Xâm xuất ○ 出, vague, incertain. — *Nói xâm xuất* 吶 ○ 出, parler vaguement. — *Lời nói xâm xuất* 唎 吶 ○ 出, discours confus.

Xâm 諶. Syllabe complémentaire. (En S. A., parole loyale; se pron. *thâm*.)

Xâm xịt ○ 㗫, chuchotement. — *Nói xâm xịt* 吶 ○ 㗫, parler bas à l'oreille. — *Kẻ hay nói xâm xịt* 几 咍 吶 ○ 㗫, quelqu'un qui aime à chuchoter.

Xẩm 耽. S'obscurcir, s'assombrir. (En S. A., grande oreille; se pron. *dam*.)

Trời xẩm 丕 ○, le ciel s'obscurcit, le temps s'assombrit. — *Xẩm trời* ○ 丕, la nuit approche. — *Xẩm mắt* ○ 相, les yeux se voilent. — *Xây xẩm* 搓 ○, vertige, éblouissement. — *Bắt xây xẩm* 抔搓 ○, être pris de vertige, avoir des éblouissements.

Xan 嘽*. Gronder, réprimander; avoir la gorge embarrassée.

Xan 滇. Qui est fortement agité. (En S. A., nappe d'eau; se pron. *điền*.)

Xan gió ○ 逾, exposé au vent et à la pluie. — *Sóng xan* 湃 ○, les flots battent, les vagues déferlent.

Xan 飡 et 粲*. Avaler, manger, boire; repas; recueillir.

Xan thực ○ 食, nourriture. — *Đại xan* 大 ○, grand repas, festin, banquet.

Xán 姣*. Beau, élégant, distingué; attrayant, amusant, agréable.

Xán 燦*. Clair, net, pur, serein; briller, éclairer, resplendir.

Xán 璨*. Nom de pierre précieuse.

Xán minh ○ 明, l'éclat d'une belle pierre; brillant, étincelant.

Xán 振. Jeter, lancer; heurt, choc. (Du S. A. *chán*, même car., secouer.)

Xán vỡ ○ 破, casser, briser (par choc ou violence). — *Xán xả* ○ 捨, rejeter, repousser. — *Nói xán xả* 吶 ○ 捨, dire des choses blessantes (aux gens). — *Xán vào* ○ 㗻, pénétrer brusquement, entrer en se précipitant; jeter dans quelque chose avec violence, provoquer un choc. — *Xán bệnh xuống* ○ 病甑, subitement pris par la maladie.

Xăn 搷. Relever, se retrousser. (En S. A., frapper; se pron. *điền*.)

Xăn quần lên ○ 裙遷, relever son pantalon (en le remontant sur les hanches). — *Xăn áo lên* ○ 襖遷, relever son habit, sa robe. — *Tay áo xăn lên* 揣襖 ○ 遷, manches retroussées. — *Xăn văn* ○ 聞, inquiet; empressé, affairé. — *Xuân xăn* 春 ○, se presser, se hâter.

Xắn 振. Creuser, fouiller, piocher. (En S. A., secouer; se pron. *chán*.)

Xắn ra ○ 囉, extraire, retirer. — *Xắn nọc* ○ 槔, enfoncer un pieu. — *Xắn đất* ○ 坦, creuser le sol, piocher la terre.

Xắn 嗔*. Adresser des reproches, parler avec indignation.

Khí xắn 氣 ○, bouillir de colère.

Xắn 瞋*. Regard de colère. V. *sân*.

Xắn 繢*. Nouer, lier (chevelure).

Xẳn 拯. Syllabe complémentaire. (En S. A., secourir; se pron. *chửng*.)

Xẳn xẳn ○ ○, fleurir, prospérer; fort, robuste. — *Làm công việc xẳn xẳn* 濫工役 ○ ○, travailler avec goût, faire avec entrain.

Xang 控*. Tirer à soi, maintenir, arrêter, modérer. Voir *không*. A. V. Lever les bras, gesticuler, jouer, danser; gêner, embarrasser.

Xang tay ○ 挀, lever la main (sur quelqu'un). — *Xang tay lên* ○ 挀 遷, lever les bras en l'air, jouer des mains. — *Xang cui* ○ 攰, donner des coups de poings. — *Xang ra xang vô* ○ 囉 ○ 無, ne faire qu'entrer et sortir, gêner la circulation.

Xang 腔*. Poitrine creuse, os sans chair; qui ne contient rien, qui n'a que du vide; enflé, bouffi; vaniteux, suffisant; son, ton, accent; air, vibration.

Diện xang 面 ○, qui n'a que de l'apparence, qui est tout en façade. — *Nhặt xang* 日 ○, vibration des cordes d'un instrument de musique, doux murmure d'un ruisseau. — *Kinh xang* 京 ○, accent de la capitale, prononciation de Pékin.

Xang 椌*. Bois ou bambou creux sur lequel on frappe.

Xang 瘴*. Maladie de la gorge.

Xàng 常. Ordinairement, souvent. (Du S. A. *thường*, même car., même signification.)

Làm xàng xàng 濫 ○ ○, faire continuellement, agir sans cesse; réitérer. — *Nói xàng xàng* 吶 ○ ○, parler souvent, parler toujours. — *Xàng xê* ○ 支, rapports, fréquentations, accointances. — *Đi xàng xê*

移 ○ 支, aller de côté et d'autre, courir, rôder; courtiser les femmes.

Xăng 控. Bouleversé, embarrassé; avec précipitation, avec vivacité. (En S. A., tirer à soi; se pron. *xang*.)

Xăng xít ○ 折, très embarrassé, très troublé. — *Xung xăng* 衝 ○, embrouillé; urgent, pressé. — *Lăng xăng* 陵 ○, accablé de besogne. — *Mắc lăng xăng* 縸 陵 ○, retenu par de nombreuses occupations. — *Đi xung xăng* 移 衝 ○, aller de côté et d'autre (comme quelqu'un qui a perdu la tête), courir comme un fou. — *Làm lăng xăng* 濫 陵 ○, faire avec précipitation.

Xăng 緓. Embrouillé; désordonné. (Formé des S. A. *mịch* 糸, fils, et *sàng* 床, lit, couchette.)

Xăng xê ○ 支, emmêlé; déréglé, dissolu, sans frein. — *Xăng xịu* ○ 僄, embarrassé. — *Làm xăng* 濫 ○, mal faire. — *Làm xăng xịu* 濫 ○ 僄, occasionner des complications. — *Nói xăng* 吶 ○, tenir de vilains propos sur les gens.

Xăng 拯[1]. Très fort (superlatif). (En S. A., secourir; se pron. *chửng*.)

Xăng đắng ○ 蔘, très amer, très piquant. — *Lời xăng* 俐 ○, paroles amères, langage acerbe. — *Nói xăng* 吶 ○, parler durement. — *Lớn xăng* 吝 ○, excessivement grand.

Xăng 霯. S'éclaircir (ciel, temps).

---

[1] Se transcrit aussi par le car. 唱.

(Formé des S. A. *võ* 雨, pluie, et *chừng* 拯, secourir.)

Trời xảng 丞 ○, le temps s'éclaircit. — *Xảng trời* ○ 丞, le ciel redevient serein.

Xanh 鐺*. Chaudron; disque de métal, sorte de gong.

Xanh 鋥*. Frotter, fourbir, faire briller, faire reluire.

Xanh 倀*. Travailler gratuitement; corvée, prestation.

Xanh 樘*. Perche de batelier.

Xanh 撑*. Appuyer, soutenir; étai.
A. V. Bleu, vert, verdoyant; pâle.

Xanh mộc ○ 木, appui, étançon; perche. — *Thuyền xanh* 船 ○, soutenir une barque avec des étançons. — *Xanh bất lai* ○ 不來, pousser, aider, mais ne pas avancer. — *Màu xanh* 牟 ○, couleur bleue (ou verte). — *Sắc xanh* 色 ○, id. — *Xanh da trời* ○ 胅丞, bleu céleste, bleu clair. — *Xanh lông két* ○ 翻鴶, vert perroquet. — *Xanh lá cam* ○ 蘿柑, un certain vert dit feuille d'oranger. — *Xanh ra* ○ 囉, verdoyer. — *Hóa nên xanh* 化年 ○, id. — *Màu xanh ngoài đồng* 牟 ○ 外仝, verdure des prés. — *Rừng xanh* 棱 ○, vertes forêts. — *Non xanh* 嫩 ○, vertes collines, riantes montagnes. — *Dòng xanh* 洞 ○, source limpide, clair ruisseau. — *Suối xanh* 濰 ○, l'eau verte des torrents. — *Xuân xanh* 春 ○, printanier, frais, jeune. — *Tuổi xuân xanh* 歲春 ○, jeunesse, verdeur de l'âge. — *Xanh xao* ○ 敲, très pâle,

blême. — *Tái xanh* 再 ○, id. — *Xanh lè* ○ 漓, livide, verdâtre. — *Mặt xanh lè* 緬 漓, visage très pâle, face livide. — *Giận xanh mặt* 悚 ○ 緬, pâlir de colère. — *Mặt nó xanh liền* 緬 奴 ○ 連, son visage blêmit tout à coup.

Xanh 饡*. Réplétion d'aliments.

Xảnh 請. Faire des façons, faire l'aimable, se courber, se prodiguer. (Du S. A. *thỉnh*, même car., même signification.)

Xí xảnh 侈 ○, avec une politesse exagérée, qui porte à l'excès les égards. — *Xẹ xảnh* 鼓 ○, id. — *Sự xẹ xảnh* 事 鼓 ○, obséquiosité.

Xao 敲*. Frapper fort, faire du bruit, battre du tambour; bâton, massue, baguette.

Xao mộc ngư ○ 木魚, frapper sur le bois creux (sorte de crécelle en forme de poisson). — *Xao canh* ○ 更, battre les veilles (de nuit). — *Xao động* ○ 動, ébranler, heurter. — *Lao xao* 勞 ○, bruyant, tumultueux. — *Không xao* 空 ○, ne pas remuer, ne pas broncher; sans bruit, sans heurt. — *Nước không xao mặt* 渃 空 ○ 緬, eau paisible, liquide dont la surface n'est pas agitée. — *Xao qua* ○ 戈, qui passe sans qu'on le remarque; vainement.

Xao 墝*. Sol aride, terre maigre.

Xao 磽*. Dur, pierreux, caillouteux.

Xạo 造. Bouleversé, embarrassé. (En S. A., entreprendre; se pron. *tạo*.)

Làm xạo 濫 ○, faire de l'obstruction. — *Nói xạo* 吶 ○, faire des commérages; mystifier. — *Đi xạo* 迻 ○, s'en aller, s'écarter, changer de place. — *Bài xạo* 牌 ○, un jeu de 36 cartes.

Xáo 造 ⁽¹⁾. Mêlé, mélangé; remuer; une certaine manière de cuire. (Pour le car. en S. A., voir ci-dessus.)

Xáo lộn ○ 論, sens dessus dessous, en désordre. — *Xáo lên* ○ 遷, retourné. — *Xuống xáo* 衝 ○, pêle-mêle, tout confondu, tout mélangé, embrouillé. — *Xóc xáo* 觸 ○, remuer, s'agiter, se donner du mouvement. — *Ăn rồi phải đi cho xóc xáo* 咹耒沛迻朱觸 ○, après le repas il faut se donner du mouvement (pour faciliter la digestion). — *Xén xáo* 剑 ○, mêlé, mélangé. — *Xáo trời đất* ○ 歪坦, remuer ciel et terre. — *Hàng xén hàng xáo* 行剑行 ○, marchandises diverses; boutique de détail, petit magasin, mercerie, bazar. — *Xáo xay* ○ 榙, boutique à décortiquer le paddy. — *Xáo thịt* ○ 腊, ratatouille de viande.

Xáo 草 ⁽²⁾. Qui n'est pas d'aplomb. (En S. A., plante, herbe; se pron. *thảo*.)

Xiên xáo 顫 ○, incliné, penché; le nom d'une herbe dite des génies (corruption de *thiên thảo* 仙草). — *Xiềng xáo* 惺 ○, vaciller.

Xào 炒. Faire frire, faire rôtir. (Du S. A. *sao*, même car., même signif.)

Xào khô ○ 枯, griller. — *Lào xào*

勞 ○, bruit de friture; tapage, tumulte. — *Xào xáo* ○ 造, grand vacarme; troublé, tumultueux. — *Thiên hạ xào xáo* 天下 ○ 造, le peuple se soulève.

Xảo 巧*. Adroit, habile, capable; rusé, malin, intrigant; faux, trompeur, artificieux.

Xảo thủ ○ 手, qui est adroit des mains. — *Tánh xảo* 性 ○, ingénieux. — *Xảo ngôn* ○ 言, paroles trompeuses. — *Xảo nhơn* ○ 人, un fourbe. — *Biến xảo* 變 ○, changeant. — *Liêm xảo* 斂 ○, impudent. — *Xảo quyệt* ○ 譎, astucieux, hypocrite. — *Xảo thượng* ○ 上, tromper ses supérieurs, les induire en erreur. — *Bá xảo* 百 ○, les cent subterfuges. — *Xảo kế* ○ 計, ruse, artifice. — *Nói xảo nói lựa* 吶 ○ 吶 縷, parler de façon à plaire à tout le monde, à ne mécontenter personne; faire l'aimable, se montrer gracieux et courtois. — *Đấu xảo* 鬥 ○, concourir, rivaliser. — *Cuộc đấu xảo* 局鬥 ○, concours, exposition. — *Hội đồng đấu xảo* 會同鬥 ○, le jury d'une exposition. — *Năm nay tại thành Ba li có một cuộc đấu xảo gồm hết cả nước* 䄹尼在城巴理固沒局鬥 ○ 歛歇哥渃, il y a, cette année, à Paris une Exposition universelle.

Xạp 雜. Syllabe complémentaire. (En S. A., mélanger; se pron. *tạp*.)

Xàm xạp 譖 ○, sans ordre, sans méthode, confusément. — *Ăn xàm xạp* 咹譖 ○, manger avidement, grossièrement, avec excès.

⁽¹⁾ Se transcrit aussi par le car. 扚. — ⁽²⁾ Se transcrit aussi par le car. 炒.

Xáp 夾. Attenant; serrer de près. (Du S. A. *giáp*, même car., même signif.)

Xáp lại ○ 吏, s'approcher. — *Xáp lại gần nữa* ○ 吏 昕 女, se rapprocher davantage, se mettre plus près. — *Xáp mặt* ○ 𩈘, se mettre en présence, faire face. — *Xáp trận* ○ 陣 faire face à l'ennemi, en venir aux mains. — *Xáp lại mà đánh* ○ 吏 麻 打, se ranger en bataille pour engager l'action. — *Xáp nhau lại* ○ 饒 吏, se presser les uns contre les autres, se reformer, se rallier.

Xáp 腒. Vide, aplati. (Formé des S. A. *nhục* 肉, chair, et *tháp* 𠮩, broyer.)

Xáp ve ○ 蠣, creux, déprimé, maigre, aplati. — *Xóp xáp* 執 ○, id. — *Xáp ruột* ○ 腪, intestins vides. — *Xáp bụng* ○ 𦝄, ventre creux.

Xáp 執. En passant, pour un temps; juste la mesure, jusqu'à niveau. (En S. A., maintenir; se pron. *cháp*.)

Xáp xanh ○ 樘, à plusieurs reprises, par intervalles, en cessant de temps en temps. — *Học xáp* 學 ○, étudier d'une façon intermittente. — *Làm xáp* 濫 ○, travailler de temps en temps, en s'interrompant souvent. — *Nước xáp xáp* 渃 ○ ○, l'eau arrive à une hauteur moyenne. — *Nước xáp xáp mắt cá* 渃 ○ ○ 𥓵 𩩬, de l'eau jusqu'aux chevilles. — *Vừa xáp xáp* 皮 ○ ○, juste la mesure, ni trop ni trop peu.

Xáp 插 [1]. Introduire; plier. V. *xép*. (Du S. A. *sáp*, même car., même signif.)

Xáp nhập ○ 入, faire entrer. — *Xáp lại* ○ 吏, plier, replier. — *Xáp giấy lại* 紙 吏, plier un papier. — *Xáp hai* ○ 仁, plier en deux. — *Xáp đôi* ○ 堆, doubler. — *Một xáp* 沒 ○, une liasse. — *Một xáp trầu* 沒 ○ 蔞, une rangée de feuilles de bétel (pour la chique). — *Xáp sách* ○ 冊, fermer un livre. — *Ăn xáp* 咹 ○, manger énormément; dépasser de beaucoup la mesure.

Xát 擦 *. Frotter, fourbir; broyer, écraser, pulvériser; malaxer, triturer, faire pénétrer.

Xát vào ○ 𠬠, faire pénétrer dans. — *Xát muối* ○ 𬂛, écraser du sel. — *Xát muối vào thịt* ○ 𬂛 𠬠 腒, faire pénétrer le sel dans la viande. — *Chà xát* 槎 ○, frictionner, frotter (pour faire pénétrer); malmener, accabler. — *Xát mặt* ○ 𩈘, écraser la face (menace). — *Nói xát mặt* 吶 ○ 𩈘, parler de broyer le visage (dans une dispute). — *Nói xát quá* 吶 ○ 過, dire des choses trop dures, dépasser toute mesure (en insultant). — *Mắng xát lấy* 罵 ○ 𥙩, reprocher en face, se lancer des injures.

Xát 割 [2]. Couper, hacher; tailladé. (Du S. A. *cắt*, même car., même signif.)

Xát nhỏ ○ 𡮈, couper menu. — *Xát từ miếng* ○ 自 𥕳, couper morceau par morceau. — *Xát thịt* ○ 腒, hacher de la viande. — *Xát khúc* ○ 曲, tronçonner. — *Xát khúc lươn* ○ 曲 鱸, tronçonner une anguille. — *Xát thuốc* ○ 𦁼, hacher les feuilles de tabac. — *Xát phay* ○ 批, couper en

---

[1] Se transcrit aussi par le car. 㛪. — [2] Se transcrit aussi par le car. 劉.

tranches très minces. — *Băm xắt* 鐱 ○, id. — *Dao xắt* 刀 ○, couperet, hachoir. — *Đầy xắt* 苦 ○, plein de coupures, tout taillade. — *Làm đầy xắt* 濫苦 ○, vexer, molester, tourmenter.

Xạu 召. Syllabe complémentaire. (En S. A., faire venir; se pron. *triệu*.)

Xạu mặt ○ 面, faire mauvaise figure, avoir l'air fâché; triste, chagrin. — Voir *bạu mặt*.

Xáu 湊. Syllabe complémentaire. (En S. A., abondamment; se pron. *tháu*.)

Láu xáu 老 ○, brouillon, désordonné; insolent, impertinent. Voir *láu táu*.

Xàu 嘲. Syllabe complémentaire. (En S. A., plaisanter; se pron. *chào*.)

Héo xàu 烤 ○, pâle, défait, flétri. — *Xàu khô* ○ 枯, sec, brûlé. *Mềm xàu* 饅 ○, mou, flasque.

Xấu 插. Ce que chacun doit à la communauté, au pays, à l'État; corvées, prestations; travaux pénibles, œuvres serviles; enfiler, passer une corde, insérer un lien. (Du S. A. *swu*, même car., réunir.)

Xấu thuế ○ 稅, impositions, contributions. — *Làm xấu* 濫 ○, faire les corvées. — *Đi xấu* 扨 ○, aller à la corvée. — *Dân xấu* 民 ○, corvéable. — *Cấp dân xấu* 給民 ○, fournir des hommes pour la corvée. — *Trốn xấu trốn thuế* 遁 ○ 遁稅, se soustraire aux corvées et aux impositions. — *Kẻ mắc đi xấu* 几繢扨 ○, ceux qui sont en corvée. — *Một xấu* 沒 ○, une enfilade, une liasse. — *Một xấu chuỗi* 沒 ○ 綧, un collier de grains, un chapelet. — *Một xấu chuỗi có phép* 沒 ○ 綧固法, un chapelet bénit. — *Xấu tiền* ○ 錢, enfilade de sapèques, ligature. — *Cột xấu lại với nhau* 橛 ○ 吏貝饒, attachés ensemble les uns derrière les autres (comme une chaîne de prisonniers, par exemple).

Xấu 抽*. Tirer, arracher, extirper; prélever, percevoir. Voir *trừu*.

Xấu 丑. Laid, mauvais, méchant. (En S. A., car. horaire; se pron. *sửu*.)

Xấu xa ○ 車, vilain. — *Xấu lắm* ○ 廩, très mauvais, très vilain. — *Xấu quá* ○ 過, excessivement laid. — *Sự xấu xa* 事 ○ 車, laideur. — *Xấu mặt* ○ 面, mauvaise mine, vilaine figure, air méchant. — *Xấu lòng* ○ 悡, mauvais cœur. — *Xấu bụng* ○ 膝, id. — *Xấu tiếng* ○ 嗜, mauvaise réputation. — *Xấu danh* ○ 名, id. — *Người xấu* ○ 侍, méchant homme, mauvaise personne. — *Xấu người* ○ 侍, homme vilain, personne laide. — *Nói xấu cho người ta* 吶 ○ 朱侍些, mal parler des gens, dire du mal de son prochain. — *Thằng nhỏ này quá xấu* 倘馳尼過 ○, cet enfant est excessivement mauvais (peut signifier, par antiphrase, cet enfant est charmant)[1]. — *Xấu bộ* ○ 步, vilain aspect, mauvaise tournure. —

[1] Les mères annamites s'expriment souvent ainsi pour dépister certains méchants génies, qui, d'après les croyances populaires, seraient toujours à la recherche d'enfants sages et aimables.

Xáu dạ ○ 腌, sans pitié. — *Xáu phướx* ○ 福, mauvaise fortune. — *Xáu số* ○ 数, mauvais sort, méchant destin. — *Nói láo là xáu* 吶 唠 羅 ○, il est laid de mentir. — *Lời xáu xa* 俐 ○ 車, vilenie, méchant propos. — *Trời xáu* 𡗶 ○, vilain temps. — *Xáu hổ* ○ 虎, honte, opprobe, ignominie. — *Nó làm xáu hổ cho cả dòng họ nó* 奴 濫 ○ 虎 朱 奇 洞 戶 奴, il est la honte de sa famille. — *Ăn ở xáu* 咹 於 ○, mal vivre, avoir une mauvaise conduite.

Xe 車*. Char, voiture, charrette; rouler, tourner, tordre; charrier, voiturer. Voir *xa*.

Xe cộ ○ 棋, voitures et traîneaux, matériel roulant. — *Xe hai bánh* ○ ○ 𩑣 耕, voiture à deux roues. — *Xe bốn bánh* ○ 𦊚 耕, voiture à quatre roues. — *Xe mui* ○ 梅, voiture couverte. — *Xe không có mui* ○ 空 固 梅, voiture découverte. — *Bánh xe* 耕, roue. — *Chốt xe* 梓 ○, essieu de chariot. — *Xe tay* ○ 𢬣, voiture à bras, brouette. — *Xe trâu* ○ 𤛠, charrette à buffles. — *Xe bò* ○ 𤙭, charrette à bœufs. — *Xe lửa* ○ 焒, locomotive, chemin de fer (litt., voiture à feu). — *Đàng xe lửa* 唐 ○ 焒, chemin de fer (voie). — *Bến xe lửa* 灣 ○ 焒, gare, station. — *Trạm xe lửa* 站 ○ 焒, id. — *Đi xe* 移 ○, aller en voiture. — *Đánh xe* 打 ○, conduire une voiture. — *Thắng xe* 勝 ○, atteler à la voiture. — *Xe chỉ* ○ 織, tordre des fils, filer. — *Xe máy* ○ 楨, voiture à mécanisme (automobile, bicyclette). — *Chạy xe* 趙 ○, s'enfuir, se sauver. — *Xe đi* ○ 移, allons, déguerpissez! décampéz vite! — *Có xe* 固 ○, innombrable, incalculable.

Xẹ 鼓. Syllabe complémentaire.
(En S. A., graines salées; se pron. *xụy*.)

Xẹ xành ○ 請, faire des manières. — *Xẹ cánh* ○ 翾, traîner de l'aile.

Xé 熾. Déchirer, lacérer. V. *rách*.
(En S. A., grand feu; se pron. *xí*.)

Xé rách ○ 禠, mettre en pièces. — *Xé hai* ○ 㐅, déchirer en deux. — *Xé nát* ○ 渴, déchirer en menus morceaux. — *Đàng xé* 唐 ○, déchirure, égratignure. — *Xé giấy* ○ 紙, déchirer un papier. — *Bứt xé* 抔 ○, déchirer en arrachant, rompre en épilant. — *Cấu xé* 搆 ○, griffer, égratigner. — *Cay xé* 荄 ○, piquant, mordant, âcre.

Xè 蠐*. Ver, larve, chenille; nom d'insecte. A. V. Onomatopée et mot euphonique.

Bọ xè 蒲 ○, un insecte qui attaque le bois. — *Xè xè* ○ ○, bruit d'un petit jet d'eau tombant sur le sol (robinet). — *Nước chảy xè xè* 渃 泚 ○ ○, eau qui jaillit, qui s'écoule en faisant *xè xè*.

Xẻ 剚* [1]. Fendre (ou couper) dans le sens de la longueur; être scindé en deux parties.

Xẻ ra ○ 曬, fendu en deux; diviser en deux parties. — *Xẻ thịt* ○ 𦛌, couper la viande par tranches. — *Xẻ cá* ○ 鮽, ouvrir un poisson

---

[1] Se transcrit aussi par le car. 鐋.

(pour le faire sécher). — *Xẻ rãnh* ○ 汵, creuser une rigole. — *Mỏ xẻ* 㗞○, ouvrir, creuser; opération chirurgicale. — *Cưa sẻ* 鋸○, scier en deux. — *Thầy mỏ xẻ* 柴㗞○, un chirurgien. — *Xẻ xương* ○昌, briser les os (menace). — *Tao đánh xẻ lưng mày* 蚤打○腰眉, je vais te casser les reins.

Xẻ 支 (1). S'écarter, se mettre de côté, se tenir à distance; incliné, courbé; syllabe complémentaire. (En S. A. descendance; se pron. *chi*.)

Xẻ ra ○ 囉, s'éloigner un peu. — *Xẻ vào trong bụi* ○ 冲培, se retirer dans la brousse. — *Xẻ xang* ○ 控, élégant, somptueux. — *Áo quần xẻ xang* 襖裙○控, habits élégants, vêtements somptueux.

Xẻ 濡. Épais, lourd; engourdi. (Du S. A. *trệ*, même car., même signif.)

Xẹ môi ○ 枚, lèvres épaisses.

Xẻ 熾. Incliné vers le couchant; tourné ou penché du même côté. (En S. A., grand feu; se pron. *xí*.)

Xẻ xế ○○, incliné, penché, tourné vers. — *Xẻ chiều* ○ 朝, l'après-midi. — *Xẻ bóng* ○ 俸, l'ombre s'incline, le jour baisse; vers le soir, à la brune.

Xẻ 池. Déborder, dépasser. V. *trệ*. (Du S. A. *trì*, même car., flaque d'eau.)

Xẻ xuống ○㔾, qui pend, qui descend bas. — *Màn xẻ xuống dưới đất* 幔○㔾䙝坦, la portière (ou le rideau) descend jusqu'à terre. — *Xẻ cánh* ○ 翃, traîner les ailes.

Xẻ 支. Se tenir à proximité de. (En S. A. descendance; se pron. *chi*.)

Xẻ lại ○ 吏, s'avancer, s'approcher. — *Xẻ ra* ○ 囉, s'écarter, s'éloigner. — *Ngồi xẻ* 㘴○, s'asseoir où l'on se trouve, n'importe comment.

Xẻ 熾. Écorcher, griffer; déchiré. (En S. A., grand feu; se pron. *xí*.)

Xẻ da ○ 膠, écorcher la peau. — *Xẻ mặt* ○ 𩈘, griffer le visage. — *Xài xẻ* 㗎○, lacéré, en lambeaux. — *Áo quần xài xẻ* 襖裙㗎○, vêtements sordides, haillons, guenilles.

Xệch 隻. Syllabe complémentaire. (En S. A., seul, unique; se pron. *chích*.)

Xọc xệch 擉○, agiter, faire sonner; onomatopée (bruit de ferraille). — *Lỏng xệch* 拰○, lâche, relâché. — *Lơi xệch* 來○, mal arrangé, mal disposé.

Xệch 隻. Dérangé, déplacé, hors de son axe; peu poli, inconvenant. (Pour le car. en S. A., voir ci-dessus.)

Xệch ra ○ 囉, se déranger. — *Đi xệch ra* 迻○囉, s'écarter. — *Xệch sai đi* ○差迻, de travers, irrégulier, discordant, hors de règle. — *Xệch xạc* ○ 殼, désordre, confusion. — *Nhà cửa xệch xạc* 茹𨷶○殼, maison mal tenue, où règne un grand désordre. — *Xệch khóe* ○𢗼, arrogant, impoli. — *Nói xệch khóe* 吶○

---

(1) Se transcrit aussi par le car. 㖕.

侉, parler d'une façon inconvenante, s'exprimer avec arrogance.

Xem 呫 (1). Regarder, considérer. Voir *coi*. (Formé des S. A. *thị* 示, esprit, et *chiêm* 占, empiéter.)

Nhìn xem 誑 ○, examiner (de très près et pour se rendre compte). — *Xem xét* ○ 察, examiner, considérer, juger. — *Xem thấy* ○ 覔, voir, apercevoir. — *Xem thử* ○ 試, éprouver, faire une expérience. — *Nhắm xem* 眝 ○, viser, ajuster. — *Xem sóc* 朔, garder avec soin, surveiller. *Xem lại* ○ 更, revoir, regarder de nouveau. — *Xem đến* ○ 典, penser à, avoir égard à. — *Xem đi xem lại* ○ 迻 更, voir et revoir, examiner sous toutes les faces.

Xen 羨. Presser, serrer; insérer, introduire; interposer. Voir *chen*. (Formé des S. A. *dương* 羊, chèvre, et *huyền* 玄, jais.)

Xen vào ○ 㘝, faire entrer (en pressant); s'introduire. — *Xen tay vào* ○ 㧗 㘝, insérer la main dans. — *Xen hàng* ○ 行, serré, comprimé. — *Xen lộn* ○ 論, pénétrer en désordre. — *Mặt trời xen lặn* 朚 㫗 ○ 浛, le soleil disparaissant au-dessous de l'horizon.

Xén 釧 (2). Couper autour, tailler en rond, diminuer, rafraîchir; menu. (En S. A., bracelet; se pron. *xuyến*.)

Xén sách ○ 冊, rogner la tranche d'un livre. — *Xén tóc* ○ 鬠, rafraîchir les cheveux. — *Hàng xén* 行 ○,

menues marchandises. — *Bán hàng xén* 牛 行 ○, vendre au détail, débiter des marchandises diverses.

Xén 闡. Syllabe complémentaire. (En S. A., ouvrir, étaler; se pron. *xiển*.)

Xén lén ○ 聯, honteux, peureux, timide, modeste. — *Bộ xén lén* 步 ○ 聯, avoir l'air gêné, paraître embarrassé.

Xén 煉. Purger, purifier, raffiner; aviser à, se décider à en finir. (En S. A., faire cuire; se pron. *xiển*.)

Xén đường ○ 糖, raffiner du sucre. — *Xén đi* ○ 迻, finir, cesser.

Xén 省. Syllabe complémentaire. (En S. A., province; se pron. *tỉnh*.)

Kéo xén 撟 ○, tirer, traîner. — *Kéo xén lưng* 撟 ○ 腰, tirer par la taille, traîner par la ceinture (emmener quelqu'un de force).

Xénh 樘. Joli, gentil. Voir *xinh*. (Formé des S. A. *mộc* 木, arbre, et *chưởng* 掌, diriger.)

Xénh xang ○ 控, élégant, gracieux. — *Đi xénh xang* 迻 ○ 控, marcher avec grâce, se dandiner élégamment.

Xeo 標. Soulever avec un levier. (En S. A., faire signe; se pron. *biểu*.)

Xeo lên ○ 遷, élever, faire monter (avec un levier). — *Xeo đồ nặng* ○ 圖 磹, soulever un lourd fardeau (par un système de contrepoids). — *Xeo đi* ○ 迻, allons, soulevez! —

---

(1) Se transcrit aussi par le car. 祜. — (2) Se transcrit aussi par le car. 闡.

Xeo ra ○ 囉, soulever pour faire sortir. — *Xeo vào* ○ 包, soulever pour faire entrer. — *Nói xeo* 吶 ○, parler adroitement, insinuer.

Xẹo 召 [1]. Incliné, penché, oblique.
(En S. A., convoquer; se pron. *triệu*.)

Xiên xẹo 羶 ○, de travers; indirectement. — *Nói xiên xẹo* 吶 羶 ○, parler par détours. — *Làm xiên xẹo* 濫 羶 ○, agir indirectement, biaiser. — *Ý xẹo* 意 ○, pensées tortueuses, mauvaises intentions. — *Có ý xẹo* 固 意 ○, avoir envie de mal faire. — *Đi xẹo* 移 ○, filer (s'en aller). — *Đi xẹo đi mất* 移 ○ 移 秩, s'éclipser, disparaître.

Xéo 招. De biais; coin, angle, pan.
(En S. A., coin d'habit; se pron. *thiệu*.)

Vuông xéo 颾 ○, losange. — *Cắt xéo* 割 ○, couper de biais. — *Xiên xéo* 羶 ○, en biais, de travers. — *Khăn xéo* 巾 ○, serre-tête de deuil pour les femmes (en rectangle long). — *Xéo khăn vuông* ○ 巾 颾, coin de mouchoir. — *Đất xéo* 坦 ○, terrain de forme irrégulière. — *Mang xéo* 芒 ○, porter en bandoulière. — *Chạy xéo* 趄 ○, s'esquiver, s'éclipser. — *Đi xéo* 移 ○, id. — *Nói xéo* 吶 ○, s'exprimer par détours, parler indirectement. — *Xéo xắt* ○ 質, vexer, importuner. — *Người hay xéo xắt* 碍 哈 ○ 質, agaçant personnage.

Xèo 潮. Une préparation culinaire.
(En S. A., flux, flot; se pron. *triều*.)

Xèo xèo ○ ○, onomatopée (bruit de friture). — *Bánh xèo* 餅 ○, gâteau ou beignet à la graisse (frit à la poêle).

Xéo 沼 [2]. Petit affluent d'arroyo.
(Du S. A. *chiểu*, même car., pièce d'eau.)

Xéo vườn ○ 園, rigole de jardin, ruisseau d'arrosage. — *Rạch xéo* 瀝 ○, petit canal. — *Cái xéo* 丐 ○, id.

Xéo 刟. Couper, tailler, rogner.
(Formé des S. A. *dao* 刀, couteau, et *triệu* 召, convoquer [3].)

Xéo lấy ○ 祕, prendre en coupant. — *Cắt xéo* 割 ○, rogner, retrancher. — *Xéo thịt* ○ 胑, détacher des bouts de viande (d'un gros morceau). — *Xéo bìa* ○ 牌, rogner la bordure.

Xẹp 葉. Abaissé, déprimé, racorni.
(Du S. A. *diệp*, même car., même signif.)

Xẹp xuống ○ 尪, s'enfoncer, s'affaisser. — *Giày xẹp* 鞋 ○, savates, sandales. — *Lẹp xẹp* 鱲 ○, déprimé, aplati; bruit de savates traînées.

Xép 插 [4]. Petit canal, ru, ruisseau.
(En S. A., introduire; se pron. *sáp*.)

Cái xép nhỏ 丐 ○ 馳, rigole. — *Cửa xép* 閣 ○, petite porte (des dé-

---

[1] Se transcrit aussi par le car. 妙.
[2] Se transcrit aussi par le car. 沥.
[3] Les Annamites considèrent ce car. comme vulgaire, c'est-à-dire forgé par eux; mais il figure dans le Dictionnaire chinois du P. Couvreur avec la même signification de «couper».
[4] Se transcrit aussi par le car. 挿.

pendances d'une maison). — *Xếp xẹp* ○ 葉, aplati, étroit, resserré.

Xếp 插 ⁽¹⁾. Plier, croiser. Voir *xấp*.
(Pour le car. en S. A., voir ci-dessus.)

Xếp lại ○ 吏, replier. — *Xếp cánh lại* ○ 翅 吏, replier les ailes. — *Xếp dù xuống* ○ 柚 㔲, fermer un parapluie. — *Xếp nhựt trình* ○ 日 呈, plier un journal. — *Xếp cánh tay* ○ 翅 挃, croiser les bras. — *Ngồi xếp bằng* 堅 ○ 朋, assis les jambes croisées (à l'orientale). — *Xếp nghệ* ○ 藝, plier bagage, cesser un métier. — *Lằn xếp* 蟒 ○, pli (étoffe, habit). — *Ghế xếp* 几 ○, siège pliant. — *Bánh xếp* 餉 ○, sorte de gâteau.

Xẹt 徹. Promptement, inopinément.
(En S. A., aisé à faire; se pron. *triệt*.)

Xọt xẹt 出 ○, tout à coup, à l'improviste. — *Xọt xẹt qua* 出 ○ 戈, passer rapidement. — *Xì xẹt* 吹 ○, par hasard. — *Xẹt xuống* ○ 㔲, tomber subitement. — *Sao xẹt* 暈 ○, étoile filante.

Xét 察. Examiner, rechercher, juger.
(Du S. A. *sát*, même car., même signif.)

Xem xét 覘 ○, considérer. — *Đoán xét* 斷 ○, juger, rendre une sentence. — *Phán xét* 判 ○, prononcer un jugement. — *Tòa xét* 座 ○, tribunal. — *Quan xét* 官 ○, juge. — *Xét trong nhà* ○ 冲 茹, chercher dans une maison, perquisitionner. — *Có trí xét ngay thẳng* 固 智 ○ 眰 倘, qui a le jugement droit. — *Xét trái về người nào* ○ 債 衞 俜 苈, mal juger quelqu'un. — *Tra xét việc* 查 ○ 役, instruire une affaire. — *Xét mình* ○ 命, s'examiner soi-même. — *Sự xét lòng mình* 事 ○ 悉 命, examen de conscience. — *Xét đi xét lại* ○ 移 ○ 吏, approfondir. — *Xin quan lớn xét cho mình bạch* 唄 官 客 ○ 朱 明 白, je prie Votre Excellence de juger clairement (formule).

Xéu 妙. Syllabe complémentaire.
(En S. A., beau, joli; se pron. *diệu*.)

Xéu xạo ○ 造, de travers, mal équilibré; penché, oblique. — *Đi xẹu xạo* 移 ○ 造, aller de travers.

Xéu 漂. Sur le point de tomber.
(En S. A., ballotté [flots]; se pron. *phiêu*.)

Xéu xáo ○ 造, qui penche, qui s'incline; vaciller, chanceler. — *Xéu méu* 喵, branler, trembler. — *Đi xéu xáo* 移 ○ 造, aller d'un pas chancelant. — *Vách xéu xệu* 壁 ○ 妙, mur qui menace ruine. — *Răng xéu xáo* 鱗 ○ 造, dents qui branlent.

Xéu 漂. Syllabe complémentaire.
(Pour le car. en S. A., voir ci-dessus.)

Xéu xào ○ 炒, immodéré, excessif (en matière de plaisanteries); vulgaire, commun. — *Hay nói xéu xào* 哈 吶 ○ 炒, qui aime à dire des choses triviales.

Xi 蚩*. Nom de reptile; commun, vulgaire, vilain, laid; grossièreté, ignorance.

Xi nhơn ○ 人, homme sans éducation. — *Xi dân* ○ 民, peuple grossier, vile populace.

⁽¹⁾ Se transcrit aussi par le car. 插.

Xi 嗤*. Rire, s'amuser, plaisanter, railler, se moquer, tourner en ridicule, faire affront.

Nói lời xi 吶唎 ○, railler. — *Nói lời xi mạ* 吶唎 ○ 罵, injurier, invectiver, maudire. — *Twơng xi tương* ○, se moquer les uns des autres. — *Xi tiểu* ○ 醮, s'amuser en buvant. — *Xi nhục* ○ 辱, faire la nique, se moquer.

Xi 嫿*. Laid, vilain, grossier.

Xị 攱. Syllabe complémentaire. (En S. A., pois salés; se pron. *xụy*.)

Loạn xị 亂 ○, en désordre, troublé, embrouillé. — *Xuôi xị* 吹 ○, lassé, fatigué. — *Nói xuôi xị* 吶吹 ○, parler en désespéré, dire des choses décevantes.

Xí 廁 et 厠*. Lieux d'aisances; ordures; nettoyer, ranger, disposer.

Nhà xí 茹 ○, latrines. — *Cầu xí* 撟 ○, id. — *Đông xí* 東 ○, id. — *Lỗ xí* 魯 ○, cloaque, fosse à ordures. — *Thượng xí* 上 ○, aller aux cabinets.

Xí 侈*. Grand, étendu; dépenser largement, donner sans compter; prodigue, dissipateur.

Xí dụng ○ 用, dépenses exagérées. — *Xí ngôn* ○ 言, parler trop. — *Xa xí* 奢, dépenser follement. — *Xa xí hết của* 奢 ○ 歇貼, dissiper tout son bien. — *Xí xớ xí xào* ○ 摳 ○ 炒, langage cacophonique, sons discordants. — *Nói xí xớ xí xào* 吶 ○ 摳 ○ 炒, bredouiller.

Xí 幟*. Drapeau, pavillon, étendard; faire flotter au vent, agiter. A. V. Prendre; trouver.

Cờ xí 旗 ○, bannières et drapeaux, flammes et banderolles. — *Xí lấy* ○ 祂, s'emparer, s'approprier. — *Xí được* ○ 特, trouver (par hasard). — *Của xí được* 貼 ○ 特, trouvaille. — *Tôi mới xí được một đồng bạc* 碎買 ○ 特沒銅薄, je viens de trouver une piastre. — *Xí hụt* ○ 紇, manqué! frustré, déçu.

Xí 熾*. Grand feu qui flambe, vif éclat de lumière; brillant, éclatant, ardent; rouge, écarlate; terrible, furieux; glorieux, illustre.

Xí 哆*. Ouvrir démesurément la bouche, bâiller; large ouverture.

Xí 恃*. Compter sur, mettre son espoir en; aide, appui, soutien.

Xí 糦*. Millet pour offrandes rituelles; apprêter des mets, préparer un festin.

Xi 匙*. Cuiller, spatule; clef.

Đại xi 大 ○, grande cuiller. — *Trà xi* 茶 ○, cuiller pour le thé.

Xì 支. Syllabe complémentaire. (En S. A., descendance; se pron. *chi*.)

Xì xà ○ 蛇, dépenser largement. — *Đủ xì xà* 睹 ○ 蛇, avoir de quoi vivre largement. — *Ăn ở xì xà* 於 ○ 蛇, se conduire en dissipateur.

Xì 吹. S'échapper avec violence. (Du S. A. *xụy*, même car., souffler.)

Xì hơi ○唏, exhaler; sortir avec

force (haleine, vapeur). — *Xỉ xịt* ○ 哲, haleter, souffler. — *Thở xỉ xịt* 呹 ○ 哲, respirer péniblement; essoufflé, hors d'haleine. — *Nói xỉ xịt* 吶 ○ 哲, parler avec peine; chuchoter. — *Nói xỉ ra* 吶 ○ 囉, ébruiter, divulguer.

Xỉ 齒*. Dent; âge, rang, classe, espèce; ranger d'après les années. Car. radical.

Sanh xỉ 生 ○, époque de la dentition, première enfance. — *Niên xỉ* 年 ○, années d'âge. — *Ung xỉ* 癰 ○, abcès aux gencives. — *Lòi xỉ* 耒 ○, surdent. — *Xỉ lô* ○ 盧, étrave.

Xỉ 胗*. Gras, dodu, potelé, beau.

Dày xỉ 苦 ○, épais, serré, dru.

Xỉ 謝*. Se quitter, se dire adieu.

Xỉ 指. Montrer du doigt, désigner. (Du S. A. *chỉ*, même car., même signif.)

Xỉ mạ ○ 罵, invectiver, injurier. — *Xỉ mặt* ○ 緬, faire un affront, causer de la honte. — *Xỉ xỏ* ○ 搋, vexer, humilier. — *Xỉ vả* ○ 把, insulter, souffleter. — *Xỉ nhục* ○ 辱, ridiculiser, se moquer (en montrant du doigt). — *Nó làm xỉ nhục cho tôi hoài* 奴 濫 ○ 辱 朱 碎 懷, il se moque toujours de moi, il me poursuit sans cesse de ses sarcasmes.

Xía 廁. S'entremettre, se mêler de. (En S. A., latrines; se pron. *xí*.)

Xía vào ○ 㘔, introduire, insérer, entrer. — *Nói xía vào* 吶 ○ 㘔, se mêler à une conversation.

Xía 齿. Dégager, démêler; curer, frotter, nettoyer; une certaine manière de compter les sapèques. (Formé des S. A. *thủ* 手, main, et *xỉ* 齒, dent.)

Xoi xía 掀 ○, creuser, perforer. — *Xoi xía ra* 掀 ○ 囉, récurer, nettoyer. — *Xía răng* ○ 酸, nettoyer les dents. — *Tăm xía răng* 籤 ○ 酸, cure-dent. — *Cây xía răng* 核 ○ 酸, id. — *Thuốc xía* 菜 ○, dentifrice. — *Xoi xía nhau* 掀 ○ 饒, se chamailler, se disputer. — *Xía tiền* ○ 錢, compter les sapèques pièce par pièce (en les faisant glisser avec le pouce sur l'index recourbé) et en les rangeant par files de cinq.

Xịch 斥. Syllabe complémentaire. (Pour le car. en S. A., voir ci-dessous.)

Xịch xạc ○ 落, relâché, défait; négligé dans sa mise. — *Lơi xịch* 棶 ○, mal arrangé; pas assez serré. — *Dây lơi xịch* 繂 棶 ○, liens trop lâches.

Xích 斥*. Battre, frapper; exclure, écarter, rejeter, chasser, repousser, éloigner, bannir; menacer, blâmer, réprimander; large espace, vaste étendue.

Xích phóng ○ 放, repousser, renvoyer, destituer. — *Xích ra* ○ 囉, retirer. — *Xích khứ* ○ 去, chasser, éloigner. — *Chỉ xích* 指 ○, montrer du doigt en adressant des reproches. — *Xích hậu* ○ 候, s'observer avec défiance, prêts à en venir aux mains; poste de garde.

Xích 坼*. Se fendre (terre); s'ouvrir, éclore; fendu, brisé, déchiré.

Xích 彳*. Avancer le pied gauche, faire un petit pas. Car. radical.

Xích 赤*. La couleur d'un nouveau né; rouge, pourpre, incarnat; nu, découvert, dépouillé; pur, naturel, sincère.

 Xích tử ○ 子, enfant rouge; terme de sollicitude employé par le souverain parlant de ses sujets. — *Xích địa* ○ 地, terre rouge, sol stérile. — *Xích quỉ* ○ 鬼, diables rouges; premier nom du royaume annamite. — *Xích thược* ○ 芍, pivoine rouge. — *Xích thân* ○ 身, seul, nu. — *Huỳnh xích đạo* 黃 ○ 道, ligne de l'équateur. — *Xích lợi* ○ 痢, dysenterie. — *Mắc bệnh xích lợi* 纆病 ○ 痢, avoir la dysenterie.

Xích 錫. Lien, chaîne; lier, attacher. (En S. A., étain; se pron. *tích*.)

 Dây xà xích 縤蛇 ○, chaîne, attache. — *Xích chó* ○ 狙, mettre un chien à l'attache.

Xích 尺*. Pied de mesure, condée (valant 10 pouces ou *thốn* 寸); baguette, férule.

 Xích thốn ○ 寸, pieds et pouces (mesures de longueur). — *Giái xích* 戒 ○, défense, interdiction. — *Thần xích* 神 ○, baguette des esprits (baguette divinatoire). — *Xích phê* ○ 批, l'insigne d'un supérieur des bonzes; se vanter, se prévaloir, faire mille embarras. — *Đi xích phê* 移 ○ 批, se donner de grands airs en marchant. — *Xê xích* 支 ○, presque égaux. — *Xê lên xích xuống* 支遷 ○ 歷, qui monte, qui descend (mesure); à peu de chose près.

Xích 蚇*. Une grande chenille.

Xiêm 暹*. Soleil qui s'élève; haut, grand, éclatant; croître, avancer.

 Xiêm la quốc ○ 羅國, le royaume de Siam. — *Nước xiêm* 渚 ○, id. — *Người xiêm* 㝵 ○, Siamois.

Xiêm 襜*. Devant d'habit, partie antérieure de robe; tablier, coin, pan, basque.

 Áo xiêm 襖 ○, vêtement inférieur, jupe, jupon. — *Vận xiêm* 運 ○, ajuster son vêtement inférieur.

Xiêm 幨*. Rideau, voile, portière, garniture, bordure, tenture; flotter, se soulever. Voir *diêm*.

 Xa xiêm 車 ○, rideau de voiture.

Xiêm 諂*. Hésitation; flatterie, servilité; flatter, aduler, louanger. Voir *siểm*.

Xiên 羶*. Odeur de bouc; fétidité. A. V. Penché, courbé, incliné; de biais, de côté. Voir *giẹo*.

 Xiên xẹo ○ 妙, de travers. — *Làm xiên xẹo* 濫 ○ 妙, agir indirectement, employer des ruses. — *Ngã xiên ngã xẹo* 我 ○ 我 妙, tombant d'un côté et d'autre. — *Xiên giẹo* ○ 召, incliner vers. — *Xiên mình* 命, se pencher, se courber. — *Xiên xiên* ○ ○, un peu de travers, légèrement de côté. — *Ngó xiên* 眝 ○, loucher. — *Cái xiên* 叮 ○, broche, fourchette.

Xiên 戰. Syllabe complémentaire. (Du S. A. *chiến*, même car., combattre.)

Xao xiển 敲 ○, agiter, troubler, ébranler; bruit, tapage, tumulte.

Xiển 闢*. Ouvrir une porte toute grande; exposer, étendre, étaler, déployer; indiquer, informer, faire connaître.

Xiển minh ○ 明, exposer clairement, étaler nettement.

Xiển 煸*. Feu, flamme; faire cuire.

Xiềng 鋩. Chaîne de fer pour les coupables, liens des condamnés. (En S. A., fourbir; se pron. *xanh*.)

Xiềng lại ○ 吏, enchaîner. — *Đóng xiềng* 揀 ○, id. — *Mang xiềng* 芒 ○, porter la chaîne. — *Bị án phải mang xiềng* 被案沛芒 ○, avoir été condamné à la chaîne, subir la peine de la chaîne. — *Mở xiềng* 搗 ○, déchaîner, mettre en liberté. — *Nó bẻ xiềng rồi chạy đi mất* 奴撇 ○ 耒趂拸秩, après avoir brisé sa chaîne il se sauva et disparut.

Xiểng 侹. Syllabe complémentaire. (En S. A., corvée; se pron. *xanh*.)

Ngã xiểng 我 ○, tomber à la renverse. — *Chết xiểng* 折 ○, tomber en syncope; étourdi, évanoui. — *Xáo xiểng* 造 ○, vaciller, chanceler; hésiter. — *Xiểng niểng* ○ 寧, sens dessus dessous; qui a le vertige.

Xiết 挈*. Prendre en main, prêter son concours, soutenir, protéger. A. V. Qui peut entrer en ligne de compte; dépôt, nantissement, gage, arrhes; calculable.

Nào xiết 荷 ○, innombrable, incalculable. — *Chi xiết* 之 ○, id. — *Kẻ chẳng xiết* 計庄 ○, qui ne peut se compter, qu'on ne peut détailler (parce qu'il y en a trop). — *Đếm chẳng xiết* 點庄 ○, id. — *Dau mà xiết được* 兜麻 ○ 特, comment pourrait-on compter? — *Nói làm sao xiết* 吶濫牢 ○, impossible à énumérer. — *Nước xiết* 渃 ○, à la dérive, en suivant le fil de l'eau, à la faveur du courant. — *Xiết nợ* ○ 女, le gage d'un emprunt.

Xiết 擊*. Faire de l'obstruction, embarrasser, boucher; retenir, empêcher.

Xiêu 漂. Ballotté par les vagues. (Du S. A. *phiêu*, même car., même signif.)

Tàu xiêu 艚 ○, navire en danger de couler. — *Ngã xiêu* 我 ○, chanceler, vaciller; sans stabilité. — *Xiêu lạc* ○ 落, en perdition; errer sans but, voguer à l'aventure. — *Xiêu lưu* ○ 流, id. — *Đấm xiêu* 沈 ○, couler bas. — *Xiêu lòng* ○ 悉, découragé. — *Sự xiêu* 事 ○, inclination. — *Nhà xiêu* 茹 ○, maison qui menace de tomber.

Xiêu 票. Syllabe complémentaire. Du S. A. *phiêu*, même car., frivole.)

Nhỏ xiêu 釾 ○, tout petit, infime.

Xin 嗔. Prier, demander. V. *cầu*. (En S. A., indignation; se pron. *xân*.)

Cầu xin 求 ○, supplier. — *Lời xin* 㗂 ○, prière, supplication. — *Hãy nghe lời tôi xin* 唉瞪唎碎 ○, écoutez ma prière. — *Nài xin* 奈 ○, supplier, solliciter, demander avec instance. — *Xin nài* ○ 奈, id. —

Kẻ xin nài 几 ○ 奈, solliciteur. — *Qui mà xin* 跪麻○, demander à genoux. — *Xin thêm* ○ 溙, demander davantage, réclamer un supplément. — *Xin làm chi* ○ 濫之, à quoi bon demander? — *Xin cùng* ○ 共, demander à. — *Xin cho* ○ 朱, demander pour. — *Tôi xin về* 碎○衛, je demande à m'en retourner. — *Xin ăn* ○ 唆, demander à manger. — *Ăn xin* 唆○, mendier. — *Đi xin ăn* 扔○唆, aller mendier. — *Xin phép* ○ 法, demander une permission. — *Xin thôi làm việc* ○崔濫役, demander à cesser ses fonctions, offrir sa démission. — *Ai thèm xin* 埃噡○, allons donc! qui vous demande quelque chose?

Xin 扔. Syllabe complémentaire. (En S. A., longs cheveux; se pron. *chẳn*.)

Ít xỉn 丞○, très peu, un rien. — *Một chút xỉn* 没啐○, une toute petite quantité.

Xinh 檸. Joli, gentil, charmant. (En S. A., bleu, vert; se pron. *xanh*.)

Cái xinh 丐○, quelque chose de joli. — *Xinh tốt* ○ 卒, beau. — *Xinh xang* ○ 控, élégant, distingué, recherché. — *Người đờn bà xinh tốt* 㝵彈妃○卒, jolie personne, belle femme. — *Con gái xinh tốt lịch sự* 昆媽○卒歷事, jeune fille jolie, aimable, bien élevée. — *Con nít xinh lắm* 昆㝵○廩, très bel enfant. — *Nơi xinh* 尼○, site agréable, endroit charmant. — *Làm xinh làm tốt* 濫○濫卒, faire le beau, faire la belle; se parer, se mettre avec élégance.

Xính 听. Syllabe complémentaire. (En S. A., grande bouche; se pron. *ngận*.)

Xính vính ○ 榮, être très inquiet; défaillant, évanoui.

Xỉnh 醒*. Pris de boisson, enivré.

Xỉnh xoàng ○酰, à demi ivre, un peu gris. — *Tâm xỉnh* 心○, esprit troublé par l'ivresse. — *Xùng xỉnh* 崇○, trop large, trop ample (se dit des habits).

Xỉnh 省. Syllabe complémentaire. (En S. A., examiner; se pron. *tĩnh*.)

Xàm xỉnh 譖○, sans rime ni raison. — *Nói xàm xỉnh* 吶譖○, parler à tort et à travers, s'exprimer sottement.

Xịt 哲. S'échapper (fumée, vapeur); interj.: chut! silence! défendre de. (En S. A., esprit net; se pron. *triết*.)

Xụt xịt 卒○, vapeur s'échappant d'une soupape. — *Tiếng hơi xịt ra* 嗜唏○囉, bruit de vapeur qui s'échappe. — *Xì xịt* 吹○, enchifrené. — *Nói xì xịt* 吶吹○, avoir de la peine à parler. — *Xịt quá* ○ 過, trop peu. — *Ít xịt* 丞○, sot, simple, naïf.

Xít 折. Mouvoir, déplacer. V. *xích*. (En S. A., briser, casser; se pron. *chiết*.)

Xít lên ○ 遷, faire monter, élever plus haut (en poussant). — *Xít vô* ○ 無, pousser dedans, introduire. — *Xít ra* ○ 囉, pousser en dehors. — *Xít lên xít xuống* ○遷○氅, faire monter, faire descendre (par un mouvement de va-et-vient). — *Xăng xít* 控○, très occupé, embarrassé, encombré. — *Bọ xít* 蒲 ○, punaise de terre.

Xíu 嫖. Syllabe complémentaire. (En S. A., débauché; se pron. *phiêu*.)

Xăng xíu 練 ○, dissolu, sans mœurs, livré à la débauche.

Xíu 嫖 (1). Syllabe complémentaire. (Pour le car. en S. A., voir ci-dessus.)

Nhỏ xíu 鮑 ○, minuscule.

Xìu 漂. Fané, flétri; triste, morose. (En S.A., froid, glacé; se pron. *phiêu*.)

Xìu mặt ○ 楠, visage flétri, triste figure. — *Mềm xìu* 饅 ○, mou, flasque, fané, sans fraîcheur.

Xíu 眇 (2). Penché vers; s'affaisser. (En S. A., bicle, louche; se pron. *diêu*.)

Xìu đi ○ 移, aller en s'affaiblissant. — *Chút xíu* 哗 ○, très peu de chose, très petite quantité. — *Một chút xíu lý* 沒哗 ○ 理, à peine une petite lueur de raison.

Xo 軀 *. Corps, matière, substance. A. V. Syllabe complémentaire.

Nhục xo 肉 ○, le corps tout entier. — *Ốm xo* 瘠 ○, maigre, décharné. — *Đói xo* 鬭 ○, affamé. — *Xo ro* ○ 芻, replié, crochu; dur, rebutant. — *Bộ mặt xo ro* 步楠 ○ 芻, mine peu avenante, d'aspect rébarbatif. — *Buồn xo* 盆 ○, triste, morose. — *Mặt buồn xo* 楠 盆 ○, visage rêveur, physionomie mélancolique. — *Xo xe* ○ 車, se vanter. — *Người hay xo xe* 㗂哈 ○ 車, hâbleur, vantard.

Xó 臭. Coin, encoignure, angle. (En S. A., exhalaison; se pron. *xú*.)

Xó góc ○ 谷, partie reculée, renfoncement. — *Xó góp nhà* ○ 谷茹, le coin de la maison. — *Xô ép vô trong xó* 摳押無冲 ○, pousser dans un coin. — *Xó ró* ○ 擼, à l'étroit, resserré; décontenancé, interdit. — *Nằm xó* 觚 ○, coucher dans un coin; s'accoucher (voir *nằm bếp*).

Xó 撇 *. Prendre, tenir, retenir. A. V. Syllabe complémentaire.

Xó xè ○ 蟠, onomatopée (bruit strident, grincement, crissement).

Xõ 摸. Devenir maigre, dépérir. (Pour le car. en S. A., voir ci-dessous.)

Xõ đi ○ 移, qui va en maigrissant (grossier, commun).

Xỏ 摸 *. Saisir, soulever, enlever. A. V. Insérer, introduire, enfiler; trouer, percer, perforer.

Xỏ vào ○ 伽, faire entrer, passer dans. — *Xỏ tiền* ○ 錢, enfiler des sapèques. — *Xỏ kim* ○ 針, enfiler une aiguille. — *Đồ xỏ dài kế nhau* 圖 ○ 騩繼饒, objets enfilés à la suite les uns des autres. — *Xỏ vào cán* ○ 伽幹, emmancher. — *Xỏ trái tai* ○ 騩聰, perforer le lobe de l'oreille. — *Xỏ mũi con trâu* ○ 觚昆㹥, trouer les narines d'un buffle (pour y passer un lien ou un anneau). — *Xỏ lá* ○ 蘿, enfiler des feuilles ensemble (comme les feuilles tendres du bétel, par exemple). — *Xỏ hột* ○ 紇, enfiler des graines. — *Xỏ*

---

(1) Se transcrit aussi par le car. 僄. — (2) Se transcrit aussi par le car. 僄.

miệng vào ○ 咂侐, prendre part à une conversation.

Xô 摳. Pousser, repousser. V. *đẩy*.
(Du S. A. *khu*, même car., même signif.)

Xô cửa ○ 閭, pousser la porte. — *Sự xô sự* ○, poussée. — *Xô nhào* ○ 繳, faire faire la culbute. — *Xô cho té xuống* ○ 朱細甑, pousser à faire tomber. — *Xô bồ* ○ 蒲, en désordre; avec effronterie. — *Nói xô bồ* 呐 ○ 蒲, parler insolemment. — *Xí xô* 侈 ○, confus, peu distinct. — *Nói xí xô* 呐 侈 ○, bredouiller.

Xô 數 [1]. De belle venue (végétaux).
(En S. A., sort, destin; se pron. *số*.)

Xô xô ○ ○, qui croît, qui se développe. — *Lúa lên xô xô* 稻 遷 ○ ○, les riz montent admirablement. — *Mọc xô xô* 木 ○ ○, pousser abondamment. — *Cỏ mọc xô xô* 靠 木 ○ ○, la végétation est magnifique. — *Lô xô* 露 ○, tumulte, tapage, fracas. — *Mưa xô xô* 霤 ○ ○, pluie battante.

Xô 粗. Syllabe complémentaire.
(En S. A., grossier, banal; se pron. *thô*.)

Lớn xô 客 ○, gros, commun.

Xô 醜. Décharger, faire descendre; purger; lâcher, larguer, déployer.
(En S. A., vilain, laid; se pron. *xú*.)

Xô ra ○ 囉, déverser, déferler. — *Xô súng đi* ○ 銃 拁, décharger une arme à feu. — *Thuốc xô* 葉 ○, purge, purgatif. — *Uống thuốc xô* 旺 葉 ○, prendre une purge. — *Xô buồm* ○

帆, larguer les voiles. — *Xô cờ ra* ○ 旗 囉, déployer les étendards.

Xơ 疎. Se décomposer, se désunir.
(En S. A., épars, élargi; se pron. *sơ*.)

Xơ xác ○ 殼, où il ne reste plus que la carcasse. — *Xơ rách* ○ 襤, déchiré, lacéré, en lambeaux, déguenillé. — *Xơ xài* ○ 支, complètement usé. — *Xơ mép* ○ 吃, lèvres déprimées. — *Đói xơ mép* 饞 ○ 吃, avoir grand'faim. — *Xơ dừa* ○ 棕, noix de coco. — *Xơ vơ* ○ 搞, perdre connaissance, s'évanouir.

Xớ 處. Syllabe complémentaire.
(En S. A., lieu, endroit; se pron. *xứ*.)

Xớ rớ ○ 架, se tenant debout en ayant l'air de ne penser à rien, sans savoir que dire ni que faire. — *Mắc xớ rớ* 縷 ○ 架, occupé de choses insignifiantes. — *Xớ lớ* ○ 臚, sot, stupide; ébaubi, ahuri.

Xờ 除. Syllabe complémentaire.
(Du S. A. *trừ*, même car., soustraire.)

Xờ bớt ○ 扎, défalquer, ôter, diminuer. — *Ăn xờ ăn bớt* 唊 ○ 唊 扎, prendre, s'approprier. — *Xờ xạc* ○ 落, dépouillé (arbre).

Xở 處. Syllabe complémentaire.
(En S. A., lieu, endroit; se pron. *xứ*.)

Xở đi ○ 拁, dégager; allez-vous en. — *Xở ra* ○ 囉, sortez, partez. — *Xở việc* ○ 役, éclaircir une affaire. — *Xở rối* ○ 繻, démêler, débrouiller. — *Xuất xở* 出 ○, décharger le ventre.

---

[1] Se transcrit aussi par le car. 溴.

Xoa 釵*. Peigne (ou broche) pour retenir la chevelure des femmes. Voir *soa*.

Kim xoa 金 ○, peigne en or. — *Xoa xoa* ○ ○, gelée, gélatine.

Xoa 杈*. Arbre fourchu, branches croisées; fourchette.

Xoa 鎖. Syllabe complémentaire. (En S. A., fermeture; se pron. *tỏa*.)

Mì xoa 麵 ○, vermicelle.

Xóa 捨. Renvoyer, laisser, rejeter. (Du S. A. *xá*, même car., même signif.)

Xóa đi ○ 移, rejeter, abandonner; laisser échapper. — *Xóa cho* ○ 朱, faire grâce, pardonner.

Xòa 蛇. Couler en abondance (eau). (En S. A., serpenter; se pron. *xà*.)

Xòa ra ○ 囉, se répandre. — *Cười xòa* 唭 ○, s'efforcer de rire. —

Xoác 挠. Presser sur son cœur, serrer dans ses bras, étreindre; taille, corpulence; arrangement, disposition. (Formé des S. A. *thủ* 手, main, et *xác* 㱾, peau, écorce.)

Ôm xoác 揌 ○, embrasser, enlacer. — *Xoác lấy* ○ 祂, étreindre. — *Bồng xoác* 搓 ○, porter serré dans les bras. — *Một xoác củi* 沒 ○ 檜, une brassée de bois à brûler.

Xoai 吹. Syllabe complémentaire. (Du S. A. *xuy*, même car., souffler.)

Mệt xoai 瘦 ○, fatigué, harassé, à bout de forces.

Xoái 㭲. Syllabe complémentaire. (Formé des S. A. *mộc* 木, arbre, et *xuy* 吹, souffler.)

Phát xoái 發 ○, émonder, élaguer.

Xoài 㭲. Mangue (diverses espèces). (Pour la décomp. du car., v. ci-dessus.)

Xoài voi ○ 㺃, mangue éléphant (grosse espèce). — *Xoài tượng* ○ 象, id. — *Xoài muỗng* ○ 鏤, mangue cuiller (autre espèce). — *Xoài cơm* ○ 飪, mangue riz (autre espèce). — *Xoài xiêm* ○ 暹, mangue du Siam (autre espèce). — *Xoài ngựa* ○ 馭, mangue cheval (autre espèce). — *Ăn một trái xoài* 咹沒鞭 ○, manger une mangue. — *Cây xoài* 核 ○, manguier. — *Hột xoài* 紇 ○, noyau de mangue; tumeur à l'aine, bubon. — *Nói chuyện trồng xoài* 吶傅橦 ○, raconter des balivernes, dire des frivolités; litt., dire qu'on plantera des manguiers (le manguier met très longtemps à donner des fruits).

Xoay 搓. Enrouler, tresser, tordre. (Du S. A. *xai*, même car., même signif.)

Mắc xoay 縛 ○, pris (ou retenu) par de nombreux travaux, être très occupé. — *Làm xoay* 濫 ○, faire beaucoup de choses (à la fois).

Xoáy 髻*. Cheveux roulés et noués au sommet de la tête.

Xoáy đầu ○ 頭, sommet de la tête. — *Muốn ngồi trên xoáy đầu người ta* 悶壁遷 ○ 頭俾些, avoir un sacré toupet; litt., vouloir s'asseoir sur la tête des gens. — *Nước xoáy* 渃 ○, tournant, remous; nom de lieu (préfecture de *Tân thành*, Cochinchine).

— *Làm xoáy lậy* 濫 ○ 祕, faire promptement, agir vivement.

Xoan 春. Aveugle; un certain chant. (En S. A., printemps; se pron. *xuân*.)

Kẻ xoan ăn xin 几 ○ 陀 噸, mendiant aveugle. — *Hát xoan* 曷 ○, chanter des compliments, des souhaits de bienvenue. — *Phường xoan* 坊 ○, troupe de chanteurs ambulants.

Xoăn 釧. Embarrassé, entortillé. (En S. A., bracelet; se pron. *xuyên*.)

Xoăn xít ○ 折, emmêlé, embrouillé; pris par de nombreuses occupations. — *Xoăn xíu* ○ 僄. id. — *Xoăn tóc* ○ 鬟, cheveux en désordre (ramassés sur la tête, sans être noués). — *Xoàng xoăn* 酖 ○, légèrement ivre, un peu gris. — *Xoăn lại* ○ 吏, rassembler, réunir; se rapprocher. — *Xoăn theo* ○ 蹺, être attaché à, ne pas quitter.

Xoang 衝. Marcher, longer; heurter. (Du S. A. *xung*, même car., même signif.)

Xoang phải ○ 沛, se heurter à. — *Xoang nhằm* ○ 任, id. — *Xoang bệnh* ○ 病, empêché par la maladie.

Xoáng 倘. Vivement, rapidement. (Du S. A. *thoảng*, même c., même signif.)

Xoáng qua ○ 戈, passer rapidement, soudainement, comme un trait.

Xoàng 酖. Égayé par la boisson. (Formé des S. A. *dậu* 酉, vin, et *quang* 光, brillant.)

Xỉnh xoàng 醒 ○, réjoui par le vin, un peu ivre.

Xoắt 脫. Promptement, tout à coup. (En S. A., décharné; se pron. *thoát*.)

Làm xoắt 濫 ○, faire en un tour de main. — *Ăn xoắt đi* 陀 ○ 移, manger rapidement. — *Nói xoắt* 吶 ○, parler très vite.

Xọc 蜀. Syllabe complémentaire. (En S. A., nom d'insecte; se pron. *thục*.)

Xọc xạch ○ 抹, onomatopée (bruit de choses remuées, entre-choquées).

Xóc 觸. Frapper contre; enfoncer. (Du S. A. *xúc*, même car., même signif.)

Xóc vào ○ 包, planter, ficher, percer. — *Đau xóc* 疔 ○, douleur lancinante. — *Đau xóc hông* 疔 ○ 胸, douleur au côté. — *Xóc nước* ○ 渃, agiter l'eau; faire rendre l'eau à un noyé. — *Xóc xáo* ○ 造, se remuer, se secouer; prendre de l'exercice, faire de la gymnastique. — *Nói xóc* 吶 ○, dire des mots blessants, piquer, taquiner. — *Xóc châm* ○ 針, agacer, blesser, froisser. — *Xóc óc* ○ 沃, id. — *Lời nói chơi xóc óc* 吶 制 ○ 沃, raillerie, sarcasme. — *Xóc xách* ○ 抹, bruit d'objets remués. — *Cá xóc* 魰 ○, un poisson de mer.

Xọc 斛. Syllabe complémentaire. (En S. A., boisseau; se pron. *hộc*.)

Xọc xọc ○○, onomatopée (tumulte, désordre, précipitation). — *Đi xọc vào* 移 ○ 包, se précipiter avec violence dans. — *Ăn xọc xọc* 陀 ○○, faire du bruit en mangeant (faire *xọc xọc*, comme les cochons).

Xóc 觸. Mettre en mouvement; agir vigoureusement, attaquer avec énergie, enlever, troubler; brassée, poignée; syllabe complémentaire. (Du S. A. *xúc*, même car., même signif.)

Xóc vác ○ 搏, agir avec vigueur. — *A xóc* 阿 ○, faire irruption dans. — *Xóc binh* ○ 兵, mettre des soldats en marche, engager des troupes. — *Xóc vào* ○ 包, s'enfoncer dans. — *Xóc tới* ○ 細, attaquer, fondre sur. — *Xóc rơm* ○ 薕, brassée de paille. — *Xóc cỏ* ○ 鞊, poignée d'herbe.

Xoi 掀. Creuser, excaver, perforer. (Formé des S. A. *thủ* 手, main, et *xuy* 吹, souffler.)

Xoi ra ○ 囉, déboucher, débourrer. — *Xoi điếu* ○ 釣, nettoyer un fume-cigare, déboucher (débourrer) une pipe. — *Xoi lỗ* ○ 魯, perforer, creuser un trou, curer une fosse. — *Xoi trổ* ○ 擼, sculpter. — *Dục xoi* 鋦 ○, ciseau de sculpteur. — *Xoi xỉa* ○ 摘, curer, creuser. — *Xoi bói* ○ 貝, cancaner, faire des commérages. — *Người hay xoi bói* 得哈 ○ 貝, cancanier, médisant.

Xòi 推. Syllabe complémentaire. (En S. A., exciter, pousser; se pron. *tôi*.)

Lòi xòi 捸 ○, ressortir, dépasser; inégal, qui n'est pas uni.

Xói 胵. Piquer, blesser (en paroles). (En S. A., se précipiter; se pron. *chí*.)

Xói nhau ○ 饒, se quereller, se chamailler. — *Xắc xói* 確 ○, vexer, humilier. — *Nhảy xói xói* 跣 ○ ○, sautiller, frétiller. — *Xỉa xói* 摘 ○, être aux prises.

Xôi 粳 [1]. Cuire à la vapeur d'eau. (Formé des S. A. *mễ* 米, riz, et *xuy* 吹, souffler.)

Chè xôi 茶 ○, potage sucré au riz gluant (cérémonies rituelles). — *Oản xôi* 餕 ○, autre préparation culinaire (pour offrandes). — *Xôi kinh nấu sử* ○ 經燸史, chauffer les classiques et cuire les annales (s'adonner complètement à l'étude des belles-lettres).

Xối 洷 [2]. Répandre, verser (eau). (Formé des S. A. *thủy* 水, eau, et *chí* 至, atteindre.)

Xối xả ○ 捨, jeter çà et là, éparpiller, parsemer. — *Xối nước* ○ 渚, répandre de l'eau. — *Cái xối* 丐 ○, gouttière. — *Máng xối* 欅 ○, conduite d'eau. — *Xối ria* ○ 離, répandre en dispersant, arroser, asperger. — *Chưởi xối* 吐 ○, lancer des imprécations. — *Đánh xối* 打 ○, frapper fort.

Xối 踵. Trop vite, prématurément. (En S. A., rire aux éclats; se pron. *hí*.)

Làm xối 濫 ○, faire à la hâte, agir d'urgence. — *Bóp xối* 捺 ○, pétrir, malaxer, triturer.

Xơi 吹. Manger, boire, avaler (ne se dit qu'en parlant des supérieurs). (En S. A., bouffée; se pron. *xuy*.)

Xơi cơm ○ 鉗, manger du riz, prendre son repas. — *Xơi chè* ○ 茶, boire du thé, prendre le thé.

---

[1] Se transcrit aussi par le car. 粢. — [2] Se transcrit aussi par le car. 潩.

Xới 扯. Mouvoir, remuer, égaliser. (Du S. A. *xá*, même car., même signif.)

Xới đất ○ 坦, retourner la terre, préparer le sol. — *Xới cơm* ○ 餂, remuer le riz (dans la marmite).

Xới 址. Superficie, emplacement. (Du S.A. *xá*, même car., même signif.)

Đất xới 坦 ○, terre meuble.

Xom 探. Lancer (dard), harponner. (En S. A., fouiller; se pron. *thám*.)

Xom cá ○ 魪, pêcher au harpon.

Xóm 站. Réunion de cases, hameau. (En S. A., paravent; se pron. *điếm*.)

Làng xóm 廊 ○, villages et hameaux. — *La làng xóm* 囉 廊 ○, appeler (au secours) les villages et les hameaux. — *Bố làng xóm ơi* 噃 廊 ○ 哎, cri prolongé pour appeler les voisins à l'aide. — *Xóm nhà* ○ 茹, groupe de maisons. — *Xóm diềng* ○ 盈, voisinage, environs.

Xỏm 跕. Légèrement, avec agilité. (En S. A., descendre; se pron. *thiếp*.)

Nhảy xỏm 跺 ○, bondir précipitamment, sauter lestement; se dresser. — *Nhẹ xỏm* 珥 ○, très léger; vivement.

Xởm 站. Jolie tournure, élégance. (En S. A., paravent; se pron. *điếm*.)

Xởm trai ○ 豺, garçon bien tourné, jeune homme élégant.

Xồm 毯*. Tissu fait avec du poil, étoffe de laine, tapis, couverture [1].

Xổm 跕. S'asseoir sur ses talons. (En S. A., descendre; se pron. *thiếp*.)

Ngồi xổm 跧 ○, s'accroupir. — *Ngồi xổm lổm* 跧 ○ 溘, être assis n'importe comment.

Xom 侵. S'avancer tout à coup. (Du S. A. *xâm*, même car., empiéter.)

Xom tới ○ 細, arriver brusquement. — *Xom vào* ○ 俱, faire irruption dans. — *Xom tới xom lui* ○ 細 ○ 蹟, avancer et reculer; chanceler, tituber (se dit surtout de la marche chancelante d'un ivrogne).

Xởm 讖. Syllabe complémentaire. (En S. A., constater; se pron. *sấm*.)

Nặng xởm 練 ○, rude, dur, grave, sévère. — *Lời xẳng xởm* 痾 練 ○, paroles dures, langage sévère.

Xởm 岑. Cheveux épars, ébouriffés. (En S. A., escarpement; se pron. *sâm*.)

Bờm xởm 髶 ○, hérissé, ébouriffé. — *Xởm xởm* ○ ○, mal peigné, échevelé, embrouillé.

Xòn 裩. Étui pour les cigarettes. (Formé des S. A. *y* 衣, enveloppe, et *đồn* 屯, fortifié.)

Xòn lông ngựa ○ 翃 馭, porte-cigarettes fait avec des crins de cheval. — *Bỏ điếu thuốc vào xòn* 補 釣 菓 俱 ○, placer des cigarettes dans l'étui.

Xồn 混. Syllabe complémentaire. (En S. A., eau trouble; se pron. *hỗn*.)

---

[1] Se prononce aussi *dạm*.

Xôn xôn ○ ○, sans retenue, turbulent, insolent. — *Xí xôn* 侈 ○, id. — *Nói xôn xôn* 吶 ○ ○, répondre insolemment.

Xôn 敦. Syllabe complémentaire. (En S. A., influencer; se pron. *đôn*.)

   Xôn xao ○ 敲, agitation, anxiété; troublé, ému, agité.

Xộn 沌. Excessif (fort superlatif). (En S. A., tumultueux; se pron. *độn*.)

   Lớn xộn 吝 ○, tout ce qu'il y a de plus grand. — *To xộn* 粗 ○, excessif en grandeur ou en grosseur.

Xốn 寸. Douleur cuisante (piqûre). (En S. A., pouce; se pron. *thốn*.)

   Xốn xanh ○ 控, piquant, irritant. — *Xốn da* ○ 膠, picotements à la peau. — *Đau xốn* 疼 ○, cuire, piquer, démanger.

Xồn 混. Onomatopée (chute d'eau). (En S. A., eau trouble; se pron. *hồn*.)

   Xồn xồn ○ ○, bruit d'eau tombant avec violence. — *Xồn xáng* ○ 拯, grand tumulte.

Xơn 眞. Syllabe complémentaire. (En S. A., vrai, droit; se pron. *chơn*.)

   Xơn tới ○ 細, s'approcher. — *Xơn vào* ○ 佪, pénétrer, s'introduire. — *Xơn xao* ○ 敲, aller, errer. — *Cà xơn* 樖 ○, vague, indécis. — *Đi cà xơn* 迻樖 ○, errer çà et là.

Xớn 趂. Syllabe complémentaire. (En S. A., se glisser; se pron. *sấn*.)

   Cắt xớn 割 ○, couper (en appuyant sur le couteau); enlever (un morceau) en coupant.

Xớn 闌. Couper en rond, écourter. (En S. A., ouvrir; se pron. *xiển*.)

   Xớn tóc ○ 髦, couper les cheveux.

Xong 衝. Fini, terminé, achevé. (En S. A., se précipiter; se pron. *xung*.)

   Xong rã ○ 捨, expédié, débrouillé, dégagé. — *Xong xuôi* ○ 吹, id. — *Việc đã xong rồi* 役㐌○朶, le travail est fini, l'affaire est terminée. — *Làm cho xong* 濫朱 ○, finir, achever. — *Phải làm cho xong nội ngày hôm nay* 沛濫朱○內暗今, il faudra terminer aujourd'hui même. — *Không xong* 空 ○, cela ne va pas. — *Nói không xong* 吶空 ○, ne pas se débrouiller en parlant, n'obtenir aucun résultat satisfaisant par la parole. — *Xong tay* 擂 ○, ne rien faire de ses mains, demeurer inactif. — *Xong đời* 代, existence terminée, destinée remplie; mourir. — *Xong nợ* ○ 女, dette payée. — *Tính toán sổ sách cho xong* 併算數冊朱 ○, liquider définitivement un compte.

Xông 衝. Faire des fumigations; se précipiter, faire irruption dans. (Pour le car. en S. A., voir ci-dessus.)

   Xông hương ○ 香, brûler de l'encens. — *Xông khói* ○ 煾, enfumer. — *Xông thuốc* ○ 茉, brûler des drogues. — *Xông khói thịt đùi* ○ 煾胵䠷, fumer des jambons. — *Xông tới* ○ 細, fondre sur, se précipiter contre. — *Xông vào nhà* ○ 佪茹, faire irruption dans une maison. — *Xông qua* ○ 戈, passer comme un trait. —

Xông pha ○ 蓜, s'élancer sur, se ruer contre.

Xông 動. Secouer, faire trembler. (Du S. A. *động*, même car., même signif.)

Xông xuống ○ 甏, laisser tomber avec fracas; abaisser brusquement.

Xông 貢. Syllabe complémentaire. (En S. A., offrir, payer; se pron. *cóng*.)

Áo xông 襖 ○, habits, vêtements.

Xông 蕫. Fermement, solidement. (Du S. A. *đông*, même car., même signif.)

Nói xông xông 吶衚 ○, parler très fort, s'exprimer avec rondeur et assurance.

Xọp 潵. Creux, aplati; désenflé. (Formé des S. A. *thủy* 水, eau, et *cháp* 執, prendre.)

Xọp bụng ○ 膡, ventre creux. — *Lúa xọp* 穭 ○, épi vide. — *Xọp đi* ○ 迻, se vider, se creuser. — *Làm cho xọp* 濫朱 ○, dégonfler, désenfler. — *Xọp xuống* ○ 甏, tomber, s'affaisser, s'écrouler.

Xọp 執. Même signif. que ci-dessus. (En S. A., prendre; se pron. *cháp*.)

Xọp ve ○ 蠔, aplati, comprimé. — *Xọp khô* ○ 枯, creux, déprimé, sec, maigre.

Xọp 欈. Cri pour faire arrêter les bœufs; syllabe complémentaire. (Formé des S. A. *mộc* 木, arbre, et *lạp* 鬣, longs cheveux.)

Bộp xọp 喋 ○, agile, souple, léger.

Xốp 柛. Mou, tendre; maigre.

(Formé des S. A. *mộc* 木, arbre, et *tráp* 匣, tour, circuit.)

Xốp xốp ○ 橝, mince, grêle, fluet. — *Đất xốp* 坦 ○, terre molle, légère. — *Cây xốp* 核 ○, arbre mou, bois sans consistance (comme le sureau, par exemple).

Xốt 出. Syllabe complémentaire. (En S. A., faire sortir; se pron. *xuất*.)

Xốt xẹt ○ 徹, tout à coup, brusquement; sans soin, comme par acquit. — *Đâm xốt* 銑 ○, frapper d'estoc, pointer, transpercer.

Xót 咄. Causer des démangeaisons; attendrir, émouvoir; compatir. (En S. A., crier fort; se pron. *đốt*.)

Xót xa ○ 車, cuisant, douloureux; être touché. — *Xót xáy* ○ 佟, démanger. — *Thương xót* 傷 ○, avoir compassion, prendre en pitié. — *Xót ruột* ○ 胜, très touché, très ému, qui attendrit jusqu'au fond des entrailles.

Xót 出. Pousser, presser, insister. (En S. A., faire sortir; se pron. *xuất*.)

Xót xát ○ 擦, stimuler. — *Xót nhau* ○ 饒, se pousser les uns les autres, s'exciter mutuellement. — *Xót lây* ○ 拋, lestement, vivement. — *Làm xót lây đi* 濫 ○ 拋 迻, allons, lestement! vivement!

Xọt 跌. Tout à coup, inopinément. (En S. A., glisser; se pron. *diệt*.)

Chạy xọt 趍 ○, accourir. — *Xọt xọt* ○ ○, avancer rapidement. — *Xọt xọt chạy* ○ ○ 趍, trottiner (derrière quelqu'un). — *Vào xọt* 匤 ○,

entrer tout d'un coup. — *Tới xợt* 細 ○, arriver à l'improviste.

Xớt 擦. Passer très près, effleurer; saisir au vol (oiseaux, volatiles). (En S. A., triturer; se pron. *xát*.)

Xớt qua ○ 戈, raser, friser, passer rapidement à côté de. — *Đạn xớt qua mặt nó* 碑 ○ 戈 𩈘 奴, la balle lui rasa le visage. — *Xớt lấy* ○ 𢭲, prendre vivement. — *Ngọt xớt* 𠹾 ○, très doux. — *Lợt xớt* 㳦 ○, fade; incolore; indécis.

Xu 趨 et 趣 *. Courir, marcher d'un pas rapide, se hâter vers.

Xu 趣 *. S'avancer, accourir; se presser, montrer de l'empressement, faire avec complaisance.

Xu 樞 *. Pièce de bois servant de pivot (axe, cheville, essieu, gond); moteur principal; nom d'arbre.

Trung xu 中 ○, centre du mouvement. — *Xu cơ* ○ 機, principal agent, mobile d'une affaire. — *Xu đức* ○ 德, vertus cardinales. — *Thiên xu* 天 ○, pivot céleste; nom d'étoile. — *Xu trục* ○ 軸, cylindre, rouleau, treuil, essieu.

Xu 驅 *. Courir à cheval; chasser l'ennemi, les rebelles (ou les animaux nuisibles); aller çà et là, faire des recherches; pousser, presser, exciter.

Tiên xu 先 ○, éclaireurs d'armée, avant-garde. — *Trung xu* 中 ○, portion principale, gros de la troupe.

— *Hậu xu* 後 ○, arrière-garde. — *Xu rồi* ○ 耒, tout est perdu!

Xu 軀 *. Le corps, la personne, soi-même.

Xu 鏂. Sou (monnaie française). (Formé des S. A. *kim* 金, métal, et *khu* 區, courbé.)

Một đồng xu nhỏ 沒 銅 ○ 𨬾, un petit sou (cinq centimes). — *Một đồng xu lớn* 沒 銅 ○ 吝, un gros sou (dix centimes).

Xụ 聚. Baissé; pendre, retomber. (Du S. A. *tụ*, même car., tendance.)

Xụ mặt ○ 𩈘, tête baissée. — *Để tóc xụ xụ* 底 髮 ○ ○, porter négligemment les cheveux dans le dos. — *Xụ xuống* ○ 𨑜, qui pend.

Xú 臭 *. Chien sentant le gibier; odeur forte (bonne ou mauvaise, mais plutôt mauvaise); puant, fétide; putréfaction, corruption; vicieux, dépravé.

Vô xú 無 ○, sans odeur. — *Xú khí* ○ 氣, air corrompu, mauvaises odeurs. — *Xú xi* ○ 㑴, avoir une pensée secrète. — *Xú xi với nhau* ○ 㑴 貝 饒, communiquer secrètement les uns les autres. — *Xú lý thọ* ○ 李 樹, nom d'arbrisseau.

Xú 嗅 et 齅 *. Sentir, flairer; peut se prendre pour le précédent.

Xú 糔 *. Riz sec; farine commune.

Xú 餱 *. Nourriture grossière.

Xù 趀*. Marcher lourdement, aller lentement; las, fatigué.

Xù 驅. Syllabe complémentaire. (En S. A., cheval rapide; se pron. *xu*.)

    Xù xụ ○ 聚, échevelé; débraillé. — *Xù xì* ○ 吹, tout doucement. — *Nói xù xì* 呐 ○ 吹, parler à voix basse.

Xù 醜*. Vilain, laid, repoussant; opprobre, impudence, ignominie. A. V. Pendre, traîner, retomber.

    Tiểu xù 小 ○, timide, honteux. — *Xù hành* ○ 行, inconduite. — *Xù ác* ○ 惡, coquin, bandit, scélérat. — *Xù ác nhơn* ○ 惡人, méchant homme, individu de mauvaise mine. — *Xù xuóng* 氅, pendre, traîner. — *Xù tay* ○ 扭, bras ballants, mains pendantes. — *Xù áo* ○ 襖, laisser traîner ses habits. — *Xù tai* ○ 聰, oreilles pendantes; confusion.

Xự 署. Syllabe complémentaire. (En S. A., arrangement; se pron. *thự*.)

    Xạo xự 造 ○, troublé, embrouillé, bouleversé. — *Làm xạo xự* 濫造 ○, jeter le trouble dans.

Xứ 処几 et 處*. Se reposer; séjourner, habiter, demeurer; endroit, séjour, résidence; lieu, pays, contrée, province.

    Xứ sở ○ 所, le lieu, la demeure, la résidence dont on dépend. — *Bổn xứ* 本 ○, pays d'origine, sol natal. — *Quan chúa xứ* 官主 ○, gouverneur de province (vieille appellation). — *Về xứ sở* 衛 ○ 所, revenir dans son pays, rentrer à sa résidence. — *Đi cùng xứ* 迻窮 ○, parcourir la contrée, visiter la province. — *Đi xứ nầy qua xứ kia* 迻 ○ 尼戈 ○ 箕, aller de contrée en contrée. — *Anh ở xứ nào* 嬰於 ○ 䘏, de quel pays êtes-vous? — *Tôi ở xứ xa lắm* 碎於 ○ 賒廩, je suis d'un pays très éloigné. — *Bỏ xứ bỏ sở* 補 ○ 補所, quitter son pays, abandonner sa demeure.

Xứ 次. Fois, tour; successivement. (Du S. A. *thứ*, même car., même signif.)

Xử 處*. Diriger; examiner, juger; expliquer, dirimer, rectifier, redresser, décider, trancher, exécuter.

    Phân xử 分 ○, distinguer, démêler; diviser. — *Xử xong* 衝 ○, décider définitivement. — *Xử việc* ○ 役, juger une affaire. — *Xử kiện* ○ 健, trancher un différend. — *Xử tội* ○ 罪, infliger une peine. — *Đoán xử* 斷 ○, rendre une sentence, prononcer un jugement. — *Xử lý* ○ 理, juger selon la raison, impartialement. — *Việc khó xử* 役若 ○, affaire difficile à juger. — *Quan thẩm án xử việc tạp tụng* 官審按 ○ 役雜訟, juge de paix. — *Xử tử* ○ 死, condamner à la peine capitale. — *Xử trảm* ○ 斬, condamner à la décapitation. — *Xử tù* ○ 囚, exécuter des prisonniers. — *Kẻ xử tù* 几 ○ 囚, bourreau.

Xua 摣. Battre, chasser devant soi. (Du S. A. *khua*, même car., même signif.)

    Đuổi xua 對 ○, chasser. — *Xua đuổi* ○ 對, id. — *Xua đi* ○ 迻, renvoyer. — *Xua ra* ○ 囉, pousser, éloigner.

Xwa 初. Autrefois, anciennement. (Du S. A. *sơ*, même car., même signif.)

Thuở xwa 課 ○, dans le temps, jadis. — *Khi xwa* 欺 ○, temps passés, époques lointaines. — *Đời xwa* 代 ○, siècles passés, générations antérieures. — *Chuyện đời xwa* 傳 代 ○, histoires d'autrefois, contes de l'ancien temps. — *Nói chuyện đời xwa* 吶 傳 代 ○, raconter des histoires anciennes, dire des contes. — *Người đời xwa* 侼 代 ○, les hommes d'autrefois. — *Việc đời xwa* 役 代 ○, les choses de l'ancien temps. — *Xwa nay* ○ 尼, jusqu'ici, jusqu'à présent; de tout temps. — *Xwa nay không có* ○ 尼 空 固, il n'y en a jamais eu, cela n'a jamais existé.

Xuân 柟*. Arbuste du genre sumac.

Xuân 春*. Printemps; tendre, frais, nouveau, jeune, charmant.

Xuân hạ ○ 夏, printemps et été. — *Xuân phong* ○ 風, air printanier, brise agréable, zéphyr. — *Xuân xanh* ○ 樫, vert, tendre, jeune. — *Tuổi xuân* 歲 ○, jeunesse, juvénilité. — *Mùa xuân* 務 ○, la saison du printemps, l'époque des floraisons. — *Trời xuân* 丕 ○, ciel serein. — *Xuân phân* ○ 分, équinoxe du printemps. — *Ngày xuân nhựt* 㫖 ○ 日, jour de fête, jour de repos. — *Hoa xuân* 花 ○, fleurs printanières; beau, élégant. — *Xuân xăn* ○ 損, désirer vivement; se presser, se hâter.

Xuân 偆*. Large, libéral, généreux.

Xuân 椿*. Un arbre à feuilles persistantes (genre cédrèle); symbole de longévité.

Xuẩn 蠢*. Ramper, serpenter (insectes, vers); sot, stupide, imbécile, ignorant.

Xuẩn ngu ○ 愚, lourd, épais, niais, stupide. — *Xuẩn tử* ○ 子, grossier, commun, peu intelligent. — *Xuẩn tài* ○ 才, dépourvu de tout talent, incapable, inhabile.

Xuẩn 蹖*. De couleurs variées; mêlé, confondu, bigarré; fourbe, trompeur, pervers.

Xuẩn 惷*. Grande agitation de l'âme; mettre le désordre dans, se soulever, s'insurger.

Xuất 出*. Sortir, jaillir, s'exhaler, s'échapper; se produire, se manifester; rejet, évacuation; surpasser, exceller.

Xuất ra ○ 曪, sortir (instantanément), évacuer, émettre. — *Xuất môn* ○ 門, passer la porte. — *Xuất nhập* ○ 入, entrer et sortir. — *Xuất binh* ○ 兵, faire sortir des troupes. — *Xuất trận* ○ 陣, s'avancer pour livrer bataille. — *Xuất lực* ○ 力, développer ses forces. — *Xuất phát* ○ 發, distribuer, émettre. — *Xuất kì bất ý* ○ 其 不 意, jaillir tout à coup, sortir inopinément. — *Xuất của* ○ 貼, proposer ses biens. — *Xuất tài* ○ 才, offrir son talent. — *Xuất tiền* ○ 錢, faire sortir son argent (dépenses). — *Sổ xuất* 數 ○, budget des dépenses (*sổ thâu* 數 收, budget des recettes). — *Sổ thâu sổ xuất nội một năm* 數 收

數 ○ 內沒觧, le budget des recettes et des dépenses d'une année. — *Tài đức xuất chúng* 才德 ○ 衆, talents et vertus peu communs. — *Xầm xuất* 浸 ○, bruit de chuchotements. — *Nói xầm xuất* 吶浸 ○, parler tout bas, chuchoter (à l'oreille).

Xục 促. Syllabe complémentaire. (Pour le car. en S. A., voir ci-dessous.)

Xục xịch ○ 斥, onomatopée (bruit de choses mal ajustées). — *Sự xục xịch* 事 ○ 斥, ballottement. — *Đi xục xịch* 移 ○ 斥, aller cahin-caha. — *Xe đi xục xịch* 車移 ○ 斥, voiture qui roule tant bien que mal.

Xúc 促*. Urgent, pressé. Voir *thúc*.

Xúc 蹙 et 戚頁*. Presser, pousser; plissé, ridé, resserré, contracté; émotion, anxiété; triste, soucieux.

Xúc 蠋*. Une grosse chenille.

Xúc 蹢*. Traces de pas, piste.

Xúc 觸*. Frapper des cornes; foncer sur, se précipiter contre, attaquer, blesser, accabler; enlever, prendre.

Xúc xúc ○ ○, pousser avec les cornes, soulever avec le museau. — *Xúc báng* ○ 謗, foncer sur quelqu'un; accabler de reproches. — *Xúc phạm* ○ 犯, se déchaîner en insultes contre. — *Xúc gan* ○ 肝, soulever l'indignation, exciter la colère. — *Giận xúc gan* 悻 ○ 肝, être furieux. — *Xúc đất* ○ 坦, enlever de la terre. — *Xúc lấy* ○ 祇, enlever, prendre (avec une écuelle, avec les mains). — *Xúc cơm* ○ 鉗, prendre du riz cuit de cette façon. — *Xúc rổ* ○ 簹, pêcher avec une banne d'osier. — *Đi xúc cá* 移 ○ 魪, aller à la pêche à la corbeille.

Xức 職. Oindre, embaumer, frotter. (En S. A., grade, charge; se pron. *chức*.)

Xức dầu ○ 油, frictionner avec de l'huile. — *Xức thuốc* ○ 葉, frotter avec un onguent. — *Thuốc xức* 葉 ○, remède externe composé de corps gras. — *Phép xức trán* 法 ○ 頭, le sacrement de la confirmation.

Xuê 吹. Avoir l'air content de soi. (En S. A., souffler; se pron. *xuy*.)

Xuê xang ○ 控, crâne, fier, décidé; joli, coquet, plaisant.

Xuể 吹. Pouvoir, obtenir, surpasser. (Pour le car. en S. A., voir ci-dessus.)

Làm không xuể 濫空 ○, ne pas pouvoir faire mieux, ne pas être capable de surpasser.

Xui 吹. Exciter, pousser, presser. (Pour le car. en S. A., voir ci-dessus.)

Xui giục lòng kẻ đánh giặc ○ 逐惷几打賊, exciter les combattants. — *Xui dân làm loạn* ○ 民濫乱, pousser le peuple à la révolte. — *Xui khiến* ○ 遣, stimuler, presser, pousser, exciter.

Xụi 吹. Ne pas pouvoir maintenir; laisser tomber, laisser descendre. (Pour le car. en S. A., voir ci-dessus.)

Xụi xuống ○ 齙, tomber, s'affaisser. — *Xụi lỡ* ○ 呂, manquer, rater; être déçu. — *Buông xụi* 撊 ○, laisser tomber, lâcher tout. — *Bỏ xụi* 補 ○, abandonner la partie.

Xúi 吹. Exciter; agir avec entrain. (Pour le car. en S. A., voir ci-dessus.)

Xăm xúi 浸 ○, se diriger tout droit et intentionnellement. — *Đi xúi xúi* 趍 ○ ○, aller son chemin, sans dévier. — *Làm xúi xúi* 濫 ○ ○, faire son affaire sans s'occuper du reste.

Xùi 吹. Syllabe complémentaire. (Pour le car. en S. A., voir ci-dessus.)

Lùi xùi 踈 ○, tout de travers. — *Ăn mặc lùi xùi* 唵 默 踈 ○, avoir une mise débraillée. — *Đầu lùi xùi* 頭 踈 ○, tête mal peignée.

Xủi 陞. Remuer, étendre, soulever. (En S. A., rire, se moquer; se pron. *hỉ*.)

Xủi đất lên ○ 坦 遷, travailler la terre. — *Xủi bụi* ○ 培, soulever la poussière (avec les pieds).

Xuy 吹*. Bouffée, souffle; exhaler, haleter, faire sortir; jouer d'un instrument à vent.

Đại xuy 大 ○, forte bouffée. — *Tiểu xuy* 小 ○, léger souffle. — *Phong xuy* 風 ○, vent qui souffle. — *Xuy khí* ○ 氣, faire sortir la respiration. — *Xuy loa* ○ 鏍, jouer de la trompette. — *Xuy mạ* ○ 鎷, enduire de métal, plaquer. — *Xuy bạc* ○ 薄, argenter. — *Xuy vàng* ○ 鐄, dorer. — *Đồ xuy mạ* 圖 ○ 鎷, objets enduits de métal, bijoux en faux. — *Làm xuy mạ* 濫 ○ 鎷, tromper.

Xuy 炊*. Souffler le feu; cuisiner.

Xuy 答*. Bambou pénal; corriger avec des verges, battre avec un rotin, punir, châtier.

Xuy ngũ thập ○ 五十, donner cinquante coups de rotin.

Xuy 抬*. Élever, soulever, porter.

Xuy 豉*. Graines légumineuses en conserves, plantes marinées.

Xuyên 川 et 巛*. Eau qui coule: ruisseau, rivière, fleuve; courant. Car. radical.

Sơn xuyên 山 ○, montagnes et cours d'eau, collines et rivières. — *Đại xuyên* 大 ○, grand fleuve. — *Thường xuyên* 常 ○, habituel, continuel. — *Xuyên khung* ○ 芎, racine employée en médecine.

Xuyên 穿*. Trouer, percer, perforer; enfiler, passer dans; s'ouvrir un passage, pénétrer; trou, orifice, ouverture, passage.

Xuyên qua ○ 戈, transpercer; enfiler. — *Xuyên hoa* ○ 花, sculpter à jour (des fleurs, des arabesques). — *Xuyên bông* ○ 蒸, id.; une pièce des bois de charpente sculptée à jour qui relie les colonnes d'une maison. — *Xuyên thổ* ○ 土, entablement orné de sculptures. — *Nói xuyên hoa* 吶 ○ 花, raconter des balivernes.

Xuyên 釧*. Anneau, cercle, bracelet. Voir *vàng*, *vành* et *vòng*.

Kim xuyên 金 ○, bracelet en or. — *Xuyên vàng* ○ 鐄, id. — *Mua một đôi xuyên* 謨 沒 堆 ○, acheter une paire de bracelets.

Xuýt 啜. Passer tout près de; bruit aigu, sifflement; sorte d'interjection employée pour appeler (psitt). (En S. A., sucer, teter; se pron. *chuyết*.)

Xuýt qua ○ 戈, toucher presque (en passant très vite). — *Xuýt chết* ○ 折, frôlé par la mort; près de mourir. — *Xuýt gió* ○ 逾, siffler. — *Xuýt chó* ○ 狂, siffler son chien. — *Xuýt xớt qua* ○ 擦戈, passer rapidement avec un sifflement; effleurer en passant. — *Đạn xuýt qua đầu tôi* 礑 ○ 戈頭碎, le projectile passa près de ma tête en sifflant.

Xúm 呫. Mettre en tas, rassembler. (En S. A., ruminer; se pron. *thiếp*.)

Xúm xít ○ 折, en tas; en foule. — *Lăm xúm* 嚗 ○, id. — *Xúm nhau* ○ 饒, grouper, assembler. — *Xúm nhau lại* ○ 饒吏, convoquer, réunir. — *Xúm chùm* ○ 森, groupes nombreux. — *Chùm xúm* 森 ○, id.

Xún 春. Plein; accumulé. Voir *đầy*. (En S. A., printemps; se pron. *xuân*.)

Vun xún 扻 ○, entièrement plein, comblé. — *Đầy vun xún* 苔扻 ○, déborder, se répandre. — *Đóng vun xún* 棟扻 ○, accumuler, entasser (des ordures, par exemple). — *Thấp xún* 濕 ○, ramassé, bas sur jambes, de petite taille. — *Ngắn xún* 艮 ○, court, bref, limité.

Xung 冲*. Eaux jaillissantes; clair, net, pur, transparent; bouillonner; creux, profond, encaissé.

Thủy xung 水 ○, cascade, jet d'eau.

Xung 衝*. Chemin, route, voie de communication; parcourir les routes; heurter, bousculer, se jeter les uns sur les autres, être ennemis; contraire, opposé.

Xung đột ○ 突, se précipiter contre; heurter, bousculer; offenser, choquer. — *Sự xung khắc* 事 ○ 克, répugnance, aversion, antipathie. — *Xung vào* ○ 俹, se précipiter dans, envahir. — *Xung xa* ○ 車, char de guerre. — *Nổi xung* 浽 ○, s'insurger, se soulever; se mettre en colère. — *Xung gan* ○ 肝, se fâcher. — *Xung tâm* ○ 心, id. — *Xung khi* ○ 氣, bile. — *Xung xăng* ○ 控, se presser, se hâter. — *Đi xung xăng* 移 ○ 控, aller de tous côtés, tourner autour avec empressement, faire la mouche du coche.

Xung 憧*. Indécis, ému, perplexe.

Xùng 崇*. Maux, calamités, fléaux. A. V. Syllabe complémentaire.

Xùng xinh ○ 醒, trop large, trop vaste. — *Xùng rộng* ○ 曠, id.

Xưng 稱*. Peser, évaluer; se rendre compte, constater; adresser des éloges, faire des compliments; déclarer, déposer, exposer, avouer; feindre, simuler.

Xưng hóa ○ 貨, estimer la valeur d'une marchandise. — *Xưng ra* ○ 囉, confesser, déclarer. — *Xưng tội* ○ 罪, confesser une faute, avouer un péché. — *Xưng ngay* ○ 証, déclarer sans ambages, avouer franchement. *Xưng hô* ○ 呼, appeler, acclamer. — *Xưng danh* ○ 名, dire son nom. — *Xưng mình là người giỏi lắm* ○ 命

羅得烜虞, se dire un homme très habile, avoir des prétentions. — *Xưng thần* ○ 臣, se reconnaître le serviteur de, s'assujettir. — *Xưng vương* ○ 王, se déclarer seigneur et maître, se proclamer roi. — *Xưng bệnh* ○ 病, se dire malade (simuler une maladie).

Xứng 稱*. Digne, méritant; qui convient très bien, qui s'accorde parfaitement.

Xứng đáng ○ 當, correspondre, s'adapter; qui est bien à sa place. — *Không xứng* 空○, qui ne correspond pas, qui ne convient pas. — *Chẳng xứng* 庄○, qui n'est pas seyant; inconvenant, incongru. — *Xứng mặt* ○ 靣, visage digne, figure imposante. — *Xứng tài* ○ 才, vanter son talent. — *Xứng hiệp* ○ 合, s'accorder, s'unir; correspondre. — *Xứng nhau* ○ 饒, id. — *Ở cho xứng đáng* 於 朱○當, avoir une conduite irréprochable; être à la hauteur de sa situation. — *Làm cho xứng đáng* 濫朱○當, faire convenablement, agir dignement.

Xừng 澄. Lever, relever, dresser. (En S. A., pur, clair; se pron. *trừng*.)

Xừng lại ○ 吏, se redresser. — *Xừng đầu* ○ 頭, relever la tête. — *Làm cho tóc xừng lên* 濫朱髻○遷, faire dresser les cheveux.

Xừng 拯. Lever, redresser. V. *giảng*. (Du S. A. *chửng*, même c., même signif.)

Con sư tử xừng gáy lên khi người ta chọc nó giận 昆獅子○吤遷欺得些祝奴悻, le lion hérisse sa crinière quand on l'irrite. — *Con ngựa xừng tai* 昆馭○聰, le cheval dresse les oreilles. — *Xừng vừng* ○ 凭, défaillir, se trouver mal, perdre connaissance.

Xược 啅. Farceur, bouffon; outrer. (En S. A., cris, appels; se pron. *trác*.)

Nói xược 吶○, plaisanter, railler. — *Nói xược miệng* 吶○啞, tenir des discours extravagants. — *Lời xược* 喇○, plaisanterie, exagération. — *Láo xược* 咾○, faire le hâbleur, chercher à en faire accroire. — *Xược láo* ○咾, id.

Xược 綽*. Large, vaste, spacieux; bon, doux, serviable, bienveillant.

Xược 婥*. Beau, doux, souple, délicat, élégant, gracieux, condescendant, libéral, généreux.

Xược 芉. Gratter, racler, peler. (Formé des S. A. *thảo* 艸, plantes, et *trác* 卓, haut, élevé.)

Xược ra ○ 囉, détacher, enlever. — *Xược mía* ○ 樸, racler la canne à sucre. — *Xược thịt cây* ○舌核, gratter le bois d'un arbre. — *Xược da* ○胯, enlever la peau, ôter (ou racler) l'écorce.

Xược 茖*. Insoumis, indomptable. A. V. Opposé, à rebours, contraire.

Xược lên ○ 遷, se rebrousser, se hérisser (plumes, poils, cheveux). — *Gà xược* 鶄○, espèce de poule du pays à plumes rebroussées. — *Xược cỏ* 鞈, herbe à piquants (employée en médecine). — *Nói xược* 吶○, contredire.

Nườc 辵 et 辶*. Marche rapide; courir et s'arrêter, s'avancer et reculer. Car. radical.

Xuôi 吹. Favorable, propice; aller bien, sans obstacle, sans encombre. (En S. A., souffler; se pron. *xuy*.)

 Xuôi xả ○ 捨, coulant, allant bien; libre, débarrassé. — *Gió xuôi* 逌 ○, vent favorable, bonne brise. — *Nườc xuôi* ○ 渚, courant favorable de l'eau, bonne marée. — *Cách xuôi* 格 ○, favorablement. — *Xuôi ngược* ○ 虐, pour et contre, favorable et défavorable; à tout hasard. — *Đi xuôi* 移 ○, bien aller. — *Xuôi buồm* ○ 帆, bonne navigation à la voile. — *Nói xuôi nói ngược* 吶 ○ 吶 虐, parler pour et contre. — *Xong xuôi* 衝 ○, mené à bonne fin, achevé, parfait. — *Không xuôi* 空 ○, qui laisse à désirer. — *Việc không xuôi* 役 空 ○, l'affaire ne marche pas. — *Xuôi xị* 皷, découragé; las, épuisé, fatigué.

Xuội 吹. Laisser tomber. Voir *xụi*. (Pour le car. en S. A., voir ci-dessus.)

Xười 侈. Syllabe complémentaire. (En S. A., large, vaste; se pron. *xí*.)

 Xả xười 捨, rejeter, repousser; superflu, en trop, inutile.

Xười 裱戈. Tout déchiré, en loques. (Formé des S. A. *qua* 戈, armes, et *biểu* 裱, vêtement.)

 Xười xài ○ 支, déchiré, lacéré, déguenillé. — *Lười xười* 賺 ○, dépenaillé, couvert de haillons.

Xuớng 衝. Se heurter en passant, donner contre; être pris, atteint. (Du S. A. *xung*, même c., même signif.)

 Xuớng pha ○ 葩, parcourir, errer. *Xuớng qua* ○ 戈, toucher en passant. — *Xuớng xao* ○ 敲, aller de côté et d'autre; passer et repasser devant un supérieur sans s'incliner. — *Xuớng xáo* ○ 造, id. — *Xuớng rót qua* ○ 擦 戈, frôler. — *Xuớng phải* 沛, pris par, atteint de. — *Xuớng vào* ○ 匐, envahir. — *Xuớng bệnh* ○ 病, pris de maladie. — *Xuớng dịch* ○ 瘦, atteint d'une maladie contagieuse (peste, choléra).

Xuống 迋[1]. Descendre, abaisser. (Formé des S. A. *xước* 辵, marcher, et *hạ* 下, descendre.)

 Xuống dười ○ 𠁑, descendre à. — *Hạ xuống* 下 ○, abaisser; rabaisser, humilier. — *Hạ mình xuống* 下 命 ○, s'abaisser. — *Ở trên núi xuống* 於 𨑜 𡶀 ○, descendre d'une montagne. — *Bỏ xuống* 補 ○, laisser tomber. — *Bỏ sáo xuống* 補 箱 ○, abaisser un store. — *Đi xuống ghe* 移 ○ 艍, descendre à la barque (s'embarquer). — *Đi xuống tàu* 移 ○ 艚, descendre au bateau (s'embarquer) [2]. — *Té xuống* 細 ○, tomber, faire une chute. — *Ngã xuống* 我 ○, id. *Sa xuống* 沙 ○, id. — *Để xuống* 底 ○, déposer (par terre). — *Đặt xuống* 達 ○, placer, installer (sur le sol). — *Xuống ngựa* ○ 馭, descendre de cheval.

---

[1]. Se transcrit aussi par les car. 冗下 et 䢛.
[2] Les Annamites disent «descendre à bord» comme nous disons «monter à bord».

Xuống xe ○ 車, descendre de voiture. — *Lên xuống* 遴 ○, monter et descendre. — *Xuống buồm* ○ 帆, serrer les voiles. — *Xuống cờ* ○ 旗, amener le pavillon, rentrer les couleurs. — *Xuống phước* ○ 福, faire descendre le bonheur, amener les félicités. — *Xuống ơn* ○ 恩, accorder une grâce, octroyer une faveur. — *Xin quan lớn xuống phước cho tôi nhờ* 嗔官咢○福朱碎洳, je prie Votre Excellence de vouloir bien faire descendre le bonheur sur moi (formule de supplique).

Xuồng 艟*. Embarcation légère, petit canot, yole, youyou, plate.

Chiếc xuồng 隻○, canot de jonque. — *Ong xuồng* 蜂○, canot abeille (espèce de périssoire pour un ou deux hommes). — *Luồng xuồng* 弄○, indécis, indéterminé; pas fini, inachevé (on dit aussi *lòng xuồng*).

Xuổng 鍚 [1]. Instrument pour travailler la terre, sorte de pioche (ou de houe) à deux fourches. (Formé des S. A. *kim* 金, métal, et *xương* 昌, belle clarté.)

Cuốc xuổng 鍚○, bêches, pioches. — *Dùng xuổng mà xới đất lên* 用○麻呿坦遴, se servir d'un de ces instruments pour remuer la terre.

Xương 昌*. Splendide lumière du soleil, belle clarté du jour; brillant, magnifique; bonheur, prospérité; doux, sage.

Quang xương 光○, éclat, gloire, honneur. — *Hào xương* 豪○, illustre. — *Xương ngôn* ○ 言, sages paroles. — *Văn xương* 文○, nom d'étoile.

Xương 昌. Os; ossature. Voir *cốt*. (Pour le car. en S. A., voir ci-dessus.)

Xương sườn ○ 胁, les côtes. — *Xương sống* ○ 𤯄, épine dorsale. — *Xương ống* ○ 䐑, tibia. — *Xương cá* ○ 鮂, arête de poisson (voir *hóc*). — *Thịt xương sườn chiên* 胋○胁𦝾, côtelette de mouton. — *Còn xương không* 群○空, il ne reste plus que les os; très maigre. — *Lấy xương ra* 𫫡○𪘏, désosser. — *Rút xương thỏ* 捽○兔, désosser un lièvre. — *Nơi để xương kẻ chết* 尼底○几折, ossuaire. — *Xương quạt* ○ 撅, la monture d'un éventail.

Xương 菖*. Plante aquatique, sorte de jonc (remède de sorcier).

Xương vĩ ○ 尾, plante médicinale. — *Cây xương rồng* 核○蜂, cactus élégant (pour haie, clôture, entourage). — *Xương bồ* ○ 蒲, id.

Xương 裮 et 幅*. Sorte de grand manteau.

Xương 鯧*. Un poisson de mer de forme allongée.

Xương 閶*. Porte monumentale, entrée splendide.

Xướng 唱*. Commencer un chant, émettre un son, entonner, préluder; proclamer, prononcer.

---

[1] Se transcrit aussi par le car. 鑞.

Ca xướng 歌 ○, chanter. — *Xướng hát* ○ 喝, id. — *Cao xướng* 高 ○, entonner un chant d'une voix forte. — *Xướng lên* ○ 邅, faire entendre la voix. — *Xướng danh* ○ 名, proclamer un nom. — *Xướng tên* ○ 筅, faire l'appel.

Xướng 倡*. Être le chef, guider, diriger, ordonner, commander.

Xướng lễ ○ 禮, diriger une cérémonie. — *Xướng suất* ○ 率, prendre le commandement, prendre l'initiative; présider à.

Xướng 娼*. Chanteuse mercenaire; courtisane, fille galante.

Xướng 猖*. Bêtes fuyant en désordre; course folle, déroute; sans retenue, sans frein.

Xướng 敞*. Lieu élevé; s'étendre au loin; grand, vaste, à découvert.

Xướng 憉*. Émotion, crainte, frayeur; troublé, alarmé.

Xướng 廠 et 厰*. Toiture sans murs (reposant sur des colonnes), hangar, baraquement, chantier, atelier; remise, abri provisoire, dépôt.

Xướng ghe ○ 艭, remise (hangar ou chantier) pour embarcations. — *Trại xưởng* 寨 ○, baraquement. — *Xưởng trừ than* ○ 貯炭, dépôt de charbon. — *Thảo xưởng* 草 ○, abri fait avec des herbes sèches, appentis, petite cabane.

Xúp 執. Syllabe complémentaire. (En S. A., prendre; se pron. *chấp*.)

Xúp xúp ○ ○, à petits pas, en trottinant. — *Chạy xúp xúp* 趍 ○ ○, trottiner légèrement; courir en se courbant et en fuyant. — *Theo xúp xúp* 蹺 ○ ○, suivre en trottinant. — *Gánh xúp xúp* 揌 ○ ○, trottiner le dos courbé avec une charge sur l'épaule. — *Một gánh xúp xúp* 沒 揌 ○ ○, une charge ordinaire. — *Lúp xúp* 祉 ○, épais, fourré. — *Bụi lúp xúp* 蓓 祉 ○, buissonneux, broussailleux. — *Đất có bụi lúp xúp* 坦 固 蓓 祉 ○, terrain broussailleux.

Xụt 卒. Syllabe complémentaire. (En S. A., finir, terminer; se pron. *tốt*.)

Xụt xịt ○ 晰, onomatopée (bruit de vapeur s'échappant d'une soupape par jets successifs).

NOTICE

SUR

LES DIVISIONS POLITIQUES ET ADMINISTRATIVES DE L'EMPIRE ANNAMITE,

AVEC

LA NOMENCLATURE DES NOMS GÉOGRAPHIQUES OFFICIELS PAR PROVINCES, PRÉFECTURES ET SOUS-PRÉFECTURES [1].

PROVINCES, PRÉFECTURES ET SOUS-PRÉFECTURES DE L'ANNAM MOYEN.

Province de *Quảng đức* 廣德 (Région de haute vertu).

Chef-lieu *Huế* 化, capitale de l'Empire.

Cette province, qui n'a qu'une préfecture, est gouvernée par le préfet de la capitale (*Thừa thiên phủ doãn* 承天府尹), haut fonctionnaire de la 1re classe du 3e degré, assisté d'un préfet adjoint (*Thừa thiên phủ thừa* 承天府丞).

La préfecture ou *phủ* 府 de *Thừa thiên* 承天 (Soumission aux volontés du Ciel) comprend 6 sous-préfectures ou *huyện* 縣, savoir :

Hương trà huyện 香茶縣, 6 cantons.	*Phong điền huyện* 豐田縣, 5 cantons.
Hương thủy huyện 香水縣, 5 cantons.	*Quảng điền huyện* 廣田縣, 5 cantons.
Phú vinh huyện 富榮縣, 6 cantons.	*Phú lộc huyện* 富祿縣, 4 cantons.

---

[1] Notre grande colonie d'Extrême-Orient étant actuellement en pleine période de transformation, et des changements se produisant pour ainsi dire tous les jours, nous donnons le tableau des divisions politiques et administratives du régime annamite, avec toutes les modifications dues au régime actuel qu'il nous a été possible de noter.

Province de *Quảng trị* 廣治 (Région bien gouvernée)[1].

2 *phủ*, 5 *huyện* et 9 *châu*.

Phủ de *Bút phong* 筆豐府, 5 *huyện*.

Đăng xương huyện 登昌縣, 5 cant.	Thành hóa huyện 成化縣.
Địa linh huyện 地苓縣, 4 cantons.	Hải lăng huyện 海稜縣, 4 cantons.
Minh linh huyện 明苓縣, 4 cantons.	

Phủ de *Cam lộ* 柑路府, 9 *châu*.

Man vinh châu 蠻榮州.	Tầm bồn châu 尋盆州.
Ba lan châu 波頒州.	Thượng kẻ châu 上繼州.
Na bí châu 那秘州.	Lang thần châu 郎臣州.
Tá ban châu 借頒州.	Xương thạnh châu 昌盛州.
Man bồng châu 蠻俸州.	

Inscrits : 34,000 hommes. — Population totale : 770,000 habitants[2]. — Terres cultivées : 74,000 hectares.

Province de *Thanh hóa* 淸化 (Civilisation très pure).

5 *phủ* 府, 16 *huyện* 縣 et 3 *châu* 州[3].

Phủ de *Hà trung* 河中府, 5 *huyện*.

Tống sơn huyện 宋山縣, 4 cantons.	Hoằng hóa huyện 黃化縣, 5 cantons.
Nga sơn huyện 我山縣, 9 cantons.	Mĩ hóa huyện 美化縣, 3 cantons.
Hậu lộc huyện 厚祿縣, 5 cantons.	

---

[1] Cette province, administrée par le *Phủ doãn* de *Huế*, est placée sous l'autorité du Résident de la province de *Quảng đức* (ou *Thừa thiên*).

[2] Ces chiffres, quoique empruntés à des notices annamites assez récentes, ne sont que très approximatifs. Comme il n'existait pas de statistique exacte de la population, dans beaucoup de circonscriptions administratives le nombre total des habitants d'une province n'a pu être évalué que proportionnellement au nombre des hommes inscrits sur les rôles.

[3] Le nom de *châu* était donné autrefois aux sous-préfectures des territoires dits de second ordre, c'est-à-dire à des territoires nouvellement annexés et administrés militairement.

Phủ de Quảng hóa 廣化府, 4 huyện et 1 châu.

Vĩnh lộc huyện 永祿縣, 7 cantons.
Quảng tế huyện 廣祭縣, 5 cantons.
Thạch thành huyện 石成縣, 6 cantons.
Cẩm thủy huyện 錦水縣, 9 cantons.
Khai hóa châu 開化州, 7 cantons.

Phủ de Thiệu hóa 紹化府, 3 huyện.

Đông sơn huyện 東山縣, 9 cantons.
Thoại nguyện huyện 瑞願縣, 8 cant.
An định huyện 安定縣, 8 cantons.

Phủ de Tịnh gia 淨嘉府, 3 huyện.

Ngọc sơn huyện 玉山縣, 7 cantons.
Quảng xương huyện 廣昌縣, 4 cant.
Nông cống huyện 農貢縣, 12 cantons.

Phủ de Thọ xuân 壽春府, 1 huyện et 2 châu.

Lôi dương huyện 雷陽縣, 9 cantons.
Thường xuân châu 裳春州, 4 cant.
Lương chánh châu 糧正州, 8 cantons.

Inscrits : 64,200 hommes. — Population totale : 1,250,000 habitants. — Terres cultivées : 164,000 hectares.

Province de Nghệ an 乂安 (Paix maintenue).

6 phủ, 26 huyện.

Phủ de Diễn châu 演州府, 3 huyện.

Quỳnh lưu huyện 瓊流縣, 4 cantons.
Yên thành huyện 安城縣, 4 cantons.
Đông thành huyện 東城縣, 5 cantons.

Phủ de Anh sơn 英山府, 5 huyện.

Chơn lộc huyện 眞祿縣, 4 cantons.
Hưng nguyên huyện 興元縣, 7 cant.
Nam đường huyện 南堂縣, 4 cantons.
Lương sơn huyện 瓦山縣, 5 cantons.
Thanh chương huyện 青彰縣, 5 cantons.

Phủ de *Nhương dương* 攘陽府, 4 *huyện*.

Nhương dương huyện 攘陽縣, 3 cant. | *Kì sơn huyện* 岐山縣, 4 cantons.
Vĩnh hòa huyện 永和縣, 3 cantons. | *Hội nguyên huyện* 會元縣, 3 cantons.

Phủ de *Quí châu* 貴州府, 3 *huyện*.

Quế phong huyện 桂豐縣, 4 cantons. | *Nghĩa đàng huyện* 義堂縣, 8 cantons.
Tuy vân huyện 雖雲縣, 5 cantons. |

Phủ de *Trấn biên* 鎮邊府, 3 *huyện*.

Man soạn huyện 蠻撰縣, 4 cantons. | *Man lan huyện* 蠻蘭縣, 2 cantons.
Xuân hổ huyện 春琥縣, 4 cantons. |

Phủ de *Trấn ninh* 鎮寧府, 8 *huyện*.

Khâm huyện 欽縣, 3 cantons. | *Liên huyện* 連縣, 2 cantons.
Mộc huyện 木縣, 2 cantons. | *Liêm huyện* 廉縣, 2 cantons.
Quảng huyện 廣縣, 2 cantons. | *Khương huyện* 看縣, 2 cantons.
Xôi huyện 秋縣, 2 cantons. | *Kiết huyện* 吉縣, 2 cantons [1].

Inscrits : 43,000 hommes. — Population totale : 860,200 habitants. — Terres cultivées : 62,500 hectares [2].

Province de *Hà tịnh* 河靜 (Tranquillité sur les fleuves).

5 *phủ*, 14 *huyện*.

Phủ de *Hà thạnh* 河盛府, 3 *huyện*.

Kì anh huyện 岐英縣, 4 cantons. | *Cẩm xuyên huyện* 錦川縣, 4 cantons.
Thạch hà huyện 石河縣, 7 cantons. |

[1] Les territoires de ces deux dernières préfectures sont situés sur les hauts plateaux du versant ouest de la chaîne annamitique, en plein pays *Mường*, et s'étendent jusqu'au Mékong.
[2] Les *phủ* de *Trấn biên* et *Trấn ninh* non compris.

Phủ DE *Đức thọ* 德壽府, 5 *huyện.*

Nghi xuân huyện 宜春縣, 6 cantons.	*Hương khê huyện* 香溪縣, 6 cantons.
Hương sơn huyện 香山縣, 10 cantons.	*Thiên lộc huyện* 天祿縣, 7 cantons.
La sơn huyện 羅山縣, 7 cantons.	

Phủ DE *Trấn tịnh* 鎭靜府, 3 *huyện.*

Mộng sơn huyện 夢山縣.	*Thông nguyên huyện* 通原縣.
Yên sơn huyện 安山縣.	

Phủ DE *Trấn định* 鎭定府, 3 *huyện.*

Cam linh huyện 柑苓縣.	*Cam cát huyện* 柑葛縣.
Cam môn huyện 柑門縣.	

Phủ DE *Lạc biên* 樂邊府 [1].

Inscrits : 34,600 hommes. — Population totale : 690,000 habitants. — Terres cultivées : 48,000 hectares [2].

PROVINCE DE *Quảng bình* 廣平 (RÉGION PAISIBLE).

2 *phủ*, 7 *huyện.*

Phủ DE *Quảng ninh* 廣寧府, 3 *huyện.*

Phong lộc huyện 豐祿縣, 4 cantons.	*Lệ thủy huyện* 例水縣, 5 cantons.
Phong đăng huyện 豐登縣, 4 cantons.	

Phủ DE *Quảng trạch* 廣澤府, 4 *huyện.*

Bình chánh huyện 平正縣, 3 cantons.	*Bố trạch huyện* 布澤縣, 5 cantons.
Minh chánh huyện 明正縣, 3 cantons.	*Tuyên hóa huyện* 宣化縣, 4 cantons.

Inscrits : 16,900 hommes. — Population totale : 350,000 habitants. — Terres cultivées : 48,500 hectares.

---

[1] Les territoires de ces trois dernières préfectures sont situés sur le versant du Mékong et ils ne comprennent guère que des peuplades nomades et demi-indépendantes. Le nombre de cantons n'est pas exactement déterminé.

[2] Les *phủ* de *Trấn tịnh*, *Trấn định* et *Lạc biên* non compris.

Province de *Quảng nam* 廣南 (Région du sud).

2 *phủ*, 6 *huyện*.

Phủ de *Điện bản* 殿盤府, 3 *huyện*.

Diên phước huyện 延福縣, 10 cant. | Hòa vinh huyện 和榮縣, 7 cantons.
Kẻ xuyên huyện 雞川縣, 9 cantons. |

Phủ de *Thăng bình* 升平府, 3 *huyện*.

Phong dương huyện 豐陽縣, 7 cantons. | Hà đông huyện 河東縣, 7 cantons.
Quế sơn huyện 桂山縣, 4 cantons. |

Inscrits : 45,600 hommes. — Terres cultivées : 80,000 hectares.

Province de *Quảng ngãi* 廣義 (Territoire fidèle).

1 *phủ*, 3 *huyện*.

Phủ de *Tư ngãi* 茲義府, 3 *huyện*.

Bình sơn huyện 平山縣, 6 cantons. | Chương ngãi huyện 彰義縣, 6 cantons.
Mộ đức huyện 慕德縣, 6 cantons. |

Inscrits : 25,000 hommes. — Terres cultivées : 50,000 hectares.

Province de *Bình định* 平定 (Fixation de la paix).

2 *phủ*, 5 *huyện*.

Phủ de *Hoài nhơn* 懷仁府, 3 *huyện*.

Đồng sơn huyện 仝山縣, 5 cantons. | Phù kiết huyện 扶吉縣, 4 cantons.
Phù mĩ huyện 扶美縣, 4 cantons. |

Phủ DE *An nhơn* 安仁府, 2 *huyện*.

Tuy viễn huyện 雖遠縣, 4 cantons. | *Tri phước huyện* 知福縣, 4 cantons.

Inscrits : 60,000 hommes. — Population totale : 800,000 habitants⁽¹⁾. — Terres cultivées : 43,500 hectares.

Province de *Phú yên* 富安 (Paix et richesse).

1 *phủ*, 2 *huyện*.

Phủ DE *Tuy yên* 雖安府, 2 *huyện*.

Đồng xuân huyện 全春縣, 3 cantons. | *Tuy hòa huyện* 雖和縣, 4 cantons.

Inscrits : 10,000 hommes. — Population totale : 250,000 habitants. — Terres cultivées : 30,000 hectares.

Province de *Khánh hòa* 慶和 (Concorde et félicité).

2 *phủ*, 4 *huyện*.

Phủ DE *Diên khánh* 延慶府, 2 *huyện*.

Phước điền huyện 福田縣, 6 cantons. | *Vĩnh hương huyện* 永香縣, 4 cantons.

Phủ DE *Vĩnh hòa* 永和府, 2 *huyện*.

Quảng phước huyện 廣福縣, 4 cant. | *Tân định huyện* 新定縣, 3 cantons.

Province de *Bình thuận* 平順 (Paix et accord)⁽²⁾.

2 *phủ*, 4 *huyện*.

Phủ DE *Hàm thuận* 合順府, 2 *huyện*.

Hòa đa huyện 和多縣, 12 cantons. | *Tuy lý huyện* 雖理縣, 6 cantons.

⁽¹⁾ Ce chiffre nous paraît énorme pour une province de deux préfectures, mais, l'ayant pris dans un document officiel très récent, nous devons le considérer comme exact.

⁽²⁾ Les provinces de *Bình thuận* et de *Khánh hòa*, administrées par un *Tổng đốc* (gouverneur général indigène), sont placées sous l'autorité du Résident de France, dont le siège est à *Nha trang*.

Phủ DE *Ninh thuận* 寧順府, 2 *huyện*.

An phwóc huyện 安福縣, 7 cantons. | *Tuy phong huyện* 雖豊縣, 5 cantons.

Inscrits : 17,500 hommes. — Population : 132,000 Annamites, 1,300 Chinois et 30,000 Chams. — Terres cultivées : 55,000 hectares.

PROVINCES, PRÉFECTURES ET SOUS-PRÉFECTURES DU TONKIN.

Province de *Hà nội* 河內 (Dans les fleuves).
Chef-lieu *Hà nội*.
4 *phủ*, 10 *huyện*.

Phủ DE *Hoài đức* 懷德府, 3 *huyện*.

Vĩnh thuận huyện 永順縣, 8 cantons. | *Từ liêm huyện* 慈廉縣, 13 cantons.
Dan phương huyện 延方縣, 6 cant. |

Phủ DE *Thường tín* 常信府, 3 *huyện*.

Son phwóc huyện 山福縣, 12 cantons. | *Phú xuyên huyện* 富川縣, 9 cantons.
Thanh trì huyện 青池縣, 12 cantons. |

Phủ DE *Ưng hòa* 應和府, 2 *huyện*.

Thanh oai huyện 青威縣, 12 cantons. | *Sơn minh huyện* 山明縣, 8 cantons.

Phủ DE *Mĩ đức* 美德府, 2 *huyện*.

Yên đức huyện 安德縣, 7 cantons. | *Chương mĩ huyện* 彰美縣, 10 cantons.

Inscrits : 131,800 hommes. — Population totale : 600,000 habitants. — Terres cultivées : 140,000 hectares.

Province de *Hải dương* 海陽 (Splendeur de la mer).
4 phủ, 13 huyện.

Phủ de *Bình giang* 平江府, 3 huyện.

Năng yên huyện 能安縣, 10 cantons. | *Cẩm giang huyện* 錦江縣, 13 cantons.
Thanh miền huyện 青沔縣, 9 cantons. |

Phủ de *Ninh giang* 寧江府, 4 huyện.

Vĩnh bảo huyện 永保縣, 12 cantons. | *Gia lộc huyện* 嘉祿縣, 8 cantons.
Tứ kỳ huyện 四岐縣, 8 cantons. | *Vĩnh lại huyện* 永東縣, 5 cantons.

Phủ de *Nam sách* 南策府, 3 huyện.

Thanh hà huyện 青河縣, 10 cantons. | *Chí linh huyện* 志灵縣, 6 cantons.
Thanh lâm huyện 青林縣, 12 cant. |

Phủ de *Kinh môn* 荊門府, 3 huyện.

Hiệp sơn huyện 愶山縣, 8 cantons. | *Kinh thành huyện* 荊城縣, 6 cantons.
Đông triều huyện 東朝縣, 5 cantons. |

Inscrits : 38,000 hommes. — Population totale : 800,000 habitants. — Terres cultivées : 42,500 hectares.

Province de *Hải phòng* 海防 (Défenses maritimes).
1 phủ, 5 huyện.

Phủ de *Kiến thoại* 建瑞府, 5 huyện.

Yên lão huyện 安老縣, 10 cantons. | *Yên dương huyện* 安陽縣, 9 cantons.
Tiên lãng huyện 先朗縣, 11 cantons. | *Thủy nguyên huyện* 水源縣, 12 cantons.
Nghi dương huyện 宜陽縣. |

Inscrits : 10,200 hommes. — Population totale : 150,000 habitants. — Terres cultivées : 54,000 hectares.

Province de *Nam định* 南定 (Affermissement du sud).

2 *phủ*, 9 *huyện*.

Phủ de *Ngãi hưng* 義興府, 4 *huyện*.

Đại an huyện 大安縣, 10 cantons.
Vụ bổn huyện 務本縣, 11 cantons.
Ý an huyện 懿安縣, 6 cantons.
Phong dinh huyện 豐盈縣, 9 cantons.

Phủ de *Xuân trường* 春長府, 5 *huyện*.

Mĩ lộc huyện 美祿縣, 10 cantons.
Giao thủy huyện 交水縣, 9 cantons.
Nam trực huyện 南直縣, 10 cantons.
Trực ninh huyện 直寧縣, 7 cantons.
Thượng nguyên huyện 上元縣 (ou Hải hậu huyện 海厚縣), 5 cantons.

Inscrits : 61,000 hommes. — Population totale : 600,000 habitants (dont 1,000 Chinois environ). — Terres cultivées : 130,000 hectares.

Province de *Bắc ninh* 北寧 (Tranquillité du nord).

3 *phủ*, 13 *huyện*.

Phủ de *Từ sơn* 慈山府, 6 *huyện*.

Đông ngàn huyện 東岸縣, 10 cant.
Tiên du huyện 僊遊縣, 8 cantons.
An phong huyện 安豐縣, 5 cantons.
Quế dương huyện 桂陽縣, 9 cantons.
Võ giang huyện 武江縣, 8 cantons.
Đồng khê huyện 枝溪縣, 6 cantons.

Phủ de *Thuận thành* 順成府, 5 *huyện*.

Triệu loại huyện 肇類縣, 9 cantons.
Lương tài huyện 良才縣, 10 cantons.
Gia bình huyện 嘉平縣, 7 cantons.
Gia lâm huyện 嘉林縣, 7 cantons.
Văn giang huyện 文江縣, 4 cantons.

Phủ de *Đa phước* 多福府, 2 *huyện*.

Kim anh huyện 金英縣, 7 cantons.
Thiên phước huyện 千福縣, 10 cantons.

Inscrits : 36,900 hommes. — Population totale : 550,000 habitants.

Province de Bắc giang 北江 (Fleuves du nord) [1].

1 phủ, 5 huyện.

Phủ de Lạng giang 諒江府, 5 huyện.

Phượng nhỡn huyện 鳳眼縣.
An dõng huyện 安勇縣.
Hiệp hòa huyện 協和縣.

Bảo lộc huyện 保祿縣.
Việt an huyện 越安縣.

Province de Sơn tây 山西 (Montagnes de l'ouest).

3 phủ, 12 huyện.

Phủ de Quảng oai 廣威府, 4 huyện.

Phước thọ huyện 福壽縣, 9 cantons.
Tùng thiện huyện 從善縣, 7 cantons.

Tiên phong huyện 僊豐縣, 7 cantons.
Bất bạt huyện 不拔縣, 4 cantons.

Phủ de Quốc oai 國威府, 2 huyện.

Mĩ lương huyện 美良縣, 8 cantons.
Thạch thất huyện 石室縣, 6 cantons.

Phủ de Vĩnh tường 永祥府, 6 huyện.

Lập thạch huyện 立石縣, 11 cantons.
Tam dương huyện 三陽縣, 12 cant.
Bạch hạc huyện 白鶴縣, 11 cantons.

Yên lãng huyện 安朗縣, 9 cantons.
Yên lạc huyện 安樂縣, 10 cantons.
Bình xuyên huyện 平川縣, 7 cantons.

Inscrits : 38,200 hommes. — Population totale : 754,000 habitants. — Terres cultivées : 114,000 hectares.

[1] Le territoire de cette circonscription administrative, de création nouvelle, dépendait autrefois de la province de Bắc ninh.

Province de *Hưng hóa* 興化 (Progrès qui se manifeste).

1 *phủ*, 9 *huyện*.

Phủ de *Lâm thao* 臨洮府, 9 *huyện*.

Cam nông huyện 柑農縣, 5 cantons.
Thanh ba huyện 青波縣, 8 cantons.
Cẩm khê huyện 錦溪縣, 7 cantons.
Thanh thủy huyện 青水縣, 5 cantons.
Phú ninh huyện 富寧縣, 7 cantons.

Văn chấn huyện 文振縣.
Hạ hòa huyện 夏和縣, 10 cantons.
Yên lập huyện 安立縣, 3 cantons.
Thanh sơn huyện 青山縣, 5 cantons.

Inscrits : 15,000 hommes. — Population totale : 250,000 habitants.

Province de *Hà nam* 河南 (Sud des fleuves).

1 *phủ*, 5 *huyện*.

Phủ de *Lý nhơn* 里仁府, 5 *huyện*.

Kim bảng huyện 金榜縣, 8 cantons.
Duy tiên huyện 惟僊縣, 9 cantons.
Thanh liêm huyện 青廉縣, 8 cantons.

Nam xương huyện 南昌縣, 9 cantons.
Bình lục huyện 平陸縣, 8 cantons.

Inscrits : 20,000 hommes. — Population totale : 260,000 habitants. — Terres cultivées : 88,000 hectares.

Province de *Quảng yên* 廣安 (Paix étendue).

2 *phủ*, 5 *huyện*.

Phủ de *Sơn định* 山定府 (*Hoành bồ* 橫薄), 2 *huyện*.

Hoành bồ huyện 橫薄縣, 6 cantons. | *An hưng huyện* 安興縣, 2 cantons.

Phủ de *Nghiêu phong* 堯封府, 3 *huyện*.

Cát hải huyện 葛海縣, 2 cantons.	*Yên bạch huyện* 安白縣, 4 cantons.
Vân hải huyện 雲海縣, 1 canton.	

Inscrits : 1,200 hommes. — Population totale : 28,000 habitants. — Terres cultivées : 5,000 hectares.

Province de *Ninh bình* 寧平 (Paix et tranquillité).

2 *phủ*, 6 *huyện*.

Phủ de *Yên khánh* 安慶府, 3 *huyện*.

Yên khánh huyện 安慶縣, 11 cantons.	*Kim sơn huyện* 金山縣, 7 cantons.
Yên mô huyện 安謨縣, 9 cantons.	

Phủ de *Nho quan* 儒關府, 3 *huyện*.

Phụng hóa huyện 鳳化縣, 5 cantons.	*Gia viễn huyện* 嘉遠縣, 12 cantons.
Yên hóa huyện 安化縣, 4 cantons.	

Inscrits : 33,550 hommes. — Population totale : 350,000 habitants. — Terres cultivées : 95,000 hectares.

Province de *Hưng yên* 興安 (Paix qui se manifeste).

2 *phủ*, 8 *huyện*.

Phủ de *Khoái châu* 快州府, 4 *huyện*.

Đông yên huyện 東安縣, 10 cantons.	*Ân thi huyện* 恩施縣, 8 cantons.
Kim động huyện 金洞縣, 8 cantons.	*Phù cừ huyện* 扶渠縣, 6 cantons.

Phủ de *Mĩ hào* 美豪府, 4 *huyện*.

Mĩ hào huyện 美豪縣, 6 cantons.	*Văn lâm huyện* 文林縣, 7 cantons.
Yên mĩ huyện 安美縣, 8 cantons.	*Tiên lữ huyện* 僊侶縣, 8 cantons.

Inscrits : 17,500 hommes. — Population totale : 220,000 habitants. — Terres cultivées : 162,600 mẫu[1].

---

[1] Le *mẫu*, arpent de terre, vaut un demi-hectare environ, exactement 62 ares 2521.

Province de Thái bình 太平 (Paix profonde).

3 phủ, 12 huyện.

Phủ de Thái bình 太平府, 5 huyện.

Đông quan huyện 東關縣, 8 cantons.
Thoại anh huyện 瑞英縣, 9 cantons.
Thanh quan huyện 青關縣, 11 cant.

Quỳnh côi huyện 琼瑰縣, 6 cantons.
Phụ dực huyện 輔翼縣 (ou Thái bình phân 太平分), 6 cantons.

Phủ de Kiến xương 建昌府, 4 huyện.

Thư trì huyện 舒池縣, 8 cantons.
Vô tiên huyện 武先縣, 8 cantons.

Trực định huyện 直定縣, 7 cantons.
Tiền hải huyện 前海縣, 8 cantons.

Phủ de Tiên hưng 僊興府, 3 huyện.

Thần khê huyện 神溪縣, 9 cantons.
Hưng nhơn huyện 興仁縣, 7 cantons.

Diên hà huyện 延河縣, 7 cantons.

Inscrits : 140,600 hommes. — Population totale : 800,000 habitants. — Terres cultivées : 350,000 mẫu.

Province de Hải ninh 海寧 (Calme de la mer).

TERRITOIRE MILITAIRE.

1 đạo, 2 châu.

Đạo de Hải ninh 海寧道, 2 châu et 1 poste ou đồn.

Hà côi châu 河檜州, 5 cantons.
Tiên yên châu 先安州, 5 cantons.

Đàm hà đồn 潭河屯.

Inscrits : 9,500 hommes. — Population totale : 19,000 habitants environ, tant Annamites que Chinois. — Terres cultivées : 7,500 mẫu.

Province de Lạng sơn 諒山 (Montagnes de la fidélité).

Territoire militaire.

2 phủ, 2 huyện et 5 châu.

Phủ de Trường khánh 長慶府, 1 huyện et 2 châu.

Văn quan huyện 文關縣.
Lộc bình châu 祿平州.

Ôn châu 溫州.

Phủ de Trường định 長定府, 1 huyện et 3 châu.

Thất khê huyện 室溪縣.
Thoát lãng châu 脫朗州.

Văn uyên châu 文淵州.
Cao lâu châu 高樓州.

Inscrits : 10,900 hommes. — Population totale : 56,500 Annamites et 4,100 Chinois. — Terres cultivées : 12,700 mẫu.

Territoire militaire.

2 đạo, 3 châu.

Đạo de Yên thế 安世, 1 châu.

Yên thế châu 安世州, 4 cantons.

Đạo de Bình mạc 憑瘼, 2 châu.

Hữu lũng châu 右隴州, 2 cantons. | Bình mạc châu 憑瘼州, 2 cantons.

Population totale : 10,000 habitants (Annamites, Thos. Mans, etc.).

PROVINCE DE *Cao bằng* 高平 (PACIFICATION DES HAUTEURS).

TERRITOIRE MILITAIRE.

2 *phủ*, 6 *huyện* ET 2 *châu*.

Phủ DE *Trùng khánh* 重慶府, 4 *huyện*.

Quảng uyên huyện 廣淵縣.   *Thượng lương huyện* 上瓦縣.
Thạch lâm huyện 石林縣.   *Hạ lương huyện* 下瓦縣.

Phủ DE *Hòa yên* 和安府, 2 *huyện* ET 2 *châu*.

Thạch yên huyện 石安縣.   *Hà quảng châu* 河廣州.
Nguyên bình huyện 原平縣.   *Phục hòa châu* 復和州.

Inscrits : 5,000 hommes. — Population totale : 33,700 Annamites et 1,300 Chinois. — Terres cultivées : 18,110 *mẫu*.

PROVINCE DE *Lục nam* 陸南 (SUD DES TERRES ÉLEVÉES).

TERRITOIRE MILITAIRE.

SEPT-PAGODES, *Thất miếu* 七廟, 4 *huyện*.

Lục ngạn huyện 陸峰縣.   *Đông triều huyện* 東朝縣.
Yên bắc huyện 安北縣.   *Chí linh huyện* 志苓縣.

Inscrits : 3,060 hommes. — Population totale : 18,000 habitants.

TERRITOIRE MILITAIRE.

Phủ DE *Bình gia* 平嘉府, 1 *huyện* ET 4 *châu*.

Bình gia châu 平嘉州.   *An châu* 安州.
Vũ nhai huyện 武崖縣.   *Bắc sơn châu* 北山州.
Hữu liên châu 右連州.

Province de *Tuyên quang* 宣光 (Clarté qui se répand).

TERRITOIRE MILITAIRE.

2 phủ, 4 huyện et 1 châu.

Phủ de *Yên bình* 安平府, 3 huyện.

Hàm yên huyện 含安縣, 7 cantons.	*Vĩnh tuy huyện* 永綏縣, 12 cantons.
Yên bình huyện 安平縣, 14 cantons.	

Phủ de *Tường yên* 襄安府, 1 huyện et 1 châu.

Sơn dương huyện 山陽縣, 16 cantons.	*Chiêm hóa châu* 霑化州, 4 cantons.

Population totale : 25,000 habitants environ (Annamites, Chinois, Mans et Muongs).

Province de *Hà giang* 河江 (Fleuves et rivières).

TERRITOIRE MILITAIRE.

1 huyện.

Vị xuyên huyện 渭川縣, 3 cantons.

Population totale : 20,000 habitants environ (Annamites, Chinois, Thos, Mans, Méos, etc.).

Province de *Thái nguyên* 太原 (Haute origine).

2 phủ, 7 huyện et 1 châu.

Phủ de *Phú bình* 富平府, 4 huyện.

Từ nông huyện 慈農縣, 9 cantons.	*Động hỉ huyện* 洞喜縣, 5 cantons.
Phổ yên huyện 溥安縣, 6 cantons.	*Võ nhai huyện* 武涯縣, 5 cantons.

Phủ DE *Tùng hóa* 從化府, 3 *huyện* ET 1 *châu*.

Đại từ huyện 大慈縣, 5 cantons. | *Văn lang huyện* 文朗縣, 7 cantons.
Phú lương huyện 富良縣, 9 cantons. | *Định hòa châu* 定和州, 7 cantons.

Inscrits : 2,600 hommes. — Population : 150,000 Annamites et 20,000 Mans, Thos, Méos, etc.

Province de *Lão kày* 老涯.

TERRITOIRE MILITAIRE.

1 *phủ*, 3 *châu* ET 1 *huyện*.

Phủ DE *Qui hóa* 歸化府, 4 *châu*[1].

Thủy vỉ châu 水尾州, 3 cantons. | *Chiêu tấn châu* 昭晋州, 2 cantons.
Văn bàn châu 文盤州, 2 cantons. | *Thanh sơn huyện* 青山縣, 3 cantons.

Inscrits : 1,400 hommes. — Population totale : 35,000 habitants (Annamites, Thaïs, Mans, Méos, etc.).

Province de *Yên bái* 安沛 (Progrès dans la paix).

TERRITOIRE MILITAIRE.

3 *huyện* ET 1 *châu*.

Hạ hòa huyện 夏和縣, 7 cantons. | *Vĩnh tuy huyện* 永雖縣, 5 cantons.
Chấn yên huyện 振安縣, 4 cantons. | *Lục an châu* 陸安州, 6 cantons.

Inscrits : 1,000 hommes. — Population totale : 12,000 habitants (Annamites, Mans, Thaïs, Méos, etc.).

---

[1] Les *châu* de *Văn bàn* et de *Chiêu tấn*, formant actuellement le cercle de *Bảo hà* 保河, dépendent du territoire militaire de *Yên bái* 安沛.

Commissariat du Gouvernement de Vǎn bú 萬蔂.

2 *phú* et 1 *đạo*.

Phủ de Sơn la 山羅府, 6 *châu*.

Điện biên châu 電邊州, 2 cantons.	Mai sơn châu 枚山州, 5 cantons.
Tuần giáo châu 遵敎州, 3 cantons.	Tuần sơn châu 洵山州, 5 cantons.
Yên sơn châu 安山州, 3 cantons.	Sơn la châu 山羅州, 4 cantons.

Phủ de Vǎn yên 文安府, 2 *châu*.

Phú yên châu 富安州, 5 cantons.	Mộc yên châu 木安州, 6 cantons.

Đạo de Lai châu 萊州, 3 *châu*.

Lai châu 萊州, 1 canton.	Quỳnh nhai châu 琼涯州, 4 cantons.
Luân châu 倫州, 3 cantons.	

District de Nghĩa lộ 義路, 1 *châu*.

Vǎn châu 文州.

Inscrits : 3,240 familles. — Population : 200 Annamites, 500 Chinois, 80,000 indigènes (Thaïs, Mans, Méos, Muongs, etc.).

Commissariat du Gouvernement de Hòa bình 和平.

6 *châu*.

Lạc sơn châu 樂山州, 4 cantons.	Kỳ sơn châu 岐山州, 2 cantons.
Lương sơn châu 㠄山州, 5 cantons.	Đà bắc châu 陀北州, 2 cantons.
Lạc thủy châu 樂水州, 1 canton.	Mai châu 枚州, 2 cantons.

Population totale : 80,000 indigènes (Muongs, Mans, Méos, etc.).

PROVINCES, PRÉFECTURES ET SOUS-PRÉFECTURES DE LA COCHINCHINE.

ANCIENNES DIVISIONS ADMINISTRATIVES.

Province de *Gia định* 嘉定 (Affermissement du bonheur).
Chef-lieu *Sài gòn* 柴棍.
4 phủ, 9 huyện.

Phủ de *Tân bình* 新平府, 3 huyện.

Bình dương huyện 平陽縣.	*Tân long huyện* 新隆縣.
Bình long huyện 平隆縣.	

Phủ de *Hòa thạnh* 和盛府, 2 huyện.

Tân hòa huyện 新和縣.	*Tân thạnh huyện* 新盛縣.

Phủ de *Tân an* 新安府, 2 huyện.

Cửu an huyện 久安縣.	*Phước lộc huyện* 福祿縣.

Phủ de *Tây ninh* 西寧府, 2 huyện.

Tây ninh huyện 西寧縣.	*Quang hóa huyện* 光化縣.

Province de *Biên hòa* 邊和 (Accord sur la frontière).
Chef-lieu *Biên hòa* 邊和.
2 phủ, 7 huyện.

Phủ de *Phước long* 福隆府, 4 huyện.

Phước chánh huyện 福政縣.	*Ngãi an huyện* 義安縣.
Bình an huyện 平安縣.	*Phước bình huyện* 福平縣.

Phủ DE *Phướ́c tuy* 福䧺府, 3 *huyện*.

Phước an huyện 福安縣.　　　| *Long thành huyện* 隆城縣.
Long khánh huyện 隆慶縣.

Province de *Định tường* 定祥 (Présage confirmé).
Chef-lieu *Mĩ tho* 美萩.
2 *phủ*, 4 *huyện*.

Phủ DE *Kiến an* 建安府, 2 *huyện*.

Kiến hưng huyện 建興縣.　　　| *Kiến hòa huyện* 建和縣.

Phủ DE *Kiến tường* 建祥府, 2 *huyện*.

Kiến đăng huyện 建登縣.　　　| *Kiến phong huyện* 建豐縣.

Province de *Vĩnh long* 永隆 (Perpétuelle prospérité).
Chef-lieu *Vĩnh long* 永隆.
4 *phủ*, 8 *huyện*.

Phủ DE *Định bình* 定平府, 2 *huyện*.

Vĩnh bình huyện 永平縣.　　　| *Vĩnh trị huyện* 永治縣.

Phủ DE *Hoằn an* 弘安府, 2 *huyện*.

Tân minh huyện 新明縣.　　　| *Duy minh huyện* 惟明縣.

Phủ DE *Hoằn trị* 弘治府, 2 *huyện*.

Bảo trị huyện 保治縣.　　　| *Bảo an huyện* 保安縣.

Phủ DE *Lạc hóa* 樂化府, 2 *huyện*.

Tuần ngãi huyện 遵義縣.　　　| *Trà vinh huyện* 茶榮縣.

PROVINCE DE *An giang* 安江 (PAISIBLES COURS D'EAU).
CHEF-LIEU *Châu đốc* 州督.

3 *phủ*, 8 *huyện*.

Phủ DE *Tuy biên* 雖邊府, 2 *huyện*.

Tây xuân huyện 西春縣.	*Phong phú huyện* 豐富縣.

Phủ DE *Tân thành* 新城府, 3 *huyện*.

Vĩnh an huyện 永安縣.	*An xuyên huyện* 安川縣.
Đông xuyên huyện 東川縣.	

Phủ DE *Ba xuyên* 波川府, 3 *huyện*.

Phong nhiêu huyện 豐饒縣.	*Vĩnh định huyện* 永定縣.
Phong thạnh huyện 豐盛縣.	

PROVINCE DE *Hà tiên* 河僊 (GÉNIES SUR LES FLEUVES).
CHEF-LIEU *Hà tiên* 河僊.

3 *phủ*, 7 *huyện*.

Phủ DE *Quảng biên* 廣邊府, 2 *huyện*.

Khai biên huyện 開邊縣.	*Vĩnh trường huyện* 永長縣.

Phủ DE *An biên* 安邊府, 3 *huyện*.

Hà châu huyện 河州縣.	*Kiên giang huyện* 堅江縣.
Long xuyên huyện 隆川縣.	

Phủ DE *Tịnh biên* 靜邊府, 2 *huyện*.

Hà dương huyện 河陽縣.	*Hà âm huyện* 河陰縣.

NOUVELLES DIVISIONS ADMINISTRATIVES.

La Cochinchine se divise actuellement en 4 grandes circonscriptions administratives : *Sài gòn* 柴棍, *Mĩ tho* 美萩, *Vĩnh long* 永隆 et *Châu đốc* 州督, lesquelles se subdivisent en 20 arrondissements, savoir :

1° *Gia định* 嘉定, 18 cantons, 191 communes.
2° *Chợ lớn* 𢄂客, 12 cantons, 72 communes.
3° *Tân an* 新安, 10 cantons, 122 communes.
4° *Gò công* 塸公, 4 cantons, 38 communes.
5° *Tây ninh* 西寧, 10 cantons, 50 communes.
6° *Biên hòa* 邊和, 16 cantons, 158 communes.
7° *Vũng tàu* 㴜艚, 8 cantons, 64 communes (ancien *Bà rịa*).
8° *Thủ dầu một* 守油沒, 12 cantons, 119 communes.
9° *Mĩ tho* 美萩, 15 cantons, 202 communes.
10° *Bến tre* 灣椥, 21 cantons, 182 communes.
11° *Vĩnh long* 永隆, 13 cantons, 105 communes.
12° *Trà vinh* 茶榮, 20 cantons, 183 communes.
13° *Châu đốc* 州督, 10 cantons, 99 communes.
14° *Sóc trăng* 潃腠, 10 cantons, 93 communes.
15° *Bạc liêu* 北遼, 5 cantons, 52 communes.
16° *Sa đéc* 沙𤂬, 10 cantons, 88 communes.
17° *Hà tiên* 河僊, 4 cantons, 15 communes.
18° *Rạch gía* 瀝這, 4 cantons, 69 communes.
19° *Long xuyên* 隆川, 8 cantons, 60 communes.
20° *Cần thơ* 勤書, 9 cantons, 90 communes.

Plus les îles de Poulo-Condore, *Cù lao côn nôn* 𱻊勞崑㠘, qui dépendent de la Cochinchine et qui servent de pénitencier et de lieu de déportation pour les condamnés asiatiques.

TABLEAU DES 214 CLEFS OU RADICAUX

ET

DE LEURS VARIANTES.

(CHINOIS, ANNAMITE, FRANÇAIS.)

RADICAUX D'UN TRAIT.

1 一
C. *Y.* — A. *Nhứt.*
Un.

3 ヽ
C. *Tchou.* — A. *Chủ.*
Point, temps d'arrêt.

5 乙 乚
C. *Y.* — A. *Ất.*
Caractère cyclique.

2 丨
C. *Kouen.* — A. *Cổn.*
Perpendiculairement.

4 丿
C. *Pié.* — A. *Phiết.*
Trait courbé à gauche.

6 亅
C. *Kioue.* — A. *Quyết.*
Crochu, recourbé.

RADICAUX DE 2 TRAITS.

7 二
C. *Eul.* — A. *Nhị.*
Deux.

10 儿
C. *Jin.* — A. *Nhơn.*
Homme.

13 冂
C. *Kioung.* — A. *Quýnh.*
Désert, espace vide.

8 亠
C. *Theou.* — A. *Đầu.*
Perdu, détruit.

11 入
C. *Ji.* — A. *Nhập.*
Entrer, joindre.

14 冖
C. *Mi.* — A. *Mịch.*
Couvrir entièrement.

9 人 亻
C. *Jin.* — A. *Nhơn.*
Homme.

12 八 八
C. *Pa.* — A. *Bát.*
Huit.

15 冫
C. *Ping.* — A. *Băng.*
Glace, un glaçon.

16 几
C. *Ki.* — A. *Kỉ.*
Banc, chaise, tabouret.

17 凵
C. *Kan.* — A. *Khảm.*
Réceptacle, boisseau.

18 刀 刂
C. *Tao.* — A. *Dao.*
Couteau, épée.

19 力
C. *Li.* — A. *Lực.*
Force, énergie.

20 勹
C. *Pao.* — A. *Bao.*
Envelopper.

21 匕
C. *Pi.* — A. *Bỉ.*
Cuiller, spatule.

22 匚
C. *Fang.* — A. *Phương.*
Coffre, caisse.

23 匸
C. *Hi.* — A. *Hệ.*
Cacher; coffre, armoire.

24 十
C. *Tchi.* — A. *Thập.*
Dix; complet, parfait.

25 卜
C. *Pou.* — A. *Bốc.*
Percer, forer.

26 㔾 卩
C. *Tsié.* — A. *Tiết.*
Article, signe.

27 厂
C. *Han.* — A. *Hản.*
Antre, caverne.

28 厶
C. *Meou.* — A. *Mỏ.*
Pervers, dépravé.

29 又
C. *Yeou.* — A. *Hựu.*
Encore, de plus.

RADICAUX DE 3 TRAITS.

30 口
C. *Keou.* — A. *Khẩu.*
Bouche, entrée.

31 囗
C. *Ouei.* — A. *Vi.*
Enceinte, clôture.

32 土
C. *Thou.* — A. *Thổ.*
Terre, sol.

33 士
C. *Ssé.* — A. *Sĩ.*
Lettré, instruit.

34 夂
C. *Tchi.* — A. *Trí.*
Suivre; pousser.

35 夊
C. *Soui.* — A. *Tuy.*
Marche lente.

36 夕
C. *Si*. — A. *Tịch*.
Soir, obscurité.

37 大
C. *Ta*. — A. *Đại*.
Grand, florissant.

38 女
C. *Niu*. — A. *Nữ*.
Femme, fille.

39 子
C. *Tseu*. — A. *Tử*.
Fils, garçon.

40 宀
C. *Mien*. — A. *Miên*.
Toit, hangar.

41 寸
C. *Thsun*. — A. *Thốn*.
Pouce, mesure.

42 小
C. *Siao*. — A. *Tiểu*.
Petit, jeune.

43 尢 允 允 尢 兀
C. *Ouang*. — A. *Uỏng*.
Tortu, boiteux.

44 尸
C. *Chi*. — A. *Thi*.
Cadavre, effigie.

45 屮
C. *Tchin*. — A. *Triệt*.
Herbe qui pousse.

46 山
C. *Chan*. — A. *Sơn*.
Colline, montagne.

47 巛 巜 巛
C. *Tchouen*. — A. *Xuyên*.
Eau qui coule.

48 工
C. *Kong*. — A. *Công*.
Artisan, ouvrier.

49 己
C. *Ki*. — A. *Kỉ*.
Soi-même.

50 巾
C. *Pin*. — A. *Cân*.
Linge; parapluie.

51 干
C. *Kan*. — A. *Can*.
Bouclier, armure.

52 幺
C. *Yao*. — A. *Yêu*.
Jeune, délicat.

53 广
C. *Yen*. — A. *Yểm*.
Toit, abri.

54 廴
C. *Yen*. — A. *Dẫn*.
Long chemin.

55 廾
C. *Kong*. — A. *Củng*.
Mains jointes.

— (524) —

56 弋
C. Y. — A. Dực.
Tirer de l'arc.

57 弓
C. Kung. — A. Cung.
Arc pour tirer.

58 彐 彑 彖
C. Ki. — A. Kệ.
Tête de cochon.

59 彡
C. Chan. — A. Sam.
Poils, plumes.

60 彳
C. Tchi. — A. Xích.
Marche; un petit pas.

RADICAUX DE 4 TRAITS.

61 心 忄 ⺗
C. Sin. — A. Tâm.
Cœur, sentiment.

62 戈
C. Ko. — A. Qua.
Lance, javelot.

63 戶 户
C. Hou. — A. Hộ.
Porte intérieure.

64 手 扌
C. Cheou. — A. Thủ.
Main, bras.

65 支
C. Tchi. — A. Chi.
Branche, postérité.

66 支 攵
C. Po. — A. Bộc.
Frapper un coup.

67 文
C. Ouen. — A. Văn.
Trait, caractère.

68 斗
C. Teou. — A. Đẩu.
Mesure, boisseau.

69 斤
C. Kin. — A. Cân.
Hache; couper.

70 方
C. Fang. — A. Phương.
Carré, région.

71 无 旡
C. Ou. — A. Vô.
Non, ne pas.

72 日
C. Ji. — A. Nhựt.
Soleil, jour.

73 曰
C. Youé. — A. Viết.
Dire, discourir.

74 月
C. Youé. — A. Nguyệt.
Lune, mois.

75 木
C. Mou. — A. Mộc.
Arbre, bois.

76 欠 C. *Kien.* — A. *Khiêm.* Soupir, expiration.	83 氏 C. *Chi.* — A. *Thị.* Famille; femme.	89 爻 C. *Hiao.* — A. *Hào.* Entrelacer, placer en croix.
77 止 C. *Tchi.* — A. *Chỉ.* S'arrêter, cesser.	84 气 C. *Khi.* — A. *Khí.* Air, vapeur.	90 丬 C. *Tchoang.* — A. *Tường.* Lit, couchette.
78 歹 歺 C. *Tai.* — A. *Ác.* Mauvais, le mal.	85 水 氵氺 C. *Choui.* — A. *Thủy.* Eau.	91 片 C. *Pien.* — A. *Phiến.* Éclat de bois.
79 殳 C. *Tchou.* — A. *Thù.* Perche, bâton.	86 火 灬 C. *Ho.* — A. *Hỏa.* Feu.	92 牙 C. *Ya.* — A. *Nha.* Dent, défense, ivoire.
80 毋 C. *Ou.* — A. *Vô.* Non, ne pas.	87 爪 爫 C. *Tchao.* — A. *Trảo.* Ongles, griffes, serres.	93 牛 C. *Nieou.* — A. *Ngưu.* Bœuf, buffle.
81 比 C. *Pi.* — A. *Tỉ.* Comparer, assortir.	88 父 C. *Fou.* — A. *Phụ.* Père.	94 犬 犭 C. *Khiouen.* — A. *Khuyển.* Chien.
82 毛 C. *Mao.* — A. *Mao.* Cheveux, poils.		

RADICAUX DE 5 TRAITS.

95 玄
C. *Hiouen*. — A. *Huyền*.
Sombre, noir; jais.

96 玉 王
C. *Yu*. — A. *Ngọc*.
Pierre précieuse.

97 瓜
C. *Koua*. — A. *Qua*.
Cucurbitacées.

98 瓦
C. *Oua*. — A. *Ngõa*.
Terre cuite.

99 甘
C. *Kan*. — A. *Cam*.
Doux, sucré.

100 生
C. *Seng*. — A. *Sanh*.
Produire, créer, enfanter.

101 用
C. *Yong*. — A. *Dụng*.
Se servir de.

102 田
C. *Tien*. — A. *Điền*.
Champ, rizière.

103 疋
C. *Py*. — A. *Thất*.
Pièce de toile.

104 疒
C. *Ni*. — A. *Nịch*.
Maladie, vice, tare.

105 癶
C. *Po*. — A. *Bát*.
Séparer; dos à dos.

106 白
C. *Po*. — A. *Bạch*.
Couleur blanche.

107 皮
C. *Pi*. — A. *Bì*.
Peau, cuir.

108 皿
C. *Ming*. — A. *Minh*.
Vase pour manger.

109 目 四
C. *Mou*. — A. *Mục*.
Œil; regarder.

110 矛
C. *Meou*. — A. *Mâu*.
Lance, hallebarde.

111 矢
C. *Tchi*. — A. *Thỉ*.
Flèche, dard.

112 石
C. *Chi*. — A. *Thạch*.
Pierre, roc.

113 示 示 礻
C. *Chi*. — A. *Thị*.
Esprit; avertir.

114 肉
C. *Jeou*. — A. *Nhụ*.
Vestige, trace de pas.

115 禾
C. *Ho*. — A. *Hòa*.
Riz, grain.

116 穴 宂
C. Hioué. — A. Huyệt.
Grotte, caverne.

117 立
C. Li. — A. Lập.
Établir, fonder, créer.

RADICAUX DE 6 TRAITS.

118 竹 ⺮
C. Tchou. — A. Trước.
Bambou.

123 羊
C. Yang. — A. Dương.
Mouton, chèvre.

129 聿
C. Yu. — A. Duật.
Pinceau, plume.

119 米
C. Mi. — A. Mễ.
Riz décortiqué.

124 羽
C. Yu. — A. Vũ, võ.
Ailes, plumes.

130 肉 月
C. Jo. — A. Nhục.
Chair, viande.

120 糸 糹
C. Mi. — A. Mịch.
Fil, soie fine.

125 老
C. Lao. — A. Lão.
Vieillard.

131 臣
C. Tchin. — A. Thần.
Sujet, serviteur.

121 缶
C. Féou. — A. Phẩu.
Poterie, vase, jarre.

126 而
C. Eul. — A. Nhi.
Particule conjonctive.

132 自
C. Tseu. — A. Tự.
Préposition de; mon, mien.

122 网 皿
⺳ ⺲ 冈
C. Ouang. — A. Võng.
Filet en général.

127 耒
C. Loui. — A. Lỗi.
Charrue, houe.

133 至
C. Tchi. — A. Chí.
Arriver, atteindre.

128 耳
C. Eul. — A. Nhĩ.
Oreille.

134 臼
C. Khieou. — A. Cựu.
Mortier à broyer.

135 舌
C. *Che*. — A. *Thiệt*.
Langue.

136 舛
C. *Tchouen*. — A. *Siễn*.
Erroné, faux.

137 舟
C. *Tcheou*. — A. *Châu*.
Bateau, navire.

138 艮
C. *Kan*. — A. *Cấn*.
Limite, borne; ferme.

139 色
C. *Se*. — A. *Sắc*.
Couleur, teint.

140 艸 艹
C. *Thsao*. — A. *Thảo*.
Plantes, herbes.

141 虍
C. *Hou*. — A. *Hô*.
Tigre.

142 虫
C. *Tchong*. — A. *Trùng*.
Coléoptères, insectes.

143 血
C. *Hioué*. — A. *Huyết*.
Sang.

144 行
C. *Hing*. — A. *Hành*.
Aller; ordre, rang.

145 衣 衤
C. *I*. — A. *Y*.
Vêtement, enveloppe.

146 襾 西
C. *Ya*. — A. *Á*.
Couvrir, ombrager.

RADICAUX DE 7 TRAITS.

147 見
C. *Kien*. — A. *Kiến*.
Voir, regarder.

148 角
C. *Kio*. — A. *Giác*.
Corne; frapper.

149 言 訁
C. *Yen*. — A. *Ngôn*.
Parole; discourir.

150 谷
C. *Ko*. — A. *Cốc*.
Vallée, ravin.

151 豆
C. *Téou*. — A. *Đậu*.
Pois, haricots, fèves.

152 豕
C. *Chi*. — A. *Thỉ*.
Cochon, sanglier.

153 豸
C. *Tchi*. — A. *Trĩ*.
Reptiles, vers.

154 貝
C. *Pei*. — A. *Bối*.
Coquille, écaille.

155 赤
C. *Tchi*. — A. *Xích*.
Rouge clair.

156 走 C. *Tseou*. — A. *Tẩu*. Courir, se hâter.	160 辛 C. *Sin*. — A. *Tân*. Amer, âcre, piquant.	164 酉 C. *Yeou*. — A. *Dậu*. Vin, liqueur.
157 足 ⻊ C. *Tsu*. — A. *Túc*. Pied, jambe.	161 辰 C. *Chin*. — A. *Thân*. Temps, jour, heure.	165 采 C. *Pien*. — A. *Biện*. Distinguer, séparer.
158 身 C. *Chin*. — A. *Thân*. Corps humain.	162 辵 辶 C. *Tcho*. — A. *Xwớc*. Marcher, courir.	166 里 C. *Li*. — A. *Lý*. Lieue, stade.
159 車 C. *Tché*. — A. *Xa*. Char; rouler.	163 邑 阝 C. *Y*. — A. *Áp*. Ville, principauté.	

RADICAUX DE 8 TRAITS.

167 金 C. *Kim*. — A. *Kim*. Or, métal.	170 阜 阝 C. *Feou*. — A. *Phụ*. Tertre, sépulture.	173 雨 ⻗ C. *Yu*. — A. *Vũ*. Pluie.
168 長 镸 C. *Tchang*. — A. *Trường*. Long; longueur.	171 隶 C. *Toi*. — A. *Đải*. Parvenir à.	174 青 C. *Tsing*. — A. *Thanh*. Bleu, vert.
169 門 C. *Men*. — A. *Môn*. Porte, entrée.	172 隹 C. *Tchoun*. — A. *Chuy*. Ailes, plumes.	175 非 C. *Fei*. — A. *Phi*. Négation.

RADICAUX DE 9 TRAITS.

176 面
C. *Mien.* — A. *Diện.*
Visage, face.

177 革
C. *Ki.* — A. *Cách.*
Peau non préparée.

178 韋
C. *Oei.* — A. *Vi.*
Cuir, courroie.

179 韭
C. *Kieou.* — A. *Cửu.*
Oignons, poireaux.

180 音
C. *In.* — A. *Âm.*
Son, sonorité.

181 頁
C. *Hiei.* — A. *Hiệt.*
Tête.

182 風
C. *Fong.* — A. *Phong.*
Vent, air, souffle.

183 飛
C. *Fei.* — A. *Phi.*
Vol d'oiseau.

184 食
C. *Tchi.* — A. *Thực.*
Manger, avaler.

185 首
C. *Cheou.* — A. *Thủ.*
Tête, chef, principe.

186 香
C. *Hiang.* — A. *Hương.*
Bonne odeur, parfum.

RADICAUX DE 10 TRAITS.

187 馬
C. *Ma.* — A. *Mã.*
Cheval.

188 骨
C. *Ko.* — A. *Cốt.*
Os, substance dure.

189 高
C. *Kao.* — A. *Cao.*
Haut, grand.

190 髟
C. *Pieou.* — A. *Tiêu.*
Longue chevelure.

191 鬥
C. *Téou.* — A. *Đấu.*
Combattre, concourir.

192 鬯
C. *Tchang.* — A. *Sưởng.*
Herbe odorante.

193 鬲
C. *Ki.* — A. *Cách.*
Vase, trépied.

194 鬼
C. *Kouei.* — A. *Qủi.*
Mânes, fantômes.

RADICAUX DE 11 TRAITS.

195 魚
C. *Yu.* — A. *Ngư.*
Poisson.

197 鹵
C. *Lou.* — A. *Lỗ.*
Sel.

199 麥
C. *Mi.* — A. *Mạch.*
Blé, froment.

196 鳥
C. *Niao.* — A. *Điểu.*
Oiseau.

198 鹿
C. *Lou.* — A. *Lộc.*
Cerf, daim.

200 麻
C. *Ma.* — A. *Ma.*
Chanvre.

RADICAUX DE 12 TRAITS.

201 黃
C. *Hoang.* — A. *Huỳnh.*
Jaune.

203 黑
C. *Hi.* — A. *Hắc.*
Noir, sombre, obscur.

202 黍
C. *Chou.* — A. *Thử.*
Espèce de millet.

204 黹
C. *Tchi.* — A. *Trỉ.*
Broder, orner, tresser.

RADICAUX DE 13 TRAITS.

205 黽
C. *Ming.* — A. *Mãnh.*
Crapaud, grenouille.

206 鼎
C. *Ting.* — A. *Đảnh.*
Vase à trois pieds.

207 鼓
C. *Kou.* — A. *Cô.*
Tambour, tamtam.

208 鼠
C. *Chou.* — A. *Thử.*
Rat, souris.

RADICAUX DE 14 TRAITS.

209 鼻
C. *Pi.* — A. *Tị.*
Nez, narine.

210 齊
C. *Tsi.* — A. *Tề.*
Égal, uni, régulier.

RADICAL DE 15 TRAITS.

211 齒
C. *Tchi.* — A. *Xỉ.*
Dents de devant.

RADICAUX DE 16 TRAITS.

212 龍
C. *Long.* — A. *Long.*
Dragon.

213 龜
C. *Kouei.* — A. *Qui.*
Tortue.

RADICAL DE 17 TRAITS.

214 龠
C. *Yo.* — A. *Thược.*
Flûte, chalumeau.

ERNEST LEROUX, ÉDITEUR, RUE BONAPARTE, 28.

PUBLICATIONS

DE

L'ÉCOLE DES LANGUES ORIENTALES VIVANTES

RELATIVES

À L'EXTRÊME-ORIENT.

La Cour de Hué et les principaux services du Gouvernement annamite, par JEAN BONET.
Recueil d'itinéraires et de voyages dans l'Asie centrale et l'Extrême-Orient, publié par SCHERZER, L. LÉGER, CH. SCHEFER. In-8°, avec carte . . . . 15 fr.
  Journal d'une mission en Corée avec carte, par F. SCHERZER. — Mémoires d'un voyageur chinois dans l'empire d'Annam, par L. LÉGER. — Itinéraires de l'Asie centrale. — Itinéraire de la vallée du moyen Zérefchan. — Itinéraire de Pichaver à Kaboul, Qandahar et Hérat, par CH. SCHEFER.
Bibliotheca Sinica. Dictionnaire bibliographique des ouvrages relatifs à l'empire chinois, par HENRI CORDIER, 2 vol. gr. in-8° à 2 colonnes . . . . 125 fr.
  Le même, sur papier de Hollande . . . . 175 fr.
  Tome III. Supplément. In-8°, en 3 fascicules . . . . 40 fr.
Recherches archéologiques et historiques sur Pékin et ses environs, par le docteur BRETSCHNEIDER, traduction de V. COLLIN DE PLANCY. In-8°, fig. et plans . . . . 10 fr.
Histoire des relations de la Chine avec l'Annam-Vietnam, du XIV° au XIX° siècle, par G. DEVÉRIA. In-8°, carte . . . . 7 fr. 50
Recueil de documents sur l'Asie centrale, d'après les écrivains chinois, par C. IMBAULT-HUART. In-8°, avec 2 cartes coloriées . . . . 10 fr.
Le Tam-tu'-kinh, ou le Livre des phrases de trois caractères, texte et commentaire chinois, prononciation annamite et chinoise, explication littérale et traduction, par A. DES MICHELS. In-8° . . . . 20 fr.
Le Luc vân tiên ca diên. Poème annamite, publié, traduit et annoté par A. DES MICHELS. In-8° . . . . 20 fr.
Kim van kieu tan truyen. Poème annamite, publié, traduit et annoté par ABEL DES MICHELS. 2 volumes en 3 parties. In-8° . . . . 40 fr.
Le Livre canonique de l'antiquité japonaise. Histoire des dynasties divines, traduite sur le texte original et accompagnée d'une glose inédite composée en chinois et d'un commentaire perpétuel, par LÉON DE ROSNY. Deux fascicules in-8°. Chaque fascicule . . . . 15 fr.
  — Troisième fascicule. (*Sous presse.*)
  Première partie. La Genèse. — Deuxième partie. Le Règne du Soleil. — Troisième partie. L'Exil.
  Couronné par l'Académie des Inscriptions et Belles-Lettres. — Prix Stanislas-Julien.
La frontière sino-annamite. Description géographique et ethnographique, d'après des documents officiels chinois traduits par G. DEVÉRIA. In-8°, illustré, avec planches et cartes . . . 20 fr.
  Couronné par l'Académie des Inscriptions et Belles-Lettres. — Prix Stanislas-Julien.
Chih louh kouoh kiang yuh tchi. Géographie historique des seize royaumes fondés en Chine par des chefs tatares (302-433), traduite du chinois et annotée par A. DES MICHELS. Fasc. I et II, in-8°. Chaque volume . . . . 7 fr.
  Fascicule III. (*Sous presse.*)
Bibliographie coréenne. Tableau littéraire de la Corée, contenant la nomenclature des ouvrages publiés jusqu'en 1890, ainsi que la description et l'analyse détaillée des principaux d'entre ces ouvrages, par MAURICE COURANT, interprète de la légation de France à Tokyo. 3 vol. in-8°, avec figures et planches. Chaque volume . . . . 25 fr.
  Couronné par l'Académie des Inscriptions et Belles-Lettres. — Prix Stanislas-Julien.

www.ingramcontent.com/pod-product-compliance
Lightning Source LLC
Chambersburg PA
CBHW071403230426
43669CB00010B/1431